Rezensionsexemplar

St. Galler Beiträge zum öffentlichen Recht
Herausgegeben von Prof. Dr. Yvo Hangartner

D1929138

Prof. Dr. H. U. Grunder
Kappelenring 8
CH-3032 Hinterkappelen
Tel. 031 901 29 50
August 96

Schweizerisches Institut für Verwaltungskurse
an der Hochschule St. Gallen

Dissertation der Hochschule St. Gallen
für Wirtschafts-, Rechts- und Sozialwissenschaften

Bruno Mascello

Elternrecht und Privatschulfreiheit - Dargestellt an der Volksschule in der Schweiz und in Deutschland

St. Gallen 1995

Alle Rechte vorbehalten

ISBN-Nr. 3-908185-07-6

Vorwort

Die schweizerische Rechtslehre hat sich mit dem Schulwesen bislang kaum näher beschäftigt. Trotz der grossen Bedeutung des Bildungswesens in der Schweiz und der starken Verankerung der Volksschule in der Gesellschaft führt das kantonal geregelte Schulrecht ein eher untergeordnetes Dasein. Das kann nicht anders denn als schmerzlicher Mangel empfunden werden. Die heute vermehrt zu hörende Forderung nach Deregulierung und Privatisierung staatlicher Institutionen erfasst neu auch den Bildungsbereich. Die Untersuchung des Privatschulwesens auf der Volksschulstufe zeigt die Spannung zwischen individueller Freiheit (Elternrecht, Privatschulfreiheit) und staatlicher Lenkung. Die vorliegende Arbeit bezweckt, diese Problematik in umfassender Weise darzustellen. Ferner soll sie Anlass dazu bieten, das Interesse an schulrechtlichen Fragen neu zu beleben.

An dieser Stelle möchte ich allen danken, die mich während dieser Zeit begleitet und zum Gelingen dieser Arbeit beigetragen haben. Meinem Referenten, Prof. Dr. Paul Richli, möchte ich für die lehrreiche und interessante Assistentenzeit, für die Anregung zu dieser Arbeit und die anschliessende wertvolle Unterstützung und Betreuung speziell danken. Danken möchte ich auch Herrn Prof. Dr. Yvo Hangartner für die spontane Übernahme des Korreferates und die zahlreichen Anregungen. Beide Referenten haben mir bei der Ausarbeitung der Arbeit grosse Freiheit gewährt. Dem Bundesamt für Statistik sei für das mir freundlicherweise überlassene Datenmaterial gedankt. Ein besonderer Dank gebührt den Bibliothekarinnen der Hochschule St. Gallen, Frau Karoline Jostes und Frau Christine Baer, und der Kantonalen Verwaltungsbibliothek für ihre stete Hilfsbereitschaft. Ferner möchte ich meinem Kollegen Jvo Grundler und Frau Ruth Hochreutener für die Durchsicht des Manuskriptes und die wertvollen Anregungen danken. Der herzlichste Dank gehört meiner Lebenspartnerin Ruth Knellwolf für ihre Geduld und ihr Verständnis während der ganzen Doktorandenzeit sowie meinen Eltern, die mir durch ihren Wegzug aus ihrer Heimat und der mir gewährten Freiheit meine ganze Ausbildung erst ermöglichten. Ihnen allen ist diese Arbeit gewidmet.

Literatur und Rechtsprechung sind bis Ende August 1994 berücksichtigt. Was später erschien, konnte nur noch punktuell berücksichtigt werden.

Gossau, im Dezember 1994 Bruno Mascello

INHALTSÜBERSICHT

INHALTSVERZEICHNIS

2. Teil: DARSTELLUNG DER SCHWEIZER RECHTSORDNUNG

A. Das Elternrecht in der Schweiz

B. Die Privatschulfreiheit in der Schweiz

3. Teil: RECHTSVERGLEICH MIT DEUTSCHLAND

4. Teil: ÖKONOMISCHE ASPEKTE DES PRIVATSCHULWESENS

5. Teil:
ZUSAMMENFASSUNG

Verzeichnis der Anhänge und Tabellen

ABKÜRZUNGSVERZEICHNIS

A.	Auflage
a.a.O.	am andern Ort
Abs.	Absatz/Absätze
AJP	Aktuelle Juristische Praxis
al.	alinéa (franz.) = Absatz
a.M.	anderer Meinung
Amtl.Bull.	Amtliches Bulletin der Bundesversammlung Nationalrat (NR)/ Ständerat (SR); bis 1962 Sten.Bull. NR/SR
Anm.	Anmerkung (meist Fussnote)
AöR	Archiv des öffentlichen Rechts
Art./art.	Artikel/article (franz.)/articolo (ital.)
AS	Sammlung der Bundesgesetze und Verordnungen
ATF	Arrêts du Tribunal fédéral suisse (= BGE)
B	Beschluss
BB	Bundesbeschluss
BBl	Bundesblatt der Schweizerischen Eidgenossenschaft
Bd.	Band/Bände
BG	Bundesgesetz
BGB	Bürgerliches Gesetzbuch vom 18.8.1896 (Deutschland)
BGE	Entscheidungen des Schweizerischen Bundesgerichts (Amtliche Sammlung)
BIGA	Bundesamt für Industrie, Gewerbe und Arbeit
BJM	Basler Juristische Mitteilungen
BV	Bundesverfassung der Schweizerischen Eidgenossenschaft vom 29. Mai 1874
BVerfGE	Entscheid des Bundesverfassungsgerichts
BVerwGE	Entscheid des Bundesverwaltungsgerichts
BVR	Bernische Verwaltungsrechtsprechung
bzw.	beziehungsweise
cpv.	capoverso (ital.) = Absatz
Cst./Cost.	Constitution (franz.)/Costitutione (ital.) = Verfassung
ders.	derselbe
Diss.	Dissertation
dies.	dieselbe(n)

DÖV	Die öffentliche Verwaltung
DVBl	Deutsches Verwaltungsblatt
E.	Erwägung
EDI	Eidgenössisches Departement des Innern
EDK	Konferenz der kantonalen Erziehungsdirektoren
EG	Europäische Gemeinschaft(en)
EJPD	Eidgenössisches Justiz- und Polizeidepartement
EMRK	Europäische Konvention zum Schutze der Menschenrechte und Grundfreiheiten vom 4.11.1950
et al.	et alii (lat.) = und andere
EuGRZ	Europäische Grundrechte-Zeitschrift
f./ff.	folgende/fortfolgende
FamRZ	Zeitschrift für das gesamte Familienrecht
GG	Grundgesetz für die Bundesrepublik Deutschland vom 23.5.1949 (Bonner Grundgesetz)
GVP	St.Gallische Gerichts- und Verwaltungspraxis
h.L.	herrschende Lehre
Hrsg./hrsg.	Herausgeber/herausgegeben (von)
i.e.S.	im engern Sinn
i.V.m.	in Verbindung mit
insb.	insbesondere
JA	Juristische Arbeitsblätter
JöR	Jahrbuch des öffentlichen Rechts der Gegenwart
JZ	Juristenzeitung
Kap.	Kapitel
KJ	Kritische Justiz
KV	Kantonsverfassung
lit./litt.	litera = Buchstabe
m.E.	meines Erachtens
m.w.H.	mit weiterm/n Hinweis/en
N.	Note (= Randziffer)
NF	Neue Folge
NJW	Neue Juristische Wochenschrift
Nr.	Nummer
NVwZ	Neue Zeitschrift für Verwaltungsrecht
NZZ	Neue Zürcher Zeitung

Pra	Die Praxis des Bundesgerichts
RdJB	Recht der Jugend und des Bildungswesens
recht	recht, Zeitschrift für juristische Ausbildung und Praxis
RGBl	Reichsgesetzesblatt
Rz.	Randziffer
S.	Seite
SER	Schweizerische Erziehungsrundschau
SJK	Schweizerische Juristische Kartothek
SJZ	Schweizerische Juristen-Zeitung
SR	Systematische Sammlung des Bundesrechts
u.a.	unter anderem/und andere
usw.	und so weiter
V	Verordnung
VE	Verfassungsentwurf
VEB	Verwaltungsentscheide der Bundesbehörden (ab Heft 32 [1964/65] VPB)
vgl.	vergleiche
Vol.	Volume = Band
VPB	Verwaltungspraxis der Bundesbehörden (vorher VEB)
VV	Vollzugsverordnung
WRV	Weimarer Reichsverfassung
WuR	Wirtschaft und Recht
z.B.	zum Beispiel
ZBJV	Zeitschrift des Bernischen Juristenvereins
ZBl	Schweizerisches Zentralblatt für Staats- und Verwaltungsrecht (bis 1988: Schweizerisches Zentralblatt für Staats- und Gemeindeverwaltung)
ZBWP	Zeitschrift für Berufs- und Wirtschaftspädagogik
ZGB	Schweizerisches Zivilgesetzbuch vom 10.12.1907
Ziff.	Ziffer(n)
zit.	zitiert
zugl.	zugleich
ZP	Zusatzprotokoll zur EMRK
ZSR	Zeitschrift für Schweizerisches Recht
ZR	Blätter für Zürcherische Rechtsprechung
ZVW	Zeitschrift für Vormundschaftswesen

LITERATURVERZEICHNIS

Im Literaturverzeichnis sind nur mehrfach genannte Werke enthalten. Weitere Fundstellen finden sich direkt im Text.

1. SCHWEIZER LITERATUR

ARBEITSGRUPPE für die Vorbereitung einer Totalrevision der Bundesverfassung, *Band VI* (Schlussbericht), Bern 1973.

AUBERT Jean-François, *Bundesstaatsrecht* der Schweiz, Fassung von 1967, Neubearbeiteter Nachtrag bis 1990, Band I, Basel 1991.

- Traité de droit constitutionnel suisse, *Supplément* 1967-1982, Neuchâtel 1982.
- *Traité* de droit constitutionnel suisse, Band II, Neuchâtel 1967.

AUER Andreas, Freiheitsrechte im Dreiecksverhältnis zwischen Staat, Gesellschaft und Individuum, in: ZBl 94/1993, S. 2-12.

BARTH Hans, Die Unterrichtsfreiheit in der Schweiz im 19. Jahrhundert in geschichtlicher und systematischer Darstellung, Diss. Zürich 1928.

BINGLER Theo, Studien zum Elternrecht bei den Naturrechtsphilosophen des 16. und 17. Jahrhunderts, Diss. Freiburg i.Br. 1960.

BLUNTSCHLI Johann Kaspar, Lehre vom modernen Staat, Band 2: Allgemeines *Staatsrecht*, 6. A. (Neudruck der Ausgabe Stuttgart 1885), Aalen 1965.

- Geschichte des schweizerischen Bundesrechts von den ersten ewigen Bünden bis auf die Gegenwart, *Band I*, *Band II* (Urkundenbuch), Vaduz 1977 (unveränderter Nachdruck der 2. Ausgabe Stuttgart 1875).

BORGHI Marco, Kommentar zu *Art. 27 BV* (Stand: Juni 1988), in: Kommentar BV.

- *Diritto* alla famiglia, in: FLEINER-GERSTER Thomas/GILLIAND Pierre/ LÜSCHER Kurt (Hrsg.), Familien in der Schweiz, Freiburg (Schweiz) 1991, S. 75-124.

BOIS Ph., Kommentar zu *Art. 33 BV* (Stand: Oktober 1989), in: Kommentar BV.

BOSSHARD Hans, Die Rechtsordnung der schweizerischen Volksschule, Rechtsvergleichende Darstellung der kantonalen Volksschulen, mit besonderer Berücksichtigung des zürcherischen Rechts, Diss. Zürich 1952, Affoltern a.A. 1955.

BRÄM Werner Kurt, Religionsunterricht als Rechtsproblem im Rahmen der Ordnung von Kirche und Staat, Unter besonderer Berücksichtigung der Schulgesetzgebung in den Kantonen und der Unterrichtsordnungen der evangelisch-reformierten Kirchen in der Schweiz, Diss. Basel 1978.

BRAUCHLI Andreas, Das Kindeswohl als Maxime des Rechts, Diss. Zürich 1982.

BRÜHL Nicolas, Die Bildungspolitik der Europäischen Gemeinschaft unter besonderer Berücksichtigung der Auswirkungen auf die Schweiz, Zürich 1992 (zugl. Diss. Basel 1992).

BRÜHWILER Hans, Die Freiheitsrechte der Kantonsverfassungen in ihrem Verhältnis zur Bundesverfassung, Diss. Bern, Affoltern a.A. 1948.

BURCKHARDT Walter, Kommentar der schweizerischen Bundesverfassung vom 29. Mai 1874, 3. A., Bern 1931.

COESTER Michael, Das Kindeswohl als Rechtsbegriff, Frankfurt am Main 1983.

DEGOUMOIS Valy, Le concept d'éducation dans le nouveau droit de filiation, in: ZVW 34/1979, S. 1-14.

DICKE D. Chr., Kommentar zu *Art. 54 BV* (Stand: Oktober 1989), in: Kommentar BV.

DINKELMANN Jürg, Die Rechtsstellung des Schülers im Schülerdisziplinarrecht, Diss. Freiburg (Schweiz) 1985.

DURTSCHI Georges, Privatschule und Staatsschule, in: Bildung und Bildungspolitik, Festschrift zum 60. Geburtstag von Ernst Rüesch, Flawil 1988, S. 159-163.

ECKERT Eric, Compétence et procédure au sujet de l'autorité parentale dans les causes matrimoniales, Diss. Lausanne 1990.

ECKSTEIN Karl Alexander, Schule und Elternrecht, Staatliche Bildungsziele und elterliche Befugnisse im öffentlichen Schulwesen, Diss. Basel 1979.

EDI (Eidgenössisches Departement des Innern), Art. 27 der Bundesverfassung und der Primarunterricht in der Schweiz, Bericht des EDI an den schweizerischen Bundesrath, Bern 1878.

EDK (Schweizerische Konferenz der kantonalen Erziehungsdirektoren) (Hrsg.), Zu den privaten Institutionen im Hochschulbereich mit besonderer Berücksichtigung rechtlicher und bildungspolitischer Gesichtspunkte, Bern 1990.

EGGER A., Die Verwandtschaft, Zürcher Kommentar, Band II/2, 2. A., Zürich 1943.

EGGER Eugen, Öffentlicher und privater Unterricht, Situation heute - Probleme - Zukunft, in: SER 57/1984, S. 109-117.

EURYDICE, Formen und Status des privaten und nicht-staatlichen Bildungswesens in den Mitgliedstaaten der Europäischen Gemeinschaft, Brüssel 1992.

EXPERTENKOMMISSION für die Vorbereitung einer Totalrevision der Bundesverfassung, *Arbeitspapiere I* und *Arbeitspapiere II* ("Kern-Verfassung"), Bern 1974 und 1975.

- *Verfassungsentwurf* und *Bericht*, Bern 1977.

FILLI Alexander, Die Grundrechte der Kantonsverfassungen im Gefüge des schweizerischen Staatsrechts, Diss. Basel 1983, Basel 1984.

FLEINER Fritz, Schweizerisches Bundesstaatsrecht, Tübingen 1923.

FLEINER-GERSTER Thomas, Art. 27 Abs. 3 BV und die kantonalen *Universitäten*, namentlich die Universität Freiburg, in: Aktuelle Probleme des Staats- und Verwaltungsrechts, Festschrift für Otto F. Kaufmann zum 75. Geburtstag, hrsg. von F. Cagianut et al., Bern/Stuttgart 1989, S. 83-96.

- *Grundzüge* des allgemeinen und schweizerischen Verwaltungsrechts, 2. A., Zürich 1980.

- Die Rechte der *Eltern* gegenüber der Schule, in: AJP 6/93, S. 666-672.

FRANK Richard, Grenzbereiche der elterlichen Gewalt, in: Festschrift für Cyril Hegnauer zum 65. Geburtstag, Bern 1986, S. 33-53.

FREY Urs Peter, Das Verhältnis der Handels- und Gewerbefreiheit zu den anderen Freiheitsrechten, Diss. Zürich, Winterthur 1965.

FUCHS Eginhard (Hrsg.), Für Freiheit im Bildungswesen!, Gesprächsbeiträge und Erklärungen, Schriftenreihe des European Forum for Freedom in Education, Band 4, Frankfurt a.M. 1993.

FUCHS Eginhard/KRAMPEN Ingo (Hrsg.), Selbstverwaltung macht Schule, Fallstudien zur Freiheit im Bildungswesen, Schriften des European Forum for Freedom in Education, Band 2, Frankfurt a.M. 1992.

GEHR Karl Georg, Die Idee der Freiheit der Schule gegenüber dem Staate bei Denkern des deutschen Sprachgebietes im 19. Jahrhundert, Diss. Basel 1927, Strasbourg 1929.

GIACOMETTI Zaccaria, Das *Staatsrecht* der schweizerischen Kantone, Zürich 1941.

- Die *Freiheitsrechtskataloge* als Kodifikation der Freiheit, in: ZSR NF 74/1955 I, S. 149-171.

GIACOMETTI Zaccaria/FLEINER Fritz, Schweizerisches Bundesstaatsrecht, Zürich 1949.

GIGER Hans (Hrsg.), Bildungspolitik im Umbruch, Staatsmonopol in der Weiterbildung?, Zürich 1991.

GRAFFENRIED Anne-Marie d', L'enfant au regard des droits françois et suisse, Lausanne 1984.

GYGI Fritz, Wirtschaftsverfassungsrecht, Bern 1981.

HAAS Ludwig, Die rechtlichen Beschränkungen des Privatunterrichts nach deutschem und schweizerischem Recht, Diss. Freiburg i.Br. 1933.

HÄFELIN Ulrich, Kommentar zu *Art. 49 BV* (Stand: Juni 1991), in: Kommentar BV.

- Die *Grundrechte* in den Schweizer Kantonsverfassungen, in: Der Föderalismus und die Zukunft der Grundrechte, Wien/Köln/Graz, S. 27-49.

HÄFELIN Ulrich/HALLER Walter, Schweizerisches Bundesstaatsrecht, Ein Grundriss, 3. A., Zürich 1993.

HALLER Walter, Kommentar zur *Persönlichen Freiheit* (Stand: Mai 1987), in: Kommentar BV.
- Die akademische *Lehrfreiheit* als verfassungsmässiges Recht, in: ZSR NF 95/1976 I, S. 113-148.

HANGARTNER Yvo, Grundzüge des schweizerischen Staatsrechts, *Band II*: Grundrechte, Zürich 1982.
- Die *Freiheitsgarantie* der Bundesverfassung, in: ZBl 70/1969, S. 337-344.
- Erziehungsauftrag und Erziehungsmassstab der Schule in der Schweiz, in: Band 54 der Veröffentlichungen der Vereinigung der Deutschen Staatsrechtslehrer, Berlin/New York 1995 (Diese Arbeit konnte nicht berücksichtigt werden, da sie bei Drucklegung der Dissertation noch nicht erschienen war).

HÄNNI Peter, Die Treuepflicht im öffentlichen Dienstrecht, Freiburg (Schweiz) 1982.

HÄRING Cyrill, Grundrechte im Bereich der Bildung, Diss. Basel 1976.

HAUSHEER Heinz, Das neue Kindesrecht im Rahmen der Gesamterneuerung des Familienrechts, in: Das neue Kindesrecht, Veröffentlichungen des Schweizerischen Instituts für Verwaltungskurse an der Hochschule St.Gallen, Neue Reihe, Band 10, St.Gallen 1977, S. 13-40.

HEGNAUER Cyril, *Grundriss* des Kindesrechts und des übrigen Verwandtschaftsrechts, 3. A., Bern 1989.
- Das eheliche Kindesverhältnis, *Berner Kommentar*, Band II/2, 1. Teilband, 3. A., Bern *1964*.

HENKEL Helmut, Die elterliche Gewalt, in: Berner Tage für die juristische Praxis 1977, Das neue Kindesrecht, Bern 1978, S. 89-120.

HIS Eduard, Geschichte des neuen Schweizerischen Staatsrechts, *Band I*: Die Zeit der Helvetik und der Vermittlungsakte 1798 bis 1813, *Band II*: Die Zeit der Restauration und der Regeneration 1814-1848, *Band III*: Der Bundesstaat von 1848 bis 1914, Basel 1920, 1929 und 1938.

HOLENSTEIN Thomas, Die konfessionellen Artikel und der Schulartikel der Schweizerischen Bundesverfassung, Olten 1931.

HORNDASCH Klaus-Peter, Zum Wohle des Kindes: Möglichkeiten und Grenzen staatlicher Einwirkung auf die Erziehungsverantwortung der Eltern, Diss. Göttingen 1983.

HUBER Hans, Die Grundrechte in der Schweiz, in: BETTERMANN/NEUMANN/NIPPERDEY, Die Grundrechte, Handbuch der Theorie und Praxis der Grundrechte, Band I/1, Berlin 1966, S. 175-234.

HUG-BEELI Gustav, Wo liegt die Grenze der persönlichen Freiheit?, Die persönliche Freiheit von Schülern, Studenten, Spitalpatienten, Beamten, Lehrern, Militärdienstpflichtigen, Internierten, Zöglingen, Versorgten, Verwahrten und

Häftlingen, Zürich 1976 (zugl. Diss. Zürich).

HUNZIKER Otto (Hrsg.), Geschichte der Schweizerischen Volksschule in gedrängter Darstellung, mit Lebensabrissen der bedeutenderen Schulmänner und um das schweizerische Schulwesen besonders verdienter Personen bis zur Gegenwart, *Band I bis III*, Zürich 1881 (I und II) und 1882 (III).

JORIO Tino, Der Inhaber der elterlichen Gewalt nach dem neuen Kindesrecht, Diss. Freiburg 1977.

KÄMPFER Walter, Bestand und Bedeutung der Grundrechte im Bildungsbereich in der Schweiz (mit besonderer Berücksichtigung des Rechts auf Bildung), in: EuGRZ 1981, S. 687-704.

KARLEN Peter, Das Grundrecht der Religionsfreiheit in der Schweiz, Diss. Zürich 1987, Zürich 1988.

KAUFMANN Beat, Das Problem der Glaubens- und Überzeugungsfreiheit im Völkerrecht, Diss. Zürich 1989.

KELLER Robert, Die Unentgeltlichkeit im schweizerischen öffentlichen Recht, Diss. Zürich 1917.

KIM Kurt, Die rechtliche Organisation der Primarschule im Kanton Aargau, Diss. Bern 1935.

KLEY Andreas, Grundpflichten Privater im schweizerischen Verfassungsrecht, Diss. St.Gallen 1989.

KLOSS Heinz, Formen der Schulverwaltung in der Schweiz, Zürich/Stuttgart 1964.

KÖLZ Alfred, Neuere Schweizerische *Verfassungsgeschichte*, ihre Grundlinien vom Ende der Alten Eidgenossenschaft bis 1848, Bern 1992.

- *Quellenbuch* zur neueren Schweizerischen Verfassungsgeschichte, Vom Ende der Alten Eidgenossenschaft bis 1848, Bern 1992.

KÖLZ Alfred/MÜLLER Jörg Paul, Entwurf für eine neue Bundesverfassung vom 16. Mai 1984, Zweite überarbeitete Auflage vom 14. Juli 1990, Basel und Frankfurt am Main 1990.

KOMMENTAR ZUR BUNDESVERFASSUNG DER SCHWEIZERISCHEN EIDGENOSSENSCHAFT VOM 29. MAI 1974, hrsg. von Jean-François Aubert, Kurt Eichenberger, Jörg Paul Müller, René A. Rhinow, Dietrich Schindler, Basel/Zürich/Bern 1987 ff. (zit.: Kommentar BV).

KRAUS Dieter, Schweizerisches Staatskirchenrecht, Hauptlinien des Verhältnisses von Staat und Kirche auf eidgenössischer und kantonaler Ebene, Tübingen 1993.

KURER Martin, Die kantonalen Grundrechtsgarantien und ihr Verhältnis zum Bundesrecht, Diss. Zürich 1987.

KURTZ Dietmar, Zur Geschichte der Schulaufsicht im deutschsprachigen Raum, Diss. Tübingen 1982.

LAMPERT U., Das schweizerische *Bundesstaatsrecht*, Zürich 1918.

- Zur bundesrechtlichen Stellung der *Schule*, Olten 1918.

LANDOLT Hermann, Die Schule der Helvetik im Kanton Linth 1798-1803 und ihre Grundlagen im 18. Jahrhundert, Diss. Zürich 1973.

LORETAN Willy, Bund und Schule, Föderalismus und Bundessubventionen in Schule und Forschung, Diss. Zürich, Winterthur 1962.

LÜCHINGER Willi, Begriff und Bedeutung der Familie im schweizerischen Recht unter Berücksichtigung des Rechts des Bundes und des Kantons Zürich, Zürich 1987 (zugl. Diss. Zürich).

LUKSCH Hans, Lehrerbildung und Schulaufsicht: Die Entwicklung des deutschen und des schweizerischen Elementarschulwesens und der Prozess der Bildungsexpansion, Frankfurt a.M. 1986.

MAERKI Hildegard, Das Prinzip des obligatorischen unentgeltlichen und genügenden Primarunterrichts gemäss Art. 27 der schweizerischen Bundesverfassung, Diss. Zürich, Wimmis 1947.

MAHON P., Kommentar zu *Art. 34^{quinquies} BV* (Stand: Oktober 1992), in: Kommentar BV.

MARSCHALL Josef, Das Prinzip der Konfessionslosigkeit der öffentlichen Schulen in der Bundesverfassung, Diss. Zürich, Bern 1948.

MARTI Hans, Die Handels- und Gewerbefreiheit nach den neuen Wirtschaftsartikeln, Bern 1950.

MARTIN William, La liberté d'enseignement en Suisse, Diss. Genf 1910.

MEIER-SCHATZ Christian J., Die Rechte des Kindes im erzieherischen Umfeld, in: Kinderheim Bachtelen, Grenchen (Hrsg.), 100 Jahre im Dienst von Kindern, Derendingen 1992, S. 65-97.

MONTANDON Cléopâtre/TROUTOT Pierre-Yves, La division du travail éducatif entre les familles et l'école, in: FLEINER-GERSTER Thomas/GILLIAND Pierre/LÜSCHER Kurt (Hrsg.), Familien in der Schweiz, Freiburg (Schweiz) 1991, S. 209-223.

MOOS Paul von, Stellung des Bundes zur Volksschule, Diss. Zürich 1912, Stans 1913.

MÖSCH Johannes, Der Schulvogt, Der Kampf für und gegen ein eidgenössisches, zentralistisches Primarschulgesetz 1882, Olten 1962.

MÜLLER Arthur, Schule und Schulbenutzer, eine Untersuchung der gegenseitigen Beziehungen unter besonderer Berücksichtigung des aargauischen Rechts, Diss. Zürich, Aarau 1978.

MÜLLER Georg, Zum Verhältnis von Verfassung, Familienpolitik und Familienrecht, in: Festschrift für Cyril Hegnauer zum 65. Geburtstag, Bern 1986, S. 231-249.

MÜLLER Jörg-Paul, Kommentar zu *Art. 55 BV* (Stand: April 1986), in: Kommentar BV.
- Kommentar zur *Meinungsfreiheit* (Stand: April 1986), in: Kommentar BV.
- *Einleitung* zu den Grundrechten (Stand: April 1987), in: Kommentar BV.
- Die *Grundrechte* der schweizerischen Bundesverfassung, Bern 1991.
- *Elemente* einer Schweizerischen Grundrechtstheorie, Bern 1982.

MÜLLER Max, Die Lehr- und Lernfreiheit, Versuch einer systematisch-historischen Darstellung mit besonderer Berücksichtigung der französischen, deutschen und schweizerischen Verhältnisse, Diss. Zürich 1911.

MÜLLER-FREIENFELS Wolfram, "Neues" Familienrecht, in: Festschrift für Cyril Hegnauer zum 65. Geburtstag, Bern 1986, S. 251-288.

MÜNDER Johannes, Die *Kindererziehung* in der Familie nach dem Modell des Bürgerlichen Rechts und ihre gesellschaftliche Bedeutung, Diss. Regensburg 1972.

NÄF Martin, Alternative Schulformen in der Schweiz, Informationen - Ideen - Erfahrungen, Zürich 1988.

NONNENBERGER Reiner, Die steuerlichen Besonderheiten gemeinnütziger privater Schulen unter besonderer Berücksichtigung der Waldorfschulen, Diss. Köln 1984.

OBERHOLZER Kilian, Die Gesetzgebung über das Volksschulwesen im Kanton St.Gallen, Diss. Freiburg 1964, Uznach 1966.

OECD, Reviews of National Policies for Education, *Switzerland*, Paris 1991.
- *Education* in OECD Countries 1987-88, A Compendium of Statistical Information, 1990 Special Edition, Paris 1990.
- Public Educational *Expenditure*, Costs and Financing: An Analysis of Trends 1970-1988, Paris 1992.

PETITJEAN Gerald, Die christliche Grundlegung der Schule, Diss. Basel 1972.

PLOTKE Herbert, Schweizerisches *Schulrecht*, Bern/Stuttgart 1979.
- *Anordnungen* der Schule: Juristische Aspekte, in: Schulische Anordnungen in der Volksschule, Veröffentlichungen des Schweizerischen Instituts für Verwaltungskurse an der Hochschule St.Gallen (Band 27), St.Gallen 1987, S. 9-26.
- Rechtliche *Massnahmen* gegen unseriöse private Ausbildungsstätten auf Hochschulstufe und gegen wertlose oder täuschende akademische Titel, hrsg. von der Schweizerischen Konferenz der kantonalen Erziehungsdirektoren (EDK), Bern 1990.
- Schulrechtliche *Probleme* in der Schweiz, in: RdJB 29/1981, S. 12-24.
- *Bildung* und Schule in den kantonalen Verfassungen, in: Strukturen des schweizerischen Bildungswesens, Beiheft zur ZSR, Heft 17, Basel 1994, S. 5-117.

PORTNER Carlo, Die Anstaltsgewalt öffentlicher Schulen mit Beispielen aus dem zürcherischen Recht, Diss. Zürich 1979.

QUAMBUSCH Erwin, Die Persönlichkeit des Kindes als Grenze der elterlichen Gewalt, Diss. Freiburg i.Br. 1973.

RÄBER Ludwig, Die Elternrechte in der Optik des Vatikanum II und der politischen Wirklichkeit in der Schweiz, in: Civitas 22./111. Jahrgang 1966/67, S. 857-874.

RECHTSTEINER Werner A., Die Volksschule im Bundesstaat, Verfassungsgrundlagen und Verwaltungsorganisation der allgemeinbildenden Pflichtschulen in Österreich, in der Bundesrepublik Deutschland und in der Schweiz, Diss. Zürich 1978.

RECORDON Luc, Le statut de l'élève en droit fédéral et vaudois, Diss. Lausanne 1987, Lausanne 1988.

RHINOW R., Kommentar zu *Art. 31 BV* (Stand: Juni 1988), in: Kommentar BV.

RICHLI Paul, Grundrechtliche Aspekte der Tätigkeit von Lehrkräften, in: AJP 6/1993, S. 673-687.

ROSSINELLI Michel, Les libertés non écrites, Diss. Genf, Lausanne 1987.

SALADIN Peter, *Rechtsbeziehungen* zwischen Eltern und Kindern als Gegenstand des Verfassungsrechts, in: Familienrecht im Wandel, Festschrift für Hans Hinderling, Basel 1976, S. 175-213.

- Grundrechte der *Familie*; Grundrechte in der Familie, in: SCHNYDER Bernhard (Hrsg.), Familie - Herausforderung der Zukunft, Symposium an der Universität Freiburg Schweiz vom 26.-28.11.1981, Freiburg 1982, S. 141-164.

SALADIN Peter/PLOTKE Herbert, Bildungsrecht, in: EICHENBERGER Kurt u.a. (Hrsg.), Handbuch des Staats- und Verwaltungsrechts des Kantons Basel-Stadt, Basel/Frankfurt a.M. 1984, S. 605-653.

SANTINI-AMGARTEN Bruno/BOLLINGER Max, Privatschulen und staatliche Leistungen, Bestandesaufnahme gesetzlicher kantonaler Bestimmungen und Thesen der Arbeitsgemeinschaft Schweizerischer Privatschulen, Beiheft 3 zu BILDUNG, hrsg. von der Arbeitsstelle für Bildungsfragen der Schweizer Katholiken, Luzern 1990.

SCHEIWILER OSB Iso P., Die religiöse Erziehung des ausserehelichen Kindes nach schweizerischem Privatrecht, Diss. Freiburg 1959.

SCHMID Josef, Die rechtliche Stellung der Privatschulen in der Schweiz, Diss. Freiburg i.Ue. 1928.

SCHÖN Markus, Die Zulassung zu anstaltlich genutzten öffentlichen Einrichtungen aus verfassungsrechtlicher Sicht, Diss. Zürich 1985.

SPIELER Fridolin, Die rechtliche Stellung der Eltern in der religiösen Kindererziehung nach schweizerischem Recht, Diss. Basel 1951.

STEINAUER Paul-Henri, Le droit de la famille, in: SCHNYDER Bernhard (Hrsg.), Familie - Herausforderung der Zukunft, Symposium an der Universität Freiburg Schweiz vom 26.-28.11.1981, Freiburg 1982, S. 219-239.

STETTLER Martin, Das Kindesrecht, in: Schweizerisches Privatrecht, Band III/2, hrsg. von GROSSEN Jacques-Michel, Basel 1992.

TSCHÜMPERLIN Urs, Die elterliche Gewalt in bezug auf die Person des Kindes (Art. 301 bis 303 ZGB), Freiburg 1989 (zugl. Diss. Freiburg 1988).

TUOR Peter/SCHNYDER Bernhard, Das Schweizerische Zivilgesetzbuch, 10. A., Zürich 1986.

UNESCO, statistical yearbook 1993, Paris 1993.

VALLENDER Klaus A., Wirtschaftsfreiheit und begrenzte Staatsverantwortung, Grundzüge des Wirtschaftsverfassungs- und Wirtschaftsverwaltungsrechts, 2. A., Bern 1991.

WEDER Ulrich, Die innenpolitische Neutralität des Staates, Ihre Bedeutung in der Schweiz, Diss. Zürich 1980, Zürich 1981.

WEISSENRIEDER Benedikt, Die Schulhoheit, Grundlagen und Ausgestaltungsformen des staatlichen Schulrechts, Freiburg 1953.

WILDHABER Luzius, Professor *Pfürtner* und die Lehrfreiheit, in: ZSR NF 91/1972 I, S. 395-416.

WYSS Thomas, Die dienstrechtliche Stellung des Volksschullehrers im Kanton Zürich, Diss. Zürich 1986.

ZIEGLER Karl Rudolf, Die öffentlichrechtliche Stellung der privaten Schulen in der Schweiz, Diss. Zürich 1944, Aarau 1945.

ZÜST Daniel, Pressefreiheit in Schule und Hochschule, unter besonderer Berücksichtigung der Verhältnisse im Kanton Bern, Diss. Zürich 1980.

2. DEUTSCHE LITERATUR

ARBEITSGRUPPE BILDUNGSBERICHT am Max-Planck-Institut für Bildungsforschung, Das Bildungswesen in der Bundesrepublik Deutschland, Ein Überblick für Eltern, Lehrer und Schüler, 3. A., Reinbek bei Hamburg 1990.

AVENARIUS Hermann/JEAND'HEUR Bernd, Elternwille und staatliches Bestimmungsrecht bei der Wahl der Schullaufbahn, Berlin 1992.

BAHRO Horst/BECKER Willi, Bildung und Erziehung, Wissenschaft und Forschung in der Bundesrepublik Deutschland, Wissenschaftspolitik (Beiheft 21), 1979.

BAUMGARTE Gisela, Das Elternrecht im Bonner Grundgesetz, Diss. Köln 1966.

BEIZKE Günther, Familienrecht, 24. A., München 1985.

BESSOTH Richard/KILLAIT Berthold/SCHMIDT Hans-Joachim, Schulleitung - ein Lernsystem, Loseblattsammlung in 4 Bänden, Neuwied 1978 ff.

BLAU Klaus, Bedeutung und Probleme der Privatschulfreiheit, in: JA 1984, S. 463-467.

BÖCKENFÖRDE Ernst-Wolfgang, Elternrecht - Recht des Kindes - Recht des Staates, Zur Theorie des verfassungsrechtlichen Elternrechts und seiner Auswirkung auf Erziehung und Schule, in: KRAUTSCHEIDT Joseph/MARRÉ Heiner, Essener Gespräche zum Thema Staat und Kirche, Band 14 (1980), S. 54-98.

CAMPENHAUSEN Axel Freiherr von, Verfassungsgarantie und sozialer Wandel - Das Beispiel von Ehe und Familie, in: Veröffentlichungen der Vereinigung der Deutschen Staatsrechtslehrer, Heft 45, Berlin 1987, S. 7-54.

CAMPENHAUSEN Axel Freiherr von/LERCHE Peter, Deutsches Schulrecht, Sammlung des Schul- und Hochschulrechts des Bundes und der Länder, Loseblattsammlung, Band I-IV, 1977 ff.

COONS John E., Freie Wahl der Schulerziehung in den USA und Deutschland - zum Prinzip "fiskalischer Neutralität" in der Privatschulsubventionierung, in: DVBl 1986, S. 386-398.

DIEDERICHSEN Uwe, Kommentar zu §§ 1297-1921 BGB, in: PALANDT Otto, Bürgerliches Gesetzbuch (Beck'sche Kurz-Kommentare, Bd. 7), 51. A., München 1992.

EISELT Gerhard, Zur *Privatschulsubventionierung*, in: DÖV 1987, S. 556-569.
- Art. 7 Abs. 5 GG im *System* des Privatschulrechts, in: DÖV 1988, S. 211-217.

ERICHSEN Hans-Uwe, *Elternrecht* und staatliche Verantwortung für das Schulwesen, in: Recht und Staat im sozialen Wandel, Festschrift für Hans-Ulrich Scupin zum 80. Geburtstag, Berlin 1983, S. 721-735.
- Elternrecht - *Kindeswohl* - Staatsgewalt, Zur Verfassungsmässigkeit staatlicher Einwirkungsmöglichkeiten auf die Kindeserziehung durch und aufgrund von Normen des elterlichen Sorgerechts und des Jugendhilferechts, Berlin 1985.

EVERS Hans-Ulrich, Die Befugnis des Staates zur Festlegung von Erziehungszielen in der pluralistischen Gesellschaft, Berlin 1979.

FALLER Hans Joachim, Bestand und Bedeutung der Grundrechte im Bildungsbereich in der Bundesrepublik Deutschland, in: EuGRZ 1981, S. 611-628.

FEHNEMANN Ursula, Die Bedeutung des grundgesetzlichen Elternrechts für die elterliche Mitwirkung in der Schule, in: AöR 105/1980, S. 529-563.

FLEIG Paul, Das Elternrecht im Bonner Grundgesetz, Freiburg i. Br. 1953.

FROWEIN Jochen Abr., Zur verfassungsrechtlichen Lage der Privatschulen unter besonderer Berücksichtigung der kirchlichen Schulen, Berlin/New York 1979.

FÜSSEL Hans-Peter, Elternrecht und Sonderschule, Ein Beitrag zum Umfang des Elternrechts in der Schule für Lernbehinderte, Berlin 1987.

GERNHUBER Joachim, Lehrbuch des Familienrechts, 3. A., München 1980.

GILLES Peter/HEINBUCH Holger/GOUNALAKIS Georgios, Handbuch des Unterrichtsrechts, München 1988.

GOLDSCHMIDT Dietrich/ROEDER Peter Martin (Hrsg.), Alternative Schulen?, Gestalt und Funktion nichtstaatlicher Schulen im Rahmen öffentlicher Bildungssysteme, Stuttgart 1979.

HÄBERLE Peter, Die Verfassungsbewegung in den fünf neuen Bundesländern Deutschlands 1991 bis 1992, in: JöR, NF 42 (1994), S. 149-324.

HARDORP Benediktus, Neue Massstäbe in der staatlichen Finanzhilfe für Freie Schulen?, in: MÜLLER Friedrich, Zukunftsperspektiven, S. 191-240.

HECKEL Hans, *Einführung* in das Erziehungs- und Schulrecht, 2. A., Darmstadt 1986.

- Deutsches *Privatschulrecht*, Berlin/Köln 1955.

HECKEL Hans/AVENARIUS Hermann, Schulrechtskunde, 6. A., Neuwied und Darmstadt 1986.

HEMMRICH Ulfried, Kommentar zu Art. 7 GG, in: KUNIG Philip (Hrsg.), Grundgesetz-Kommentar, Band 1 (Präambel bis Art. 20), 4. Auflage, München 1992.

HEPPES Georg, Die Grenzen des Elternrechts, Darmstadt 1955.

HINZ Manfred, Kommentar zu §§ 1616-1740g BGB, in: Münchner Kommentar zum Bürgerlichen Gesetzbuch, Band 8 (Familienrecht II), 3. A., München 1992.

HORNDASCH Klaus-Peter, Zum Wohle des Kindes: Möglichkeiten und Grenzen staatlicher Einwirkung auf die Erziehungsverantwortung der Eltern, Diss. Göttingen 1983.

ISENSEE Josef/KIRCHHOF Paul (Hrsg.), Handbuch des Staatsrechts der Bundesrepublik Deutschland, Band IV, Freiheitsrechte, Heidelberg 1989.

JACH Frank-Rüdiger, *Schulvielfalt* als Verfassungsgebot, Berlin 1991.

- Vom staatlichen *Schulsystem* zum öffentlichen Schulwesen, Erziehungsziele und Persönlichkeitsentfaltung in der Schule, Diss. Bremen 1988.

- *Elternrecht*, staatlicher Schulerziehungsauftrag und Entfaltungsfreiheit des Kindes, in: KJ 1984, S. 85-94.

JANSON Bernd, Die Pflicht des Staates zur Bereitstellung von Ausbildungsstätten und ihre Grenzen, Speyer 1980.

JEAND'HEUR Bernd, Methodische Analyse, freiheitsrechtliche und leistungsrechtliche Konsequenzen des Finanzhilfe-Urteils, in: MÜLLER Friedrich, Zukunftsperspektiven, S. 67-113.

KEIM Wolfgang, Schule und Religion, Die religiös-weltanschauliche Neutralität des Staates und die Verbreitung religiösen Gedankengutes mit Hilfe des Schulwesens in den Vereinigten Staaten von Amerika und in Deutschland, 2. A., Hamburg 1969.

KLEIN Franz, Kommentar zu *Art. 6 und 7 GG*, in: SCHMIDT-BLEIBTREU Bruno/KLEIN Franz, Kommentar zum Grundgesetz, 7. A., Neuwied 1990.

KNUDSEN Holger (Hrsg.), Schulrecht, Ergänzbare Sammlung schul- und prüfungsrechtlicher Entscheidungen, neue Folge (SPE n.F.), Loseblattsammlung, Neuwied 1985 ff.

KOHL Jürgen, Schule und Eltern in der Rechtsprechung des Bundesverfassungsgerichts, in: Festschrift für Hans Joachim Faller, München 1984, S. 201-215.

KORTE Rainer, Die "Freie Schule" in der Bundesrepublik Deutschland, Von der traditionellen Privatschule zur öffentlichen nichtstaatlichen Schule, Diss. Essen 1974.

KREMER Bruno, Der Einfluss des Elternrechts aus Art. 6 Abs. II, III GG auf die Rechtmässigkeit der Massnahmen des JGG, Diss. Mainz 1984.

LECHELER Helmut, Schutz von Ehe und Familie, in: ISENSEE/KIRCHHOF, S. 211-264.

LEHMANN Friedrich, Das Elternrecht in der modernen Volksschule, München 1969.

LEIBHOLZ Gerhard/RINCK Hans-Justus/HESSELBERGER Dieter, Grundgesetz für die Bundesrepublik Deutschland, Kommentar an Hand der Rechtsprechung des Bundesverfassungsgerichts, Band I (Art. 1-19), 7. A., Köln 1993; *Art. 6 GG* besteht aus der Lieferung 16 (Mai 1989) bis 25 (Oktober 1993); *Art. 7 GG* besteht aus der Lieferung 16 (Mai 1989) und 19 (Oktober 1990).

LEMPER Lothar Theodor, Privatschulfreiheit, Eine Untersuchung zur Genese, Praxis und Chance eines Grundrechts, Diss. Köln 1984.

LEMPER Lothar Theodor/WESTPHALEN Raban Graf von, Privatschulen im öffentlichen Schulwesen, Melle 1982.

LINK Christoph, Staatliche Subventionierung konfessioneller Privatschulen, in: Verantwortlichkeit und Freiheit, Festschrift für Willi Geiger zum 80. Geburtstag, Tübingen 1989, S. 600-619.

LISKE Klaus, Elternrecht und staatliches Schulerziehungsrecht, Diss. Münster 1966.

MARGIES Dieter, Elternrecht und Schule, in: TWELLMANN Walter (Hrsg.), Handbuch Schule und Unterricht, Band 7.2, Düsseldorf 1985, S. 1240-1255.

MATTERN Cornelia, Schulvielfalt: Ökonomisch, in: RdJB 1986, S. 307-330.

MAUNZ Theodor, Kommentar zu *Art. 6 und 7 GG*, Lieferung 18, September 1980, in: MAUNZ Theodor/DÜRIG Günther u.a., Kommentar zum Grundgesetz, Band I (Art. 1-12), München 1993.
- Das *Elternrecht* als Verfassungsproblem, in: Festschrift für Ulrich Scheuner zum 70. Geburtstag, Berlin 1973, S. 419-430.
- *Staat* und Schule im Verfassungsrecht, in: Für Kirche und Recht, Festschrift für Johannes Heckel zum 70. Geburtstag, Köln/Graz 1959, S. 1-12.

MAURER Manfred, Das Elternrecht und die Schule, Diss. München 1962.

MAY Hermann (Hrsg.), Handbuch zur ökonomischen Bildung, 2. A., München 1993.

MEYER-SEVENICH Maria, Elternrecht und Kindesrecht, Frankfurt a.M. 1954.

MICHALSKI Lutz, Kommentar zu §§ *1616-1689b BGB*, in: WESTERMANN Harm Peter (Hrsg.), Handkommentar zum Bürgerlichen Gesetzbuch, 8. A., 2. Band, Münster 1989.

MIEHE Olaf, Erziehung unter dem Grundgesetz, in: Rechtsentwicklung unter dem Bonner Grundgesetz, hrsg. von Reinhard Mussgnug, Heidelberg 1990, S. 249-269.

MODEREGGER Martin, Der verfassungsrechtliche Familienschutz und das System des Einkommenssteuerrechts, Baden-Baden 1991.

MORITZ Heinz Peter, Die (zivil-)rechtliche Stellung der Minderjährigen und Heranwachsenden innerhalb und ausserhalb der Familie, Berlin 1989.

MÜNCH Eva Marie von, Kommentar zu Art. 6 GG, in: KUNIG Philip (Hrsg.), Grundgesetz-Kommentar, Band 1 (Präambel bis Art. 20), 4. A., München 1992.

MÜLLER Friedrich, Die *Positivität* der Grundrechte, Fragen einer praktischen Grundrechtsdogmatik, 2. A., Berlin 1990.

- Das Recht der Freien *Schule* nach dem Grundgesetz, 2. A., Berlin 1982.
- ders. (Hrsg.), *Zukunftsperspektiven* der Freien Schule, Dokumentation, Diskussion und praktische Folgen des Finanzhilfe-Urteils des Bundesverfassungsgerichts, Berlin 1988.

MÜLLER Friedrich/PIEROTH Bodo/FOHMANN Lothar, Leistungsrechte im Normbereich einer Freiheitsgarantie untersucht an der staatlichen Förderung Freier Schulen, Berlin 1982.

MÜNDER Johannes, Kommentar zu §§ *1616-1711 BGB*, in: Reihe Alternativkommentare, Kommentar zum Bürgerlichen Gesetzbuch, Band 5 (Familienrecht), Neuwied 1981.

NEVERMANN Knut/RICHTER Ingo (Hrsg.), Verfassung und Verwaltung der Schule, Eine Auswahl rechts- und sozialwissenschaftlicher Beiträge, Stuttgart 1979.

OPPERMANN Thomas, *Schule* und berufliche Ausbildung, in: ISENSEE/KIRCHHOF, S. 329-368.

- Nach welchen rechtlichen Grundsätzen sind das öffentliche Schulwesen und die Stellung der an ihm Beteiligten zu ordnen?, *Gutachten* C für den 51. Deutschen Juristentag, in: Verhandlungen des einundfünfzigsten Deutschen Juristentages, Band I, Teil C, Stuttgart 1976.
- *Bildung*, in: MÜNCH Ingo von (Hrsg.), Besonderes Verwaltungsrecht, 8. A., Berlin/New York 1988, S. 773-834.
- *Kulturverwaltungsrecht*, Bildung - Wissenschaft - Kunst, Tübingen 1969.

OSSENBÜHL Fritz, Das elterliche *Erziehungsrecht* im Sinne des Grundgesetzes, Berlin 1981.
- *Schule* im Rechtsstaat, in: DÖV 1977, S. 801-812.

PESCHEL-GUTZEIT Lore Maria, Kommentar zu §§ *1626-1630 BGB*, in: J. von STAUDINGERS Kommentar zum Bürgerlichen Gesetzbuch mit Einführungsgesetz und Nebengesetzen, 12. A., Berlin 1992.

PETERS Hans, Elternrecht, Erziehung, Bildung und Schule, in: BETTERMANN Karl August/NIPPERDEY Hans Carl/SCHEUNER Ulrich (Hrsg.), Die Grundrechte, Handbuch der Theorie und Praxis der Grundrechte, Bd. IV/1, Berlin 1960, S. 369-445.

PIEROTH Bodo, Kommentar zu *Art. 6 und 7 GG*, in: JARASS Hans D./PIEROTH Bodo, Grundgesetz für die Bundesrepublik Deutschland, Kommentar, 2. A., München 1992.

PIEROTH Bodo/SCHUPPERT Gunnar Folke (Hrsg.), Die staatliche Privatschulfinanzierung vor dem Bundesverfassungsgericht, Eine Dokumentation, Baden-Baden 1988.

PLÜMER Egon, Verfassungsrechtliche Grundlagen und Rechtsnatur der Privatschulverhältnisse, Hamburg 1970.

REISERER Kerstin, Das elterliche Erziehungsrecht und die Eigenentscheidung des heranwachsenden Minderjährigen im deutschen und französischen Recht, Diss. Regensburg 1990.

REUTER Dieter, Kindesgrundrechte und elterliche Gewalt, Berlin 1968.

RICHTER Ingo, Kommentar zu *Art. 6 und 7 GG*, in: WASSERMANN Rudolf (Hrsg.), Reihe Alternativkommentare, Kommentar zum Grundgesetz für die Bundesrepublik Deutschland, Band 1 (Art. 1-37), 2. A., Neuwied 1989.
- *Elternrecht*, in: NEVERMANN/RICHTER, S. 348-373.
- *Bildungsverfassungsrecht*, Studien zum Verfassungswandel im Bildungswesen, Stuttgart 1973.

RICHTER Ingo/GROH Bernd-Martin, Privatschulfreiheit und gemeinsame Grundschule, in: RdJB 1989, S. 276-299.

SCHICK Hermann, Elternrecht und Baden-Württembergisches Schulverwaltungsgesetz, Diss. Freiburg i.Br. 1968.

SCHLIE Hans-Walter, Elterliches Erziehungsrecht und staatliche Schulaufsicht im Grundgesetz, Ein Beitrag zum Verhältnis elterlicher und staatlicher Verantwortung für das Kind und die Gemeinschaft, Frankfurt a.M. 1986.

SCHMID Viola, Die Familie in Art. 6 des Grundgesetzes, Berlin 1989.

SCHMIDT GLAESER Walter, Das elterliche Erziehungsrecht in staatlicher Reglementierung, Bielefeld 1980.

SCHMITT-KAMMLER Arnulf, Elternrecht und schulisches Erziehungsrecht nach dem Grundgesetz, Berlin 1983.

SEIPP Paul/TENHOF Dieter, Die Privatschule, Loseblattsammlung in 2 Ordnern, Neuwied 1964 bis 1981 [Fortsetzung durch VOGEL/KNUDSEN, BEFT].

SIEVERING Ulrich O. (Hrsg.), Schulrecht-Schulpraxis, Schule in der Bundesrepublik Deutschland und der demokratische Rechtsstaat als Grenze pädagogischen Handlungsspielraums, Frankfurt a.M. 1984.

STARCK Christian, Freiheitlicher *Staat* und staatliche Schulhoheit, in: KRAUTSCHEIDT Joseph/MARRÉ Heiner, Essener Gespräche zum Thema Staat und Kirche, Band 9 (1975), S. 9-34.

- Staatliche *Schulhoheit*, pädagogische Freiheit und Elternrecht, in: DÖV 32/1979, S. 269-275.

- Die kirchlichen *Privatschulen* im Rahmen der verfassungsrechtlichen Normen über das Schulwesen, in: Staat, Kirche, Wissenschaft in einer pluralistischen Gesellschaft, Festschrift zum 65. Geburtstag von Paul Mikat, Berlin 1989, S. 665-677.

STAUPE Jürgen, Schulrecht von A-Z, 3. A., München 1991.

STEIN Ekkehart/ROELL Monika, Handbuch des Schulrechts, München 1988.

STERN Klaus, Das Staatsrecht der Bundesrepublik Deutschland, Band III/1: Allgemeine Lehren der Grundrechte, München 1988.

STRÄTZ Hans-Wolfgang, Kommentar zu §§ *1616-1718 BGB*, in: SOERGEL, Bürgerliches Gesetzbuch mit Einführungsgesetz und Nebengesetzen (Kohlhammer-Kommentar), Band 8 (Familienrecht II), 12. A. (Stand: Frühjahr 1987), Stuttgart 1987.

SURWALD Wilhelm, Das Erziehungsrecht der Eltern und des Staates nach dem Grundgesetz, Diss. Tübingen 1961.

TOPSCH Wilhelm (Hrsg.), Unterricht in der Grundschule, Bochum 1982.

TWELLMANN Walter (Hrsg.), Handbuch Schule und Unterricht, Band 1 bis 8.2, Düsseldorf 1981 ff.

VOGEL Johann Peter, *Folgerungen* für die Praxis der Länder, der Schulträger und Schulen, in: MÜLLER Friedrich, Zukunftsperspektiven, S. 115-145.

- Das Recht der *Schulen* und Heime in freier Trägerschaft, 2. A., Neuwied; Kriftel/Ts.; Berlin 1991.

- Schulen in freier Trägerschaft als Beispiele einer *Balance* von Autonomie und öffentlicher Verantwortung, in: Bildung und Erziehung 44/1991, S. 427-435.

VOGEL Johann Peter/KNUDSEN Holger, Bildung und Erziehung in freier Trägerschaft (BEFT), Das Recht der Privatschulen, Kindergärten und Heime, Loseblattsammlung in 4 Ordnern, Neuwied und Darmstadt 1981 ff.

WEISHAUPT Horst/WEISS Manfred/RECUM Hasso von/HAUG Rüdiger, Perspektiven des Bildungswesen der Bundesrepublik Deutschland: Rahmenbedingungen, Problemlagen, Lösungsstrategien, Baden-Baden 1988.

ZACHER Hans F., Elternrecht, in: ISENSEE/KIRCHHOF, S. 265-328.

3. VÖLKERRECHTLICHE LITERATUR

BANNWART-MAURER Elena, Das Recht auf Bildung und das Elternrecht, Art. 2 des ersten Zusatzprotokolles zur Europäischen Menschenrechtskonvention, Diss. Zürich 1975.

BRÄNDLE Dieter, Vorbehalte und auslegende Erklärungen zur europäischen Menschenrechtskonvention, Diss. Zürich 1978.

BRÖTEL Achim, Der Anspruch auf Achtung des Familienlebens, Baden-Baden 1991.

CASTBERG Frede, The European Convention on Human Rights, edited by Torkel Opsahl and Thomas Ouchterlony, Leiden 1974.

DE WITTE Bruno/POST Harry, Educational and Cultural Rights, in: A. Cassese/A. Clapham/J. Weiler (Hrsg.), Human Rights and the European Community: The Substantive Law, Baden-Baden 1991, S. 123-176.

ERMACORA Felix, Menschenrechte in der sich wandelnden Welt, Band I: Historische Entwicklung der Menschenrechte und Grundfreiheiten, Wien 1974.

FLORETTA Hans/ÖHLINGER Theo, Die Menschenrechtspakte der Vereinten Nationen, Ein Beitrag zum Stand der Grundrechte in Österreich, insbesondere zu den sozialen Grundrechten, Wien 1978.

FROWEIN Jochen A./PEUKERT Wolfgang, Europäische Menschenrechtskonvention, EMRK-Kommentar, Kehl am Rhein/Strassburg/Arlington 1985.

GURADZE Heinz, Die Europäische Menschenrechtskonvention, Kommentar, Berlin/Frankfurt a.M. 1968.

HAEFLIGER Arthur, Die Europäische Menschenrechtskonvention und die Schweiz, Die Bedeutung der Konvention für die schweizerische Rechtspraxis, Bern 1993.

HALLER-ZIMMERMANN Margareta, Die UNO-Menschenrechtskonventionen und die rechtliche Stellung der Frau in der Schweiz, Diss. Zürich 1973.

HORNYIK Brigitte, Artikel 2 1. ZP, in: Ermacora/Nowak/Tretter (Hrsg.), Die Europäische Menschenrechtskonvention in der Rechtsprechung der österreichischen Höchstgerichte, Wien 1983, S. 631-648.

JENKNER Siegfried (Hrsg.), Internationale Erklärungen und Übereinkommen zum Recht auf Bildung und zur Freiheit der Erziehung (Deutsch/English), Schriftenreihe des European Forum for Freedom in Education, Band 1, Frankfurt a.M. 1992.

KÄLIN Walter, Die Bedeutung der UNO-Menschenrechtspakte für die schweizerische Menschenrechtspolitik, in: Kälin/Malinverni/Nowak, S. 65-88.

KÄLIN Walter/MALINVERNI Giorgio/NOWAK Manfred, Die Schweiz und die UNO-Menschenrechtspakte, Basel/Frankfurt am Main 1991.

LAWSON Edward, Encyclopedia of Human Rights, New York/Philadelphia/ Washington/ London 1991.

MACHACEK Rudolf, Über das Wesen der wirtschaftlichen und sozialen Grundrechte, in: MATSCHER, S. 21-74.

MALINVERNI Giorgio, Les *pactes* et la protection des droits de l'homme dans le cadre européen, in: KÄLIN/MALINVERNI/NOWAK, S. 37-63.

- Le pacte international relatif aux droits civils et politiques et le principe de l'*égalité* des sexes en droit suisse, in: Présence et actualité de la constitution dans l'ordre juridique, Mélanges offerts à la Société suisse des juristes pour son Congrès 1991 à Genève, Basel/Frankfurt a.M. 1991, S. 153-166.

MATSCHER Franz (Hrsg.), Die Durchsetzung wirtschaftlicher und sozialer Grundrechte, Eine rechtsvergleichende Bestandesaufnahme, Kehl am Rhein/Strassburg/Arlington 1991.

MOWER Glenn A. Jr., International Cooperation for Social Justice, Global and Regional Protection of Economic/Social Rights, Westport Connecticut, 1985.

MÜLLER Jörg Paul, Soziale *Grundrechte* in der Verfassung?, in: ZSR NF 92/1973 II, S. 687-964.

- Die *Schweiz* und die Menschenrechtskonventionen der UNO und ihre Spezialorganisationen, in: A. Riklin/H. Haug/H.C. Binswanger, Handbuch der schweizerischen Aussenpolitik, Bern/Stuttgart 1975, S. 343-359.

MÜNGER Kurt, Bürgerliche und politische Rechte im Weltpakt der Vereinten Nationen und im schweizerischen Recht, Diss. Zürich 1973.

NOWAK Manfred, Die *Justitiabilität* wirtschaftlicher, sozialer und kultureller Rechte, in: MATSCHER, S. 387-391.

- *Inhalt*, Bedeutung und Durchsetzungsmechanismen der beiden UNO-Menschenrechtspakte, in: KÄLIN/MALINVERNI/NOWAK, S. 3-35.

- UNO-Pakt über bürgerliche und politische Rechte und Fakultativprotokoll, CCPR-*Kommentar*, Kehl am Rhein/Strassburg/Arlington 1989.

PALM-RISSE Martina, Der völkerrechtliche Schutz von Ehe und Familie, Berlin 1990 (zugl. Diss. Bonn 1989/90).

PARTSCH Karl Josef, Menschenrechte, allgemein (*Kap. 73*), in: Wolfrum Rüdiger (Hrsg.), Handbuch Vereinte Nationen, 2. A., München 1991, S. 544 ff.

- Menschenrechtspakte und ihre Durchführungsorgane (*Kap. 78*), in: Wolfrum Rüdiger (Hrsg.), Handbuch Vereinte Nationen, 2. A., München 1991, S. 583 ff.

- *Kommentar* zu Art. 55 (c) UNO-Charta, in: SIMMA Bruno (Hrsg.), Charta der Vereinten Nationen, Kommentar, München 1991.

- *Freedom* of Conscience and Expression, and Political Freedoms, in: HENKIN Louis (Hrsg.), The International Bill of Rights, The Covenant on Civil and Political Rights, New York 1981, S. 209-245.

RICHLI Paul/MASCELLO Bruno, Zur Privatschulfreiheit in der Schweiz - unter besonderer Berücksichtigung völkerrechtlicher Verträge, in: Strukturen des schweizerischen Bildungswesens, Beiheft zur ZSR, Heft 17, Basel 1994, S. 119-152.

ROBERTSON A. H., The United Nation Covenant on Civil and Political Rights and the European Convention on Human Rights, in: The British Year Book of International Law, 1968-69, London/New York/Toronto 1970, S. 21-48.

ROUILLER Claude, Le Pacte international relatif aux droits civils et politiques, in: ZSR NF 111/1992 I, S. 107-133 [vgl. auch ders., Il Patto internationale sui diritti civili e politici, in: Giurisdizione costitutionale e Giurisdizione amministrativa, a cura di BOLLA Stefano/ROUILLER Claude, Zürich, 1992, S. 63-84].

SCHERF Manfred, Die Umsetzung des Internationalen Paktes über wirtschaftliche, soziale und kulturelle Rechte vom 19. Dezember 1966 in die Rechtsordnung der Bundesrepublik Deutschland, Frankfurt a.M. 1990.

SIEGHART Paul, Die geltenden Menschenrechte, Kehl am Rhein/Strassburg/ Arlington 1988.

SIMMA Bruno (Hrsg.), The implementation of the International Covenant on Economic, Social and Cultural Rights, in: MATSCHER, S. 75-94.

SIMMA Bruno/BENNIGSEN Sabine, Wirtschaftliche, soziale und kulturelle Rechte im Völkerrecht, Der Internationale Pakt von 1966 und sein Kontrollverfahren, in: BAUR J.F./HOPT K.J./MAILÄNDER K.P. (Hrsg.), Festschrift für Ernst Steindorff, Berlin/New York 1990, S. 1477-1502.

SOHN Louis B./BUERGENTHAL Thomas, International Protection of Human Rights, Indianapolis/Kansas City/New York 1973.

TOMUSCHAT Christian, Menschenrechte, Individualbeschwerde (*Kap. 74*), in: Wolfrum Rüdiger (Hrsg.), Handbuch Vereinte Nationen, 2. A., München 1991, S. 551 ff.

- Menschenrechte Staatenberichte (*Kap. 75*), in: Wolfrum Rüdiger (Hrsg.), Handbuch Vereinte Nationen, 2. A. München 1991, S. 559 ff.

TSCHERNING Dieter, Der Standard der Menschenrechte nach dem Menschenrechtspakt der Vereinten Nationen im Vergleich zur Europäischen Menschenrechtskonvention, Diss. Mainz 1971.

TÜRK Danilo, The United Nations and the realization of economic, social and cultural rights, in: MATSCHER, S. 95-121.

UNICEF, Die Konvention über die Rechte des Kindes und ihre Auswirkungen auf die schweizerische Rechtsordnung, erarbeitet von HAUSAMMANN Christiana, Bern 1991.

UNITED NATIONS, Manual on Human Rights Reporting, Under Six Major International Human Rights Instruments, New York 1991.

VAN DIJK P./VAN HOOF G.J.H., Theory and Practice of the European Convention on Human Rights, second Edition, Deventer (Netherlands) 1990.

VELU Jacques/RUSEN Ergec, La convention européenne des droits de l'homme, Extrait du Répertoire pratique du droit belge Complément, tome VII, Brüssel 1990.

VILLIGER Mark E., Handbuch der Europäischen Menschenrechtskonvention (EMRK), unter besonderer Berücksichtigung der schweizerischen Rechtslage, Zürich 1993.

WAGNER Wolfgang, Die Verwirklichung der Menschenrechte im Pakt der Vereinten Nationen über bürgerliche und politische Rechte vom 16. Dezember 1966, im Grundvertrag und den ihn begleitenden Nebeninstrumenten, Frankfurt a.M./Bern 1977.

WEBER Anna Barbara, Die Familie im Völkerrecht, Diss. Zürich 1986.

WILDHABER Luzius, Dans quelle *mesure* le droit à l'instruction a-t-il subi une evolution?, in: Quatrième colloque international sur la convention européenne des droits de l'homme (5-8 novembre 1975), Strasbourg 1976.

- Die dänischen Sexual-Erziehungs-Fälle (Kjeldsen, Busk Madsen und Pedersen c. Dänemark), *Anmerkungen* zum Urteil des Europäischen Gerichtshofes für Menschenrechte, in: EuGRZ 1976, S. 493-496).

- *Erfahrungen* mit der Europäischen Menschenrechtskonvention, in: ZSR NF 98/1979 II, S. 229-326.

- Right to *Education* and Parental Rights, in: The European System for the Protection of Human Rights, hrsg. von R.St.J. Macdonald/F. Matscher/H. Petzold, Dordrecht (The Netherlands) 1993, S. 531-551.

4. *WEITERE RECHTSVERGLEICHENDE LITERATUR*

BERLINGO Salvatore, Libertà d'istruzione e fattore religioso, Milano/Varese 1987.

BOYD William Lowe/CIBULKA James G. (Hrsg.), Private Schools and Public Policy: International Perspectives, Basingstoke (GB) 1989.

CHUBB John E./MOE Terry M., Good Schools by Choice, A New Strategy for Educational Reform - Freie Schulen sind bessere Schulen, Erfahrungen und Reformvorschläge aus den USA, Schriftenreihe des European Forum for Freedom in Education, Band 6, Frankfurt a.M. 1993.

COONS John E., Freie Wahl der Schulerziehung in den USA und Deutschland - zum Prinzip "fiskalischer Neutralität" in der Privatschulsubventionierung, in: DVBl 1986, S. 386-398.

DATA RESEARCH INC. (published by), Private School Law in America, Rosemount, Minnesota (USA) 1987.

DENNISON S.R., Choice in Education: an Analysis of the Political Economy of State and Private Education, London 1984.

ESTELLE James/GAIL Benjamin, Public Policy and Private Education in Japan, New York 1988.

EURYDICE, Formen und Status des privaten und nicht-staatlichen Bildungswesens in den Mitgliedstaaten der Europäischen Gemeinschaft, Brüssel 1992.

GALEN Jane van/PITMAN Mary Anne, Home Schooling: Political, Historical, and Pedagogical Perspectives, Norwood (New Jersey) 1991.

GALTON Maurice/BLYTH Alan (Hrsg.), Handbook of Primary Education in Europe, London 1989.

GLENN Charles L., Choice of Schools in Six Nations (France, Netherlands, Belgium, Britain, Canada, West Germany), U.S. Department of Education, December 1989.

GOLDSCHMIDT Dietrich/ROEDER Peter Martin (Hrsg.), Alternative Schulen?, Gestalt und Funktion nichtstaatlicher Schulen im Rahmen öffentlicher Bildungssysteme, Stuttgart 1979, S. 391-616 (diverse Beiträge).

GORDON Edward E./GORDON Elaine H., Centuries of Tutoring, A History of Alternative Education in America and Western Europe, Lanham/New York/London 1990.

JAMES Thomas/LEVIN Henry M./HAERTEL Edward H. (Hrsg.), Comparing Public and Private Schools, Vol. 1 (1988) und 2 (1987), New York/Philadelphia/London.

JENKNER Siegfried (Hrsg.), Das Recht auf Bildung und die Freiheit der Erziehung in Europäischen Verfassungen (Deutsch/English), Schriftenreihe des European Forum for Freedom in Education, Band 7, Frankfurt a.M. 1994.

KLASSEN Theodor F./SKIERA Ehrenhard (Hrsg.), Handbuch der reformpädagogischen und alternativen Schulen in Europa, 2. A., Hohengehren 1993.

LATAPI Pablo, Die Unterrichtsfreiheit, Eine vergleichende Untersuchung der Bestrebungen umd die Durchsetzung der Unterrichtsfreiheit im Schulkampf vier verschiedender Länder: Mexiko, Frankreich, Belgien und Deutschland, Diss. Hamburg 1964.

LEVY Daniel C. (Hrsg.), Private Education: Studies in Choice and Public Policy, New York/Oxford 1986.

LIEBERMANN Myron, Privatization and Educational Choice, New York 1989.

MASON Peter, Independent Education in Western Europe, London 1992.

MONCHAMBERT Sabine, La liberté de l'enseignement, Paris 1983.

RICHTER Ingo, Privatschulen - Das Thema der achtziger Jahre in den Vereinigten Staaten, in: RdJB 1983, S. 199-208.

SALIBA Maurice, Das Privatschulwesen im Libanon - eine historische, morphologische und soziologische Studie, Diss. Hamburg 1974.

SCHWEIZERISCHER LEHRERVEREIN (Hrsg.), Alternative Schulen, Beispiele aus Dänemark und der Schweiz, Zürich 1980.

STOLTEFUSS Martin, Elterliches Erziehungsrecht und staatliches Bildungswesen in England, Diss. Münster 1993.

THE JAPAN ASSOCIATION OF PRIVATE COLLEGES AND UNIVERSITIES, Japan's Private Colleges and Universities: Yesterday, Today, and Tomorrow, First English edition, Tokyo 1987.

WALFORD Geoffrey (Hrsg.), Private Schools in Ten Countries, Policy and Practice, London/New York 1989 (behandelt werden England, Wales, Schottland, die USA, Kanada, Australien, Frankreich, Deutschland, Holland und Japan).

5. ÖKONOMISCHE LITERATUR

ANDERSECK Klaus, "Bildung" in ökonomischer Perspektive, Diskussionsbeitrag Nr. 137 (1988) des Fachbereichs Wirtschaftswissenschaften der Fernuniversität Hagen [Vgl. dazu auch den gleichlautenden Aufsatz in: ZBWP 84/1988, S. 674-684].

BALL Helmut, Mehr Markt im Bildungswesen?, Eine bildungspolitische und ordnungstheoretische Analyse, Frankfurt a.M. 1985.

BLAUG Mark, *Education Vouchers* - It All Depends on What You Mean, in: BLAUG Mark, The Economics of Education and the Education of an Economist, New York 1987, S. 244-261 [derselbe Titel findet sich in: LE GRAND Julian/-ROBINSON Ray (Hrsg.), Privatisation and the Welfare State, London 1984, S. 160-176].

- *Ausbildungsgutschriften* als marktwirtschaftliche Alternative im Erziehungswesen, in: SCHWARZ Gerhard (Hrsg.), Das Soziale der Marktwirtschaft, Zürich 1990, S. 107-113.

- Where Are We Now in the *Economics of Education*?, in: BLAUG, Economic Value, S. 211-222.

- ders. (Hrsg.), The *Economic Value* of Education: Studies in the Economics of Education, Cambridge 1992.

BODENHÖFER Hans-Joachim, Probleme der Bildungsfinanzierung - Zum Stand der Diskussion, in: BRINKMANN, Probleme, S. 9-38.

BRINKMANN Gerhard, Die externen *Effekte* der Bildung als Grund für deren öffentliche Finanzierung, in: ZBWP 85/1989, S. 34-41.

- ders. (Hrsg.), *Probleme* der Bildungsfinanzierung, Schriften des Vereins für Socialpolitik, Band 146, Berlin 1985.

COLCLOUGH Christopher, The Impact of Primary Schooling on Economic Development: A Review of the Evidence, in: BLAUG, Economic Value, S. 421-439.

DENNISON S. R., Choice in Education, An analysis of the political economy of state and private education, London 1984.

ENGLER Hermann, Aufgabenteilung zwischen öffentlichen und privaten Bildungsanstalten, in: Zeitschrift für Volkswirtschaft und Statistik, 105/1969, S. 355-365.

FRIEDMAN Milton, Capitalism and Freedom, Chicago 1962.

FRIEDMAN Milton and Rose, Free to choose, a personal statement, Bungay/Suffolk (GB) 1979/1980.

GLASER Roland, Freiheit und Elternmitentscheidung in der Schulwahl: Das Erziehungswesen als Markt, in: FRENKEL Max (Hrsg.), Besser? - Billiger? - Bürgernäher?, Ein Beitrag zur Privatisierungs- und Aufgabenteilungsdiskussion, Bern 1981, S. 79-101.

GREEN David E. (Hrsg.), Empowering the Parents: How to Break the Schools Monopoly, London 1991.

HAGEMEISTER Adrian von, Die Privatisierung öffentlicher Aufgaben, München 1992.

HANUSHEK Eric A., The Economics of Schooling: Production and Efficiency in Public Schools, in: BLAUG Mark (Hrsg.), Economic Value, S. 277-313.

HAUSER Heinz, *Reprivatisierung* von öffentlichen Leistungen, in: WuR 34/1982, S. 208-224.

- *Bedeutung* und Arten der Privatisierung öffentlicher Leistungen, in: MEIER Alfred (Hrsg.), Privatisierung von Gemeindeaufgaben, Bern/Stuttgart 1984, S. 17-36.

HEGELHEIMER Armin, Auch in Bildung und Wissenschaft mehr Wirtschaftlichkeit durch Marktmodelle?, in: LETZELTER Franz/REINERMANN Heinrich (Hrsg.), Wissenschaft, Forschung und Rechnungshöfe, Berlin 1981, S. 351-375.

HOUGH J.R., Education and the National Economy, London/New York/Sidney 1987.

HÜFNER Klaus/NAUMANN Jens (Hrsg.), Bildungsökonomie - Eine Zwischenbilanz, Economics of Education in Transition, Friedrich Edding zum 60. Geburtstag, Stuttgart 1969.

JANSSEN Martin/HUMMLER Konrad, Bundesverfassung und Verfassungsentwurf: Eine ökonomisch-rechtliche Analyse, Zürich 1979.

JOBIN A., L'enseignement privé en Suisse, envisagé au point de vue économique, Diss. Neuchâtel 1937.

KISLIG Samuel, Bildungsfinanzierung und Bildungsplanung, Unter besonderer Berücksichtigung der Vorbereitung und Durchführung bildungspolitischer Entscheide im Rahmen einer kantonalen Bildungsverwaltung, Diss. Bern 1982.

LEVY Daniel C. (Hrsg.), Private Education, Studies in Choice and Public Policy, New York/Oxford 1986.

LIEBERMAN Myron, Privatization and educational choice, New York 1989.

LITH Ulrich van, Der *Markt* als Ordnungsprinzip des Bildungsbereichs: Verfügungsrechte, ökonomische Effizienz und die Finanzierung schulischer und akademischer Bildung, München 1985.

- Markt, persönliche *Freiheit* und die Ordnung des Bildungswesens, Tübingen 1983.

- *Staat* und Markt im Bildungsbereich, Anmerkungen eines Ökonomen zur Bildungsverfassung der Bundesrepublik Deutschland, in: BOUILLON Hardy/ RADNITZKY Gerald (Hrsg.), Die ungewisse Zukunft der Universität, Folgen und Auswege aus der Bildungskatastrophe, Berlin 1991, S. 93-127.

LÜDEKE Reinar (Hrsg.), Bildung, Bildungsfinanzierung und Einkommensverteilung, Berlin 1993.

MÄDING Heinrich, Finanzierung des Bildungswesens, in: BAETHGE Martin/ NEVERMANN Knut (Hrsg.), Enzyklopädie Erziehungswissenschaft, Bd. 5, Stuttgart 1984, S. 259-279.

MATTERN Cornelia, *Bildungsfinanzierung*, Probleme und neue Ansätze, Frankfurt a.M./Aarau 1979.

- Private Bildungsfinanzierung und Theorie der öffentlichen *Güter*, in: Zeitschrift für erziehungs- und sozialwissenschaftliche Forschung, 1/1984, S. 69-94.

MAY Hermann, Marktversagen - Staatsversagen, in: ders. (Hrsg.), Handbuch der ökonomischen Bildung, München 1992, S. 229-313.

PESTON Maurice, Privatisation of Education, in: LE GRAND Julian/ROBINSON Ray, Privatisation and the Welfare State, London 1984, S. 146-159.

PSACHAROPOULOS George (Hrsg.), Economics of Education, Research and Studies, Oxford et al. 1987.

RENZ Peter Alfred, Eine bildungsökonomische Untersuchung der Primarlehrerausbildung im Kanton St.Gallen, Diss. St.Gallen, Winterthur 1972.

SELDON Arthur, The Riddle of the Voucher, An Inquiry into the Obstacles to Introducing Choice and Competition in State Schools, London 1986.

SMITH Adam, An Inquiry into the Nature and Causes of the Wealth of Nations, Vol. II, CAMPBELL R.H./SKINNER A.S. (Hrsg.), Oxford 1976.

STRAUBHAAR Thomas/ WINZ Manfred, Reform des Bildungswesens, Kontroverse Aspekte aus ökonomischer Sicht, Bern/Stuttgart/Wien 1992.

TIMMERMANN Dieter, Das Verhältnis von öffentlicher und privater *Verantwortung* im Bildungs- und Erziehungswesen als ordnungspolitisches Problem, in: ders. (Hrsg.), Bildung und Erziehung zwischen privater und öffentlicher Verantwortung, Bielefeld 1993, S. 5-15.

- *Bildungsmärkte* oder Bildungsplanung: eine kritische Auseinandersetzung mit zwei alternativen Steuerungssystemen und ihren Implikationen für das Bildungssystem, Mannheim 1985.

VAN GENDT Marinus C. E., The Voucher concept and the Publicness of Basic Education, Diss. Amsterdam 1980.

VOGEL Johann Peter, Der *Bildungsgutschein* - eine Alternative der Bildungsfinanzierung, in: Neue Sammlung 12/1972, S. 514-527.

WALTERSCHEID Klaus, Ordnungsprinzipien im Bildungswesen - Ein Beitrag aus der Sicht der ökonomischen Theorie, Diskussionsbeitrag Nr. 133 (1988) des Fachbereichs Wirtschaftswissenschaften der Fernuniversität Hagen [Vgl. auch den Aufsatz: Markt, Staat und "Voluntary" Sektor im Bildungswesen, in: ZBWP 84/1988, S. 684-696].

ZUMBÜHL Marcel, Privatisierung staatlicher Wirtschaftstätigkeit - Notwendigkeit und Möglichkeiten, Zürich 1978 (zugl. Diss. Basel 1978).

§ 1 Einleitung

Heute ist vermehrt das Schlagwort "Bildungskrise" zu hören. Das hat verschiedene Ursachen: Man wird sich der augenfälligen Mängel eines staatlich gesteuerten Bildungswesens bewusst (z.B. Autonomieverlust der Eltern), die Schulen werden mit schwierigen Problemen konfrontiert (z.B. Drogen und Gewalt), der Staat steckt in einer finanziellen Krise und schliesslich macht sich auch Staats- und Parteiverdrossenheit bemerkbar. Deshalb werden vermehrt Deregulierung, Entstaatlichung und Reprivatisierung auch im Bildungswesen gefordert.

Lange konzentrierte sich die Reform im Schulwesen auf die Bildungsziele und Bildungsinhalte. Ebenso standen institutionelle Einzelfragen im Vordergrund, wie der Beginn und die Dauer einzelner (Aus-)Bildungsgänge. Letztlich erregte insbesondere die Frage des Schuljahresbeginns die Gemüter.[1] Die weit wichtigere Frage, welche Rolle im Bildungswesen eigentlich dem Staat zukomme, wurde dagegen kaum diskutiert. Wegen steigender Defizite der öffentlichen Hand wird nun aber auch dieser Bereich von Liberalisierungstendenzen erfasst.[2] Berücksichtigt man den enormen *volkswirtschaftlichen* Stellenwert des Bildungswesens,[3] so kann man sich zu Recht fragen, weshalb nicht schon früher kritische Stimmen wach geworden sind. Angesichts dieser Bedeutung verwundert es, dass auch die rechtswissenschaftliche Literatur das *Schulrecht* bisher nur stiefmütterlich behandelt hat.

In der Schweiz zwingen die knapper werdenden Staatsfinanzen zu Sparmassnahmen. Auf *politischer* Ebene ist ein Druck spürbar, der auch das Bildungswesen nicht verschont. Deshalb überrascht das Nationale Forschungsprogramm (NFP) 33 über "Die Wirksamkeit unserer Bildungssysteme" nicht sonderlich. Der Ausführungsplan dazu hält auf S. 4 fest: "In vielen Kreisen innerhalb und ausserhalb des Bildungswesens ist man heute der Ansicht, die blosse Vermehrung der in die Bildung

---

1 Vgl. Art. 27 Abs. 3bis BV, Art. 4 der Übergangsbestimmungen zur BV und das Konkordat über die Schulkoordination vom 29. Oktober 1970 (SR 411.9).

2 STRAUBHAAR/WINZ, 137.

3 1990 wurden über *16 Mia. Fr.* für Bildung ausgegeben, was *5% des Bruttosozialproduktes* bzw. *20% der laufenden öffentlichen Ausgaben* entspricht. Hierbei ist gemäss STRAUBHAAR/WINZ, 17 zu beachten, dass sich diese Angaben nur auf die direkt zuordenbaren Ausgaben der öffentlichen Hand für Unterricht beziehen. Berücksichtigte man die Ausgaben Privater und den Multiplikatoreffekt der Bildungsausgaben, stiege der volkswirtschaftliche Stellenwert des Bildungssektors zusätzlich. Zur Erwerbsstruktur lässt sich sagen, dass rund *160'000 Personen*, d.h. knapp fünf Prozent der Erwerbstätigen, im Unterrichtssektor beschäftigt sind. Dieses "Bildungskartell" bezeichnet gerne alle andern als "Laien".

investierten Mittel - wie notwendig sie auch sein mag - genüge nicht, wenn man die ehrgeizigen Ziele der Bildungspolitik erreichen wolle. Es geht darum, mit den zur Verfügung stehenden Mitteln mehr zu erreichen, und somit um eine *Überprüfung der eingesetzten Mittel und Methoden* auf allen Funktionsebenen der Bildungssysteme."

Die Liberalisierungs- und Deregulierungswelle fordert insbesondere die Öffnung der Märkte für private Anbieter. Konkurrenz und Wettbewerb sollen Dynamik und Effizienz garantieren. Insbesondere stellt sich die Frage, ob aus dem Postulat der *staatlichen Finanzierung* des Bildungswesen zwingend auch ein *staatliches Angebot* abgeleitet werden kann. In dieser Arbeit geht es insbesondere um die Abklärung *juristischer* Liberalisierungsmöglichkeiten im Bildungswesen. Da in der Schweiz zum Schulrecht allgemein und zum Privatschulwesen im besonderen kaum neuere Literatur besteht, dient diese Arbeit indirekt auch dazu, die juristischen Aspekte des Bildungswesens wieder vermehrt ins Bewusstsein zu rücken. Sie beschäftigt sich schwerpunktmässig mit der *Freiheit der Privatschulen* auf der *Volkschulstufe* und dem diesem vorgelagerten Recht der Eltern auf Erziehung und Ausbildung ihrer Kinder (*Elternrecht*). Wenn man so will, reiht sich diese Forderung nach Öffnung nahtlos in die jahrhundertealte Entwicklung ein: Ursprünglich waren grundsätzlich die Eltern für Erziehung und Ausbildung ihrer Kinder zuständig, dann wurde die Schule eine Einrichtung der mittelalterlichen Kirche, bis man sie im 18. Jahrhundert zu einer Institution des Staates erklärte. Jetzt soll die Verantwortung der Eltern im Rahmen einer staatlichen Rahmengesetzgebung wieder gestärkt werden. Die weitergehende Frage, ob sich die Schule eines Tages wieder ganz vom Staat lösen wird, soll hier nicht weiter behandelt werden.

Ausgangslage ist das international gut dastehende Schweizer Schulsystem.[4] Trotz allen Öffnungstendenzen darf dieser Standard nicht verschlechtert werden. Das Schulwesen soll nach wie vor eine öffentliche Aufgabe bleiben, die unter staatlicher Verantwortung steht. Es geht also nicht um den Ersatz des Staates durch einen unkontrollierten freien Markt. Sondern es geht in einem ersten Schritt lediglich um die Frage, inwiefern Privatschulen zuzulassen sind, um gemeinsam - aber in Konkurrenz mit den staatlichen Schulen - den öffentlichen Bildungsauftrag zu erfüllen. In einem zweiten Schritt soll dann abgeklärt werden, inwiefern der Staat verpflichtet werden kann, solche Schulen (finanziell) zu unterstützen. Es ist also zu betonen, dass am bestehenden Schulwesen und dessen Inhalt grundsätzlich nichts - zumindest nicht

---

[4] Vgl. dazu OECD, Reviews of National Policies for Education, Paris 1991; EDK, Bildungspolitik in der Schweiz, Bericht der OECD, Bern 1990; NZZ vom 7. Februar 1992, Nr. 31, S. 21 f. (vgl. auch NZZ vom 29./30. Mai 1993, Nr. 122, S. 21 f.).

unmittelbar - geändert werden soll. Es findet lediglich eine Veränderung auf der Anbieterseite statt, um - als Folge der pluralistischen und offenen Gesellschaft - den Eltern erweiterte Wahlmöglichkeiten zu verschaffen. Neben diesem elterlichen Freiheitszuwachs soll zudem mittelbar auch für Innovationen im Bildungsbereich gesorgt werden.[5] Die in diesem Sinn verstandene Privatschulfreiheit stellt damit eine *mittlere* Innovation dar. Eine schwächere Form der Berücksichtigung der elterlichen Interessen stellt die *Demokratisierung* der öffentlichen Schule dar, d.h. die vermehrte Mitbeteiligungsmöglichkeit von Eltern und Schülern im Schulbereich. Weiter geht hingegen die Forderung nach *Schulreformen* und Schulversuchsprogrammen. In diesen Bereich fallen auch die *Alternativschulen*, die am Inhalt (Lehrplan) der Regelschule etwas ändern wollen (Stichwort: Reformpäda-gogik).[6] Diese beiden Formen sollen hier nicht behandelt werden.

---

[5] Vgl. DUBS Rolf, Innovationen im Erziehungs- und Bildungswesen: Eine selbstverständliche Forderung mit vielen Problemen, in: WITTMANN Walter (Hrsg.), Innovative Schweiz, Zwischen Risiko und Sicherheit, Zürich 1987, S. 43-60; Erziehung und Schule zwischen Tradition und Innovation, Kulturvergleichende und historische Aspekte, hrsg. von Johann Georg Prinz von Hohenzollern, Krebs Uwe und Liedtke Max, Bad Heilbrunn/Obb. 1992; WEILER Hans W., Politics of Educational Reform, in: MERRITT Richard L. and Anna J., Innovation in the Public Sector, Beverly Hills 1985, S. 167-199.

[6] Vgl. zum *Alternativschulwesen* NÄF Martin, Alternative Schulreformen in der Schweiz, Zürich 1988; Ist die Schule noch zu retten?, Plädoyer für eine neue Bildungsreform, Wilhelm Ebert zum 65. Geburtstag, Basel 1988; KÄGI Erich A., Experimente mit der Bildung, Wege und Holzwege einer Reform, Zürich 1986; STURZENEGGER Barbara, Die Free School Bewegung in der Tradition libertärer Schulkritik und Reformversuche, Diss. Zürich 1989; KEMPER Herwart, Wie alternativ sind alternative Schulen?, Theorie, Geschichte und Praxis, Weinheim 1991; KEESE-PHILIPPS Henning, Alternativschulen am Ende?, Untersuchungen zu Eltern und Elternbewusstsein in alternativen Schulen unter besonderer Berücksichtigung partizipatorischer Momente, Frankfurt a.M. 1989; KLEMM Ulrich/ TREML Alfred K. (Hrsg.), Apropos Lernen, Alternative Entwürfe und Perspektiven zur Staatsschulpädagogik, München 1989; IMPFLING Heinz-Jürgen (Hrsg.), Unterrichtsmethoden der Reformpädagogik, Bad Heilbrunn/Obb. 1991; AURIN Kurt (Hrsg.), Gute Schulen - Worauf beruht ihre Wirksamkeit?, Bad Heilbrunn/Obb. 1990; KLASSEN Theodor F./SKIERA Ehrenhard (Hrsg.), Handbuch der reformpädagogischen und alternativen Schulen in Europa, 2. A., Hohengehren 1993.

1. Teil:

ALLGEMEINE GRUNDLAGEN ZUM SCHULRECHT

---

§ 2 Grundbegriffe

I. Kultur und Bildung

In seiner weitesten Verwendung kann mit dem Begriff *Kultur* alles bezeichnet werden, was der Mensch geschaffen hat, was also nicht naturgegeben ist. Mit der Entwicklung städtischer Lebensformen gerät der Kultur- bzw. Zivilisationsbegriff in die Auseinandersetzungen um Vor- und Nachteile städtischen und ländlichen Lebens. Der europäische Kulturbegriff ist geprägt durch das traditionelle Verständnis von Kultur als Bildung: Dabei vollzieht sich die Bildung des Individuums nicht nur als Entwicklung und Prägung der sozialen und emotionalen Persönlichkeit (Sozialisation), sondern gleichermassen als individuelle Übernahme von Normen und Werten der jeweiligen Kultur (Enkulturation).[1] Kultur kann verstanden werden als Lebensform, die den Menschen vom Tier unterscheidet,[2] als eine durch geistige Ideen gestaltete Daseinsform bzw. als menschenmögliche Verwirklichung des gesamten Wertreiches.[3] Sie ist das umfassende Medium, in dem der Mensch sein Leben verwirklicht[4] und dadurch eine Gesamtheit von Werten und Sinngefügen schafft:[5] die Kulturgüter.[6] Nur

---

[1] BROCKHAUS ENZYKLOPÄDIE in 24 Bänden, 19. A., Band 12, Mannheim 1990, 580 f.

[2] PLOTKE, Schulrecht, 23. Durch Erziehung (zur Kultur) wird das menschliche Leben über die Sphären des rein Vegetativen und Animalischen hinausgehoben (so WEISSENRIEDER, 29).

[3] WEISSENRIEDER, 15.

[4] MÜLLER Arthur, 43 m.w.H. In einem erweiterten Sinn wird Kultur als Ausweitung - und zum Teil auch als Ersatz - von früher ausschliesslich geltenden ethischen, religiösen und sozialen Identifikationsträgern begriffen. "Kultur wird so zur Orientierungshilfe, gleichsam zum Mittel, sich im Leben zurechtzufinden" (BBl 1992 I 537). Vgl. dazu auch die Botschaft zum abgelehnten Kulturförderungsartikel Art. 27^{septies} BV (BBl 1992 I 533 ff.).

[5] Nach WEISSENRIEDER, 26 hat Wissensbildung nur dann Wert, wenn sie Frucht bringt, wenn sie den Menschen anregt zu schaffen. Er sieht den Sinn des menschlichen Lebens im Schaffen.

durch fortwährende Erzeugung neuer Kulturwerte hat sie Bestand.[7]

Auf dem Weg zur Kultur ist der Jugendliche auf Lernhilfen angewiesen, die es ihm ermöglichen, seine Persönlichkeit zu entwickeln. Das ist die Hauptaufgabe der *Bildung*.[8] Sie dient aber nicht nur der *Enkulturation* (Einführung in die Kultur), sondern auch der *Sozialisation*,[9] d.h. dem Erwerb der für das zwischenmenschliche Verhalten in der Gesellschaft vorgesehenen Beziehungen.[10] Der Begriff Bildung kann aus verschiedenen Dimensionen betrachtet werden. In der *anthropologisch-pädagogischen* Dimension leistet Bildung einen Beitrag zur umfassenden Entfaltung der Persönlichkeit. Auf *sozialer* Ebene leistet sie einen Beitrag zur Einordnung des Menschen in die Gesellschaft, indem sie Werte, Normen und Verhaltensweisen vermittelt. Zudem soll durch Bildung das *rechtlich-philosophische* Ziel der Chancengleichheit erreicht werden. Schliesslich befähigt Bildung in einer *ökonomischen* Dimension - durch Vermittlung beruflicher Qualifikation - zur wirtschaftlichen Existenz und leistet einen Beitrag zum Funktionieren der Volkswirtschaft.[11] Bildung

---

6 LORETAN, 33 f.

7 WEISSENRIEDER, 16. Ohne die kontinuierliche Verlebendigung aus geistigen Werten degeneriere Kultur zur Zivilisation, d.h. einer seelenlosen Kultur (WEISSENRIEDER, 16, 42).

8 Aus der reichhaltigen Literatur zum Bildungsbegriff vgl. u.a. HÄRING, 23 ff.; MÜLLER Arthur, 51 ff.; MUSOLFF Hans-Ulrich, Bildung, Der klassische Begriff und sein Wandel in der Bildungsreform der sechziger Jahre, Weinheim 1989; PLEINES Jürgen-Eckardt, Studien zur Bildungstheorie (1971-1988), Darmstadt 1989, S. 7 ff.; ENGELHARDT Sabine, Von der volkstümlichen Bildung zum wissenschaftsorientierten Lernen - Untersuchungen zum Wandel des Bildungsbegriffs, Diss. Göttingen 1988; WEBER Erich, Der Erziehungs- und Bildungsbegriff im 20. Jahrhundert, 3. A., Bad Heilbrunn/Obb. 1976; Bildung - Glaube - Aufklärung, Zur Wiedergewinnung des Bildungsbegriffs in Pädagogik und Theologie, hrsg. von Reiner Preul et al., 2. A., Gütersloh 1990; KOTTINGER Wolfgang, Über den Wandel des Bildungsbegriffs im Spiegel verschiedener Lexiken, in: Wirkungssysteme und Reformansätze in der Pädagogik, Festschrift für Walter Schöler zum 60. Geburtstag, Frankfurt a.M. 1988, S. 88-96; SÜHL-STROHMENGER Wilfried, Horizonte von Bildung und Allgemeinbildung, Diss. Freiburg i.Br. 1984.

9 Die Erziehung bezweckt nicht allein das Einüben des Menschen in seine "Polis"-Beziehung (so BRÄM, 14). An der Sozialisation des Kindes haben sowohl die Gesellschaft, der Staat, die Eltern als auch das Individuum selbst Interesse (vgl. dazu ECKSTEIN, 70 ff.).

10 MÜLLER Arthur, 45 f.

11 BRÜHL, 45. Zu den *staatlichen Bildungszielen* zählt ECKSTEIN die Elemente des Art. 27 BV, den Bundeszweck (Art. 2 BV), das Demokratieprinzip, das Gleichheitsgebot, die Grundrechtsverwirklichung, die gesellschaftliche Integration (Friedensgebot) und die Wohlfahrt (vgl. ECKSTEIN, 122 ff.). Vgl. auch Bildungsziele, Bericht des Regierungsrates über die st.gallische Bildungspolitik, St. Gallen 1976.

umfasst nicht nur Erkenntnis. Erst die durch Herzens- und Willensbildung vervollständigte Verstandesbildung bildet die umfassende Bildung des Menschen.[12]

Der Begriff Bildung ist ein unbestimmter Begriff. Es finden sich immer wieder Versuche, diesen abschliessend zu umschreiben.[13] Anstatt vieler soll hier lediglich auf *Art. 29 Abs. 1 des Übereinkommens über die Rechte des Kindes*[14] hingewiesen werden:

> "Die Vertragsstaaten stimmen darin überein, dass die Bildung des Kindes darauf gerichtet sein muss,
>
> a) die Persönlichkeit, die Begabung und die geistigen und körperlichen Fähigkeiten des Kindes voll zur Entfaltung zu bringen;
>
> b) dem Kind Achtung vor den Menschenrechten und Grundfreiheiten und den in der Charta der Vereinten Nationen verankerten Grundsätzen zu vermitteln;
>
> c) dem Kind Achtung vor seinen Eltern, seiner kulturellen Identität, seiner Sprache und seinen kulturellen Werten, den nationalen Werten des Landes, in dem es lebt, und gegebenenfalls des Landes, aus dem es stammt, sowie vor anderen Kulturen als der eigenen zu vermitteln;
>
> d) das Kind auf ein verantwortungsbewusstes Leben in einer freien Gesellschaft im Geist der Verständigung, des Friedens, der Toleranz, der Gleichberechtigung der Geschlechter und der Freundschaft zwischen allen Völkern und ethnischen, nationalen und religiösen Gruppen sowie zu Ureinwohnern vorzubereiten;
>
> e) dem Kind Achtung vor der natürlichen Umwelt zu vermitteln."

---

[12] WEISSENRIEDER, 26 f., 33; so auch ECKSTEIN, 154, 162. Vgl. zu dieser *Dreidimensionalität* auch Pestalozzis Postulat der gleichmässigen Bildung von Kopf, Herz und Hand in Anlehnung an Geist/Intellekt, Seele/Gefühl und Körper.

[13] Beispielsweise wird die Bildung in zwei Komponenten aufgeteilt: den Bildungsprozess und dessen Endprodukt (vgl. dazu LORETAN, 33; MÜLLER Arthur, 44 ff.; PLOTKE, Schulrecht, 24; BRÄM, 15 f.; KÄMPFER, 690). Für die Ziele in den Kantonsverfassungen vgl. PLOTKE, Bildung, 21 ff.

[14] Das Übereinkommen ist am 2.9.1990 in Kraft getreten (vgl. zum Wortlaut TOMUSCHAT Christian (Hrsg.), Menschenrechte, Eine Sammlung internationaler Dokumente zum Menschenrechtsschutz, Bonn 1992, S. 422 ff.). Vgl. dazu auch Art. 5 Abs. 1 lit. a des Übereinkommens gegen Diskriminierung im Unterrichtswesens (in Kraft seit 22.5.1962, a.a.O., S. 105 ff.). Die Schweiz ist beiden Konventionen noch nicht beigetreten (vgl. dazu weiter unten § 14).

II. Unterricht und Erziehung

Der Bildung untergeordnet finden sich die beiden Teilelemente *Erziehung* und *Unterricht*.[15] Der *Unterricht* (im engern Sinn[16]) umfasst "alle Bemühungen um eine organisierte Auslösung, Steuerung und Kontrolle von systematisierten, methodisierten und ökonomisierten Lernprozessen, und zwar vorwiegend in Schulen".[17] Der Mensch soll planmässig mit Kenntnissen ausgestattet werden, damit er die ihm offenstehenden Möglichkeiten erfassen kann und es ihm die Wahl im konkreten Fall erleichtert.[18] Der Zweck ist betont *materialer, objektiver Art*, d.h. es geht um *Denken, Wissen und Können*. Wissensvermittlung bildet den Verstand.[19] *Ausbildung* unterscheidet sich vom Unterricht dadurch, dass sie nicht den Vorgang betont, sondern mehr auf das Ziel des Lernprozesses hinweist.[20]

Die *Erziehung* ist darum besorgt, dass das Individuum jeweils die "richtige"[21] Entscheidung trifft.[22] Denn neben der Bildung des Intellektes bedarf der Mensch auch der Willens- und Herzensbildung, der Charakterbildung unter Miteinbezug des Gefühls. Die Erziehung sorgt dafür, dass die Entscheidungen an bestimmten *Wertmassstäben* gemessen werden. Diese Bildungsfunktion ist *Versittlichung* und hat die Erschaffung einer natürlichen Tugendhaltung des Menschen zum Ziel, sie ist ausgesprochen *moralischer Natur*.[23] Ausgehend von einer bestimmten Weltanschau-

---

15 So u.a. MÜLLER Arthur, 47; LORETAN, 33; WEISSENRIEDER, 24.

16 PLOTKE, Schulrecht, 23 f., in der m.E. richtigen Annahme, dass sich der Schulunterricht nicht frei von erzieherischen Einflüssen bewegen kann.

17 PLOTKE, Schulrecht, 23.

18 LORETAN, 33.

19 WEISSENRIEDER, 26. Vgl. dazu auch LEHMHAUS Friedrich-Wilhelm, Verständigung über Unterricht im Kontext von Theorie und Praxis, Eine Studie zum Unterrichtsbegriff, Diss. Kiel 1984.

20 PLOTKE, Schulrecht, 24; vgl. auch BANNWART-MAURER, 66 ff. Bildung unterscheidet sich von den kleineren Vorgängen der zielgerichteten Ausbildung (so BRÄM, 16). STRAUB-HAAR/WINZ, 23 f. betonen die Herstellung beruflichen Könnens. Das Zivilgesetzbuch spricht in Art. 302 Abs. 2 ZGB von Ausbildung.

21 Erziehung ist ein planmässiges Tun, das die an sich rohe Kraft des menschlichen Willens bildet. Er wird erfasst und geformt, damit er zur Durchführung des "als gut Erkannten" dienen kann (so WEISSENRIEDER, 27).

22 LORETAN, 33. Zur *Geschichte* vgl. TENORTH Heinz-Elmar, Geschichte der Erziehung, Einführung in die Grundzüge ihrer neuzeitlichen Entwicklung, Weinheim und München 1988; DÖRSCHEL Alfons, Geschichte der Erziehung im Wandel von Wirtschaft und Gesellschaft, Berlin 1972.

23 Vgl. WEISSENRIEDER, 27 ff.

ung,[24] auch Bildungsidee bzw. Erziehungsziel genannt, gibt sie dem Menschen Anleitung für sein Verhalten in der Gemeinschaft.[25] Sie zielt auf Aneignung von Normen und Werteinstellungen sowie auf Steigerung der Verantwortungsbereitschaft.[26] Erziehung dient der Förderung des Schülers zur sittlichen, ganzheitlich umfassenden Persönlichkeit.[27] Das Gesamterziehungsziel bildet die geistige Mündigkeit[28] bzw. die bestmögliche Lebenstüchtigkeit des Kindes in individueller, sozialer und gesellschaftlicher Hinsicht.[29,30] In einer von Pluralismus geprägten Zeit bedeutet dies insbesondere Erziehung zur Demokratie[31] und kulturellen Vielfalt.[32]

---

24 So auch WEISSENRIEDER, 32 f.

25 LORETAN, 33; MÜLLER Arthur, 47.

26 PLOTKE, Schulrecht, 24. In Abgrenzung zum Unterricht im engern Sinn kann dieser Bereich als *erzieherischer Unterricht* bezeichnet werden. TSCHÜMPERLIN, 199 f. unterscheidet im ZGB die Erziehung im *engeren* (Art. 301 Abs. 1 ZGB) und *weiteren* Sinn (Art. 302 Abs. 2 ZGB), die auch noch die Ausbildung erfasst.

27 "Persönlichkeit werden heisst an sich eine organische und möglichst harmonische Entwicklung aller menschlichen Grundkräfte herbeiführen" (WEISSENRIEDER, 32).

28 ZÜST, 84.

29 TSCHÜMPERLIN, 204 ff. m.w.H.

30 Zur reichhaltigen Literatur zu den *Erziehungszielen* vgl. u.a. BREZINKA Wolfgang, Erziehungsziele heute, Problematik und Leitlinien, in: GIGER, S. 3-31; ders., Erziehungsziele in der Gegenwart, Problematik und Aufgaben für Familien und Schulen, 2. A., Donauwörth 1985; HAGMÜLLER Peter, Erziehungsziele heute, Bad Honnef 1983; MEISSNER Rudolf, Erziehung zu Selbständigkeit und Selbstverantwortung als Aufgabe gegenwärtiger Schule, in: GIGER, S. 139-153; HÄBERLE Peter, Erziehungsziele und Orientierungswerte im Verfassungsstaat, Freiburg i.Br./München 1981; ders., Verfassungsprinzipien als Erziehungsziele, in: Recht als Prozess und Gefüge, Festschrift für Hans Huber zum 80. Geburtstag, Bern 1981, S. 211-239; OGGENFUSS A., Erziehungsziele und Schulstruktur, Zur Interpretation von Erziehungszielen und ihren Auswirkungen in öffentlichen und privaten Schulen, Einsiedeln 1981; KERSTIENS Ludwig, Erziehungsziel: Humanes Leben, Bad Heilbrunn/Obb. 1991; ders., Erziehungsziele neu befragt, Bad Heilbrunn/Obb. 1978; EGGER Paul, Der Ursprung der Erziehungsziele in der Lehre von Plato, Aristoteles und Neill, Bern 1989; TROMMSDORFF Gisela (Hrsg.), Erziehungsziele, Jahrbuch für Empirische Erziehungswissenschaft 1984, Düsseldorf 1984. Vgl. hiezu auch Enzyklopädie Erziehungswissenschaft, Band 7: Erziehung im Primarschulalter, hrsg. von HEMMER Klaus Peter/WUDTKE Hubert, Stuttgart 1985; ECKSTEIN, 161 ff.

31 Vgl. WOODTLI Otto, Erziehung zur Demokratie, Der politische Auftrag des höheren Bildungswesens in der Schweiz, Erlenbach-Zürich 1961; Demokratie-Lernen als politische und pädagogische Aufgabe, Für Kurt Gerhard Fischer zum 60. Geburtstag, hrsg. von Siegfried George und Wolfgang Sander, Stuttgart 1988.

32 Nationale schweizerische UNESCO-Kommission, Seminar "Wege zur interkulturellen Erziehung in der Schule", Murten, 14.-15.11.1991, Schlussbericht, Bern 1992; OECD, Multicultural Education, Paris 1987; dies., One School, Many Cultures, Paris 1989; Bund-Länder-Kommission für Bildungsplanung und Forschungsförderung, Lernen für Europa, Neue Lebens- und Lernformen in der Schule, Bonn 1992; MICKEL Wolfgang W., Lernfeld Europa, Didaktische Grundlagen einer europäischen Erziehung, Opladen 1991; FRIESENHAHN Günter J., Zur

Zusammenfassend kann festgehalten werden, dass unter Unterricht der rein intellektuelle, von Wertungen freie Wissens- und Könnenserwerb und unter Erziehung die von sittlichen Werten bestimmte *Charakterbildung* verstanden wird.[33]

III. Darstellung der Bildungsträger

1. Allgemeines

Als Bildungsträger kommen insbesondere *drei Institutionen* in Betracht: die Familie bzw. die *Eltern*, das *Gemeinwesen* und die *Kirche*.[34] Doch bilden auch der Freundeskreis eines Kindes, seine Mitgliedschaft in einem Verein und die gesamte Medienlandschaft[35] weitere Träger.[36] Letztere werden hier nicht weiter behandelt. Betrachtet man die genannten drei Institutionen aus rechtlicher Sicht, reduzieren sie sich noch auf zwei Rechtsformen: die *öffentlich-rechtlichen und privatrechtlichen Träger*.[37] Denn seit der Säkularisierung werden die (Landes-)Kirchen zu den privaten Trägern gezählt.

Als Kriterien zur Bestimmung des Trägers einer Schule kommen beispielsweise in Frage: wer die *Aufwendungen deckt* (Personal- und Sachkosten), wer für einen *ordnungsgemässen Betrieb* der Schule sorgt oder wer die *Verantwortung*, d.h. die Haftung gegenüber Dritten, nach aussen und nach innen übernimmt.[38] Meistens werden diese Kriterien miteinander verknüpft, wobei aber das Kriterium der

---

Entwicklung interkultureller Pädagogik, Berlin 1988.

33 So LORETAN, 33; MÜLLER Arthur, 47.

34 Vgl. ZIEGLER, 5 f.

35 Vgl. dazu beispielsweise TULODZIECKI Gerhard, Medienerziehung in Schule und Unterricht, Bad Heilbrunn/Obb. 1989; KECK R.W./THISSEN W. (Hrsg.), Medien zwischen Kultur und Kult, Zur Bedeutung der Medien in Kultur und Bildung, Bad Heilbrunn/Obb. 1987.

36 PLOTKE, Schulrecht, 25; ders., Anordnungen, 11; ECKSTEIN, 117. Vgl. auch GIGER Hans/REHMANN Beatrice, Permanente Weiterbildung als Imperativ, Bildung im Koordinatennetz der Einflüsse, in: GIGER, S. 91-125.

37 Die Gegenüberstellung von "öffentlich" und "privat" wird kritisiert, da etwas *rechtlich* getrennt werde, was *soziologisch* und *politisch* ineinander verzahnt sei (vgl. MÜLLER Arthur, 49). WEISSENRIEDER , 46 f. schlägt vor, die rein formal-juristische Unterscheidung zwischen privaten und öffentlichen Schulen fallen zu lassen zugunsten einer solchen in "gemeinnützige und privatnützige Schulen". In die letzte Kategorie kämen dann alle Schulen mit Sonderzwecken, die nicht zum Wesen der Erziehung gehören. Es sei hier noch darauf hingewiesen, dass die Schule organisatorisch auf unterschiedliche Art in Körperschaften, Anstalten, politischen Gemeinden usw. "eingebettet" sein kann.

38 RECHSTEINER, 660 f.; PLOTKE, Schulrecht, 205; ders., Bildung, 57.

Verantwortung immer im Vordergrund steht. Denn daraus ergibt sich auch die Pflicht, sich um die Finanzen zu kümmern.[39]

2. Zum Schulbegriff

Das *Bundesgericht* definiert den Begriff "Schule" nicht. Es hält einzig fest, dass eine Schule einen bestimmten Lehrplan mit Lehrziel verlangt und letzteres mit den in Schulen verwendeten Schulungsmitteln zu erreichen gesucht werden soll.[40] Insbesondere habe der Unterricht im Kollektiv zu erfolgen.[41] Die *Literatur* versteht unter Schule ein Unternehmen von gewisser Dauer, in welchem Lehrer fortlaufend, durch unmittelbare persönliche Einwirkung Schüler in einem geordneten Verfahren unterrichten. Zu diesem Zweck verfügt sie über die erforderlichen sachlichen Mittel. Die Schule bietet - im Gegensatz zu einzelnen Kursen - eine ganze Ausbildung an, wobei die Lehrer und Schüler - im Gegensatz zu Fernkursen - jeweils anwesend sein müssen. Denn durch planmässige, gemeinschaftliche Unterweisung in einer Mehrzahl von Gegenständen sollen bestimmte Lern- und Erziehungsziele verfolgt werden.[42] Damit ist die Schule nicht nur Unterrichtsanstalt, sondern Bildungsanstalt und Lebensform.[43] Gemäss WEISSENRIEDER neigt der Jurist aber dazu, die Schule eher als Veranstaltung denn als Lebensform zu begreifen. Denn er müsse alle Erscheinungen des Lebens möglichst mit den Mitteln einer präzis juristischen Ausdrucksweise in den Begriff zu fassen suchen.[44] Trotzdem verbinde aber die Schule mit dem didaktischen auch einen pädagogischen Zweck, da sie neben dem Mittel zur reinen Gedankenvermittlung auch Medium einer Erlebnisübertragung sei.[45]

---

39 PLOTKE, Schulrecht, 205. ZIEGLER, 24 erwähnt die Verantwortung nicht explizit; Träger ist bei ihm der Inhaber, welcher die Schule nach seinem Willen errichtet und auf eigene Kosten betreibt.

40 BGE 78 I 9.

41 BGE 102 IV 136.

42 Vgl. zum *Schulbegriff* ZIEGLER, 19 ff.; PLOTKE, Schulrecht, 53 f.; ZÜST, 67; MÜLLER Arthur, 50; LORETAN, 36 f.; BRÄM, 18; WEISSENRIEDER, 38 ff.; RECORDON, 23 f.; PORTNER, 3 f.; BOSSHARD, 57 f.; HECKEL, Privatschulrecht, 218; PETERS, 407.

43 Vgl. dazu WEISSENRIEDER, 38 f. Vgl. auch BALLAUF Theodor, Funktionen der Schule, Historisch-systematische Analyse zur Scolarisation, 2. A., Frankfurt a.M. 1984.

44 WEISSENRIEDER, 40.

45 WEISSENRIEDER, 41 f.

3. Öffentliches Schulwesen

a) Öffentlich-rechtliche Träger der Schule

Zu den *öffentlichrechtlichen Trägern* gehören insbesondere die Gemeinden und Gemeindeverbände, Kreise oder Bezirke, Kantone, der Bund oder öffentlichrechtliche Stiftungen. Der Aufbau des schweizerischen Staates gebietet es, die *Gemeinde* ins Zentrum zu stellen. Sofern keine spezielle Schulgemeinde besteht, ist grundsätzlich die Einwohner- oder Politische Gemeinde für das Schulwesen verantwortlich. Dies ist insbesondere bei der Führung der Volksschule der Fall.[46] Als echte Gemeinde besitzt sie öffentlich-rechtliche Persönlichkeit, kann selbständig Steuern erheben und notfalls die Schulpflicht mit Zwangsmitteln durchsetzen. Die Gemeinde ist zuständig für die pädagogischen und finanziellen Ziele. Weil diese aber mit kantonalen Anliegen siedlungs- und staatspolitischer Natur[47] kollidieren können, hat der Kanton zwischen den Gemeinden einen Ausgleich zu suchen. Die kantonalen Behörden können die Gemeinden zur Zusammenarbeit verpflichten oder sogar Schulgemeinden zu einem Schulkreis[48] zusammenlegen. Daneben gibt es auch Formen interkommunaler Zusammenarbeit[49].[50] Die *Kantone* können nach Massgabe der gesetzlichen Bestimmungen ihre Trägerschaft aber auch Privaten übertragen oder diese mit der Organisation des Unterrichts betrauen.[51] Der *Bund* spielt - abgesehen von den Eidgenössischen Technischen Hochschulen - als Schulträger eine untergeordnete Rolle.[52]

---

46 PLOTKE, Schulrecht, 217; LORETAN, 46; vgl. KLOSS, 31 ff.; RECHSTEINER, 631 ff.

47 Dazu zählen Chancengleichheit der Regionen, gleichmässige Besiedlung und Integration von Randgebieten im Staatsverband (PLOTKE, Schulrecht, 208).

48 Von *Schulkreis* spricht man, wenn die Schule nicht nur einer, sondern mehreren Schulgemeinden dient (PLOTKE, Schulrecht, 209). Dies ist nicht zu verwechseln mit dem *Zusammenschluss* (Fusion) von Schulgemeinden (a.a.O., 211).

49 Vgl. PLOTKE, Schulrecht, 212 ff.

50 Vgl. PLOTKE, Schulrecht, 206 ff.

51 Damit eine private Ausbildungsstätte den Charakter einer öffentlichen Schule erhält, genügt es nicht, dass der Kanton Subventionen leistet. Der Kanton muss die Aufgabe förmlich übertragen oder mit Subventionen mindestens die Verpflichtung verbinden, im Rahmen der Plätze alle geeigneten Kandidaten aufzunehmen (PLOTKE, Bildung, 58, Anm. 169).

52 PLOTKE, Schulrecht, 215 f.

b) Öffentliche Schule

Der Begriff öffentliche Schule ist ein gängiger Ausdruck, der weder einheitlich definiert noch gleichmässig verwendet wird.[53] Aus historischer Sicht gilt eine Schule als *öffentlich*, wenn sie einen *öffentlich-rechtlichen Träger* (insbesondere Bund, Kanton oder Gemeinde) hat, der im Rahmen seiner Verwaltungsaufgaben die Schule betreibt.[54] Entscheidend dabei ist, dass grundsätzlich ein faktischer oder rechtlicher *Zwang* zur Aufnahme aller Schüler besteht.[55] Die Zulassung darf also nur von der Eignung der Kandidaten und vom verfügbaren Platz abhängen. Im Gegenzug besitzen sie dafür ein faktisches Ausbildungsmonopol und die Befugnis, einen staatlichen oder staatlich anerkannten Ausweis abzugeben.[56] Weitere Kriterien zur Qualifizierung der öffentlichen Schule sind: ob die Schule der allgemeinen Schulpflicht dient, von öffentlichen Körperschaften unterhalten wird, die Lehrer öffentliche Beamte sind[57], der Unterricht einer unbestimmten und wechselnden Zahl von Zöglingen erteilt wird[58] oder die Schule staatlich finanziert ist[59]. Entscheidend dürfte sein, ob die Schule "einen aus der Staatsgewalt abgeleiteten Bildungsauftrag erfüllt, d.h. ob sie als Organ eines mit entsprechender Hoheitsgewalt ausgestatteten Hoheitsträgers tätig wird, so dass diesem eine Massnahme der Schule als eigene zugerechnet wird".[60]

---

[53] PLOTKE, Bildung, 60.

[54] Vgl. BORGHI, Art. 27 BV, Rz. 65; PLOTKE, Schulrecht, 55; ders., Bildung, 57; MÜLLER Max, 91; MÜLLER Arthur, 99; ZIEGLER, 23, 26; HAAS, 6 ff.; SCHMID Josef, 21; PETITJEAN, 76; WEISSENRIEDER, 45 f.; BRÄM, 45; RECORDON, 25; PORTNER, 4 f.; BBl 1953 I 225; VEB 29/ 1959/60, Nr. 51.

[55] Vgl. BORGHI, Art. 27 BV, Rz. 65; WEDER, 117; PLOTKE, Schulrecht, 55 f.; ders., Bildung, 58; vgl. auch VEB 29/ 1959/60, Nr. 51. Die allgemeine Zugänglichkeit eines Institutes reicht anderen Autoren aber nicht, um es als öffentliche Schule zu charakterisieren (vgl. ZIEGLER, 24; MÜLLER Arthur, 99; PETERS, 407).

[56] PLOTKE, Schulrecht, 56, vgl. auch 78 f. Seiner Meinung nach zeigt sich die staatliche Überlegenheit darin, dass das Gemeinwesen die Rechte bestimmt, die sich aus einem Abgangszeugnis oder aus einem Ausweis ableiten, und den Ausbildungsgang und die Schulen (auch die Privatschulen) bezeichnet, deren Absolvierung als Voraussetzung für den Erwerb des Dokumentes erforderlich ist (a.a.O., 58). Dabei spricht man dann von anerkannten Schulen (MÜLLER Arthur, 99).

[57] Vgl. SCHMID Josef, 25 f.; HAAS, 1 f., 5. Für PLOTKE spielt der Status der Lehrer für die Trägerschaft keine Rolle (PLOTKE, Schulrecht, 205 f.).

[58] Vgl. MÜLLER Max, 92, 112 m.w.H.

[59] MAUNZ, Art. 7 GG, Rz. 65.

[60] MAUNZ, Art. 7 GG, Rz. 53d; vgl. auch JACH, Schulvielfalt, 13.

Sofern der Gesetzgeber nicht ausdrücklich etwas anderes bestimmt, werden die Schulen als *öffentlich-rechtliche, nichtautonome und unselbständige Anstalten* qualifiziert. Das besondere Rechtsverhältnis zwischen den Schülern und Lehrern unterliegt den Regeln des öffentlichen Rechtes (Subordinationsprinzip).[61,62]

c) *Staatliche Schule*

Das Adjektiv "staatlich" leitet sich vom Wort Staat ab. Als Staat wird im allgemeinen Sprachgebrauch der Kanton verstanden. Somit zählen zu den staatlichen Institutionen nur die öffentlichen *kantonalen Lehranstalten* ohne die Schulen der Gemeinden oder Bezirke.[63] Der Begriff der öffentlichen Schule ist damit nicht notwendig demjenigen der rein staatlichen Schule gleichzusetzen.[64] Doch wird in der Literatur staatlich oft auch im Gegensatz zu privat oder kirchlich gebraucht.

4. Privates Schulwesen

a) *Privatrechtliche Träger der Schule*

Als privatrechtliche Schulträger kommen grundsätzlich alle Rechtsformen in Frage: natürliche Personen (Einzelfirma), juristische Personen des Zivilgesetzbuches (Vereine, Stiftungen) und Gesellschaften des Obligationenrechts (Personen- und Kapitalgesellschaften, Genossenschaften). Je nach Zweck und Aufgabe der Schule eignen sich aber nicht alle Formen gleich gut.[65] Meistens werden die rechtlichen Beziehungen nach den Grundsätzen des Privatrechts geregelt.[66] Übernimmt eine

---

61 HAAS, 1. Im *Privatunterrichtswesen* gilt der Grundsatz *rechtlicher Gleichordnung* (HAAS, 5).

62 Vgl. dazu PLOTKE, Schulrecht, 70 ff.; vgl. auch ZIEGLER, 67 ff.; ZÜST, 31 ff., 41 ff., 71; KLOSS, 141; MÜLLER Arthur, 165 ff.; PORTNER, 5 ff.; SCHÖN, 1 ff.; BOSSHARD, 94 ff.; ECKSTEIN, 228 ff.; VEB 10/1936, Nr. 50, S. 63; SCHNYDER Matthias, Die Universität Basel als öffentlich-rechtliche Anstalt, Basel/Frankfurt a.M. 1985, S. 38 ff.; LANG Siegfried, Das Schulverhältnis als Anstaltsverhältnis, Diss. München 1969.

63 PLOTKE, Schulrecht, 56.

64 WEISSENRIEDER, 46.

65 RECHSTEINER, 791; PLOTKE, Schulrecht, 216 ff.; HÄRING, 132.

66 WEISSENRIEDER, 46. Vgl. auch ZIEGLER, 79; PLOTKE, Schulrecht, 57 f., 76 ff., 459 ff. In diversen Entscheiden ist der Unterrichtsvertrag als Auftrag (Art. 394 OR) qualifiziert worden (vgl. SJZ 66/1970, S. 8 f.; 64/1968, S. 24 ff.; ZR 69/1970, Nr. 9). Vgl. hiezu auch SCHAFFITZ Regina Mireille, Der Schulvertrag, Zürich 1977; BÜHLER Michael, Der Fernunterrichtsvertrag nach deutschem und schweizerischem Recht, Diss. Genf 1984.

Privatschule öffentliche Aufgaben, dient sie der Öffentlichkeit. Damit können gewisse Annehmlichkeiten als auch Verpflichtungen verbunden sein.[67]

b) Private Schule

In Anlehnung an die gemachten Ausführungen kann die *Privatschule*[68] *negativ* ausgedrückt einfach als *nicht-öffentliche Schule* bezeichnet werden.[69] Diese Definitionsweise ist aber nicht unbedenklich, da der Umfang der letzteren den Raum für die Privatschule absteckt. Deshalb muss versucht werden, diesen Begriff positiv zu umschreiben.

Das *Bundesgericht* hat bisher nur in einem sehr alten Entscheid zum Privatschulbegriff Stellung genommen. Es erachtet eine Schule dann als privat, wenn sie ihre Existenz nicht auf Vorschriften des öffentlichen Rechts stützt und auch nicht auf Kosten des Staates unterhalten wird.[70] Die *Literatur* bezeichnet die Privatschule als "eine von einem privaten Träger aufgrund freier Initiative errichtete und betriebene Schule, die Erziehung und Unterricht in eigener Verantwortung gestaltet und die von Eltern bzw. Schülern frei gewählt werden kann".[71] Dabei besteht die Selbstver-

---

[67] Dazu zählen *einerseits* u.a. die Verleihung einer Konzession, die Gewährung von Beiträgen und der prüfungsfreie Übertritt an weiterführende öffentliche Schulen sowie *andererseits* die Pflicht zur Anwendung einschlägiger öffentlich-rechtlicher Normen und der Aufnahmezwang bei geeigneten Kandidaten (im Rahmen des Platzangebotes und allenfalls nach Massgabe der öffentlichen Beiträge) (vgl. PLOTKE, Schulrecht, 77 f.).

[68] Der Ausdruck "Privatschule" erscheint unglücklich, weil auch Kirchen und andere Gebietskörperschaften Träger von Privatschulen sein können. Zur Problematik, wenn die Kirche eine Schule unterhält, vergleiche die Ausführungen bei MARTIN, 120 f. Gelegentlich wird der Begriff nichtstaatliche Ausbildungsstätte bevorzugt, weil mit dem Wort Privatschule da und dort die Vorstellung von wohlhabenden Kreisen oder elitärer Ausbildung verknüpft wird (PLOTKE, Bildung, 61).

[69] So - oder mit dem lediglichen Hinweis auf einen privaten Träger - bei WEISSENRIEDER, 46; MÜLLER Arthur, 99; MÜLLER Max, 91; SCHMID Josef, 21; RECHSTEINER, 743; ZIEGLER, 26; BRÄM, 45; PETERS, 407. Gemäss FLEINER bleiben die Privatschulen öffentliche Anstalten (FLEINER, 517, 521; vgl. auch FLEINER-GERSTER, Grundzüge, S. 38, Rz. 21). BLUNTSCHLI bezeichnet nur die kirchlichen Schulen als öffentliche Schulen (BLUNTSCHLI, Staatsrecht, 480).

[70] BGE 7 (1881), 74. Wörtlich heisst es in jenem Entscheid: "Il Pio Istituto scolastico di Olivone è per fermo uno Stabilimento *privato*, vuoi perchè non fonda la sua esistenza sulle prescrizioni del diritto pubblico ticinese, vuoi perchè non è intrattenuto a spese dello Stato."

[71] HECKEL/AVENARIUS, 137. Zu weiteren Definitionsversuchen vgl. auch HECKEL, Privatschulrecht, 209; MAUNZ, Art. 7 GG, Rz. 65a; WEISSENRIEDER, 46; SCHMID Josef, 22 f.; HÄRING, 129 f.; RECHSTEINER 743 (mit Hinweis auf HECKEL/SEIPP, 160); MÜLLER Max, 112; ZIEGLER, 27; OBERHOLZER, 69; KÄMPFER, 694.

antwortlichkeit im Recht, den äusseren (z.B. Trägerschaft) und inneren Schulbetrieb (z.B. Unterrichtsorganisation, Lehrmethoden, -mittel und -pläne, Bestellung des Lehrpersonals) frei gestalten zu können sowie in der freien Wahl von Lehrern und Schülern.[72] Nicht massgebend ist der Zweck oder die Zulassungsbedingungen einer Schule.[73] Auch die staatliche Aufsicht oder die Gewährung von Subventionen der öffentlichen Hand verändert den Status einer Schule allein nicht, sofern die Schule damit nicht verpflichtet wird, Schüler aufzunehmen.[74]

5. Kirchliches Schulwesen

a) *Kirchliche Träger der Schule*

Wie die geschichtliche Entwicklung zeigt, ist der Einfluss der Kirche auf das Schulwesen stetig zurückgegangen. Sie wird heute im Gegensatz zu den Eltern und dem Gemeinwesen nicht einmal mehr als selbständiger Erziehungsträger anerkannt, sondern zählt zu den *privatrechtlichen Trägern*. Die unmittelbare Mitwirkung der Kirche im öffentlichen Primarunterricht ist auf den Religionsunterricht beschränkt. Die kirchlichen Organe können sich nicht auf einen eigenen Erziehungsauftrag berufen, sondern werden nur auf Ermächtigung der Eltern tätig, die ihre Kinder in konfessionelle Privatschulen schicken möchten.[75,76]

---

[72] Vgl. SCHMID Josef, 22 f.; RECHSTEINER, 659 ff., 705 ff.

[73] MÜLLER Max, 91 f.; SCHMID Josef, 22.

[74] Vgl. dazu PLOTKE, Schulrecht, 56, 78; MÜLLER Max, 91; RECHSTEINER, 791; ZIEGLER, 27; MARTIN, 120; KIM, 99; VEB 10/1936, Nr. 50, S. 63; Luzerner Gerichts- und Verwaltungsentscheide 1981 III Nr. 13. Anderer Ansicht ist EDI, 64 (vgl. auch 74 ff. zu einem Rekurs).

[75] PLOTKE, Schulrecht, 28 f., 33.

[76] Zum Verhältnis von Staat und Kirche auf dem Gebiet des Schulwesens vgl. KRAUS, 346 ff.; WEISSENRIEDER, 153 ff., 206 ff.; SCHMID Josef, 35 ff.; MÜLLER Max, 79 ff.; ZIEGLER, 10 ff.; MARSCHALL, 74 ff.; KIM, 60 ff.; HÄFELIN, Art. 49 BV, Rz. 37 ff.; KARLEN, 61 ff. Vgl. hierzu auch LAMPERT Ulrich, Kirche und Staat in der Schweiz, II. Band, Freiburg (Schweiz) und Leipzig 1938, S. 450-475; ROBBERS Gerhard, Verträge zwischen den evangelischen Kirchen und dem Staat, in: ZSR NF 113/1994 I, S. 223-232; FRIEDRICH Ueli, Kirchen und Glaubensgemeinschaften im pluralistischen Staat, Zur Bedeutung der Religionsfreiheit im schweizerischen Staatskirchenrecht, Diss. Bern 1993; CARLEN Louis, Das Verhältnis von Staat und Kirche in der Schweiz, in: Handbuch des katholischen Kirchenrechts, hrsg. von Josef Listl/Hubert Müller/Heribert Schmitz, Regensburg 1983, S. 1097-1109; HAFNER Felix, Die Beteiligung der Kirchen an der politischen Gestaltung des pluralistischen Gemeinwesens, Basel und Frankfurt a.M. 1985; LUZE Charles-Henri de, L'organisation ecclésiastique dans les cantons suisses, Diss. Lausanne 1987, Tolochenaz 1988; STÖCKLI Walter A., Church-State and

b) Freie Schule ("école libre")

Vor allem in Frankreich entstand seitens kirchlicher Kreise Opposition gegen das Wort "privé", weil dies nach allgemeinem Sprachgebrauch "Ausschluss der Öffentlichkeit" bedeute. Klerikale Privatschulkreise wollten den Begriff deshalb ersetzt haben durch das Wort "libre", weil sie darin eher die Unabhängigkeit vor staatlicher Einmischung verwirklicht sahen.[77] So haben sich in Deutschland die Begriffe "Freie Schule" bzw. "Schule in freier Trägerschaft" eingebürgert.[78] In der Schweiz hingegen hat der Begriff "libre" einen engeren religiösen Sinn[79] und seine Gegensätzlichkeit zur Staatsschule erhalten.[80] Es handelt sich heute aber nur noch um eine marginale Erscheinung.[81]

Das *Bundesgericht* konnte zum Begriff "frei" in einem Entscheid Stellung nehmen, wo ein "Verein Freie Evangelisch-Theologische Hochschule Basel" um Erteilung der kantonalen Zulassungsbewilligung ersuchte.[82] Die kantonalen Instanzen lehnten diese Bezeichnung ab, weil die Bezeichnung "Hochschule" nach schweizerischen Begriffen den Eindruck einer staatlichen Anstalt erwecke. Daran könne auch der Zusatz "frei" nichts ändern.[83] Auch das Bundesgericht bestritt nicht, dass die Bezeichnung "Hochschule" bzw. "Fakultät" - im Gegensatz zu "Akademie" - für sich genommen

School in Switzerland and the United States, Bern 1970. Vgl. hierzu auch die 1980 deutlich verworfene eidgenössische Volksinitiative "betreffend die vollständige Trennung von Staat und Kirche" (BBl 1980 II 206 [Ergebnis], 1978 II 665 ff. [Botschaft]).

77 Die Behauptung RECHSTEINERS, der Begriff "freie Schule" impliziere, dass öffentliche Schulen unfrei seien, vermag nicht zu überzeugen (RECHSTEINER, 742, Anm. 28). MARTIN möchte mit der Unterscheidung zwischen freiem und privatem Unterricht bezwecken, dass die Privatmänner von der katholischen Kirche getrennt werden. Denn die katholischen Schulen würden die gleichen Mängel aufweisen wie die öffentlichen Schulen; sie seien auch uniformiert, weitläufig, dauerhaft und traditionsbewusst (MARTIN, 17, 26).

78 Vgl. statt vieler HECKEL/AVENARIUS, 137 f. Weil sich aber durch die gesamte Rechtsordnung die Gegenüberstellung von privatem und öffentlichem Recht durchziehe, solle am Begriff "Privatschule" festgehalten werden (a.a.O.).

79 Max MÜLLER, 90 erwähnt die "freien Schulen", die von "Freunden christlicher Schulbestrebungen" errichtet seien. Diese würden den Wert des Religionsunterrichts und die christliche Persönlichkeitsbildung betonen.

80 Vgl. MÜLLER Max, 92 f. Hierzu sei auch verwiesen auf BÄCHTOLD Hermann, Freie Schule oder Staatsschule?, Eine Frage an christliche Eltern, Basel 1921.

81 Die freien Schulen der Kantone Freiburg und Wallis sind laut PLOTKE im verschwinden begriffen (PLOTKE, Schulrecht, 80).

82 Vgl. BGE 97 I 116 ff.

83 BGE 97 I 118, 122.

die Vorstellung einer staatlich getragenen Lehr- und Forschungsanstalt wecke.[84] Doch sei es willkürlich, sämtlichen Beiwörtern vor dem Hauptwort die Eigenschaft der Unterscheidbarkeit zu nehmen. Es schlug (indirekt) die Bezeichnung "Private Hochschule" oder "Privathochschule" vor.[85] Den Hinweis des Beschwerdeführers, dass es bereits eine "Freie Evangelische Schule Basel" und ein "Freies Gymnasium Zürich" gebe, lehnte es gleich zweifach ab: Einerseits könne aus Art. 4 BV nichts dagegen eingewendet werden, wenn von Kanton zu Kanton das kantonale Recht verschieden gehandhabt würde,[86] und andererseits handle es sich bei den genannten Schulen um Mittelschulen[87]. Das Bundesgericht führt dann zum Begriff 'frei' weiter aus: "Sowohl nach dem allgemeinen wie nach dem juristischen Sprachgebrauch ist das Gegenteil von 'staatlich' nicht 'frei', sondern 'privat'. Der Ausdruck 'frei' hat verschiedene Bedeutungen und erscheint jedenfalls in der Verbindung mit dem Wort 'Schule' oder 'Hochschule' als nicht völlig klar und eindeutig im Sinne eines Gegensatzes zu 'staatlich'".[88] Insbesondere bei der Bezeichnung "Freie Hochschule" denke man heute meist an die "Freie Universität Berlin", die aber gerade nicht privat, sondern eine zweite staatliche Hochschule in der Stadt Berlin sei.[89]

IV. Zusammenfassung von § 2

Kultur dient dem Menschen zur Verwirklichung seines Lebens und seiner Werte. *Bildung* hilft dem Individuum, seine Persönlichkeit zu entwickeln. Sie dient insbesondere der Inkulturation und Sozialisation. Teilelemente der Bildung sind der *Unterricht*, der als rein intellektueller Vorgang den Erwerb von Wissen und Können bezweckt, sowie die *Erziehung*, die den sittlichen und moralischen Charakter einer Person bildet.

Als Schulbildungsträger kommen öffentlich-rechtliche und privatrechtliche Träger

---

[84] BGE 97 I 123.

[85] BGE 97 I 123 f.

[86] BGE 97 I 122; so auch in BGE 91 I 491.

[87] "Was für solche Schulen gilt, lässt sich nicht ohne weiteres auf Hochschulen übertragen, da in der Schweiz private Mittelschulen nicht selten sind, während eine private Schule, an der eine wissenschaftliche Ausbildung auf Hochschulstufe vermittelt wird, eine durchaus ungewöhnliche Erscheinung darstellt" (BGE 97 I 124).

[88] BGE 97 I 124.

[89] BGE 97 I 124.

in Frage. Die Kirche und die Eltern zählen zu den privatrechtlichen Trägern. Als *öffentliche* Schulen gelten traditionsgemäss Schulen mit öffentlich-rechtlichem Träger (Gemeinde, Kanton, Bund). *Private* oder freie Schulen besitzen Selbstverantwortlichkeit im äusseren und inneren Schulbetrieb und Wahlfreiheit bei Lehrern und Schülern.

§ 3 Geschichtliche Entwicklung des schweizerischen Schulwesens

I. Entwicklung bis 1848

1. Zeit bis zum Mittelalter

Weder *Athen* noch *Rom* kannten ein staatliches Bildungswesen.[1] In den Republiken des alten Griechenland wurden die Bürger in zwei Gebieten unterrichtet: gymnastische Übungen (zur Stärkung der militärischen Macht)[2] und Musenkünste (zur Ausbildung von Geist und Charakter). Demgegenüber fand sich im alten Rom nur die Pflicht zur körperlichen Ertüchtigung. Dennoch war aber der moralische Charakter nicht schlechter.[3] Die Lehrer wurden weder in Athen noch in Rom vom Staat bezahlt oder ernannt.[4] Die Unterrichtsgegenstände wie Lesen, Schreiben und Rechnen erbrachten Privat- oder Hauslehrer. Der Staat selbst unterhielt keine Schulen[5], auferlegte den Bürgern in Athen aber die Schulungspflicht[6]. Im Gegensatz zu Rom und Athen kannten die *Germanen* vorchristlicher Zeit mit der Sitte des "Kindertausches" eine interessante Mischung von familieninterner Erziehung und Erziehung durch die Öffentlichkeit.[7]

Die Entwicklung des Bildungswesens ist von der jeweiligen Gesellschaftsordnung und Staatsstruktur abhängig. Da die moderne Staatsentwicklung auf dem mittel-

---

1 MÜLLER Arthur, 67.

2 In *Sparta* war der Staat Eigentümer der Kinder, weshalb es auch keine Elternrechte geben konnte. Es herrschte weitgehend Identität zwischen Staat und Individuum. Mit sechs Jahren wurden die Knaben den Eltern weggenommen und bis zum 30. Altersjahr in kasernenartigen Lagern zusammengezogen. Dort genossen sie eine obligatorische staatliche Erziehung, deren Hauptinhalt in der Stählung von Körper und Wille lag. Sie war ausgerichtet auf ein wehrkräftiges Volk, welches sich bedingungslos den Staatsinteressen unterzuordnen hatte (vgl. ECKSTEIN, 21).

3 SMITH, 774 f., Rz. 39 f.

4 Im alten bäurischen *Rom* war die Familie heilig. Hier herrschte weitgehend Identität zwischen Individuum und Familie. Die Kindererziehung war Sache der *Familie*. Seit dem 3. Jh. v. Chr. tauchten private "Elementarschulen" auf, worin Lese-, Schreib- und Rechenunterricht gegen Entgelt erteilt wurde (ECKSTEIN, 22 f.).

5 SMITH, 776 f., Rz. 41 f.

6 ECKSTEIN, 26.

7 ECKSTEIN, 27.

alterlichen Staate aufbaut, erübrigt sich eine weiter zurückreichende Untersuchung.[8] Zusammenfassend kann hier festgehalten werden, dass bis zum Mittelalter das *Hauslehrertum* vorherrschte.[9]

2. Mittelalter

Das ganze Mittelalter hindurch behauptete sich das Hauslehrertum parallel zu den kirchlichen und städtischen Schulen. Es erfreute sich beim Bürgertum ebenso wie beim Rittertum grosser Beliebtheit.[10] Mit der Zeit löste es sich vom geschlossenen Familienkreis und trat als freies Angebot auf dem Markt auf. Weil das Betriebskapital rein geistiger Natur war und die Bedürfnisse ständig wechselten, bildete sich dieses Handwerk zu einem Wanderbetrieb aus. Wegen seiner Unkontrollierbarkeit wurde schon früh der Ruf nach obrigkeitlichen Eingriffen wach.[11]

Die Anfänge des schweizerischen Schulwesens finden sich im *frühen Mittelalter* in den Klosterschulen, die sich ausschliesslich der lateinischen Sprache bedienten. Die (üblichen) privaten Elementarschulen bestanden zwar weiter, wurden aber in christlichem Geiste geführt.[12] Bis ins hohe und späte Mittelalter blieben die Kloster-, Dom- und Stiftsschulen die Hauptpflanzstätte der Bildung.[13] Der Staat liess dabei (aus Nützlichkeitsüberlegungen) dem Klerus und dessen Bildungseinrichtungen seinen Schutz zuteil werden.[14]

Die Durchbrechung der monopolartigen Stellung der Kirche im Unterrichtswesen setzte im *Hochmittelalter* ein. Mit der Gründung der Städte im 12. Jahrhundert blühte ein förmliches Massenbedürfnis nach Unterricht auf. Als aber die Kirche dem nicht mehr genügen konnte, gründeten die städtischen Gemeinwesen eigene Lateinschulen. Das geschah auch ihres Bedarfes an geschulten Beamten wegen.[15] Dieser staatliche "Eingriff" in die kirchliche Kompetenz bildete den Anlass für die erste Phase des

---

8 MÜLLER Max, 34. Für die Anfänge vgl. KURTZ, 9 ff.

9 MÜLLER Max, 94.

10 MÜLLER Max, 94.

11 MÜLLER Max, 95. Zum Schulwesen im Mittelalter vgl. auch HUNZIKER, Band I, 1 ff.

12 ECKSTEIN, 28; BOSSHARD, 1 f.

13 MÜLLER Arthur, 67; ZIEGLER, 1; vgl. auch PETITJEAN, 58 ff.

14 MÜLLER Max, 35; vgl. auch ECKSTEIN, 28 f.

15 MÜLLER Max, 48.

Schulstreites zwischen Staat und Kirche.[16] Die städtischen Schulen wurden den kirchlichen Schulen nachgebildet und erhielten mit dem Emporkommen der Kaufmannschaft einen mehr weltlichen und ständisch-gemischten Charakter. Gleichzeitig wurden die ersten Universitäten gegründet, die vollständig unabhängig von staatlicher Gewalt aus freien Vereinigungen hervorgingen.[17] Die allgemeine Volksbildung blieb dagegen in den Anfängen stecken.[18]

Doch auch die Stadtverwaltung kam - wohl des kirchlichen Einflusses wegen - dem entstandenen Unterrichtsbedürfnis nur spärlich entgegen. So konnten sich privat auch Schreiber, Studenten, Geistliche und fromme Schwestern durch Unterrichten ihren Lebensunterhalt verdienen. Und weil sich das Bedürfnis nach Unterricht mit steigender Kultur ausdehnte, blieb der Staat weiterhin auf die private Mitwirkung angewiesen.[19] So duldeten die Bevölkerung und die Obrigkeit die privaten Schulen.[20] Die Städte gestalteten diese primitiven Privatschulen später sogar vielfach auch in ständige Schreibschulen um. Da sich die Kirche durch die private Konkurrenz finanziell beeinträchtigt fühlte, veranlasste sie, dass der private Unterricht unter die Aufsicht des Scholasticus gestellt wurde.[21] Er gestattete den privaten Unterricht erst, als ihm ein Teil des Schulgeldes abgeliefert wurde.[22] Dieser Umstand führte in die zweite Phase des Schulstreites: den Kampf zwischen der Kirche und den sogenannten "Winkelschulen".[23]

Im *späten Mittelalter* distanzierte man sich von der Kirche durch Errichtung von Lese- und Schreibschulen, die in der Muttersprache unterrichteten. Diese waren häufig Privatgründungen. Die ländlichen Gebiete kannten aber noch immer keine eigenen

---

16 Die Kirche versuchte in diesem Streit, ihr tatsächliches Monopol in ein rechtliches umzuwandeln. Dies gelang zwar nicht, doch bleibt zu beachten, dass die Erlaubnis zur Unterrichtserteilung trotzdem zumeist geistliches Reservatrecht blieb (MÜLLER Max, 80).

17 MÜLLER Max, 35 f. Im 15. Jahrhundert wurde die Universität Basel gegründet.

18 ZIEGLER, 1 f.

19 MÜLLER Max, 48.

20 MÜLLER Max, 96.

21 Auf Drängen der Kirche und wegen der Unkontrollierbarkeit der Wanderbetriebe wurde schon früh eine obrigkeitliche Aufsicht verlangt. Alle Bestrebungen, ein unkontrolliertes Schulwesen zu verhindern, zeigten deutlich, dass sich weltliche und geistliche Obrigkeit der Bedeutung des Schulwesens wohl bewusst waren. Sie wachten sorgsam darüber, um es von fremden und unerwünschten Einflüssen freizuhalten (KURTZ, 62).

22 MÜLLER Max, 95.

23 MÜLLER Max, 96. Diese Privatschulen wurden aufgrund ihres zweifelhaften Status und des Fehlens jeglicher fester Organisationsgewalt "Bei- oder Winkelschulen" genannt (KURTZ, 60).

Schulen.[24] Von einem allgemein zugänglichen Schulwesen konnte nicht gesprochen werden. Die allgemeine Volksbildung blieb weiterhin in ihren Anfängen stecken, da Schulen den sozial gehobenen Klassen vorbehalten blieben.[25] Der Grund für das mangelnde Interesse des historischen Staates am niederen, das heisst dem allgemeinen Bildungswesen, lag in seiner ständischen Organisation.[26] Man befürchtete einerseits, dass die Popularisierung der Bildung das Regieren durch einzelne herrschende Klassen erschweren könne. Andererseits wurde die Unbildung des Volkes auch als gewissermassen konstitutives Element des Staates, als göttliche Weltordnung, hingenommen.[27,28]

3. Reformation

Bis zur Reformation existierte kein eigentliches Volksbildungswesen. Im grossen und ganzen hatte die Kirche das Unterrichtswesen in der Hand.[29] Der Unterricht diente allein der religiösen Schulung der Laien.[30] Mit der Reformation wurde dann das Bildungsbedürfnis der breiten Massen hervorgerufen. Die Schule löste sich vom reinen Religionsunterricht und wandte sich langsam weltlichen Zielen zu.[31] Zum erstenmal wurde darauf hingewiesen, dass die Sorge für den Unterricht nicht wie bisher der Kirche und den Privatschulmeistern überlassen werden dürfe, sondern dass sie in erster Linie dem Gemeinwesen zustehe.[32] Der Staat begann sich allmählich für eine allgemeine Volksbildung zu interessieren.[33] Die ursprüngliche Absicht, eine allgemeine Schulpflicht von Staates wegen zu statuieren, konnte aber schliesslich wegen

---

[24] ZIEGLER, 1.

[25] MÜLLER Arthur, 68.

[26] Vgl. auch MÜLLER Max, 81. ECKSTEIN, 29 ff. unterscheidet den Adel, den Klerus, den Kaufmannsstand, die Handwerker und die Bauern.

[27] MÜLLER Max, 41. Vergleiche dazu auch den Ausspruch eines englischen Lords: "If a horse knew as much as a man, I would not be his rider!" (zit. a.a.O., 42).

[28] Vgl. dazu auch MOELLER Bernd/PATZE Hans/STACKMANN Karl (Hrsg.), Studien zum städtischen Bildungswesen des späten Mittelalters und der frühen Neuzeit, Bericht über Kolloquien der Kommission zur Erforschung der Kultur des Spätmittelalters 1978 bis 1981, Göttingen 1983.

[29] MÜLLER Max, 34 f.

[30] Vgl. auch PETITJEAN, 61 f.

[31] LANDOLT, 82.

[32] MÜLLER Max, 36.

[33] MÜLLER Max, 41; ZIEGLER, 2 f.; ECKSTEIN, 31 f., 35.

feindlicher Kräfte wirtschaftlicher[34], individueller und kirchlicher[35] Natur doch nicht durchgeführt werden.[36]

Die Reformation gab verschiedene Impulse. Sie belebte das Interesse am Schulwesen und war auch günstig für die Entwicklung des Privatschulwesens. Die Buchdruckerkunst entwickelte ein allgemein gewordenes Lesebedürfnis. Die Schulmeister wurden sesshaft und schlossen sich zur Zunft zusammen, wodurch sie den Status von "Winkelschulen" verloren. Das Privatschulwesen wuchs so stark, dass jetzt nicht mehr die Kirche, sondern die Städte um ihre Schulen fürchteten. Sie versuchten deshalb, die Winkelschulen in der öffentlichen Meinung herabzusetzen und stellten sie als "unordentliche Nebenschulen" unter strenge Aufsicht. So blieben nur noch die Hausschulen "privat".[37] Auf dem Land hingegen fand verständlicherweise das Privatschulwesen mit all seinen Auswüchsen keine Opposition. Dies änderte sich erst, als auch hier die staatliche Schulregelung einsetzte. Allmählich wurden dann auch die eigentlichen Hauslehrer unter die staatliche Kontrolle gestellt. Den privaten Schulmeistern wurde also mehr durch das staatliche Machtmittel als durch die pädagogische Überlegenheit das "Handwerk gelegt". Diese Schulordnungen wurden aber nicht strikte durchgeführt oder später wieder gemildert. Das Landschulwesen blieb primitiv.[38]

---

[34] Schuld am nicht weiter entwickelten Schulwesen war nach Max MÜLLER, 41 insbesondere das sittliche und wirtschaftliche Elend des Dreissigjährigen Krieges.

[35] Die Interessensolidarität des Gemeinwesens und der unterrichtssuchenden Familien scheiterte vielfach gerade an der kirchlichen Macht, die ihr Schulmonopol eifersüchtig hütete und sich nur ungern zur Duldung städtischer Schulen entschloss (MÜLLER Max, 89 f.; ECKSTEIN, 34 spricht von einer Einheit von Kirche und Staat). Der "lehrende Staat" war der Kirche ein Dorn im Auge, weshalb sie nochmals versuchte, ihr altes Monopol aufzurichten. Dies führte zwar nochmals zu einer Verbesserung der christlichen Schulen und zur Förderung des höheren Unterrichts. Doch musste die Kirche ihre Unfähigkeit einsehen, dem allgemeinen Unterrichtsbedürfnis genügen zu können. Sie dominierte aber noch immer im Unterrichtswesen (vgl. dazu MÜLLER Max, 55 f.; ZIEGLER, 2 f., 6 f.).

[36] MÜLLER Max, 36 f.

[37] MÜLLER Max, 96.

[38] ZIEGLER, 3; KIM, 10; BOSSHARD, 3 ff.; vgl. auch HUNZIKER, Band I, 55 ff.

4. 18. Jahrhundert

Das 18. Jahrhundert, das als Zeitalter der *Aufklärung*[39] und des Rationalismus bezeichnet wird, brachte eine Fülle von neuen philosophischen, politischen und religiösen Ideen sowie pädagogischer Einsichten.[40] Dies führte zur Umgestaltung der bestehenden Schulen. Dem Staat wurde nicht mehr nur im Auftrag der Kirche die Pflege des Unterrichtswesens zugewiesen, sondern er wurde autonom zum Träger der Volksbildung.[41] Da nun der Staat begann, das Volksschulwesen zu organisieren, interessierte sich auch die Kirche nicht mehr nur für den höheren Unterricht.[42]

Während 1770 ein Hofdekret Maria Theresias das Schulwesen zum "Politikum" machte, blieb in der *Schweiz* die Sorge für den Unterricht in der Hauptsache bei *kirchlichen Organen*. Der Staat steuerte Mittel bei, appellierte gleichzeitig aber immer wieder an die private Wohltätigkeit.[43] Die Schule wurde von der Kirche geführt, nicht aber gänzlich unterhalten.[44] Dem freiheitlichen Denken der Aufklärung kommt zwar eine massgebliche Bedeutung im Schulwesen zu, doch führte es nicht zur Einführung der Schulpflicht.[45] Erziehungs- und Bildungsgeschehen waren im 18. Jahrhundert eng miteinander verbunden. Betreffend der schulischen Zielsetzungen herrschte zwischen Staat und Kirche weitgehend Übereinstimmung, weshalb die eigentliche Ausführung des Unterrichts der Kirche überlassen werden konnte. Auch die Schulaufsicht wurde gemeinsam getragen. Das Kind sollte in den christlichen Tugenden geschult werden. Kirchlicherseits bestand der Unterschied aber darin, dass

---

[39] Wo die Reformation mit dem Kampf um die Mündigkeit des Laien in Glaubensdingen die ersten Akzente setzte, wollte die nachfolgende Aufklärung den Menschen in allen Lebensbereichen mündig sehen (MÜLLER Arthur, 68).

[40] BOSSHARD, 5. CONDORCET schlug in der Nationalversammlung folgende Grundsätze für den Unterricht vor: "L'éducation doit être gratuite, égale, générale, physique, intellectuelle, industrielle, morale, politique, et dirigée vers l'égalité réelle entre tous les citoyens" (zit. bei KÖLZ, Verfassungsgeschichte, 52).

[41] ZIEGLER, 7.

[42] MÜLLER Max, 81; BOSSHARD, 5 f.

[43] ZIEGLER, 3, 7; HUNZIKER, Band I, 143 f. Der staatliche Absolutismus zeigte sich in der Schweiz, verglichen mit Deutschland, nicht so ausgeprägt. Das allgemeine Volksbildungswesen erlangte keine besondere Bedeutung. Solche Aktivitäten wurden Unternehmungen Einzelner und der Privatinitiative überlassen (ECKSTEIN, 39 f.; vgl. auch KELLER, 43).

[44] LANDOLT, 15.

[45] MÜLLER Arthur, 68.

für sie die Schulpflicht lediglich eine organische Fortsetzung der Kirchenpflicht darstellte und dass sie den Unterricht nur als Weiterführung der religiösen Unterweisung betrachtete.[46]

5. Französische Revolution (1789)

Die Französische Revolution proklamierte die staatsbürgerliche Gleichheit und vernichtete die ständische Staatsauffassung mit ihren bildungspolitischen Ideen. Für einen demokratischen Staat galt Bildung - aus reinem Selbsterhaltungsinteresse - als konstituierendes Element.[47] Die staatliche Herrschaft erschütterte die kirchliche Macht im Volksschulwesen. Als Folge entstanden eine neue Pädagogik,[48] die Bildung eines selbständigen Lehrerstandes und die Bestimmung, dass jede öffentliche Schule die Angehörigen aller Religionsgemeinschaften aufzunehmen habe. Immer energischer wurde auch das System der Simultanschule gefordert, das den kirchlichen Einfluss auf den Religionsunterricht beschränkte.[49]

6. Helvetik (1798-1803)

In der vom Wissenschafts- und Bildungsoptimismus des 18. Jahrhunderts geprägten Helvetik erhielt das Erziehungswesen besonders starke Impulse, obwohl die Verfassung der helvetischen Republik vom 12. April 1798 keine Bestimmung über den

---

[46] LANDOLT, 85 ff. Zu den Reformgedanken und Reformversuchen des 18. Jahrhunderts vergleiche auch HUNZIKER, Band I, 128 ff.

[47] MÜLLER Max, 42 ff.; ECKSTEIN, 42 f. CONDORCET war massgeblich an der Einführung einer "instruction publique et général" beteiligt (vgl. dazu SCHEPP Heinz-Hermann, Freiheit und Gleichheit in Condorcets Plan einer Neuorganisation des Unterrichtswesens [1792] - Ein Beitrag zur Grundlegung der modernen Schulorganisation, in: ders., Pädagogik und Politik, Bad Heilbrunn 1990, S. 13-24). Er war kein Gegner konfessioneller Privatschulen, da diese von den natürlichen Schulen verlangten, sich mindestens auf ihrem Niveau zu halten. Den pädagogischen Fortschritt betreffend forderte er den Wettbewerb zwischen dem staatlichen und privaten Schulwesen (SCHEPP, a.a.O., 21 f.). Vgl. dazu auch OSTERWALDER Fritz, Condorcet - Instruction publique und das Design der Pädagogik als öffentlich-rechtliche Wissenschaft, in: Zeitschrift für Pädagogik, 28. Beiheft, S. 157-193; ders., Liberale Schweiz und staatliche Schule - ein Widerspruch? Aktuelle Einsichten aus einem historischen Exkurs, in: NZZ vom 28.1.1993, Nr. 22, S. 63.

[48] An Stelle der allgemeinen christlich-religiösen Tendenz traten klar umschriebene Lehrziele (MÜLLER Max, 50).

[49] MÜLLER Max, 82. Vgl. dazu auch HARTEN Hans-Christen, Elementarschule und Pädagogik in der Französischen Revolution, München 1990.

öffentlichen Unterricht enthielt.[50] Jedoch hielt Art. 7 fest: "Die Pressefreiheit ist eine natürliche Folge des Rechts, das Jeder hat, sich unterrichten zu lassen."[51] Der Minister für Wissenschaften, schöne Künste und öffentliche Werke, Philipp Albert Stapfer, setzte sich für eine grundlegende Neugestaltung des Erziehungswesens ein, wovon noch heute sämtliche organisatorischen Umgestaltungen (kantonale Erziehungsräte und -direktionen, Schulinspektoren) zeugen.[52] Nach seinem Plan sollte in einer ersten Stufe[53] der obligatorische - für Arme unentgeltliche - bürgerliche Unterricht eine menschliche und nationale Volksbildung vermitteln. Dieser idealistische, seiner Zeit vorauseilende Erziehungsplan, wurde aber von den Räten nie akzeptiert.[54]

Im Unterschied zur Französischen Revolution riss die Helvetik im Schulwesen nicht nur nieder ohne aufzubauen, sondern versuchte, sich dem Bestehenden anzupassen. Zu Beginn tat man einen wichtigen Schritt, indem das Schulwesen des ganzen Landes unter Staatsaufsicht gestellt und die kirchliche Schulhoheit beseitigt oder den staatlichen Zwecken eingefügt wurde. Die Unterrichtsfreiheit wurde nie ernstlich erörtert. Das Schulwesen sah man von Anfang an als Staatsaufgabe, als "Politikum" an.[55] Der Staat trat zum erstenmal selbständig - nicht mehr aus kirchlichen Interessen - an Kulturaufgaben heran.[56] Er setzte sich die Begründung der

---

[50] KÖLZ, Verfassungsgeschichte, 129; vgl. zur Helvetik auch HUNZIKER, Band II, 1 ff. BOSSARD, 7 erwähnt Art. 4, wonach die Grundlage des öffentlichen Wohlstandes v.a. in der Aufklärung bestehe.

[51] BLUNTSCHLI, Band II, 306; vgl. auch KÖLZ, Quellenbuch, 127.

[52] HIS, Band I, 636 ff.; BOSSHARD, 7 f.

[53] Die erste Stufe begann ab dem sechsten Altersjahr. In zwei weiteren Stufen sollten Gymnasien, Industrie- und Gewerbeschulen sowie eine nationale polytechnische Schule und zugleich Universität errichtet werden.

[54] Vgl. dazu KÖLZ, Verfassungsgeschichte, 129 f.; HIS, Band I, 641 ff.; KIM, 23 ff.; ECKSTEIN, 43 ff.

[55] HIS, Band I, 635 f.; KIM, 19; BOSSHARD, 8.

[56] Die *Kirche* vermochte ihrer Bildungsaufgabe immer weniger gerecht zu werden, was viele Gemeinden veranlasste, sich in schulischen Belangen von ihrer Kirchgemeinde zu lösen. Denn die Kirchgemeinde, welche verschiedene kleinere Gemeinden vereinigte, musste manchmal 100 bis 300 Kinder am gleichen Ort, im gleichen Zimmer und beim gleichen Lehrer unterrichten. Deshalb verwilderten die Kinder, lernten schlecht und besuchten die Schulen nur selten (LANDOLT, 16). Weil aber die wirklichen Lehrer die Geistlichen blieben, konnte die Kirche ihren Einfluss bewahren. Insbesondere als Tugend- und Sittenlehrer konnte der Pfarrer die Gemeinde seinem erzieherischen Einfluss unterwerfen (LANDOLT, 57 f.). Die Helvetik löste zwar die Schulverwaltung grösstenteils von der Kirche, machte das Schulwesen zur Staatsaufgabe und anerkannte die staatliche Schulhoheit, doch konnte sie nicht die konfessionelle Schule beseitigen (KIM, 27).

Wohlfahrt des Volkes zum Ziel, wozu auch die Bildung beizutragen hatte.[57] Überdies bekam der demokratische Staat ein unmittelbares und ausgeprägtes Interesse daran, seine Bürger durch eine entsprechende Ausbildung zur Erfüllung der neuen Aufgaben zu befähigen.[58] Denn mit der Proklamierung der Rechtsgleichheit, welche die ständischen (bildungsfeindlichen) Schranken zerstörte, stand jedermann der Zugang zu allen Ämtern offen.[59]

Dies führte dazu, dass man die Schaffung staatlicher und allgemein zugänglicher Volksschulen verlangte.[60] Denn auch die private Tätigkeit versagte vollständig hinsichtlich des niederen Unterrichts. Ausser in den Städten fehlte nahezu überall die Initiative der Lehrenden und Lernenden. Dies lag einerseits an den ökonomischen Bedingungen und andererseits in der ablehnenden Haltung der Kirche. Deshalb griff der Staat zur einschneidensten Massnahme: Er statuierte die *Schulpflicht*.[61] Diese erstreckte sich aber bloss auf den Primarunterricht.[62] Die Helvetik kann damit als eigentliche *Gründungszeit* des schweizerischen Volksschulwesens bezeichnet werden. So wird hier das Erziehungswesen zur Staatsangelegenheit erklärt, die Schulpflicht gesamtschweizerisch statuiert und die demokratische Schulorganisation eingeführt.[63]

7. Mediation (1803-1814)

Die von Napoleon am 19.2.1803 erlassene, als Mediationsverfassung bezeichnete Vermittlungsakte enthielt keine bundesstaatlichen Bestimmungen über das öffentliche Unterrichtswesen. Sie überliess die Schulverwaltung den einzelnen Kantonen.[64] Das

---

[57] Die Einführung der staatlichen Schulpflicht war von utilitaristischen Motiven geleitet. Bildung hatte in erster Linie den Bedürfnissen der Wirtschaft Rechnung zu tragen. Der Wert der Eigenbildung wurde nur von wenigen erkannt und vertreten (MÜLLER Arthur, 68 f.).

[58] Vgl. auch MÜLLER Arthur, 68 f.

[59] ZIEGLER, 3. Insbesondere sorgte der Staat für die Erziehung der armen Kinder, um sie von der Strasse wegzubringen und zu nützlichen Bürgern zu erziehen (LANDOLT, 78).

[60] ZIEGLER, 8; MÜLLER Arthur, 70.

[61] MÜLLER Max, 48.

[62] HIS, Band I, 644 ff.; ECKSTEIN, 49 f. Die Bemühungen der Helvetik fielen aber in eine denkbar ungünstige Zeit: im Lande herrschte Kriegs- und Hungersnot und die Regierung arbeitete mit leeren Staatskassen (ECKSTEIN, 51).

[63] ECKSTEIN, 43; BOSSHARD, 7 f. In *Deutschland* fielen die prägenden Anfänge des Schulwesens in die Zeit des monarchischen Absolutismus, während in der *Schweiz* erst der bürgerliche Staat diese Anfänge setzte. Diesen Unterschied gilt es laut ECKSTEIN in den Betrachtungen zum Schulrecht unablässig vor Augen zu halten (ECKSTEIN, 42, 50).

[64] MÜLLER Arthur, 71; HIS, Band I, 654.

Schulwesen kehrte zwar zum reinen Föderalismus zurück, doch blieben die Bestrebungen der Helvetik nicht ohne Folgen. So wurden beispielsweise diverse Institutionen der Schule (Erziehungsräte, Inspektoren, Schulaufsicht) und die Schulpflicht beibehalten. In manchen Kantonen begann sich auch die Unentgeltlichkeit des Primarschulunterrichts als Prinzip durchzusetzen.[65] Die Emanzipation von der Kirche vollzog sich nur langsam, da oft der Ortsgeistliche der einzige Gebildete war.[66]

Die Privatschulen unterstellte man ausdrücklich der staatlichen Aufsicht.[67] Es muss darauf hingewiesen werden, dass Private Bedeutendes, oft sogar noch Hervorragenderes als die staatliche Schule leisteten. Denn gerade die materielle Armut und Erschöpfung der Staaten und Gemeinden hinderte diese an der Durchführung ausgedehnter Reformpläne. Auch die Gründung von Kantonsschulen erfolgte grösstenteils auf private Initiative hin.[68] Wenn insbesondere in der Vermittlungszeit das schweizerische Schulwesen einen bemerkenswerten Aufschwung nahm, so ist dies wohl eine letzte Nachwirkung der idealen Seiten der Revolution.[69]

8. Restauration (1814-1830)

Die Entwicklung des kantonalen[70] Schulwesens erlitt in der Restauration einen Rückschlag. Im Gegensatz zu den liberalen Kantonen machte sich in den konservativen Kantonen eine starke Klerikalisierung bemerkbar, welche die Verstaatlichung der Schule verhinderte.[71] In der Leitung des Schulwesens traten erneut konfessionelle Behörden an die Stelle der staatlichen. Insgesamt liess sich der Staat seine neugeschaffene Domäne aber nicht mehr entreissen.[72] Trotz des konservativen Regimes wirkte der aufklärerische Fortschritt weiter. Im Schulwesen erzielte man gewisse Verbesserungen, indem man vor allem Kantonsschulen gründete.[73]

---

[65] ECKSTEIN, 52.

[66] MÜLLER Arthur, 71.

[67] HIS, Band I, 656; KIM, 27 f.

[68] ZIEGLER, 4; vgl. auch HUNZIKER, Band II, 35 ff.; PETITJEAN, 64.

[69] HIS, Band I, 665 f.

[70] Der Bund hatte vordringlichere Aufgaben als die Förderung kultureller Aktivitäten. Das Schulwesen blieb in der staatlichen Obhut der souveränen Kantone (MÜLLER Arthur, 26).

[71] MÜLLER Arthur, 71; HIS, Band II, 702; BOSSHARD, 9 f.

[72] MÜLLER Arthur, 71; vgl. dazu auch ECKSTEIN, 53.

[73] KÖLZ, Verfassungsgeschichte, 206.

Im privaten Kreis der schweizerischen gemeinnützigen Gesellschaft fanden die pädagogischen Ideen der Zeit weitere Pflege und Verbreitung.[74] Alle bedeutenderen Neuschöpfungen des Schulwesens vor 1830 verdanken ihre Entstehung in erster Linie der Tätigkeit und Opferwilligkeit von Privaten. Aber auch nachher gingen vom privaten Schulwesen immer wieder entscheidende Anstösse aus.[75]

9. Regeneration (1830-1848)

Die liberalen Kräfte gewannen unter dem Einfluss der französischen Revolution von 1830 auch in der Schweiz an Boden.[76] Sie strebten die Unabhängigkeit von der Kirche an.[77] Neben die bestehenden Munizipal-, Bürger- und Kirchgemeinden traten in vielen Kantonen noch besondere Schulgemeinden, um ein von der Kirche unabhängiges Schulsystem errichten zu können.[78] Der Staat sollte nicht mehr nur - wie zur Zeit der Helvetik - die Schulhoheit beanspruchen, sondern den Betrieb der Schule auch selbst übernehmen.[79] Die Förderung der Erziehung war den Liberalen ein wesentliches Anliegen.[80] Es wurde erkannt, dass eine weitere Demokratisierung des

---

[74] ZIEGLER, 4.

[75] HUNZIKER, Band II, 40, 43; KLOSS, 127 m.w.H.; ähnlich PETITJEAN, 64.

[76] Die *Liberalen* gingen von einer unbeschränkbaren Freiheit aus. Das Ideal der Radikalen lag beim ausschliesslichen staatlichen, konfessionslosen und unentgeltlichen Unterricht. Diese wollten zumindest für den Bereich der Volksschule alle Schulen verstaatlichen. Eine staatlich geleitete Schulbildung betrachteten sie als Basis für die Ausübung der demokratischen Rechte und für den rationalen wissenschaftlich-technischen Fortschritt. Die *Konservativen* hingegen sahen in diesen Bestrebungen einen Angriff auf ihr Verständnis von Schule und Unterricht, nämlich der Ergänzung der Erziehung in Familie und Kirche im Sinne des traditionellen christlichen Weltbildes. Diese Gegensätze zeigen, dass in einer ersten Phase der Regeneration die Unterrichtsfreiheit kaum Aufnahme in den Kantonen fand. Anders aber die akademische Unterrichtsfreiheit an den Universitäten, da es sich bei diesen durchwegs um Gründungen des Liberalismus handelte (vgl. KÖLZ, Verfassungsgeschichte, 341 f.).

[77] WYSS, 6. Das Schulwesen sollte von der Kirche emanzipiert werden. Man wollte parallel zur Kirchenorganisation eine von ihr unabhängige Erziehungsorganisation aufbauen. Zuoberst stand der in der Helvetik geschaffene Erziehungsrat. Zur Finanzierung sollte aber die wenig geschätzte Kirche weiterhin beitragen (KÖLZ, Verfassungsgeschichte, 260).

[78] KÖLZ, Verfassungsgeschichte, 367.

[79] ECKSTEIN, 55 f.

[80] Die Liberalen begründeten ihr Interesse mit drei Argumenten: 1. Die Bevölkerung müsse lesen, schreiben und vor allem rechnen können, damit der Fortschritt im Sinne der wissenschaftlichen, technischen und industriellen Entwicklung verwirklicht werden könne; 2. eine bessere Volksbildung sei für eine weitere Demokratisierung des Staates notwendig; 3. das aufklärerisch-humanitäre Entwicklungs- und Vervollkommnungsstreben des Menschen fordere ein solches Anliegen (vgl. KÖLZ, Verfassungsgeschichte, 369).

Staates nur Erfolg haben kann, wenn das Volk über die zur Mitsprache in den öffentlichen Angelegenheiten genügende Bildung verfügt. Deshalb erklärte man die Jugenderziehung zur Volkssache,[81] was insbesondere bei der Kirche oppositionelle Kräfte weckte.[82]

Die Helvetik und Mediation stellten den Unterrichtszwang wohl theoretisch auf, vermochten ihn aber nur unzureichend durchzusetzen. Die moderne schweizerische Volksschule entstand in den dreissiger Jahren.[83] Erst die durch den Ustertag (22.11.1830) eingeleitete Epoche der Regeneration begründete in einem grossen Teil der Kantone die allgemeine Schulpflicht und die staatliche Schule, während es in den anderen dazu noch des Sonderbundkrieges (1847) bedurfte.[84] An Stelle der vielen Schulen trat dann die eine Volksschule als bewusste Negation der Lernfreiheit, welche in undemokratischer Weise soziale Ungleichheiten schon in der Jugend herstellte.[85] Bildung sollte zum Gemeingut der Gesellschaft werden, indem sie nicht mehr nur im Besitz der Vornehmen war, sondern bis zum Volke durchsickerte.[86] Was zur Zeit der Helvetik noch als Neuerung bekämpft wurde, bestand um die Mitte des 19. Jahrhunderts in allen Kantonen.[87] Die Krönung dieser Entwicklung fand sich in der staatlichen Regelung des Volksschulwesens in der Verfassung (Art. 27 BV von 1874).[88] Mit der gewissenhaften Einhaltung des Schulzwanges und der Erklärung der Schule als Staatsangelegenheit wurde der Unabhängigkeit der Privatschulen ein Ende gesetzt.[89,90]

---

[81] HIS, Band II, 699.

[82] Zur konservativen Gegenbewegung vgl. KÖLZ, Verfassungsgeschichte, 409 ff.

[83] MÜLLER Max, 221.

[84] ZIEGLER, 4; ECKSTEIN, 56 f. Für Zürich vgl. WYSS, 6 ff.; für den Aargau MÜLLER Arthur, 72, und KIM, 6 ff.

[85] MÜLLER Max, 222.

[86] MÜLLER Max, 226.

[87] HIS, Band III, 1029.

[88] ZIEGLER, 5. Zur Entwicklung der allgemeinen Volksschule auf staatlicher Grundlage seit 1830 vgl. HUNZIKER, Band III, 1 ff.

[89] MÜLLER Max, 97. Der Individual-Liberalismus wurde in der Bildungspolitik zum Sozial-Liberalismus. Im Privatschulwesen zeigte der Liberalismus alles andere als eine freiheitliche Wirkung, denn die private Tätigkeit sollte im Bereich der Bildung weitgehend unterbunden werden. Einige Kantone gingen sogar soweit, Privatschulen zu verbieten (ECKSTEIN, 62).

[90] Zum 19. Jahrhundert vgl. auch HOFSTETTER Rita, Grandeur et déclin des écoles primaires privées face à l'Etat enseignant, à Genève au 19ème siècle, Diss. Genf 1993.

10. Industrialisierung

Die Loslösung der Schule von der Kirche ermöglichte im Unterricht die Berücksichtigung des immer stärker werdenden Einflusses von Technik und Naturwissenschaft. Der Fortschrittsglaube änderte sowohl den Unterrichtsinhalt als auch die Methoden.[91] Die Pädagogik entwickelte sich als Wissenschaft immer mehr fort. Es setzte sich die Einsicht durch, dass sich die Schule dem intellektuellen Stand des Kindes und nicht umgekehrt etwa das Kind vorbehaltlos der Erwachsenen- und Wirtschaftswelt anzupassen habe.[92]

Die Industrialisierung weckte auch wirtschaftliche und politische Kräfte, die die weitere Entwicklung der Volksschule zu ersticken drohten. Fabrikarbeit für Kinder und Jugendliche wurde immer häufiger und sowohl Landwirtschaft als auch Industrie befürchteten, sie als billige Arbeitskräfte zu verlieren. Deshalb entstanden Fabrikgesetze, die Kinderarbeit verboten oder zumindest sehr stark beschränkten.[93] Auch der Bund erliess am 23. März 1877 ein eidgenössisches Fabrikgesetz, wodurch der Ausbau der Schulpflicht auf acht Jahre ermöglicht wurde.[94]

II. Entwicklung ab 1848

1. Bundesverfassung von 1848

Die Bundesverfassung von 1848 kannte noch keine Bestimmung über das allgemeine Unterrichtswesen. Dem Bund wurde lediglich in *Art. 22* die Kompetenz im Hochschulwesen zugesprochen, "eine Universität und eine polytechnische Schule zu errichten". Der Zusatz "und andere höhere Unterrichtsanstalten zu errichten" kam erst 1871 dazu.[95] Bis auf diese Ausnahme waren also gemäss Art. 3 BV ausschliesslich

[91] WYSS, 13.

[92] WYSS, 14. In der zweiten Hälfte des 20. Jahrhunderts machte sich auch die Sonderpädagogik bemerkbar (WYSS, 16).

[93] WYSS, 10 f. Auch in schweizerischen Kantonen kam die 12- bis 14stündige Arbeitszeit von Frauen und Kindern vor (KÖLZ, Verfassungsgeschichte, 465 f.).

[94] Vgl. WYSS, 12; MÜLLER Max, 220.

[95] Vgl. MAERKI, 11 ff. m.w.H.

die Kantone zur Regelung des Schulwesens zuständig.[96] Die föderalistischen Ideen dominierten in dieser Zeit.[97]

2. Bundesverfassung von 1874

a) Entwicklung des Art. 27 BV

Anlässlich der *Totalrevision der Bundesverfassung* fand der Schulartikel in der ersten bundesrätlichen Botschaft vom 17. Juni 1870[98] überhaupt keine Erwähnung.[99] Durch die Einreichung von Petitionen gelangte das Problem des Unterrichts in die Beratungen der Räte.[100] Das anschliessende Differenzbereinigungsverfahren benötigte vier Durchgänge, bis ein Schulartikel im Verfassungsentwurf vom 5. März 1872 aufgenommen wurde. Diese Revisionsvorlage lehnten dann in der Abstimmung aber Volk und Stände ab.[101] Verantwortlich dafür war unter anderem auch die angestrebte Zentralisierungstendenz im Schulwesen.[102] Am 4. Juli 1873 gelangte deshalb der Bundesrat mit einer neuen Botschaft[103] an die Räte. Die Gewährleistung der Lehrfreiheit unter Vorbehalt der staatlichen Oberaufsicht wurde aber von beiden Räten abgelehnt.[104] Das Resultat der Beratungen bildete der heutige *Art. 27 BV* und Art. 4 der Übergangsbestimmungen der BV.[105] Anlass war namentlich die Besorgnis um den Stand und die Qualität des Primarschulunterrichts, der in einigen Kantonen bedenklich schlecht war. Es wurde erkannt, dass das demokratische Staatswesen, die Milizarmee und die Wirtschaft ein effizientes Schulsystem brauche und dass ein

---

[96] RECHSTEINER, 790; BLUNTSCHLI, Band I, 522.

[97] Zu den Argumenten der zentralistischen und föderalistischen Kreise vgl. MAERKI, 9 ff.; ECKSTEIN, 57 ff.

[98] BBl 1870 II 665 ff.

[99] LORETAN, 47 f. m.w.H. zu den Beratungen und zum negativen Ergebnis der Abstimmung.

[100] Eine Motion wollte sogar einen Spezialartikel einschieben, der die Unterrichtsfreiheit gewährleisten sollte. Damit wollte man das Elternrecht - als logische Folge der Gewissensfreiheit - sichern, für die Kinder einen vertrauenswürdigen Erzieher zu wählen. Als Gegenargument wurde aufgeworfen, dass dies an die Freiheit grenze, überhaupt keinen Unterricht erteilen zu lassen. Die Motion wurde daraufhin zurückgezogen (vgl. dazu EDI, 9 f. m.w.H.).

[101] MAERKI, 11 ff.; BARTH, 49 f.; EDI, 5 ff. m.w.H.; MOOS, 3 ff.; HOLENSTEIN, 12 ff.

[102] Der Bund hätte das Leistungsminimum bestimmen können (PETITJEAN, 66).

[103] BBl 1873 II 963 ff. (insb. 968).

[104] BURCKHARDT, 197.

[105] LORETAN, 48; vgl. zu den Beratungen auch MARTIN, 83 ff., MAERKI, 21 ff. und BARTH, 50 f.; MOOS, 11 ff.; HOLENSTEIN, 137 ff.

solches beste Gewähr zur Lösung sozialer Fragen biete.[106] Mit diesem Artikel, dem "Kernstück der schweizerischen Schulverfassung", wurde für den Bereich des Schulwesens die massgebende Kompetenzverteilung zwischen Bund und Kantonen getroffen.[107] Diese Bestimmung bildete den Höhepunkt der Entwicklung, indem sie die staatliche Regelung des Volksschulwesens in der Bundesverfassung festschrieb und von Bundes wegen Mindestanforderungen an den Primarschulunterricht aufstellte.[108]

b) Eidgenössisches Schulgesetz

Die Oberaufsicht des Bundes führte zur Frage, ob er auf dem Gebiete des Primarschulwesens auch ein eigentliches *eidgenössisches Schulgesetz* erlassen dürfe. Darin sollten vor allem die in Art. 27 BV aufgestellten Grundsätze bundesgesetzlich präzisiert werden.[109] Am 14. Juni 1882 nahmen die Räte ein Ausführungsgesetz zu Art. 27 an. Das Volk verwarf es aber am 26. November des selben Jahres, weil es einen Sekretär für öffentliche Bildung ("eidgenössischer Schulvogt") schaffen wollte und zu starke Zentralisierungstendenzen in sich trug, welche die Souveränität der Kantone und der Kirche beschnitten hätte.[110] Es wurde auch angeführt, die Lehrfreiheit sei dadurch bedroht[111] und damit zusammenhängend auch die Freiheit, Privatschulen zu errichten[112]. Der Bund verzichtete seithin - angesichts der kulturellen und sprachlichen Vielgestaltigkeit des Landes - auf eine Gesetzesvorlage, um den Kantonen möglichst freie Hand zu lassen.[113]

Die eifersüchtige Wachsamkeit der Kantone über ihre Selbständigkeit hinderte bisher den Bund daran, ein Ausführungsgesetz zu Art. 27 BV zu erlassen. Deshalb ist die nähere Ausgestaltung des Primarunterrichts durch die Kantone erfolgt, denen die

---

106 MÜLLER Max, 73.

107 LORETAN, 49. Für die Entstehungsgeschichte von Art. 27 vgl. MAERKI, 11 ff., 38 f.

108 Vgl. MÖSCH, 10 ff.; ECKSTEIN, 58 ff.

109 Das EDI stellte Prinzipien auf, die als Grundlage für ein Bundesgesetz dienen sollten (vgl. EDI, 141 ff.). Für den privaten Primarunterricht vgl. a.a.O., 147 (Art. 20-22).

110 LORETAN, 56 f. Vgl. dazu MAERKI, 38 ff., 88 ff.; MARTIN, 88 f.; sehr ausführlich MÖSCH, 50 ff. m.w.H.

111 Vgl. dazu Bundesrat DROZ, Der Eidgenössische Schulartikel (Vortrag gehalten am 11. Oktober 1882 in La Chaux-de-Fonds), Zürich 1882, S. 4.

112 A.a.O., 26 ff., 40.

113 BBl 1972 I 380. Vgl. auch HIS, Band III, 1014 f.; BLUNTSCHLI, Band I, 549. Zur Rechtslage am Ende des 19. Jahrhunderts vgl. auch GROB C. (Hrsg.), Sammlung neuer Gesetze und Verordnungen nebst statistischen Übersichten über das gesamte Unterrichtswesen in der Schweiz im Jahr 1886, Zürich 1887.

Schulhoheit zusteht.[114] Die Prinzipien des Art. 27 BV berühren den Bürger also nicht direkt, sondern gelten nur für die Kantone (als Richtlinie). In direkten Kontakt mit dem Bund kommt der Bürger nur, wenn er von seinem Rekursrecht an den Bundesrat und die Bundesversammlung[115] Gebrauch macht.[116]

3. Weitere Entwicklungen

In der Folge wurde Art. 27 BV vereinzelt ergänzt durch verschiedene andere Bundeskompetenzen.[117] Zu einer weitgehenden Zentralisierung kam es aber nicht.[118] Zwecks einer systematischen Aufteilung der Zuständigkeiten auf Bund und Kantone wurde eine Vorlage zur Revision der Art. 27 ff. BV ausgearbeitet. Diese ist aber in der Volksabstimmung vom 4. März 1973 nur knapp am Ständemehr gescheitert.[119] Trotz dieses negativen Ergebnisses wollte man die Bemühungen zur Neuordnung des Bildungswesens fortsetzen.[120] Doch ist der Widerstand der Kantone unverändert präsent, wenn es um die Übertragung von Schulkompetenzen auf den Bund geht.[121]

III. Zusammenfassung von § 3

Athen, Rom und die alten Germanen kannten grundsätzlich nur das Hauslehrertum. Die moderne Staatsentwicklung und damit das staatliche Bildungswesen entwickelte sich erst im Mittelalter. Das *Mittelalter* hindurch waren Kloster-, Dom- und Stiftsschulen die Hauptpflanzstätte der Bildung. Mit Gründung der Städte im 12. Jahrhundert kam das Bedürfnis nach Unterricht auf, was die Städte veranlasste, eigene Lateinschulen zu gründen. Der Staat blieb aber weiterhin auf private Lehrer und Privatschulen angewiesen. Später wurden auch private Schulen gegründet, die in der Muttersprache unterrichteten. Doch blieb die allgemeine Volksbildung in den Anfängen stecken. In der *Reformation* löste sich die Schule vom rein Religiösen und

---

114 ZIEGLER, 62 (vgl. auch 46, 60).

115 Vgl. das Bundesgesetz über das Verwaltungsverfahren vom 20. Dezember 1968 (SR 172.021), Art. 73 Abs. 1 lit. a Ziff. 2 und Art. 79.

116 MAERKI, 45 f.

117 Vgl. dazu die Ausführungen unter § 4.

118 Dieser Meinung ist MÜLLER Arthur, 73; PLOTKE, Schulrecht, 86, 98 f.; ECKSTEIN, 61. Anderer Ansicht ist LORETAN, 181 f.

119 BBl 1973 I 1195, 1730 f.; RECHSTEINER, 623 ff.

120 PLOTKE, Schulrecht, 86; HÄRING, 33, 77 ff. Für Verfassungsentwürfe vgl. § 11 IV. 2.

121 Zum Widerstand der Kantone vgl. RECHSTEINER, 623 ff.

wandte sich auch weltlichen Zielen zu. Private Schulmeister schlossen sich zusammen, wodurch das Privatschulwesen stark wuchs. Schliesslich wurde dieses unter staatliche Aufsicht gestellt. Im Zeitalter der *Aufklärung* begann sich der Staat und die Kirche für die Volksschule zu interessieren. In der Schweiz lag bis dahin die Schule noch stark in kirchlichen Händen. Mit der *Französischen Revolution* wurde die kirchliche Macht über das Schulwesen erschüttert. In der anschliessenden *Helvetik* erhielt das Bildungswesen starke Impulse. Das Erziehungswesen wurde zur Staatsangelegenheit erklärt und die Schulpflicht gesamtschweizerisch statuiert. Die *Mediation* überliess die Schulverwaltung den einzelnen Kantonen. Es begann sich allmählich das Prinzip des unentgeltlichen Unterrichts durchzusetzen. Während der *Restauration* erfuhr das Schulwesen wegen neuer kirchlicher Strömungen einen Rückschlag. In der *Regeneration* gewannen die liberalen Kräfte aber wieder an Boden. Es entstanden eigene Schulgemeinden. Erst jetzt wurde in einem grossen Teil der Kantone die allgemeine Schulpflicht und die staatliche Schule effektiv begründet. Der durch die *Industrialisierung* hervorgerufene Fortschrittsglaube weckte sowohl pädagogische als auch wirtschaftliche Kräfte. Kinder und Jugendliche mussten durch Fabrikgesetze geschützt werden. Art. 22 der *BV von 1848* regelte das allgemeine Schulwesen noch nicht. Erst die *BV von 1874* verankerte nach strittigen Beratungen das Volksschulwesen im heute noch gültigen Art. 27. Ein eidgenössisches Schulgesetz dazu konnte wegen des kantonalen Widerstandes aber nie geschaffen werden. Der letzte Revisionsversuch zur Änderung der Art. 27 ff. BV scheiterte 1973.

§ 4 Heutiger Zustand des schweizerischen Schulsystems

I. Einleitung

Bevor die Zweckmässigkeit eines privaten Schulangebotes untersucht werden kann, muss zunächst das gegenwärtige öffentliche Bildungswesen dargestellt werden. In einem föderalistisch aufgebauten Staat stellt sich dazu die Frage: "Soll das Schulwesen um einer gleichmässigen Ausgestaltung willen zentral geordnet und gesteuert werden, oder soll es zur Ermöglichung regionaler Lösungen, und um der Bevölkerung eine grössere Mitsprache zu sichern, den regionalen oder lokalen Behörden überlassen bleiben?"[1] Hier sollen nur die Befugnisse des Bundes im Bildungsbereich dargestellt werden. Für die übrigen Bereiche sind gemäss der Kompetenzabgrenzung in Art. 3 BV die Kantone zuständig. Von einer starken Beschränkung der kantonalen Schulhoheit kann kaum gesprochen werden.[2]

II. Aufbau des Schulsystems

1. Allgemeines

In der Schweiz wird das Schulwesen hauptsächlich *kantonal* geregelt.[3] An der bestehenden Kompetenzverteilung hätte auch der neue Kulturförderungsartikel (Art. 27^{septies})[4] nichts ändern sollen; Ausbildung und Erziehung wären nach wie vor Sache

---

1 PLOTKE, Schulrecht, 85 f.

2 So auch PLOTKE, Schulrecht, 86, 98 f.; ders., Bildung, 17; ECKSTEIN, 61; a. M. ist LORETAN, 181 f.

3 Vgl. dazu Bildungspolitik im schweizerischen Föderalismus, Festschrift für Eugen Egger, Bern 1985; BLUMENTHAL Viktor von, Bildungspolitik in der Schweiz, Vergleichende Daten und Analysen zur Entwicklung in den 80er Jahren, München 1991.

4 Vgl. Botschaft dazu in BBl 1992 I 533 ff.; vgl. dazu auch die Botschaft zur "Eidgenössischen Kulturinitiative" vom 11.8.1981 (BBl 1984 II 501 ff.). Vgl. dazu auch STADLER Hansjörg, Die verfassungsrechtlichen Befugnisse des Bundes zur Förderung der Kultur, Diss. Freiburg, Zürich 1984; MARTEL Wilfried, Grundlagen staatlicher Kulturpolitik, insbesondere des Bundes, in: ZBl 83/1982, S. 101-112; HÄBERLE Peter, Neues Kulturverfassungsrecht in der Schweiz und in der Bundesrepublik Deutschland, in: ZSR 105/1986 I, S. 195-228; ders., Kulturverfassungsrecht im Bundesstaat, Wien 1980.

der Kantone geblieben.[5,6] Angesichts der föderalistischen Struktur soll hier lediglich der grobe Aufbau dargestellt werden.[7]

2. Kindergarten

Der Kindergarten ist Teil der *Vorschulerziehung*. Er unterstützt die Eltern in ihrer erzieherischen Tätigkeit und bereitet die Kinder auf den Schuleintritt vor, indem er *Lernfreude und Lernbereitschaft* wecken soll. Deshalb gilt er auch als *Vorschule*.[8] Mit ihm wird die Ausbildung der elementaren kulturellen und sozialen Fähigkeiten sowie von Verhaltens- und Denkweisen angestrebt, welche alle Grundbedürfnisse des Kindes berücksichtigen sollen.[9]

Die Bundesverfassung regelt die Vorschulerziehung nicht. Die Kantone können den obligatorischen Besuch vorschreiben.[10] Mehrere Kantone verpflichten die Gemeinden, wenigstens während eines Jahres Kindergärten selber zu führen, jedenfalls soweit nicht ein privater Träger den Besuch ermöglicht.[11]

---

5 Vgl. BBl 1992 I 583 betreffend die Ausbildungsförderung durch den Bund. Möglich bleiben Beitragsleistungen des Bundes an kantonale und regionale Schulen und Akademien mit Kultur- und Kunstcharakter (a.a.O.).

6 Das Volk unterstützte in der Abstimmung vom 12. Juni 1994 zwar die Vorlage zwar knapp mit 51%, doch waren 10 Voll- und 4 Halbkantone gegen und "nur" 10 Voll- und 2 Halbkantone für den neuen Kulturförderungsartikel (vgl. BBl 1994 III 1251 f.).

7 Vgl. zur Einteilung PLOTKE, Schulrecht, 108; RECHSTEINER, 302 ff.; LORETAN, 37 ff.; HÄRING, 29 ff., 49 ff.; MÜLLER Arthur, 115 ff.; ZÜST, 68 f.; WEISSENRIEDER, 43 ff., 57 ff. Vgl. dazu auch PLOTKE Herbert, Zum Stand des Schulrechts in der Schweiz, in: ZBl 74/1973, S. 482-486; EGGER Eugen/BLANC Emile/ROHRER Ursula, Das Schulwesen in der Schweiz, Genf 1976; EGGER Eugen, Schulen in der Schweiz, in: Archiv für das schweizerische Unterrichtswesen, 51/2 (1965/66), Frauenfeld 1967; ROEMER A., Die Organisation des öffentlichen Schulwesens in der Schweiz, a.a.O., 41 (1955), Frauenfeld 1956; HERZFELD Gottfried, Das Schweizer Erziehungswesen, Wiesbaden 1950; HUNZIKER Otto, Handbuch der schweizerischen Schulgesetzgebung, Zürich 1883.

8 PLOTKE, Schulrecht, 108 f.

9 HÄRING, 50.

10 RECHSTEINER, 303 und PLOTKE, Schulrecht, 149 behaupten, dass kein Kanton ein Obligatorium kenne. PLOTKE verneint ein Obligatorium wegen des Wortlautes von Art. 302 Abs. 2 ZGB, der nur von *Ausbildung* spricht (PLOTKE, Schulrecht, 41, Anm. 78). HÄRING rückt die verantwortungsbewusste Gewissensentscheidung der Erziehungsberechtigten in den Vordergrund (HÄRING, 134, 51).

11 PLOTKE, Schulrecht, 108. Das gesamtschweizerische Angebot an Kindergärten wurde 1972 als ungenügend betrachtet (BBl 1972 I 379). Eine allgemeine Unentgeltlichkeit wäre nach PLOTKE wünschenswert (a.a.O., 151).

Gesetzliche Einteilung	Zeitliche Einteilung	Dauer	Alters-/Schuljahr
Kindergarten	Vorschulerziehung	1 - 2 Jahre	4. - 6. Altersjahr
Volksschule	Primarstufe (Unter-/Mittelstufe)	4 - 6 Jahre	1. - 4./5./6. Schuljahr
	Sekundarstufe I[12] (Oberstufe)	3 - 5 Jahre	5./6./7. - 8./9./ev. 10. Schuljahr
	Sonderschulen	grundsätzlich während der Volksschule und ev. Sekundarstufe II	
Mittelschule	Sekundarstufe II[13] a. Maturitätsschulen b. Berufsschulen c. Fortbildungsschulen	Maturitätsschule (4-8 Jahre) Diplommittelschule (2-4 Jahre) Handelsdiplomschule (3-4 Jahre) Lehrerbildungsanstalt (4-5 Jahre) Berufslehren (1-4 Jahren)	Nach der Volksschule
Berufsausbildung Berufsweiterbildung	Tertiäre Stufe	Universitäten Hochschulen Höhere Fachschulen	Nach der Mittelschule oder nach der Berufslehre
Erwachsenenbildung	Quartäre Stufe	Weiterbildung Umschulung	Während der gesamten Erwerbstätigkeit

[12] "Als Sekundarstufe I wird jener Teil der obligatorischen Schulzeit bezeichnet, der auf die Primarschule folgt" (Art. 1 Abs. 1 Satz 1 der Auslandschweizer-Ausbildungsverordnung (AAV) vom 29. Juni 1988; SR 418.01). Zum Teil wird die Oberstufe auch in die Mittelschule verlegt.

[13] "Als Sekundarstufe II wird die an die Sekundarstufe I anschliessende Schulstufe bezeichnet, die auf einen Beruf oder ein Studium vorbereitet" (Art. 1 Abs. 1 Satz 2 AAV [vgl. a.a.O.]).

3. Volksschule (Primarschule und Sekundarstufe I)

a) *Wortlaut des Art. 27 BV*

Art. 27 BV bildet die Grundnorm des schweizerischen Bildungswesens. Damit die Kantone anfangs die darin aufgestellten Anforderungen erfüllen konnten, musste der Bund noch Subventionen erteilen. Dies regelte seit 1902 *Art. 27 bis BV*. Diese Bestimmung wurde aber zusammmen mit dem darauf gestützten Bundesgesetz auf den 1.1.1986 aufgehoben.[14] Der gegenwärtig gültige Schulartikel lautet wie folgt:

> *Art. 27*
> [1] Der Bund ist befugt, ausser der bestehenden polytechnischen Schule, eine Universität und andere höhere Unterrichtsanstalten zu errichten oder solche Anstalten zu unterstützen.
> [2] Die Kantone sorgen für genügenden Primarunterricht, welcher ausschliesslich unter staatlicher Leitung stehen soll. Derselbe ist obligatorisch und in den öffentlichen Schulen unentgeltlich.
> [3] Die öffentlichen Schulen sollen von den Angehörigen aller Bekenntnisse ohne Beeinträchtigung ihrer Glaubens- und Gewissensfreiheit besucht werden können.
> [3bis] Für die Zeit des obligatorischen Schulunterrichts beginnt das Schuljahr zwischen Mitte August und Mitte September.
> [4] Gegen Kantone, welche diesen Verpflichtungen nicht nachkommen, wird der Bund die nötigen Verfügungen treffen.

b) *Kompetenzverteilung*

Art. 27 Abs. 2 BV weist die Schulhoheit den *Kantonen* zu.[15] Deshalb ist Art. 27quater Abs. 3 BV[16] an sich überflüssig.[17] Diese Bestimmung diente lediglich zur

---

[14] Der Bundesbeschluss über die Aufhebung von *Art. 27 bis* findet sich in AS *1985* 658. Das *Bundesgesetz* betreffend die Unterstützung der öffentlichen Primarschulen (SR 411.1) vom 25. Juni 1903 (AS *19* 709) ist am 19. Juni 1953 (AS *1953* 947) revidiert und auf den 1.1.1986 aufgehoben worden (AS *1985* 1943).

[15] BORGHI, Art. 27 BV, Rz. 21; PLOTKE, Schulrecht, 86; RECHSTEINER, 180 f., 623 ff.; KÄMPFER, 690; ZÜST, 68 f.; LORETAN, 45 ff.; PETITJEAN, 68; vgl. auch WEISSENRIEDER, 200 ff.; 251 ff., MÜLLER Arthur, 84.

[16] "Die kantonale Schulhoheit ist in allen Fällen zu wahren."

[17] Die kantonale Schulhoheit folgt bereits aus Art. 3 in Verbindung mit Art. 27 und 27quinquies BV. Art. 27quater BV bezieht sich nur auf die Beiträge an Ausbildungsgänge, die der Bund nicht (direkt) regeln kann (wie z.B. Maturitätsschulen) (PLOTKE, Schulrecht, 86, Anm. 26).

Beruhigung der Kantone.[18] Es steht im Ermessen der Kantone, die Gemeinden[19] oder allenfalls Private als Schulträger beizuziehen.[20] Die Führung der Volksschule ist eine der typischen Aufgaben der *Gemeinden*.[21,22]

c) *Aufgaben der "Volksschule"*

Anders als in Deutschland versteht man in der deutschsprachigen Schweiz unter Volksschule eine Schule des Volkes oder fürs Volk - das heisst unter dessen unmittelbaren Aufsicht (als Stimmbürger) - und nicht eine Institution für das nichtständische (niedere) Volk.[23] Grundsätzlich wird damit die öffentliche Staatsschule[24] bezeichnet. Für Privatschulen ist der Begriff nicht gebräuchlich.[25,26]

---

18 PLOTKE, Schulrecht, 86, Anm. 26.

19 Zu den Materien, die vorzugsweise den lokalen Selbstverwaltungskörpern zur Regelung zugewiesen werden, vergleiche die Ausführungen bei PLOTKE, Schulrecht, 102 f.

20 PLOTKE, Schulrecht, 87.

21 Vgl. PLOTKE, Schulrecht, 217; ders., Bildung, 68; RECHSTEINER, 631 ff.; KIM, 119 ff.; OBERHOLZER, 20 ff.; BOSSHARD, 81 ff.

22 Der *Bund* begründetete sein nachträgliches Eingreifen ins Primarschulwesen mit der Besorgnis um den Stand und die Qualität des Primarunterrichts in verschiedenen Kantonen, dem zunehmenden internationalen wirtschaftlichen Wettbewerb, der qualifiziertere Arbeiter fordere, sowie der Lösung sozialer Probleme durch Vermittlung einer qualitativ hochstehenden und alle Volkskreise erfassenden Grundausbildung in der Volksschule (LORETAN, 48 f.).

Obwohl dem *Bund* das Führen von Primarschulen klar abgesprochen wird, hat die Eidgenossenschaft ihrerseits im Kanton Tessin eine solche für die Kinder des deutschsprachigen Personals der Gotthardbahn gehalten (vgl. dazu LORETAN, 54, 86; MAERKI, 46; KLOSS, 123 f.). Gemäss ZIEGLER, 26 m.w.H. galt diese Schule als Privatschule, weil der Bund nicht in seinem Kompetenzbereich handelte. Eine neue Problematik ist nun dadurch entstanden, dass nach dem neuen Schulgesetz im Kanton Tessin der Schulunterricht in italienischer Sprache erteilt werden muss (*TI:* art. 80 cpv. 2 LS). An dieser Stelle ist noch auf einen älteren Entscheid des Bundesgericht aufmerksam zu machen: In BGE 22 (1896), 629 f. hält es fest, dass Art. 27 Abs. 2 BV nicht ausschliesse, dass der Bund die Kantone durch Geschenke (in casu eidgenössische Schulwandkarten) unterstütze.

23 PLOTKE, Schulrecht, 110; BOSSHARD, 59.

24 Es ist zwischen Volk und Staat zu unterscheiden. Ein *Volk* konstituiert die Gemeinsamkeit der Abstammung, genealogischer Zusammenhang, Sprache und geistigen Überlieferung. *Staaten* stützen sich auf die Gleichheit der Regierung, der Herrschaft mittels Gewalt und Rechtsgesetz über alle Menschen in einem definierten Gebiet. Bei einer Mehrheit von Völkern, Sprachen, Kulturen und Religionen kann der Staat nur föderalistisch aufgebaut sein (WEISSENRIEDER, 49).

25 Namen wie "Freie Volksschule" sollten, um Unklarheiten zu vermeiden, nicht zugelassen werden (so PLOTKE, Bildung, 65).

Die Volksschule vermittelt die *Grundausbildung*, die eine menschenwürdige Lebensgestaltung und eine sinnerfüllte und verantwortungsbewusste Eingliederung in die Welt des Erwachsenen erlaubt. Insbesondere dient sie dem Erwerb aller elementaren intellektuellen Fähigkeiten sowie der Kenntnisse, die zur Erlernung eines Berufes oder den Übertritt an weiterführende Schulen notwendig sind.[27] Die Schule hat unter anderem die Aufgabe, die Selbständigkeit des Denkens, die Urteils- und Ausdrucksfähigkeit junger Menschen, kurz ihre Mündigkeit im weitesten Sinne zu fördern.[28] Zu den Aufgaben der Primarschule gehört auch die Erziehung und Unterstützung des Kindes bei seiner sittlichen, intellektuellen und physischen Entfaltung.[29] Die Elementarstufe soll insbesondere die Lernfähigkeit und Lernbereitschaft in einem höheren Mass entwickeln, damit der Grund für die *Bereitschaft zum lebenslangen Lernen* gelegt werden kann.[30]

d) Umfang und Gliederung

In Art. 27 Abs. 2 BV findet sich nur der Begriff *Primarunterricht*. Doch sollen nach h.L. die dafür aufgestellten Gebote für jede Form von Ausbildung im Rahmen der *Elementarschulpflicht*[31] gelten, soweit sie nicht an Mittelschulen erfolgt.[32] Somit bilden heute auch *Sekundar-, Real-, Hilfs- und Sonderschulen* einen Teil des

[26] BRÄM, 20 möchte deshalb besser von *Volksschulstufe* sprechen. Zum Begriff "Volksschule" vgl. LORETAN, 39 f.; WEISSENRIEDER, 47 ff., 62 ff. (zur historischen Entwicklung); BOSSHARD, 58 ff. PLOTKE betont, dass sich die Begriffe Volksschule und école obligatoire bzw. scuola obbligatoria nicht decken, da einerseits die Volksschule mit einem zehnten, durchweg fakultativen Schuljahr über die Schulpflicht hinausführen könne und andererseits Klassen innerhalb der Schulpflicht an Mittelschulen (sog. Untergymnasium) nicht miteingeschlossen seien (PLOTKE, Bildung, 65).

[27] PLOTKE, Schulrecht, 111; vgl. auch LORETAN, 39 f.; WEISSENRIEDER, 47, 51.

[28] MÜLLER Jörg Paul, Meinungsfreiheit, Rz. 49.

[29] BORGHI, Art. 27 BV, Rz. 30; vgl. auch WEISSENRIEDER, 52 f.

[30] HÄRING, 53. Zur Zweckbestimmung der Volksschule vgl. auch BOSSHARD, 62 ff. Zu den Leitideen für die öffentlichen Schulen in den einzelnen Kantonen vgl. PLOTKE, Bildung, 53 ff.

[31] VALLENDER spricht von "Grundausbildung für alle" (VALLENDER, § 20, N 38). MAERKI, 50 versteht darunter die Bildung, derer ein jedes Glied der menschlichen Gesellschaft ohne Rücksicht auf seine soziale und berufliche Stellung bedarf; dazu zählt ihrer Meinung nach weder die Fremdsprache, Algebra noch Geometrie.

[32] Das Bundesgericht schliesst die Mittelschulbildung von der "Primar- oder Volksschulbildung" aus (BGE 103 Ia 398).

Primarunterrichts.[33] Diese weite Umschreibung hat den Vorteil, dass die Kantone keine Möglichkeit mehr haben, die Grundsätze von Art. 27 Abs. 2 BV zu umgehen.[34]

Die Volksschulstufe lässt sich in *drei Teile* gliedern: die Primarschule (Unter- und Mittelstufe), die Oberstufe und die Sonderschule. Die *Primarschule*, gelegentlich auch Elementarstufe genannt, umfasst je nach Kanton die ersten vier bis sechs Schuljahre. Auf dieser Stufe wird noch darauf verzichtet nach Leistungsfähigkeit zu differenzieren.[35] Die *Oberstufe* dauert drei bis fünf (gelegentlich sechs) Jahre. Diese Stufe wird entsprechend den verschiedenen Fähigkeiten und Wünschen der Schüler in verschiedene Schularten aufgeteilt: Progymnasium (Unterstufe der Mittelschule), Sekundar-, Real- und Oberschule. Je nachdem bereiten sie mehr auf ein Studium oder einen Beruf vor.[36] Die *Sonderschule* dient den Kindern, die dem Unterricht in der Volksschule nicht oder nur mit Mühe folgen können.[37] Gestützt auf das Invalidenversicherungsgesetz,[38] das auf *Art. 34^{quater} BV* fusst, kann der Bund bestimmte Formen der Ausbildung durch Beiträge finanzieren. Dabei findet eine Trennung statt zwischen der Sonderschulung von Minderjährigen[39] und jener zur Wiedereingliederung von

[33] Vgl. BORGHI, Art. 27 BV, Rz. 29; PLOTKE, Schulrecht, 92; ders., Bildung, 65, 67; ZIEGLER, 59 f.; MÜLLER Arthur, 116, Anm. 112; LORETAN, 37 f.; PETITJEAN, 71; MAERKI, 50; OBERHOLZER, 6 f.; vgl. dazu auch HANGARTNER, Band II, 61. RECHSTEINER unterscheidet noch die weitere *bundesrechtliche* und die engere *kantonale* Bedeutung dieses Begriffes (RECHSTEINER, 180, Anm. 148).

[34] Die Kantone könnten sich sonst der Einflussnahme des Bundes dadurch entziehen, indem sie auf einen unverhältnismässig kurzen Elementarunterricht einen Sekundarunterricht von längerer Dauer folgen liessen, in dessen Ausgestaltung sie dann völlig frei wären (MAERKI, 48; MARTIN, 104.). Denn auch die Regelung der Dauer des Obligatoriums ist den Kantonen überlassen (vgl. MAERKI, 68 f.).

[35] PLOTKE, Schulrecht, 111 f.

[36] PLOTKE, Schulrecht, 112 ff.

[37] Es besteht ein besonderer Lehrplan, der dem Kind eine genügende und ihm angemessene Ausbildung zukommen lässt. Es ist zu unterscheiden zwischen Behinderungen, die unter die Invalidenversicherung fallen und anderen. Bei letzteren werden die Kinder nur für kurze Zeit in diesen Unterricht eingewiesen, um ihnen einen besseren Einstieg in den Regelunterricht zu ermöglichen (z.B. Hilfsschulen, Einführungsklassen, Stützunterricht, Anpassungsklassen für Fremdsprachige) (vgl. PLOTKE, Schulrecht, 114 ff., 325 ff.). Sofern sie wegen ihrer Invalidität die ordentlichen Schulen nicht besuchen können, besitzen sie einen klagbaren Rechtsanspruch auf Sonderschulleistung (BBl 1972 I 400). Zur Sonderschulung vgl. auch PLOTKE, Bildung, 70 ff.

[38] BG über die Invalidenversicherung (IVG) vom 19. Juni 1959 (SR 831.20); V zum IVG vom 17. Januar 1961 (IVV) (SR 831.201); V über die Zulassung von Sonderschulen in der Invalidenversicherung (SZV) vom 11. September 1972 (SR 831.232.41); V über die Einrichtungsbeiträge an Institutionen für Invalide vom 10. Dezember 1982 (SR 831.262.1).

[39] Art. 19 f. IVG; Art. 8-13 IVV.

Behinderten[40] ins Erwerbsleben.[41] Weil keine ausdrückliche Kompetenz zur Ausbildung Behinderter besteht, bleiben die Kantone im Rahmen von Art. 34ter Abs. 1 lit. g BV in der Gestaltung ihrer Sonderschulen völlig frei.[42]

e) Anforderungen an den Unterricht

Der Bund stellt *fünf Prinzipien* auf, an die sich die Kantone zu halten haben. Gemäss *Art. 27 Abs. 2* werden die Kantone verpflichtet, einen *genügenden* Primarunterricht bereitzustellen, welcher *obligatorisch* und *unentgeltlich* ist sowie *ausschliesslich unter staatlicher Leitung* steht.[43] Schliesslich verlangt *Art. 27 Abs. 3 BV* in Verbindung mit *Art. 49 Abs. 2 BV* [44] einen *konfessionell neutral* ausgestalteten Unterricht an jeder öffentlichen Schule, also nicht bloss an Volksschulen.[45] Diese bundesrechtlichen Normativbestimmungen stellen aber lediglich *Richtlinien* dar.[46] Mit ihnen soll die kantonale Schulhoheit in eine bestimmte Richtung gelenkt werden. Schulgesetzgebung und -verwaltung und damit die Konkretisierung dieser Kriterien, bleiben Sache der Kantone.[47] In *Art. 27 Abs. 4 BV* [48] wird der Bund ermächtigt, nötigenfalls gegen

---

[40] Zur Umschreibung der Abgrenzungskriterien sei verwiesen auf BBl 1972 I 400 f., wo unter anderem erklärt wird, dass Kinder mit einem geringeren Intelligenzquotienten als 75 als invalid gelten.

[41] Art. 15-18 IVG; Art. 5-7 IVV.

[42] PLOTKE, Schulrecht, 98; vgl. auch HÄRING, 61 f., 104 ff. Zur Zulassung privater Sonderschulen vgl. BGE 109 V 10 ff. Vgl. auch MEYER-BLASER Ulrich, Die Bedeutung der Sonderschulzulassung für den Leistungsanspruch gegenüber der Invalidenversicherung, in: Schweizerische Zeitschrift für Sozialversicherung und berufliche Vorsorge, 1986, S. 65-83.

[43] Diese Prinzipien gelten auch für Mädchen und Ausländer, nicht aber für Anormale (vgl. MAERKI, 51 ff.). Vgl. für die Sonderschule auch VPB 56/1992, Nr. 38.

[44] Das ergibt sich zwar schon aus Art. 27 Abs. 3 BV, wurde aber wegen seiner Bedeutung in den 1870er Jahren (Kulturkampf) ausdrücklich in der Glaubens- und Gewissensfreiheit festgehalten (PLOTKE, Schulrecht, 88).

[45] Man wollte damit vorsorgen, dass der kirchliche Einfluss in den Schulen die Wirkungen der konfessionellen Gespaltenheit nicht vermehrt und erneut Anlass zu Glaubensstreitigkeiten schafft (ZIEGLER, 12). Die Entstehung christlicher Privatschulen steht zum Teil in direktem Zusammenhang mit der Entchristlichung des öffentlichen Schulwesens (ZIEGLER, 14).

[46] PETITJEAN, 69 f.

[47] KLEY, 294; MÜLLER Arthur, 117. Zu den Bestimmungen in den Kantonsverfassungen vgl. PLOTKE, Bildung, 52 ff.

[48] Hier wird bloss eine Befugnis von Art. 102 Ziff. 2 BV für einen besonderen Fall wiederholt (PLOTKE, Schulrecht, 92).

säumige Kantone vorzugehen.[49] All diese Bestimmungen haben im Laufe der Zeit an Bedeutung verloren, insbesondere wegen der grossen Zurückhaltung der Bundesbehörden, sie durchzusetzen. Gerade heute aber vermögen sie gegenüber den Forderungen nach grösserer Freiheit durch Alternativ- und Privatschulen einen gewissen Rückhalt zu bieten.[50]

f) Koordinationsbestrebungen

Der föderalistische Staatsaufbau, die beschränkten Bundesbefugnisse und die Abneigung gegen eine Oberaufsicht führten zu einer Varietät von Volksschulsystemen, die für die kleinräumige Schweiz grotesk, unbillig und jedenfalls nicht mehr zeitgemäss erscheinen muss.[51] Durch die schrittweise Annäherung der wirtschaftlichen, sozialen und kulturellen Verhältnisse der Kantone sind die ursprünglich gerechtfertigten Unterschiede heute kaum mehr haltbar.[52] Koordinationsbestrebungen haben bislang nur zum *Konkordat über die Schulkoordination vom 29. Oktober 1970*[53] geführt. Darin verpflichten sich die Kantone, das Schuleintrittsalter auf das vollendete 6. Altersjahr festzulegen und die Dauer der Schulpflicht auf 9 Jahre anzusetzen (Art. 2). Dabei handelt es sich um eine mittelbar rechtssetzende Norm, da sie lediglich die Kantone verpflichtet.[54] Ferner ist auf *Art. 27 Abs. 3bis BV* und *Art. 4 der Übergangsbestimmungen* hinzuweisen, die den Schuljahresbeginn in allen Kantonen koordinieren.[55,56]

---

[49] Art. 27 Abs. 4 BV gibt keine Ermächtigung zum Erlass eines Schulgesetzes (PLOTKE, Schulrecht, 92).

[50] PLOTKE, Schulrecht, 91.

[51] So PLOTKE, Schulrecht, 100. Man kann sich fragen, warum eine solche Zersplitterung so gelassen hingenommen wird. KLOSS, 22 führt das auf *drei Ursachen* zurück. Erstens sei die Mobilität der Bevölkerung in der Schweiz geringer, weshalb umzugsbedingte Schulschwierigkeiten seltener seien. Zweitens sei der Schweizer gewohnt, mit einer Vielgestaltigkeit der Erscheinungsformen zu rechnen. Und drittens wolle man keine Änderung, weil das Schulwesen seinen Prägung durch den Volkswillen erhalten habe.

[52] BBl 1972 I 380.

[53] SR 411.9.

[54] Vgl. RECHSTEINER, 715.

[55] AS *1985* 1648; vgl. BORGHI, Art. 27 BV, Rz. 24 ff.

[56] Für die weitere interkantonale Zusammenarbeit sei verwiesen auf PLOTKE, Schulrecht, 100 ff.; ders., Bildung, 49 ff. Zur Konferenz der kantonalen Erziehungsdirektoren (EDK) vergleiche RECHSTEINER, 643 ff.; BORGHI, Art. 27 BV, Rz. 23. Vgl. hierzu auch EDK, Interkantonale Zusammenarbeit im Bildungswesen, Rechtsgrundlagen, Bern 1986.

4. Sekundarstufe II

a) *Mittelschule*

Unter *Maturitätsschule* versteht man die *allgemeinbildende Mittelschule*,[57] die zu einem Universitätsstudium führt. Auskunft über eine genügende Hochschulreife gibt die Maturitätsprüfung.[58] Die Bundesverfassung enthält keine besonderen Bestimmungen über Mittelschulen. Damit sind die Kantone rechtlich gesehen in der Gestaltung des Ausbildungsganges frei. Dennoch übt der Bund über die *Maturitäts-Anerkennungsverordnung (MAV)*[59] einen erheblichen und wachsenden Einfluss auf die kantonale Kompetenz aus, die bereits auf der Primarschulstufe[60] zu spüren ist.[61] Die MAV stützt sich auf die Medizinalgesetzgebung,[62] welche wiederum auf *Art. 33 Abs. 2 BV* beruht.[63] Deshalb ist die Verfassungsmässigkeit der MAV umstritten.[64] Gegenwärtig

---

57 Vgl. PLOTKE, Schulrecht, 117 ff.

58 V über die eidgenössische Maturitätsprüfungen vom 17. Dezember 1973 (SR 413.12), Art. 15 Abs. 1.

59 V über die Anerkennung von Maturitätsausweisen (Maturitäts-Anerkennungsverordnung, MAV) vom 22. Mai 1968 (SR 413.11).

60 In der Primarschule wird laut ECKSTEIN, 154 wegen der Sekundarschulprüfung mehr Gewicht auf die intellektuellen Fähigkeiten gelegt.

61 Diese vom Bund gestellten Anforderungen für die Aufnahme zum Medizinalstudium haben dazu geführt, dass die Inhaber eines vom Bund anerkannten Maturitätsausweises zu allen schweizerischen Hochschulen grundsätzlich zugelassen werden. Die Kantone sind deshalb bestrebt, ihre Mittelschulen auf das vom Bund anerkannte Ziel, die eidgenössische Maturität, auszurichten. Und weil es sich um sehr detaillierte Anweisungen handelt, greift der Bund damit *faktisch* in die kantonale Schulhoheit ein. Es ist jedoch darauf hinzuweisen, dass dadurch eine gewisse Einheitlichkeit in der Qualität der Mittelschulbildung gewährleistet wurde, ohne diese zu uniformieren (BBl 1972 I 385; vgl. auch PLOTKE, Schulrecht, 93 ff.).

62 Gestützt auf Art. 6 des BG betreffend die Freizügigkeit des Medizinalpersonals in der Schweizerischen Eidgenossenschaft vom 19. Dez. 1877 (SR 811.11) hat der Bund sowohl die Allgemeine Medizinalprüfungsverordnung (AMV, SR 811.112.1; insb. Art. 15) als auch die MAV erlassen.

63 Ursprünglich wollte der Bund darin nur die genügenden Anforderungen für die Aufnahme zum Medizinalstudium regeln, um den medizinischen Fakultäten ein gutes und gleichmässiges Ausbildungsniveau gewährleisten zu können. Der Bund lässt zur *eidgenössischen Medizinalprüfung* (und auch zu den Eidgenössischen Technischen Hochschulen, Art. 1 Abs. 2 MAV) nur Inhaber eines Maturitätsausweises zu, der von einer schweizerischen Mittelschule erteilt und vom Eidgenössischen Departement des Innern anerkannt oder von der Eidgenössischen Maturitätskommission ausgestellt wurde (Art. 2 f. MAV; Art. 15 ff. AMV; Verzeichnis der anerkannten Schulen in BBl 1993 IV 398 ff.). Die Mindestanforderungen für eine Anerkennung sind in der MAV festgehalten (Art. 6-25).

befindet sich die MAV in Revision.

Die *Diplommittelschule* wird als *allgemeinbildende Mittelschule zur Vorbereitung auf bestimmte Berufslehren* verstanden und dauert zwei bis vier Jahre. Ihr Programm zielt nicht nur auf die Stärkung der intellektuellen Fähigkeiten, sondern fördert auch die kreativen, sozialen und affektiven Anlagen.[65] Als Beispiel seien hier die Schulen für Arbeits- und Hauswirtschaftslehrerinnen und jene für Kindergärtnerinnen genannt, die sich in ihrer Ausbildungsform immer mehr den Lehrgängen für Primarlehrer annähern.[66,67]

Das *Seminar für Primarlehrer* und die *Handelsdiplomschule* werden als *berufsbildende Mittelschulen mit erweiterter Allgemeinbildung* bezeichnet, weil sie Allgemeinbildung mit beruflicher Vorbereitung verbinden. Die Ausbildung von drei bis fünf Jahren endet mit einem Ausweis über eine abgeschlossene Berufsbildung (Handelsdiplom, Primarlehrerpatent).[68] Für die Regelung der Handelsdiplomschulen ist gemäss *Art. 34ter Abs. 1 lit. g BV* der Bund zuständig, wonach er die berufliche Ausbildung im *Handel* regeln kann.[69]

b) Berufsschule

Art. 302 Abs. 2 ZGB verpflichtet die Eltern, ihrem Kind nicht bloss eine *allgemeine*, sondern auch eine *berufliche Ausbildung* zu verschaffen. Die berufliche Ausbildung kann sich auf verschiedene Arten abwickeln.[70] Ursprünglich war die berufliche

---

64 RECHSTEINER, 181 bezeichnet die Herausbildung dieser Bundeskompetenz als "eher unorthodox". ECKSTEIN, 153 f. bezeichnet die MAV wegen der "unzulässigen Kompetenzüberschreitung" sogar als "verfassungswidrig" (so auch LORETAN, 55 f.). Vgl. dazu auch PLOTKE, Schulrecht, 94, Anm. 64 m.w.H.; BORGHI, Art. 27 BV, Rz. 22; BOIS, Art. 33 BV, Rz. 30.

65 PLOTKE, Schulrecht, 120.

66 PLOTKE, Schulrecht, 120 f.; LORETAN, 41. Ein besonderer Typ bildet die *Verkehrsschule*, dessen Besuch insbesondere der Erlernung der notwendigen Vorkenntnisse für Berufe in Monopolbetrieben des Bundes dient (z.B. Bahn, Post, Zoll) (PLOTKE, Schulrecht, 97, 120, 127).

67 Sollten HTL- und HWV-Schulen sowie Oberseminarien *europäisch* als Fachhochschulen definiert werden, so streben die Diplommittelschulen den freien Zugang zu diesen an. Ihr Abschluss soll dann entsprechend über die *Fach*hochschulreife Auskunft geben.

68 PLOTKE, Schulrecht, 121 f.

69 Vgl. auch Art. 7 Abs. 1 lit. c BBG.

70 Der grösste Teil wird in der *Betriebslehre* vermittelt. Hier wird die praktische Betriebsausbildung mit der theoretischen Ausbildung an einer (Berufs-)Schule verknüpft. Diese Berufsausbildung dauert zwei bis vier Jahre und endet grundsätzlich mit einem eidgenössischen Fähigkeitsausweis

Ausbildung in Industrie, Gewerbe und Handel Sache der *Berufsverbände*[71] und Betriebe. Allerdings beteiligte sich der Bund schon seit 1884 mittels Subventionen am beruflichen Unterricht. Gewisse Missbräuche in der Lehrlingsausbildung zwangen ihn dann aber zum Erlass von Vorschriften.[72]

Gemäss *Art. 34ter Abs. 1 lit. g BV* ist der *Bund* befugt, Vorschriften über die berufliche Ausbildung in Industrie, Gewerbe, Handel, Landwirtschaft und Hausdienst aufzustellen.[73] Gestützt darauf hat er das *Berufsbildungsgesetz*[74] erlassen. Ausgegliedert von diesem Bundesgesetz sind die Ausbildung der landwirtschaftlichen Arbeitskräfte,[75] die allgemeine hauswirtschaftliche und bäuerlich-hauswirtschaftliche Aus- und Weiterbildung[76] sowie die Berufsbildung der Holzhauer, Waldarbeiter und Forstwarte.[77] Ausgeschlossen, und somit im Kompetenzbereich der Kantone, sind die Grund- und Fortbildung in den Berufen der Erziehung, der Krankenpflege und den übrigen sozialen Berufen, der Wissenschaft und der Kunst. Der Verfassungsartikel zeigt deutlich, dass dem *Bund keine umfassende Kompetenz* zugestanden wird.[78] Das hätte mit dem revidierten Bildungsartikel von 1973 geändert werden sollen.[79]

(vgl. PLOTKE, Schulrecht, 123 ff.). Die *Anlehre* hingegen beschränkt den theoretischen Unterricht. Sie dauert mindestens ein Jahr und schliesst mit einem kantonalen Abschlusszeugnis ab (a.a.O., 126). In diesem Zusammenhang ist auch auf die neu entwickelte *Berufsmaturität* hinzuweisen.

71 Es ist jedoch anzumerken, dass den Berufsverbänden weitgehende Befugnisse in bezug auf die Berufsprüfungen und die höheren Fachprüfungen belassen worden sind. Die ganze Berufsbildung ist wesentlich auf die Wirtschaft abgestützt, weshalb sich dieses System ohne die kontinuierliche Mitarbeit der Berufsverbände und der Betriebe nicht realisieren liesse (BBl 1972 I 391). Vgl. dazu auch WEIDMANN Georg, Die gemeinsame Verantwortung von Staat und Privaten in der Berufsbildung, Unter besonderer Berücksichtigung der Berufsschulen der Kaufmännischen Vereine, Diss. St. Gallen, Zürich 1988.

72 Vgl. BBl 1972 I 389 ff.

73 VALLENDER spricht von der "*Berufsausbildung* in den privaten, *erwerbswirtschaftlichen Bereichen*" (VALLENDER, § 20, N 40).

74 BG über die Berufsbildung (BBG) vom 19. April 1978 (SR 412.10).

75 Bundesgesetz über die Förderung der Landwirtschaft und die Erhaltung des Bauernstandes (Landwirtschaftsgesetz) vom 3. Oktober 1951 (SR 910.1), Art. 5-15a (vgl. AS *1994* 28 ff., 38 ff.); V über die landwirtschaftliche Berufsbildung (VLB) vom 25. Juni 1975 (SR 915.1).

76 V über die hauswirtschaftliche Ausbildung vom 27. November 1989 (SR 915.2).

77 BG betreffend die eidgenössische Oberaufsicht über die Forstpolizei vom 11. Oktober 1902 (SR 921.0), Art. 9, 10, 41; V dazu vom 1. Oktober 1965 (SR 921.01), Art. 6-10.

78 Vgl. VPB 44/1980, Nr. 129, S. 612; RECHSTEINER, 183, Anm. 166; PLOTKE, Schulrecht, 95; unklar VALLENDER, § 20, N 40; anderer Meinung ist LORETAN, 51.

79 Der geplante Art. 27bis Abs. 3 BV lautete: "Der Bund regelt die Berufsbildung" (BBl 1972 II 1027 ff.; BBl 1972 I 392).

Beiträge an kantonale Stipendienaufwendungen können aber trotzdem gewährt werden.[80]

c) *Fortbildungsschule*

Als Fortbildungsschule wird eine weiterführende Schule bezeichnet, die nach der Volksschulpflicht obligatorisch besucht werden muss, sofern keine allgemein- oder berufsbildende Schule besucht wird.[81]

5. Tertiäre Stufe

Bei der Kompetenz des Bundes im Bereich der Hochschulen handelt es sich um eine *parallele Zuständigkeit von Bund und Kantonen*, d.h. dem Bund wird eine öffentliche Aufgabe auf einem Gebiet übertragen, wo die Kantone in gleicher Weise tätig werden können.[82] "Diese Dezentralisierung des Hochschulwesens spiegelt die kulturelle Vielfalt unseres Landes und gewährleistet einen gesunden, weil mannigfach anregenden wissenschaftlichen Wettbewerb."[83]

Gestützt auf *Art. 27 Abs. 1 BV* ist der *Bund* befugt zur Errichtung einer polytechnischen Schule, einer Universität und anderer höherer Unterrichtsanstalten oder zur Unterstützung solcher Anstalten. Was als höhere Unterrichtsanstalt gilt, wird nach dem Grad der Wissenschaftlichkeit im Unterricht bestimmt.[84] Zu den vom Bund errichteten *Schulen* zählen:[85] die beiden Eidgenössischen Technischen Hochschu-

---

80 BG über die Gewährung von Beiträgen an die Aufwendungen der Kantone für Stipendien vom 19. März 1965 (SR 416.0), Art. 4 Abs. 1.

81 Vgl. RECHSTEINER, 304; LORETAN, 38 f.; PLOTKE, Schulrecht, 128 ff.

82 BORGHI, Art. 27 BV, Rz. 1. Die neuen Verfassungsartikel hätten dem Bund auf dem Gebiet des höheren Bildungswesens grundlegende Kompetenzen eingeräumt. Zur Harmonisierung und Weiterentwicklung des Bildungswesens wären die Kompetenzen neu auf die Schulstufen verteilt worden. Danach sollte die Ausbildung im vorschulpflichtigen Alter und die obligatorische Schulzeit den Kantonen belassen und nur konkordatsmässig koordiniert werden. Das Mittel- und Hochschulwesen sowie die Erwachsenenbildung hingegen hätte gesamthaft der eidgenössischen Normierung übertragen werden sollen (BBl 1972 I 377 und 418). Vgl. dazu auch SALADIN Peter, Die verfassungsmässigen Befugnisse und Aufträge des Bundes im Hochschulbereich, in: Mélanges Henri Zwahlen, Lausanne 1977, S. 165-186.

83 BBl 1972 I 392 f.

84 BURCKHARDT, 199; LORETAN, 49.

85 Es ist zu beachten, dass sich nicht alle Schulen auf Art. 27 Abs. 1 BV stützen (vgl. PLOTKE, Schulrecht, 90).

len,[86] die Eidgenössische Sportschule,[87] die Schweizerische Luftverkehrsschule[88] und das Schweizerische Institut für Berufspädagogik.[89] Der Bund unterhält aber noch *weitere Anstalten*, die vor allem der *Wissenschaft und Forschung* dienen.[90] Zu nennen sind da: die Eidgenössische Forschungsanstalt für Wald, Schnee und Landschaft,[91] das Paul-Scherrer-Institut (PSI),[92] das Schweizerische Institut für Rechtsvergleichung,[93] die Eidgenössische Materialprüfungs- und Forschungsanstalt (EMPA)[94] und die Schweizerische Meteorologische Zentralanstalt.[95,96]

Das *Hochschulförderungsgesetz (HFG)*[97] beruht auf Art. 27 BV. Danach kann der Bund den Ausbau der kantonalen Hochschulen mit Beiträgen unterstützen.[98] In *Art. 27 ^{sexies} Abs. 1 BV* wird die Kompetenz zur Förderung der wissenschaftlichen

---

86 Heute bestehen zwei Eidgenössische Technische Hochschulen in Zürich (ETH) und Lausanne (EPUL). Vgl. dazu BG über die Eidgenössischen Technischen Hochschulen (ETH-Gesetz) vom 4. Oktober 1991 (AS *1993* 210 ff.; SR 414.110); V über den Bereich der Eidgenössischen Technischen Hochschulen (Verordnung ETH-Bereich) vom 13. Januar 1993 (AS *1993* 820 ff.; SR 414.110.3). Vgl. in diesem Zusammenhang auch das Konkordat betreffend die Schweizerische Ingenieurschule für Landwirtschaft vom 30. Juni 1964 (SR 412.191.02) und das Konkordat betreffend Technikum für Obst-, Wein- und Gartenbau in Wädenswil vom 14. März 1974 (SR 412.191.04).

87 BG über die Förderung von Turnen und Sport vom 17. März 1972 (SR 415.0), Art. 13; V dazu vom 21. Oktober 1987 (SR 415.01), Art. 8 und 34 ff.

88 V über die Schweizerische Luftverkehrsschule vom 22. November 1972 (SR 748.221.11).

89 V über das Schweizerische Institut für Berufspädagogik vom 7. September 1983 (SR 412.104.7).

90 BURCKHARDT, 199 deutet an, dass sie wegen der mangelnden Kompetenz des Bundes einfach der polytechnischen Schule angefügt worden seien.

91 V über die Eidgenössische Forschungsanstalt für Wald, Schnee und Landschaft (WSL-Verordnung) vom 13. Januar 1993 (AS *1993* 849 ff.); Organisationsverordnung WSL vom 30. März 1994 (AS *1994* 1196).

92 V über das Paul-Scherrer-Institut (PSI-Verordnung) vom 13. Januar 1993 (AS *1993* 845 ff., 1730).

93 BG über das Schweizerische Institut für Rechtsvergleichung vom 6. Oktober 1978 (SR 425.1).

94 V über die Eidgenössische Materialprüfungs- und Forschungsanstalt (EMPA-Verordnung) vom 13. Januar 1993 (AS *1993* 853 ff.).

95 BG über die Schweizerische Meteorologische Zentralanstalt vom 27. Juni 1901 (SR 429.1).

96 Vgl. in diesem Zusammenhang auch das BG über die Schweizerische Landesbibliothek (Landesbibliothekgesetz, SLBG) vom 18. Dezember 1992 (AS *1993* 1773 ff.).

97 BG über die Hochschulförderung (Hochschulförderungsgesetz, HFG) vom 22. März 1991 (AS *1992* 1027 ff.).

98 Vgl. dazu auch das BG über Finanzhilfen an die höheren Fachschulen im Sozialbereich vom 19. Juni 1992 (AS *1992* 1973 ff.) sowie die V dazu vom 30. November 1992 (AS *1993* 9 ff.). Vgl. hierzu auch das Rechtsgutachten von FLEINER-GERSTER Thomas, Kann der Bund aufgrund von Art. 27 BV Abs. 1 BV Bundesbeiträge an die Schulen für Sozialarbeit und Heimerziehung entrichten?, Luzern 1981.

Forschung festgehalten. Gestützt darauf ist das *Forschungsgesetz*[99] ergangen. Zudem ermächtigt *Art. 27 sexies Abs. 2 BV* den Bund zur Errichtung neuer oder zur Übernahme schon bestehender Forschungsstätten. Ferner hat der Bund Verordnungen erlassen über die Mindestvorschriften von höheren Fachschulen.[100]

6. Quartäre Stufe

Der quartäre Bereich kann umschrieben werden als "Fortsetzung oder Wiederaufnahme organisierten Lernens nach Abschluss einer unterschiedlich ausgedehnten ersten Bildungsphase", die mit dem Eintritt ins Erwerbsleben zusammenfällt.[101] Diese Bildungsstufe dient neben der *allgemeinen* insbesondere der *beruflichen Fort- und Weiterbildung*.[102] Nach dem Zweiten Weltkrieg führte der rasche Wandel und die exponentielle Zunahme des Wissens sehr rasch zu einem Umdenken. Es kamen neue Schlagworte auf wie "éducation permanente" oder "life long learning". Die zentrale Bildungsaufgabe der Volks-, Berufs- und Mittelschulen wurde neu in der *Erziehung zum lebenslangen Lernen* gesehen.[103] Deshalb sind alle Stufen des Schul-, Bildungs- und Weiterbildungswesens zu diesem Zweck aufeinander abzustimmen.

Die (nichtberufliche) Erwachsenenbildung gehört aufgrund der *kantonalen Kulturhoheit* in erster Linie zum Aufgabenkreis der Kantone. Die Massnahmen des Bundes haben nur ergänzenden Charakter.[104] Die Träger der Erwachsenenbildung

---

99 BG über die Forschung (Forschungsgesetz, FG) vom 7. Oktober 1983 (SR 420.1).

100 Vgl. dazu die Erlasse SR 412.106.0 bis 412.116.0 (für die beiden letzten Erlasse vgl. AS *1993* 317 und 2412). Vgl. in diesem Zusammenhang auch das geplante Bundesgesetz über die Fachhochschulen (Fachhochschulgesetz, FHSG), das eine Aufwertung der Höheren Fachschulen der Stufe HTL/HWV/HFG zu Fachhochschulen anstrebt (Botschaft in BBl 1994 III 789 ff.).

101 HÄRING, 64.

102 Die *Umschulung* auf eine neue Erwerbstätigkeit wird der Wiedereinschulung in den bisherigen Beruf gleichgestellt. Diese Massnahme wird im Rahmen der Invalidenversicherung vom Bund gedeckt (Art. 17 IVG).

103 Vgl. GIGER Hans/REHMANN Beatrice, Permanente Weiterbildung als Imperativ, Bildung im Koordinationsnetz der Einflüsse, in: GIGER, S. 91-125; RÜESCH Ernst, Vom Lernen für's Leben zum "Lebenslangen Lernen", in: GIGER, S. 363-375; KARPEN Ulrich, Rechtsfragen des lebenslangen Lernens, eine vergleichende Untersuchung zum deutschen, französischen, englischen und amerikanischen Verfassungsrecht, Tübingen 1979; GRETLER Armin et al., Die Schweiz auf dem Weg zur Education permanente, Versuch einer Gesamtkonzeption des schweizerischen Bildungswesen, Zürich/Aarau (ohne Datum) (die franz. Erstausgabe ist von Lausanne, 1972).

104 BBl 1972 I 398; vgl. dazu auch die Botschaft zum neuen Kulturförderungsartikel Art. 27septies (BBl 1992 I 559 f.). Vgl. in diesem Zusammenhang auch die V über die Schweizerische Erhebung zur Weiterbildung vom 25. November 1992 (AS *1992* 2484 ff.).

sind fast ausschliesslich *private* Institutionen.[105] Insbesondere finanziell weniger leistungsfähige Kantone sind durch die traditionellen Bildungsaufgaben bereits dermassen belastet, dass sie kaum in der Lage sind, Beiträge zur Förderung der Erwachsenenbildung bereitzustellen.[106]

Für die Wichtigkeit[107] dieser Stufe spricht der Umstand, dass die Eidgenossenschaft mit sogenannten *Impulsprogrammen* in bestimmten *Wirtschaftsbereichen* (z.B. Informatik,[108] Mikroelektronik[109] und CIM[110]) diesbezüglich einiges unternommen hat. Auch fördert der Bund die Weiterbildung auf bestimmten *Ausbildungsstufen* über *Sondermassnahmen*.[111] Ferner hat das Parlament einen *Kredit* beschlossen, damit die Schweiz am Erasmus-Programm der EG teilnehmen kann. Damit soll die Öffnung des schweizerischen Bildungswesens nach Europa vorangetrieben werden.[112]

---

105 BBl 1972 I 397.

106 BBl 1972 I 399.

107 Heute lässt sich die *Notwendigkeit der Weiterbildung* auf *diverse Gründe* zurückführen. So sinkt etwa die Halbwertszeit des (technischen) Wissens, die heute zum Teil schon bei drei bis fünf Jahren liegt, noch laufend durch den immer rascher werdenden Wandel der wirtschaftlich-technischen Entwicklung. Dieser Wandel führt ebenfalls zu einem raschen Wandel der Berufsstrukturen, wodurch in immer kürzeren Intervallen Berufe verschwinden und neue entstehen. Weiter verlangt die Wirtschaft immer mehr nach qualifizierten Arbeitnehmern. Insbesondere der Wiedereinstieg der Frauen ins Berufsleben bringt ganz besondere neue Weiterbildungsbedürfnisse. Ferner verschafft die Verkürzung der Arbeitszeit, der technische und soziale Fortschritt den meisten Menschen ein bedeutendes Mass an beruflich nicht beanspruchter Zeit. Die allgemeinen bildungsmässigen Anforderungen für die meisten Berufskreise wachsen in einem Mass, dass man von einer "Intellektualisierung der Berufe" sprechen kann. Durch die Möglichkeit, in der Jugend verpasste Bildung nachzuholen, wird die Chancengleichheit gefördert (BBl 1972 I 396 f.). Schliesslich hat Erwachsenenbildung im Sinne ständiger Weiterbildung grundsätzlich auch Rückwirkungen auf die Reformen anderer Bildungsstufen (BBl 1972 I 399).

108 BB über Sondermassnahmen zugunsten der Informatik und der Ingenieurwissenschaften vom 22. Juni 1986 (AS *1986* 1714; SR 414.125).

109 BB über Sondermassnahmen zur Förderung neuer Technologien im Bereich der Mikroelektronik (Aktionsprogramm Mikroelektronik) vom 4. Oktober 1991 (AS *1992* 386; SR 423.71).

110 V über Sondermassnahmen zur Förderung neuer Technologien im Fertigungsbereich (CIM-Aktionsprogramm) vom 26. Juni 1991 (AS *1991* 1418; SR 823.315).

111 BB über Sondermassnahmen zugunsten der beruflichen Weiterbildung vom 23. März 1990 (SR 412.100.1); BB über Sondermassnahmen zugunsten der universitären Weiterbildung vom 23. März 1990 (SR 414.124) sowie die V dazu vom 4. Juli 1990 (SR 414.124.1); V über die Weiterbildung an den Eidgenössischen Technischen Hochschulen (Weiterbildungsverordnung) vom 14. September 1988 (SR 414.136).

112 Vgl. BB über die Finanzierung der internationalen Zusammenarbeit im Bereich der höheren Bildung und der Mobilitätsförderung vom 6. März 1991 (BBl 1991 III 1250; vgl. hierzu auch die Ergänzungsbotschaft vom 24. Mai 1994 [BBl 1994 III 1445 ff.]); Gemäss Art. 1 beläuft sich der Verpflichtungskredit auf 52 Millionen Franken. Vgl. auch den BB über die Finanzierung der Beteiligung der Schweiz an den Forschungs- und Bildungsprogrammen der Europäischen

III. Weitere verfassungsmässige Bestimmungen des Bundes

1. Turnen und Sport

Art. 27^{quinquies} BV ermächtigt den Bund zum Erlass von Vorschriften über Turnen und Sport der Jugend.[113] Er hat von diesem Recht Gebrauch gemacht und das *Bundesgesetz über die Förderung von Turnen und Sport*[114] erlassen. In Art. 2 Abs. 2 erklärt er den Turnunterricht an Volks-, Mittel- und Berufsschulen für obligatorisch. Um unter anderem auch Sportlehrer auszubilden, wurde die Eidgenössische Sportschule Magglingen (ESSM) errichtet.[115] Diese erhebt jährlich die Statistik über die körperliche Leistungsfähigkeit der Stellungspflichtigen.[116]

2. Schulärztlicher Dienst

Alle Personen, die in Schulen und Anstalten unmittelbar und regelmässig mit Kindern in Kontakt stehen, sind der ärztlichen Kontrolle unterworfen. Ursprünglich galt diese Anordnung dem Kampf gegen die *Tuberkulose*, weshalb sie auch in den dazu erlassenen Gesetzen[117] geregelt ist.[118,119]

Gemeinschaft 1993-1996 vom 18. Dezember 1992 (Gesamtkredit: 477 Millionen) (BBl 1993 I 29; die Ergänzungsbotschaft vom 24. Mai 1994 sieht eine für die Jahre 1996-2000 einen Verpflichtungskredit von 554 Millionen Franken vor [BBl 1994 III 1445 ff.); ERASMUS-Abkommen (SR 0.414.91; AS 1992 924 ff.) und das Kooperationsabkommen mit der EWG (AS *1993* 2582). Zur Literatur sei verwiesen auf die Arbeit von BRÜHL; vgl. auch BRAUCHLIN Emil, Notwendigkeiten zur Weiterbildung aufgrund der Anforderungen des Binnenmarktprogramms EG-92, in: GIGER, S. 807-822.

113 Bis 1970 Art. 27^{quinquies} BV in die Bundesverfassung aufgenommen wurde (AS *1970* 1649), hat der Bund jeweils gestützt auf seine *Militärkompetenz (Art. 18 ff. BV)* Vorschriften über den schulischen Turn- und Sportunterricht für die männliche Jugend erlassen. Als aber die Turn- und Sportförderung auch auf die weibliche Jugend ausgedehnt wurde, war eine Verfassungsänderung nötig (RECHSTEINER, 186; LORETAN, 52; vgl. auch ZIEGLER, 9). Neu wird mit Art. 27^{quinquies} BV die körperliche Erziehung als Bestandteil der Gesamterziehung angestrebt (BORGHI, Art. 27^{quinquies} BV, Rz. 3). Vgl. auch BGE 119 Ia 189.

114 BG über die Förderung von Turnen und Sport vom 17. März 1972 (SR 415.0).

115 V über die Förderung von Turnen und Sport vom 21. Oktober 1987 (SR 415.01), Art. 8 und 34 ff.

116 AS *1993* 2192.

117 BG betreffend Massnahmen gegen die Tuberkulose vom 13. Juni 1928 (SR 818.102), Art. 6; VV dazu vom 20. Juni 1930 (SR 818.102.1), Art. 27 ff. (insb. Art. 28); BG über die Bekämpfung übertragbarer Krankheiten des Menschen (Epidemiegesetz) vom 18. Dezember 1970 (SR 818.101), Art. 15 und Art. 21; für Berufsschulen vgl. auch Art. 27 Abs. 4 BBG.

3. Stipendien und Ausbildungshilfen

Die Kantone sind in der Gestaltung der Stipendienbedingungen und in der Bemessung der Beiträge frei, weshalb die Schweiz noch recht unterschiedliche Regelungen aufweist. Der Bund wird in *Art. 27 quater BV* ermächtigt, den Kantonen Beiträge an ihre Aufwendungen für Stipendien und andere Ausbildungshilfen zu gewähren *(Abs. 1)*. In Ergänzung kantonaler Regelungen kann er aber auch selber Massnahmen ergreifen *(Abs. 2)*, wobei er in allen Fällen die kantonale Schulhoheit zu wahren hat *(Abs. 3)*.[120] In einem speziellen *Stipendiengesetz*[121] werden die Stipendien geregelt, die der Bund nicht aufgrund anderer Gesetze subventioniert. Art. 4 nennt die Beiträge an die Mittel- und Hochschulen, die Ausbildung von Lehrern und Geistlichen, Schulen für künstlerische, soziale Berufe und medizinisches Hilfspersonal und die Einrichtungen im Rahmen von Art. 34ter Abs. 1 lit. g BV. Dieses Stipendiengesetz entsprach einem dringenden Bedürfnis, weil die Stipendienaufwendungen bis in die sechziger Jahre keinen Umfang erreichten, der es erlaubt hätte, von einer wirksamen Begabtenförderung zu sprechen, die auch bildungsferne Schichten erfasst.[122] Schliesslich hat *Art. 116 BV* dem Bund wiederholt als Rechtsgrundlage für Subventionen auf kulturellem Gebiet mit Auswirkungen auf das Schulwesen gedient.[123]

---

118 Vgl. PLOTKE, Schulrecht, 89.

119 Für schulsoziale Einrichtungen der öffentlichen Hand wie Schülerheime, schulzahnärztlicher Dienst (vgl. dazu BGE 118 Ia 427 ff.), schulpsychologischer Dienst (vgl. insbesondere PLOTKE Herbert, Rechtsfragen des Schulpsychologischen Dienstes I [in: ZBl 81/1980, S. 200-209] und II [in: ZBl 83/1982, S. 397-414]) und Schülertransporte vgl. RECHSTEINER, 673 ff.; PLOTKE, Schulrecht, 137 ff.; MÜLLER Markus, Obligatorische schulärztliche Untersuchung als Grundrechtsfrage, in: BVR 1993, S. 266-288.

120 Vgl. dazu die nicht zustande gekommene eidgenössische Volksinitiative "Bildung für Alle - Stipendienharmonisierung", welche eine Änderung von Art. 27quater BV beabsichtigte (BBl 1991 III 1222 ff.).

121 BG über die Gewährung von Beiträgen an die Aufwendungen der Kantone für Stipendien vom 19. März 1965 (SR 416.0), Art. 4 Abs. 3.

122 BBl 1972 I 403.

123 HÄRING, 32; LORETAN, 52.

4. Schulstatistik

Das *Bundesstatistikgesetz*[124] beauftragt den Bund, in den Schulen regelmässig statistische Erhebungen durchzuführen.[125]

5. Unterstützung von Schweizerschulen im Ausland

Art. 45bis BV ermächtigt den Bund, Beiträge zu leisten an Bau und Betrieb von Schulen. Gestützt darauf hat der Bund das *Auslandschweizer-Ausbildungsgesetz*[126] erlassen.[127]

6. Gruppe für Bildung und Forschung (B+F)

Da die Aufgaben auf dem Gebiet von Bildung und Forschung national und international überdurchschnittlich stark zugenommen haben, hat der Bundesrat die Schaffung einer *Gruppe für Bildung und Forschung (B+F)* im Eidgenössischen Departement des Innern (EDI) beschlossen. Diese Gruppe umfasst das Bundesamt für Bildung und Wissenschaft sowie den Bereich des Schweizerischen Schulrates.[128]

---

[124] Bundesstatistikgesetz (BStatG) vom 9. Oktober 1992 (AS *1993* 2080 ff.).

[125] Vgl. dazu insbesondere die V über die Durchführung von statistischen Erhebungen des Bundes vom 30. Juni 1993 (AS *1993* 2100 ff.) sowie die V über die statistischen Erhebungen im Hochschul- und Forschungsbereich (Hochschul- und Forschungsstatistik-Verordnung; HFSV) vom 5. Oktober 1992 (AS *1992* 1849 ff.). Für die Erhebungen im Schulbereich ist insbesondere das Bundesamt für Statistik zuständig (vgl. AS *1993* 2158 ff.), für die Berufsprüfungen und höheren Fachprüfungen das BIGA (a.a.O., 2220), für die Ausbildung im Bereich der Landwirtschaft das Bundesamt für Landwirtschaft (a.a.O., 2221) und für die jährlich erhobenen pädagogischen Rekrutenprüfungen eine gleichnamige Kommission (a.a.O., 2193).

[126] BG über die Förderung der Ausbildung junger Auslandschweizerinnen und Auslandschweizer (Auslandschweizer-Ausbildungsgesetz, AAG) vom 9. Oktober 1987 (SR 418.0); V dazu vom 29. Juni 1988 (SR 418.01).

[127] Vgl. PLOTKE, Schulrecht, 91.

[128] Bundesbeschluss über die Bildung einer Gruppe für Wissenschaft und Forschung im Eidgenössischen Departement des Innern vom 23. März 1990 (SR 172.212.13; zur Botschaft vgl. BBl 1989 I 1073 ff.).

IV. Zusammenfassung von § 4

Die *schweizerische Bundesverfassung* weist keine homogene Schul- oder Bildungsverfassung auf, was deutlich den föderalistischen Aufbau des Landes widerspiegelt. Es besteht eine *kantonale Schulhoheit*, um der Vielfalt an Kultur- und Sprachgebieten gerecht werden zu können. Das Schulsystem wird in verschiedene Stufen aufgeteilt: Kindergarten, Volksschule (Primarstufe und Sekundarstufe I sowie Sonderschulwesen), Sekundarstufe II (Maturitäts-, Diplom-, Berufs- und Fortbildungsschulen sowie Lehrerbildung), Tertiärstufe (Universitäten, Hochschulen und höhere Fachschulen) und Quartäre Stufe (Weiterbildung). Dem *Bund* werden nur ausnahmsweise Aufgaben im Bildungsbereich übertragen. Er enthält sich grundsätzlich jeder Einflussnahme auf der Vorschul-, Primar- und Hochschulstufe, dagegen hat er starken Einfluss auf das Mittelschulwesen und die Berufsbildung.

2. Teil:

DARSTELLUNG DER SCHWEIZER RECHTSORDNUNG

A. Das Elternrecht in der Schweiz

§ 5 Allgemeines zum Elternrecht

I. Zum Begriff

1. Definition des Elternrechts

Eine klare Definition des Begriffs "Elternrecht(e)"[1] gibt es nicht. Es ist viel komplexer als die traditionellen Freiheitsrechte. Es ist einerseits gleichzeitig eine Elternpflicht und andererseits steht es in direkter Beziehung zum Recht des Kindes auf Menschenwürde und Selbstentfaltung. Schliesslich muss es gegenüber anderen Erziehungsträgern (Staat, Schule, Vereine usw.) abgegrenzt werden.[2] BINGLER versteht unter dem Elternrecht im engeren Sinne das "Recht, das den Eltern aufgrund ihrer einmaligen Stellung durch ihr Elternsein und den daraus resultierenden unausweichlichen Pflichten gegenüber den Kindern zukommt und das die Sorge für die Gesamtperson des Kindes, also für seine leibliche, geistige, sittlich-religiöse Vervollkommnung - wenigstens bis zur Mündigkeit -, umfasst".[3] Kürzer ausgedrückt geht es um das *Recht der Eltern*[4] *auf Pflege und Erziehung ihrer Kinder*.[5]

---

[1] Ob der Begriff im Singular oder im Plural verwendet wird, ist ohne inhaltliche Bedeutung, da das Elternrecht ein ganzes Bündel von Ausprägungen enthält (KLEY, 285, Anm. 2 m.w.H.).

[2] FLEINER-GERSTER, Eltern, 667.

[3] BINGLER, 17.

[4] Der Begriff *"Eltern"* ist nicht klar gefasst. Das Zivilgesetzbuch (ZGB) unterscheidet verheiratete Eltern (Art. 297), unverheiratete Eltern (Art. 298), Stiefeltern (Art. 299) und Pflegeeltern (Art. 300). Doch das blosse Abstellen auf ein subkonstitutionelles Gesetz (ZGB) kann laut ECKSTEIN nicht über die verfassungsmässige Qualifikation der Träger des Elternrechts entscheiden (ECKSTEIN, 213). Er schlägt nicht einen naturrechtlichen, oder positivrechtlichen, sondern

2. Die öffentlich-rechtliche und privatrechtliche Dimension der elterlichen Rechte

Die Rechtsstellung der Eltern muss nach zwei Richtungen hin untersucht werden: nach der öffentlichrechtlichen und privatrechtlichen Seite.[6] In der *öffentlich-rechtlichen* Komponente kann das *Elternrecht* als (abwehrendes) subjektives Freiheitsrecht verstanden werden. Es gesteht den Eltern *dem Staat* gegenüber die selbständige Erziehungsbefugnis über ihre Kinder zu.[7] Dieses Grundrecht kann also nicht dem Kinde gegenüber geltend gemacht werden.[8] Das öffentlich-rechtliche Elternrecht kann in ein *prinzipielles bzw. familiäres* (Recht zur häuslichen und familiären Erziehung), ein *konfessionelles* (Recht zur Bestimmung der konfessionell-weltanschaulichen Erziehung) sowie ein *pädagogisches* Recht (Garantie der Mitwirkungsrechte im Bereich der staatlichen Erziehung) aufgeteilt werden.[9]

---

einen "soziologischen" Elternbegriff vor (a.a.O., 211 ff.). Auf völkerrechtlicher Ebene zeigt sich ein unterschiedliches Bild. Während Art. 2 des Ersten Zusatzprotokolls zur EMRK deutlich nur die Eltern erfasst, wird das Elternrecht von den UNO-Menschenrechtspakten auch auf den Vormund ausgedehnt (BANNWART-MAURER, 102; vgl. auch § 14).

5 ECKSTEIN, 185; MÜLLER Arthur, 149, 152 f.; HÄRING, 123.

6 Zu dieser Unterscheidung bei der *religiösen* Kindererziehung vgl. SPIELER, 50 ff. Er kommt zum Schluss, dass die Normen privatrechtlicher Natur sind.

7 ECKSTEIN, 186; KLEY, 285. Bei PLOTKE bildet die "elterliche Gewalt" den globalen Begriff für die Elternrechte (PLOTKE, Schulrecht, 33 f.), was m.E. auf die mangelnde Unterscheidung zurückzuführen ist.

8 ECKSTEIN, 217; SALADIN, Familie, 148. Die Grundrechte des Kindes entfalten aber zum Teil primär eine "horizontale" Wirkung, da sie die Eltern in Pflicht nehmen (SALADIN, Rechtsbeziehungen, 201). Zur *Drittwirkung* der Grundrechte vgl. QUAMBUSCH, 28 ff.; SALADIN, Familie, 144 f., 152; BANNWART-MAURER, 92 ff.; BUCHER Eugen, "Drittwirkung der Grundrechte"?, Überlegungen zu "Streikrecht" und "Drittwirkung" i.S. von BGE 111 II 245-259, in: SJZ 83/1987, S. 37-47; SALADIN Peter, Grundrechte und Privatrechtsordnung, Zum Streit um die sog. "*Drittwirkung*" der Grundrechte, in: SJZ 84/1988, S.373-384; MÜLLER Georg, Zur Problematik der Drittwirkung von kantonalen Grundrechtsgarantien, in: ZBJV 129/1993, S. 153-167; vgl. hiezu auch AUER Andreas, Freiheitsrechte im Dreiecksverhältnis zwischen Staat, Gesellschaft und Individuum, in: ZBl 94/1993, S. 2-14; SIEHR Kurt, Grundrechte und Privatrecht, Einschränkung privatrechtlichen Handelns durch Grundrechte?, in: Freiheit und Zwang, Rechtliche, wirtschaftliche und gesellschaftliche Aspekte, Festschrift zum 60. Geburtstag von Hans Giger, Bern 1989, S. 627-642.

9 ECKSTEIN, 187 m.w.H. KLOSS gliedert das Elternrecht in zwei Teile: das *Gestaltungsrecht*, wodurch Eltern den *künftigen* Schultypus für ihre Kinder bestimmen und das administrativ-pädagogische *Ausgestaltungsrecht*, wodurch die Eltern bestimmen können, wie die Schule, die ihre Kinder *gegenwärtig* besuchen, zu führen ist (KLOSS, 116). Er unterscheidet dann entsprechend die "Schulbürger" und "Schuleltern" (a.a.O., 116, 125).

In der *privatrechtlichen* Ausrichtung werden die elterlichen Rechte als *elterliche Gewalt* bezeichnet.[10] In dieser Form entfalten sie Wirkung gegenüber dem *Kinde* und *Dritten*. Dabei kann das verfassungsmässige Elternrecht als eine Art *Stammrecht* angesehen werden. Aus diesem ergeben sich alle andern Befugnisse wie z.B. die personenrechtlichen (Pflege, Erziehung und Ausbildung) und vermögensrechtlichen Befugnisse der Eltern gegenüber ihren Kindern. Die Regelung der elterlichen Gewalt und des Kindesvermögens im ZGB stellt deshalb lediglich *eine* der möglichen Konkretisierungen des Elternrechts dar.[11]

II. Geschichtlicher Kurzabriss

1. Allgemeines

Im *altrömischen* und im klassischen Recht war das Kind und dessen Erziehung völlig dem pater familias ausgeliefert. Er besass die sogenannte *patria potestas*, d.h. die Gewalt über alle im Haus lebenden Kinder. Die nahezu unbeschränkte Herrschaft reichte bis zur Macht über Leben und Tod und wurde im wesentlichen nur durch Sakralrecht und Sitte gemässigt.[12]

Das *germanische* Recht kannte die sogenannte *Munt*.[13] In der *Frühzeit* wurde die in der Sippe organisierte Verwandtschaft durch die Munt des Hausvaters zusammengehalten, der insbesondere auch das Erziehungsrecht besass. Die Munt beinhaltete aber - anders als im römischen Recht - von Anfang an auch die Munt*pflicht* im Sinne eines Schutz- und Schirmverhältnisses. Sie wies in einem gewissen Sinne also bereits treuhänderischen Charakter auf.[14] Im *Mittelalter* verstärkte man die Persönlichkeitsrechte des Kindes noch weiter. Unter dem Einfluss des Christentums wurde die Pflichtseite der väterlichen Gewalt durch Betonung der Schutz- und Erziehungspflicht immer mehr ausgeprägt. Zusehends begründete man auch eine obrigkeitliche Aufsicht über die Ausübung der väterlichen Gewalt.[15] Die *Aufklärung* verbesserte die Rechtsstellung des Kindes auch hinsichtlich der Erziehung. Im 18. Jahrhundert galt die

---

[10] Einzig in Art. 156 ZGB findet sich der unglücklich verwendete Begriff "Elternrecht".

[11] JORIO, 76; MÜLLER Arthur, 152.

[12] Vgl. dazu JORIO, 2 ff.; TSCHÜMPERLIN, 3 ff.; MÜNDER, Kindererziehung, 3 ff.

[13] Dabei bildet die *Munt* die personenrechtliche, die *Gewere* die sachenrechtliche Herrschaft (TSCHÜMPERLIN, 7).

[14] JORIO, 6; TSCHÜMPERLIN, 6 ff.

[15] TSCHÜMPERLIN, 10 ff.

Hauptsorge der Eltern der Gesundheit und der Erziehung der Kinder.[16,17] Im *bürgerlichen Zeitalter* erlitt das Kindesrecht dann aber einen Rückfall in autoritäre Sozialisationsmuster. Die historische Kehrtwende zu einem griffigen und andauernden Schutz des Kindes und der Kinderrechte erfolgte erst im *20. Jahrhundert*.[18]

Die Erziehung und Unterweisung der Jugend blieb lange Zeit den Eltern und der Familie überlassen, bis das politische und wirtschaftliche Leben der Völker komplizierter wurde. Mit der Verbreitung der Kulturen mehrte sich auch das Wissen. Seit der Ausbreitung des Christentums pflegte die Kirche das Unterrichtswesen. Später kamen gewisse Klassen dazu (z.B. Zünfte), die in Verbänden organisiert die (Berufs-) Ausbildung vorantrieben. Später nahm sich auch der Staat des Schulwesens an. Solange noch Staat, Kirche, Wirtschaftsverbände und Familie eine Einheit bildeten, duldete man die staatliche und kirchliche Macht in der Schule. Erst als der Staat den Schulzwang statuierte, wurde dies als Eingriff ins Elternrecht empfunden.[19]

Im Zuge der wirtschaftlichen und soziologischen Entwicklung in der Neuzeit wurde das Elternhaus in seiner pädagogischen Wirkkraft de facto allgemein geschwächt. Die elterliche Kraft und Fähigkeit reichen heute kaum mehr weit über Zeugung, Geburt und ersten Unterhalt des Kindes hinaus. Dies führt auch zur allgemeinen Tendenz "pädagogischer Sozialisierung". Es wird als öffentliche Aufgabe erachtet, dass die Schule auch vernachlässigten Elternpflichten nachkommt.[20] Der moderne Staat wird zum "état éducateur".[21] "Die Aufgabe der Schule wird mehr und mehr diejenige, eine Stätte totaler Menschenbildung und Erziehung zu sein."[22]

Die geschichtliche Entwicklung hat gezeigt, dass sich die Rechte und Pflichten der Eltern sowie der Kinder *ständig veränderten*. Es handelte sich also nicht um eine Rechtsordnung, die vor Veränderungen geschützt gewesen wäre. Insbesondere die Stellung der Kinder gegenüber ihren Eltern verbesserte sich kontinuierlich auf Kosten der elterlichen Rechtsstellung. Die Eltern traten ihren Kompetenzbereich immer mehr an die Kinder sowie in einem begrenzten Rahmen auch dem Staat ab.

---

16 TSCHÜMPERLIN, 12.

17 Zum germanischen Recht vgl. JORIO, 6 ff.; MÜNDER, Kindererziehung, 5 ff. Vgl. dazu auch SOLIVA Claudio, Zum Kindesrecht in den Stadtrechten der alten Eidgenossenschaft, in: Festschrift für Cyril Hegnauer zum 65. Geburtstag, Bern 1986, S. 493-504.

18 MEIER-SCHATZ, 67.

19 WEISSENRIEDER, 140 f.

20 WEISSENRIEDER, 141 f.

21 MÜLLER Arthur, 86.

22 WEISSENRIEDER, 202 f.

2. Regelung in den Kantonen vor und nach Erlass des schweizerischen Zivilgesetzbuches (ZGB)

Vor Erlass des Zivilgesetzbuches (ZGB) ruhten alle Rechte im wesentlichen auf der deutschrechtlichen Munt. Die Eltern hatten das Recht und die Pflicht, die Kinder zu erziehen, wozu auch ein gehöriger Schulunterricht zählte. Auch die religiöse Erziehung wurde stets zwingend vorgeschrieben, was dann in Art. 49 Abs. 3 BV seinen Niederschlag fand. Die Eltern standen in der Ausübung ihrer Rechte aber unter staatlicher Oberhoheit. Bei Missbrauch konnten ihnen die Rechte behördlich entzogen werden (Kindesschutzmassnahmen). Schon vor Schaffung des ZGB galt also das *Kindeswohl* als Schranke für die Eltern.[23]

Das *Zivilgesetzbuch von 1907/12* beseitigte den Dualismus von *väterlicher* Gewalt und Vormundschaft. Die Gewalt über die Kinder wurde neu von beiden Elternteilen gemeinsam ausgeübt. Diese *elterliche* Gewalt war noch geprägt vom väterlichen Stichentscheid. Die Kompetenzen der Behörden bezüglich der Aufsicht wurden erweitert. Schliesslich wurde die elterliche Gewalt genauer definiert, indem das ZGB einzelne Inhalte davon aufzählte (z.B. Erziehung, berufliche und religiöse Ausbildung, Gehorsamspflicht, Züchtigungsrecht). Zentral blieb aber die Fürsorge für die Person und das Vermögen des Kindes.[24]

Die *Revision des Kindesrechts von 1976/78*[25] war beeinflusst durch das neue Verständnis von Rechtsgleichheit und Menschenrechten. Man forderte die Partnerschaft bzw. Gleichstellung zwischen Mann und Frau ohne väterlichen Stichentscheid, den *Vorrang des Kindeswohls* und die Gleichstellung des ausserehelichen mit dem ehelichen Kind (einheitliches Kindesverhältnis).[26] Das *Persönlichkeitsrecht des Kindes* verstärkte sich entscheidend. Durch die Rücksichtnahme auf das Kindeswohl und die Meinung des Kindes wurde die elterliche Gewalt *zweckgebunden* und durch allgemeine Leitsätze normiert. Schliesslich wurde auch eine Zusammenarbeitspflicht begründet.[27,28]

---

[23] Vgl. dazu JORIO, 12 ff.; TSCHÜMPERLIN, 13 ff.; MEIER-SCHATZ, 68.

[24] Vgl. TSCHÜMPERLIN, 18 ff. m.w.H.; STEINAUER, 221 ff.; MEIER-SCHATZ, 68 f. Zu den Vorbereitungen für den Erlass des ZGB vgl. auch JORIO, 17 ff.

[25] Zu den Revisionsbestrebungen nach Erlass des ZGB vgl. umfassend JORIO, 26 ff.

[26] JORIO, 50 nennt als Grundsätze des neuen Kindesrechtes das einheitliche Kindesverhältnis, die Besserstellung der Mutter und des Kindes und die Unterscheidung der Kinder in solche aus vollständigen oder unvollständigen Familien (vgl. dazu auch HAUSHEER, 37 ff.; STEINAUER, 221, 225 f.; Botschaft zum neuen Kindesrecht in BBl 1974 II 1 ff.).

[27] Vgl. TSCHÜMPERLIN, 25 ff.; vgl. auch MEIER-SCHATZ, 69 f.

III. Elternrecht und Naturrecht

Das Naturrecht bildet *vorstaatliches Recht* und steht dem Verfassungsgeber nicht zur Disposition.[29] Dessen Gewährleistung durch die Verfassung bedeutet deshalb nicht etwa eine Verleihung, sondern nur eine Anerkennung dieser Rechte durch den Staat.[30]

Sowohl Rechtsprechung[31] als auch Literatur[32] sind sich darin einig, dass die Eltern natürlich begründete Rechte besitzen. Insbesondere die Kirche beruft sich immer wieder auf ein naturrechtlich begründetes Elternrecht, um sich auf diesem "Umweg" wieder vermehrten Einfluss auf das Schulwesen zu verschaffen.[33] Doch werden damit grundsätzlich nur die Beziehungen der Eltern zum *Kind* und nicht etwa zum Staat gemeint.[34] Dass man dieses *privatrechtliche* Verhältnis auf das Naturrecht abstützt, mag durchaus zulässig sein. Denn hier liegen seit Menschengedenken natürlich-biologische Umstände vor, die eine offensichtliche Beziehung zwischen den (zumindest biologischen) Eltern und ihren Kindern herstellen. Hingegen ist zu

---

28 Zur generellen "Reformfreudigkeit des Familienrechts" vgl. MÜLLER-FREIENFELS, 251 ff.; MÜLLER-FREIENFELS, Familienrechtliche Kodifikationen im Wandel der Anschauungen, in: Familienrecht im Wandel, Festschrift für Hans Hinderling, Basel 1976, S. 111-150; DÖRNER Heinrich, Industrialisierung und Familienrecht, Berlin 1974.

29 ECKSTEIN, 188. Zum naturrechtlichen Begriff vgl. auch NIETLISPACH Fritz, Grundlagen des Freiheitsrechts, Menschenrechtliche und grundrechtliche Aspekte, Zürich 1977, S. 6 ff.

30 GIACOMETTI, Staatsrecht, 152.

31 Das Bundesgericht spricht in einem neuen Entscheid vom "ureigenen" Elternrecht (BGE 118 Ia 436). Auch der Europäische Gerichtshof für Menschenrechte spricht von der Erziehung und dem Unterricht als natürlichen Rechten und Pflichten der Eltern (vgl. EuGRZ 1976, 485 (Ziff. 52), 487 (Ziff. 56) und 488).

32 Vgl. dazu FLEINER-GERSTER, Eltern, 668, 671; WEISSENRIEDER, 138; SCHMID Josef, 28 ff.; SPIELER, 44 f.; ZÜST, 72; BANNWART-MAURER, 100, 103 f.; PLOTKE, Schulrecht, 25 f., vgl. auch 329; KLEY, 288 m.w.H.; SALADIN, Rechtsbeziehungen, 198; EGGER, Art. 273 ZGB, Rz. 1; BBl 1974 II 70; ähnlich auch HÄRING, 27; MÜLLER Max, 73; ZIEGLER, 5, 12, 31; BRÄM, 370; KIM, 8 m.w.H.; BLUNTSCHLI, Staatsrecht, 471. JORIO spricht dem Kindesverhältnis (JORIO, 71) und HEGNAUER der elterlichen Gewalt (HEGNAUER, Berner Kommentar, Art. 273 ZGB, Rz. 4, Art. 275 ZGB, Rz. 17) vorpositiven Charakter zu. Vgl. zur Problematik auch ECKSTEIN, 187 ff. Das Elternrecht bei den Naturrechtsphilosophen des 16. und 17. Jahrhunderts ist umfassend dargestellt bei BINGLER, 31 ff.

33 Vgl. dazu ECKSTEIN, 119, 188 f., 191 f.; KIM, 56 f., 60 ff.; RÄBER, 857 ff. Vgl. umfassend zum Schul- und Erziehungsrecht der Kirche SCHMID Josef, 35 ff.

34 Diese Verwechslung findet m.E. beispielsweise statt bei PLOTKE, Schulrecht, 33 f.; WEISSENRIEDER, 138. Auch DINKELMANN, 57 sagt, dass die mangelnde Regelung des Elterngrundrechts in der Verfassung nicht tragisch sei, da die Elternrechte im ZGB verbrieft seien.

bezweifeln, ob auch die *öffentlich-rechtliche* Ausprägung des Elternrechts gegenüber dem *Staat* naturrechtlich ableitbar ist. Denn das Naturrecht hat nicht nur *über*staatliche Rechtskraft, sondern es umschreibt auch jene von Gott verliehene, sprich: *vor*staatliche Rechtssphäre. Naturrecht ist also nicht an das Bestehen eines Staates gebunden. Weil das Elternrecht aber nur Sinn macht, wenn es gegen den Staat geschützt werden muss, kann hier nicht von Naturrecht gesprochen werden. Auch ist der Gedanke eines "schlummernden" Elternrechts, das schon immer bestanden haben soll, aber erst mit der Entstehung der Staaten "geweckt" wurde, abzulehnen. Schliesslich könnte man sich auch auf den Standpunkt stellen, die im Privatrecht geregelte "elterliche Gewalt" gelte gegenüber jedem Dritten, d.h. also auch gegenüber dem Staat. Denn schliesslich umschreibe das ZGB nichts anderes als die verfassungsmässige Grundordnung. M.E. ist es aber methodisch unzulässig, aus der natürlichen Beziehung zwischen Eltern und Kindern einen naturrechtlich begründeten absoluten Anspruch gegenüber dem Staat herzuleiten.

Auch ECKSTEIN lehnt eine naturrechtliche Herleitung des Elternrechts aus historischen Gründen ab.[35] Ein sparsamer Umgang mit dem Naturrecht scheint ihm aus Gründen des *Vertrauens in die Legitimität der Verfassung* geboten. Ferner sieht er in der naturrechtlichen Herleitung des Elternrechts unvermeidliche Abgrenzungsschwierigkeiten zum Persönlichkeitsrecht des Kindes, das "nur" zum rangniedrigeren Verfassungsrecht zählt. Schliesslich meint er, dass der Streit um den Naturrechtscharakter des Elternrechts im praktischen Ergebnis zwecklos sei. Denn es sei unbestritten, dass der Staat Ziel, Inhalt und Grenzen des elterlichen Rechts zu bestimmen habe.[36] Deshalb möchte er nicht mehr vom "natürlichen", sondern nur noch vom *"prinzipiellen"* Elternrecht sprechen.[37]

[35] ECKSTEIN, 189 scheint es reichlich verwegen, in Anbetracht der Tatsache, dass über Jahrtausende hinweg Kindermord, Aussetzung und Verstossung als durchaus normal und "natürlich" empfunden wurden, ja sogar als Instrument der Familienplanung galten, von einer "rational einsehbaren Naturrechtsordnung" zu sprechen.

[36] ECKSTEIN, 191 f.

[37] ECKSTEIN, 196, Anm. 25. Eine ablehnende Haltung vertritt auch Erwin STEIN (zit. bei BINGLER, 16 f.).

IV. Zusammenfassung von § 5

Der Begriff "Elternrecht(e)" lässt sich kurz umschreiben als das Recht der Eltern zur Pflege und Erziehung ihrer Kinder. Dabei richtet sich die Rechtsstellung der Eltern in Form des öffentlich-rechtlichen *Elternrechts* gegen den Staat und als privat- und naturrechtlich ausgerichtete *elterliche Gewalt* gegen das Kind und Dritte. Doch können nur die Beziehungen der Eltern zum Kind als Naturrecht bezeichnet werden. Das Kind hat im Laufe der Zeit sowohl gegenüber dem Staat als auch gegenüber den Eltern immer mehr an Rechten gewonnen.

Das gegenseitige Abhängigkeitsverhältnis lässt sich zusammenfassend wie folgt darstellen:

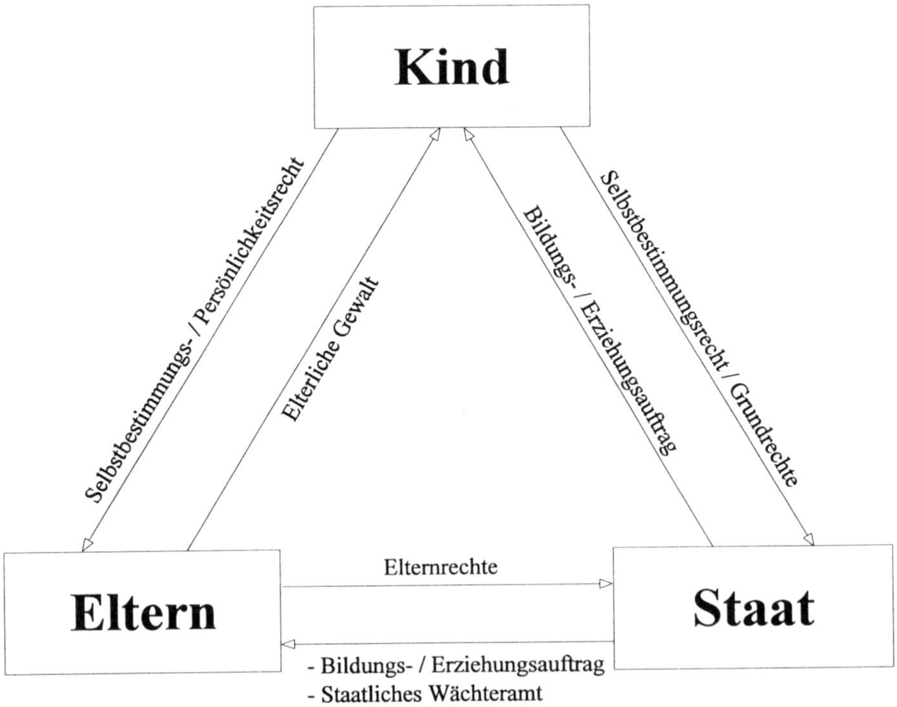

§ 6 Familie als Ursprung des Elternrechts

I. Einleitung

Bevor auf das Elternrecht eingegangen werden kann, ist vorweg der Rechtsstatus der Familie zu untersuchen.[1] Denn zum "Familienleben gehört unter anderem die Ausübung elterlicher Rechte".[2] Ehe und Familie bilden die Grundlagen ("Zellen") der staatlichen Gemeinschaft.[3] Die Familie steht als Naturgemeinschaft sowie auch als geistig-sittliche Wert- und Kulturgemeinschaft, logisch und genetisch vor jeder anderen Gemeinschaft.[4] Sie ist in erster Linie Werde-, Pflege- und erste naturgemässe Bildungsstätte des Menschen.[5] Die Erziehung ist naturordnungsgemäss eine ursprüngliche und spezifische Funktion der Familie,[6] und die Ausbildung stellt lediglich die Fortsetzung der leiblichen Erziehung dar.[7] Die Schule kann deshalb grundsätzlich nur an die Familie anknüpfen und sie ergänzen.[8] Von der Verfassung her sind die Eltern als Erzieher und Fürsorger gedacht.[9] Nur so lässt sich letztlich der Verfassungsauftrag zur Achtung und Unterstützung der Familie sinnvoll verstehen.[10]

---

[1] Zum *Recht auf Ehe* vgl. insbesondere den Kommentar von DICKE zu Art. 54 BV; GUILLOD Olivier, La liberté de se marier, in: Présence et actualité de la constitution dans l'ordre juridique, Mélanges offerts à la Société suisse des juristes pour son Congrès 1991 à Genève, Basel/ Frankfurt a.M. 1991, S. 97-117.

[2] BGE 118 Ia 435.

[3] DICKE, Art. 54 BV, Rz. 1. Vgl. auch Art. 17 al. 1 KV Jura: "L'Etat protège et soutient la famille, cellule naturelle et fondamentale de la société."

[4] WEISSENRIEDER, 137, 143; KLEY, 284; vgl. dazu auch das Volksbegehren "Für die Familie" (BBl *1944* 865 ff.).

[5] WEISSENRIEDER, 138 f. Vgl. auch BBl 1974 II 5 f., 7.

[6] WEISSENRIEDER, 202; SCHMID Josef, 29 ff.; KIM, 1; BOSSHARD, 24, 50; SPIELER, 38. Vgl. dazu auch DÜRR Anita M., Die Stellung der Familie innerhalb der Erziehungsdiskussion, Diss. Zürich 1986; RICHIARDI Jean-Jacques, Négocier l'orientation en famille, parents et adolescents au seuil de la formation postobligatoire, Genf 1988.

[7] MÜLLER Max, 16. Dass die Eltern den Schulfragen vielfach eher passiv und gleichgültig zur Seite stehen, ist kein Beweis für eine fehlende Sachberechtigung (WEISSENRIEDER, 204).

[8] WEISSENRIEDER, 142; SCHMID Josef, 29; MARSCHALL, 72 ff.; KLEY, 284 spricht von "Aufgabenteilung und -ergänzung".

[9] Doch hat es das eidgenössische öffentliche Recht den Kantonen freigestellt, sich des Unterrichts anzunehmen und damit die Eltern zu entlasten (MAERKI, 73).

[10] SALADIN, Rechtsbeziehungen, 198; ders., Familie, 148. Vgl. hierzu auch die etwas ältere sozialrechtliche Studie von WICK Karl, Das Verhältnis von Familie und Staat, mit besonderer Berücksichtigung des Erziehungsrechts, Diss. Freiburg 1921, St. Gallen 1922.

II. Familie als verfassungsmässiges Recht

Die Rechtsbeziehung zwischen Eltern und Kinder wird von der Bundesverfassung nicht explizit behandelt, sieht man von der einzigen Ausnahme des Art. 49 Abs. 3 BV einmal ab.[11] Es scheint sich der Schluss aufzudrängen, in der Schweiz hätten Gesetzgeber und Richter die Probleme zu bewältigen vermocht, ohne dass Anlass für ein unmittelbares Eingreifen des Verfassungsrechts und des Verfassungsrichters bestanden hätte.[12] Doch wird in einer Zeit, die das Selbstverständnis der Familie in Frage stellt,[13] wieder vermehrt die Besinnung auf den verfassungsrechtlichen Status der Eltern und Kinder gefordert.[14]

Die *Bundesverfassung* kennt keine eigentliche "Familienverfassung".[15] Doch in verschiedenen Artikeln[16] empfiehlt sie dem Bundesgesetzgeber die *Familie* als Gemeinschaft.[17] Die beiden wichtigsten Bestimmungen sind dabei das Recht zur Ehe *(Art. 54 BV)* und der Familienschutzartikel *(Art. 34^{quinquies})*. Letzterer bildet dabei die

---

11 SALADIN, Rechtsbeziehungen, 175 f. Zu nennen wäre aber auch Art. 54 Abs. 5 BV, der die nichtehelichen Kinder erwähnt.

12 SALADIN, Rechtsbeziehungen, 182 f. Zur Regelung der Familienpolitik in den *Kantonsverfassungen* vgl. MÜLLER Georg, 242 ff.

13 In der Schweiz wurde "das Familienrecht von der 'zünftigen' Verfassungsrechtslehre bedenklich vernachlässigt" (SALADIN, Rechtsbeziehungen, 186). MÜLLER-FREIENFELS betont, dass die heutige Familie vielfach als in Auflösung begriffen bewertet werde. Es finde eine Desintegration statt, d.h. ein stufenweiser Verlust familiärer Aufgabenbereiche an die Gesellschaft und den Staat (S. 257). Die Familiengemeinschaft habe sich zu einer Arbeitsgesellschaft entwickelt. Seit die Familie als wirtschaftliche Produktionseinheit abgebaut worden sei, werde sie immer mehr durch das Arbeitsverhältnis ersetzt. Eine vermehrte Betonung des Individualismus gehe auf Kosten der Familie (S. 261 f.). Vor einer undifferenzierten Gleichsetzung von Familien- und Arbeitsverhältnis solle man sich aber hüten (S. 266). Interessant sei auch, dass gerade in *Japan* die Entwicklung im Familienrecht weg von den Grossfamilien "Kaiserreich" und "Firma" hin zur häuslichen Kernfamilie verlaufe (S. 286 ff.). Zum Funktionsverlust der Familie vgl. auch MAHON, Art. 34^{quinquies} BV, Rz. 6; HAUSHEER, 13 ff.; ECKSTEIN, 86 ff., 95 ff.; ROUSSEL Louis, Tendances de désintégration dans la famille, in: SCHNYDER Bernhard (Hrsg.), Familie - Herausforderung der Zukunft, Symposium an der Universität Freiburg Schweiz vom 26.-28.11.1981, Freiburg 1982, S. 29-45; MONTANDON/TROUTOT, 210.

14 SALADIN, Rechtsbeziehungen, 185. Vgl. dazu auch den Aufruf der Vereinten Nationen, das Jahr 1994 als "Internationales Jahr der Familie" zu begehen.

15 Vgl. umfassend dazu MÜLLER Georg, 232 ff.; SALADIN, Rechtsbeziehungen, 175 f.; ders., Familie, 143.

16 Vgl. dazu Art. 4 Abs. 2, 18 Abs. 2, 27, 27^{quater}, 27^{quinquies}, 34 Abs. 1, 34^{quinquies}, 34^{sexies} Abs. 2 lit. b, 24^{novies} (BBl 1991 II 1476), 54 und 64 BV.

17 TSCHÜMPERLIN, 73; vgl. auch BORGHI, Diritto, 80 ff.

Grundlage für die Familienpolitik des Bundes.[18] Doch werden seine Wirkung und Effizienz als beschränkt beurteilt.[19] Er überträgt dem Bund nur Kompetenzen in den Bereichen Familienzulagen, Wohnhilfe und Mutterschaftsversicherung, nicht aber eine generelle Kompetenz.[20]

Die *Europäische Menschenrechtskonvention* beinhaltet ebenfalls keine Bestimmung, die einen generellen Familienschutz gewähren würde. Doch garantiert sie in *Art. 8 Abs. 1* jedermann den Anspruch auf Achtung des Privat- und Familienlebens sowie in *Art. 12* das Recht, eine Ehe einzugehen und eine Familie zu gründen. Es bestehen kontroverse Aussagen zum Problem, welcher Artikel die Ehe und die Familie erfasst. Hier genügt es zu wissen, dass beide sicher geschützt werden.[21]

Die *Kantonsverfassungen* regeln das Recht zur Ehe und Familie ebenfalls. In diversen Kantonsverfassungen[22] wird die Familie als Keimzelle der Gesellschaft betrachtet und als Institution geschützt. So sieht beispielsweise *Uri* vor: "Der Kanton und die Gemeinden streben insbesondere an, (...) Rechte und Freiheiten des Einzelnen und der Familie zu schützen und Grundlagen für deren Verwirklichung bereitzustellen."[23] Und der Kanton *Jura* hält fest: "L'Etat protège et soutient la famille, cellule naturelle et fondamentale de la société."[24]

---

18 Vgl. dazu auch VASELLA Giovanni, Der Familienschutzartikel der Bundesverfassung, in: WuR 12/1960, S. 157-171.

19 MAHON, Art. 34^{quinquies} BV, Rz. 1.

20 Der Bundesrat wollte durch die vorsichtige Formulierung das Institut der Familie nicht explizit verankern, um nicht Kompetenzen zu schaffen, die es dem Bund erlaubt hätten, in die Sphäre der Familie einzudringen (vgl. dazu BBl *1944* 1045 f.).

21 Zur Abgrenzung zwischen Art. 34^{quinquies} Abs. 1 und 54 BV einerseits und den Artikeln 8 und 12 EMRK andererseits vgl. die Darstellung bei MAHON, Art. 34^{quinquies} BV, Rz. 33 m.w.H.; DICKE, Art. 54 BV, Rz. 2 ff., 16, 70 f. Zu weiteren völkerrechtlichen Verträgen vgl. MAHON, Art. 34^{quinquies} BV, Rz. 13 ff.

22 Vgl. dazu insbesondere PLOTKE, Bildung, 26 ff. m.w.H. und die im Anhang 1 gemachten Ausführungen.

23 Art. 2 lit. b KV.

24 Art. 17 al. 1 KV.

III. Inhalt von Art. $34^{quinquies}$ Abs. 1 BV

Art. $34^{quinquies}$ Abs. 1 BV lautet: "Der Bund berücksichtigt in der Ausübung der ihm zustehenden Befugnisse und im Rahmen der Verfassung die Bedürfnisse der Familie." Dabei besteht für den Begriff *"Familie"* keine Definition.[25] Üblicherweise wird darunter die traditionelle Klein- bzw. Kernfamilie verstanden, die durch die Gemeinschaft der verheirateten Eltern mit ihren unmündigen Kindern besteht. Der Familienschutz geht aber weiter, indem eine extensive und dynamische Auffassung des Familienbegriffs angenommen wird (z.B. nichteheliche Lebensgemeinschaft, künstliche Fortpflanzung).[26]

Anders als das Recht auf Ehe[27] (Art. 54 BV) begründet die Familienschutzbestimmung (Art. $34^{quinquies}$ BV) kein individuelles, *verfassungsmässiges Recht*.[28] Dagegen beinhalten Art. 8 und 12 EMRK eine justitiable Individualgarantie.[29] Ebenso wie das Recht auf Ehe[30] enthält auch Art. $34^{quinquies}$ Abs. 1 BV eine *Institutsgarantie*: d.h. er enthält eine verfassungsmässige Garantie des Rechtsinstituts Familie.[31] Auch der VE 1977 sieht in Art. 26 Abs. 2[32] eine Institutsgarantie für die Familie vor.

---

25 Vgl. zum Begriff Familie beispielsweise ECKSTEIN, 198 f.; LÜCHINGER Willi, Begriff und Bedeutung der Familie im schweizerischen Recht unter Berücksichtigung des Rechts des Bundes und des Kantons Zürich, Zürich 1987 (zugl. Diss. Zürich); KAUFMANN Claudia, Die Gleichstellung von Frau und Mann in der Familie gemäss Art. 4 Abs. 2 Bundesverfassung, Diss. Basel 1984, Grüsch 1985, S. 68 ff.

26 Vgl. dazu MAHON, Art. $34^{quinquies}$ BV, Rz. 6 ff., 35 ff. Die demographischen Entwicklungen (Verminderung der Fruchtbarkeit, der Geburtenrate und der Zahl der Eheschliessungen) der letzten Jahrzehnte zeigen deutliche Schranken des klassischen Familienmodells. Deshalb wird eine Neuorientierung verlangt, welche demographische, moralische und pädagogische Komponenten beiseite legt, um vielmehr in Richtung soziale Gerechtigkeit, finanzielle Garantie und Unterstützung der Erwerbstätigkeit der Frauen hinzuwirken (a.a.O., Rz. 12 m.w.H.).

27 Vgl. DICKE, Art. 54 BV, Rz. 13 ff.

28 MÜLLER Georg, 239. Dieser Artikel ist ohne grundrechtliche Bedeutung (MÜLLER Arthur, 150). HUBER, 197 spricht von einer "Zuständigkeits- und Förderungsbestimmung".

29 MAHON, Art. $34^{quinquies}$ BV, Rz. 24 f.

30 Vgl. dazu DICKE, Art. 54 BV, Rz. 10 ff.; MAHON, Art. $34^{quinquies}$ BV, Rz. 26 jeweils m.w.H.

31 MAHON, Art. $34^{quinquies}$ BV, Rz. 26; MÜLLER Georg, 235; ECKSTEIN, 197; SALADIN, Familie, 143, 145 f.; HANGARTNER, Band II, 101; HUBER, 197; RIEMER-KAFKA Gabriela, Rechtsprobleme der Mutterschaft (im Sozialversicherungs- und Arbeitsrecht), Diss. Zürich, Winterthur 1987, S. 46 f.

32 "Der Staat schützt die Familie und die Mutterschaft."

Schliesslich enthält Abs. 1 eine *Programmbestimmung*, die den Bundesbehörden[33] einen Auftrag erteilt und sie verpflichtet, in allen Tätigkeitsbereichen die Familie zu berücksichtigen. Doch schafft er keine neue Gesetzgebungsbefugnis, sondern ist nur in denjenigen Bereichen anwendbar, in denen der Bund bereits eine verfassungsmässige Kompetenzzuweisung besitzt.[34] Hier ist insbesondere an Art. 64 BV zu denken, der die Gesetzgebung im Bereich des Zivilrechts und damit auch des Familienrechts regelt. Das gesamte private Familienrecht (ZGB) konkretisiert gewissermassen die verfassungsrechtlichen Grundsätze des Schutzes der Familie.[35] Die Familie muss im ZGB also verfassungskonform ausgelegt werden.[36,37]

IV. Zusammenfassung von § 6

Die Familie bildet die Grundlage für jegliche Erziehung und Ausbildung des Kindes und damit auch des Elternrechts. Die Schule kann grundsätzlich nur daran anknüpfen und sie im Interesse des Kindes und der Gemeinschaft ergänzen. Die Bundesverfassung regelt die Familie nicht explizit. Abgesehen vom Recht auf Ehe (Art. 54 BV) ist der Familienschutzartikel Art. 34^{quinquies} von Bedeutung, da er die Familie als Institut garantiert. Eine Konkretisierung davon findet sich im Familienrecht des Zivilgesetzbuches. Schliesslich enthält Art. 8 und 12 EMRK für die Ehe und Familie eine Individualgarantie.

---

33 Das Mandat richtet sich ausschliesslich an den Bund und bindet infolgedessen die Kantone und Kommunen nicht (MÜLLER Georg, 239). Doch sind diese aufgrund anderer Bestimmungen von Verfassungsrang verpflichtet, die Familie zu schützen: Kantonsverfassung, Art. 54 BV, Art. 8 und 12 EMRK (MAHON, Art. 34^{quinquies} BV, Rz. 30).

34 MÜLLER Georg, 235; MAHON, Art. 34^{quinquies} BV, Rz. 28 ff.

35 Anwendungsbereiche des Familienschutzes auf *Gesetzesstufe* finden sich auch bei den Sozialversicherungen, im Steuerrecht, im Strafgesetzbuch, im Organisations- und Verfahrensrecht, abgeschwächt im Ausländer- und Arbeitsrecht (vgl. dazu MAHON, Art. 34^{quinquies} BV, Rz. 46 ff. mit Hinweisen auf die einschlägigen Bestimmungen).

36 DICKE, Art. 54 BV, Rz. 41.

37 Vgl. hiezu auch DUTOIT Bernard, Le droit suisse de la famille entre liberté et solidarité, in: ZSR NF 110/1991 I, S. 27-42.

§ 7 Elternrecht und öffentliches Recht

I. Familiäres Elternrecht

1. Verfassungsmässigkeit des Elternrechts

Die *Bundesverfassung* kennt - im Gegensatz zu Art. 6 GG - *keine ausdrückliche Elternrechtsgarantie.*[1] Es gibt Autoren, die das prinzipielle Elternrecht zum *ungeschriebenen Verfassungsrecht* zählen.[2] Andere leiten es aus anderen Bestimmungen ab.[3] Unbestritten bleibt, dass ein prinzipielles Elternrecht grundrechtlich garantiert ist.[4] Interessant sind dabei die Ausführungen von SALADIN. Er geht davon aus, dass das Verhältnis zwischen Eltern und Kindern wie dasjenige der Eltern zum Staat nicht nur vom (zivilrechtlichen) Familienrecht geregelt, sondern punktuell auch von besonderen Grundrechten und -pflichten erfasst wird. Als *Grundrechte und Grundpflichten des Kindes* nennt er die Religionsmündigkeit mit 16 Jahren (Art. 49 Abs. 3 BV), die Freiheit der Ausbildungs- und Berufswahl (Art. 31 BV), das Recht auf freie Wahl der Bildung (ungeschrieben), den Anspruch auf Obhut, Fürsorge und Betreuung (ungeschrieben) und eventuell den Gehorsam gegenüber den Eltern (ungeschrieben).[5]

---

1 JORIO, 78. Seiner Meinung nach ist "auch ohne verfassungsrechtliche Grundlage der Schutz der elterlichen Gewalt und die Entziehung als ultima ratio so tief im schweizerischen Rechtsbewusstsein verankert" (a.a.O.). Laut PLOTKE fehlen die Eltern in der Verfassung, weil sie aus einer Zeit stammt (1874), "in der sich die sozialen Bezüge und Gegebenheiten kaum in Gesetzen niederschlugen" (PLOTKE, Probleme, 20; vgl. auch ders., Bildung, 26, 35). Zum elterlichen Erziehungsrecht in anderen Ländern vgl. KAUFMANN, 65 ff. m.w.H.

2 RECHSTEINER, 628; MÜLLER Arthur, 149 ff., 152, 164, Anm. 48; TSCHÜMPERLIN, 74; ECKSTEIN, 200, 208; HEGNAUER, Berner Kommentar, Art. 275 ZGB, Rz. 25; STETTLER, 381; MÜLLER Georg, 240; SALADIN, Rechtsbeziehungen, 198 f.; ders., Familie, 143, 146; KLEY, 288; DINKELMANN, 55 ff. m.w.H. Von einem Grund- oder Menschenrecht sprechen WEISSENRIEDER, 203; BRÄM, 384. Ablehnend ist KÄMPFER, 693; unklar PLOTKE (eher befürwortend in ders., Schulrecht, 26 eher ablehnend in ders., Bildung, 35).

3 DINKELMANN, 58 f. leitet das Elterngrundrecht aus Art. 6 ZGB und Art. 64 BV in Verbindung mit Art. 301 ZGB ab. KLEY wertet das Elternrecht als unselbständigen Aspekt der persönlichen Freiheit (KLEY, 285 f. m.w.H.).

4 Das Elternrecht wird also dem Verfassungsrecht zugezählt, obwohl es erst auf Gesetzesstufe (Elterliche Gewalt, Art. 296 ff. ZGB) ausdrücklich erwähnt wird (so ECKSTEIN, 185).

5 SALADIN, Rechtsbeziehungen, 191 ff.; ders., Familie, 150 f. Georg MÜLLER möchte solche Grundrechte und -pflichten nicht eigenständig aus der Verfassung ableiten, da die meisten Schutzbedürfnisse im Verhältnis Kinder-Eltern-Staat bereits durch andere Grundrechte abgedeckt sein dürften. Er nennt die Achtung des Familienlebens (Art. 8 EMRK), die persönliche Freiheit, die Glaubens- und Gewissensfreiheit, die Meinungsäusserungsfreiheit, die Handels- und

Weil nach dem Gesagten der Verfassungsstatus der Kinder überwiegend von Grundrechten bestimmt ist, kann derjenige der *Eltern* vorwiegend nur als ein *Status von Verpflichtung und Verantwortung* angesehen werden. Als Ausgleich wird ihnen dafür vom Staat die *Freiheit der Erziehung* zuerkannt. Es handelt sich dabei nicht um ein "gewillkürtes" oder "freies", sondern um ein *pflichtgemässes Ermessen*. Das Elternrecht präsentiert sich als *fremdnütziges* Recht um des Kindes willen bis hin zu dessen eigener Urteilsfähigkeit. Nur in diesem Umfang sind die Eltern Träger eines ungeschriebenen verfassungsmässigen Rechtes und damit vor übermarchenden Eingriffen des Staates geschützt. Das Elternrecht empfängt seine Legitimität aus dieser Pflicht. Man kann sagen, dass die elterliche Erziehungsfreiheit nicht originär ist, sondern lediglich eine *abgeleitete, treuhänderische Freiheit*.[6] Man spricht in diesem Zusammenhang auch von einem *Pflichtrecht*.[7]

Man könnte sich fragen, ob de constitutione ferenda die Elternrechtsgarantie ausdrücklich in den Verfassungstext aufgenommen werden soll. ECKSTEIN findet das kaum sinnvoll, da die Gewährleistung der "Familie" als Institut das Elternrecht bereits miteinschliesse und dieses ansonsten sicher dem ungeschriebenen Verfassungsrecht zuzuzählen wäre.[8,9] Aus juristischer Sicht ist dem sicher beizupflichten. Geht man

Gewerbefreiheit und die Eigentumsgarantie (vgl. MÜLLER Georg, 240 f., insb. Anm. 38 und 242, Anm. 41).

6 SALADIN, Rechtsbeziehungen, 197 ff.; ders., Familie, 148 (kritisch zu SALADIN äussert sich Eugen BUCHER in SJZ 83/1987, 43); MÜLLER Arthur, 57 f.; MÜLLER Max, 57. Zur dogmatischen Einordnung der Elternrechtsgrundrechte vgl. auch MÜLLER Arthur, 200 f. Vgl. dazu auch MÜLLER Georg, 239 f.; STETTLER, 228. In diesem Zusammenhang vgl. auch Fritz OSSENBÜHL, der lieber von *Elternverantwortung* sprechen will (OSSENBÜHL, Schule, 806).

7 Vgl. QUAMBUSCH, 44 ff. In diesem Zusammenhang sind die Ausführungen von Max MÜLLER, 204 f. interessant: Er sagt, dass die absolute Lernfreiheit grundsätzlich auch die "Freiheit des Nichtlernens" beinhalte. Die elterliche Pflicht, den Kindern neben der leiblichen auch eine geistige Fürsorge zuteil werden zu lassen, erscheine deshalb lediglich als rein "sittliche" Pflicht. Um aber Gleichgültigkeit, Unverstand und Selbstsucht der Eltern einzubinden, habe der Staat dies in eine "rechtliche" Norm übergeführt, indem er das *Individualrecht des Kindes* auf geistige Ausstattung geltend machte. Damit sei auch der Unterrichtszwang eingeführt worden.

8 ECKSTEIN, 208. Um aber nicht falsche Vorstellung zu provozieren, müsste eine Elternrechtsgarantie laut ECKSTEIN folgenden *Anforderungen* genügen: 1. klare Begrenzung des Elternrechts durch ein ausdrücklich statuiertes, selbständiges staatliches Schulerziehungsrecht; 2. ausdrückliche Erwähnung eines staatlichen Aufsichtsrechts über das prinzipielle Elternrecht; 3. Garantie eines konfessionellen, jedoch nicht eines weltanschaulichen Elternrechts im Bereich des staatlichen Schulerziehungsrechts (vgl. ECKSTEIN, 211 und 205 f., Anm. 45.).

9 Das Recht zur Ehe in Art. 54 BV schliesst gemäss Arthur MÜLLER, 150 sinngemäss auch das Recht auf Kinder und das Elternrecht mit ein. Und auch auf europäischer Ebene ist man sich da einig: "Die Erziehung der Kinder ist in den Augen der Konventionsorgane [der EMRK] ein

aber davon aus, dass als Adressaten der Bundesverfassung nicht nur Juristen zu gelten haben, sollte im Interesse der Vollständigkeit und Klarheit dieses Recht explizit in der Verfassung verankert werden.

2. Kantonale Regelung

Was das *Elternrecht* betrifft, äussern sich nur wenige Kantonsverfassungen dazu. So sieht beispielsweise der Kanton *Aargau*[10] vor: "Der Unterricht an öffentlichen Schulen hat das Recht der Eltern auf Erziehung und Bildung ihrer Kinder und die Persönlichkeit der Schüler zu achten." Ebenso garantiert der Kanton *Jura*[11] direkt nach dem Recht auf Ehe und Familie "le droit d'élever et d'éduquer ses enfants". In zwei weiteren Kantonen wird die *partnerschaftliche* Beziehung zwischen Eltern und Staat betont. So bestimmt *Solothurn*[12] u.a.: "Erziehung und Ausbildung sind partnerschaftliche Aufgaben von Eltern und Schule." Und der Kanton *Basel-Landschaft*[13] regelt die Grundsätze des Schulwesens folgendermassen: "Die Schule sorgt in Verbindung mit den Eltern für eine den Anlagen und den Fähigkeiten der Schüler entsprechende Erziehung und Bildung. (...) Die Beziehungen zwischen den Schulbehörden, Lehrern, Schülern und Eltern sind von gegenseitiger Achtung der Rechte und der Persönlichkeit getragen." Es finden sich auf Stufe der Kantonsverfassung aber auch Kantone, die den *Vorrang der elterlichen Rechte* betonen, indem der Staat lediglich zur *Unterstützung* der Eltern zugelassen wird.[14,15]

---

wesentlicher Aspekt des Familienlebens, und daher haben die Rechte und die Entscheidungen der Eltern diesbezüglich grundsätzlich Vorrang vor denjenigen des Staates" (MAHON, Art. 34^quinquies BV, Rz. 45 m.w.H.).

10 *AG:* § 35 KV.

11 *JU:* Art. 8 lit. d KV. Vgl. hierzu auch Art. 32 Abs. 2 KV: " Elle [l'école] assume, solidairement avec la famille, leur éducation et leur instruction [des enfants]."

12 *SO:* Art. 104 Abs. 1 KV.

13 *BL:* § 94 Abs. 1 und 2 KV. Abs. 3 lautet: "Das Gesetz regelt die Mitwirkungsrechte von Eltern, Lehrern und Schülern."

14 Es handelt sich dabei um die drei Kantone *Aargau* (§ 28 Abs. 2 KV: "Der Kanton unterstützt die Eltern bei der Erziehung und Bildung der Kinder."), *Bern* (Art. 42 Abs. 2 der neuen KV: "Kanton und Gemeinden unterstützen die Eltern in der Erziehung und Ausbildung der Kinder.") und *Thurgau* (§ 70 Abs. 1 KV: "Kanton und Schulgemeinden unterstützen die Eltern bei der Bildung und Erziehung der Kinder.").

15 Genauere Angaben über die Kantonsverfassungen finden sich im Anhang 1. Vgl. hierzu auch PLOTKE, Bildung, 26 ff.

II. Religiöses Elternrecht

Das religiöse bzw. konfessionelle Elternrecht wird durch *Art. 27 Abs. 3* und *49 Abs. 3 BV* ausdrücklich statuiert. Schliesslich ist auf *Art. 9 EMRK* zu verweisen, der die Gedankens-, Gewissens- und Religionsfreiheit regelt.

1. Glaubens- und Gewissensfreiheit (Art. 49 BV)

a) Allgemeines

Die Verfassung von 1848 regelte einzig die Kultusfreiheit, und auch diese nur für die "anerkannten christlichen Konfessionen". Dabei stand nicht die Garantie eines Individualrechts, sondern die Sicherung des Religionsfriedens im Vordergrund. Die Verfassungsrevision von 1874 brachte die Anerkennung der Glaubens- und Gewissensfreiheit sowie die Erweiterung der Religionsfreiheit auf alle Bekenntnisse. Heute steht die individual-rechtliche Garantie der Religionsfreiheit im Vordergrund. Die Glaubens- und Gewissensfreiheit stellt dabei das umfassende Grundrecht der Religionsfreiheit dar; die Kultusfreiheit wird als dessen Bestandteil bzw. "Ausfluss" aufgefasst.[16]

Die Religionsfreiheit ist vor allem ein Recht auf Abwehr staatlicher Eingriffe.[17] In bestimmten Fällen gibt sie auch einen Anspruch auf staatliche Leistung.[18] Durch die Religionsfreiheit wird die *religiöse* Überzeugung als selbstverantwortlicher Bereich des einzelnen Menschen garantiert. In Glaubensfragen soll jeglicher staatliche Zwang ausgeschlossen sein. Dabei ist der "Bereich des Religiösen" - als Konsequenz religiöser Neutralität - möglichst weit zu fassen: Es werden alle Arten von Vorstellungen über die Beziehung des Menschen zum Göttlichen, zum Transzendenten erfasst. Eine Einschränkung ergibt sich lediglich daraus, dass das religiöse Bekenntnis eine grundsätzliche Bedeutung haben bzw. einer Gesamtsicht der Welt entsprechen muss. Das bedeutet, dass mit dem Glaubensbekenntnis eine religionsfundierte zusammenhängende Sicht grundlegender Probleme zum Ausdruck zu gelangen hat.[19]

---

16 HÄFELIN, Art. 49 BV, Rz. 1 ff., 106 f.; vgl. auch BGE 113 Ia 305.

17 Es wird auch eine Horizontal- und Drittwirkung anerkannt (HÄFELIN, Art. 49 BV, Rz. 6 m.w.H). An anderer Stelle präzisiert er aber, dass er nicht die *direkte* sondern nur die *indirekte* Drittwirkung bejahe (a.a.O., Rz. 121).

18 So beispielsweise bei Personen im Sonderstatusverhältnis (BGE 113 Ia 307 f.).

19 BGE 119 Ia 183; HÄFELIN, Art. 49 BV, Rz. 5, 42 f.

b) Religiöse Kindererziehung (Art. 49 Abs. 3 BV)

Art. 49 Abs. 3 BV lautet: "Über die religiöse Erziehung der Kinder bis zum erfüllten 16. Altersjahr verfügt (...) der Inhaber der väterlichen oder vormundschaftlichen Gewalt." Dabei ist zu beachten, dass Art. 49 Abs. 1 BV den *Grundsatz* festhält: die Unverletzlichkeit der Glaubens- und Gewissensfreiheit als Individualrecht. Die Absätze 2-6 enthalten *Konsequenzen* davon, die der Verfassungsgeber von 1874 ausdrücklich in der Verfassung festhalten wollte, weil sie praktisch wichtige, aber damals umstrittene Belange betrafen. Da sie sich stillschweigend auch aus dem Grundsatz von Abs. 1 ergeben,[20] verzichten die Verfassungsentwürfe von 1977 und 1985 weitgehend bzw. ganz auf deren ausdrücklichen Erwähnung.[21]

Das konfessionelle Erziehungsrecht des Art. 49 Abs. 3 BV garantiert den Eltern bis zum 16. Altersjahr des Kindes das *alleinige Entscheidungsrecht in religiös-konfessionellen Belangen.*[22] Die Eltern entscheiden damit z.B. auch über den Besuch einer (privaten) Bekenntnisschule.[23] Doch bleibt zu beachten, dass es sich bei der Glaubens- und Gewissensfreiheit um ein höchstpersönliches Recht des Kindes handelt.[24] Durch die willkürliche Festlegung einer Altersgrenze wird dieses Recht nicht beschnitten. Gewiss bedarf das Kind der Anleitung zu religiöser Erziehung. Das rechtfertigt aber nicht, die religiösen Vorstellungen der Eltern unbedingt jenen des Kindes voranzustellen. Insbesondere "wenn das Kindeswohl unter der Befolgung von Glaubensvorschriften konkret und in massgeblicher Weise belastet würde, rechtfertigt es sich, das Kindeswohl über das Elternrecht zu stellen".[25] Dies ist etwa der Fall, wenn die Gesundheit gefährdet oder die Ausbildung zu stark eingeschränkt wird, nicht aber bei einem Dispens vom Schwimmunterricht.[26] Die Eltern haben also bei der

---

[20] HÄFELIN, Art. 49 BV, Rz. 11. Vgl. dazu auch STEINER Paul, Die religiöse Freiheit und die Gründung des Schweizerischen Bundesstaates, Bern und Stuttgart 1976; ROTH Hans, Die religiöse Kinder-Erziehung nach schweizerischem Recht, Diss. Zürich 1919; SPIELER, 9 ff.

[21] Vgl. jeweils den Art. 11 BV der Entwürfe.

[22] Zur Grundrechtsmündigkeit vgl. auch HÄFELIN, Art. 49 BV, Rz. 116.

[23] ECKSTEIN, 247; SALADIN, Rechtsbeziehungen, 199, 208. Zur Trägerschaft vgl. auch KARLEN, 430 ff. Nach KAUFMANN umfasst das elterliche Erziehungsrecht in religiösen Belangen aber nicht unbedingt ein Recht auf Zulassung religiöser Privatschulen (KAUFMANN, 68 m.w.H.).

[24] Das Bundesgericht spricht deshalb von einer "doppelten Trägerschaft", da Art. 49 in eigenem Namen oder im Namen des Kindes angerufen werden kann (vgl. BGE 119 Ia 181 f.).

[25] BGE 119 Ia 194.

[26] A.a.O., 194 f. Vgl. auch die Kommentierung dazu von HANGARTER Yvo in AJP 6/94, S. 790 f.

religiösen Erziehung nur *treuhänderische Funktion* bis zur Urteilsfähigkeit des Kindes.[27] D.h. sie haben schon vor Erreichen des 16. Altersjahres auf die Persönlichkeit und den Willen des Kindes Rücksicht zu nehmen. Art. 49 Abs. 3 BV schliesst *nicht die Freiheit des Kindes*, sondern lediglich den *Einfluss des Staates* und religiöser Gemeinschaften aus.[28]

c) *Weltanschauliche Kindererziehung*

Durch das konfessionelle Elternrecht werden sich vor allem kirchlich geführte Privatschulen angesprochen fühlen. Deshalb fragt es sich, ob die Religionsfreiheit nicht auch in umfassender Weise als *Freiheit der Weltanschauung* oder *Gewissensfreiheit* - die in gleicher Weise das konfessionelle wie das säkulare Gewissen betrifft - verstanden werden kann.[29] Diese Garantie betrifft im Schulwesen v.a. die beiden Problemkreise *Sexualkundeunterricht* und *staatsbürgerlicher Unterricht*.[30]

Der Wortlaut von Art. 49 Abs. 1 BV erfasst die Gewissensfreiheit und Art. 9 Abs. 1 EMRK auch noch die Gedankensfreiheit. Die vorherrschende Auffassung ist der Ansicht, dass Art. 49 BV trotz seines Wortlautes nur den Schutz des religiösen, konfessionellen oder transzendenten Bereichs erfasst.[31] Das Bundesgericht geht davon aus, dass die Bundesverfassung (Art. 49) und die EMRK (Art. 9) für die Religionsfreiheit "die gleichen Garantien" enthalten.[32,33] Für das "säkulare Gewissen" muss

---

[27] Auch das *weltanschauliche* Elternrecht ist *treuhänderisch* dem Wohle des Kindes verpflichtet. Es stösst an die Informations- und Meinungsäusserungsfreiheit des Kindes (ECKSTEIN, 249).

[28] Vgl. SALADIN, Rechtsbeziehungen, 207 ff.

[29] Im Erziehungsbereich lassen sich konfessionelle und weltanschauliche Elemente unterscheiden. Nach ECKSTEIN, 248 beschränken sich die *religiösen* auf apriori *unbeweisbare* Glaubenssätze, während die *weltanschaulichen* Wertungen auf *nachprüfbaren* Daten und Erkenntnissen beruhen. Zum Unterschied zwischen Gedanken-, Bekenntnis- und Gewissensfreiheit vgl. KAUFMANN, 10 ff. m.w.H. Zum Zwecke der Analogie vgl. auch DE LEONARDIS Marie-Thérèse, L'objection de conscience en droit public suisse (Contribution à l'étude du droit constitutionnel et du droit pénal militaire), Diss. Lausanne 1990; PILGRIM Jürg, Allgemeine Wehrpflicht und Glaubens- und Gewissensfreiheit, Diss. Zürich, Muri 1978.

[30] Vgl. dazu ECKSTEIN, 249 ff., 253 ff.

[31] Vgl. dazu die Ausführungen bei HÄFELIN, Art. 49 BV, Rz. 46 m.w.H. zur Literatur; ECKSTEIN, 205, Anm. 45 und 248. Anderer Ansicht ist KARLEN, 44, 206 ff. Zum Religionsbegriff vgl. auch KARLEN, 7 ff., 41 ff.

[32] BGE 114 Ia 132; EuGRZ 1988, 547 ff., insb. 548 (Urteil des Bundesgerichts vom 19. Februar 1988); vgl. auch BGE 106 Ia 140; 103 Ia 491; 102 Ia 199.

[33] Spätestens mit der bis heute noch nicht erfolgten Ratifizierung von Art. 2 des Ersten Zusatzprotokolles zur EMRK werden auch weltanschauliche Überzeugungen verfassungsmässig garantiert sein (vgl. dazu BANNWART-MAURER, 110 ff.; später § 14).

die persönliche Freiheit herangezogen werden.[34] Doch darf ein weltanschaulicher Unterricht nicht indoktrinär und propagandistisch sein. Der *Staat* hat sein Unterrichts- und Erziehungswesen möglichst sachlich und objektiv, von religiösen, sittlichen und weltanschaulichen Gesichtspunkten wertungsfrei zu gestalten. Weil dies aus faktischen Gründen aber kaum immer möglich sein wird, kann dem Elternhaus ein Mindestmass an *Toleranz* gegenüber der Schule durchaus zugemutet werden.[35]

2. Konfessionelle Neutralität der öffentlichen Schulen

a) Art. 27 Abs. 3 BV als Grundsatz

Art. 27 Abs. 3 BV verlangt, dass die öffentlichen Schulen von den Angehörigen aller Bekenntnisse ohne Beeinträchtigung ihrer Glaubens- und Gewissensfreiheit besucht werden können. Im Gegensatz zu den Privatschulen sind Unterricht und Lehrmittel an sämtlichen *öffentlichen Schulen konfessionell neutral* zu gestalten.[36] Damit wird aber nur eine grundsätzliche Offenheit gegenüber den verschiedenen religiösen Anschauungen und nicht etwa eine religionslose Haltung gefordert.[37] Es ist zulässig, die öffentliche Schule auf eine *christliche Grundlage* zu stellen, soweit damit auf die sittlichen Normen verwiesen sein soll, die sich aus der abendländischen christlichen Tradition ergeben und als Grundlage der Gemeinschaft allgemein anerkannt werden.[38,39] Zu weit ging es dem Bundesgericht, dies im Klassenzimmer durch

---

[34] HÄFELIN, Art. 49 BV, Rz. 46; HALLER, Persönliche Freiheit, Rz. 95; vgl. auch KARLEN, 247 f. Zur Subsidiarität vgl. BGE 111 Ia 231, 233 m.w.H.

[35] BANNWART-MAURER, 130, 132; ECKSTEIN, 254.

[36] BORGHI, Art. 27 BV, Rz. 65 ff., 68 ff. m.w.H.; HÄFELIN, Art. 49 BV, Rz. 56 m.w.H.; vgl. auch WEDER, 111 ff.; PETITJEAN, 76 ff.; umfassend mit historischen Ausführungen BRÄM, 167 ff.; zur Universitätsstufe vgl. FLEINER-GERSTER, Universitäten, 85 ff.

[37] BRÄM, 43 f., vgl. auch 19 ff.; WEDER, 119; BGE 119 Ia 180. RECHSTEINER, 655 f. bevorzugt deshalb den Begriff "Diskriminierungsverbot". Auch MARSCHALL, 103 spricht von Unparteilichkeit gegenüber Unterschieden. Er weist darauf hin, dass "konfessionslose" Schulen Konfessionsschulen eigener Art darstellen, sobald man sie vom weiteren Gesichtspunkt der Weltanschauung aus betrachte (MARSCHALL, 96; ebenso MARTIN, 141). Nach PETITJEAN, 96 wird eine absolute Konfessionslosigkeit sogar geradezu verboten. Nach PLOTKE darf sich die Schule nicht "in Gleichgültigkeit und vornehme Zurückhaltung" zurückziehen (PLOTKE, Bildung, 55).

[38] HÄFELIN, Art. 49 BV, Rz. 56; BORGHI, Art. 27 BV, Rz. 73; PLOTKE, Schulrecht, 155 ff.; ECKSTEIN, 248; RECHSTEINER, 322; WEDER, 119 f.; KRAUS, 348 f.; BRÄM, 42 ff., 357; FLEINER/GIACOMETTI, 329, Anm. 75; KARLEN, 387 f.; VPB 51/1987, Nr. 7; kritisch dazu VEB 14/1940, Nr. 12, S. 25 f.; PETITJEAN, 66, 187 ff.

Anbringen eines Kruzifixes - als Symbol der christlich-abendländischen Zivilisation - zu bezeugen.[40] Der Unterricht hat in einer zurückhaltenden, sachlich-kommentierenden und nicht indoktrinierenden Art zu erfolgen.[41] Angesichts der schwierigen Durchführbarkeit kann der Schutz aber nur soweit gehen, dass man vor "greifbarem" religiösem Einfluss bewahrt wird.[42] Doch stellt die zunehmende Säkularisierung auch die christliche Grundlegung der Schule vermehrt in Frage.[43]

Das *Bundesgericht* möchte Art. 27 Abs. 3 BV nur als Grundsatz verstanden wissen. Es ist der Ansicht, dass sich die öffentliche Schule an "einen möglichst breiten gemeinsamen Nenner" zu halten hat. Wenn einzelne Glaubensüberzeugungen so sehr davon abweichen, dass bei deren Berücksichtigung "ein geordneter und effizienter Schulbetrieb" nicht mehr gewährleistet werden kann, soll deren Berücksichtigung nicht unter Berufung auf die Religionsfreiheit verlangt werden können. Die Vorschrift in Art. 27 Abs. 3 BV kann nur so verstanden werden, dass für die Gestaltung des Unterrichts "ein in der Schweiz relevanter, allgemeiner Konsens massgebend ist". Schliesslich ist die Rücksichtnahme auf jede davon abweichende Individualüberzeugung im Schulbetrieb schon aus praktischen Gründen nicht möglich. Die Glaubens- und Gewissensfreiheit muss in der Schule vor allem durch *Toleranz* gewährleistet werden, einem dieser Freiheit inhärenten Gebot.[44] Einem Andersdenkenden kann ein Andersverhalten zugemutet werden, sofern er damit nicht zum Aussenseiter oder Sonderling gestempelt wird.[45]

---

[39] Zur Zulässigkeit von konfessionell ausgerichteten *öffentlichen Bekenntnisschulen* vgl. u.a. HÄFELIN, Art. 49 BV, Rz. 57 m.w.H.; BORGHI, Art. 27 BV, Rz. 70 ff. m.w.H.; RECHSTEINER, 319 ff., 656; KLOSS, 117 ff.; PLOTKE, Schulrecht, 158 f.; BRÄM, 80 ff.; KIM, 74 ff.; KRAUS, 347 f.; PETITJEAN, 84 ff.; VEB 29/ 1959/60, Nr. 51; GEIGER Willi, Die Einschulung von Kindern verschiedenen Bekenntnisses in eine öffentliche Bekenntnisschule, Berlin 1980. Zur Subventionierung konfessioneller Privatschulen vgl. VEB 10/1936, Nr. 50; GVP 1973, Nr. 39; KARLEN, 390 f.

[40] BGE 116 Ia 262 f.

[41] WEDER, 119.

[42] BARTH, 51. KIM, 80 spricht von "grober" Verletzung des religiösen Gefühls.

[43] So KLEY, 306. Es ist darauf hinzuweisen, dass diese christliche Grundlegung bisher nur toleriert wurde, weil die Schweiz grundsätzlich den christlichen Glauben kennt. Die zunehmende kulturelle und religiöse Durchmischung könnte dies in Frage stellen.

[44] BGE 114 Ia 133 f. Vgl. auch BGE 119 Ia 192 f.; 117 Ia 317; 116 Ia 261. Vgl. dazu auch PÜTTNER Günter, Toleranz als Verfassungsprinzip, Prolegomena zu einer rechtlichen Theorie des pluralistischen Staates, Berlin 1977.

[45] BGE 116 Ia 260; RECHSTEINER, 322, 630. Zum Schuldispens aus religiösen Gründen vgl. auch ZBl 93/1992, S. 281 ff.

b) Art. 49 Abs. 2 BV als Konsequenz

Art. 49 Abs. 2 BV hält ausdrücklich fest, dass ein obligatorischer Religionsunterricht[46] an *öffentlichen* Schulen unzulässig ist. Dies ergibt sich als Konsequenz aus der Vorschrift der konfessionellen Neutralität der öffentlichen Schulen (Art. 27 Abs. 3 BV). Es ist aber durchaus zulässig, dass eine öffentliche Schule den Religionsunterricht als Fach im Lehrplan aufnimmt, solange kein Besuchsobligatorium besteht.[47]

c) Verfahren bei Verletzung von Art. 27 Abs. 3 BV

Art. 27 Abs. 3 BV ist im Verhältnis zu Art. 49 BV eine lex specialis[48] und an sich überflüssig. Er ist ein besonders wichtiger Anwendungsfall der Religionsfreiheit.[49] Doch hat die Bestimmung *verfahrensrechtlich* eine wichtige Auswirkung.[50] Denn bei Verletzung dieses Grundsatzes besteht die Möglichkeit der Beschwerde an den *Bundesrat* (Art. 73 Abs. 1 lit. a Ziff. 2 VwVG). Danach ist ein Weiterzug an die *Bundesversammlung* (Art. 79 VwVG) möglich. Das Bundesgericht kommt - abgesehen von den Fällen, wo die Religionsfreiheit im Vordergrund steht - allenfalls bei Kompetenzstreitigkeiten zwischen Bundesbehörden (Art. 85 Ziff. 13 BV) zum Entscheid.[51]

---

[46] Zum religiösen Unterricht gehört alles, was die Beziehung zum Göttlichen, zum Transzendenten betrifft. Dieser Begriff ist weit zu fassen (vgl. HÄFELIN, Art. 49 BV, Rz. 60 m.w.H.). Erfasst wird damit beispielsweise auch der Unterricht in Biblischer Geschichte (ZBl 94/1993, S. 219 ff., 223). Vgl. dazu auch BRÄM, 22 f.; RECHSTEINER, 721 f.; KIM, 80 ff.; KRAUS, 349 f.; PLOTKE, Bildung, 81 ff.

[47] BORGHI, Art. 27 BV, Rz. 74 f.; HÄFELIN, Art. 49 BV, Rz. 60 f.; HÄFELIN/HALLER, Rz. 1209; vgl. dazu auch PLOTKE, Schulrecht, 161 ff.

[48] Vgl. dazu RECHSTEINER, 655; MAERKI, 60.

[49] BRÄM, 41, vgl. auch 171.

[50] BORGHI, Art. 27 BV, Rz. 64, vgl. auch Rz. 87 ff.; HÄFELIN, Art. 49 BV, Rz. 57 f.

[51] In diesem Zusammenhang ist auf BGE 116 Ia 252 ff. (Commune di Cadro, Kruzifix-Entscheid; = Pra 81/1992, Nr. 72 = ZBl 92/1991, 70 ff.) hinzuweisen. Der *Bundesrat* entschied, dass die Aufstellung von Kruzifixen in öffentlichen Schulzimmern Art. 49 BV nicht verletze (ZBl 90/1989, 19, 22 f. [Entscheid des Bundesrates vom 29. Juni 1989]). Die *Bundesversammlung*, als zweite Beschwerdeinstanz, hob diesen Entscheid aber wegen fehlender Zuständigkeit auf und wies ihn an das Bundesgericht (ZBl 92/1991, 70, 70 f. [Urteil des Bundesgerichts vom 26. September 1990]). Vgl. dazu auch BGE 107 Ia 261 ff. (= Pra 71/1982, Nr. 30); 102 Ia 203; KARLEN Peter, Religiöse Symbole in öffentlichen Räumen, Zum Kruzifix-Entscheid des Bundesrates vom 29. Juni 1988, in: ZBl 90/1989, S. 12-18.

III. Pädagogisches Elternrecht

Weil die Eltern eine engere Beziehung zur Schule aufweisen als andere Bürger, drängt sich ein Mitwirkungsrecht auf. Das *pädagogische Elternrecht* beinhaltet ein *Mitwirkungsrecht* im Bereich der staatlichen Schulerziehung. Es handelt sich dabei um *individuelle* (Informationsanspruch,[52] Schulwahl[53] und Beschwerderecht) und *kollektive* Rechte (Information, Mitbestimmung,[54] Elternvereinigungen, Elternabende und Beteiligungsmodelle).[55] Ein direktes elterliches "Partizipationsgrundrecht" ist aus der BV kaum herzuleiten. Hingegen erscheint es richtig, aus dem Demokratieprinzip die kantonale Aufgabe herauszulesen, dem Schulwesen ein demokratisches Gepräge zu geben.[56] In der Schweiz ist ein solches administrativ-pädagogisches Elternrecht selten anzutreffen.[57] Es wird in breitem Umfang verwirklicht durch das Recht der "Schulbürger" auf Stufe der Schulgemeinden[58] und durch das Gestaltungsrecht der Eltern, private Schulen einrichten zu können.[59]

---

[52] Dies ergibt sich bereits aus der Zusammenarbeitspflicht (vgl. Art. 302 Abs. 3 ZGB).

[53] Die Zuteilung der Kinder zu den einzelnen öffentlichen Schulen, Schulhäusern und Klassen fällt aus organisatorischen Gründen grundsätzlich dem Gemeinwesen zu. Die Eltern haben nur ausnahmsweise ein Recht auf freie Wahl (PLOTKE, Schulrecht, 303, 333; vgl. auch MÜLLER Max, 232). Die Schulwahl beschränkt sich auf das *positive Schulwahlrecht*, d.h. das Recht, unter den verschiedenen vom örtlich zuständigen Schulträger angebotenen Schularten und -typen zu wählen. Dem Staat steht dem entsprechend das *negative Schulwahlrecht* zu, d.h. er kann eine leistungsbezogene Differenzierung vornehmen und die Zulassung zur Schule von bestimmten Qualifikationen abhängig machen (vgl. ECKSTEIN, 203, 257 ff.). Die einzige Möglichkeit zur Sicherung eines Wahlrechtes bezüglich öffentlicher Volksschulen besteht laut Max MÜLLER, 241 nur im Wechsel des Aufenthaltsortes. DINKELMANN anerkennt einen Zulassungsanspruch des Bildungswilligen, sofern er die allgemeinen Voraussetzungen erfüllt und die gewünschte Anstalt nicht vollständig besetzt ist (DINKELMANN, 140, 163).

[54] Vgl. dazu beispielsweise STALDER Klaus, Die Mitwirkung in der Mittelschule, Grundlegung, Kritik und Vorschläge zur Mitbestimmungsfrage, Diss. St. Gallen 1975.

[55] ECKSTEIN, 255 ff.; vgl. dazu auch PLOTKE, Schulrecht, 334 ff.; KLOSS, 126 m.w.H. Zur Institution der "Elternbeiräte" in Basel-Stadt vgl. SALADIN/PLOTKE, 636 f.

[56] ECKSTEIN, 202.

[57] KLOSS, 125. Gemäss ECKSTEIN, 203 ist es nur in den engen Schranken des positiven Schulwahlrechts gewährleistet. Die Mitwirkung der Eltern beschränkt sich in der Schweiz wohl durchwegs auf Begutachtung und Anregung (PLOTKE, Schulrecht, 337). Im Gegensatz zu Deutschland ist in der Schweiz die Schule nicht so perfekt in die Bildungsverwaltung eingegliedert worden. Die eher pragmatische Entwicklung des Schulrechts hat in den Kantonen nicht zu einer völligen Integrierung der Volksschule geführt (RECHSTEINER, 735).

[58] Im Gegensatz zu Deutschland werden die Schulbehörden in der Schweiz nicht vom Ministerium eingesetzt, sondern unterliegen der Volkswahl (vgl. ECKSTEIN, 266 ff.).

[59] KLOSS, 116 f.; vgl. auch RECHSTEINER, 736 f.

IV. Zusammenfassung von § 7

Das *öffentlich-rechtliche* Elternrecht besteht aus drei Teilen: familiäres, religiöses und pädagogisches Elternrecht. Das *familiäre* oder auch prinzipielle Elternrecht gilt als ungeschriebenes Verfassungsrecht. Da es im wesentlichen durch das Kindeswohl bestimmt wird, gilt es als abgeleitete und treuhänderische Freiheit. Das *religiöse* Elternrecht ist in Art. 27 Abs. 3 und Art. 49 Abs. 3 BV ausdrücklich verankert. Danach haben die Eltern in allen religiös-konfessionellen Belangen bis zum 16. Altersjahr des Kindes das alleinige Entscheidungsrecht, wobei auch hier das Kindeswohl dominiert. Die öffentliche Schule hat sich nicht nur konfessionell, sondern auch in weltanschaulichen Belangen neutral zu verhalten. Dies wird aber nur als Grundsatz verstanden. Schliesslich kommt den Eltern ein *pädagogisches* Elternrecht zu, das ihnen individuelle und kollektive Mitwirkungsrechte in der Schule zugesteht. Solche direkte Partizipationsrechte sind in der Schweiz aber selten anzutreffen.

§ 8 Elterliche Gewalt und Privatrecht

I. Familienrecht und Verfassungsrecht

Die privatrechtliche Komponente des Elternrechts - die *elterliche Gewalt* - kann als *subjektives Privatrecht*[1] begriffen werden, welches dem Berechtigten gewisse Gestaltungsrechte einräumt.[2] Die Grundrechte der Bundesverfassung und der EMRK sind für das Privatrecht nicht ohne Bedeutung. Insbesondere ist ihnen Rechnung zu tragen, wenn Lücken ausgefüllt oder Generalklauseln konkretisiert werden müssen.[3] Das zivilrechtliche Familienrecht kann sich also losgelöst von der Verfassung verstehen. Es hat sich in eine verfassungsrechtlich geleitete Familienpolitik einzufügen. Zusammen mit den Massnahmen in anderen Rechtsgebieten muss es versuchen, die von der Verfassung gesteckten Ziele zu erreichen. Das Familienrecht dient der Konkretisierung von Verfassungsrecht.[4] In diesem Fall umschreibt das Zivilgesetzbuch das in der Bundesverfassung nur mangelhaft behandelte Elternrecht.[5] Deshalb rechtfertigt es sich, das Privatrecht hier in einem umfassenderen Zusammenhang darzustellen.

---

1 Es mutet eigenartig an, dass jemand private Rechte an andern Personen von Gesetzes wegen haben soll. Dies ist nur historisch aus der römisch-rechtlichen Tradition zu verstehen. Deshalb möchte ECKSTEIN lieber von einem "(subjektiven) privatrechtsartigen Recht" sprechen (ECKSTEIN, 186, insb. Anm. 5).

2 ECKSTEIN, 186.

3 TSCHÜMPERLIN, 71 f. Das *Bundesgericht* äussert sich folgendermassen dazu: "In der schweizerischen Lehre wird heute überwiegend eine Horizontalwirkung der Grundrechte bejaht; zumindest die indirekte Drittwirkung im Sinne des Gebotes grundrechtskonformer Auslegung privatrechtlicher Normen ist beinahe durchwegs anerkannt" (BGE 111 II 255 m.w.H.). Vgl. dazu ZÄCH Roger, Der Einfluss von Verfassungsrecht auf das Privatrecht bei der Rechtsanwendung, in: SJZ 85/1989, S. 1-11, 25-27; MEIER-SCHATZ, 90 ff.

4 MÜLLER Georg, 248.

5 KLEY, 286; ähnlich auch PLOTKE, Probleme, 20.

II. Charakteristik der elterlichen Gewalt

1. Rechtsgrundlage

Als Generalklausel kann *Art. 272 ZGB* bezeichnet werden, da er eine Grundnorm mit grundlegenden Prinzipien enthält: "Eltern und Kinder sind einander allen Beistand, alle Rücksicht und Achtung schuldig, die das Wohl der Gemeinschaft[6] erfordert." Diese Generalklausel wird durch das Zivilgesetzbuch weiter konkretisiert, so z.B. in der Unterhaltspflicht der Eltern (Art. 276 ff.), der Familiengemeinschaft (Art. 328 ff.) und insbesondere der hier interessierenden *elterlichen Gewalt (Art. 296 ff.)*.[7]

Art. 296 Abs. 1 ZGB lautet: "Die Kinder stehen, solange sie unmündig sind, unter der elterlichen Gewalt." Doch auch ohne explizite Regelung haben die Eltern kraft ihres privatrechtlichen *Persönlichkeitsrechts* das Recht, die Pflege und Erziehung des Kindes zu leiten.[8] Dieses Recht ist grundsätzlich unübertragbar, unverzichtbar und unvererblich und daher höchstpersönlicher Natur.[9] Auch das Bundesgericht zählt es zum Persönlichkeitsrecht der Eltern.[10]

2. Begriff

Der privatrechtliche Ausdruck *"elterliche Gewalt"* hat sich in der schweizerischen Rechtsordnung durchgesetzt,[11] weil es insbesondere nicht leicht fällt, ihn durch einen

---

6 Art. 272 ZGB bezeichnet die *Familie* als "Gemeinschaft". Als Gemeinschaft gelten die im gleichen Haushalt lebenden Eltern und Kinder, die Kinder unter sich sowie die Fälle, in denen ein rechtliches Kindesverhältnis besteht (vgl. TSCHÜMPERLIN, 67 m.w.H.; vgl. dazu auch SCHNYDER Bernhard, Die Gemeinschaft der Eltern und Kinder, in: Berner Tage für die juristische Praxis 1977, Das neue Kindesrecht, Bern 1978, S. 35-60).

7 TSCHÜMPERLIN, 68.

8 Vgl. dazu auch BGE 108 II 344, E. 1b; Pra 72/1983, Nr. 87, wo das Bundesgericht das Kindesverhältnis als persönliches Verhältnis im Sinne von Art. 28 ZGB anerkannt hat. Somit können auch die aus dem Kindesverhältnis fliessenden Elternrechte (z.B. elterliche Gewalt) als persönliche Interessen aufgefasst werden (STETTLER, 289).

9 TSCHÜMPERLIN, 50; vgl. auch HEGNAUER, Grundriss, Rz. 25.03; ders., Berner Kommentar, Art. 273 ZGB, Rz. 5; EGGER, Art. 273 ZGB, Rz. 7; FRANK, 44; MÜLLER Arthur, 151.

10 So das Bundesgericht, ohne Begründung und dogmatische Erörterung, in BGE 89 II 4 und 104 II 66. Vgl. dazu auch BGE 49 II 151 f. (hier zählt das elterliche Erziehungsrecht zu den Persönlichkeitsrechten der Eltern, jedoch eingeschränkt auf das eheliche Kindsverhältnis) und 111 II 124.

11 TSCHÜMPERLIN, 32 f.

besseren zu ersetzen.[12] Ein neuer Begriff scheint aber insbesondere deshalb geboten, weil zwischen der Bezeichnung "Gewalt" und dessen Inhalt eine grosse Differenz besteht.[13] HEGNAUER schlägt als Ersatz dafür den Ausdruck "elterliche Entscheidungsbefugnis" vor.[14] Die elterliche Gewalt ist schliesslich noch abzugrenzen von der Vormundschaft,[15] der elterlichen Obhut,[16] der Hausgewalt[17] und der Mündigkeit.[18]

Leider enthält weder das frühere noch das geltende Kindesrecht eine Definition der elterlichen Gewalt. In den Art. 301 ff. ZGB wird lediglich deren Inhalt umschrieben. Dabei handelt es sich aber um unvollkommene Bestimmungen.[19] Das Gesetz beschränkt sich auf die *Normierung allgemeiner Leitsätze*.[20] Eine exakte und alles umschliessende Definition findet sich wegen der Vielgestaltigkeit dieses Begriffes auch

---

12 HEGNAUER, Grundriss, Rz. 25.05; vgl. zu dieser Diskussion insbesondere auch BBl 1974 II 69 f.

13 Wie oben bereits gezeigt wurde, ist das elterliche Recht nicht eigennützig, sondern *fremdnützig*.

14 HEGNAUER Cyril, Soll der Ausdruck "elterliche Gewalt" ersetzt werden?, in: ZVW 48/1993, S. 63-65.

15 *Vormundschaft* und elterliche Gewalt schliessen sich gegenseitig aus (HEGNAUER, Grundriss, Rz. 25.04; so auch STETTLER, 231; TUOR/SCHNYDER, 316). Das Amt des *Vormundes* beruht nicht auf einem "natürlichen" Verhältnis zum Kind, sondern ist eine staatliche Einrichtung, die auf einem staatlichen Hoheitsakt beruht. Der Vormund steht unter ständiger Aufsicht der Behörde, und das Kind besitzt gegen seine Handlungen ein Beschwerderecht (vgl. TSCHÜMPERLIN, 35 f.). Vgl. dazu auch die Arbeit von JULMY Markus, Die elterliche Gewalt über Entmündigte (Art. 385 Abs. 3 ZGB), Diss. Freiburg 1991; STETTLER Martin, Droit Civil I, Représentation et protection de l'adulte, 3e édition, Fribourg 1992.

16 Die *Obhut* verleiht nur *beschränkte Befugnisse* über das Kind. Der wesentliche Teil der elterlichen Obhut besteht im Recht, den Aufenthaltsort des unmündigen Kindes zu bestimmen (vgl. dazu TSCHÜMPERLIN, 149 ff.; FRANK, 37 ff.; STETTLER, 231 ff.; KEHL-BÖHLEN Dietrich, Die Obhut als Institut des Familienrechts, Diss. Zürich 1974). Hinzugezählt wird oft auch das Recht und die Pflicht zur unmittelbaren Fürsorge, Pflege und Erziehung. Der *elterlichen Gewalt* verbleiben dann noch das Recht der Berufswahl, die gesetzliche Vertretung und die Vermögensverwaltung (vgl. TSCHÜMPERLIN, 36 ff. m.w.H.).

17 Die *Hausgwalt* ist das gesetzliche (Art. 331 ff. ZGB) Pflicht-Recht des Familienoberhauptes, die für die Glieder des gemeinsamen Haushaltes nötige Ordnung und Fürsorge vorzusehen und durchzusetzen. Sie beruht auf der blossen *Tatsache*, dass eine Hausgemeinschaft vorliegt. Der Berechtigte muss nicht mit der elterlichen Gewalt übereinstimmen. Gleichenfalls gelten auch alle im gleichen Haushalt lebenden als Verpflichtete, d.h. nicht nur unmündige Kinder (vgl. TSCHÜMPERLIN, 38 f. m.w.H.; HEGNAUER, Grundriss, Rz. 25.06).

18 Der Begriff *Mündigkeit* hat zwei Funktionen. Einerseits ist die Mündigkeit Voraussetzung zur Erlangung der Handlungsfähigkeit (Art. 13 ZGB). Andererseits bildet er den Gegenbegriff zur Gewaltunterworfenheit, d.h. Mündigkeit bezeichnet das *Recht der Selbstbestimmung* (vgl. TSCHÜMPERLIN, 40 m.w.H.).

19 Zur "lex minus quam perfecta" vgl. TSCHÜMPERLIN, 50 f., 311 ff.

20 HENKEL, 96.

in der Wissenschaft nicht. Die *Lehre* bezeichnet die elterliche Gewalt grundsätzlich als *rechtliche Entscheidungszuständigkeit hinsichtlich unmündiger Kinder*.[21] Sie beinhaltet die Befugnis und die Pflicht zu allen Entscheidungen und Massnahmen, deren das Kind zur sinnvollen Entfaltung seiner Persönlichkeit bedarf, die es aber wegen seiner Unreife nicht treffen kann.[22]

Das *Gesetz* unterscheidet die elterliche Gewalt im *engeren* Sinne, welche bloss die *persönlichen Wirkungen* und die *Vertretung* umfasst, sowie die elterliche Gewalt im *weiteren* Sinne, zu welcher auch die elterlichen *Vermögensrechte* gehören.[23] Die elterliche Gewalt umfasst also die gesamte Rechtssphäre des Kindes und bildet insbesondere die rechtliche Grundlage für die Pflege, Ausbildung und Erziehung (Art. 301 ff. ZGB), die Vertretung des Kindes bei Rechtsgeschäften (Art. 304 ff. ZGB) und die Verwaltung des Kindesvermögens (Art. 318 ff. ZGB).[24] Die elterliche Gewalt bildet ein Stück materieller Verfassung und gehört damit zur öffentlichen Ordnung.[25]

3. Anspruchsberechtigte Eltern

Die elterliche Gewalt besitzt sowohl eine *relative* Seite (Innenwirkung zwischen Eltern und Kind) als auch eine *absolute* Seite (Aussenwirkung zwischen Eltern und Dritten).[26] Art. 296 Abs. 1 ZGB weist die *primäre Entscheidungszuständigkeit* den *Eltern* zu.[27] Weil sie grundsätzlich die eigentlichen Träger der elterlichen Gewalt sind, stellt dies ein *ausschliessliches Recht der Eltern* dar.[28] Grosseltern und

[21] Vgl. HEGNAUER, Grundriss, Rz. 25.02, 26.02; ders., Berner Kommentar, Art. 273 ZGB, Rz. 4, 10, 60; HENKEL, 90; MÜLLER Arthur, 152 f.; ECKERT, 12 f.; BBl 1974 II 70. PLOTKE umschreibt die elterliche Gewalt m.E. zu eng als der "zusammenfassende Begriff für die Rechte der Eltern" (PLOTKE, Schulrecht, 33).

[22] HEGNAUER, Berner Kommentar, Art. 273 ZGB, Rz. 60.

[23] Diese Zweiteilung ergibt sich durch die Gesetzessystematik, indem dem 3. Abschnitt über "Die elterliche Gewalt" ein eigenständiger 4. Abschnitt über "Das Kindesvermögen" folgt. Diese Unterteilung ist aber ohne Bedeutung (TSCHÜMPERLIN, 34) bzw. wird gar abgelehnt (JORIO, 66).

[24] HEGNAUER, Grundriss, Rz. 25.02; ders., Berner Kommentar, Art. 273 ZGB, Rz. 60 ff.; HENKEL, 90; FRANK, 33 f.

[25] HEGNAUER, Berner Kommentar, Art. 273 ZGB, Rz. 10.

[26] TSCHÜMPERLIN, 47 f., 117 f.

[27] Vgl. den Wortlaut von Art. 296 Abs. 1 ZGB: "Die Kinder stehen, solange sie unmündig sind, unter der elterlichen Gewalt." Die Eltern besitzen damit das "Konkretisierungsmonopol" (vgl. TSCHÜMPERLIN, 119 ff.).

[28] TSCHÜMPERLIN, 47; HEGNAUER, Grundriss, Rz. 26.02; ders., Berner Kommentar, Art. 273 ZGB, Rz. 28; HENKEL, 90; TUOR/SCHNYDER, 316; ähnlich PLOTKE, Schulrecht, 329.

Verwandte besitzen in der Regel keine elterliche Gewalt.[29]

Es fragt sich nun, wer als *Eltern* angesehen werden kann. Grundsätzlich geht das ZGB von den "natürlichen" Eltern aus: Sind die Eltern *unverheiratetet*, übt die elterliche Gewalt die Mutter alleine aus (Art. 298 Abs. 1 ZGB), sind sie *verheiratet*, steht ihnen das Recht gemeinsam zu (Art. 297 ZGB). Allerdings ist die Ausübung auch durch Dritte möglich: sie kann von den Stiefeltern (Art. 299 ZGB) oder Pflegeeltern (Art. 300 ZGB) wahrgenommen werden. Die elterliche Gewalt gehört somit zu den sogenannten höchstpersönlichen, aber nicht absolut höchstpersönlichen Rechten.[30]

4. Gewaltverhältnis zwischen Eltern und Kind

Die elterliche Gewalt stellt heute *kein Herrschaftsrecht* mehr dar. Das Kind wird nicht zum Objekt der Eltern, sondern durch die elterliche Gewalt den Eltern als *gleichwertiges Rechtssubjekt personenrechtlich zugeordnet*. Damit soll die Verantwortung für die Fürsorge sichergestellt werden.[31] Die Zuordnung ist *zielgerichtet*. Das Ziel besteht in der grösstmöglichen Lebenstüchtigkeit des Kindes nach erreichter Mündigkeit. Solange übt der Inhaber der elterlichen Gewalt eine Funktion aus.[32] Diese *Zweckgebundenheit* streicht den *fremdnützigen* Charakter dieses elterlichen Rechtes heraus. JORIO möchte deshalb lieber von "Befugnissen" reden, um den *pflichtgebundenen* Charakter zu betonen. Die Rechte der Eltern dienen in erster Linie der Verwirklichung ihrer Pflichten, da primär das Kind Träger von Rechten ist. Es handelt sich um ein an zweiter Stelle liegendes "Persönlichkeitsrecht auf Ausübung eines Pflichtverhältnisses".[33] Die elterliche Gewalt kann nicht als eigentliches Persönlichkeitsrecht der Eltern aufgefasst werden.[34]

---

[29] HEGNAUER, Grundriss, Rz. 25.07.

[30] TSCHÜMPERLIN, 50; vgl. dazu auch ECKERT, 14 ff. GRAFFENRIED, 72 bezeichnet dies als "originalité du droit suisse".

[31] TSCHÜMPERLIN, 40 f.; HAUSHEER spricht von der "Zuordnung von elterlicher Verantwortung" (HAUSHEER, Kindesrecht, 19); JORIO, 64.

[32] JORIO, 64 f. Weil die elterliche Gewalt als Amt oder Pflichtrecht aufgefasst wird, kann der Inhaber nicht von sich aus darauf verzichten (STETTLER, 230).

[33] JORIO, 68 f.

[34] STETTLER, 230.

III. Inhalt der elterlichen Gewalt

1. Allgemeines

Die elterliche Gewalt umfasst eine *Gesamtheit von Rechten und Pflichten*, die in mehrere selbständige Teilbefugnisse[35] aufgesplittet werden.[36] Die Eltern haben die *Pflege und Erziehung* des Kindes zu leiten (Art. 301 Abs. 1 ZGB). "Das ist ihr schönstes Recht und ihre schwerste Pflicht."[37] Die Bestimmung der Erziehungsziele und die Wahl der Erziehungsmethode überlässt das ZGB im Rahmen der Rechts- und Sittenordnung weitgehend den Eltern.[38] Es herrscht grundsätzlich *Erziehungsfreiheit*.[39] Die Eltern haben das Kind "zu erziehen und seine körperliche, geistige und sittliche Entfaltung zu fördern und zu schützen" (Art. 302 Abs. 1 ZGB). Dazu zählt insbesondere die *allgemeine und berufliche Ausbildung* (Art. 302 Abs. 2 ZGB) und die *religiöse Erziehung* (Art. 303 ZGB).[40]

2. Allgemeine und berufliche Ausbildung

a) Allgemeines

Art. 302 Abs. 2 ZGB verpflichtet die Eltern, sowohl dem normal begabten als auch dem behinderten[41] Kind "eine angemessene, seinen Fähigkeiten und Neigungen

---

[35] Vgl. z.B. Art. 310 (Übertragung der elterlichen Obhut) und 325 ZGB (Vermögensverwaltung).

[36] JORIO, 66; TSCHÜMPERLIN, 41 f.

[37] EGGER, Art. 275 ZGB, Rz. 4. BBl 1974 II 77 nennt die Erziehung der Kinder die "vornehmste Aufgabe der Eltern". GRAFFENRIED, 123 spricht von der schwierigsten und gleichzeitig nobelsten Aufgabe der Eltern.

[38] Vgl. dazu umfassend TSCHÜMPERLIN, 211 ff.; MÜLLER Arthur, 153; HEGNAUER, Grundriss, Rz. 26.15; ders., Berner Kommentar, Art. 275 ZGB, Rz. 22; HÄRING, 123; TOUR/SCHNYDER, 323 f.

[39] HEGNAUER, Berner Kommentar, Art. 275 ZGB, Rz. 22 ff.; STETTLER, 381 f. Das ZGB ist also kein pädagogisches, psychologisches oder soziologisches Handbuch für Eltern oder andere Erzieher, sondern entält die wichtigsten rechtlichen "Spielregeln" (PLOTKE, Schulrecht, 12 f.). Vgl. hierzu die sozialrechtliche Studie von Karl WICK, Das Verhältnis von Familie und Staat mit besonderer Berücksichtigung des Erziehungsrechts, St. Gallen 1922 (Diss. Freiburg 1921).

[40] Die Ausbildung gehört also zur Erziehung im weitesten Sinn (TUOR/SCHNYDER, 324). Vgl. dazu auch den Randtitel zu Art. 302 ZGB mit dessen Inhalt in Abs. 2.

[41] Vgl. dazu TSCHÜMPERLIN, 222 ff., 253, 262 f.

soweit möglich entsprechende allgemeine und berufliche Ausbildung[42] zu verschaffen". Dadurch wird das Kind in wirtschaftlicher Hinsicht selbständig sowie die geistige und charakterliche Reifung des Kindes gefördert.[43] Deshalb ist die Pflicht zur beruflichen Ausbildung auch in der Erziehungspflicht mitenthalten.[44] Die allgemeine und berufliche Ausbildung wird vom ZGB nicht definiert. Eine genaue Abgrenzung ist nicht möglich, weil sich beide Bereiche gegenseitig überlappen. Doch besitzen sie eigene Schwerpunkte.[45]

Durch die Bestimmung der allgemeinen und beruflichen Ausbildung nehmen die Eltern ihr wichtigstes Recht gegenüber der Schule wahr.[46] Die Eltern erfüllen ihre Obliegenheiten aber nicht schon damit, dass sie die Ausbildung bloss ermöglichen oder "verschaffen".[47] Sie bleiben auch nach dem Entscheid zur Mitwirkung verpflichtet.[48] Dies muss nicht sonderlich betont werden. Denn bei der Wahl der Ausbildung ihrer Kinder steht den Eltern kein originäres Recht zu. Sie besitzen keine eigenen Rechte, sondern üben das Recht des Kindes auf Ausbildung *treuhänderisch* aus.[49] Die *Freiheit der Berufs- und Ausbildungswahl*[50] stellt ein spezifisches wenn auch nicht ausschliessliches Recht des Jugendlichen dar. Die Eltern können das Kind also nicht gegen seinen Willen zu einer bestimmten Lehre oder Ausbildung zwingen.[51] Seine Ausbildung wird weitgehend durch dessen Fähigkeiten, Neigungen und Leistungen bestimmt.[52]

---

42 Gemäss dem Titel des Artikels ist auch die Erziehung erfasst.

43 HEGNAUER, Berner Kommentar, Art. 276 ZGB, Rz. 3; TSCHÜMPERLIN, 253.

44 HEGNAUER, Berner Kommentar, Art. 276 ZGB, Rz. 3. Die berufliche Bildung wäre auch ohne spezielle Erwähnung in der allgemeinen Ausbildung mitenthalten (TSCHÜMPERLIN, 253 f.).

45 TSCHÜMPERLIN, 257; vgl. auch QUAMBUSCH, 83 ff.

46 PLOTKE, Schulrecht, 332.

47 Der Begriff "verschaffen" deutet nur darauf hin, dass dies ein Teil der Erziehung ist, der von den Eltern nicht direkt wahrzunehmen ist (PLOTKE, Schulrecht, 42).

48 PLOTKE, Anordnungen, 13 f.; ders., Schulrecht, 46. Durch das "Verschaffen" allein werden die Eltern von der Pflicht zur Beaufsichtigung und Kontrolle nicht entbunden (TSCHÜMPERLIN, 278 f.).

49 SALADIN, Rechtsbeziehungen, 202 f.

50 SALADIN möchte dem Kind nicht nur die Freiheit der Berufs- und Ausbildungswahl zugestehen. Er setzt sich für eine "Bildungsfreiheit" ein, die weiter als die durch *Art. 31 BV* erfasste berufliche Ausbildungsfreiheit gehen soll. Diese gelte als ungeschriebenes Grundrecht, weil sie unabdingbarer Bestandteil der Persönlichkeitsentfaltung sei (vgl. SALADIN, Rechtsbeziehungen, 193). In gewissem Sinne verdichte sie sich zum Sozialrecht (a.a.O., 194).

51 TSCHÜMPERLIN, 77 f.

52 STETTLER, 389 f.

b) Allgemeine Ausbildung

Als *allgemeine* Ausbildung ist jener Teil der Ausbildung zu verstehen, der nicht in erster Linie der Erwerbstätigkeit dient. Sie hat jene Kenntnisse zum Gegenstand, die von allen Menschen des betreffenden Standes erwartet werden. Sie bezweckt die Entfaltung der Persönlichkeit des Kindes und die Schaffung der Voraussetzungen für eine sinnvolle Lebensgestaltung. Dazu gehört insbesondere der Besuch der *Volksschulstufe* und allenfalls der Mittelschule.[53,54] Die Eltern sind nicht nur aufgrund der öffentlichrechtlichen Bestimmungen der Schulgesetzgebung, sondern auch privatrechtlich dem Kind verpflichtet, ihm den Besuch der Volksschule zu ermöglichen. Sie haben aber die Möglichkeit, das Kind an einer Privatschule ausbilden zu lassen.[55]

Dem *Kind* kommt bei der Wahl der Schule grundsätzlich eine gewisse *Vorrangstellung* zu.[56] Doch treffen *während der obligatorischen Schulzeit* - wegen der mangelnden Urteilsfähigkeit des Kindes - grundsätzlich die *Eltern* die Entscheidungen.[57] Sie können ihr Kind auch in eine Privatschule geben, sofern es dem Wohl des Kindes nicht zuwiderläuft.[58] Denn mit der Ausbildungspflicht ist nicht auch der Zwang verbunden, eine öffentliche Schule zu besuchen.[59]

---

53 Vgl. zur Mittelschule auch TSCHÜMPERLIN, 259, 272 ff. Das Bundesgericht zählt die Mittelschule zur Stufe der Ausbildung, die noch nicht definitiv zur wirtschaftlichen Selbständigkeit führt (BGE 109 II 374).

54 TSCHÜMPERLIN, 256. Umfang und Dauer der Minimalausbildung bestimmen die Kantone in ihrer Schulgesetzgebung (PLOTKE, Schulrecht, 43).

55 TSCHÜMPERLIN, 258.

56 So auch PLOTKE, Schulrecht, 289.

57 Ähnlich PLOTKE, Schulrecht, 36.

58 STETTLER, 389. Die Eltern haben auch die Möglichkeit, ihre Kinder Privatlehrern anzuvertrauen. Dieser nicht-schulische *Privatunterricht* soll laut PLOTKE aber auf Kinder mit besonderer Situation beschränkt bleiben (Behinderung, Fremdsprache), da die Isolierung des Kindes dessen Enkulturation behindern könnte (PLOTKE, Schulrecht, 331). Bei den Privatschulen hingegen toleriert er es dann aber, dass sie "weder die soziale Verständigung der Schichten noch die interkonfessionelle Zusammenarbeit fördern" (a.a.O., 330). Auch das Bundesgericht sagt, der Privatunterricht weise mehr Mängel auf als jener in Schulen (BGE 114 Ia 133). Dem ist m.E. aber nicht beizupflichten, da durch regelmässige Kontrollen dem begegnet werden könnte (so auch PLOTKE, Schulrecht, 331).

59 PLOTKE, Schulrecht, 43. Vgl. zum Problem der Einschulung in eine private Sonderschule auch ZR 89/1990, Nr. 19.

c) Berufliche Ausbildung

Für die *berufliche* Ausbildung des Kindes ist entscheidend, ob damit dessen wirtschaftliche Selbständigkeit und Entfaltung der Persönlichkeit erreicht werden kann.[60] Nicht dazu gehört die Erwerbsarbeit als ungelernter Arbeitnehmer.[61] Die *Wahl* des Berufes und der Lehrstelle soll grundsätzlich das Ergebnis einer *gemeinsamen* Analyse zwischen Eltern und Kind sein. Bei Uneinigkeit hat der Wille des *Kindes Vorrang*, sofern es die nötige Urteilsfähigkeit und Reife nach Art. 301 Abs. 2 ZGB besitzt.[62] Diese ist im Normalfall gegeben, da das Kind zu diesem Zeitpunkt das 15. Altersjahr bereits vollendet haben wird. Nur wenn das Kind eine *offensichtlich unvernünftige Berufswahl* treffen würde, haben die Eltern - schützend und ausgerichtet auf das Kindeswohl - einzugreifen. Ein Vetorecht steht den Eltern auch zu, wenn der Jugendliche einen Beruf wählt, der die finanziellen Mittel der Eltern übersteigt.[63]

3. Religiöse Erziehung

Im Gegensatz zur allgemeinen Erziehung, die auf die menschliche Gesellschaft ausgerichtet ist, wird die religiöse Erziehung in der religiösen Gemeinschaft auf Gott hin bezogen. Beide Ordnungen ergänzen sich gegenseitig und werden durch die elterliche Gewalt abgedeckt.[64]

Als religiöse Erziehung im *engeren* Sinne wird die Gesamtheit des erzieherischen Einflusses auf die Bildung des religiösen Gefühls und Glaubens des heranwachsenden Kindes verstanden. In einem *weiteren* Sinn wird die Bestimmung der Religion und Konfession (Bekenntnis) dazugezählt.[65] Die religiöse Erziehung bildet einen Teil der Gesamterziehung und steht als ausschliessliches Recht den Eltern zu. Sie ist Ausfluss

---

[60] Die berufliche Ausbildung ist aber auch für die *Gesellschaft* von Bedeutung (EGGER, Art. 276 ZGB, Rz. 1).

[61] TSCHÜMPERLIN, 256.

[62] Schliesslich besitzt das Kind gestützt auf die *Handels- und Gewerbefreiheit* auch die Freiheit der *Berufswahl*. Dieses Recht ist zwar gegen den *Staat* gerichtet, kann aber zur Konkretisierung und Auslegung der unbestimmten Begriffe des Art. 301 Abs. 2 ZGB herangezogen werden (vgl. dazu auch TSCHÜMPERLIN, 268).

[63] Zur Berufswahl vgl. umfassend TSCHÜMPERLIN, 264 ff.; PLOTKE, Schulrecht, 43 f.; WINKLER-PÖHLER Beate, Elterliche Sorge und Berufswahl, Diss. Köln 1984.

[64] SCHEIWILER, 47.

[65] HEGNAUER, Berner Kommentar, Art. 277 ZGB, Rz. 7 f.; TSCHÜMPERLIN, 283; SCHEIWILER, 48 ff.

der elterlichen Gewalt und steht ihnen auch um ihrer Persönlichkeit willen zu. Dieses Recht bildet das familienrechtliche Korrelat zur Glaubens- und Gewissensfreiheit.[66]

Gemäss Art. 303 ZGB verfügen die Eltern solange über die religiöse Erziehung des Kindes, als es nicht das 16. Altersjahr zurückgelegt hat und urteilsfähig ist. Die Schaffung des Art. 303 Abs. 1 ZGB hatte insbesondere zum Ziel, auch auf privatrechtlicher Basis hervorzuheben, dass die religiöse Erziehung weder Sache der Schule noch anderer staatlicher oder kirchlicher Behörden ist. Es liegt also allein in der elterlichen Kompetenz zu entscheiden, ob ihr Kind eine religiös ausgerichtete Privatschule besucht.[67] Doch haben die Eltern dabei auf die entsprechende Entwicklungsstufe des religiösen Denkens beim Kind Rücksicht zu nehmen. Denn auch das Recht der religiösen Erziehung ist *zweckgebunden* und findet seine Schranke beim *Wohl und der Persönlichkeit des Kindes*.[68] Das Kind besitzt mit 16 Jahren die sogenannte Religionsmündigkeit, d.h. das ausschliessliche Selbstbestimmungsrecht in religiösen Belangen, und wird damit Träger der Glaubens- und Gewissensfreiheit.[69] Diese Teilmündigkeit hängt von der *Urteilsfähigkeit des Kindes* ab.[70] Es ist möglich, dass das Kind schon vor Erreichen dieses Alters in religiösen Belangen voll urteilsfähig ist. Dann steht ihm m.E. das Selbstbestimmungsrecht bereits vorher zu, da die Eltern ihre Befugnisse *treuhänderisch* und ausgerichtet am Kindeswohl auszuüben haben. Die Eltern können deshalb beispielsweise eine begonnene religiöse Erziehung nicht willkürlich abbrechen oder ändern.[71] Praktisch wird aber eher das Gegenteil der Fall sein, dass also das Kind trotz seiner Ablehnung zu einer religiös geprägten Ausbildung gezwungen wird.

---

[66] HEGNAUER, Berner Kommentar, Art. 277 ZGB, Rz. 9 f.; TSCHÜMPERLIN, 284. Es gibt also ein *öffentliches und privates Recht* in der religiösen Erziehung. Das privatrechtliche Erziehungsrecht ist auf das familienrechtliche Verhältnis des Kindes zu den Eltern und zu Dritten gerichtet. Es ist daher nach SCHEIWILER, 61 ff. unrichtig, Art. 303 ZGB mit dem Art. 49 Abs. 3 BV gleichzusetzen. Vgl. hiezu auch EGGER A., Das Recht der religiösen Kindererziehung auf der Grundlage des ZGB, in: ZBl 54/1953, S. 33-49.

[67] TSCHÜMPERLIN, 285; SALADIN, Rechtsbeziehungen, 199, 208.

[68] TSCHÜMPERLIN, 290 f.

[69] HEGNAUER, Berner Kommentar, Art. 277 ZGB, Rz. 29.

[70] TSCHÜMPERLIN, 293 ff.

[71] HEGNAUER, Grundriss, Rz. 26.18. Vgl. auch BGE 73 I 110 ff., wonach Kinder bei Pflegeeltern des gleichen Bekenntnisses unterzubringen sind.

4. Pflege und Fürsorge

Die Pflege umfasst neben der Ernährung, Kleidung und Wohnung auch die Sorge für die leibliche und seelische Gesundheit des Kindes. Grundsätzlich wird diese den Eltern allein überbunden.[72] Doch bleibt die Schule nicht auf Erziehungs- und Ausbildungsfragen beschränkt. Sie hat ebenfalls Fürsorgepflichten wie z.B. ärztliche und psychologische Betreuung, Unfallfürsorge, Berufsberatung und soziale Förderung durch finanzielle Unterstützung.[73]

5. Recht auf persönlichen Verkehr mit den Kindern

a) Der Begriff "Elternrecht" in Art. 156 Abs. 1 ZGB

Das ZGB stellt Art. 156 und 157 ZGB unter den Titel *"Elternrechte"*. Dieser Begriff findet sich dann erneut in Art. 156 Abs. 1 ZGB: "Über die Gestaltung der *Elternrechte* und der persönlichen Beziehungen der Eltern zu den Kindern trifft der Richter bei *Scheidung oder Trennung* die nötigen Verfügungen nach Anhörung der Eltern und nötigenfalls der Vormundschaftsbehörde."[74]

Wie schon bei der elterlichen Gewalt findet sich auch hier keine Legaldefinition. Auch das *Bundesgericht* hat dieses Elternrecht nie weiter umschrieben, sondern jeweils gerade die Kinderzuteilung untersucht.[75] Nur einmal hat es festgestellt, dass das Besuchsrecht ein Element des Elternrechts darstelle.[76] Auch in der *Lehre* findet sich keine Definition dieser Elternrechte. Man begnügt sich damit, die drei wichtigsten Elemente zu erwähnen, die bei einer Scheidung oder Trennung geregelt werden müssen: die Zuteilung der Kinder und damit der elterlichen Gewalt, die Bestimmung des Besuchsrechts[77] und der Unterhaltsbeiträge.[78,79] Einzig bei DES GOUTTES

---

72 PLOTKE, Schulrecht, 37 f.

73 Vgl. MÜLLER Arthur, 183 f.; HUG-BEELI, 46; ZÜST, 86; ZIEGLER, 146 ff.

74 Hervorhebung durch den Verfasser.

75 Vgl. beispielsweise BGE 117 II 353 ff. und 523 ff.; 115 II 206 ff. und 317 ff.; 114 II 200 ff.; 111 II 225.

76 So in BGE 85 II 231, E. 2.

77 Vgl. dazu auch BLUM Richard, Der persönliche Verkehr mit dem unmündigen Kind gemäss Art. 273-275 ZGB (Besuchsrecht), Diss. Zürich 1983; HEGNAUER Cyril, Persönlicher Verkehr - Grundlagen, in: ZVW 48/1993, S. 2-14; HAMMER-FELDGES Marianne, Persönlicher Verkehr - Probleme der Rechtsanwendung für Vormundschaftsbehörden, Richter und Anwälte, in: ZVW 48/1993, S. 15-27; CORNU Pierre Louis, Quelques réflexions sur le droit de visite dans le procès en divorce, in: ZVW 47/1992, S. 3-10.

findet sich eine Kritik zur Begriffsverwendung. Er ist der Auffassung, dass der Begriff "Elternrechte" ungenau sei, weil er drei verschiedene Dinge regle. Er wünscht sich deshalb eine Änderung des Begriffs in "Gegenseitige Rechte der Eltern und Kinder".[80]

b) Zuteilung der Elternrechte bei der Scheidung

Grundsätzlich gilt, dass die elterliche Gewalt nach einer Scheidung nicht gemeinsam ausgeübt werden kann.[81] Bei der Regelung der Anordnungen über die Gestaltung der Elternrechte und der persönlichen Beziehungen steht dem Richter ein weites Ermessen zu. Nach ständiger Rechtsprechung des Bundesgericht gilt bei der Kinderzuteilung der Grundsatz, dass die Interessen der Eltern hinter das *Wohl des Kindes* zu treten haben.[82]

Der Entzug der elterlichen Gewalt, d.h. die Entscheidungsbefugnis über Erziehung und Ausbildung, schliesst grundsätzlich den persönlichen Kontakt zum Kind nicht aus.[83] Die Eltern haben Anspruch auf *angemessenen persönlichen Verkehr* mit dem unmündigen Kind, das nicht unter ihrer elterlichen Gewalt oder Obhut steht (Art. 273 ZGB). Dieses Recht steht ihnen um ihrer *Persönlichkeit* willen zu und darf nur aus

---

78 Vgl. HAFFTER Andreas, Der Unterhalt des Kindes als Aufgabe von Privatrecht und öffentlichem Recht, Diss. Zürich 1984.

79 Vgl. dazu STETTLER, 226; BÜHLER Walter/SPÜHLER Karl, Das Familienrecht, in: Berner Kommentar zum schweizerischen Privatrecht, 3. A., Bern 1980, Art. 156 ZGB, Rz. 18; GYGAX Ingeborg Theresia, Gestaltung und Abänderung der Elternrechte geschiedener Ehegatten nach dem schweizerischen Zivilgesetzbuch (Art. 156 und 157), Diss. Bern 1951, Bern 1953, S. 13. In ZR 84/1985, Nr. 41 findet sich der Satzteil "Elternrechte (elterliche Gewalt, Obhut, Besuchsrecht)".

80 Vgl. DES GOUTTES René, SJK Nr. 527 (Stand 1.12.1980), S. 2 f.

81 BGE 117 II 523 ff., E. 1. Vgl. dazu auch SJZ 85/1989, S. 139 ff. und 87/1991, S. 119 ff.; FRISCHKOPF Edit, Die gemeinsame Ausübung der elterlichen Gewalt durch Vater und Mutter nach schweizerischem Recht, Diss. Freiburg 1969, Winterthur 1970; BALSCHEIT Peter, Gesetzgebung und Rechtsprechung zur gemeinsamen elterlichen Gewalt, in: AJP 10/93, S. 1204-1210.

82 Vgl. dazu BGE 117 II 354, E. 3; 115 II 209, E. 4a und 319, E. 2; 114 II 201, E. 3; 112 II 382, E. 3; 111 II 227, E. 2, 315, E. 4; 109 II 193, E. 2; 108 II 370, E. 3a; Pra 81/1992, Nr. 35, S. 132; VPB 53/1989, Nr. 63; 49/1985, Nr. 77; 48/1984, Nr. 91. Vgl. dazu auch die Beachtung des Kindeswohls, wenn die Eltern vom Recht auf Vornamenwahl (Art. 301 Abs. 4 ZGB) Gebrauch machen (BGE 118 II 244, E. 2; 116 II 508, E. 3c; 109 II 96, E. 7; 107 II 28, E. b). Vgl. HEGNAUER Cyril, Die Wahrung der Kindesinteressen im Scheidungsprozess, in: AJP 7/94, S. 888-894; FELDER Wilhelm/WÜTHRICH Christian/ZOLLINGER Marianne, Kind und Scheidung, in: AJP 7/94, S. 895-898.

83 BGE 90 II 475 f.

wichtigen Gründen ganz abgesprochen werden. Solche liegen vor, wenn das Kindeswohl gefährdet ist (Art. 274 Abs. 2 ZGB) und der Bedrohung nicht durch geeignete Massnahmen begegnet werden kann.[84] Das Bundesgericht hat in einem Entscheid festgestellt, dass eine Gefährdung des Kindeswohls nicht schon deswegen bejaht werden kann, weil beim betroffenen Kind eine Abwehrhaltung festzustellen ist. Bei der Ausgestaltung des Besuchsrechts soll nicht nur der Wille des betroffenen Kindes ausschlaggebend sein.[85]

IV. Zusammenfassung von § 8

Das zivilrechtliche Familienrecht kann nicht losgelöst von der Verfassung verstanden werden, sondern dient sogar deren Konkretisierung. Aufgrund der Regelung in Art. 296 ff. ZGB und dem Persönlichkeitsrecht der Eltern kommt den Eltern die rechtliche Entscheidungszuständigkeit über unmündige Kinder zu. Dabei umfasst ihr Verantwortungsbereich in erster Linie die allgemeine und berufliche Ausbildung, die religiöse Erziehung, Pflege und Fürsorge. Im Falle einer Scheidung besitzt der nicht sorgeberechtigte Elternteil ein Besuchsrecht. Eltern und Kind werden grundsätzlich als gleichwertige Rechtssubjekte behandelt. Die Eltern üben ihr Erziehungsrecht nur treuhänderisch für das Kind aus.

[84] BGE 119 II 204 f.; vgl. auch BGE 118 II 242, E. 2c.

[85] BGE 111 II 407, E. 3. Zum Besuchsrecht vgl. auch ECKERT, 120 ff.; BRÄM Verena, Das Besuchsrecht geschiedener Eltern, in: AJP 7/94, S. 899-906.

§ 9 Beschränkung der elterlichen Rechte

I. Allgemeines

Erziehung ist zu einem wesentlichen Teil als zwangsweise Fremdbestimmung zu verstehen. Diese muss ihre Grenzen am verfassungsmässig garantierten *Persönlichkeitsrecht* des Erzogenen finden. Das *Selbstbestimmungsrecht des Kindes* stellt die Schranke sowohl fürs elterliche als auch staatliche Erziehungsrecht dar. Das elterliche Erziehungsrecht wird von zwei Seiten her begrenzt: durch das Selbstbestimmungsrecht des Kindes und das staatliche Erziehungsrecht.[1] Ferner werden die Eltern auch durch *öffentlich-rechtliche Vorschriften* eingeschränkt.[2] Zu nennen ist da insbesondere die kantonale Unterrichtsgesetzgebung.[3] Diese hat grundsätzlich die Erziehungsfreiheit der Eltern zu respektieren.[4] Heute besteht die Tendenz, durch solche Vorschriften das primäre Erziehungsrecht der Eltern in zu starker und unzulässiger Weise einzuschränken.[5]

II. Beschränkungen durch Rechte des Kindes

1. Kindeswohl

Ist das Kind zu wenig urteilsfähig, um seine Rechte selber wahrzunehmen, haben sich sowohl Eltern als auch Staat an einer objektiven Richtschnur auszurichten: dem *Kindeswohl*.[6,7] *Art. 301 Abs. 1 ZGB* verlangt von den Eltern, ihre Pflege und

---

1 ECKSTEIN, 215.

2 Diese dienen ebenfalls dem Kindeswohl, indem sie einfach vom öffentlichen Recht her für gewisse Bereiche die privatrechtlichen Schranken verstärken (HEGNAUER, Berner Kommentar, Art. 273 ZGB, Rz. 25). Vgl. dazu auch BGE 117 Ia 34.

3 Dem Inhaber der elterlichen Gewalt wird die Pflicht zur Überwachung und Durchsetzung der dem Kind obliegenden Pflichten (z.B. Schulbesuch) auferlegt (HEGNAUER, Berner Kommentar, Art. 273 ZGB, Rz. 69).

4 HEGNAUER, Berner Kommentar, Art. 275 ZGB, Rz. 26. Zu den kritischen Fragen der Abgrenzung wird neben dem Religionsunterricht und der Unterrichtssprache auch die Zulassung der Privatschulen gezählt (a.a.O.).

5 TSCHÜMPERLIN, 144 f., 198; vgl. auch SALADIN, Familie, 147.

6 Vgl. dazu COESTER, 63 ff., 134 ff.; BRAUCHLI 50 ff., 114 ff.; HORNDASCH, 122 ff.; HEGNAUER Cyril, Das Wohl des Mündels als Maxime der Vormundschaft, in: ZVW 39/1984, S.81-90. Vgl. dazu auch GOLDSTEIN J./FREUD A./SOLNIT A. J., Jenseits des Kindeswohls, Frankfurt a.M. 1991; dies., Diesseits des Kindeswohls, Frankfurt a.M. 1982; dies., Das Wohl

Erziehung "im Blick auf das Wohl des Kindes" auszurichten. Dabei handelt es sich um eine Leitungsbefugnis.[8] Das Kindeswohl ist ein *unbestimmter Rechtsbegriff*, d.h. das ZGB enthält keine Definition.[9] Zur Konkretisierung werden oft empirische Wissenschaften[10] zu Hilfe gezogen.[11] Doch enthält Art. 302 Abs. 1 ZGB eine Art Legaldefinition, indem er verlangt, die "körperliche, geistige und sittliche Entfaltung zu fördern und zu schützen". Darüber hinaus gehört unbestritten auch das intellektuelle, affektive und seelische Wohl dazu.[12] Es handelt sich also um die primäre Aufforderung, die für die gesunde Entwicklung des Kindes *erforderlichen Voraussetzungen und Bedingungen* bestmöglichst herzustellen.[13] Art. 301 Abs. 1 ZGB gilt als Zweck- und Programmartikel für den gesamten Bereich der elterlichen Gewalt und auch für die Behörden. Aus dieser Leitidee ergibt sich insbesondere die Pflicht, das Kind als *Subjekt* wahrzunehmen und seine *Persönlichkeit* zu achten und zu entfalten.[14]

Nach unbestrittener Auffassung liegt die elterliche Gewalt nicht im Belieben der Eltern, sondern steht ihnen in erster Linie im Interesse des Kindes zu. Sie ist also grundsätzlich *zweckgebunden und fremdnützig*, wobei aber eine eigennützige Komponente der Eltern nicht vernachlässigt werden darf. Es handelt sich um ein

---

des Kindes, Frankfurt a.M. 1988.

7 HEGNAUER sieht auch das *Wohl der Gemeinschaft* als Schranke der elterlichen Gewalt (HEGNAUER, Berner Kommentar, Art. 273 ZGB, Rz. 23). Max MÜLLER, 25 erwähnt das Allgemeininteresse.

8 HEGNAUER, Grundriss, Rz. 26.03. "Ziel und Zweck aller Erziehung muss das Kindeswohl sein" (STETTLER, 379). So auch ECKERT, 13.

9 MÜLLER-FREIENFELS, 271 betont, dass mit den vielen Revisionen weder "neue, klare Abgrenzungen von Kindeswohl, Elternrecht und staatlichem Wächteramt bestimmt noch die Grenzen der Selbstbestimmung im Kindesrecht scharf umrissen" wurden. Skepsis sei durchaus angebracht. "Auch der heute so beliebte Ausweg zur Erzielung von Einzelfallgerechtigkeit über Generalklauseln, einen Rückzug des Gesetzgebers zugunsten des Richters," stelle einen gefährlichen Ausweg dar (a.a.O., 285). Dieser regulatorische Programmsatz führt laut MEIER-SCHATZ, 74 f. zu einer zunehmenden Verrechtlichung des Kindesverhältnisses.

10 Dazu zählen z.B. Medizin, Psychologie, Soziologie und Sozialpädagogik.

11 Vgl. dazu TSCHÜMPERLIN, 91 ff.

12 TSCHÜMPERLIN, 82.

13 TSCHÜMPERLIN, 84.

14 TSCHÜMPERLIN, 81 f. Eltern und Richter werden also einerseits verpflichtet, kindszentriert zu denken und sämtliche Aspekte vom Kind her zu beurteilen. Andererseits hat das Kindeswohl Ersatzfunktion, bis nicht der subjektive Wille des Kindes genügend entwickelt ist, um sein Selbstbestimmungsrecht auszuüben (a.a.O., 86 f.).

subjektives Pflichtrecht, das unveräusserlich und unverzichtbar ist.[15] Dies wird bisweilen zum Anlass genommen, ein "besonderes Gewaltverhältnis"[16] zu erblicken und es als sozialrechtliches *Amt* zu verstehen.[17] Richtig erscheint mir, es als Pflichtrecht zu bezeichnen, "das verwandte Züge mit einem Amte trägt".[18] Sonst werden die Unterschiede zur Vormundschaft, die eine stärkere Aufsicht und Kontrolle besitzt, verwischt.[19]

Beim Kindeswohl handelt es sich um nichts Starres oder Statisches. Es unterliegt einem *ständigen Prozess*.[20] Die Beurteilung kann immer nur für den konkreten Einzelfall vorgenommen werden und hängt sehr stark von der beurteilenden Person und ihren eigenen Werten ab.[21] Diese ständige Veränderbarkeit zeigt sich auch in Art. 301 Abs. 2 ZGB, wo dem Kind "die seiner Reife" entsprechende Freiheit gewährleistet werden soll.

---

15 Vgl. dazu TSCHÜMPERLIN, 43 ff., 197 f.; HEGNAUER, Berner Kommentar, Art. 273 ZGB, Rz. 7 f., 12 ff.; ders., Grundriss, Rz. 25.03.; JORIO, 63 ff.; EGGER, Art. 275 ZGB, Rz. 5 ff.; KLEY, 287 m.w.H.; MÜNDER, Kindererziehung, 15 ff.; PLOTKE, Schulrecht, 33 f.; TUOR/SCHNYDER, 315; BBl 1974 II 69, 76.

16 ECKSTEIN möchte das Eltern-Kind-Verhältnis als "besonderes Gewaltverhältnis" verstanden wissen, weshalb es systemwidrig im Privatrecht geordnet sei. Denn es handle sich nicht um gleichrangige Rechtsgenossen (ECKSTEIN, 185, insb. Anm. 3). Das Verhältnis Eltern-Kind sei öffentlich-rechtlich; es bestehe ein klares vom Staat eingesetztes Subordinationsverhältnis. Deshalb würden die Grundrechte der Kinder auch gegenüber den Eltern direkte Wirkung erzeugen (a.a.O., 217). TSCHÜMPERLIN spricht von einem "besonderen Rechtsverhältnis" (TSCHÜMPERLIN, 72 f. m.w.H., insb. Anm. 85). MÜNDER lehnt die Bezeichnung "besonderes Gewaltverhältnis" ab, da sie eine Zuordnung der elterlichen Gewalt zum öffentlichen Recht bedeute. Wahrscheinlich sei die Bezeichnung von den Autoren auch nicht so gemeint gewesen. Sie scheinen die Ansicht vertreten zu haben, dass es sich um ein "Gewaltverhältnis besonderer Art" handle (MÜNDER, Kindererziehung, 18). Auch PLOTKE lehnt dies ab, weil Art. 302 Abs. 2 ZGB Selbständigkeit und Unabhängigkeit betone (PLOTKE, Schulrecht, 328). Vgl. dazu weiter auch QUAMBUSCH, 25 ff.; SALADIN, Rechtsbeziehungen, 190; ders., Familie, 149; HUG-BEELI, 32 f.

17 Vgl. HEGNAUER, Berner Kommentar, Art. 273 ZGB, Rz. 10; SALADIN, Rechtsbeziehungen, 198; ECKSTEIN, 185, 217; STETTLER, 230; KLEY, 287 m.w.H.; BBl 1974 II 70. PLOTKE spricht von einem "ethischen Inhalt" des Begriffs (PLOTKE, Schulrecht, 33).

18 So HEGNAUER, Grundriss, Rz. 25.03.

19 TSCHÜMPERLIN, 44.

20 TSCHÜMPERLIN, 83.

21 Vgl. dazu TSCHÜMPERLIN, 84 f. und die dort gemachten Ausführungen.

2. Reife bzw. Urteilsfähigkeit des Kindes

Eine Schranke für die elterliche Gewalt bildet die *Urteilsfähigkeit* des Kindes. Es kann entsprechend seinem Alter es betreffende Entscheide ohne die Mitwirkung der Eltern treffen.[22] Das bildet aber keinen Freibrief für die elterliche Gleichgültigkeit oder Willfährigkeit; es entlastet die Eltern nicht von ihrer Erziehungspflicht.[23] Es kann sich dabei - entgegen einer antiautoritären Erziehungsweise - nicht darum handeln, Unmündige nach ihren Launen leben zu lassen. Die Eltern haben sie vielmehr durch eine Vielzahl von Erfahrungen Verantwortungsbewusstsein und Rücksichtnahme zu lehren.[24]

In *Art. 301 Abs. 2 Teil 2 ZGB* werden die Eltern angehalten, "dem Kind die seiner Reife entsprechende Freiheit der Lebensgestaltung" zu gewähren und "in wichtigen Angelegenheiten, soweit tunlich,[25] auf seine Meinung Rücksicht" zu nehmen. Diese Bestimmung ist von grundlegender Bedeutung. Sie ist bei der Auslegung aller anderen Bestimmungen heranzuziehen.[26] Aus Art. 301 Abs. 2 lässt sich ein *partnerschaftlicher Erziehungsstil* ableiten. Er enthält ein möglichst ausgewogenes Verhältnis zwischen elterlicher Leitungsbefugnis und Gehorsamspflicht des Kindes einerseits sowie Freiheit und Achtung der Persönlichkeit des Kindes andererseits.[27] Doch muss betont werden, dass dem Kind kein Mitentscheidungsrecht im Sinne einer Teilmündigkeit zugestanden wird. Die Entscheidungskompetenz bleibt vollumfänglich bei den Eltern. Hingegen beinhaltet die Pflicht zur Rücksichtnahme mehr als nur ein Anhörungsrecht. Das Kind hat vielmehr einen Anspruch darauf, dass seine Meinung in angemessener Weise in die Entscheidung der Eltern einfliesst. Massgebendes Kriterium ist seine *Urteilsfähigkeit*.[28]

Die elterliche Gewalt ist keine konstante Grösse. Sie besitzt einen *wandelbaren Inhalt*. Das Ziel besteht in der Heranbildung eines lebenstüchtigen und selbständigen

[22] Vgl. dazu Art. 19 und 301 Abs. 2, 305 Abs. 1 ZGB. Vgl. dazu auch HEGNAUER, Grundriss, Rz. 26.20 ff.; ders., Berner Kommentar, Art. 273 ZGB, Rz. 9; TSCHÜMPERLIN, 122 ff.

[23] HEGNAUER, Grundriss, Rz. 26.04.

[24] STETTLER, 283.

[25] Mit der Formulierung "soweit tunlich" erhalten die Eltern einen überaus grossen Ermessensspielraum. Dieser darf von der Vormundschaftsbehörde nicht angetastet werden, soweit das Kindeswohl nicht gefährdet ist.

[26] TSCHÜMPERLIN, 213.

[27] TSCHÜMPERLIN, 214 f.

[28] TSCHÜMPERLIN, 217, 219.

Menschen.[29] Das mündig gewordene Kind soll befähigt werden, selbst die elterliche Gewalt auszuüben.[30] Eine klare Grenzziehung zwischen unbeschränkter Fremdbestimmung und vollkommener Eigenverantwortlichkeit ist kaum möglich. Die Mündigkeit wird stufenweise zuerkannt;[31] "Erziehung ist ein kontinuierlicher Prozess, der zum Ziele hat, sich zunehmend selbst überflüssig zu machen."[32] Es findet eine sukzessive Entleerung der elterlichen Gewalt statt.[33] Will man trotzdem ein bestimmtes Alter als Ausgangspunkt für die Urteilsfähigkeit des Kindes wählen, so wird es zwischen dem 14. und 16. Altersjahr anzusiedeln sein. Dafür spricht der Umstand, dass viele Kinder im Laufe dieser Zeit die obligatorische Schulzeit beenden.[34] Im Einzelfall wird man den Erwerb der Urteilsfähigkeit aber schon früher oder später attestieren müssen.[35]

3. Persönlichkeitsrecht des Kindes

Das *Persönlichkeitsrecht* des Kindes stellt eine Begrenzung der elterlichen Gewalt dar.[36] Das "sachenrechtliche" Kindesverhältnis römisch-rechtlicher Tradition ist heute überwunden.[37] Das Persönlichkeitsrecht gibt dem Kind Anspruch auf körperliche, geistige und seelische Unversehrtheit und Entfaltung sowie auf Einräumung eines selbständigen Wirkungsbereichs.[38] Im Recht auf Persönlichkeit liegt das Moment der

---

29 JORIO, 64 f.; TSCHÜMPERLIN, 49.

30 HEGNAUER, Grundriss, Rz. 25.03.

31 ECKSTEIN, 222; vgl. auch DEGOUMOIS, 1 ff.

32 ECKSTEIN, 222.

33 JORIO, 67; TSCHÜMPERLIN, 49 f.

34 SALADIN nennt das 14. Altersjahr (SALADIN, Rechtsbeziehungen, 191). Laut PLOTKE wird die Elementarausbildung erst im Laufe des 16. Altersjahres beendet, weshalb er die Altersgrenze von SALADIN als zu tief betrachtet (SALADIN, Schulrecht, 35, insb. Anm. 54; vgl. auch 36, 296, 483). Auf jeden Fall sind sich beide Autoren einig, dass die *obligatorische Schulzeit* als Grenze betrachtet werden muss. Vgl. dazu auch ZÜST, 80, der zur Wahrnehmung der Pressefreiheit verlangt, dass zumindest die Sekundarstufe erreicht sein muss. Vgl. hiezu auch das Beispiel bei RECORDON, 20.

35 SALADIN, Rechtsbeziehungen, 191.

36 BANNWART-MAURER, 91 f.; FRANK, 45; QUAMBUSCH, 31 f.; vgl. auch BRÄM, 384 ff. Eine umfassende Darstellung zur Beurteilung der Art. 28 ff., 272 und 301 ff. ZGB findet sich bei TSCHÜMPERLIN, 95 ff., 142 f. Vgl. MÜLLER Jörg Paul, Die Grundrechte der Verfassung und der Persönlichkeitsschutz des Privatrechts, Diss. Bern 1964.

37 ECKSTEIN, 216; MEIER-SCHATZ, 75 f. Die Kinder gehören weder dem Staat noch den Eltern (FLEINER-GERSTER, Eltern, 667; HEGNAUER, Berner Kommentar, Art. 273 ZGB, Rz. 6).

38 HEGNAUER, Berner Kommentar, Art. 273 ZGB, Rz. 21 f.

Selbstbestimmung.[39] Die persönliche Möglichkeit auf Selbstentfaltung in der Schule ist ein elementares verfassungsmässiges Recht des Kindes.[40] Denn gerade die Wahl der Ausbildung ist eine Entscheidung, die ihm wegen ihrer Tragweite um seiner Persönlichkeit willen zusteht.[41]

Das Kind wird als Rechtssubjekt verstanden, das den Schutz der Grundrechte geniesst.[42] Es besitzt sowohl die Grundrechtsfähigkeit als auch die Grundrechtsmündigkeit.[43] Dennoch hat sich das Kind jene Beschränkungen durch den Inhaber der elterlichen Gewalt gefallen zu lassen, die durch den gesetzlichen Erziehungsauftrag im Hinblick auf das Kindeswohl geboten erscheinen.[44]

4. Regelung von Interessenkonflikten

Es kann vorkommen, dass zwischen den verschiedenen Interessen eine Diskrepanz besteht: Einerseits kann das Kindeswohl dem subjektiven Willen des Kindes oder den Interessen der Eltern/Behörden widersprechen, andererseits kann auch der subjektive Wille des Kindes dem subjektiven Willen der Eltern/Behörden widersprechen.[45] Als

---

[39] WEISSENRIEDER, 201 f. Es muss an dieser Stelle darauf hingewiesen werden, dass die Persönlichkeit entscheidend durch die affektiven Bindungen bestimmt wird, die dem Kind im Rahmen der Erziehung ermöglicht werden. Von der jeweiligen Art des Erziehungsstiles (autokratisch, partnerschaftlich oder laisser-faire) hängen die Eigenschaften und die Reife des Erzogenen ab (QUAMBUSCH, 17 ff.).

[40] FLEINER-GERSTER, Eltern, 669; HUG-BEELI, 64; WEISSENRIEDER, 129 ff.; DINKELMANN, 61 ff. Zu weiteren Grundrechten vgl. TSCHÜMPERLIN, 76 ff. Zur Beschränkung des Selbstbestimmungsrechts vgl. HUG-BEELI, 58 ff. Vgl. hiezu auch PEKRUN Reinhard/ FEND Helmut, Schule und Persönlichkeitsentwicklung, Ein Resümee der Längsschnittforschung, Stuttgart 1991; FRANKE Monika, Grundrechte des Schülers und Schulverhältnis, Neuwied/ Berlin 1974.

[41] PLOTKE, Schulrecht, 35.

[42] MÜLLER Arthur, 155 f.; HUG-BEELI, 64; ECKSTEIN, 216; SALADIN, Rechtsbeziehungen, 186 f.; TSCHÜMPERLIN, 75; vgl. auch MEIER-SCHATZ, 76 ff. Zur verfassungsrechtlichen Stellung des Kindes vgl. auch PLOTKE, Schulrecht, 29 ff.

[43] Die *Grundrechtsfähigkeit* regelt die Fähigkeit, Träger der verfassungsmässig garantierten Grundrechte zu sein (vgl. dazu auch die Rechtsfähigkeit, Art. 11 OR). Bei der *Grundrechtsmündigkeit* geht es um die Frage, wieweit das Kind die Grundrechte selbständig wahrnehmen kann (vgl. dazu auch die privatrechtliche Handlungsfähigkeit, Art. 12 ff. ZGB). Vgl. zu dieser Problematik ECKSTEIN, 218 ff.; TSCHÜMPERLIN, 75 f.; ZÜST, 74 ff.; MÜLLER Arthur, 156 ff.; SALADIN, Rechtsbeziehungen, 187 ff.; PLOTKE, Schulrecht, 29 ff., 298 ff.; BRÄM, 384 ff.

[44] TSCHÜMPERLIN, 76, 73 m.w.H. zur Literatur.

[45] Vgl. dazu TSCHÜMPERLIN, 87 ff. BRAUCHLI warnt davor, das Konfliktdenken im familiären Bereich in unnötiger Weise zu übertreiben (BRAUCHLI, 138, 140).

Grundsatz kann festgehalten werden, dass das *Kindeswohl bzw. bei genügender Urteilsfähigkeit der subjektive Wille des Kindes immer Vorrang* hat.[46] Doch müssen die durch einen Entscheid eingetretenen Fehlentwicklungen des Kindes hingenommen werden, sofern keine Willkür oder Böswilligkeit der Eltern vorliegt.[47]

Nun besteht das Problem, dass das Kindeswohl nie vom Kind, sondern jeweils von Eltern oder Behörden bestimmt wird. Unstimmigkeiten wird es immer dann geben, wenn das Kind einen eigenen Willen gebildet hat und von seinem Selbstbestimmungsrecht Gebrauch machen will, dies aber dem von Eltern oder Behörden ermittelten "Kindeswohl" widerspricht. Es besteht dann die Gefahr, dass dem Kind einfach seine Urteilsfähigkeit bzw. Reife im Sinne von Art. 301 Abs. 2 ZGB abgesprochen wird. Auf seine Meinung wird lediglich noch "soweit tunlich" Rücksicht genommen. Wie bereits gezeigt wurde, besteht das Hauptziel der Erziehung aber gerade in der Heranbildung der Selbständigkeit.[48] Es fragt sich, wie eine solche erreicht werden kann, wenn dem Kind - hinter dem Schutzvorhang des Kindeswohles - das *Recht auf Fehler* abgesprochen wird. Es ist ihm deshalb das Recht zuzugestehen, auch falsche Entscheidungen treffen zu können. Mit dem Argument, es sei vor Selbstschädigung zu bewahren, wären sonst viele heute noch zulässige Handlungen zu verbieten.[49] Dennoch bleibt bei gewissen prinzipiellen Entscheiden im Zweifelsfall - wegen deren weitgehenden Unwiderruflichkeit - Vorsicht geboten.[50]

---

[46] Gemäss SALADIN sind die Wünsche der Kinder Gegenstand eines "originären" Grundrechts, dem das verfassungsmässige "Recht" der Eltern nicht gleichrangig gegenübersteht (SALADIN, Familie, 152). Vgl. auch BGE 111 II 124; 107 II 502. Gemäss JORIO, 69 kann es kaum logisch sein, einerseits zu postulieren, die elterliche Gewalt von allen eigennützigen Elementen für die Eltern zu reinigen, um das Kindeswohl zu verstärken, andererseits aber von einer Interessenabwägung zwischen Eltern- und Kindeswohl zu sprechen.

[47] MÜNDER, Kindererziehung, 51.

[48] Es ist schwierig, den aktuellen Grad der angestrebten Selbständigkeit des Kindes zu erkennen und anzuerkennen. Damit ist auch die Grenzziehung zwischen elterlicher Gewalt und Persönlichkeitsrecht des Kindes nicht klar (FRANK, 45). Zu dieser Problematik vgl. auch DUSS-VON WERDT Josef, Konflikte zwischen Eltern und Kindern/Kindern und Eltern als Gegenstand von Familienrecht und Familienberatung, in: ZVW 41/1986, 9 ff.; BGE 119 Ia 134 ff.

[49] Vgl. dazu auch HILLGRUBER Christian, Der Schutz des Menschen vor sich selbst, München 1992; LITTWIN Frank, Grundrechtsschutz gegen sich selbst, Das Spannungsverhältnis von grundrechtlichem Selbstbestimmungsrecht und Gemeinschaftsbezogenheit des Individuums, Frankfurt a.M. 1993; HIPPEL Eike von, Der Schutz des Schwächeren, Tübingen 1982, insb. 55 ff. (Der Schutz des Kindes); HÄBERLE Peter, Das Menschenbild im Verfassungsstaat, Berlin 1988; STEINAUER Paul-Henri, L'enfant dans le Code civil, in: Menschenbild im Recht, Festgabe der rechtswissenschaftlichen Fakultät zur Hundertjahrfeier der Universität Freiburg, Freiburg (Schweiz) 1990, S. 471-495.

[50] So auch PLOTKE, Schulrecht, 35.

III. Beschränkungen durch den Staat

1. Staatliches Wächteramt

Trotz der natürlichen Zuordnung der elterlichen Rechte zum Kind ist unbestritten, dass dem Staat das "Wächteramt" darüber zukommt. Der Staat steckt die Grenzen des prinzipiellen Elternrechts ab, um das Kind und dessen Grundrechte vor Missbräuchen der elterlichen Erziehungsfreiheit zu schützen.[51] Die Behörden haben dabei den elterlichen Vorrang bei der Beurteilung des Kindeswohls zu berücksichtigen.[52]

Die elterliche Gewalt ist nicht eigennützig ausgerichtet. Sie hat sich am *Wohle des Kindes* zu orientieren und dessen *Reife und Urteilsfähigkeit* zu berücksichtigen. "Ist das Wohl des Kindes gefährdet (...), so trifft die Vormundschaftsbehörde die geeigneten Massnahmen zum Schutze des Kindes."[53] "Sie kann insbesondere die Eltern, die Pflegeeltern oder das Kind ermahnen, ihnen bestimmte Weisungen für die Pflege, Erziehung und Ausbildung erteilen und eine geeignete Person oder Stelle bestimmen, der Einblick und Auskunft zu geben ist."[54] Aufgrund seines Wächteramtes kann der Staat in die (zivilrechtliche) Beziehung zwischen Eltern und Kind eingreifen.[55] Das staatliche Wächteramt ist aber lediglich als Kompetenz zur *Missbrauchsgesetzgebung* zu verstehen.[56] Erst wenn das Kindeswohl durch die elterlichen Entscheide verletzt wird, d.h. wenn sie ihren Ermessensspielraum überschreiten, kann der Staat als Obervormund mittels der *Kindesschutzmassnahmen (Art. 307 ff. ZGB)* korrigierend eingreifen.[57] Er kann dann dem Elternrecht ein eigenes Erziehungsrecht

---

[51] ECKSTEIN, 227.

[52] TSCHÜMPERLIN, 93 f.

[53] Art. 307 Abs. 1 ZGB.

[54] Art. 307 Abs. 3 ZGB.

[55] MÜNDER, Kindererziehung, 91; vgl. auch GRAFFENRIED, 201 f.

[56] ECKSTEIN, 237; TSCHÜMPERLIN, 139 ff.

[57] Vgl. dazu MÜLLER Arthur, 153 f.; TSCHÜMPERLIN, 118; FLEINER-GERSTER, Eltern, 667; ECKERT, 23 ff.; DEGOUMOIS, 4 ff.; MEIER-SCHATZ, 76; JORIO, 70 f.; EGGER, Art. 273 ZGB, Rz. 6; KLEY, 289; GRAFFENRIED, 224 ff. Vgl. dazu auch DI BISCEGLIA Carlo Alberto, Die Kindesschutzmassnahmen nach Art. 307, 308 und 310 und ihre einschränkende Wirkung auf die elterliche Gewalt, Diss. Basel 1979; HENKEL Helmut Ernst, Die Anordnung von Kindesschutzmassnahmen gemäss Art. 307 rev.ZGB, Diss. Zürich 1976, Entlebuch 1977; LUSTENBERGER Markus, Die fürsorgerische Freiheitsentziehung bei Unmündigen unter elterlicher Gewalt (Art. 310/314a ZGB), Freiburg 1987; MÜLLER Hulda, Das staatliche Eingreifen in die Elternrechte zum Schutze der Person des Kindes, Diss. Zürich 1923.

gegenüberstellen und nötigenfalls das Elternrecht zum Wohle des Kindes beschränken.[58] Der Staat hat dabei gewissen Leitsätzen zu folgen. Gemäss dem *Subsidiaritätsgrundsatz* darf er nur einschreiten, wenn die Eltern auf Hilfe angewiesen sind. Die Massnahmen dürfen nur soweit gehen, bis die Eltern ihr Pflichtrecht wieder selbständig wahrnehmen können, d.h. sie haben die elterlichen Fähigkeiten *komplementär* zu ergänzen. Sie haben dem Grad der Gefährdung zu entsprechen und der Staat hat die mildeste Massnahme zu treffen *(Verhältnismässigkeit)*.[59] Schliesslich dürfen sie nur verhängt werden, wenn die Gefährdung des Kindeswohls damit voraussichtlich behoben werden kann.

2. Staatliches Erziehungsrecht

a) *Allgemeines*

Die *Ausbildung* der Kinder betreffend, besitzt der Staat einen grundsätzlichen und generellen Bildungs- und Lehrauftrag.[60] Die Eltern allein können den Kindern keine Gewähr mehr für eine moderne Ausbildung geben.[61] Diese Aufgabe muss die grössere Gemeinschaft, der Staat, übernehmen.[62] Bei der Vermittlung von Verstandesbildung und praktischen Fähigkeiten ist die Schule vollkommener als das Elternhaus. Erst die Schule kann ein Kind so bilden, dass es befähigt wird, an den Kulturgütern von heute teilzunehmen.[63] Die *Erziehung* betreffend, hat sich gezeigt, dass die Eltern ein prinzipielles Erziehungsrecht besitzen. Es fragt sich, ob Art. 27 Abs. 2 und 3 BV ebenfalls ein *staatliches Erziehungsrecht* statuieren.[64] Es soll untersucht werden, ob die Schule lediglich als "verlängerter Arm" der Eltern angesehen werden soll oder ob dem Staat gar ein eigenständiges Erziehungsrecht zukommt.

---

58 ECKSTEIN, 190. Vgl. dazu beispielsweise die Problematik der obligatorischen zahnärztlichen Behandlungspflicht (BGE 118 Ia 439 ff., E. 7 und 8).

59 Vgl. BGE 96 II 78, E. d.

60 Vgl. WARTBURG Wolfgang von, Vom Bildungsauftrag der Schule, in: GIGER, S. 155-176; BERNER Hans, Aktuelle Strömungen in der Pädagogik und ihre Bedeutung für den Erziehungsauftrag der Schule, Bern 1992, S. 16 ff.

61 Vgl. dazu auch MÜLLER Arthur, 63 ff.

62 FLEINER-GERSTER, Eltern, 668.

63 WEISSENRIEDER, 144. Auch FLEINER-GERSTER räumt den Eltern in Erziehungsfragen und dem Staat bezüglich des Ausbildungsauftrages ein Prioritätsrecht ein (FLEINER-GERSTER, Eltern, 669, 670). Zur Problematik vgl. auch MONTANDON/TROUTOT, 216 ff.

64 ECKSTEIN, 201.

b) *Staat als Vollzugsorgan der Eltern*

Das *Erziehungsrecht* steht grundsätzlich den Eltern zu. Sie haben es auf das Wohl und die Interessen des Kindes auszurichten. Die Schule ist nur Hilfsanstalt des Elternhauses.[65] Der Sinn staatlicher Tätigkeit liegt in der *Entlastung und Unterstützung der Eltern.*[66] Dies wird bestätigt durch die verschiedensten kantonalen *Schulzweckartikel.* So lautet beispielsweise Art. 3 Abs. 1 des St.Galler Volksschulgesetzes:[67] "Die Volksschule unterstützt die Eltern in der Erziehung der Kinder (...)."[68] Die Schule erhält damit einen gesetzlichen *Erziehungsauftrag*. Dieser deckt aber nur gerade jene Erziehungsmassnahmen ab, die für den Schulbetrieb und die Erfüllung des Erziehungsauftrages notwendig sind. Die Weisungsbefungnis des Staates ist *örtlich* grundsätzlich auf das Anstaltsareal beschränkt.[69] *Zeitlich* ist das staatliche Schulerziehungsrecht auf die Schulzeit i.e.S. beschränkt (Lektionen, Zwischenstunden, Pausen, Arrest, Lager, Exkursionen und Hausaufgaben i.e.S.).[70] Der Schulzweck rechtfertigt aber auch Einschränkungen ausserhalb der Schule,[71] obwohl dieser Bereich grundsätzlich in den Aufgabenkreis der Eltern fällt.[72] Denn ein bestimmtes Verhalten des Schülers kann sich negativ auf Leistungen, Schulbetrieb und Aufgabenerfüllung der Schule auswirken.[73]

Aus dieser Zwecksetzung erwächst dem Staat die Pflicht, wie die ideale Familie zu erziehen. Der Lehrer, als Verwalter der staatlichen Verantwortung, kann nicht

---

65 WEISSENRIEDER, 143.

66 HÄRING, 27.

67 Volksschulgesetz vom 13. Januar 1983 (sGS 213.1).

68 Für weitere Schulzweckartikel vgl. die Zusammenstellung bei ECKSTEIN, 274 ff. Interessant wäre die Frage, ob Eltern oder Kinder aus dem Schulzweck bestimmte subjektive Rechte ableiten können (ECKSTEIN, 234).

69 ECKSTEIN, 235 f.

70 ECKSTEIN, 236 ff.; PLOTKE, Schulrecht, 439 f. Hier ist an Ferien und Freizeit zu denken (PLOTKE, Schulrecht, 42). Die Teilnahme an mehrtägigen Ausflügen (z.B. Wanderungen und Skilager) hängt von der Zustimmung der Eltern ab (a.a.O.).

71 Z.B. Verbot, bestimmte Lokale aufzusuchen (Wirtshaus, Bar, Kino, Spielsalon) (vgl. dazu HUG-BEELI, 55 ff.). Zum *Mofaverbot* auf dem Schulweg vgl. die beiden kantonalen Entscheide aus Zürich (ZBl 88/1987, S. 420 ff.) und dem Thurgau (ZBl 87/1986, S. 460 ff.). Zur Literatur dazu vgl. JAAG Tobias, Das Mofaverbot auf dem Schulweg aus rechtlicher Sicht (ZBl 88/1987, S. 410 ff.); PLOTKE Herbert, Schule und Elternhaus (a.a.O., 448 ff.); SCHWANDER Kurt, Die rechtliche Zulässigkeit des Mofa-Fahrverbotes für den Schulweg, in: ZBl 89/1988, S. 114-121.

72 HUG-BEELI, 63.

73 HUG-BEELI, 57.

Freiheiten in Anspruch nehmen, die dem Staat nicht zustehen.[74] Aus dem allgemeinen Erziehungsauftrag kann die Schule keine Berechtigungen ableiten, die in den vom ZGB den Eltern garantierten Ermessensspielraum eingreifen.[75] Ein subjektives Recht auf Beachtung konkreter elterlicher Erziehungsvorstellungen durch die Schule erwächst den Eltern aber nicht.[76] Das ist allein schon wegen der Schülerzahl aus praktischen Gründen nicht möglich.[77] Im Konfliktfall muss eine *Interessenabwägung* vorgenommen werden. Kann der Konflikt nicht beseitigt werden, muss den Eltern das Recht zugestanden werden, ihr Kind privat erziehen und ausbilden zu lassen.[78]

c) *Eigenständiges staatliches Erziehungsrecht*

Seit die Schulpflicht eingeführt wurde, besteht ein Streit um die Abgrenzung des elterlichen und staatlichen *Erziehungsrechtes*. Insbesondere *Deutschland* kennt eine uferlose Diskussion über Subsidiarität oder Gleichrangigkeit.[79] Die *Schweiz* besitzt hingegen eine Rechtstradition, die in der staatlichen Macht den Willen der Bürger wiedererkennt. Mit dieser ungebrochenen Legitimität hat man es nicht schwer, sowohl dem Staat als auch den Eltern ein *ebenbürtiges originäres Erziehungsrecht* zuzugestehen. Es geht nicht um eine Polarisierung, sondern um ein *partnerschaftliches Zusammenwirken* beiderseits, orientiert am Wohl des Kindes.[80] Denn würde dem

[74] FLEINER-GERSTER, Eltern, 671. Auch die *pädagogische Freiheit* ist nicht Selbstzweck des Lehrers, sondern steht im Dienste des Kindeswohles. Der Lehrer hat nur Mittlerfunktion im Dienste des Schulauftrages zugunsten der Schüler (a.a.O., 670).

[75] PLOTKE, Schulrecht, 315.

[76] ECKSTEIN, 234.

[77] PLOTKE, Schulrecht, 332.

[78] FLEINER-GERSTER, Eltern, 670.

[79] ECKSTEIN, 223, 226.

[80] Vgl. dazu ECKSTEIN, 223, 227; BANNWART-MAURER, 101; TSCHÜMPERLIN, 198 m.w.H.; BORGHI, Art. 27 BV, Rz. 30; FLEINER-GERSTER, Eltern, 669 (a.M. auf S. 667); ZÜST, 72 m.w.H.; HÄRING, 27; MÜLLER Arthur, 86 ff., 101, 163 f.; MÜLLER Max, 207; SALADIN, Rechtsbeziehungen, 204 Anm. 146; HUG-BEELI, 63; RECHSTEINER, 629; MARSCHALL, 65 f.; KIM, 8 m.w.H.; BOSSHARD, 50 f.; PETITJEAN, 98, 100; SPIELER, 37, 41; DINKELMANN, 60 f.; KLEY, 284 f., 291; HANGARTNER, Band II, 26; vgl. auch BLUNTSCHLI, Staatsrecht, 471 f. Vgl. in diesem Zusammenhang auch BGE 120 IV 6 ff., wo zu beurteilen war, ob ein Lehrer an einer Schülerin eine sexuellen Handlung begangen hatte: "Insbesondere der Primarlehrer trägt hier in einer entwicklungspsychologisch bedeutsamen Lebensphase aufgrund seines *erzieherischen Auftrags* und seiner Vertrauensstellung erhöhte Verantwortung" (S. 9, E. bb) [Hervorhebung durch Verfasser]).

Staat kein Erziehungsanspruch zugestanden,[81] wäre der Lehrer nur noch Vollzugsorgan der elterlichen Erziehungsvorstellungen.[82]

Der Staat nimmt sein Erziehungsrecht vorwiegend durch die Schulerziehung wahr. Zu diesem Zweck führt er in der Regel Schulanstalten. Andere Ausgestaltungsformen, wie etwa die blosse Aufsicht über die Privatbildungspflicht, wären aber durchaus auch denkbar.[83] Die mulitkulturelle Gesellschaft verlangt vom Staat flexible Lösungen, d.h. auch Zurückhaltung und Toleranz. Er hat sich zu einer *pluralistischen Bildungskonzeption* zu bekennen.[84] Der Wettbewerb zwischen den Ländern verlangt genügend Beweglichkeit. Der Staat muss deshalb die kommende Generation dazu befähigen, die auf sie zukommenden Aufgaben erfüllen zu können. Er hat auch das Recht zu verhindern, dass die Jugend in staatsverneinendem Sinne erzogen wird.[85] Er hat die Bildungsgrundlage für einen *demokratischen Staat* zur Verfügung zu stellen.[86] In diesem Sinne soll der Staat sowohl die Freizeitgestaltung mitbeeinflussen als auch erzieherisch tätig sein können bezüglich späterer staatsbürgerlicher, sozialer und militärischer Funktionen der Staatsbürger. Die Grenze bildet dabei jegliche Vermittlung staatlicher Ideologie oder Indoktrination als auch ein zu starker Einfluss auf das elterliche Erziehungsrecht im familiären Bereich.[87]

3. Abgrenzung zwischen staatlichem und elterlichem Erziehungsrecht

a) Problematik

Die Untersuchung des Elternrechts hat die Vielfältigkeit der Rechtsbereiche aufgezeigt: das elterliche und staatliche Recht zur Erziehung und Ausbildung, das staatliche Vollzugsrecht und das elterliche Recht für Sorge und Pflege der Kinder. Eine klare

[81] Vgl. SCHMID Josef, 48 ff.

[82] ECKSTEIN, 233. Die Schule handelt im Auftrag der Gemeinschaft aller Einwohner und nicht namens der Eltern (PLOTKE, Schulrecht, 334, 337).

[83] ECKSTEIN, 228.

[84] FLEINER-GERSTER, Eltern, 669, 672; MÜLLER Arthur, 88.

[85] SCHMID Josef, 48 f. Die Schule ist eine Einrichtung zur Formung des Nationalcharakters und Nationalgefühls. Sie bildet ein elementares Integrationsmittel, das zur Existenzsicherung des Staates dient (MÜLLER Arthur, 87 f.).

[86] BANNWART-MAURER, 101. Vgl. hiezu auch Demokratie-Lernen als politische und pädagogische Aufgabe, für Kurt Gerhard Fischer zum 60. Geburtstag, hrsg. von S. George und W. Sander, Stuttgart 1988.

[87] BANNWART-MAURER, 128; vgl. auch KIM, 53 f.

Trennung dafür gibt es nicht, da die Bereiche meistens nahtlos ineinander übergehen und sich gegenseitig bedingen und beeinflussen. Bestenfalls lassen sich Schwerpunkte setzen. Der Idealfall geht zwar davon aus, dass der Lehrer rein mechanisch dem Neutralitätsgebot in der Schule folgen kann. Dies entspricht aber nicht der Wirklichkeit, da im Schulunterricht ein Lehrer kraft seiner Persönlichkeit[88] immer auch (un)bewusst erzieherisch tätig ist.[89] Genau dies führt dann zu Konflikten zwischen der Schule und dem Elternhaus.

b) Gesamterziehungsrecht der Eltern

Grundsätzlich lässt sich sagen, dass sich sowohl Eltern als auch Staat auf *gleichrangige Verfassungsnormen* berufen können: das Elternrecht als (ungeschriebenes) Verfassungsrecht bzw. Völkerrecht und der staatliche Erziehungsanspruch aus Art. 27 BV.[90] Weder das Elternrecht noch die Schulhoheit geniesst damit einen absoluten Vorrang.[91] Doch folgt daraus nicht notwendigerweise ihre Gleichberechtigung. Während sich das elterliche Recht grundsätzlich auf alle Bereiche erstrecken kann und die Eltern insofern für Sorge, Pflege und Erziehung der Kinder *vorrangig* zuständig sind,[92] beschränkt sich die Aufgabe des Gemeinwesens auf Schule, Unterstützung der Eltern und Jugendhilfe.[93] Dies schliesst weder eine staatliche Familiengesetzgebung noch Regelungen über einzelne Aspekte der Ausbildung, Betreuung und Pflege der Kinder aus.[94] Weil die *Eltern* am besten für das Wohl des Kindes sorgen können,[95]

---

[88] Dazu beispielsweise HAIDL Manfred (Hrsg.), Lehrerpersönlichkeit und Lehrerrolle im sozialintegrativen Unterricht, München 1981; Der Lehrer in Erziehung und Unterricht, Persönlichkeit-Einstellung-Verhalten, mit Beiträgen von DUMKE Dieter et al., Hannover 1980.

[89] Das zeigt sich insbesondere bei (kirchlichen) Internaten, wo nicht bloss die Ausbildung intellektueller Fähigkeiten dominiert, sondern die gesamthafte Erziehung des Menschen in geistiger, körperlicher und charakterlicher Hinsicht im Vordergrund steht (ZIEGLER, 15). Vgl. auch RAMSEGGER Jörg, Was heisst "durch Unterricht erziehen"?, Erziehender Unterricht und Schulreform, Weinheim und Basel 1991.

[90] MÜLLER Arthur, 164.

[91] HUG-BEELI, 63.

[92] BGE 118 Ia 435.

[93] PLOTKE, Schulrecht, 27, 328; ders., Anordnungen, 13; KLEY, 291; DINKELMANN, 58 f. Die Schule handelt weder im Auftrag der Eltern noch des Staates, sondern der Gemeinschaft (PLOTKE, Schulrecht, 334, 337). Sie erbringt die Ausbildung selbständig, unterstützt aber die Arbeit der Eltern (a.a.O., 328; vgl. auch 46 f.).

[94] BGE 118 Ia 435.

[95] FLEINER-GERSTER, Eltern, 670; WILDHABER Luzius, in: EuGRZ 1976, S. 495.

kommt ihnen ein sogenanntes *Gesamterziehungsrecht* zu.[96] Dieses Recht umfasst die Pflege und Sorge für das leibliche Wohl (Nahrung, Kleidung, Wohnung), die Leitung der geistigen und seelischen Entwicklung, die Schul- und Berufsbildung, das religiöse Leben und sein Verhältnis zur Umwelt.[97] Das Elternrecht beschränkt sich also nicht auf die Erziehung innerhalb der Familie bzw. ausserhalb der Schulzeit,[98] sondern erstreckt sich auch auf die schulischen Belange, d.h. den Unterricht.[99] Verzichten die Eltern aber auf die Möglichkeit, ihre Kinder in einer Privatschule unterrichten zu lassen, darf von ihnen ein bestimmter Grad an Anpassung verlangt werden.[100] Die Ausübung des Elternrechts soll grundsätzlich weder in die Organisation der öffentlichen Schule eingreifen noch deren Bildungs-, Erziehungs- und Fürsorgeauftrag stören oder gefährden.[101]

c) *Pflicht zur Zusammenarbeit*

Die Erziehung und Ausbildung der Kinder ist nicht nur Sache der Eltern. Einen bedeutenden Anteil an dieser Aufgabe haben auch die Schule sowie die öffentliche und gemeinnützige Jugendhilfe.[102] Wie die gemachten Ausführungen gezeigt haben, besteht zwischen der elterlichen und staatlichen Erziehung und Ausbildung keine feste Grenzlinie, da sie sich mannigfaltig überschneiden und ineinandergreifen.[103] Eltern und staatliche Instanzen sind deshalb von der *Verfassung* her zu *partnerschaftlichem*

---

[96] WEISSENRIEDER spricht den Eltern ein ursprüngliches (primäres), dem Staat nur ein abgeleitetes (sekundäres) Erziehungsrecht zu (S. 143). Doch sei das Elternrecht kein ausschliessliches, sondern ein besseres Recht. Gegenüber anderen Erziehungsträgern sei es ein Prioritätsrecht (S. 145).

[97] HEGNAUER, Berner Kommentar, Art. 275 ZGB, Rz. 30; PLOTKE, Schulrecht, 37 f.

[98] BANNWART-MAURER, 107 ff.; HUG-BEELI, 63; MÜLLER Arthur, 164; RECHSTEINER, 629.

[99] BANNWART-MAURER, 109. Vgl. dazu auch MAERKI, 73; MÜLLER Max, 16.

[100] Diese Pflicht zur Anerkennung der öffentlichen Strukturen besteht aber nur unter dem Vorbehalt, dass für die Eltern tatsächlich eine *echte* Wahlmöglichkeit zwischen privaten und öffentlichen Schulen besteht.

[101] MÜLLER Arthur, 164; HUG-BEELI, 63; ähnlich MÜLLER Max, 232 f.

[102] BBl 1974 II 77; HEGNAUER, Grundriss, Rz. 26.16.

[103] HUG-BEELI, 63. Als Beispiel nennt er die *Hausaufgaben*, mit denen die Schulhoheit über die Schulstunden hinaus in die elterliche Kompetenz reicht, oder die Vorgabe der *Unterrichtszeit*, wodurch die Tischzeit bestimmt wird (a.a.O.). PLOTKE verlangt aber wenigstens klare Verantwortungsbereiche (PLOTKE, Anordnungen, 11).

Zusammenwirken bei Erziehung und Ausbildung verpflichtet.[104,105] Der Staat kann sich von dieser Pflicht nicht durch die Gewährung der allgemeinen Unterrichtsfreiheit entlasten.[106]

Die *Zusammenarbeitspflicht mit der Schule* findet sich in Art. 302 Abs. 3 ZGB.[107] Dort wird von den Eltern verlangt, "in geeigneter Weise mit der Schule (...) zusammenzuarbeiten".[108] Diese Bestimmung ergänzt die öffentlich-rechtlichen Pflichten der Unterrichtsgesetze.[109] Im alten Kindesrecht war diese Bestimmung nicht enthalten, weil man noch der Auffassung war, die Erziehung sei alleinige Sache des Elternhauses. Weil die Einführung in den Beratungen umstritten war,[110] wurde dem durch die vorsichtige Formulierung "in geeigneter Weise" Rechnung getragen. Heute ist unbestritten, dass die Erziehung auf ein Zusammenwirken angewiesen ist, wenn man beide Interessen zur Übereinstimmung bringen will. Dabei besteht keine fakultative Wahlmöglichkeit. Mit der Schule haben die Eltern in jedem Fall zusammenzuarbeiten, weil der Schulbesuch obligatorisch ist. Dadurch darf aber die positive Erziehungsarbeit der Eltern nicht beschränkt werden. Die Bestimmung richtet sich deshalb grundsätzlich nicht gegen die positive Erziehungsfreiheit der Eltern, sondern gegen die Gleichgültigkeit der Eltern der Schule gegenüber.[111]

---

104 PLOTKE, Bildung, 27 f., 37, 55; SALADIN, Rechtsbeziehungen, 204. DEGUMOIS, 12 lehnt eine Zusammenarbeitspflicht ab.

105 Vgl. dazu auch DIETRICHS Ekkehard, Partnerschaft in der Schule - Schule als Partner, Bad Heilbrunn/Obb. 1989 (zugl. Diss. Würzburg); JOST L./SCHOLL-SCHAAF M., Eltern und Schule im Dialog, Wege zur Zusammenarbeit von Eltern, Lehrern und Schulbehörden, Bern 1985.

106 FLEINER-GERSTER, Eltern, 669.

107 PLOTKE bedauert, dass es sich hier nur um eine Soll-Bestimmung handelt (PLOTKE, Anordnungen, 20).

108 Die Bestimmung betont gleichzeitig die Selbständigkeit und Unabhängigkeit von Staat und Eltern (PLOTKE, Schulrecht, 328). Gemäss PLOTKE enthält die Pflicht der Eltern, ihre Kinder ausbilden zu lassen, zwei Komponenten: Einerseits haben sie ihre Kinder zur Schule zu schicken, und andererseits müssen sie sie im Hinblick auf den Schulbesuch günstig zu beeinflussen suchen und mit der Ausbildungsstätte zusammenarbeiten (a.a.O., 43, 339 ff.). Zu den einzelnen Aspekten der Mitwirkung vgl. a.a.O., 44.

109 Zahlreiche Schulgesetze verpflichten *umgekehrt* Lehrer und Schule zur Zusammenarbeit mit den Eltern (PLOTKE, Schulrecht, 44; vgl. dazu auch später). Die Unterscheidung ist aber m.E. irrelevant, da im Ergebnis gleichgestellte Partner miteinander kooperieren.

110 STETTLER, 392.

111 TSCHÜMPERLIN, 143, 227 ff.; BBl 1974 II 77. Dass die Eltern den Schulfragen gleichgültig gegenüberstehen, ist kein Beweis für die fehlende Ermächtigung. Damit aber das Kulturniveau gehalten werden kann, ist das Interesse der Eltern für die Bildungsfürsorge zu wecken (WEISSENRIEDER, 204).

Die Notwendigkeit zur Kooperation ergibt sich aus der Interdependenz elterlicher und schulischer Erziehungsbemühungen. Der Schulerfolg des einzelnen Schülers hängt aber entscheidend von den "familialen Vorleistungen" ab.[112] Die Sozialisationsbedingungen der Schüler sind wesentlich für die Lernmotivation verantwortlich. Der Schule wird damit die Aufgabe zugewiesen, an die Eltern heranzutreten und eine Verbindung zwischen Schule und Familie herzustellen.[113] Je früher dies geschieht, desto grösser ist die Möglichkeit, die Bildungschancen des Kindes zu verbessern. Elementar- und Primarbereich sind daher in besonderem Masse für eine Kooperation geeignet.[114] Das Ziel der Kooperation liegt in der Übereinstimmung der Erziehungsstile und Erziehungsziele.[115]

Im Ergebnis handelt es sich bei der Zusammenarbeitspflicht um eine Pflicht dem *Kinde* gegenüber.[116] Denn bei einem Konflikt zwischen Schule und Eltern werden die Kinder an der Auseinandersetzung unweigerlich beteiligt und damit stark betroffen.[117] Es ist anzustreben, dass das Kind die Schule und das Elternhaus als eine *Einheit* auffasst, damit Pflege, Erziehung und Ausbildung optimal erfolgen können.[118] Gleichzeitig könnten auch Synergieeffekte ausgenutzt werden. Es wäre

---

112 Vgl. dazu beispielsweise ENGEL Uwe und HURRELMANN Klaus, Bildungschancen und soziale Ungleichkeit, in: MÜLLER-ROLLI Sebastian (Hrsg.), Das Bildungswesen der Zukunft, Stuttgart 1987, S. 77-97.

113 Oft beraten auch viele Inspektoren - ohne direkt verpflichtet zu sein - die Eltern von Kindern, die in der Schule Schwierigkeiten zeigen, um den Erziehern den Weg zu den Fachinstanzen aufzuzeigen und zu ebnen (PLOTKE, Schulrecht, 237).

114 GRABBE Beate, Chancen und Probleme der Kooperation zwischen Lehrern und Eltern bei der Elternmitarbeit im Unterricht der Grundschule, Frankfurt/Main 1983, S. 16 f.; vgl. auch NEUBAUER W. F./GAMPE H./KNAPP R., Konflikte in der Schule, Möglichkeiten und Grenzen kooperativer Entscheidfindung, 4. A., Neuwied 1992.

115 GRABBE, a.a.O., 58 ff. Es sei aber auch betont, dass es Gründe gibt, die Eltern und Lehrer behindern, Kinder gemeinsam zu erziehen. HÜLSHOFF nennt deren drei. Erstens sei nicht immer die Basis für eine geregelte, wirksame, sachkundige und vertrauensvolle Zusammenarbeit gegeben. Zweitens sei die Schule nach einem geschlossenen Bürokratiemodell organisiert, das partnerschaftliches Zusammenwirken mit den Eltern oft erschwere. Und schliesslich hätten die langwierigen Diskussionen über schulorganisatorische Veränderungen, Curricula und Lehrerbildung dazu geführt, dass drängende Fragen nach unverzichtbaren Erziehungszielen und Methoden der Erziehung unbeantwortet geblieben sind (vgl. HÜLSHOFF Theo, Was Eltern und Lehrer behindert, Kinder gemeinsam zu erziehen. Drei Thesen und Reflexionen, in: MARZ F./ZUBKE F. [Hrsg.], Elternmitwirkung in der Schule, Zum aktuellen Stand elterlicher Beteiligung in der Schule, Stuttgart 1982, S. 69-74).

116 BBl 1974 II 77.

117 BGE 114 Ia 138.

118 Vgl. DITTON Hartmut, Familie und Schule als Bereiche des kindlichen Lebensraumes, Eine empirische Untersuchung, Frankfurt a.M. 1987.

möglich, die *eine* Persönlichkeit des Kindes gesamthaft in körperlicher, geistiger, seelischer und charakterlicher Hinsicht zu bilden. Dass damit dem Kindeswohl am besten entsprochen würde, bedarf keiner weiteren Erklärungen.

IV. Relativierung der Sehranken durch die elterlichen Verhältnisse

Können minderbemittelte Eltern dem begabten Kind nicht die entsprechende Erziehung und Ausbildung gewähren oder stellen gutsituierte Eltern zu hohe Anforderungen an minderbegabte Kinder, können Spannungen entstehen. Nach Art. 302 Abs. 2 ZGB haben die Eltern dem Kind "eine angemessene, seinen Fähigkeiten und Neigungen soweit möglich entsprechende allgemeine und berufliche Ausbildung" zu verschaffen. Insbesondere geht es dabei um die körperlichen, geistigen und charakterlichen Eigenschaften des Kindes.[119] Gemäss Art. 302 Abs. 1 ZGB haben die Eltern das Kind "ihren Verhältnissen entsprechend" zu erziehen. Dazu zählen sowohl die intellektuellen und finanziellen Möglichkeiten als auch die physischen und erzieherischen Fähigkeiten.[120]

Art. 302 Abs. 2 ZGB verlangt von den Eltern lediglich eine "angemessene" Erziehung und Ausbildung. D.h. es ist neben den Interessen des Kindes auch auf jene der Eltern gebührend Rücksicht zu nehmen, wobei im Zweifelsfalle jene des Kindes einen gewissen Vorrang geniessen. Denn das Prinzip des Kindeswohls und die Leitidee der Achtung der Persönlichkeit des Kindes setzen deutliche Schranken.[121] Wählt nun beispielsweise das im Sinne von Art. 301 Abs. 2 ZGB "reife" Kind eine Privatschule aus, könnten dessen Eltern an finanzielle Grenzen stossen. Sie besitzen deshalb ein Vetorecht, wenn die gleiche Ausbildung bedeutend günstiger, aber ebensogut an einer andern Schule erworben werden kann. Eine Pflicht der Eltern zur Finanzierung einer teuren Privatschule besteht nur dort, wo das Kind aufgrund *besonderer Umstände* darauf angewiesen ist *und* die *finanziellen Verhältnisse* dies erlauben.[122]

---

[119] Vgl. Art. 302 Abs. 1 ZGB.

[120] STETTLER, 380; TSCHÜMPERLIN, 202.

[121] TSCHÜMPERLIN, 203 f.

[122] TSCHÜMPERLIN, 274.

V. Zusammenfassung von § 9

Die staatlichen und elterlichen Erziehungsrechte existieren nicht unabhängig und isoliert voneinander, sondern sie beschränken sich gegenseitig: das prinzipielle Elternrecht durch das staatliche Wächteramt und das staatliche Erziehungsrecht durch die zentralen Werte des Elternrechts (konfessionelles, weltanschauliches und pädagogisches Elternrecht). Schliesslich werden diese Rechte umfassend durch die Interessen des Kindes beschränkt.

Das Verhältnis der Eltern zum *Kind* zeichnet sich nicht durch eine absolute Erziehungsfreiheit aus, sondern durch deren zweck- und pflichtgebundenen, treuhänderischen und fremdnützigen Charakter. Die Eltern haben ihre Befugnisse auf das Kindeswohl auszurichten und dabei die Persönlichkeit des Kindes sowie dessen Reife und Urteilsfähigkeit zu berücksichtigen. Bei Interessenkonflikten verdient im Zweifelsfall der subjektive Wille des Kindes den Vorrang. Dieser Anspruch wird aber relativiert durch die Verhältnisse der Eltern.

Die elterliche Gewalt wird auch durch den *Staat* beschränkt. Einerseits besteht ein staatliches Wächteramt, das dafür sorgt, dass die Eltern ihre Rechte im Interesse des Kindes ausüben. Bei Ermessensmissbrauch bildet dies die Grundlage für Kindesschutzmassnahmen nach Art. 307 ff ZGB. Andererseits wird dem Staat ein eigenständiges Erziehungsrecht zugestanden, das sich nicht nur örtlich und zeitlich auf den schulischen Erziehungsauftrag stützt, sondern auch darüber hinausgeht. Doch hat der Staat bei der Ausübung seines Erziehungsrechtes die Interessen des Kindes zu berücksichtigen. Als gleichberechtigte Partner haben sowohl Staat als auch Eltern die Pflicht, im Interesse des Kindes miteinander zusammenzuarbeiten und dem Toleranzprinzip nachzuleben. Im Konfliktsfall kommt den Eltern aber ein Gesamterziehungsrecht zu.

B. Die Privatschulfreiheit in der Schweiz

§ 10 Statistische Bedeutung des Privatschulwesens

I. Allgemeines

Die geschichtliche Entwicklung hat gezeigt, dass das Privatschulwesen für das Schweizer Schulwesen ständig eine wichtige Rolle spielte. Dessen Bestehen veranlasste den Staat jeweils, sein Schulwesen zu überdenken. So schuf er zum Teil Schultypen, die bisher von Privatschulen angeboten wurden, oder er verstaatlichte gewisse Ausbildungsgänge. Der *qualitative* Beitrag des Privatschulwesens zur Gesamtschulentwicklung ist deshalb als erheblich zu bezeichnen. Wichtige Anstösse für bedeutende Neuschöpfungen sind oft der Tätigkeit und Opferwilligkeit der Privaten zu verdanken.[1] Um den *quantitativen* Stellenwert des Privatschulwesens abschätzen zu können, ist man auf statistisches Zahlenmaterial angewiesen. Es soll hier gezeigt werden, welche Bedeutung dem Privatschulwesen in der Schweiz und im Ausland zukommt. Als Grundlage dienen die in Anhang 3 wiedergegebenen Tabellen.

II. Öffentliche Ausgaben für das Bildungswesen

Die *öffentlichen Ausgaben für Bildung* sind während der letzten Jahre im Ausland wie in der Schweiz ständig gestiegen.[2] Im Jahr 1990 hat die Schweiz über 16 Mia. Fr. für Bildung ausgegeben.[3] Dies entspricht 5% des Bruttosozialprodukts bzw. 20% der laufenden öffentlichen Ausgaben.[4] Damit nimmt die Schweiz international einen Spitzenplatz ein.[5,6] Diese Ausgaben wurden hauptsächlich nicht vom Bund (12,2%),

---

[1] KLOSS, 127 m.w.H.

[2] Die jährliche Wachstumsrate der Bildungsausgaben in der Schweiz betrug für die Jahre von 1970-75 5%, für 1975-80 1,3%, für 1980-88 1,9%. Gemittelt ergibt das für die Jahre 1970-88 eine durchschnittliche Wachstumsrate von 2,6% (vgl. OECD, Expenditure, 85 [Table 2.4]).

[3] Pro Schüler/Student ergibt das eine durchschnittliche Ausgabe von Fr. 8'808.- (1976), 9'902.- (1980) und 12'247.- (1988) (Vgl. OECD, Expenditure, 89 [Table 2.8]).

[4] Vgl. Tabelle 24. Die öffentlichen Haushalte stossen an eine Finanzierungsgrenze. Die öffentliche Bildungsfinanzierung besitzt eine doppelte Relevanz. Einerseits besitzen die Bildungsausgaben wegen des Anteils am öffentlichen Gesamthaushalt eine grosse Bedeutung. Andererseits macht sie ihr Gewicht auch abhängig von konjunkturbedingten Einnahmeschwankungen oder allfälligen Sparprogrammen (MÄDING, 268).

[5] Vgl. für das Jahr 1988 Tabelle 26; OECD, Expenditure, 83 f. (Table 2.2 und 2.3).

sondern von den Kantonen (53,9%) und Gemeinden (33,9%) finanziert. Für die Volksschule sind dabei etwa die Hälfte der Gelder ausgegeben worden.[7]

Der *Anteil der privaten Aufwendungen* an den gesamten Ausgaben für Bildung beläuft sich in der Schweiz seit Jahren konstant auf ca. 2%. Höhere Werte verzeichnen im Jahr 1987 Norwegen (2,5%), Deutschland (3,8%), Holland und Irland (4,6%), Australien (6,7%), Griechenland (8,1%), Finnland (8,5%), Kanada (8,3%), Frankreich (15,6%), Japan (22,7%) und die USA (26%).[8]

III. Privatschulwesen

1. Allgemeines

Die Höhe der staatlichen Subventionen an das Privatschulwesen ist von vielen Faktoren abhängig. Zu nennen ist da insbesondere die Abhängigkeit von der nationalen Bildungspolitik, d.h. wie hoch ein Land das Bildungsminimum (obligatorische Schulbildung) ansetzt.[9] Ein zweiter Einflussfaktor bildet das Steuersystem und die Stärke der Privatschullobby. Drittens werden die Beihilfen durch die Vorzüge und Regulierungen der öffentlichen Behörden bestimmt. Schliesslich gibt es Länder (Grossbritannien, USA und Japan), die "indirekte" Subventionen erbringen; d.h. sie gewähren Steuervergünstigungen oder billige Darlehen, welche von der Ausgabenstatistik nicht erfasst werden.[10]

2. Übersicht über das Schweizer Privatschulwesen

Der Anteil der Privatschüler variiert je nach Schulstufe. Dies verdeutlicht die folgende Tabelle, welche die Zahlen für das Schuljahr 1992/93 wiedergibt:[11]

---

6 Vgl. auch KRUG Walter, Reale Bildungsausgaben im europäischen Vergleich, in: SADOWSKI Dieter/TIMMESFELD Andrea (Hrsg.), Ökonomie und Politik beruflicher Bildung - Europäische Entwicklung, Berlin 1992, S. 137-159.

7 Vgl. Tabelle 25; vgl. auch Tabelle 27 für das weltweite Primarschulwesen.

8 Vgl. OECD, Expenditure, 80 f. (Table 1.3).

9 Beispielsweise variiert die Dauer der Primarschule zwischen vier und sechs Jahren. Ihr Beitrag zur obligatorischen Schulbildung, die acht bis zwölf Jahre dauern kann, macht bis zu zwei Dritteln aus (vgl. OECD, Expenditure, 103 [Table 3.A.2]).

10 OECD, Expenditure, 50 f.

Schulstufe (Schuljahr 1992/93)	Schüler Total	An privaten Schulen					
		Gesamt	%	Mit Subv.	%	Ohne Subv.	%
Vorschule	144'469	8'651	6.0	694	8.0	7'957	92.0
Primarstufe (1.-6. Klasse)	420'089	10'533	2.5	1'232	11.7	9'301	88.3
Sekundarstufe I (5.-10.)							
- Grundansprüche	87'927	1'980	2.3	780	39.4	1'200	60.6
- Erweiterte Ansprüche	166'008	11'041	6.7	2'751	24.9	8'290	75.1
- Ohne Selektion	25'686	3'456	13.5	40	1.2	3'416	98.8
- Total	279'621	16'477	5.9	3'571	21.7	12'906	78.3
Schulen mit bes. Lehrplan	40'351	8'077	20.0	7'625	94.4	452	5.6
Sekundarstufe II							
- Maturitätsschulen	58'040	8'386	14.5	3'208	38.3	5'178	61.8
- Schulen für Lehrkräfte	9'162	1'730	18.9	1'567	90.6	163	9.4
- Diplommittelschulen	8'472	1'019	12.0	126	12.4	893	87.6
- Andere allg.bildende Sch.	5'858	1'920	32.8	454	23.7	1'466	76.4
- Berufsausbildung	197'572	20'909	10.6	10'997	52.6	9'912	47.4
- Anlehrberufe	2'745	375	13.7	329	87.7	46	12.3
- Total	281'849	34'339	12.2	16'681	48.6	17'658	51.4
Tertiärstufe (ausserunivers.)							
- Höhere Fachschule	15'854	4'879	30.8	4'849	99.4	30	0.6
- Technikerschule TS	5'449	3'389	62.2	2'136	63.0	1'253	37.0
- Höhere Fachprüfung	9'698	5'426	56.0	3'772	69.5	1'654	30.5
- Höhere Berufsprüfung	7'728	4'409	57.1	2'713	61.5	1'696	38.5
- Übrige	12'657	9'380	74.1	3'420	36.5	5'960	63.5
- Total	55'525	27'814	50.1	16'899	60.8	10'915	39.2
Nicht aufteilbare Schüler	6'842	6'842	100.0	186	2.7	6'656	97.3

3. Öffentliche Subventionierung des Privatschulwesens[11]

In der Schweiz wurde 1988 beinahe eine Milliarde Franken an *öffentlichen Beihilfen für das Privatschulwesen* gewährt.[12] Gemessen an den öffentlichen Bildungsausgaben entspricht dies einem Anteil von 8,4%. Seit 1970 ist das der bisher höchste Wert. Im internationalen Vergleich rangiert die Schweiz im Mittelfeld: Italien und Griechenland (0%),[13] Schweden (0,2%), Kanada und Neuseeland (1%), Japan (4,5%), die USA (4,6%), Norwegen (6,0%), Deutschland (7,8%), Australien (11,3%), Frankreich (12,5%), Belgien (55,6%) und Holland (69,6%).[14] Die Wachstumsraten verzeichnen einen starken Anstieg.[15] In der Schweiz und Frankreich ist zwar ein ähnlicher Trend feststellbar, aber jeweils in einem gemächlicheren Tempo. Weil zuverlässige Statistiken bezüglich der Beschäftigung im privaten Sektor fehlen, ist es schwierig, diesen starken Anstieg öffentlicher Beihilfen zu erklären.[16]

Wie schon bei den Bildungsausgaben, wäre es auch hier zweckmässig, die gewährten staatlichen Subventionen nach den verschiedenen Bildungsstufen aufzuteilen. Doch zeigen sich hier zu starke Unterschiede in den einzelnen Ländern, was einen Vergleich erschwert. So schliessen z.B. Schweden und die Schweiz die Primarschule in die Sekundarstufe ein.[17]

---

[11] Die Tabelle auf der vorangegangenen Seite ist eine Zusammenfassung der sich in Anhang 2 befindenden Tabellen 1-21. Die Zahlen für die *Schweiz* stützen sich grundsätzlich auf das jährlich vom Bundesamt für Statistik herausgegebene "Statistische Jahrbuch der Schweiz" (Abschnitt "Bildung und Wissenschaft"). Im Jahrbuch wird aber lediglich von Schülern in Privatschulen gesprochen (vgl. beispielsweise für 1993 die Tabelle T 15.2 auf S. 341). Es findet zwar eine Aufteilung nach Schulstufen statt, doch wird keine weitere Aufschlüsselung nach subventionierten und nicht subventionierten Schulen mehr vorgenommen. Es ist hier darauf hinzuweisen, dass die Zahl im Jahrbuch lediglich die Schüler an *nicht* subventionierten Privatschulen betrifft; die Schüler an subventionierten Privatschulen wurden den öffentlichen Schulen zugeschlagen. Das Bundesamt besitzt dazu jedoch eine differenziertere Aufteilung, die nicht veröffentlicht ist. Diese Zahlen wurden mir freundlicherweise überlassen, wofür ich hier meinen Dank aussprechen möchte.

[12] Vgl. OECD, Expenditure, 194 (Table 5).

[13] OECD, Expenditure, 50.

[14] Vgl. OECD, Expenditure, 178 (Table 4.1).

[15] Vgl. OECD, Expenditure, 179 (Table 4.2).

[16] OECD, Expenditure, 51.

[17] Vgl. OECD, Expenditure, 52 f.; a.a.O., 180 (Table 4.3).

4. Vergleich nach Schulstufen

a) Vorschule

Auf Stufe der *Vorschule* besuchen in der Schweiz immer weniger Schüler einen privaten Kindergarten; vor fünfzehn Jahren waren es 20%, heute sind es noch 6%. Auch die Anzahl subventionierter Schüler ist auf eine verschwindend kleine Anzahl zusammengeschrumpft (von 81 auf 8%).[18] Diese markante Abnahme ist schwierig zu erklären. Sie könnte unter anderem darauf beruhen, dass die Subventionierungspraxis geändert hat, die Vorschule in einigen Kantonen administrativ in die Primarstufe integriert wurde[19] oder die Dichte der öffentlichen Schulen in den letzten fünfzehn Jahren stark zugenommen hat.

Die Schweiz gewährte 1988 fünf Millionen Franken an *Subventionen* (1971: 15 Mio.).[20] Misst man das an den gesamten öffentlichen Ausgaben für die Vorschule, so macht das 1,2% aus (1971: 19%). Dieser Betrag nimmt sich im internationalen Vergleich eher bescheiden aus: vgl. Frankreich (8,2%), Australien (37,9%), Deutschland (46,8%) und Japan (62,2%).[21]

b) Primarstufe

Der Besuch einer privaten *Primarschule* hat sich in der Schweiz mit 2,5% die letzten Jahre hindurch auf einem tiefen, aber konstanten Niveau stabilisiert.[22] Der Anteil der Schüler an subventionierten Schulen hat sich von 20 auf 11,7% reduziert.[23]

Bei der Untersuchung der OECD ist die *Subventionierung* der Schweizer Primarschulen, gemessen an den gesamten öffentlichen Ausgaben für diese Schulstufe, nicht untersucht worden. Das beruht wie schon erwähnt darauf, dass diese Stufe der Sekundarstufe zugeschlagen wurde. Bei den untersuchten Ländern zeigt sich für

---

[18] Vgl. Tabelle 1.

[19] OECD, Expenditure, 52.

[20] Vgl. OECD, Expenditure, 200 (Table 11).

[21] Vgl. OECD, Expenditure, 181 (Table 4.4).

[22] Gemäss den Ausführungen von MARTIN ist dieser Anteil die letzten hundert Jahre stabil geblieben. *1888* besuchten in der ganzen Schweiz von 540'231 Primarschülern 10'305 eine private Schule (= *1,9%*); *1898* waren es von insgesamt 612'448 Primarschülern schon 16'277 (= *2,65%*; MARTIN, 166 behauptet 2,5%). *1951* besuchten 2,3% der Primarschüler (d.h. 11'171 von 476'331) eine private Schule (KLOSS, 127). Vgl. für 1937 JOBIN, 24 ff., 50 f.

[23] Vgl. Tabelle 2.

1987/88 folgender Vergleich: Deutschland, Norwegen, Japan und Neuseeland (weniger als 1%), Frankreich (8,8%), Belgien (52,7%) und Holland (71,1%), wobei die letzten beiden Länder die Vorschule miteinschliessen.[24]

c) Sekundarstufe I und II

Die Schweiz unterscheidet eine Sekundarstufe I und II.[25] Auf der *Sekundarstufe I* hat sich die Zahl der Privatschüler auf einem konstanten Niveau halten können, das mit ca. 6% mehr als doppelt so hoch ist als auf der Primarstufe. Die Anzahl der Schüler an subventionierten Privatschulen hat beinahe keine Veränderungen erfahren; sie blieb auf ihrem ursprünglichen (hohen) Niveau von ca. 22 %.[26] Die *Sekundarstufe II* wird von mehr als doppelt so vielen Privatschülern besucht wie jene der Sekundarstufe I (über 12%). Bei der Anzahl subventionierter Schüler zeigt sich das gleiche Bild (ca. 47%).[27]

Die Schweiz gab 1988 für die Primar- und Sekundarstufe 682 Millionen Franken an *Subventionen* aus.[28] Vergleicht man diesen Betrag mit den gesamten öffentlichen Ausgaben für diese beiden Stufen, so ergibt sich ein relativer Anteil von 8,2%. Diese Zahl kann selbstverständlich nur mit jenen Ländern verglichen werden, die auch gleichzeitig beide Stufen erfassen, d.h. Australien (17%) und Schweden (0,2%). Die folgenden Länder unterteilen die Sekundarstufe nicht: Kanada (0%), Deutschland (6%), Japan (7%), Frankreich (14,5%), Norwegen (9,1%), Belgien (57%) und Holland (83,6%).[29]

d) Sonderschulen

Bei den *Sonderschulen* zeigt sich ein konstanter Besuch von Privatschulen, der sich vergleichsweise auf relativ hohem Niveau befindet (20-25%). Interessant dabei ist, dass auf dieser Stufe der grösste Teil (94%) der Schulen subventioniert wird und in den letzten fünfzehn Jahren kaum Veränderungen eingetreten sind.[30]

---

24 Vgl. OECD, Expenditure, 183 (Table 4.6).
25 Vgl. dazu die Ausführungen bei § 4.
26 Vgl. dazu die Tabellen 3-6.
27 Vgl. dazu die Tabellen 8-14.
28 Vgl. OECD, Expenditure, 212 (Table 23).
29 Vgl. OECD, Expenditure, 185 (Table 4.8).
30 Vgl. Tabelle 7.

e) Tertiärstufe

Auf der ausseruniversitären *tertiären Stufe* besucht in etwa konstanter Weise die Hälfte aller Schüler eine private Schule. Auch hier wird die Ausbildung überdurchschnittlich (60%) subventioniert.[31]

Die höhere Bildung wurde 1988 von der Schweiz mit 102 Millionen Franken subventioniert.[32] Gemessen an den gesamten öffentlichen Ausgaben für diese Stufe entspricht das 4,7%. Im internationalen Vergleich ist Australien (0,5%), Deutschland (1,7%) und Norwegen (4,2%) tiefer. Höhere Subventionen erteilt Frankreich (4,9%), die USA (18,8%), Japan (16,6%), Holland (46,3%) und Belgien (65,2%).[33]

5. Schlussfolgerung

Die Ausführungen haben gezeigt, dass in der Schweiz der Besuch von Privatschulen während der letzten fünfzehn Jahren mehr oder weniger in konstanter Weise erfolgte. Interessant dabei ist, dass die Primarschulen mit knapp 2,5% den geringsten Teil aufweisen. Es zeigt sich deutlich, dass im Bereich der Vorschule und der Volksschule Privatschulen am wenigsten vom Staat unterstützt werden. Auffallend ist der Zusammenhang zwischen der Subventionierung und dem Privatschulangebot: Je weniger Subventionen erteilt werden, desto kleiner wird das Angebot. Am deutlichsten ist das auf der Vorschulstufe zu erkennen. Daraus kann abgeleitet werden, dass sowohl Eltern als auch Privatschulen auf staatliche Beihilfen angewiesen sind.

Der internationale Vergleich des Privatschulwesens macht deutlich, dass die Schweiz in Sachen Privatschulen - insbesondere bei deren Subventionierung - nicht immer Spitzenplätze einnimmt. Jedoch soll nochmals darauf hingewiesen werden, dass solche statistischen Auswertungen lediglich die quantitativen Aspekte widerspiegeln und nicht notwendig auch auf die Qualität eines Bildungssystems schliessen lassen.

---

[31] Vgl. dazu die Tabellen 15-20.

[32] Vgl. Tabelle 37.

[33] Vgl. Tabelle 38.

§ 11 Unterrichtsfreiheit

I. Allgemeines

Die schweizerische Bundesverfassung garantiert den Eltern zwar das Recht auf Erziehung, Ausbildung und Pflege der Kinder, doch beinhaltet dies nicht auch eine generelle Unterrichtsfreiheit. Das Elternrecht wirkt auf ein positives Ausgestaltungsrecht hin, d.h. durch bloss neutrales Verhalten im Sinne von Art. 27 Abs. 3 BV kann dem Elternrecht nicht Genüge getan werden. Doch geht der Anspruch - wie sich zeigen wird - nicht so weit, vom Staat die Errichtung öffentlicher Schulen verlangen zu können, die bekenntnismässig oder weltanschaulich ausgerichtet sind. Um dem Elternrecht lückenlos gerecht werden zu können, bedarf es deshalb der Privatschulfreiheit, da es sonst wirkungslos wäre. Es führt damit notwendigerweise darauf hin.[1] In diesem Abschnitt ist nun zu untersuchen, inwieweit die Privatschulfreiheit im schweizerischen Verfassungsrecht grundrechtlich verankert ist.[2] Bi der Frage nach der freien Errichtung oder des freien Besuchs von Privatschulen, taucht immer wieder die *Unterrichtsfreiheit* auf. Obwohl dieses Freiheitsrecht grundsätzlich nicht mit der Rechtsstellung der Privatschulen zusammenfällt, greifen sie trotzdem ineinander. Bei der Unterrichtsfreiheit steht die völlig vom staatlichen Zwang freie Privattätigkeit[3] als polarer Gegensatz zum staatlichen Schulmonopol.[4]

II. Geschichtliches

In der *Französichen Revolution* und in der *Helvetik* war der Unterrichtsfreiheit und dem Erziehungswesen eine sehr wesentliche Rolle zugedacht. Der mit der Entwicklungsfreiheit[5] eng verwandten Unterrichtsfreiheit, bedurfte es, damit das auf-

---

[1] HÄRING, 124 f.; so auch BANNWART-MAURER, 124 f.; KIM, 55; RECHSTEINER, 740 m.w.H. auf die katholische Kirche.

[2] Nach WEISSENRIEDER, 237 ist sehr viel behauptet, aber niemals klar bewiesen worden, dass die Freiheit des Schulunterrichts ein Grundrecht sei.

[3] Zur "bedingungslosen" Schulfreiheit vgl. WEISSENRIEDER, 235 ff.

[4] ZIEGLER, 33 f. Die Unterrichtsfreiheit kann existieren, ohne dass privater Unterricht besteht, und umgekehrt. Sie ist ein Recht, der private Unterricht eine Tatsache, die daraus resultiert (MARTIN, 17).

[5] Vgl. dazu HIS, Band II, 457 ff.

klärerische Fortschritts- und Vervollkommnungsziel erreicht werden konnte.[6] Die französische Erklärung der Menschen- und Bürgerrechte vom 26. August 1789 erwähnte die Unterrichtsfreiheit aber nicht. Man betrachtete diese - im Sinne der Kodifikationsidee der Freiheiten - als in den anderen Rechten mitenthalten.[7] Die Unterrichtsfreiheit erlangte erst zu Beginn des 19. Jahrhunderts praktische Bedeutung, als die allgemeine Schulpflicht eingeführt wurde.[8] Da sowohl die konservativen Regierungen der *Restaurationsperiode* als auch die liberalen der *Regeneration* das öffentliche Schulwesen intensiv ausbauten, blieb für die Lehrfreiheit kein grosser Raum mehr. Dies führte zu einer gewissen Überschätzung der staatlichen und zur Geringschätzung der privaten Leistungen.[9] In der zweiten Hälfte des 19. Jahrhunderts besass der schweizerische Liberalismus nicht mehr die ursprüngliche freiheitliche Wirkung, mit der er das private Schulwesen hätte fördern können. Der zunehmende Etatismus begann, mit seinen finanziellen Mitteln das Schulwesen auszubauen und das private Unterrichtswesen zurückzudrängen.[10] Die demokratische Bewegung suchte die Kinder für den staatlichen Schulunterricht zu gewinnen und bestehende private konfessionelle oder ständische Sonderanstalten zu unterdrücken. Da aber bereits eine ganze Reihe guter Privatanstalten bestanden und daran sowohl von Elternkreisen als auch der Kirche Interesse bekundet wurde, gestatteten mehrere Kantone die Errichtung von Privatschulen.[11] Damit konnte auch der demokratischen Nivellierungstendenz, die auf das Bildungsniveau drückte, entgegengetreten werden.[12]

---

[6] KÖLZ, Verfassungsgeschichte, 341.

[7] KÖLZ, Verfassungsgeschichte, 71.

[8] Vgl. dazu die ausführlichen Darstellungen bei BARTH, 1 ff.

[9] HIS, Band II, 452 f., 454 ff.

[10] HIS, Band III, 1010. Seit der Mitte des 19. Jahrhunderts setzten sich nicht nur die liberalen, sondern auch die konservativen und katholischen Kantone für den privaten Unterricht ein, während die Radikalen die Unterrichtsfreiheit zu schmälern versuchten (a.a.O., 618 f.).

[11] HIS, Band II, 453. Die Unterrichtsfreiheit wurde 1874 in der Regel nur als Lehrfreiheit aufgefasst, d.h. als Recht auf freie Gestaltung des Unterrichts. Seltener fand sich in den Kantonen die Lernfreiheit, d.h. das Recht der Eltern zur freien Wahl des Unterrichts für ihre Kinder. Am liberalsten waren die katholischen und einige welsche Kantone (HIS, Band III, 620 ff. m.w.H. zu den einzelnen Kantonen).

[12] HIS, Band III, 1010 f.; vgl. auch BARTH, 1 ff.

III. Terminologie

1. Allgemeines

In der Literatur herrscht zur Unterrichtsfreiheit *keine einheitliche Terminologie*. Die bisherige Erfassung des Problems zeichnet sich durch eine unklare Differenzierung aus, was vermutlich vom Umstand rührt, dass der Unterricht sowohl die Stellung der Lehrenden, der Erziehungsberechtigten als auch der Lernenden berührt. Die ursprüngliche Bezeichnung für die Freiheit im Schulwesen lautete "Lehr- und Lernfreiheit". Dieser Ausdruck wird aber zusehends verdrängt durch den Begriff "Unterrichtsfreiheit". Das bestätigt auch die französische und italienische Wendung "liberté d'enseignement" und "libertà d'insegnamento".[13]

Die Unterrichtsfreiheit kann in drei Teilbereiche aufgeteilt werden: die *Unterrichtsfreiheit der Lehrenden (Lehrfreiheit)*, die *Unterrichtsfreiheit der Lernenden (Lernfreiheit)* und die *Privatschulfreiheit*.[14]

2. Pädagogische Freiheit und akademische Lehrfreiheit als Unterrichtsfreiheit der Lehrenden

Einleitend ist darauf hinzuweisen, dass die Unterrichtsfreiheit der Lehrenden nicht verwechselt werden darf mit der Freiheit der Lehrer, einen privaten Unterricht anbieten zu können. Letztere wird von der sogenannten Privatschulfreiheit erfasst. Die pädagogische Freiheit des (Volksschul-)Lehrers und die akademische Lehrfreiheit des Wissenschaftlers sind hingegen Freiheiten, die auch im öffentlichen Schulwesen bestehen.

Die *pädagogische Freiheit* ist nicht als Unterfall der Meinungsäusserungsfreiheit[15]

---

[13] ZIEGLER, 28. Vgl. dazu auch die später behandelte kantonale Regelung.

[14] So bei HÄRING, 123, 129 ff.; vgl. auch KÄMPFER, 694. Es findet sich aber auch die Unterteilung in *aktive und passive Unterrichtsfreiheit* (so bei MÜLLER Max, 11; MAERKI, 69; MARTIN, 155, 163, aber Kritik auf S. 12; RECORDON, 80 f.). Zu finden ist auch die akademische Lehr- und Lernfreiheit (MÜLLER Max, 11; BARTH, 3, Anm. 5).

[15] HÄRING nennt bei der Lehrfreiheit als zweite Komponente die *Meinungsäusserungsfreiheit* (vgl. HÄRING, 138, 140 ff.; so auch WILDHABER, Pfürtner, 400 f.; FILLI, 172). Sie gibt dem Lehrenden das Recht, im Unterricht seiner eigenen Meinung und Überzeugung Ausdruck zu geben. Doch anerkennt er, dass diese Freiheit oft mit der pädagogischen Freiheit ineinander fliesst (HÄRING, 138). Die Grenze bildet der jeweils in Frage stehende pädagogische Auftrag (HÄRING, 144; vgl. auch HÄNNI, 126 ff.).

anzusehen.[16] Sie umfasst den Freiraum, innerhalb dessen der Lehrer den Unterricht frei gestalten kann.[17] Erzieherische Tätigkeit kann sich ohne ein gewisses Mass an Freiraum nicht entfalten.[18] Weil Bildungsziele nicht immer auf demselben Weg erreicht werden können, muss den Pädagogen die Wahl des adäquaten Weges überlassen werden.[19] Dieser Freiraum ist aber von der jeweiligen Schulstufe abhängig.

Die Gestaltungsfreiheit erstreckt sich auf die Leistungsbewertung,[20] die Wahl der Lehrmittel, der Lektüre in den Sprachfächern und auf die Unterrichtsmethode.[21] Zur Sicherung eines guten Unterrichts gestattet sie dem Lehrer aber auch, in geeigneter Weise über den Lehrstoff hinaus erzieherisch zu wirken. Doch erstreckt sie sich nicht auf die administrativen Aufgaben wie z.B. Absenzenkontrolle, Tagebuchführung und Stundenplanerstellung.[22] Die Aufstellung der Lehrpläne (Lehrplanfreiheit) bleibt

---

[16] Die *pädagogische Freiheit* ist in eine spezifische Situation des Schüler-Lehrer-Verhältnisses eingebettet, das in seiner erzieherischen und pädagogischen Funktion weit über ein blosses Kommunikationsforum hinausgeht. Zudem steht der Lehrende in einer besonderen Beziehung zu Schulträgern und Erziehungsberechtigten (HÄRING, 138). Auch PLOTKE betont, dass die pädagogische Freiheit dem Lehrer nicht wie die Meinungsäusserungsfreiheit um seiner Person willen zusteht, sondern zur Sicherung eines angemessenen Unterrichts dient (PLOTKE, Schulrecht, 393). Hingegen meint HIS: "Die Unterrichtsfreiheit als individuelles Recht des Lehrenden ist naturrechtlichen Ursprungs und als solches verwandt mit dem Recht der freien Meinungsäusserung" (HIS, Band II, 452). MARTIN, 11 ergänzt die Lehr- und Lernfreiheit durch die Unterrichtsfreiheit. Vgl. dazu auch BUER Jürgen van, Pädagogische Freiheit des Lehrers im unterrichtlichen Alltag, Realität oder Illusion?, Frankfurt a.M. 1989.

[17] PLOTKE, Schulrecht, 393; HÄRING, 138; ECKSTEIN, 232 f.; RECHSTEINER, 727. HÄNNI, 126 spricht unrichtigerweise von "Unterrichtsfreiheit".

[18] So PLOTKE, Schulrecht, 392.

[19] HÄRING, 140. Leider verwendet er m.E. die Begriffe Methodenfreiheit und persönliche Freiheit zu undifferenziert (a.a.O.).

[20] RECHSTEINER teilt die pädagogische Freiheit in die beiden Teile Methodenfreiheit und Ermessensfreiheit des Lehrers bei der Notengebung (RECHSTEINER, 726, insb. Anm. 415).

[21] Die *Methodenfreiheit* greift lediglich einen *Teilaspekt der pädagogischen Freiheit* heraus. Wörtlich bedeutet der Ausdruck: Weg, den Stoff darzubieten. Der Volksschullehrer ist aber in diesem Bereich oft sehr eingeschränkt, da er die vorgeschriebenen Bücher verwenden muss oder nur unter den zugelassenen Büchern auswählen darf. So legen die Lehrmittel oft die Art des Vorgehens allzu nahe (PLOTKE, Schulrecht, 395). Zur Methodenfreiheit vgl. auch KLOSS, 112 f.; HIS, Band II, 452; ZIEGLER, 30; HÄRING, 140; RECHSTEINER, 725 f. RECHSTEINER betont, dass kein verfassungsmässiges Recht auf Methodenfreiheit bestehe, weshalb die Kantone durchaus befugt wären, die entsprechende Lehrmethode vorzuschreiben (RECHSTEINER, 726). Vgl. hiezu auch GASSER Peter, Methodenfreiheit, Theoretische Grundlagen zu einem Aspekt des Professionalisierungsproblems der Volksschullehrer, Diss. Zürich, Biel 1982.

[22] PLOTKE, Schulrecht, 394 f.

Sache der kantonalen Schulbehörden.[23] Die Grenzen der pädagogischen Freiheit, die durch den Lehrauftrag an den Lehrer bestimmt sind, müssen in Lehrplänen und Lehrzielen formuliert sein.[24]

Der Begriff *akademische Lehrfreiheit* wird für die Wissenschafts- und Forschungsfreiheit auf der Hochschulstufe verwendet. Sie wird als Ausdruck der Meinungsäusserungsfreiheit verstanden. Diese wird hier nicht weiter behandelt.[25,26]

3. Unterrichtsfreiheit der Lernenden

HÄRING unterscheidet bei der Lernfreiheit die Freiheit zum Unterricht (Freiheitsrecht) und die Freiheit zur Mitgestaltung des Unterrichts (Sozialrecht). Im Zentrum steht bei beiden der Schutz der geistigen Integrität im Unterricht.[27] Aus der tradi-

---

[23] KLOSS, 113. Für gewisse pädagogische Strömungen ist dies zu bedauern, da die Gestaltung des Lehrplanes einen unabdingbaren Bestandteil der Methode bilden kann (vgl. z.B. Waldorfschulen) (a.a.O., 114).

[24] HÄRING, 139. Die pädagogische Freiheit der Lehrenden besteht gemäss PLOTKE grundsätzlich nur im Rahmen der Schulgesetzgebung (PLOTKE, Bildung, 39, 88 ff.).

[25] Vgl. dazu MÜLLER Jörg Paul, Kommentar zur Wissenschaftsfreiheit (Stand April 1986), in: Kommentar BV; ders., Grundrechte, 120 ff.; FLORIO Nicole, La liberté d'expression et la liberté académique dans les universités en droit allemand, français et suisse, Diss. Lausanne, Genf 1979, 155 ff.; GRUBER Hans, Forschungsförderung und Erkenntnisfreiheit, Diss. Bern 1986; HOLZHEY Helmut/JAUCH Ursula Pia/WÜRGLER Hans (Hrsg.), Forschungsfreiheit, Ein ethisches und politisches Problem der modernen Wissenschaft, Zürich 1991; HALLER, Lehrfreiheit, 124 ff.; ders., Die Forschungsfreiheit, in: Festschrift zum 70. Geburtstag für Hans Nef, hrsg. von Ulrich Häfelin et. al., Zürich 1981, S. 125-145; WILDHABER, Pfürtner, 399 ff.; KAUFMANN Ludwig, Ein ungelöster Kirchenkonflikt, Der Fall Pfürtner, Dokumente und zeitgeschichtliche Analysen, Freiburg (Schweiz) 1987; HÄRING 156 ff.; FILLI, 172 f., 176 ff.; HÄFELIN/HALLER, Rz. 1280 ff.; HÄNNI, 124 ff.; KÄMPFER, 695 ff.; MÜLLER Max, 174 ff., 251 ff.; BBl 1988 I 769 f.; STUDER Raoul, Ausgewählte Fragen der Glaubens- und Gewissensfreiheit anhand der bundesgerichtlichen Rechtsprechung, Diss. Basel 1977, S. 105 ff.; ROOS Gottfried, Die rechtliche Stellung der Universität Bern, in: ZBJV 87/1951, S. 273-304, 287 ff.; SCHWEIKERT Friedrich, Akademische Lehrfreiheit und Autonomie der Universität Basel, Zugleich ein Beitrag zur Lehre von den Einrichtungsgarantien im schweizerischen Recht, Diss. Basel 1958; ders., in: ZSR NF 79/1960 I, S. 215-230; KONEN Heinz, Studien über die Gewährleistung der akademischen Lehrfreiheit im Verfassungsrecht des Deutschen Reichs, Frankreichs, Österreichs und der Schweiz, Diss. Basel, Rezension in: Jahrbuch der Basler Juristenfakultät 1937, S. 25-29. Zur akademischen Lernfreiheit vgl. auch SALADIN Peter/AUBERT Martin, Zulassungsbeschränkungen an schweizerischen Hochschulen, in: Strukturen des schweizerischen Bildungswesens, Beiheft zur ZSR, Heft 17, Basel 1994, S. 153-214; ZBl 88/1987, S. 59 ff.; ZR 86/1987, Nr. 121, E. 4.

[26] Zur Garantierung der Freiheit von Lehre und Forschung in den Kantonsverfassungen vgl. PLOTKE, Bildung, 38 f.

[27] HÄRING, 147.

tionell-freiheitsrechtlichen Grundrechtsdeutung folgen zwei Freiheiten: die Freiheit zur Wahl der Ausbildung und Bildungsstätte sowie die Freiheit, nicht lernen zu müssen. Letztere besteht aber nur ausserhalb des Schulobligatoriums.[28] Die sozialrechtliche Komponente gibt dem Lernenden den Anspruch, einen bestimmten Unterricht (überhaupt) zu besuchen (Recht auf Bildung) und das Recht, am Unterricht gestaltend mitzuwirken (Gestaltungsrecht des Lernenden bzw. seiner Erziehungsberechtigten).[29]

4. Privatschulfreiheit

a) *Begriff*

Es ist irreführend, wenn man die Privatschulfreiheit als Oberbegriff wählt. Damit wird unterstellt, dass nur in Schulen Wissen vermittelt werden kann. Deshalb wäre besser von einer Privatunterrichtsfreiheit zu sprechen. Der Einfachheit halber und um nicht unnötig zu verwirren wird in dieser Arbeit am traditionellen Begriff festgehalten. Denn einerseits hat sich der Ausdruck Privatschulfreiheit im allgemeinen Sprachgebrauch durchgesetzt und andererseits dominiert im privaten Unterricht der Schulunterricht.

Der private *Unterricht* kann auf unterschiedliche Weise erfolgen. Dabei ist im wesentlichen der Einzelunterricht vom Schulunterricht zu unterscheiden.[30] Der *Einzelunterricht* kann erteilt werden von einem *Hauslehrer* (oft die Eltern oder ein Familienmitglied), der ein Kind im elterlichen Haus unterrichtet, oder von einem *Privatlehrer*, der in seinem eigenen Haus lehrt.[31] Beim Schulunterricht wird unterschieden zwischen der *Familienschule*, die Unterricht an die Kinder mehrerer bestimmter Familien erteilt, und der *Privatschule*, welche für den Schulzweck

---

[28] HÄRING, 148; so auch PLOTKE, Schulrecht, 288; a.M. ZIEGLER, 31; vgl. MARTIN, 52 f. PLOTKE sieht den Sinn der Lernfreiheit einzig im Recht, Privatschulen besuchen zu können (a.a.O., 289). Zur Lernfreiheit vgl. auch MÜLLER Max, 88 ff., 204 ff., 231 ff.; KÄMPFER, 697.

[29] Vgl. HÄRING, 148 ff. Vgl. auch VEB 19/20, 1948/50, Nr. 67, S. 147, wonach Art. 4 BV die Lernfreiheit in einem allgemeinen Sinn gewährleistet.

[30] MÜLLER Max, 94, 110 f. In der Literatur findet sich häufig auch die Unterscheidung zwischen *Privatunterricht* und *Privatschulen* (so beispielsweise bei ZIEGLER, 23; SCHMID Josef, 24). HAAS nennt den nicht schulmässig erteilten Unterricht "Privatschulunterricht im engeren Sinn" (S. 4) im Gegensatz zum nicht öffentlichen Unterricht, den er als "Privatunterricht im weiteren Sinn" bezeichnet (S. 2).

[31] Das Bundesgericht äussert sich kritisch zum privaten Unterricht im Elternhaus: "Nur der Besuch der öffentlichen Schule oder aber einer Privatschule garantiert eine genügende Kontrolle darüber, ob den minimalen Anforderungen an den obligatorischen Unterricht genügt wird" (BGE 114 Ia 133).

bestimmte Räume und sachliche Einrichtungen besitzt, die für eine Mehrzahl von Schülern bestimmt ist.[32] Dies zeigt, dass sich auf die Unterrichtsfreiheit sowohl die Privatschulen[33] als auch die einzelnen Privatlehrer berufen können.[34]

Für die Unterrichtsfreiheit - der umfassenden Freiheit im Unterrichtswesen - ergibt sich folgende Gliederung:

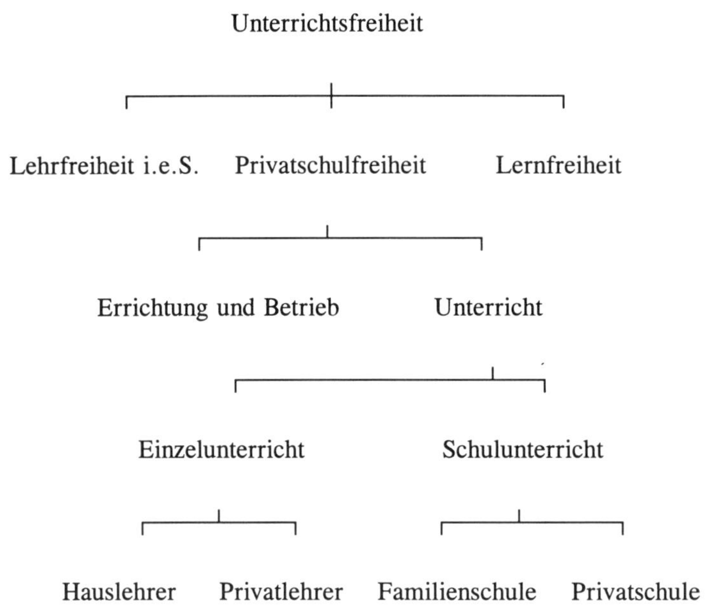

---

[32] Vgl. MÜLLER Max, 94, 105; ZIEGLER, 23; HAAS, 4; SCHMID Josef, 24, 74. MARTIN, 155 f. unterscheidet drei Arten der Unterrichtserteilung: die *Hauslehrerstelle*, wo nur ein Schüler durch den verantwortlichen Lehrer unterrichtet wird, die *privaten Lektionen* an diverse Schüler, wo die Verantwortung über die ganze Bildung bei den Eltern bleibt und schliesslich die *privaten Schulen*.

[33] Vgl. BGE 97 I 120, E. 3a m.w.H. zur Rechtsprechung. Gemäss PLOTKE geniesst eine Privatschule diesen Schutz aber nicht nur bei der Ausbildung von Geistlichen oder anderen Dienern einer religiösen Gemeinschaft, sondern sobald sie ihre Lehrgänge allgemein auf eine ausgesprochen religiöse Grundlage stellt und damit den Charakter einer konfessionellen Institution erhält (PLOTKE, Schulrecht, 464). Die Berufung auf die Vereinsfreiheit steht aber nur den einzelnen, sich zu einem Verein zusammenschliessenden Bürgern zu (BGE 97 I 121).

[34] HANGARTNER, Band II, 120. Zum Recht des Privatschullehrers vgl. MÜLLER Max, 115 f.

b) Inhalt

Die Privatschulfreiheit gewährt grundsätzlich die Privatschul*errichtungs*freiheit und die Privatschul*besuchs*freiheit.[35] In der älteren Lehre wird die Privatschulfreiheit nicht gesondert behandelt, sondern jeweils im umfassenderen Kontext der Lehr- und Lernfreiheit erfasst.[36]

Die Privatschulfreiheit gibt der *Schulleitung* das Recht, eine private Schule zu gründen, einzurichten, zu unterhalten und zu betreiben. Miterfasst ist das Recht des Lehrers, an solchen Schulen unterrichten zu können. Der freie Betrieb der Privatschule garantiert die freie Wahl der Lehrer durch den Privatschulträger, die freie Schülerwahl und die Freiheit in der äusseren Organisation und inneren Gestaltung der Schule (Lehrpläne, -ziele, -methode, -mittel).[37]

Auf der andern Seite haben die *Erziehungsberechtigten* - in Fortführung des Elternrechts - das Recht, die Kinder in eine Privatschule zu schicken.[38]

IV. Regelung der Unterrichtsfreiheit auf Bundesebene

1. Regelung in der Bundesverfassung

Die *Entstehungsgeschichte* von Art. 27 BV zeigt deutlich, dass man die Unterrichtsfreiheit auf Bundesebene nicht garantieren wollte. In der Schweiz findet sich die Unterrichtsfreiheit weder in der Bundesverfassung von 1848 noch in jener von 1874.[39] Anlässlich der Beratungen zur Revision von 1874 mangelte es zwar nicht an Versuchen, die Unterrichts- oder Lehrfreiheit in die Verfassung aufzunehmen. Die Kompliziertheit des wenig homogenen Fragenkomplexes liess dieses Vorhaben aber scheitern.[40] Ferner wurde befürchtet, dass eine besonders garantierte Unterrichtsfreiheit förmlich nach konfessionellen Schulen rufe. Man wollte keine Bestimmung,

---

35 RECHSTEINER, 790. HANGARTNER spricht von der Freiheit, Privatunterricht zu geben und zu empfangen (HANGARTNER, Band II, 120; ebenso GIACOMETTI, Staatsrecht, 161).

36 Vgl. dazu ZIEGLER, 28 ff.; BARTH, 3 f.; MÜLLER Max, 1 ff., 11; MAERKI, 69; MARTIN, 11, 15; HIS, Band II, 452 und Band III, 620; KLOSS, 106 f.; vgl. BRÄM, 350; BRÜHWILER, 91; vgl. aber auch PLOTKE, Schulrecht, 463 f.

37 HÄRING, 132 f.; WILDHABER, Pfürtner, 400; HALLER, Lehrfreiheit, 116.

38 Vgl. dazu HÄRING, 129 f.; PLOTKE, Schulrecht, 393. KLOSS, 106 ist der Ansicht, dass in der Schweiz neben dem eltern- auch der lehrerrechtliche Gesichtspunkt stärker betont wird.

39 Vgl. auch HIS, Band III, 1012 f. Zu naturrechtlichen Argumenten vgl. MÜLLER Max, 14 ff.

40 MAERKI, 73 m.w.H. auf die Materialien.

die den Privatunterricht den öffentlichen Schulen ebenbürtig an die Seite stellt. Somit regelte der endgültige Art. 27 BV die Lehrfreiheit nicht. Der 1973[41] aufgehobene Art. 51 BV statuierte für die Jesuiten ein Verbot, in der Schule[42] tätig zu sein.[43]

Auch aus dem *Wortlaut* von Art. 27 BV lässt sich nichts anderes ableiten. Er spricht zwar explizit von *öffentlichen* Schulen, woraus geschlossen werden kann, dass der Verfassungsgeber Privatschulen nicht explizit verbieten wollte bzw. zumindest mit dem Bestehen von Privatschulen rechnete.[44] Jedoch würde die Interpretation zu weit gehen, wenn man aus dem Gegensatz von öffentlichen und privaten Schulen die Gewährleistung der letzteren ableiten wollte.[45] Einzig in einem noch auf Art. 27bis BV gestützten - unterdessen aber aufgehobenen - Bundesgesetz hat sich der Bund begnügt, seine Abneigung gegen private Primarschulen auszudrücken, indem er sie von der Bundessubvention ausschloss.[46] Auch die *Literatur* ist - insbesondere gestützt auf die Entstehungsgeschichte - der übereinstimmenden Auffassung, dass der Bund die Unterrichtsfreiheit auf Bundesebene nicht gewährleistet.[47]

---

41 AS *1973* 1455; BBl 1973 I 1660.

42 Umstritten war, ob auch der private Einzelunterricht davon betroffen sei (MÜLLER Max, 111 f. m.w.H.).

43 Vgl. zu Art. 51 BV MÜLLER Max, 140 ff.; MARTIN, 142 f.; HAAS, 36 f.; SCHMID Josef, 62 f.; HIS, Band III, 619; KÄGI Werner, Gutachten zum Jesuiten- und Klosterartikel der Bundesverfassung, Bern 1973; DOSWALD Heinrich, Die Jesuitengesetzgebung der schweizerischen Bundesverfassung, Diss. Zürich 1951, Winterthur 1956; ZEUGIN Gottfried, Das Jesuitenverbot der schweizerischen Bundesverfassung, Diss. Zürich 1933.

44 ZIEGLER, 35 m.w.H. zu den Materialien; RECHSTEINER, 791; MAERKI, 71; HAAS, 21; implizit auch SCHMID Josef, 59; FREY, 143 f. spricht versehentlich von "zulassen". Anträge, die auf Ausschluss der geistlichen Orden vom öffentlichen Unterricht und weiterhin auch von Privatschulen gingen, wurden ausdrücklich abgelehnt (MÜLLER Max, 142 mit Verweis auf die Protokolle des Nationalrates von 1871/72, S. 267 und 290 [Antrag Carteret]).

45 MÜLLER Max, 141; vgl. auch EDI, 41, 56, 62 ff., 77 f., 135.

46 Vgl. Art. 2 des Bundesgesetzes betreffend die Unterstützung der öffentlichen Primarschule vom 25. Juni 1903 (BS *19* 709), der u.a. lautete: "Die Bundesbeiträge dürfen nur für die öffentliche staatliche Primarschule (...) verwendet werden." Nach der Revision war es Art. 1 des gleichnamigen Gesetzes vom 19. Juni 1953: "Der Bund gewährt den Kantonen an ihre Aufwendungen für die öffentliche Primarschule jährliche Beiträge" (AS *1953* 947). Das Gesetz und dessen Verordnung wurden per 1.1.1986 aufgehoben (AS *1985* 1943). Vgl. dazu BORGHI, Art. 27 BV, Rz. 63; RECHSTEINER, 667 f.; LORETAN, 64 ff.; HIS, Band III, 1015 ff.; SCHMID Josef, 63 ff.; KIM, 88 ff.; KELLER, 69 ff.; BURCKHARDT, 204 ff.; SCHINDLER Dietrich, Die Bundessubvention als Rechtsproblem, Diss. Zürich 1951, 38 ff.

47 Vgl. dazu ZIEGLER, 34 f., 43; BARTH, 33; RECHSTEINER, 314, 741, 790; MÜLLER Max, 141; MAERKI, 39, 72; HIS, Band III, 619 f.; HÄRING, 116; BORGHI, Art. 27 BV, Rz. 39; PLOTKE, Schulrecht, 392 f., 463 ff.; ders., Massnahmen, 19; LORETAN, 50; ECKSTEIN, 132; MARTIN, 90; HOLENSTEIN, 276 ff.; SCHMID Josef, 59; KIM, 72 f., 75; MARTI, 43; HANGARTNER, Band II, 120; ders., Die Freiheitsgarantie der Bundesverfassung, in: ZBl

2. Entwürfe zur Verfassungsrevision

a) Bildungsartikel von 1973

In der Botschaft des Bundesrates zu den neuen Bildungsartikeln[48] wird die Unterrichtsfreiheit nicht behandelt, dafür aber das Recht auf Ausbildung erwähnt.[49] Lediglich an einer Stelle äussert sich der Bundesrat zum Privatschulwesen: "Die Regelung des Privatschulwesens bleibt unter Vorbehalt der erwähnten Kontrolle völlig den Kantonen anheimgestellt."[50] Der Bundesrat hat damit ausdrücklich erklärt, dass er nicht bereit ist, die Unterrichtsfreiheit in die Bundesverfassung aufzunehmen. In der Abstimmung wurden die neuen Bildungsartikel dann knapp abgelehnt.[51] Unmittelbar nach der Verwerfung wurde durch drei parlamentarische Vorstösse eine neue Vorlage verlangt,[52] die dann aber nicht mehr behandelt wurden.[53]

70/1969, S. 337; ders., Die Kompetenzverteilung zwischen Bund und Kantonen, Bern/Frankfurt a.M. 1974, S. 60; VALLENDER, § 20, N 38; BURCKHARDT, 200; GIACOMETTI, Staatsrecht, 157 f., 159, 170 f., 172; ders., Freiheitsrechtskataloge, 165 f., 168 f.; FLEINER, 516 f.; FLEINER/GIACOMETTI, 240, 242, Anm. 12 b; LAMPERT, Bundesstaatsrecht, 163; ders., Schule, 60; AUBERT, Bundesstaatsrecht, Rz. 699, 707; ders., Traité, Rz. 1756; ders., Supplément, Rz. 1756; HÄFELIN/HALLER, Rz. 1077; WILDHABER, Pfürtner, 400, 402 f.; HALLER, Lehrfreiheit, 116; HÄFELIN, Grundrechte, 33; OBERHOLZER, 7, 70; BRÜHWILER, 89 f.; KURER, 70; KÄMPFER, 692, 694; KARLEN, 401; RECORDON, 80 ff.; VPB 47/1983, Nr. 32, S. 158 (Bundesrat); VPB 51/1987, Nr. 48, S. 281 f. (Bundesamt für Justiz); unklar KELLER, 138 f.; kritisch WEISSENRIEDER, 237; kritisch BRÄM, 45, Anm. 92; FREY, 143; PETITJEAN, 74; MOOS, 25 f.

48 Vgl. dazu BBl 1972 I 375 ff. (Botschaft), BBl 1972 I 442 ff. (Entwurf) und 1972 II 1027 ff. (definitiver Bundesbeschluss).

49 BBl 1972 II 421 ff. Im Entwurf sprach Art. 27 Abs. 1 vom "Recht auf seine Eignung entsprechende Ausbildung" (BBl 1972 I 442). Im Bundesbeschluss wurde dann aber das "Recht auf Bildung" gewährleistet (BBl 1972 II 1027). Vgl. dazu auch BÜHLER-REIMANN Theodor, Der Vorentwurf eines neuen Bildungs- und Forschungsartikels in der Bundesverfassung, in: ZBl 72/1971, S. 369-377.

50 BBl 1972 I 424.

51 Das Volk nahm ihn zwar an (507'414:454'428 Stimmen), doch scheiterte es am knappen Ständemehr (10 ganze und 3 halbe gegen 9 ganze und 3 halbe Stände) (vgl. BBl 1973 I 1195; Erwahrungsbeschluss a.a.O., 1730 f.).

52 Es handelte sich dabei um die drei Motionen Barchi, Müller-Luzern und Uchtenhagen, die in Postulate umgewandelt dem Bundesrat überwiesen wurden (vgl. Amtl. Bull. NR 1973, 1363 ff.).

53 Mit der Verabschiedung der Botschaft über die Volksinitiative "für die Koordination des Schuljahresbeginns in allen Kantonen" (BBl 1983 III 761 ff.) verzichteten die eidgenössischen Räte ausdrücklich auf einen umfassenden Verfassungsartikel im Bildungsbereich. Deshalb beantragte der Bundesrat die Abschreibung der drei Postulate (Bericht des Bundesrates über seine Geschäftsführung im Jahre 1984 (vom 27. Februar 1985), S. 116). Vgl. hierzu auch EICHEN-

b) Verfassungsentwurf 1977 (VE 1977)

Ausgangspunkt für die Totalrevision der Bundesverfassung bildeten die beiden Motionen Obrecht und Dürrenmatt.[54] Gestützt darauf ernannte der Bundesrat 1967 eine *Arbeitsgruppe* zur Vorbereitung der Totalrevision der Bundesverfassung mit Bundesrat *Wahlen* als Vorsitzenden. Diese gelangte mit einem Fragebogen an Kantone, politische Parteien, Universitäten, Verbände und andere Institutionen. 1973 lieferte sie ihren Schlussbericht ab.[55] Daraus lässt sich entnehmen, dass sich die Arbeitsgruppe ein *Grundrecht der Eltern* vorstellen konnte, ihre Kinder in konfessionellen Privatschulen erziehen und ausbilden zu lassen, sofern diese Schulen die gestellten Anforderungen erfüllten. Eine grössere Freiheit in dieser Beziehung sei geboten, um vor allem die starre, aus dem vorigen Jahrhundert stammende Einstellung einzelner Kantone aufzubrechen.[56] Andererseits aber zweifelte die Arbeitsgruppe daran, ob auf verfassungsrechtlicher Stufe ein hinreichendes Bedürfnis für die *Unterrichtsfreiheit* bestehe. Denn es sei nicht auf allen Alters- und Schulstufen eine Beeinträchtigung "dieses an sich denkbaren Freiheitsrechts" zu befürchten. Ausserdem falle das Recht zu einem Teil mit dem Sozialrecht auf Bildung zusammen.[57] Bei der Behandlung dieses Sozialrechts kam die Arbeitsgruppe aber nicht mehr auf das Freiheitsrecht zu sprechen.[58] Von einer Garantie der Lernfreiheit als Grundrecht wollte sie absehen.[59]

Die Arbeitsgruppe empfahl dem Bundesrat, die Revisionsarbeiten durch eine Expertengruppe weiterführen zu lassen und diese zu beauftragen, einen konkreten Verfassungsentwurf auszuarbeiten. Gestützt auf diese Empfehlung wurde 1974 eine *Expertenkommission* mit Bundesrat *Furgler* als Vorsitzenden ernannt. Das Ergebnis waren zwei Arbeitspapiere (also keine Verfassungsentwürfe), bestehend aus drei Modellen und einer von der Juristischen Fakultät der Universität Basel entworfenen "Kern-Verfassung". Diese dienten als Arbeitsgrundlage für den Ende 1977 dem Bundesrat vorgelegten Verfassungsentwurf (VE 1977) samt Begleitbericht.[60] Das

---

BERGER Kurt/TRAPPE Paul, Der rechtssetzende Entscheidungsprozess im Bunde, dargestellt am Beispiel der Bildungsartikel, Basel 1973.

[54] Vgl. Amtl. Bull. NR 1966, 412 ff.; Amtl. Bull. SR 1966, 168 ff.

[55] BBl 1985 III 51.

[56] ARBEITSGRUPPE, Band VI, 118 f.

[57] ARBEITSGRUPPE, Band VI, 130.

[58] Vgl. dazu ARBEITSGRUPPE, Band VI, 180-210.

[59] ARBEITSGRUPPE, Band VI, 130.

[60] BBl 1985 III 58 f.

erste Modell versucht im wesentlichen, die Ergebnisse der Arbeitsgruppe Wahlen in breit gefassten Verfassungsnormen auszuformulieren. So findet sich ein Recht auf Ehe- und Familiengründung,[61] die Freiheit der wissenschaftlichen Lehre und Forschung und insbesondere ein Artikel über die *Schulfreiheit*.[62] Dieser hält neben dem Neutralitätsgebot für öffentliche Schulen unter anderem fest: "Die Eltern sind berechtigt, für den Schulunterricht ihrer Kinder entsprechend ihrer eigenen Überzeugung zu sorgen, sofern der Unterricht unter staatlicher Oberaufsicht steht und das Schulziel der öffentlichen Schulen erreicht wird."[63] Bei der Behandlung der Sozialrechte werden zwei Varianten unterbreitet: Die erste garantiert ein Recht auf Schulbildung und Ausbildung[64] und die zweite ein umfassendes Recht auf Bildung.[65] Das *zweite Modell* ("Kurz-Verfassung") wirkt durch die karge, abstrakte und punktuelle Ausdrucksweise offener und instrumentaler. Als Freiheitsrechte werden nur noch das Recht auf Ehe- und Familiengründung[66] sowie die Freiheit der wissenschaftlichen Lehre und Forschung genannt. Die Schulfreiheit wird nicht mehr erwähnt.[67] Das Recht auf Bildung bleibt bei den Sozialrechten erhalten.[68,69] Das *dritte Modell*[70] will nicht den Schlussbericht der Arbeitsgruppe Wahlen in die Verfassungssprache umwandeln, sondern stellt eine selbständige Arbeit dar.[71] Weder bei den individuellen noch sozialen Freiheiten findet sich eine Bestimmung zum Bildungswesen. Einzig bei der Kompetenzverteilung wird dem Bund das Recht zugestanden, auf dem Weg der Gesetzgebung Grundsätze für den Unterricht zu erlassen (Art. 30 Abs. 1 Ziff. 2). Die sogenannte *"Kern-Verfassung"*[72] gewährleistet

---

61 EXPERTENKOMMISSION, Arbeitspapiere I, 11. Vgl. dazu auch a.a.O., 33.

62 Die Ausbildung vor und während der obligatorischen Schulzeit bleibt Sache der Kantone (EXPERTENKOMMISSION, Arbeitspapiere I, 57).

63 EXPERTENKOMMISSION, Arbeitspapiere I, 15.

64 "Alle Kinder und Jugendlichen haben Anspruch auf unentgeltliche Schulbildung während der obligatorischen Schulzeit, sowie auf eine ihren Fähigkeiten entsprechenden berufliche Ausbildung (...)" (EXPERTENKOMMISSION, Arbeitspapiere I, 26).

65 EXPERTENKOMMISSION, Arbeitspapiere I, 35.

66 Zum Schutz der Familie vgl. auch EXPERTENKOMMISSION, Arbeitspapiere I, 118.

67 EXPERTENKOMMISSION, Arbeitspapiere I, 113.

68 EXPERTENKOMMISSION, Arbeitspapiere I, 116.

69 Eine konkurrierende Bundeskompetenz besteht für: Koordination des Schulwesens, Dauer der obligatorischen Schulpflicht, Berufsbildung, Hochschulwesen, Wissenschaft und Erwachsenenbildung (EXPERTENKOMMISSION, Arbeitspapier I, 125).

70 EXPERTENKOMMISSION, Arbeitspapiere I, 140 ff.

71 EXPERTENKOMMISSION, Arbeitspapiere I, 4.

72 EXPERTENKOMMISSION, Arbeitspapiere II.

das "Recht auf Ehe sowie das Recht der Eltern auf Erziehung ihrer Kinder" (Art. 4 Abs. 3 Ziff. 7). Gewährleistet wird auch "das Recht auf Bildung sowie die Freiheit der Ausbildungs- und Berufswahl" (Art. 4 Abs. 4 Ziff. 1).

Der *Verfassungsentwurf (VE 1977)*[73] bestimmt, dass die Förderung der Bildung dem Bund und den Kantonen übertragen wird (Art. 2 Abs. 7 VE).[74] Als Grundrecht wird in Art. 14 VE lediglich die *Freiheit der wissenschaftlichen Lehre und Forschung* garantiert, weil das besonders qualifizierte und speziell gefährdete Aspekte der Meinungsäusserungsfreiheit seien.[75] Art. 11 Abs. 1 VE gewährt nur die freiwillige Teilnahme an einem religiösen Unterricht. In modifizierter Form wird auch das Recht auf Bildung festgeschrieben: Gemäss Art. 26 Abs. 1 lit. a trifft der Staat Vorkehren, "damit jedermann sich nach seinen Fähigkeiten und Neigungen bilden und weiterbilden kann".[76] Dieses Sozialrecht wurde als Gesetzgebungsauftrag formuliert, d.h. es können keine unmittelbaren klagbaren Rechtsansprüche abgeleitet werden.[77]

c) Modell-Studie EJPD 1985

Der Bundesrat hat in der Folge das Eidgenössische Justiz- und Polizeidepartement (EJPD) beauftragt, den VE 1977 im Lichte der Ergebnisse des Vernehmlassungsverfahrens zu überarbeiten. Daraus entstand eine unverbindliche *Modell-Studie*[78] einer

---

[73] Vgl. BBl 1985 III 1 ff. (Bericht des Bundesrates) und 161 ff. (VE 1977).

[74] EXPERTENKOMMISSION, Bericht, 23. Die Hauptverantwortung für Schule und Bildung wird den Kantonen übertragen (Art. 51 Abs. 1 lit. d VE). Der Bund kann durch Rahmengesetze Mindestanforderungen festlegen (Art. 51 Abs. 2 lit. a).

[75] EXPERTENKOMMISSION, Bericht, 41. Der Bundesrat gesteht ein, dass die Lücken der Bundesverfassung besonders zahlreich seien, da wichtige Grundrechte fehlen würden. Bei der beispielhaften Aufzählung nennt er aber nur die bereits anerkannten ungeschriebenen Grundrechte (BBl 1985 III 93).

[76] Einer Minderheit der Kommission schien eine ausdrückliche Bestimmung über die Bildungspolitik als Ergänzung zur Kulturpolitik erforderlich. So verlangte Art. 36bis VE vom Staat u.a., dass er "für jedermann eine seinen Neigungen und Fähigkeiten entsprechende Ausbildung gewährleisten" soll. Die Kommissionsmehrheit erachtete dies aber bereits als in Art. 2 und 26 Abs. 1 lit. a VE enthalten (vgl. EXPERTENKOMMISSION, Bericht, 84 f.). BORNER erachtet es als justitiablen, klagbaren Anspruch (BORNER Silvio, Wirtschafts-, Sozial- und Eigentumsordnung im Verfassungsentwurf - Ein Diskussionsbeitrag aus ökonomischer Sicht, in: ZSR NF 98/1979 I, S. 463-479, 472).

[77] EXPERTENKOMMISSION, Bericht, 60. Vgl. auch KAUFMANN Otto K., Die Sozialordnung, Eigentumsordnung und Wirtschaftsordnung des Verfassungsentwurfes, in: Totalrevision der Bundesverfassung - Zur Diskussion gestellt, ZSR NF 97/1978 I, S. 285-312, 295 ff.; BBl 1985 III 74.

[78] Vgl. BBl 1985 III 189 ff.

neuen Verfassung, also kein departementaler oder bundesrätlicher Entwurf.[79]

In der Vernehmlassung kritisierte die liberalsozialistische Partei die enge Formulierung des Art. 14 VE. Sie verlangte eine Ausdehnung des Freiheitsrechts auf die Erziehungs-, Lehr- und Bildungsfreiheit, um auch das Elternrecht sowie das Recht zur Errichtung von Privatschulen und deren freien Besuch zu garantieren.[80] Das EJPD übernahm Art. 14 VE aber unverändert in Art. 14 seiner Modell-Studie. Ebenso wurde insbesondere aus kirchlicher Seite kritisiert, dass Art. 11 VE das Elternrecht nicht erfasse.[81] Denn die Modell-Studie regelt in Art. 11 Abs. 2 lediglich die konfessionelle Neutralität an öffentlichen Schulen.

Das EJPD nahm im Gegensatz zum VE 1977 die Schulpflicht (Art. 28) wieder auf. Als bildungspolitisches Ziel wird auch der von der Kommissionsminderheit vorgeschlagene Art. 36bis VE beinahe wörtlich in Art. 33 übernommen. Deshalb findet sich bei den sozialpolitischen Zielen (Art. 40; Art. 26 VE) das Recht auf Bildung nicht mehr. Die Zuständigkeit des Bundes betreffend hält Art. 67 Abs. 2 fest, dass sich seine Rahmengesetzgebung im Bereich der Bildung u.a. nur auf den Beginn des Schuljahres und die Dauer der Schulpflicht beschränkt.

d) Privatentwurf KÖLZ/MÜLLER

Alfred KÖLZ und Jörg Paul MÜLLER haben einen privaten Verfassungsentwurf verfasst.[82] Als Freiheitsrechte erwähnen sie nur die wissenschaftliche Lehre und Forschung (Art. 11) sowie die freie Wahl des Berufs und Arbeitsplatzes (Art. 13). In diesem Entwurf kann der Bund Grundsätze aufstellen, damit sich jede Person nach seinen Neigungen und Fähigkeiten bilden und weiterbilden kann (Art. 55 Abs. 1). Der Bund gewährleistet den genügenden Volksschulunterricht durch die Kantone (Abs. 2).

---

[79] BBl 1985 III 79 f.

[80] Vgl. dazu BUNDESAMT FÜR JUSTIZ, Totalrevision der Bundesverfassung, Vernehmlassung zum Verfassungsentwurf von 1977, Band 5 (Art. 10-14), Dezember 1980, S. 2482, 2488, 2489. Auch der Gewerkschaftsbund wollte "alle Lehre" erfasst haben (a.a.O., 2498).

[81] Vgl. a.a.O., S. 2200, 2204, 2238, 2242-44, 2248, 2256.

[82] KÖLZ Alfred/MÜLLER Jörg Paul, Entwurf für eine neue Bundesverfassung vom 16. Mai 1984, Zweite überarbeitete Auflage vom 14. Juli 1990, Basel und Frankfurt am Main 1990.

e) Weitere parlamentarische Vorstösse

Die parlamentarische Initiative vom 23. Juni 1989 von Hans Zbinden[83] verlangte einen Bildungsrahmenartikel in der Bundesverfassung. Damit wurde unter anderem ein integral koordiniertes schweizerisches Bildungswesen angestrebt, in welchem Gemeinden, Kantone, Bund und Wirtschaft als vernetzte Trägerschaft ihre Bildungsaufgaben aufeinander abstimmen könnten. Bei der Abstimmung zeigte sich jedoch, dass sich eine klare Mehrheit des Nationalrates (103:54 Stimmen) gegen eine solche Initiative aussprach. Begründet wurde die Ablehnung gegen einen umfassenden Bildungsartikel insbesondere immer wieder mit dem Hauptargument, die Zuständigkeit der Kantone im Bildungswesen bilde das "Herzstück des Föderalismus". Gegen eine zentralistische Harmonisierung im Bildungsbereich wurde auch vorgebracht, dass dies nach einer sehr aufwendigen Gesamtkonzeption rufe, das meiste auf der bestehenden Verfassungsgrundlage bereits machbar sei, selbst die EG nicht auf dem Weg der Gleichschaltung der Schulsysteme vorangehe, die Schweiz (noch) international einen guten Ruf geniesse und das bestehende System mit seinen bisherigen Reformen bewiesen habe, dass es zur Erneuerung und Weiterentwicklung fähig sei.[84] Die Kommissionsminderheit erinnerte daran, dass das Volk 1973 einen neuen Bildungsartikel befürwortet hatte und die Vorlage nur am Ständemehr scheiterte. Deshalb verlangte sie für den Fall einer Ablehnung der Initiative, dass wenigstens via Motion dem Bundesrat der Auftrag erteilt würde, einen Bildungsartikel vorzubereiten.[85] Bei der Abstimmung sprach sich aber auch hier eine Mehrheit des Nationalrats (96:58 Stimmen) gegen eine Überweisung aus.[86]

3. Ableitung der Unterrichtsfreiheit aus anderen verfassungsmässigen Rechten

a) Allgemeines

Wie gezeigt wurde, ist bewusst darauf verzichtet worden, die Unterrichtsfreiheit - und damit die Privatschulproblematik - in der Bundesverfassung explizit zu regeln. Nach Meinung von MAERKI legt der Schulartikel den Standpunkt des Bundes in dieser

---

[83] Amtl. Bull. NR 1992, 225 ff.

[84] Vgl. a.a.O.

[85] A.a.O., 228.

[86] Zu den Abstimmungsresultaten vgl. a.a.O., 236 f.

Materie endgültig fest.[87] Es soll dennoch untersucht werden, inwiefern andere verfassungsmässige Grundrechte diesen Bereich ganz oder wenigstens partiell erfassen.[88] Andere Freiheitsrechte wären unvollständig, wenn sie nicht auch auf dem Gebiet des Schulwesens ihre Anerkennung finden würden. Die Unterrichtsfreiheit stellt so besehen nichts anderes dar als die Ausdehnung der übrigen Freiheitsrechte auf das Gebiet der Schule.[89]

b) Religionsfreiheit

Da die öffentliche Schule nicht allen Wünschen und Bedürfnissen gerecht werden kann, hat sie grundsätzlich konfessionell neutral zu sein.[90] Als Simultanschule verweist sie die Glaubenslehre auf bestimmte Religionsstunden. Eltern können aber gerade dadurch in ihrer Glaubensfreiheit verletzt sein, da sie auf eine ihnen verderblich scheinende öffentliche Schule angewiesen sind. Denn auch ausserhalb der Religionsstunden bietet der gesamte Unterricht ein besonders fruchtbares Feld für die Verbreitung ethischer Ansichten.[91] Diesen Eltern müsste ihrem Erziehungsrecht entsprechend die Möglichkeit geboten werden, eine nichtstaatliche Lehranstalt zu wählen, die insgesamt konfessionell eingerichtet ist.[92]

Das *Bundesgericht* hielt in einem Entscheid, der die Zulassung einer Theologischen Fakultät betraf, fest, dass neben dem Recht, Glaubensansichten zu äussern und religiöse Lehren und Überzeugungen zu verbreiten, auch die Freiheit dazugehöre, Pfarrer in einem bestimmten Bekenntnis auszubilden. Diese Freiheit sei nur dann verletzt, wenn die Bewilligung zum Betrieb der Ausbildungsstätte verweigert

---

87 MAERKI, 72.

88 Bei der Untersuchung der einzelnen Freiheitsrechte besteht deshalb die Gefahr, dass die Unterrichtsfreiheit "auseinandergerissen" wird. Dass es dabei nicht um einen umfassenden Schutz gehen kann, hat Max MÜLLER wie folgt festgehalten: "Alle Versuche, die Lehr- und Lernfreiheit mit andern Grundrechten zur Deckung zu bringen, gehen von einer bloss partiellen Begriffsumschreibung der ersteren aus" (S. 18). An anderer Stelle fasst er die Lehr- und Lernfreiheit als "Konsequenz" von verschiedenen Grundrechten auf (S. 77).

89 So RECHSTEINER, 741 f.

90 Der Grundsatz der religionsrechtlichen Parität gebietet die Gleichstellung und -behandlung aller Religionsgemeinschaften und -zugehörigen (vgl. dazu KARLEN, 195 ff.; HÄFELIN, Art. 49 BV, Rz. 114).

91 ZIEGLER, 38, Anm. 27.

92 MÜLLER Max, 25.

würde.[93] In einem weiteren Entscheid[94] hält es neu fest, dass die Glaubens-, Gewissens- und Kultusfreiheit zwar nicht die entsprechende Ausgestaltung der öffentlichen Schule, aber gegebenenfalls das *Recht auf Privatunterricht* garantiere:

> "In solchen Fällen ist diesem Grundrecht [Art. 49/50 BV, Anm. d. Verf.] dadurch Rechnung getragen, dass der obligatorische Primarschulunterricht nicht nur in öffentlichen Schulen absolviert werden kann: Art. 27 Abs. 2 BV bestimmt lediglich, dass er in öffentlichen Schulen unentgeltlich ist. Wenn also *individuelle Glaubens- und Gewissensüberzeugungen derart vom Landesüblichen abweichen, dass ihnen nur schwer oder nicht in der öffentlichen Schule Rechnung getragen werden kann*, garantiert die Glaubens-, Gewissens- und Kultusfreiheit nicht die entsprechende Ausgestaltung der öffentlichen Schule, sondern gegebenenfalls das *Recht auf Privatunterricht*, der den Anforderungen an den staatlich vorgeschriebenen Primarunterricht genügt."[95]

Mit diesem Entscheid ist m.E. zweierlei bewirkt worden. Erstens ist man davon weggekommen, die Glaubens- und Gewissensfreiheit nur hinsichtlich des speziellen Religionsunterrichtes anzuerkennen. Und zweitens wird hier der Schluss zugelassen, dass die Glaubens- und Gewissensfreiheit unter bestimmten Umständen die Privatschulfreiheit garantiert. Doch darf dabei der starke *Ausnahmecharakter* nicht übersehen werden. Eine grundsätzliche Garantie der Unterrichtsfreiheit - insbesondere der Privatschulfreiheit - kann diesem Entscheid also nicht entnommen werden. Dies schon deshalb nicht, da sich sonst nicht konfessionell ausgerichtete Privatschulen zu Recht benachteiligt fühlen könnten.[96]

---

93 BGE 97 I 120 f., E. 3b. Das Bundesgericht fand aber die "durch Art. 49 BV gewährleistete Lehrfreiheit auf religiösem Gebiet" nicht verletzt (a.a.O, 121). Vgl. zur Lehrfreiheit aus Art. 49 BV auch STUDER Raoul, Ausgewählte Fragen der Glaubens- und Gewissensfreiheit anhand der Bundesgerichtlichen Rechtsprechung, Diss. Basel 1977, S. 105 ff.

94 BGE 114 Ia 129 ff. (Laubhüttenfest). Dieser Entscheid betraf ein Dispensationsgesuch von der Schule für 5 bis 6, anstelle der üblichen 4 Tage.

95 BGE 114 Ia 133 (Hervorhebung durch den Verfasser).

96 In der *Literatur* wird die Unterrichtsfreiheit aus Art. 49 BV abgeleitet von MARTIN, 49, 140 f.; SCHMID Josef, 41 ff. Eine solche Ableitung wird abgelehnt von RECHSTEINER, 791; BARTH, 51; ZIEGLER, 38; BRÜHWILER, 90; HAAS, 18; MÜLLER Max, 23 ff.; unklar MAERKI, 72. PLOTKE ist der Meinung, dass die Verpflichtung, an religiösen Ruhetagen die Schule zu besuchen, als schwerer Eingriff in die Persönlichkeitssphäre des Kindes beurteilt werden müsse. Es wäre nicht zulässig, die Kinder auf Privatschulen zu verweisen (PLOTKE, Schulrecht, 306 f.).

c) Sprachenfreiheit

Genauso wie es Eltern gibt, die einen bestimmten Glauben als wesentlich für die Ausbildung ihrer Kinder betrachten, kann es auch Eltern geben, die den Schwerpunkt auf die Unterrichtssprache legen.[97] Man wird dabei zwar nicht unbedingt von einer weltanschaulichen Ausrichtung der gesamten Erziehung sprechen. Doch kann der Einfluss der Unterrichtssprache auf die Persönlichkeitsbildung nicht völlig abgestritten werden.[98] Es stellt sich deshalb die Frage, ob Ansprüche aus dem ungeschriebenen Grundrecht der Sprachenfreiheit[99] abgeleitet werden können.

Die Kompetenz zur Ordnung des Sprachengebrauchs steht den Kantonen zu. Dies ergibt sich aus Art. 116 Abs. 2 BV, der die Amtssprachen der Bundesbehörden festlegt.[100] In den öffentlichen Schulen wird - gemäss dem Territorialitätsprinzip - der Unterricht grundsätzlich in der Amtssprache des Einzugsgebiets erteilt. Die Befugnis zur Festlegung der *Unterrichtssprache* ist bereits in der allgemeinen Zuständigkeit des Kantons zur Bestimmung seiner Amtssprache enthalten.[101] Soweit es sich um Privatschulen handelt, "kann der kantonale Gesetzgeber gestützt auf die sich aus Art. 116 Abs. 1 BV ergebende Befugnis zur Wahrung der sprachlichen Eigenart des Kantons oder einzelner Kantonsteile (...) die Unterrichtsprache festlegen. Das gilt auch in den Kantonen, welche die Unterrichtsfreiheit anerkennen."[102] Dabei kann es sich nicht nur um einen blossen Nebenpunkt handeln.[103] Denn gewährte man einer Sprachgruppe eine Privatschule mit eigener Unterrichtssprache, müsste man

---

[97] Vgl. dazu beispielsweise die Bestrebungen, sogenannte "Europäische Schulen" zu gründen, die in zwei Schulsprachen unterrichten.

[98] Das Bundesgericht betont, dass die Schulung in einer anderen als der Muttersprache die Entwicklung des Kindes beeinflusst (BGE 91 I 493). Auch Jörg Paul MÜLLER weist darauf hin, dass der Unterricht in der eigenen Sprache für die Identitätsbildung des einzelnen Menschen entscheidend sein kann (MÜLLER Jörg Paul, Grundrechte, 83).

[99] Vgl. BGE 100 Ia 465; 91 I 485.

[100] BGE 100 Ia 465.

[101] BGE 100 Ia 465; 91 I 487. Vgl. dazu auch ZBl 78/1977, S. 234 ff. (= BVR 1976, S. 283 ff.); 74/1973, S. 377 ff. Vgl. auch die Botschaft zur Revision des Sprachenartikels (Art. 116 BV) (BBl 1991 II 309 ff., 319).

[102] BGE 91 I 487. Ausser im Kanton Tessin (art. 80 cpv. 2 LS) haben die Kantone diese Auflage meist nicht explizit für Privatschulen eingeführt. Sie führen das meist über das offene Kriterium des "gleichartigen" Unterrichts oder Lehrziels ein und übernehmen so die Bestimmung des öffentlichen Schulwesens (vgl. beispielsweise BGE 91 I 488 ff., E. 3a).

[103] BGE 91 I 490. Der Hauptgrund mag in der Gefährdung des Sprachgebiets durch die Zuwanderung Anderssprachiger liegen. Diese könnte man durch die sprachliche Assimilierung - besonders in der Schule - eindämmen (BGE 91 I 487).

diese Erlaubnis aus Gründen der Rechtsgleicheit allen zugestehen. Dies hätte zur Folge, dass diese Schüler die Landessprachen nur mangelhaft erlernten und deshalb dauernd ein Eigenleben führen würden. Zur Gewährleistung der vier Sprachgebiete (Art. 116 Abs. 1 BV) ist dieser Entwicklung entgegenzutreten.[104,105]

Von kleineren Gemeinden, wo die weitaus grösste Mehrheit der Bevölkerung die gleiche Sprache spricht, kann nicht verlangt werden, dass sie anderssprachige Klassen führen.[106] Deshalb müssen Eltern ihre Kinder in Nachbargemeinden zur Schule schicken. Das Schulgeld für den auswärtigen Besuch der Schule muss - gemäss Bundesgericht - von der Wohnsitzgemeinde aber nur aus sachlichen Gründen übernommen werden, wie etwa bei langen beschwerlichen Schulwegen.[107] Unter diesen Umständen kann man sich m.E. zu Recht nach dem Sinn dieser Freiheit fragen, wenn von der Behörde nicht einmal die geringen Kosten übernommen werden, die der Kindertransport zur Schule des nahegelegenen Dorfes verursacht.[108]

d) Handels- und Gewerbefreiheit

Die Handels- und Gewerbefreiheit ist in *Art. 31 BV* geregelt und gewährleistet das verfassungsmässige Individualrecht auf freie Wahl und freie Ausübung jeder privatwirtschaftlichen Erwerbstätigkeit.[109] *Privat* ist die Tätigkeit, wenn sie weder die Erfüllung einer staatlichen oder kommunalen öffentlich-rechtlich übertragenen Aufgabe noch eine Tätigkeit im Monopolbereich darstellt.[110] *Wirtschaftlich* ist eine private Betätigung, wenn sie auf Erwerb gerichtet ist, unabhängig davon, ob das

---

[104] BGE 91 I 491 f. Kritisch dazu HAEFLIGER Arthur, Die Sprachenfreiheit in der bundesgerichtlichen Rechtsprechung, in: Mélanges Henri Zwahlen, Lausanne 1977, S. 77-86, 81 f.

[105] Vgl. zur Unterrichtssprache auch PLOTKE, Schulrecht, 166 ff.; KLOSS, 120 ff.

[106] BGE 100 Ia 466. Vgl. dazu auch VEB 26/1956, Nr. 17; VPB 40/1976, Nr. 37; ZBl 78/1977, S. 234 ff.

[107] BGE 100 Ia 468. Im vorliegenden Fall schickte der Beschwerdeführer seine Kinder in die Nachbargemeinde zur Schule, um sie in seiner Muttersprache (romanisch) unterrichten zu lassen. Das Bundesgericht hielt aber aus praktischen Gründen fest: "Da wegen des kleinen Sprachbereichs des Rätoromanischen die Kinder dieser Sprache ohnehin deutsch lernen müssen, ist es aus praktischen Gründen geboten, sie schon in deutscher Sprache zu unterrichten" (a.a.O., 470).

[108] So auch MÜLLER Jörg Paul, Grundrechte, 84; MALINVERNI G., Kommentar zur Sprachenfreiheit (Stand Juni 1987), in: Kommentar BV, Rz. 36; vgl. zur Kritik auch Rz. 38.

[109] RHINOW, Art. 31 BV, Rz. 27, 68; BGE 91 I 460 mit weiteren Verweisen; 105 Ia 67. Es ist dem Bürger aber auch freigestellt, seinen Lebensunterhalt auf andere Weise als mit einem privatwirtschaftlichen Erwerb zu erarbeiten (VALLENDER, § 6, N 11).

[110] VALLENDER, § 6, N 7; RHINOW, Art. 31 BV, Rz. 72 ff., 100; BGE 103 Ia 401 (Beeli): "Wer öffentliche Aufgaben erfüllt, kann sich nicht auf sie [HGF] berufen."

Erwerbsmotiv im Vordergrund steht.[111] Eine Gewinnabsicht ist nicht erforderlich, jedoch immer ein Erwerbsziel.[112] Zu den erfassten *Tätigkeiten* zählen nicht nur jene in Handel und Gewerbe, sondern ebenso jede haupt- oder nebenberufliche, dauernde oder gelegentliche Tätigkeit in anderen Bereichen der Wirtschaft.[113]

Man könnte sich auf den Standpunkt stellen, dass mit dem Betreiben einer Privatschule einer Erwerbstätigkeit nachgegangen wird: "Jede gegen Geldlohn geöffnete Bildungsanstalt ist in der Tat nichts als eine gewerbliche Unternehmung, deren Kapital die Kenntnis, deren Arbeit Unterricht und Lehre und deren Erzeugnis Bildung ist."[114] Die rein gewerbliche Auffassung des Unterrichtswesens wird auch durch historische Argumente gestützt, wonach sowohl Kirche als auch Stadtverwaltungen ein finanzielles Interesse am Unterricht hatten.[115] Das *Bundesgericht* möchte den Betrieb einer Schule unter den Schutz von Art. 31 BV stellen, wenn damit Erwerbszwecke verfolgt werden. Im Fall einer privaten Theologischen Hochschule zur Ausbildung evangelischer Pfarrer hat es aber einen rein ideellen Zweck angenommen.[116] Ebenso hatte das *Zürcher Verwaltungsgericht* zu untersuchen, ob die eingereichte Beschwerde einer Privatschule eine Streitigkeit über die Ausübung einer bewilligungspflichtigen gewerbsmässigen Tätigkeit betreffe. Denn die Ausübung einer öffentlichen, dem Staat vorbehaltenen Funktion falle nicht unter den Schutz der Handels- und Gewerbefreiheit. Es kam dann zum Schluss, dass es sich bei der Bewilligung wegen dem fehlenden Schulmonopol nicht um eine (Monopol-)Konzession

---

[111] Vgl. dazu den Fall eines Buchhändlers, der sich auf den Vertrieb katholischer Literatur spezialisierte. Dieser könne sich nur auf Art. 31 BV berufen, weil seine Tätigkeit zwar gewisse religiöse Züge aufweise, jedoch selber keine Religionsausübung darstelle (vgl. dazu KARLEN, 250).

[112] Vgl. RHINOW, Art. 31 BV, Rz. 69 ff. PLOTKE spricht versehentlich - da richtige Zitation vorliegt (BGE 97 I 121) - von Gewinn (PLOTKE, Schulrecht, 464). Vgl. hierzu auch den Entscheid des EDI zu einer Stiftung, die eine private Universität als kaufmännisches Unternehmen betreibt (VPB 52/1988, Nr. 2).

[113] VALLENDER, § 6, N 8; RHINOW, Art. 31 BV, Rz. 69.

[114] Lorenz von STEIN, Die Verwaltungslehre, III, Stuttgart 1883/84, S. 122 (zit. bei MÜLLER Max, 19; HAAS, 19; BARTH, 44).

[115] MÜLLER Max, 20; SCHMID Josef, 58.

[116] BGE 97 I 121; Es ist dabei aber zu beachten, dass es sich um ein obiter dictum handelt. Vgl. in diesem Zusammenhang auch die Entscheide zum Fernunterricht die Eintragungspflicht ins Handelsregister betreffend (BGE 70 I 106 ff.) bzw. zur Anwendbarkeit des UWG (BGE 80 II 165 ff.= Pra 43/1954, Nr. 116). Hinzuweisen ist auch auf das Problem der Zulassung zur Primarlehrerausbildung (BGE 103 Ia 394 ff. [Beeli] oder zur Universität (BGE 103 Ia 369 ff. [Wäffler]).

handle, sondern um eine *Polizeierlaubnis*.[117] Damit stützt es die Meinung des Bundesgerichts, das die Bewilligung zur Eröffnung einer Privatschule ebenfalls als Polizeierlaubnis bezeichnet.[118]

In der vor allem älteren Literatur will man den Privatschulen den Schutz der Handels- und Gewerbefreiheit - zugunsten einer allfälligen kantonalen Regelung der Unterrichtsfreiheit - nicht zuteil werden lassen.[119] Man führt insbesondere an, dass für die Unterrichtstätigkeit nicht wirtschaftliche Motive bestimmend seien.[120] Diese Argumentationsweise geht noch von der falschen Annahme aus, der Volksschullehrer unterrichte aus einer inneren Berufung heraus und nicht unbedingt des Gehaltes wegen. Da heute in sämtlichen Kantonen auf die Monopolisierung der Schultätigkeit verzichtet wird, ist den auf Erwerb gerichteten Privatschulen der Schutz von Art. 31 BV grundsätzlich zu gewähren.[121]

Zusammenfassend lässt sich festhalten, dass die ältere Literatur die Berufung auf die Handels- und Gewerbefreiheit grundsätzlich von einer allfälligen kantonalen Regelung der Unterrichtsfreiheit abhängig macht. In sämtlichen Kantonen besteht heute aber kein staatliches Schulmonopol mehr. Damit handelt es sich beim privaten Unterricht um eine *private* und nicht etwa um eine konzessionspflichtige Tätigkeit. Die dafür notwendige Bewilligung wird als *Polizeibewilligung* qualifiziert. Jede *auf Erwerb ausgerichtete* Privatschule kann sich auf die Handels- und Gewerbefreiheit berufen.[122]

---

[117] ZBl 75/1974, S. 317.

[118] BGE 91 I 485.

[119] Vgl. dazu BRÜHWILER, 90 f.; BARTH, 45; FLEINER, 517; ZIEGLER, 37; FREY, 146 f.; RECHSTEINER, 791; HANGARTNER, Band II, 120; SCHÜRMANN Leo, Wirtschaftsverwaltungsrecht, Bern 1978, S. 25, Anm. 12; MARTI, 43; unklar MAERKI, 72 f.; vgl. auch BVR 1979, 305.

[120] Vgl. FREY, 146 f.; MÜLLER Max, 20; BARTH, 42; SCHMID Josef, 58; HAAS, 19; ZIEGLER, 36 f. ZIEGLER, 37 f. vergleicht dies mit der Pressefreiheit: Der ausschlaggebende Zug des Zeitungswesens liege nicht in der Schaffung einer Erwerbsgelegenheit, sondern in der Möglichkeit, Auffassungen und Überzeugungen zu verbreiten, weshalb man dafür auch ein eigenes Freiheitsrecht habe schaffen müssen.

[121] So RHINOW, Art. 31 BV, Rz. 74; MARTI Hans, Die Wirtschaftsfreiheit der schweizerischen Bundesverfassung, Basel/Stuttgart 1976, S. 47; MÜLLER Jörg Paul, Grundrechte, 357 f.; GYGI, 40, 51; KÄMPFER, 695; MARTIN, 123 ff.; PLOTKE, Bildung, 48 (vgl. auch ders., Massnahmen, 37; ders., Schulrecht 57, 467). Unklar aber wohl eher bejahend sind auch; ZENGER Christoph Andreas, Die Bedeutung der Freiheit wirtschaftlicher Entfaltung für eine freie Berufswahl, Diss. Bern 1984, Bern 1985, S. 368 f.; RICHLI, 675; KURER, 70; implizit auch VPB 51/1987, Nr. 48, S. 282.

[122] PLOTKE, Massnahmen, 37. Dabei handelt es sich insbesondere um die von der Kirche unterhaltenen Privatschulen (vgl. auch MARTIN, 130).

e) Vereinsfreiheit

Die Vereinsfreiheit wird in *Art. 56 BV* garantiert. Vereinigungen mit erwerbswirtschaftlichen Zwecken fallen in den Schutzbereich der Handels- und Gewerbefreiheit, jene mit religiöser Zielsetzung unter Art. 49 und 50 BV.[123] Das Bundesgericht hält in einem obiter dictum fest, dass die Vereinsfreiheit (Art. 56 BV) verletzt sei, wenn Bestand, Tätigkeit oder Name eines Vereins in Frage steht, nicht aber die Bezeichnung einer Ausbildungsstätte.[124]

Das Bundesgericht erachtet es als unzulässig, wenn die Vereinsgründung von einer Bewilligung abhängig gemacht wird.[125] Deshalb besteht die Gefahr, dass Privatschulen versucht sein könnten - unter Berufung auf Art. 56 BV - sich der verlangten Bewilligung zu entziehen. Dies kann kaum der Sinn des Grundrechtsschutzes sein. Auch Max MÜLLER spricht von einer nur zufälligen Verwandtschaft der Freiheitsrechte.[126] Die Herleitung der Unterrichtsfreiheit aus der Vereinsfreiheit ist nicht möglich.

f) Presse- und Meinungsäusserungsfreiheit

Die Unterrichtsfreiheit ist wie die Pressefreiheit (Art. 56 BV) oder die Meinungsäusserungsfreiheit ein ungeschriebenes Grundrecht,[127] welches die Freiheit der Äusserung gewährleistet.[128] Betrachtet man den Schutzbereich der *Pressefreiheit*, stellt man fest, dass damit ein relativ enger Bereich abgedeckt wird: nämlich nur die ungehinderte Herstellung von Presseerzeugnissen und deren öffentliche Verbreitung.[129] Hier wäre also höchstens an die Lehrbücher zu denken. Die Freiheit der

---

[123] MALINVERNI Giorgio, Kommentar zu Art. 56 BV (Stand: April 1986), in: Kommentar BV, Rz. 7 f.; VALLENDER, § 9, N 3.

[124] BGE 97 I 121 (Verein Freie Evangelisch-Theologische Hochschule Basel).

[125] BGE 96 I 229.

[126] MÜLLER Max, 27. Ablehnend auch ZIEGLER, 41 f.

[127] Vgl. BGE 91 I 485.

[128] BGE 91 I 486. Betrachtet man Art. 7 der ersten Helvetischen Verfassung von 1798, zeigt sich, dass die Pressefreiheit aus der Lehrfreiheit abgeleitet wurde: "La liberté de la presse dérive du droit d'acquérir de l'instruction" (zit. bei MÜLLER Max, 23; in deutscher Übersetzung ebenso bei BARTH, 33, Anm. 1. Nach Auffassung von Max MÜLLER ist es eine allgemeine Erscheinung, dass bei fehlender Lehrfreiheit die Interessenten Zuflucht in der Pressefreiheit nehmen, die in einem viel weiteren Umfang besteht (MÜLLER Max, 4, Anm. 8).

[129] MÜLLER Jörg Paul, Art. 55 BV, Rz. 1, 8 ff.

Gedankenäusserung während des Unterrichts, die durch das gesprochene Wort erfolgt,[130] wird durch die Pressefreiheit nicht geschützt.[131]

Ebensowenig kann die *Meinungsäusserungsfreiheit* als Ersatz für die Unterrichtsfreiheit herangezogen werden. Von (Volksschul-)Lehrern wird grundsätzlich verlangt, dass sie im Unterricht mit ihren Stellungnahmen Zurückhaltung üben, solange die Schüler noch nicht in der Lage sind, ihr eigenes Urteil den Wertungen des Lehrers entgegenzuhalten.[132] Der Unterricht bezweckt seinem Wesen nach die Vermittlung von Kenntnissen und die Ausbildung menschlicher Kräfte.[133] Das spezielle Verhältnis zwischen Lehrer und Schüler geht mit seiner erzieherischen und pädagogischen Funktion weit über ein blosses Kommunikationsforum hinaus.[134,135]

g) Persönliche Freiheit

Die *persönliche Freiheit* ist ein *ungeschriebenes Verfassungsrecht* des Bundes.[136] Sie garantiert "alle Freiheiten, welche elementare Erscheinungen der Persönlichkeitsentfaltung des Menschen darstellen".[137] Dabei wird "elementar" im Sinne von "grundlegend" verstanden. Die persönliche Freiheit wird nur dann als berührt angesehen, wenn durch staatliche Massnahmen die Willensfreiheit als solche, andere grundlegende Entfaltungsmöglichkeiten des einzelnen oder die Menschenwürde auf dem Spiel stehen.[138] Inwiefern die Errichtung oder der Besuch einer Privatschule als elementar zu bezeichnen ist, kann strittig sein.

---

130 MÜLLER Max, 4.

131 ZIEGLER, 41. Max MÜLLER, 22 f. erwähnt den durch die Pressefreiheit erzeugten staatsfreien Meinungswettbewerb.

132 MÜLLER Jörg Paul, Meinungsfreiheit, Rz. 40; ähnlich RICHLI, 676. Die Schüler können sich hingegen darauf berufen (a.a.O., Rz. 48 ff.). Vgl. dazu auch MÜLLER Max, 22; HÄNNI, 126 ff. RAUSCH wägt die dienstliche Obliegenheit der Lehrer mit der Lehrfreiheit ab (RAUSCH Heribert, Die Meinungsäusserungsfreiheit der Staatsangestellten, in: ZBl 80/1979, S. 97-115, 112). Jörg Paul MÜLLER weist darauf hin, dass es bei Hochschulprofessoren gerade zum öffentlichen Auftrag gehöre, neben der Wissensvermittlung auch persönliche Überzeugungen zu vermitteln (MÜLLER Jörg Paul, Grundrechte, 99).

133 ZIEGLER, 54, zur Pressefreiheit 37; ebenso MARTIN, 41.

134 HÄRING, 138 (vgl. dazu auch 140 ff.).

135 Eine ablehnende Haltung findet sich auch bei RECHSTEINER, 791; GIACOMETTI, Staatsrecht, 158 f.; vgl. HALLER, Lehrfreiheit, 142; BRÜHWILER, 90; unklar MAERKI, 72.

136 Vgl. HALLER, Persönliche Freiheit, Rz. 4 ff.

137 BGE 104 Ia 39; HALLER, Persönliche Freiheit, Rz. 54 ff.

138 HALLER, Persönliche Freiheit, Rz. 60 m.w.H.

Das *Bundesgericht* lehnt eine Herleitung der Unterrichtsfreiheit aus der persönlichen Freiheit wohl eher ab. Im Fall Wäffler anerkannte es zwar, dass die Aneignung einer Hochschulbildung eine Grundvoraussetzung zur Entwicklung der Persönlichkeit darstellen kann. Doch sah es keine Verletzung der persönlichen Freiheit durch die Nichtzulassung zum Studium an einer bestimmten Universität für die Dauer eines Jahres.[139] In analoger Weise hat das Bundesgericht für die Primarschulstufe in einem neueren Entscheid festgehalten, dass es nicht zum Kernbereich der Persönlichkeitsentfaltung gehöre, "die Schule im eigenen Dorf unbesehen ihrer Geeignetheit besuchen zu können beziehungsweise die Schule nach eigener Einschätzung oder eigenem Gutdünken auszuwählen".[140] Schliesslich hat es auch abgelehnt, auf dem Umweg der persönlichen Freiheit ein Recht auf Bildung einzuführen.[141] Es wird deshalb wohl kaum gewillt sein, die ebenfalls nicht garantierte Unterrichtsfreiheit auf höchstrichterlichem Wege einzuführen.

4. Unterrichtsfreiheit als ungeschriebenes Freiheitsrecht

Die liberale Theorie geht davon aus, dass die rechtlich geschützten Lebensbetätigungen nicht isoliert betrachtet werden können. Die einzelnen garantierten Freiheitsrechte bezeichnen danach nur *bestimmte Richtungen* (Einzelfreiheiten) der in sich *einheitlichen* individuellen Freiheit, welche den vom Staatsgebot freien Zustand des Individuums beschreibt. Diese sachlich umschriebenen Freiheiten sind gewissermassen nur Anwendungsfälle dieser allgemeinen Freiheit. Der Freiheitsrechtskatalog ist somit immer unvollständig und nie endgültig.[142] Diese These der "Lückenlosigkeit" der Freiheitsrechtsverbürgung wird insbesondere von GIACOMETTI vertreten. Er ist der Meinung, dass die Verfassungsurkunden "jede individuelle Freiheit, die überhaupt einmal rechtlich relevant werden kann, gewährleisten".[143]

---

139 BGE 103 Ia 389. Zur Problematik des *numerus clausus* vgl. BGE 103 Ia 369 ff. (Wäffler); 103 Ia 394 ff. (Beeli); 104 Ia 305 ff. (Escher); ZBl 88/1987, S. 459-463 (Zürcher Studienzeitbeschränkung); 120 Ia 1 ff. (Zürcher Studiengebührenerhöhung); SALADIN Peter/AUBERT Martin, Zulassungsbeschränkungen an schweizerischen Hochschulen, Beiheft zur ZSR, Heft 17, Basel 1994, S. 153-214.

140 BGE 117 Ia 31.

141 BGE 114 Ia 220. Zur Problematik persönliche Freiheit und Schulverhältnis vgl. auch HUG-BEELI, 45 ff.

142 ZIEGLER, 42 f.

143 GIACOMETTI, Staatsrecht, 169. Vgl. dazu insbesondere auch a.a.O., 154, 169 ff.; ders., Freiheitsrechtskataloge, 149 ff.; FLEINER/GIACOMETTI, 241 f. Zur Katalogartigkeit vgl. auch RHINOW René, Der Grundrechtskatalog als Problem des Verfassungsrechts, in: ZBl 70/1969,

Das *Bundesgericht* übernimmt diese These insoweit, als es auch ungeschriebene Freiheitsrechte akzeptiert. Doch werden daran erhöhte Anforderungen gestellt. So müssen die in Frage stehenden Befugnisse "Voraussetzung für die Ausübung anderer (in der Verfassung genannter) Freiheitsrechte bilden oder sonst als unentbehrliche Bestandteile der demokratischen und rechtsstaatlichen Ordnung des Bundes erscheinen". Zusätzlich wird noch geprüft, ob die in Frage stehende Gewährleistung bereits einer "weitverbreiteten Verfassungswirklichkeit in den Kantonen" entspricht und von einem "allgemeinen Konsens" getragen wird.[144]

Die Bezeichnung der Unterrichtsfreiheit als ungeschriebenes Freiheitsrecht wird in der *Literatur* grundsätzlich abgelehnt.[145] Auch das Bundesamt für Justiz hält fest, dass das Bundesgericht die Unterrichtsfreiheit nicht als ungeschriebenes Freiheitsrecht anerkannt habe.[146] Prüft man die verlangten Voraussetzungen, muss man zum selben Ergebnis kommen. Denn es besteht in der Schweiz zwar kein staatliches Schulmonopol mehr, d.h. es entspricht einem "allgmeinen Konsens", Privatschulen zuzulassen.[147] Doch hat erst eine kleine Zahl von Kantonen die Unterrichtsfreiheit umfassend in ihren Kantonsverfassungen verankert.[148] Schliesslich hat das Bundesgericht bei der Untersuchung, ob die Unterrichtsfreiheit allenfalls aus Art. 49 BV abzuleiten sei, nur unter bestimmten Umständen einen Anspruch auf Privatunterricht gutgeheissen.

S. 225-236.

144 Vgl. zu den Voraussetzungen BGE 104 Ia 96; 115 Ia 268. Kritik am letzten Erfordernis findet sich bei KURER, 24, Anm. 14; KIESER Ueli, Die Anerkennung von ungeschriebenen Freiheitsrechten in der bundesgerichtlichen Rechtsprechung, in: SJZ 87/1991, S. 17-24, 23 f.

145 Vgl. GIACOMETTI, Staatsrecht, 170 f., 172; ders., Freiheitsrechtskataloge, 165 f., 168 f.; AUBERT, Traité, Rz. 1756; ders., Supplément, Rz. 1756; HÄFELIN/HALLER, Rz. 1077; HÄFELIN, Grundrechte, 33; HANGARTNER, Freiheitsgarantie, 337, 342, Anm. 38; ZIEGLER, 43 f.; PLOTKE, Massnahmen, 19; ROSSINELLI, 224; vgl. auch RECORDON, 81; HÄRING, 155 möchte erst de costitutione ferenda die Unterrichtsfreiheit anstreben. Nur für ein ungeschriebenes Recht zugunsten von Lehre und Forschung ist WILDHABER, Pfürtner, 406 f.; BBl 1988 I 769 (Bundesrat in der Botschaft zum neuen ETH-Gesetz); PLOTKE erwägt die Lernfreiheit (PLOTKE, Schulrecht, 289). RAUSCH will die Lernfreiheit als ungeschriebenes Verfassungsrecht anerkennen (vgl. RAUSCH Heribert, Die Meinungsäusserungsfreiheit der Staatsangestellten, in: ZBl 80/1979, S. 97-115, 112).

146 VPB 51/1987, Nr. 48, S. 282.

147 So auch ROSSINELLI, 222.

148 Vgl. dazu nachfolgend V.

5. Exkurs: Das Recht auf Bildung

Die *sozialen Grundrechte* - hier insbesondere[149] das *Recht auf Bildung* - verlangen vom Staat ein Mindestmass an tatsächlicher Chancengleichheit[150] und realer Sicherheit. Sie streben eine Verbesserung der materiellen Lage des Menschen und insbesondere den Schutz des wirtschaftlich Schwachen an.[151] Die *Sozialrechte im objektiven Sinn* sind *Gesetzgebungsaufträge*. Sie sind grundsätzlich nicht durchsetzbar[152] und verpflichten den Gesetzgeber zum Erlass von Vorschriften. Die *Sozialrechte im subjektiven Sinn* räumen hingegen als sozialrechtliche verfassungsmässige Individualrechte dem Einzelnen einen unmittelbaren, durchsetzbaren *Anspruch auf staatliche Leistung* ein ("status positivus"). Zu diesen seltenen Fällen "kleiner Sozialrechte"[153] zählt unter anderem[154] der in Art. 27 Abs. 2 und 3 BV geregelte Anspruch auf genügenden, konfessionell neutralen und in öffentlichen Schulen unentgeltlichen Primarschulunterricht.[155] Das Sozialrecht auf Bildung ist damit nur *partiell* verwirklicht worden.[156] Es findet sich in der Bundesverfassung kein umfassendes Recht auf Bildung. Die konstitutionelle Verankerung eines solchen Rechtes im neuen Art. 27 Abs. 1 BV[157] ist in der Volksabstimmung vom 4. März

---

149 Weitere wichtige Sozialrechte sind das Recht auf Arbeit und das Recht auf Wohnung.

150 Zur Chancengleichheit vgl. ARBEITSGRUPPE, Band VI, 203 f. (spricht von "Chancenverbesserung" und "Chancenkonkretisierung"); PLOTKE, Schulrecht, 293 ff.; MAUNZ Theodor, Die Chancengleichheit im Bildungsbereich, in: Menschenwürde und freiheitliche Rechtsordnung, Festschrift für Willi Geiger zum 65. Geburtstag, Tübingen 1974, S. 545-560; FREI Peter Leo, Chancengerechtigkeit durch öffentliche Bildung?, Die Oberstufe im Kanton Zürich, Bern 1986.

151 ARBEITSGRUPPE, Band VI, 180.

152 Es entstehen aber Mindestansprüche, wenn der Gesetzgeber den Auftrag zu ihrer Verwirklichung während längerer Zeit grundlos nicht erfüllt (HANGARTNER, Band II, 256).

153 MÜLLER Jörg Paul, Elemente, 66; KURER, 109, 158.

154 Zu nennen sind noch die Ansprüche der Wehrmänner aus Art. 18 Abs. 2 und 3 BV sowie der Anspruch auf schickliche Beerdigung aus Art. 53 Abs. 2 BV.

155 PLOTKE, Schulrecht, 292; ders., Bildung, 35; HANGARTNER, Band II, 32, 245, 251 f. RECHSTEINER spricht vom "Sozialrecht des Kindes" (RECHSTEINER, 654, vgl. dazu auch 706 f.). Ob es sich beim Primarschulunterricht um ein soziales Grundrecht handelt, wurde in BGE 103 Ia 398 offen gelassen.

156 Vgl. dazu umfassend HANGARTNER, Band II, 243 ff.

157 Im Entwurf lautete der Art. 27 Abs. 1 noch: "Jeder Einwohner hat ein Recht auf eine *seiner Eignung* entsprechende *Ausbildung*" (BBl 1972 I 442). Man wollte dem individuellen Anspruch auf Ausbildung zwei Schranken auferlegen. Erstens sollte dieser Anspruch nur nach Massgabe der individuellen Eignung gelten und zweitens sollte dieser Anspruch nur im Rahmen des vorhandenen Bildungssystems bestehen (BBl 1972 I 422 f.). In der definitiven Fassung hat man dann aber eine umfassendere Formulierung gewählt: "Das Recht auf Bildung ist gewährleistet"

1973 trotz knappem Volksmehr von den Ständen verworfen worden.[158] Man begegnete der Einräumung individueller Ansprüche auf staatliche Leistung in der Verfassung mit Skepsis.

Seit 1973 ist des öftern versucht worden, ein solches Recht über das Grundrecht der *persönlichen Freiheit* abzuleiten.[159] Das *Bundesgericht* hält dazu fest: "Die persönliche Freiheit begründet grundsätzlich keinen Anspruch auf Leistungen des Staates. Insbesondere gewährt sie kein Recht auf Bildung. (...) Ein Recht auf Bildung (...) darf nicht auf dem Umweg[160] der höchstrichterlichen Rechtsprechung zum Grundrecht der persönlichen Freiheit geschaffen werden."[161] Im übrigen hätte sich der geplante Bildungsartikel darauf beschränkt, einen Anspruch auf Ausbildung im Rahmen des bestehenden Bildungssystems zu garantieren. Darüber hinaus würden der Konkretisierung eines solchen Grundrechts durch den Richter, ohne Tätigwerden des Bundes- und des kantonalen Gesetzgebers, "kaum überwindbare Schwierigkeiten" entgegen stehen. Das Bundesgericht betont schliesslich, dass ein solches verfassungsmässiges Recht auch nicht über die *Handels- und Gewerbefreiheit* abgeleitet werden könne, da sie keine Ansprüche auf staatliche Leistungen begründe.[162,163]

(BBl 1972 II 1027).

158 BBl 1973 I 1730 f. Vgl. dazu auch die Botschaft des Bundesrates an die Bundesversammlung über die neuen Bildungs- und Forschungsartikel der Bundesverfassung (Art. 27, 27bis, 27^{quater}) vom 19.1.1972 (BBl 1972 I 375 ff.).

159 Vgl. BGE 114 Ia 220; 103 Ia 398; 103 Ia 377 f.; 102 Ia 323.

160 In BGE 103 Ia 378 und 398 hat das Bundesgericht die Umgehungsabsicht noch nicht so deutlich unterstrichen, als es den Begriff noch als "(Um)weg" bezeichnete.

161 BGE 114 Ia 220. Vgl. dazu auch den Fall Wäffler (103 Ia 389); HALLER, Persönliche Freiheit, Rz. 87; RHINOW, Art. 31 BV, Rz. 78 ff.

162 BGE 103 Ia 378. Vgl. auch BGE 103 Ia 401; 117 Ib 394.

163 Zur *Literatur* vgl. BORGHI, Art. 27 BV, Rz. 90 ff.; LORETAN, 33 ff.; PLOTKE, Schulrecht, 289 ff.; ders., Bildung, 39 ff.; ARBEITSGRUPPE, Band VI, 180 ff.; MÜLLER Arthur, 91 ff.; RECHSTEINER, 706 f.; KURER, 7 f., 20 f., 113 ff., 157 f.; HÄRING, 66 ff.; KÄMPFER, 697 f.; FILLI, 196 ff.; KAUFMANN Otto K., Recht auf Bildung, in: Zukunftsaufgaben in Wirtschaft und Gesellschaft, Festschrift zur Einweihung der neuen Gebäude der Hochschule St. Gallen, Zürich/St. Gallen 1963, S. 345-362; SALADIN Peter, Das Recht auf Bildung, in: ZSR NF 90/1971 I, S. 113-152; MÜLLER Peter, Funktionen und Motive einer verfassungsrechtlichen Aufgabennormierung in den Kantonen, Basel/Frankfurt a.M. 1981, S. 41 ff.; BORGHI Marco (Hrsg.), Costituzione e diritti sociali, Per un approccio interdisciplinare, Freiburg (Schweiz) 1990; MÜLLER Jörg Paul, Soziale Grundrechte in der Verfassung?, 2. A., Basel/Frankfurt a.M. 1981; ders., Zur sog. subjektiv- und objektivrechtlichen Bedeutung der Grundrechte, Rechtsvergleichende Bemerkungen aus Schweizer Sicht, in: Der Staat 29/1990, S. 33-68; Grisel Etienne, Les droits sociaux, in: ZSR NF 92/1973 II, S. 1-153; WILDHABER Luzius, Soziale Grundrechte, in: Der Staat als Aufgabe, Gedenkschrift für Max Imboden, hrsg. von P. Saladin und L. Wildhaber, Basel/Stuttgart 1972, S. 371-391; BENZ Christian, Die Kodifikation der

V. Regelung der Unterrichtsfreiheit auf Kantonsebene

1. Kantonale Kompetenz und Begriffsvielfalt

Die Privatschulen werden vom Bund weder gewährleistet noch verboten. Deren Regelung fällt in den ausschliesslichen Zuständigkeitsbereich der *Kantone*. Diese sind frei zu bestimmen, welche Aufgaben und Befugnisse im Schulwesen sie den Gemeinden oder Privaten übertragen wollen. Doch ist zu beachten, dass Art. 27 BV den von den Kantonen zugelassenen Privatunterricht miterfasst, sofern dieser den öffentlichen Primarunterricht ersetzt.[164]

Der schweizerische Föderalismus hat für eine uneinheitliche Begriffsverwendung gesorgt. Bei der Verabschiedung der kantonalen Gesetze ist jeweils keine Harmonisierung mit anderen Kantonen angestrebt worden. Das zeigt sich insbesondere dort, wo die Methodenfreiheit mit der Unterrichts- oder Lehrfreiheit vermengt oder gar verwechselt wird.[165] Die Uneinigkeit in der Verwendung der Begriffe zeigt sich auch bei der Unterrichtsfreiheit selbst. Einzig in der französisch- und italienischsprachigen Schweiz hat man sich auf den Terminus "liberté d'enseignement" bzw. "libertà d'insegnamento" einigen können.[166] In der deutschsprachigen Schweiz finden sich die Begriffe Unterrichtsfreiheit,[167] Lehrfreiheit,[168] Freiheit des Privatunterrichts[169] und das Recht, Privatschulen zu errichten.[170] Den unterschiedlichen Umschreibungen darf aber nicht zu grosse Bedeutung beigemessen werden.[171]

Sozialrechte, Die Positivierung von sozialen Grundrechten im Verfassungsrang, Diss. Zürich 1973; KAMPFER Walter, Über soziale Grundrechte in den totalrevidierten Kantonsverfassungen, in: Festgabe Alfred Rötheli zum 65. Geburtstag, Solothurn 1990, S. 203-220; PERREGAUX Christiane, Le droit à l'éducation en Suisse, de la dépossession à la reconquête, in: Equinoxe (Nr. 4), Droits de l'homme, actualité et enseignement, 1990, S. 19-27.

[164] HAAS, 18.

[165] *AG:* § 45 SchG; *AI:* Art. 37 Satz 2 SchG; *SH:* Art. 61 SchG, § 48 SchD; *SZ:* § 3 SchR; *SG:* Art. 76 Abs. 3 VSchG; *TI:* Art. 46 cpv. 1 LS.

[166] *GE:* art. 10 al. 1 Cst.; *JU:* art. 8 litt. h Cst.; *NE:* art. 15 al. 1 Cst.; *TI:* art. 8 cpv. 2 Cost.; *VD:* art. 16 Cst.

[167] *GL:* Art. 11 KV; *OW:* Art. 13 lit. i KV.

[168] *BE:* Art. 87 Abs. 1 KV; *FR:* Art. 18 KV; *GL:* Art. 11 KV; *VS:* Art. 13 Abs. 3 KV.

[169] *LU:* § 3 Abs. 3 KV; *OW:* Art. 28 KV; *SG:* Art. 3 Abs. 4 KV; *UR:* Art. 39 KV.

[170] *GL:* Art. 36 Abs. 1 KV; *JU:* art. 38 al. 1 Cst.; *NW:* Art. 20 Abs. 1 KV; *ZG:* § 4 Abs. 2 Halbsatz 1 KV.

[171] So HÄFELIN, Grundrechte, 33.

2. Unterscheidung zwischen Privatschule und Privatunterricht

Die meisten Kantone haben sich mit der Unterrichtsfreiheit nicht umfassend befasst. Viel eher findet sich die Privatschulfreiheit, aufgeteilt in die beiden Bereiche Privatschule und Privatunterricht. Dabei wird grundsätzlich nur der Privatschule Aufmerksamkeit geschenkt.[172] Der Privatunterricht zu Hause wird oft bloss als Zusatz in einem eigenständigen Artikel ergänzt.[173] Die Grenze zwischen den beiden Unterrichtsformen wird nirgends klar gezogen. Einzig im Kanton Waadt wird klar festgelegt, wann der Privatunterricht unter die Bestimmungen der Privatschule fallen soll: nämlich sobald sechs Schüler zu Hause unterrichtet werden.[174,175]

3. Gesetzliche Grundlagen der Unterrichtsfreiheit

Auf *Verfassungsstufe*[176] wird bei der Regelung der Unterrichtsfreiheit bzw. der Privatschulfreiheit jeweils eine systematische Differenzierung vorgenommen. So findet sich dieser Bereich teilweise unter dem Abschnitt Grund-/Freiheitsrechte oder er wird später bei der Aufzählung der öffentlichen Aufgaben des Gemeinwesens, im speziellen

---

172 HAAS, 9 sieht den Grund darin, dass in der Schweiz die Schulen die Bildungsstätten des Volkes sind.

173 *AR:* Art. 11 SchG; *AI:* Art. 11 Abs. 2 SchG; *BL:* § 19 SchG; *BS:* § 135 SchG; *BE:* Art. 24 Abs. 1 SchG, Art. 100 PrSchG; *FR:* Art. 104 SchG; *GE:* art. 15 al. 2 et 3 LS; *GL:* Art. 89 SchG; *GR:* Art. 12 SchG, Art. 10 GGV; *JU:* art. 6 al. 3 LS, art. 9 al. 1 LEP; *LU:* § 60 ErzG; *NE:* art. 3 al. 2 LS; *OW:* Art. 55 SchG; *SH:* Art. 15, 18 Abs. 4 SchG; *SO:* Art. 108 Abs. 2 KV; *SG:* Art. 123 VSchG; *TI:* art. 90 LS; *UR:* Art. 73 SchG; *VD:* art. 6 al. 1 LS, art. 5 al. 3 RS, art. 9 LEP; *VS:* Art. 32 UntG; *ZH:* § 269 UntG, § 14 VSchG.

174 *VD:* art. 9 al. 3 LEP.

175 PLOTKE stellt fest, dass bei den neueren Kantonsverfassungen offenbar kein Bedürfnis zur Garantierung der Privatschulfreiheit mehr bestehe. Er führt das darauf zurück, dass das Recht, Privatschulen zu errichten und privaten Unterricht zu erteilen, heute nicht mehr bestritten werde und die Staatsschule nicht mehr im Konkurrenz- und Anerkennungskampf mit privaten Institutionen stehe (PLOTKE, Bildung, 47 f.). Dass die Privatschulen oft sogar mehr Beachtung finden als die öffentlichen Schulen hat seiner Meinung nach zwei Gründe: Einerseits sollen sich die private Initiative, der Entscheidungsspielraum der Eltern und die freie Entfaltung der Heranwachsenden möglichst freie Bahn verschaffen, wobei gleichzeitig die Befürchtung aufkommt, private Schulen könnten öffentliche Institutionen bedrängen. Andererseits tritt die Sorge hinzu, die Privatschulen könnten den an sie gestellten Anforderungen nicht genügen, weshalb der (Ent-)Täuschung unerfahrener ausbildungswilliger Personen vorgebeugt werden müsse (a.a.O., 60 f.).

176 Der Freiheit des Primarunterrichts als kantonales Grundrecht kommt eine über die Bundesverfassung und das ratifizierte EMRK-Recht hinausgehende selbständige Bedeutung zu (HANGARTNER, Band II, 17).

der Bildungs- und Erziehungsaufgaben, genannt. Die Unterrichtsfreiheit oder zumindest bestimmte Aspekte davon sind in einundzwanzig Kantonsverfassungen anzutreffen. Davon wird sie nur gerade in vier Kantonen uneingeschränkt als Freiheitsrecht garantiert.[177] Die Mehrzahl der Kantone möchte ein solches Grundrecht nur im Rahmen der Gesetzgebung zulassen.[178,179] Aber auch in diesem Fall dürfen die gesetzlichen Bestimmungen den Wesensgehalt des Grundrechtes nicht aushöhlen.[180] Sechs Kantone lassen durch ihre Formulierung auf das Vorhandensein von Privatschulen schliessen.[181] In den verbleibenden fünf Kantonen finden sich keine Bestimmungen zum genannten Thema.[182] Dabei gilt Zürich als Spezialfall, da dort die Lehrfreiheit als ungeschriebenes kantonales Verfassungsrecht gilt.[183] Öfters wird auch die Freiheit der wissenschaftlichen Lehre und Forschung garantiert, die aber nur den Hochschulbereich betrifft, d.h. die Primarschulstufe nicht erfasst.[184]

Es zeigt sich, dass alle genannten Kantone, welche die Unterrichtsfreiheit nicht auf Verfassungsstufe garantieren, mindestens bestimmte Aspekte davon auf *Gesetzes- bzw.*

---

[177] *JU:* art. 8 litt. h Cst.; *TI:* art. 8 cpv. 2 Cost.; *UR:* Art. 39 Satz 1 KV; *ZG:* § 4 Abs. 2 Halbsatz 1 KV. Für den Tessin vgl. auch BROGGINI Gerardo, La libertà d'insegnamento nel Ticino, Una Conferenza, Locarno 1957.

[178] *BE:* Art. 87 Abs. 1 KV; *FR:* Art. 18 KV; *GE:* art. 10 al. 1, 161 al. 1 Cst.; *GL:* Art. 11, 36 Abs. 1 KV; *JU:* art. 38 al. 1 Cst.; *LU:* § 3 Abs. 3 KV; *NE:* art. 15 al. 1, 76 al. 2 Cst.; *NW:* Art. 20 Abs. 1 KV; *OW:* Art. 13 lit. i KV; *SG:* Art. 3 Abs. 4 KV; *VD:* art. 16 Cst.; *VS:* Art. 13 Abs. 3 KV. Für den Kanton Waadt vgl. auch BAYARD Christian, Les écoles privées vaudoises et la vocation internationale, Lausanne 1993.

[179] HANGARTNER spricht dabei von "hinkenden" Grundrechten (HANGARTNER, Band II, 46 f., 120).

[180] Anderer Meinung ist ZIEGLER, der den Schutz solcher Rechte gleichstellt mit der Rechtslage, wo überhaupt keine Verfassungsbestimmungen aufgestellt werden (S. 54). Er befürchtet, dass auf dem Weg der Gesetzgebung Beschränkung aufgestellt und so eventuell die Privatschulen verboten werden könnten (S. 63).

[181] *AG:* § 33 KV; *AR:* Art. 27 Abs. 2 KV; *BL:* § 99 KV; *BS:* § 15 KV; *SO:* Art. 108 KV; *TG:* § 71 Abs. 3 KV.

[182] AI, GR, SH, SZ, ZH.

[183] Bis Mitte 1963 wurde in Art. 63 Abs. 1 KV die "Glaubens-, Kultus- und Lehrfreiheit" ausdrücklich gewährt. Mit der Revision hat die Lehrfreiheit in der Kantonsverfassung (Art. 63 f.) keine Erwähnung mehr gefunden. Die Rechtsprechung hat sie dann aber als ungeschriebenes kantonales Verfassungsrecht anerkannt (vgl. dazu ZBl 75/1974, S. 317 = ZR 73/1974, Nr. 58; JAAG Tobias, Die Zürcher Kantonsverfassung heute, in: ZBl 95/1994, S. 158, Anm. 46). Das Bundesgericht musste in BGE 91 I 487 f. keine Stellung dazu nehmen.

[184] *AG:* § 14 KV; *BL:* § 6 Abs. 2 lit. e KV; *GR:* Art. 10 Abs. 1 KV; *SH:* Art. 17 Abs. 1 KV; *SO:* Art. 14 KV; *TG:* § 6 Ziff. 6 KV; *UR:* Art. 12 lit. i KV; *ZH:* Art. 21 KV. Vgl. dazu auch *ZH:* Art. 62 Abs. 4 KV.

Verordnungsstufe vorsehen.[185] In der Schweiz besteht damit in keinem Kanton mehr ein staatliches Unterrichtsmonopol.[186] In der Mehrzahl der Kantone finden sich die Bestimmungen zum Privatschulwesen im Schulgesetz oder in einem ausgegliederten Volksschul- oder Primarschulgesetz. Nur gerade in drei Kantonen ist ein eigenständiger Erlass geschaffen worden.[187,188]

VI. Zusammenfassung von § 11

Die *Unterrichtsfreiheit* kann in drei Bereiche aufgeteilt werden: die pädagogische Freiheit (inklusive der Methodenfreiheit) der Volksschullehrer und die akademische Freiheit der Hochschullehrer, die Unterrichtsfreiheit der Lernenden und die Privatschulfreiheit. Als Privatsschulfreiheit wird die Freiheit bezeichnet, welche die Errichtung, den Betrieb oder den Besuch einer Privatschule garantiert. Der private Unterricht kann als Einzelunterricht (Haus-/Privatleherer) oder Schulunterricht (Familien-/Privatschule) ausgestaltet sein. Sowohl Wortlaut und Entstehungsgeschichte der Bundesverfassung als auch die Literatur bestätigen, dass die Unterrichtsfreiheit auf *Bundesebene* nicht garantiert ist. Teilweise ist sie in verschiedenen Verfassungsentwürfen erwähnt. Die auf Erwerb ausgerichteten Privatschulen können sich grundsätzlich auf die Handels- und Gewerbefreiheit berufen. Ein (zumindest partielles) Recht auf Privatunterricht kann aus der Glaubens- und Gewissensfreiheit und der Sprachenfreiheit abgeleitet werden, nicht aber aus der Vereinsfreiheit, Pressefreiheit, Meinungsäusserungsfreiheit oder persönlichen Freiheit. Auch kann die Unterrichtsfreiheit (noch) nicht als ungeschriebenes Freiheitsrecht bezeichnet werden. Hingegen kann gesagt werden, dass auf *Kantonsebene* die Gründung und der Besuch einer Privatschule gesamtschweizerisch möglich ist. Die gesetzlichen Grundlagen dazu sind dabei auf die Verfassungs-, Gesetzes- oder Verordnungsstufe verteilt.

---

[185] *AI:* Art. 11 SchG; *GR:* Art. 3 Abs. 1, 12 Abs. 1, 13 Abs. 1 SchG; *SH:* Art. 15 Abs. 1, 18 Abs. 4 SchG; *SZ:* § 7 VSchV; *ZH:* § 269 UntG.

[186] Eine Verpflichtung zum Besuch der öffentlichen Schule bestand einzig noch im Kanton *Solothurn*. Er hat sein Schulmonopol aber 1969 aufgegeben (Vgl. dazu PLOTKE, Schulrecht, 330; ZIEGLER, 56, 62, Anm. 77; RECHSTEINER, 314, Anm. 20). Vgl. dazu auch BBl 1969 II 1256, 1544 (Art. 47 KV). Für den Kanton Solothurn vgl. auch PLOTKE Herbert, Zwanzig Jahre Volksschulgesetz, Bewährung und Ausblick, in: Festgabe für Alfred Rötheli zum 65. Geburtstag, Solothurn 1990, S. 457-488.

[187] *GE:* RREP; *JU:* LEP, OEP; *VD:* LEP, REP.

[188] Zur Privatschulfreiheit in den Kantonen im Jahr 1951 vgl. KLOSS, 129 f.; für 1928 vgl. BARTH, 5 ff., 52 ff. und SCHMID Josef, 73 ff.; für 1911 vgl. MÜLLER Max, 142 ff. Zur Lehrfreiheit im kantonalen Recht von 1945 vgl. ZIEGLER, 46 ff.

§ 12 Schranken der Privatschulfreiheit

I. Einleitung

In allen Kantonen wird die Privatschulfreiheit garantiert.[1] Daraus folgt aber nicht zwangsläufig die bedingungslose Zulassung von Privatschulen. Jeder Kanton kann für die Eröffnung, je nach dem wie hoch die "Betriebsgefahr" einer Privatschule eingestuft wird,[2] verschiedene Anforderungsstufen vorsehen: Er kann sie frei zulassen und damit die Unterrichtsfreiheit voll gewähren, eine Melde- oder Anzeigepflicht vorsehen, sie einem Bewilligungsverfahren (Polizeierlaubnis) unterwerfen oder ein staatliches Schulmonopol mit Konzessionserteilung vorsehen.[3] Die Kantone haben sich im wesentlichen für die Form der *Polizeierlaubnis* entschieden.[4] Trotz fehlendem Schulmonopol und Bedürfnisnachweis bleibt die Einflussmöglichkeit der Behörden gross.[5] Da sich ein weitreichendes faktisches Monopol staatlichen Bildungsangebotes entwickelt hat, muss - gerade auch unter einem bildungspolitischen Aspekt - darauf hingewiesen werden, dass private Initiative auch in Zukunft erwünscht und notwendig sein wird.[6] Es ist in diesem Abschnitt nun abzuklären, inwieweit die Privatschulfreiheit durch polizeiliche Beschränkungen, die nicht allgemein schulpolitischen Erwägungen entspringen, eingeschränkt werden darf. Zu denken ist an die Gefahr des Schulbetriebs für die öffentliche Ordnung (z.B. durch täuschende Werbung[7]), Sicherheit (z.B. Gesundheit) und Sittlichkeit. Dieser Abschnitt befasst sich mit den verschiedenen staatlichen Massnahmen: den *präventiven* Massnahmen in Form der Bewilligung (II. und III.), den *überwachenden* Massregeln mittels der Schulaufsicht (IV.) und den *repressiven* Massnahmen (V.).

---

1 Siehe vorn § 11 V.3.

2 ZIEGLER, 80.

3 Vgl. dazu PLOTKE, Schulrecht, 57 f., 78, 465 f.; ders., Massnahmen, 33 ff.; WEISSENRIEDER, 229 ff.; MÜLLER Max, 113 f.; MÜLLER Arthur, 84 f.; SCHMID Josef, 66 ff.; ZIEGLER, 79 ff.; MAERKI, 74 ff.; LORETAN, 44; RECHSTEINER, 794; BARTH, 5. Zur Problematik der Monopolisierung, verbunden mit einem Konzessionssystem, vgl. auch VPB 36/1972, Nr. 1.

4 Eine übersichtliche Darstellung der kantonalen Regelung im Jahr 1928 findet sich bei BARTH, 5 ff., 52 ff.; SCHMID Josef, 77 f.

5 VPB 36/1972, Nr. 1, S. 6.

6 So PLOTKE, Bildung, 48.

7 Vgl. dazu VPB 51/1987, Nr. 48, S. 283 f.; BGE 97 I 116 ff.; 80 II 165 ff.; PLOTKE, Massnahmen, 40 ff.

II. Bewilligungspflicht

1. Bewilligung und Anerkennung

Die *Bewilligung* garantiert weder den Bestand noch den Aufgabenkreis der Privatschule.[8] Das Gemeinwesen ist berechtigt, jederzeit den privat angebotenen Ausbildungsgang in sein Ausbildungsprogramm aufzunehmen und damit die Privatschule zu konkurrenzieren.[9] Mit der Bewilligung wird nicht wie bei der Konzession ein neues Recht verliehen, sondern nur deklaratorisch festgestellt, dass der Eröffnung kein polizeiliches Hindernis entgegensteht. Deshalb spricht man auch von *Polizeierlaubnis*, d.h. einem Polizeiverbot mit Erlaubnisvorbehalt.[10] Bei Erfüllen der verlangten Anforderungen steht dem Gesuchsteller - unabhängig von der Höhe des Schülerabgangs in öffentlichen Schulen - ein Rechtsanspruch auf Erteilung der Bewilligung zu.[11] Es ist darauf zu achten, dass die Bedingungen gesetzlich fixiert und soweit möglich objektiv ausgestaltet werden. Sonst könnte falsch verstandenes behördliches Ermessen zur Statuierung eines faktischen (staatlichen) Schulmonopols führen oder Privatschulen zwingen, ihre Überzeugung zu opfern.[12]

Die *Anerkennung* einer Privatschule bedeutet grundsätzlich mehr als die blosse Bewilligung. Deshalb ist dort die staatliche Regelung eher zulässig.[13] In anerkannten Schulen wird ein Unterricht angeboten, der vom Gemeinwesen als Erfüllung der gesetzlichen Schulpflicht akzeptiert wird oder der mit gewissen vom Kanton oder Bund anerkannten Berechtigungen abschliesst (z.B. Diplom, Zeugnis, Patent). Bei Privatschulen, die schulpflichtige Kinder unterrichten, fallen Bewilligung und Aner-

---

8 Dass ein Bewilligungssystem nicht gezwungenermassen auch zum Staatsmonopol führen muss, lässt sich gemäss ZIEGLER, 85 anhand des Bauwesens zeigen. Denn auch dort habe die Einführung baupolizeilicher Bewilligungen und die grosse Anzahl detaillierter baupolizeilicher Vorschriften weder zur Aufhebung der Eigentumsgarantie geführt noch den Staat zum alleinigen Bauherrn gemacht.

9 Vgl. dazu PLOTKE, Schulrecht, 78 m.w.H. Dass die Bewilligung keine staatliche Garantie verspricht, wird auch in diversen Schulgesetzen betont: *BS:* § 131 Ziff. 6 SchG; *GE:* art. 9 al. 1 RREP; *JU:* art. 8 LEP (vgl. auch art. 16-18); *TG:* § 23 VSchV; *VD:* art. 8 al. 1 LEP.

10 So auch BGE 91 I 485. Vgl. dazu auch PLOTKE, Schulrecht, 57, 467; VALLENDER, § 20, N 38.

11 PLOTKE, Schulrecht, 466. Vgl. dazu auch ZIEGLER, 84 ff.; WEISSENRIEDER, 238 ff.; VALLENDER, § 13, N 15 ff., 23 ff.

12 Vgl. dazu MARTIN, 55 ff.

13 VPB 51/1987, Nr. 48, S. 282.

kennung insoweit zusammen, als der Kanton für die Erteilung der Bewilligung prüfen muss, ob der Ausbildungsgang den *Minimalbedingungen* von Art. 27 BV genügt.[14]

2. Kantonale Regelung

Die Eröffnung einer *Privatschule* bzw. das Erteilen von *Privatunterricht* unterliegt in den meisten Kantonen der *Bewilligungspflicht*. In manchen Kantonen findet sich auch der Begriff Anerkennung,[15] der implizit aber auch von einer Bewilligungspflicht ausgeht.[16] Die Bewilligung steht insbesondere im Rahmen des Schulobligatoriums im Vordergrund, weil hier ein präventiver Schutz der Kinder erforderlich ist. Die Möglichkeit, lediglich im Falle von Missständen - im Extremfall durch Bewilligungsentzug - einschreiten zu können, würde das Kind zu wenig schützen, weil das ordentliche Verfahren üblicherweise zu lange dauert.[17]

III. Bewilligungsvoraussetzungen

1. Allgemeines

Grundsätzlich lässt sich feststellen, dass an Privatschulen der Volksschulstufe höhere Anforderungen gestellt werden als an jene ausserhalb der Schulpflicht. Dies geht auch aus Art. 27 Abs. 2 und 3 BV hervor, der den Kantonen nur für die Volksschulstufe Vorschriften macht. Auch wenn die private Betätigung und die Erprobung neuer

---

[14] Vgl. PLOTKE, Schulrecht, 466 f.; ders., Massnahmen, 67; ZIEGLER, 67 ff., 117 ff., 137 ff.

[15] Vgl. zur Gleichstellung mit den öffentlichen Schulen beispielsweise *FR:* Art. 116 Abs. 1 PrSchG; *TI:* art. 81 cpv. 1 LS (spricht von "scuola parificata", was soviel wie gleichgestellte Schule bedeutet).

[16] Vgl. dazu *AG:* § 58 Abs. 1 SchG; *AR:* Art. 10 Abs. 1 Satz 1, 11 SchG; *AI:* Art. 11 SchG; *BL:* § 6 Abs. 1 Satz 1 Halbsatz 1, 19 SchG; *BS:* § 130 Abs. 1, 135 Abs. 1 SchG; *BE:* Art. 24 Abs. 1 SchG, Art. 96 Abs. 1 Satz 1, 100 Abs. 1 Satz 1 PrSchG; *FR:* Art. 102 Abs. 1 Satz 1, 104 Abs. 2 SchG; *GE:* art. 14 A al. 1 LS; *GL:* Art. 3 Abs. 1 Satz 1, 89 Abs. 1 SchG; *JU:* art. 4, art. 9 al. 1 LEP; *LU:* 61 Abs. 1 ErzG; *OW:* Art. 54 Abs. 1, 55 Abs. 1 SchG; *SH:* Art. 15 Satz 1 SchG; *SZ:* § 7 VSchV; *SO:* Art. 108 Abs. 1 und 2 KV; *SG:* Art. 116, 123 VSchG; *TI:* art. 82 cpv. 2, 90 LS; *TG:* § 14 Abs. 1 UntG, § 21 VSchV; *UR:* Art. 39 Satz 2 KV, Art. 18 Abs. 4 Satz 1 SchG; *VD:* art. 4 al. 1, 5 al. 1 LEP; *VS:* Art. 19 Abs. 1, 32 Satz 1 UntG; *ZH:* § 270 UntG, § 14 Satz 2 VSchG, § 150 Abs.1 VSchV; *ZG:* § 74 Abs. 2 SchG.

[17] PLOTKE, Schulrecht, 466. Auch das Bundesamt für Justiz geht davon aus, dass die kantonale Unterrichtsfreiheit nicht verletzt ist, wenn die Kantone "massvolle, im öffentlichen Interesse liegende Vorschriften über die Führung von Privatschulen" aufstellen (VPB 51/1987, Nr. 48, S. 282).

Unterrichtsformen und Lehrgänge noch so wünschenswert erscheinen mag, so wird auf dieser Schulstufe der Schutz der Öffentlichkeit, die Klarheit über den Wert von Ausweisen und die hinreichende Erfüllung der Schulpflicht als wichtiger empfunden. Die Interessenten können oft den Wert und die Nützlichkeit des Ausbildungsganges sowie die Gültigkeit des Ausweises nicht genügend abschätzen. Deshalb hat das Gemeinwesen das Publikum präventiv vor allzu grossen Irrtümern zu bewahren.[18] Jedoch darf der Schutz - und damit die Auflagen an die Privatschulen - nicht weiter gehen, als die Sicherung einer *gleichwertigen* Ausbildung erfordert. Das Erfordernis der Gleichartigkeit würde der Privatschule verunmöglichen, ihre besonderen Ziele zu verwirklichen (z.B. konfessionelle, weltanschauliche oder pädagogische Konzepte).[19] Es soll ein Mindestmass an Unterrichtserfolg und eine grösstmögliche vertikale und horizontale *Durchlässigkeit*[20] zwischen den verschiedenen Schulträgersystemen angestrebt werden.[21,22]

Die von den Privatschulen zu erfüllenden Anforderungen lassen sich grundsätzlich in drei Bereiche aufteilen: die Anforderungen an den *Unterricht* (2.-6.), die *Lehrkräfte und Schulleiter* (7.) und die *Schulräumlichkeiten* (8.). Insbesondere hat der Bund durch die in Art. 27 BV aufgestellten Anforderungen die allenfalls kantonal gewährleistete Unterrichtsfreiheit bundesrechtlich eingeschränkt.[23] Dabei gelten Art. 27 Abs. 2 und 3 BV als *Richtlinien* für die Kantone.[24]

---

18 PLOTKE, Schulrecht, 466.

19 PLOTKE, Schulrecht, 468.

20 Vgl. dazu: Von der Primarschule in die Sekundarstufe I in der Schweiz, SIPRI-Bericht (Urs Vögeli), 3 Hefte, Bern 1985.

21 HÄRING, 135. Vgl. dazu auch *AG:* § 58 Abs. 2 Halbsatz 2 SchG; *TI:* art. 85 cpv. 2 LS; *TG:* § 22 Abs. 1 VSchV; *VD:* art. 11 LS, art. 5 RS.

22 Die *Lehrziele* betreffend verlangt PLOTKE von der Privatschule nur, dass sie "wenigstens im grossen und ganzen die gleichen Lehrziele erreicht wie die öffentlichen Schulen" (PLOTKE, Schulrecht, 467). Es sei nicht nötig, dass die private und öffentliche Schule jeweils am Ende jedes Schuljahres das gleiche Lehrziel erreiche. Gleichwertigkeit zum Beispiel vor Übertritt in die Oberstufe bzw. am Ende der obligatorischen Schulzeit genüge (a.a.O., Anm. 26). Dem kann m.E. aber aus zwei Gründen nicht ganz zugestimmt werden: Einerseits haben die Eltern damit nicht mehr jederzeit die Möglichkeit, den Vertrag zu lösen. Selbst wenn eine Kündigung vereinbart wäre, könnte das Kindeswohl leiden. Andererseits könnte auch die Schule frühzeitig in Konkurs gehen. Dieses Risiko könnte höchstens mit einer staatlichen Unterstützungsgarantie eingedämmt werden. Als Mittelweg würde sich deshalb m.E. die Erreichung von "Zwischenlehrzielen" aufdrängen.

23 HANGARTNER, Band II, 120; vgl. auch ZIEGLER, 58.

24 LORETAN, 50; MÜLLER Arthur, 117.

2. Schulobligatorium

a) Allgemeines

Weil in früher Zeit hinsichtlich des niederen Unterrichts die private Tätigkeit ausser in den Städten vollständig versagte, griff der Staat zum Schulzwang. Dieser hatte tiefschneidende Wirkung auf die bisher unbeschränkte Verfügungsmacht der Eltern über ihre Kinder.[25] Die ursprünglich sittliche Schulpflicht hatte der Staat wegen der Gefahr von Gleichgültigkeit, Unverstand und Selbstsucht der Eltern in eine rechtliche übergeführt, indem er das Individualrecht des Kindes auf geistige Ausstattung geltend machte.[26] Die Kinder mussten nicht nur vor allzu materialistisch denkenden Eltern, sondern auch vor ausbeuterischen Unternehmen geschützt werden.[27] Dieser Sonderschutz der Jugendlichen hat sich im Arbeitsgesetz niedergeschlagen.[28] Interessant ist, dass bei den Beratungen zur Totalrevision der Bundesverfassung (1870-1874) das Obligatorium als einziges der fünf in Art. 27 BV enthaltenen Kriterien nie Anlass zu Unstimmigkeiten gegeben hat.[29]

b) Schulpflicht als Bürgerpflicht

Art. 27 Abs. 2 Satz 2 BV statuiert mit dem obligatorischen Schulbesuch eine *Bürgerpflicht*.[30] Die Schulpflicht gilt ebenso für in der Schweiz wohnhafte Ausländer[31,32] und soweit möglich auch für Behinderte.[33,34] Dies ist einerseits eine

---

25 MÜLLER Max, 48. Er meint, dass die fortschreitende Kultur anstelle des Lernzwanges (Negierung des Freiheitsrechts Lernfreiheit) immer mehr den positiven Anspruch auf Unterricht treten lasse (a.a.O., 203). Ein pflichtgetreuer Familienvater könne sich durch die staatlichen Normen nicht verletzt fühlen, da sich diese Pflicht nur gegen die Pflichtvergessenen und die extremen Individualisten richte, die sich mit der allgemeinen Schulpflicht nicht aussöhnen können (a.a.O., 58 f.). Auch MARTIN, 52 f. ist der Meinung, dass die Schulpflicht ebensowenig wie die "Ernährungspflicht" eine Beschränkung darstellt.

26 MÜLLER Max, 204 f.; vgl. auch BGE 119 Ia 192.

27 MAERKI, 58.

28 Bundesgesetz über die Arbeit in Industrie, Gewerbe und Handel (Arbeitsgesetz) vom 13. März 1964, Art. 29 ff.; Verordnung 1 zum Arbeitsgesetz vom 14. Januar 1966, Art. 54 ff.

29 Vgl. dazu MAERKI, 15 ff.

30 BGE 114 Ia 132, 134; 66 I 158. In diesem Zusammenhang findet sich der Begriff "schulpflichtiges Alter", das für den Besuch von Privatschulen verbindlich ist (ZIEGLER, 95; MÜLLER Max, 206). Zur Schulpflicht vgl. auch KLEY, 291 ff.

31 Vgl. dazu den vom Bundesamt für Statistik (Anna Borkowsky) herausgegebenen Bericht: Kinder und Jugendliche ausländischer Herkunft im Bildungssystem der Schweiz, Bern 1991.

direkt an die Kinder gerichtete Pflicht, während der obligatorischen Dauer die Schule zu besuchen und sich entsprechend dieser Pflicht zu verhalten. Andererseits werden die Eltern verpflichtet, ihren Kindern den verlangten Schulunterricht zukommen zu lassen und mit der Schule entsprechend zusammenzuarbeiten.[35] Durch die Schulpflicht wird die Pflicht der Eltern gegenüber ihren Kindern insbesondere auch öffentlich-rechtlich abgestützt.[36]

Gemäss Art. 49 Abs. 5 BV entbinden Glaubensansichten nicht von der Erfüllung bürgerlicher Pflichten. Damit weist die Verfassung ausdrücklich auf den Vorrang des staatlichen Rechts vor kirchlichen Vorschriften oder Glaubens- und Gewissensentscheiden des Einzelnen hin.[37] Das Bundesgericht begründet dies mit verschiedenen öffentlichen Interessen: Aufrechterhaltung eines geordneten und effizienten Schulbetriebs, Schutz der Interessen anderer Schüler, Kohärenz der Schulklassen und Gewährleistung des Unterrichts.[38] Doch gilt kein absoluter Vorrang, da die gegenläufigen Absätze 1-5 von Art. 49 BV auf gleicher rechtlicher Ebene stehen.[39] Dies wird bestätigt durch die Lockerung der Praxis zu den Schuldispensen aus religiösen Gründen.[40]

---

32 Da der schweizerische Wohnsitz massgebend ist, werden Flüchtlinge und Asylanten m.E. ebenfalls von der Schulpflicht erfasst. Dies könnte aber im Widerspruch zu fremdenpolizeilichen Überlegungen stehen, wonach eine Assimilierung vor dem definitiven Entscheid über die Asylgewährung nicht sinnvoll ist.

33 Zur Zulassung privater Sonderschulen vgl. BGE 109 V 10 ff.; Praxis des Verwaltungsgerichts des Kantons Graubünden 1991, Nr. 71.

34 PLOTKE, Schulrecht, 146.

35 MAERKI, 56 f.; vgl. auch PLOTKE, Schulrecht, 339 ff. RECHSTEINER, 708 spricht dabei von Schulbesuchspflicht, Verhaltenspflicht und Mitwirkungspflicht.

36 PLOTKE, Schulrecht, 143. Die elterliche Gewalt geht nicht soweit, den Kindern *keinen* Unterricht zukommen zu lassen. Die Unterrichtsfreiheit darf nicht zur Freiheit der Unwissenheit degenerieren (vgl. MARTIN, 117 f.; HÄRING, 153). Denn diese stellt in einem Sozialstaat einen Mangel dar (MARTIN, 54).

37 HÄFELIN, Art. 49 BV, Rz. 147; vgl. auch VEB 7/1933, Nr. 14.

38 Vgl. dazu BGE 119 Ia 190, 192 f. (Bemerkungen dazu von HANGARTNER Yvo in AJP 5/94, 622-626 und 6/94, 790 f.); 117 Ia 313 f.; 317 f. (= ZBl 93/1992, S. 173 ff.); 114 Ia 133, 136 f. (= Pra 77/1988, Nr. 245; ZBl 90/1989, S. 25 ff.); 66 I 158. Vgl. hierzu auch GVP 1973, Nr. 30.

39 BGE 119 Ia 190.

40 Vgl. dazu die bereits zitierten Entscheide in der vorletzten Anmerkung.

c) *Schul- oder Unterrichtszwang*

Die Literatur ist sich einig darüber, dass das Obligatorium lediglich zur Entgegennahme von genügendem Unterricht verpflichtet. Die Bundesverfassung statuiert also keine Pflicht zum Besuch einer Schule (Schulzwang), sondern lediglich eine *Bildungs- bzw. Unterrichtspflicht*. Diese Pflicht kann durch den Besuch einer (öffentlichen oder privaten) Schule oder von Einzelunterricht erfüllt werden.[41] Die Pflicht zum Besuch einer öffentlichen Schule ("Schulpflicht") soll auf diejenigen Schüler beschränkt werden, die weder eine Privatschule besuchen noch Hausunterricht erhalten.[42] Die Primarschulpflicht kann nicht dadurch erfüllt werden, dass sich ein Schüler nur auf die Schlussprüfung vorbereitet und diese besteht. Jedes Kind wird gezwungen, einem geordneten Unterricht beizuwohnen.[43]

PLOTKE verlangt die Schulpflicht, weil der Einzelunterricht die intellektuelle Förderung in den Vordergrund rücke und die soziale Enkulturation vernachlässige.[44] Erst die soziale Durchmischung und Verständigung aller Bevölkerungsschichten durch den gemeinsamen Schulbesuch fördere die soziale Integration.[45] Er bezeichnet die Schule dabei als "Schmelztiegel".[46] Es besteht aber die Gefahr, dass auf diese Weise die Ungleichheit der Schüler missachtet wird (Stichwort: "Taktfahrplan"). Dadurch könnte bereits unter den Kindern wie auch Eltern ein frühgezüchtetes Strebertum, Neid und Erbitterung entstehen[47] bzw. begabte Kinder vernachlässigt werden.[48] Unklar

---

[41] Vgl. dazu PLOTKE, Schulrecht, 143; RECHSTEINER, 654, 705; ZIEGLER, 58 f., 62, 64 (für den Turnunterricht); MARTIN, 117 (er spricht von Lernzwang); MAERKI, 69, 71; MÜLLER Max, 57, 205 f.; BARTH, 36; HÄRING, 126; HUG-BEELI, 63; MOOS, 18; ähnlich BORGHI, Art. 27 BV, Rz. 50; BOSSHARD, 77, 124; OBERHOLZER, 7, 41 f.; KIM, 69, 96; KLEY, 295; AUBERT, Traité, Rz. 837; FLEINER, 518; implizit BURCKHARDT, 203; BLUNTSCHLI, Staatsrecht, 478.

[42] RECHSTEINER, 706; so auch BLUNTSCHLI, Staatsrecht, 478.

[43] ZIEGLER, 95. RECHSTEINER, 311 spricht von "Vollzeitschulpflicht". Entscheidend ist aber auch das Schuleintrittsalter (ZR 86/1987, Nr. 120).

[44] PLOTKE, Schulrecht, 143 f.

[45] PLOTKE, Schulrecht, 159; vgl. dazu auch MAERKI, 74. KELLER, 61 betont beispielsweise, dass durch einen gemeinsamen Handarbeitsunterricht der intelligentere Schüler wenigstens lerne, das Handwerk zu achten. RICHLI, 679 verlangt auch die Durchmischung des Lehrkörpers.

[46] PLOTKE, Schulrecht, 47. Vgl. dazu auch SPECHT Werner, Die Schulklasse als soziales Beziehungsfeld altershomogener Gruppen, Diss. Konstanz 1982; TREU Hans-Eckbert, Zwangsanstalt Schule, Dressur zum Einheitsmenschen, Olten/Freiburg i.Br. 1989; SCHITTKO Klaus, Differenzierung in Schule und Unterricht, Ziele-Konzepte-Beispiele, München 1984.

[47] MÜLLER Max, 206. Vgl. zur Schädlichkeit des Unterrichtsmonopols auch MÜLLER Max, 74 ff.; MARTIN, 21 f.

erscheint auch die Vereinbarkeit der "Schmelztiegelfunktion" mit nach Geschlechter getrennten Schulen (Stichwort: Koedukation) oder den verschiedenen Anforderungsstufen in den Schulen. Es soll abschliessend die Frage gestellt werden, ob es in einem Land, das auf seine Vielfältigkeit so stolz ist, Sinn macht, von einem "gleichmachenden" Schmelztiegel zu sprechen. Eine pluralistische Gesellschaft braucht viel eher ein Gefäss, das den einzelnen Individuen als Begegnungsort dienen kann. Schliesslich sei noch darauf hingewiesen, dass Toleranz und Verständnis wohl kaum durch zwangsweises "Einpferchen" wächst.

3. Genügender Unterricht

a) *Begriff und Inhalt*

Die Beachtung der beiden Grundsätze "Obligatorium" und "Unentgeltlichkeit" reichen dem Bund für die Volksbildung nicht aus. Diese sorgen zwar für die Verbreitung, nicht aber für die Hebung der Volksbildung.[49] Deshalb verpflichtet *Art. 27 Abs. 2 BV* die Kantone zur Bereitstellung eines "genügenden" Primarunterrichts. Dieser unbestimmte Rechtsbegriff wird nicht weiter erläutert.[50] Und weil die Schaffung eines eidgenössischen Schulgesetzes abgelehnt wurde, bleibt die Konkretisierung dieses Begriffs den Kantonen überlassen.[51]

Als allgemeines Kriterium zur Bestimmung der Unterrichtsqualität kann angesehen werden, was ein Bürger in einem zivilisierten und demokratischen Staat wissen muss sowie was zur Meisterung des Lebens und der Erlernung eines Berufes notwendig ist.[52] Dazu sind ein genügendes Lehrziel, ein gutes Schulprogramm, befähigte Lehrer und der regelmässige Schulbesuch während einer bestimmten Zeit notwendig.[53]

---

[48] ZIEGLER, 125.

[49] MAERKI, 86.

[50] Der Ständerat stimmte erst beim vierten Anlauf mehr aus Überdruss als aus Überzeugung bei (vgl. MARTIN, 98 f.). Zu Vorschlägen, was genügend sei, vgl. BARTH, 37 f. m.w.H.

[51] BORGHI, Art. 27 BV, Rz. 31 f.; BBl 1972 I 380; HÄRING, 125; KIM, 67 f.; OBERHOLZER, 8 f.; BOSSHARD, 76; ZBl 74/1973, S. 377 f. Der Bund hat aber auf dem Umweg der Administrativbeschwerde (Rekurse an den Bundesrat nach Art. 73 Abs. 1 lit. a VwVG) eine Möglichkeit gefunden, den genügenden Unterricht zu kontrollieren und zu bestimmen (RECHSTEINER, 706).

[52] Vgl. MAERKI, 90; BORGHI, Art. 27 BV, Rz. 31.

[53] Vgl. dazu MAERKI, 87 ff.; BORGHI, Art. 27 BV, Rz. 33; RECHSTEINER, 796 ff.; ZIEGLER, 60 f.; SCHMID Josef, 61, 118; KIM, 68 f.; BOSSHARD, 75 f.

b) Kantonale Regelung für das Privatschulwesen

Um seinen verfassungsmässigen Pflichten zu genügen, müssen die Kantone bestrebt sein, auch von den Privatschulen die Gewährleistung eines genügenden Unterrichts zu verlangen.[54] Es ergeben sich aber Abgrenzungsschwierigkeiten zwischen "genügendem" und "besserem" Unterricht.[55] Art. 27 BV stellt nur Mindestanforderungen auf. Die Kantone können mit den Leistungen ihrer öffentlichen Primarschulen über das Geforderte hinausgehen. Für Privatschulen stellt sich dann die Frage, ob ihr Unterricht nur genügend im Sinne der Bundesverfassung zu sein braucht, oder ob die Kantone von ihnen ebenfalls eine entsprechende Leistungssteigerung verlangen können.[56] Bedenkt man, dass die Kantone das Privatschulwesen regeln können und auch zuständig sind zur Auslegung des Begriffs "genügend", so ist nicht einzusehen, weshalb sie nicht auch eine Anpassung der Anforderungen verlangen dürfen.[57] Die Gleichschaltung hat auch den Vorteil, dass im Kanton die Durchlässigkeit (Schülerwechsel) zwischen den verschiedenen Schulträgern verbessert werden kann.

Das *Bundesgericht* verlangt zwar nicht, dass der Unterricht an Privatschulen mit jenem an öffentlichen Schulen bis ins einzelne übereinstimmen muss. Doch hat er die gleiche Gewähr für die Erreichung der wesentlichen Lehrziele[58] zu bieten.[59] Es schreibt vor, dass der Privatunterricht "den Anforderungen an den staatlich vorgeschriebenen Primarunterricht genügt".[60] Die genauere Umschreibung überlässt es weiterhin den Kantonen.

Die *Kantone* haben in unterschiedlicher Weise die Anforderungen an das Privatschulwesen definiert: Einige Kantone stellen an den Privatschulunterricht die

---

[54] RECHSTEINER, 653; BARTH, 36 f.; MAERKI, 95.

[55] RECHSTEINER, 797.

[56] MAERKI, 95.

[57] MAERKI, 95 f.; RECHSTEINER, 796 f.; BARTH, 38. Anderer Ansicht ist MARTIN, 101 ff.; unklar KÄMPFER. Gemäss ZIEGLER, 63 f. dürfen nur Kantone mit echter, verfassungsmässiger Garantie der Lehrfreiheit nicht mehr verlangen, als von Bundes wegen verlangt wird. Alle anderen Kantone dürften darüber hinausgehen.

[58] Die *Lehrziele* sind zu unterscheiden von den *Lehrplänen*. Die Lehrpläne enthalten detaillierte Anweisungen an den Lehrer bezüglich *Lehrzielen*, Unterrichtsfächern, Stoffeinteilung, Unterrichtsmitteln und didaktischen Regeln (RECHSTEINER, 720). Laut PLOTKE sollen die Lehrpläne auf enge Fesseln verzichten, damit der Lehrer den Unterricht angepasst gestalten kann. Die Lernziele sollten dagegen genau umschrieben sein (PLOTKE, Schulrecht, 60). Vgl. dazu auch ZIEGLER, 110 f.; ECKSTEIN, 165 f.

[59] BGE 91 I 490; gleicher Ansicht ist RECHSTEINER, 798. Auch RECORDON, 26 verlangt nur eine Ergebnispflicht und nicht etwa eine Verhaltenspflicht.

[60] BGE 114 Ia 133.

gleichen Anforderungen wie an die öffentlichen Schulen,[61] andere verlangen lediglich einen gleichwertigen Unterricht oder eine gleichwertige Ausbildung,[62] dann finden sich wiederum Kantone, die das Bildungs- oder Lehrziel der öffentlichen Schulen als Bewilligungsvoraussetzung gewählt haben,[63] und schliesslich verweisen zwei Kantone einfach auf die vom Erziehungsrat aufgestellten Anforderungen.[64]

c) *Lehrmittelfreiheit*

Die Lehrmittel, also alle sich in der Hand des Lehrers befindlichen Unterrichtsmittel, beschränken sich praktisch auf die Schulbücher.[65] Der Gestaltungsspielraum einer Privatschule wird nicht nur durch die vorgeschriebenen Lehrziele und Lehrpläne beschränkt, sondern ebenso durch die staatliche Einflussnahme auf die Wahl der Lehrmittel.[66] Dadurch wird die Lehrmethode wesentlich vorbestimmt.[67] Deshalb erachten es Privatschulen als unverhältnismässige Einschränkung, wenn sie die selben Lehrmittel wie die öffentlichen Schulen verwenden müssen, weil dadurch die Durchführung eines in sich geschlossenen Unterrichts verunmöglicht werde. Darüber hinaus wird kritisiert, dass diese an Privatschulen - im Gegensatz zu öffentlichen Schulen - oft nicht unentgeltlich abgegeben werden.

4. Unentgeltlichkeit

Die Bundesverfassung geht vom Grundsatz aus, dass der einzelne alle Aufwendungen, die ihm durch seine Ausbildung erwachsen, selber zu tragen hat. Da das Kind dazu nur in den wenigsten Fällen in der Lage ist, haben dessen Eltern, gestützt auf ihre

---

61 *BE:* Art. 87 Abs. 2 KV; *AG:* § 58 Abs. 2 Halbsatz 1 SchG; *AR:* Art. 10 Satz 2 SchG; *BL:* § 6 Satz 2 SchG; *OW:* Art. 54 Abs. 2 SchG.

62 *FR:* Art. 102 Abs. 2 lit. c, 104 Abs. 3 SchG; *JU:* art. 6 litt. a LEP; *NE:* art. 77 al. 2 Cst., art. 7 al. 1 LS; *SG:* Art. 117 VSchG; *TI:* art. 82 cpv. 1 LS; *VD:* art. 18 al. 5 Cst.; *ZH:* § 271 UntG, § 150 Abs. 2 VSchV; *ZG:* § 75 Abs. 1 SchG.

63 *BS:* § 131 Ziff. 5 SchG; *LU:* § 3 Abs. 3 KV, § 60 Abs. 2 ErzG; *NW:* Art. 75 SchG; *SH:* Art. 15 Satz 2 Halbsatz 1 SchG; *TI:* art. 82 al. 1 LS; *ZG:* § 4 Abs. 2 Halbsatz 2 KV.

64 *SZ:* § 7 VSchV; *UR:* Art. 18 Abs. 4 Satz 1 SchG.

65 RECHSTEINER, 723.

66 ZIEGLER, 113. Die zentrale Schulbehörde entscheidet über die Gleichartigkeit der verwendeten Lehrmittel (vgl. RECHSTEINER, 723 f., 798 f.; PLOTKE, Schulrecht, 176 ff.).

67 PLOTKE, Schulrecht, 395; RECHSTEINER, 725; MÜLLER Max, 152; SCHMID Josef, 72.

Unterhaltspflicht (Art. 276 ZGB), dafür aufzukommen.[68]

Eine (grosse) Ausnahme findet sich aber für den obligatorischen Schulbesuch an *öffentlichen Schulen*. Dort gilt gestützt auf *Art. 27 Abs. 2 BV* der Grundsatz der *Unentgeltlichkeit*.[69] Dieses "Sozialrecht"[70] bildet das (notwendige) Gegenstück zum Schulobligatorium, da dieses sonst nicht wirksam durchgesetzt werden könnte.[71] Zur Realisierung dieses Prinzips ist in Art. 4 der Übergangsbestimmungen zur BV eine Übergangsfrist von 5 Jahren festgelegt worden. Da das Schulobligatorium auch im Interesse der Allgemeinheit liegt, ist der Erhebung einer allgemeinen Schulsteuer von allen Bürgern nichts entgegenzuhalten, sofern sie auf die wirtschaftliche Leistungsfähigkeit abstellt.[72,73]

Gegenstand der Unentgeltlichkeit ist grundsätzlich nur die Leistung einer Gebühr (Schulgeld), nicht aber die Abgabe von Lehrmittel und Verbrauchsmaterial.[74] Die meisten Kantone sind aber weiter gegangen und stellen in der Volksschule die Lehrmittel kostenlos zur Verfügung.[75] Je nach Umständen hat das Gemeinwesen auch Transport- und Verpflegungskosten zu übernehmen.[76]

In der Lehre wird nicht bestritten, dass auf *Privatschulen* der Grundsatz der Unentgeltlichkeit keine Anwendung findet. Diese dürfen von ihren Benutzern ein Schulgeld erheben.[77]

---

68 PLOTKE, Schulrecht, 182 f.; BLUNTSCHLI, Staatsrecht, 479.

69 Dieser Grundsatz ist bei seiner Aufnahme in die Bundesverfassung aufs heftigste bekämpft worden (vgl. MAERKI, 11 ff., 78 f.).

70 RECHSTEINER, 654.

71 BORGHI, Art. 27 BV, Rz. 53; VEB 12/1938, Nr. 19, S. 38.

72 Vgl. PLOTKE, Schulrecht, 152; MAERKI, 77 f.; vgl. dazu auch MÜLLER Max, 59 f.

73 Durch die Schulsteuer bezahlt im Ergebnis jeder in der Schweiz steuerpflichtige Bürger, der die Volksschule in der Schweiz besucht hat, die Kosten seiner Volksschulausbildung - je nach Höhe der Schulsteuer - zu einem bestimmten Teil im Laufe seiner Steuerpflicht zurück.

74 PLOTKE, Schulrecht, 151; BORGHI, Art. 27 BV, Rz. 60; OBERHOLZER, 10; MAERKI, 80 f.; BOSSHARD, 77 f., 151 f.; KELLER, 49 f.; BURCKHARDT, 203; FLEINER, 519.

75 Vgl. BORGHI, Art. 27 BV, Rz. 60; PLOTKE, Schulrecht, 152; RECHSTEINER, 655; KELLER, 67, 124.

76 PLOTKE, Schulrecht, 150, 179 ff. Vgl. dazu auch VPB 48/1984, Nr. 38 und 39; 44/1980, Nr. 19; VEB 25/1955, Nr. 10; 15/1941, Nr. 3-5; 6/1932, Nr. 39; Urteil des Bundesgerichts 2P.34/1993 vom 28.1.1994, wiedergegeben in NZZ vom 31.1.1994, Nr. 25, S. 24.

77 Vgl. BGE 114 Ia 133; BORGHI, Art. 27 BV, Rz. 56; MAERKI, 85; RECHSTEINER, 655; LORETAN, 50 f.; ZIEGLER, 14; BARTH, 36 f.; OBERHOLZER, 9, 70; MARTIN, 107; KIM, 69; KELLER, 49; BURCKHARDT, 203; FLEINER, 521; FLEINER/GIACOMETTI, 552, Anm. 36; LAMPERT, Bundesstaatsrecht, 164; MOOS, 19, 25 f.

5. Konfessionelle Neutralität

Die Bundesverfassung verlangt in Art. 27 Abs. 3 von der *öffentlichen* Volksschule, dass sie konfessionell neutral[78] ausgestaltet ist, damit sie von jedermann ohne Verletzung seiner Glaubens- und Gewissensfreiheit besucht werden kann. Im Gegensatz dazu dürfen *Privatschulen* sehr wohl eine religiöse oder weltanschauliche Ausrichtung aufweisen. Denn gerade dadurch heben sie sich von den öffentlichen Schulen ab.[79]

6. Weitere Vorschriften an den Unterricht

Von den in Art. 27 Abs. 2 und 3 BV statuierten Anforderungen an das Primarschulwesen gilt für Privatschulen - abgesehen vom Schulobligatorium - nur gerade das Erfordernis des genügenden Unterrichts. Ausser dieser bundesrechtlichen Auflage steht es den Kantonen frei, an den Unterricht weitere Anforderungen zu stellen. So wird vom Unterricht unter anderem verlangt, dass er nicht gegen das öffentliche Interesse, die guten Sitten oder die Hygienevorschriften[80] verstösst,[81] einem genügenden Lehrplan folgt,[82] eine bestimmte Unterrichtssprache verwendet[83] und die Grundrechte des Menschen beachtet.[84] Im Kanton Genf dürfen nur Privatschüler eingeschrieben

---

[78] RECHSTEINER, 655 f. bevorzugt den Begriff "Diskriminierungsverbot".

[79] Vgl. BORGHI, Art. 27 BV, Rz. 67; HÄFELIN, Art. 49 BV, Rz. 55; PLOTKE, Schulrecht, 155; KARLEN, 149, 401 f.; BARTH, 36 f., 39; ZIEGLER, 14; LORETAN, 50 f.; MARTIN, 107; OBERHOLZER, 70; BOSSHARD, 78 f.; BRÄM, 46 f.; KÄMPFER, 694; BURCKHARDT, 200; FLEINER/GIACOMETTI, 328 f., 552, Anm. 36; FLEINER, 521; VEB 10/1936, Nr. 50; implizit auch MARSCHALL, 169 ff., 178 f.; KIM, 76 ff.; PETITJEAN, 75, Anm. 159; MOOS, 19 f., 25 f.; vgl. auch HOLENSTEIN, 281 ff.; WEDER, 118; KRAUS, 346; SPIELER, 86.

[80] In bezug auf gesundheitliche Massnahmen (medizinische und zahnärztliche Betreuung) sind die Privatschulen den öffentlichen Schulen gleichgestellt (RECHSTEINER, 795 f.). Interessant hierzu ist der Entscheid des Bundesrates, wonach in Privatschulen die Sorge für die Gesundheit der Kinder in erster Linie bei den Eltern liege. Dem Staat obliege lediglich die Gesundheitsvorsorge in den öffentlichen Schulen (vgl. dazu VEB 10/1936, Nr. 49, S. 61 f.; Impfzwang gegen Diphtherie).

[81] *GE:* art. 14 A al. 2 LS, art. 2 al. 1 Satz 1 RREP; *JU:* art. 5 al. 1 LEP; *VD:* art. 2 LEP; *VS:* Art. 17 Abs. 2 Satz 1 UntG.

[82] *LU:* § 61 Abs. 1 Ziff. 2 ErzG; *ZH:* § 270 UntG.

[83] *TI:* art. 80 cpv. 2 LS.

[84] *FR:* Art. 102 Abs. 2 lit. d SchG.

werden, die dem Unterricht folgen können.[85] Über die wöchentliche oder jährliche *Unterrichtsdauer* an Privatschulen sprechen sich die Schulgesetze im allgemeinen kaum aus. Als Regel gilt, dass sie lediglich innerhalb der vorgeschriebenen Zeitperiode (Mindestanzahl von Schuljahren) das Lehrziel der öffentlichen Schulen erreichen müssen.[86] Dabei haben sich die Privatschulen an das zwingend festgelegte Schuleintrittsalter zu halten.[87]

7. Anforderungen an Lehrkräfte und Schulleiter

In einzelnen Kantonen werden die Voraussetzungen für den Erhalt einer Bewilligung katalogartig aufgegliedert.[88] Dabei geht es hauptsächlich um die *Personen*, die den Privatschulunterricht führen. Von ihnen wird insbesondere während der obligatorischen Schulzeit verlangt, dass sie die gleichen Anforderungen erfüllen, wie sie für Lehrer an öffentlichen Schulen gelten. Denn nur dadurch könne garantiert werden, dass den schulpflichtigen Kindern an Privatschulen eine genügende Bildung zukommt. Im einzelnen haben die Lehrer folgende Kriterien zu erfüllen: die gleichen Wahlfähigkeitsvoraussetzungen,[89] einen guten Leumund,[90] eine genügende moralische und sittliche Persönlichkeit,[91] den Besitz bürgerlicher Rechte,[92] gute Kenntnisse und Fähigkeiten (evtl. einen Fähigkeitsausweis),[93] eine solide finanzielle Grundlage[94]

---

[85] *GE:* art. 2 al. 2 RREP.

[86] RECHSTEINER, 797; vgl. auch ZIEGLER, 123 ff.

[87] Vgl. dazu ZR 86/1987, Nr. 120 (Regierungsrat Zürich).

[88] *BS:* § 131 SchG; *FR:* Art. 102 SchG; *JU:* art. 5 et 6 LEP; *LU:* § 61 ErzG; *TI:* art. 82 cpv. 4, 5 e 6 LS; *VD:* art. 4 al. 2, 5 al. 2 LEP; *ZH:* § 151 VSchV.

[89] *AR:* Art. 21 Abs. 1 SchV; *AI:* Art. 19 Satz 1 SchV; *SG:* Art. 120 Abs. 1 VSchV; *TG:* § 14 Abs. 3 UntG.

[90] *BS:* § 131 Ziff.1 und 4 SchG; *BE:* Art. 96 Abs. 2 PrSchG (vgl. auch ZBl 72/1971, S. 46 ff.; BVR 1979, S. 299 ff.); *GE:* art. 10 al. 1 RREP; *TI:* art. 82 cpv. 4 LS; *VD:* art. 4 al. 1 litt. c LEP. RECHSTEINER, 795 spricht vom Nachweis der persönlichen Integrität, damit gestützt auf die bisherige Lebenshaltung "ein moralisch verwerflicher Einfluss auf die Schüler ausgeschlossen werden kann".

[91] *BS:* § 135 Abs. 2 Satz 1 SchG; *LU:* § 61 Abs. 1 Ziff. 1 ErzG; *VD:* art. 4 al. 2 litt. b LEP; *VS:* Art. 18 Satz 2, 19 Abs. 2 Satz 1 UntG.

[92] *BS:* § 131 Ziff. 1 SchG. Darunter versteht HAAS, 17 den Inbegriff von Rechten und rechtlichen Fähigkeiten, die durch strafrichterliches Urteil entzogen werden können. Dazu zählt u.a. die Fähigkeit, öffentliche Ämter zu bekleiden sowie das Stimm- und Wahlrecht.

[93] *BS:* § 131 Ziff. 4 SchG; *BE:* Art. 96 Abs. 2 PrSchG (vgl. auch ZBl 72/1971, S. 46 ff.; BVR 1979, S. 299 ff.); *FR:* Art. 102 Abs. 2 SchG; *GE:* art. 10 al. 2 RREP; *GL:* Art. 88 Abs. 2, 89 Abs. 2 SchG; *GR:* Art. 12 Abs. 2, 13 Abs. 2 SchG; *JU:* art. 5 al. 1 litt. b, art. 6 litt. b LEP; *LU:* § 61 Abs. 1 Ziff. 1 ErzG; *OW:* Art. 56 SchG; *SG:* Art. 120 Abs. 1 VSchG; *TI:* art. 82 al.

und ein Gesundheitszeugnis.[95] In einigen Kantonen findet sich auch das Erfordernis des Schweizer Bürgerrechts[96] oder mindestens einer Aufenthaltsbewilligung.[97] Der Kanton Zug lässt den Privatschulen freie Hand bei der Anstellung der Lehrer.[98,99] Im übrigen finden sich das Erfordernis der bürgerlichen Ehrenfähigkeit, der körperlichen Eignung und des weltlichen Standes nicht mehr.[100]

Bei der Statuierung dieser Fülle an Voraussetzungen muss bedacht werden, dass das Privatschulwesen dadurch stark eingeschränkt wird. Indem der Staat nur Lehrer zulässt, die in wissenschaftlicher, pädagogischer, sittlicher und politischer Hinsicht eine persönliche Garantie für ihre Eignung zum Unterricht bieten, gibt er diesem Unterricht bereits einen gewissen Gehalt, eine gewisse Methode und Richtung.[101] Dies wird noch durch den Umstand verstärkt, dass der Staat zur Lehrerausbildung zuständig ist. Weil die Lehrer die benötigten pädagogischen Befähigungsnachweise grundsätzlich nur an staatlichen Seminarien erlangen können, wird so schon früh die Ausübung der Privatschulfreiheit beeinflusst. In der Literatur wird dies kritisiert.[102]

---

5 LS; *VD:* art. 4 al. 2 litt. b LEP; *VS:* Art. 18 Satz 2, 19 Abs. 2 Satz 2 UntG; *ZH:* § 151 VSchV (vgl. auch ZBl 79/1978, S. 501 ff.).

94 *VD:* art. 4 al. 1 lit. d LEP.

95 *TI:* art. 82 cpv. 2 LS.

96 *GE:* art. 10 Cst., art. 14 LS; *NE:* art. 15 Cst. Vgl. dazu u.a. auch SCHMID Josef, 106 ff.

97 *VD:* art. 4 al. 2 litt. a LEP.

98 *ZG:* § 75 Abs. 2 SchG.

99 Weitere Ausführungen bei PLOTKE, Schulrecht, 358 f.; ZIEGLER, 100 ff.

100 Vgl. dazu noch SCHMID, 106 ff.

101 MÜLLER Max, 150.

102 PLOTKE verlangt von den Unterrichtenden kein staatlich anerkanntes Patent. Ihm genügt eine andere gleichwertige Ausbildung. Dies folgert er aus der Lehrfreiheit (PLOTKE, Schulrecht, 359). Er sieht sonst die Gefahr eines faktischen Monopoles (vgl. die Kritik bei PLOTKE Herbert, Die Zulassung der Verpflichtung zur Berufsausübung bzw. zur Rückerstattung der Ausbildungskosten im Rahmen kantonal geregelter Ausbildungsgänge, in: ZBl 76/1975, S. 449-457, 452, Anm. 13). Auch BOIS erachtet es als fragwürdig, von einem Privatlehrer ein Zeugnis über seine Kenntnisse zu verlangen, weil dafür kein überwiegendes öffentliches Interesse bestehe (vgl. BOIS Ph., Kommentar zu Art. 33 BV [Stand Oktober 1989], Rz. 9, in: Kommentar BV). Auch Max MÜLLER lehnt das Erfordernis eines Fähigkeitsausweises ab, weil diese Pflicht für Familienväter nicht bestehe (MÜLLER Max, 20, 73).

8. Bauvorschriften

Weil die Schulräumlichkeiten die Güte des Unterrichts nicht unwesentlich beeinflussen, haben die meisten Kantone zum Teil sehr genaue Vorschriften für den Bau und die Einrichtungen von Schulanlagen erlassen. Die *Schullokale* der Privatschulen unterliegen zunächst einmal denselben Bauvorschriften, wie sie für die übrigen Bauten auch gelten. D.h. die Baugesuche werden auf Zweckmässigkeit in architektonischer wie auch pädagogischer Hinsicht, auf Schutz vor Immissionen und auf Einhaltung der Bauvorschriften geprüft.[103] Die darüber hinausgehenden kantonalen Vorschriften für den Schulhausbau gelten formell nur dort, wo sie gesundheitspolizeilich motiviert sind.[104] Dazu zählen insbesondere die Vorschriften, die zum Zweck der Sicherheit und Gesundheitspflege bzw. Hygiene (sanitarische Einrichtungen) erlassen wurden.[105]

9. Auflagen und Bedingungen

Den Kantonen ist es freigestellt, über die bereits genannten Kriterien hinaus weitere *Auflagen und Bedingungen* für eine Bewilligung aufzustellen.[106] Diese Nebenbestimmungen müssen im öffentlichen Interesse liegen und verhältnismässig sein.[107] Im übrigen gelten die für die öffentlichen Schulen aufgestellten Bedingungen (z.B. wöchentliche Stundenzahl, Hausaufgaben, Ferien, Absenzen, Zeugnisse und Strafen).[108] Weitere Vorschriften betreffen den Schutz der *öffentlichen Ordnung* (z.B. Schulumgebung), die *Gesundheitspolizei* (neben den Schulgebäuden auch die [zahn-]ärztliche Überwachung von Schülern und Lehrern sowie die gesetzlichen Altersvorschriften beim schulpflichtigen Alter[109]) und das *Versicherungswesen* (Krankheit, Unfall, Pensionskassen).[110]

---

[103] PLOTKE, Schulrecht, 192.

[104] RECHSTEINER, 794 f.; vgl. dazu auch ZIEGLER, 150 ff.

[105] Vgl. dazu *BS:* § 131 Ziff. 3 SchG; *BE:* Art. 96 Abs. 2 PrSchG; *FR:* Art. 102 Abs. 2 lit b SchG; *JU:* art. 5 al. 1 litt. c, 6 litt. c LEP; *LU:* § 61 Abs. 1 Ziff. 2 ErzG; *TI:* art. 82 cpv. 6 LS; *VS:* Art. 17 Abs. 2 Satz 3 UntG; *ZH:* § 270 UntG, § 151 VSchV.

[106] Vgl. *OW:* Art. 55 Abs. 2 SchG; *SG:* Art. 117 Abs. 2 VSchG; *TG:* § 22 Abs. 2 VSchV.

[107] VALLENDER, § 13, N 25.

[108] *BS:* § 133 Abs. 3 SchG; *GR:* Art. 3 Abs. 2 SchG; *LU:* § 62 ErzG; *NW:* Art. 77 SchG; *ZH:* § 53 VSchG.

[109] Für Privatschulen gilt das gleiche Schuleintrittsalter (vgl. ZR 86/1987, Nr. 120).

[110] Vgl. dazu ZIEGLER, 146 ff.

IV. Staatliche Aufsicht

1. Allgemeines

Die Bewilligungspflicht allein bildet nicht immer einen ausreichenden Schutz, da sie nur eine Momentaufnahme darstellt. Um das dauernde Erfüllen der Auflagen - insbesondere des genügenden Unterrichts - sicherzustellen, ist eine ständige Kontrolle notwendig.

Art. 27 Abs. 2 BV verlangt, dass der Primarunterricht *ausschliesslich unter staatlicher Leitung* stehen soll. *Staatlich* steht hier sowohl im Gegensatz zu kirchlich[111] als auch zu privat, nicht aber zu kommunal.[112] *Ausschliesslich* bedeutet unter anderem, dass die öffentliche Behörde ihre Aufgabe mit keiner anderen Behörde teilen darf. Deshalb kann der Kirche kein Mitwirkungsrecht zugestanden werden.[113]

Unter *Leitung* des Unterrichts ist eine richtunggebende Einflussnahme zu verstehen, welche die Erreichung eines gewissen Unterrichtserfolges bezweckt. Diese soll jederzeit möglich sein, also auch beim normalen Gang des Unterrichts. Sie bedeutet mehr als eine einfache "Aufsicht",[114] die sich auf das blosse Beobachten der Unterrichtstätigkeit beschränkt und nur beim Hervortreten von Ordnungswidrigkeiten zum Eingriff ermächtigt.[115] Die Leitung (Aufsicht und Direktion) zerfällt in zwei Teile: eine fachliche für Unterrichtsfragen und eine nicht-fachspezifische für die übrige Tätigkeit der Schule.[116]

---

[111] Mit der Aufsicht durch eine öffentliche Autorität, die nicht kirchlicher Natur sein darf, kommt man zum paradoxen Resultat, dass konfessionelle Privatschulen durch den Staat beaufsichtigt werden (weitere Ausführungen dazu bei MARTIN, 112 ff.; KIM, 78). Da aber auch der Staat diese Schulen zu bewilligen hat, ist das eine logische Konsequenz davon und damit nicht weiter verwunderlich. Max MÜLLER, 172 f. meint, dass in katholischen Kantonen dieser Gegensatz nicht so stark hervortrete.

[112] Vgl. dazu RECHSTEINER, 657; PLOTKE, Schulrecht, 157; MAERKI, 47, Anm. 1; KIM, 58; SCHMID Josef, 61; HAAS, 22; BORGHI, Art. 27 BV, Rz. 37; MARTIN, 112; ZIEGLER, 35; MÜLLER Max, 169; MARSCHALL, 173; BURCKHARDT, 202.

[113] BORGHI, Art. 27 BV, Rz. 38.

[114] Die Bundesversammlung hat bei der Gewährleistung kantonaler Verfassungen oft betont, dass die Bundesvefassung mehr als eine blosse Aufsicht verlange (vgl. BORGHI, Art. 27 BV, Rz. 42; ZIEGLER, 133). Denn heute diene sie nicht mehr nur dem Kindesschutz, sondern auch der Aufrechterhaltung des sozialen Friedens und der inneren Ordnung, indem sie eine ideologische und intolerante Indoktrination ausschliesse (vgl. BORGHI, a.a.O., Rz. 44; ECKSTEIN, 132 f.).

[115] HAAS, 21.

[116] PLOTKE, Schulrecht, 231. Zum *Inhalt* der fachlichen und nicht-fachlichen Leitung vgl. a.a.O., 232 ff.

2. Geltung für Privatschulen

Unterrichtsleitung bedeutet nicht zwingend auch Unterrichtsbetrieb,[117] weshalb Private im Schulwesen zugelassen sind. Dies entbindet aber nicht vom verfassungsmässigen Grundsatz der "staatlichen Leitung".[118] Doch fragt sich, inwieweit dieser Grundsatz inhaltlich auf das private Primarschulwesen anwendbar ist. Die Literatur ist sich einig darin, dass die staatliche Leitung nur im Sinne einer *"Oberaufsicht" oder "Kontrolle"* verstanden werden kann. Sie soll nur sicherstellen, dass die rechtlichen Vorschriften und Pflichten bezüglich Genügen des Unterrichts (d.h. Unterrichtsziel, Eignung der Lehrer und Schulpflicht) eingehalten werden.[119] Die staatliche Leitung soll nicht den Sinn haben, das Halten von Privatschulen zu verunmöglichen bzw. gar zur Aufhebung der Unterrichtsfreiheit zu führen.[120] Selbst bei Gewährung von Subventionen[121] soll der staatliche Einfluss nur soweit reichen, als für die Sicherung einer angemessenen Verwendung der Gelder notwendig ist.[122] Eine völlige Gleichschaltung der Privatschule über die staatliche Subventionierung würde gegen die Grundidee der Privatschulfreiheit verstossen.[123] Eine staatliche Kontrolle, bestehend aus (vorgängigen) Bewilligungspflichten und (laufenden und nachträglichen) Aufsichtshandlungen kantonaler Behörden (Inspektionen, Prüfungen, Mitteilungspflichten), genügt zur Sicherung einer gleichwertigen Ausbildung und entspricht eher dem Bedürfnis der Privatschulen.

---

[117] HAAS, 21.

[118] HANGARTNER, Band II, 99; MAERKI, 96; MÜLLER Max, 168.

[119] Vgl. dazu PLOTKE, Schulrecht, 157, 469 f.; ders., Bildung, 61, Anm. 179; BORGHI, Art. 27 BV, Rz. 40; HÄFELIN, Art. 49 BV, Rz. 59; RECHSTEINER, 657, 799 f.; ZIEGLER, 132 f.; MARTIN, 111, 118; MAERKI, 96 f.; ECKSTEIN, 132; MÜLLER Max, 169; BARTH, 40; SCHMID Josef, 60, 70 ff.; ähnlich HÄRING, 135; LAMPERT, Bundesstaatsrecht, 163; BLUNTSCHLI, Staatsrecht, 480; BURCKHARDT, 202; FLEINER/GIACOMETTI, 352; AUBERT, Traité, 716 f.; KIM, 73, 74 f.; OBERHOLZER, 70; BRÜHWILER, 92; FLEINER-GERSTER, Grundzüge, 47 (Rz. 132); KÄMPFER, 695; KARLEN, 402; FREY, 144; PETITJEAN, 74 f.; HOLENSTEIN, 281; a. M. ist FLEINER, 517, 521 f. Arthur MÜLLER, 110 spricht von "Rechtskontrolle".

[120] BARTH, 40; MARTIN, 57 f.; ZIEGLER, 35 f.

[121] Dies birgt gemäss ZIEGLER 136 die Gefahr erhöhter Aufsicht in sich.

[122] PLOTKE, Schulrecht, 469.

[123] HÄRING, 131.

3. Kantonale Regelungen

Eine ausdrückliche Verankerung der Aufsicht über Privatschulen findet sich nur in wenigen Kantonsverfassungen. Sie wird im Gegensatz zu den öffentlichen Schulen bedeutend einfacher und summarischer geregelt. So beschränkt sie sich oft auf Auskünfte, Einsicht in Unterlagen (Organisation der Schule, Unterrichtsplan, Lehrmittel, usw.), Meldepflicht der Schulen bezüglich Ein- und Austritten von schulpflichtigen Kindern sowie von neuen Lehrern, Schulbesuche, Mitwirkung bei den Sitzungen und jährlichen Prüfungen.[124] Eine methodisch-didaktische Anleitung entfällt.[125]

V. Sanktionen und Massnahmen

Zum Schutze des Individuums und der Allgemeinheit unterliegen Privatschulen zunächst der präventiv wirkenden *Bewilligungspflicht*. Zur Sicherstellung, dass die Auflagen und Bedingungen ständig erfüllt werden, unterstellt man sie der *staatlichen Aufsicht*. Schliesslich muss der Staat im Falle einer Verletzung die Möglichkeit haben, der Durchsetzung des verlangten Zustandes mit *Sanktionen und Massnahmen* Nachdruck verleihen zu können.

Durch *Art. 27 Abs. 4 BV* wird der *Bund* ermächtigt, gegen Kantone, welche den Verpflichtungen nicht nachkommen, die *nötigen Verfügungen* zu treffen. Dabei handelt es sich - im Sinne einer "Oberaufsicht" über die Kantone[126] - nur um die Befugnis

[124] Vgl. dazu *AG:* § 33 Abs. 2 KV, § 58 Abs. 2 SchG; *AR:* Art. 27 Abs. 1 Satz 1 KV, Art. 10 Abs. 2, 11 SchG; *AI:* Art. 11 SchG; *BL:* § 99 Abs. 1 KV, § 6 Abs. 1 Satz 1 Halbsatz 1, 19 SchG; *BS:* § 15 KV, § 132, 133, 135 Abs. 2 Satz 2 SchG; *BE:* Art. 96 Abs. 1 Satz 2, 100 PrSchG; *FR:* Art. 103, 104 Abs. 2 SchG; *GE:* art. 15 al. 1 et 2 LS, art. 169 REP; *GL:* Art. 90 Satz 1 SchG; *GR:* Art. 41 Abs. 1 und 3 KV, Art. 3 Abs. 1, Art. 12 Abs. 3 Satz 1 SchG, Art. 10, 11 GGV; *JU:* art. 39 Cst., art. 13 al. 1 et 2 LEP; *LU:* § 3 Abs. 3 KV, § 60 Abs. 2 ErzG; *NE:* art. 74 al. 1 Cst., art. 122 al. 1 LS, art. 1 al. 1 AEP; *NW:* Art. 20 Abs. 2 KV, Art. 76 SchG; *OW:* Art. 28 KV; *SH:* Art. 15 Satz 2 Halbsatz 2 SchG, § 4 Abs. 2 SchD; *SZ:* § 7 VSchV; *SO:* Art. 108 Abs. 1 und 2 KV; *SG:* Art. 115, 123 VSchG; *TI:* art. 83 cpv. 3, 85 cpv. 1, 90 LS; *TG:* § 70 Abs. 3 KV, § 14 Abs. 2 UntG; *UR:* Art. 39 Satz 2 KV, Art. 18 Abs. 4 Satz 1 und Abs. 5 SchG; *VD:* art. 18 al. 5 Cst., art. 7 al. 1 et 2, 9 al. 2 LEP; *VS:* Art. 13 Abs. 1 KV, Art. 17 Abs. 1, 2 Satz 2, 19 Abs. 3, 4 und 5 UntG; *ZH:* § 272 Abs. 1 UntG, § 15 VSchG, § 152 VSchV (vgl. auch ZBl 84/1983, S. 565); *ZG:* § 5 Abs. 2, 75 Abs. 2 Satz 2 SchG.

[125] So explizit in *VD:* art. 7 al. 3 LEP.

[126] LORETAN, 58 f.

zur Stellungnahme und nötigenfalls zum Eingreifen im konkreten Einzelfall.[127] Dies stellt nichts anderes dar als eine Wiederholung von Art. 102 Ziff. 2 BV, wonach der Bundesrat für die Beobachtung der Verfassung zu sorgen hat.[128] Schliesslich sind die Kantone verpflichtet, für ihre Verfassung die Gewährleistung des Bundes nachzusuchen.[129]

Die *Kantone* können gegenüber der *Schulleitung* ihre Vorschriften und Auflagen notfalls mit den Mitteln des Verwaltungszwanges durchsetzen. Das Gemeinwesen hat zunächst - sofern zumutbar - der Schule die Gelegenheit zu geben, die Mängel selbst zu beheben. Bleibt die Privatschule untätig, kann die Behörde die Aufnahme des Betriebs untersagen oder die Anerkennung bzw. Bewilligung entziehen. Wo die Eröffnung nicht von einer Erlaubnis abhängig ist, kann sie den weiteren Betrieb untersagen. Bei ungenügendem Unterricht kann die Ersetzung von Lehrkräften oder die Einweisung der Kinder in die öffentliche Schule verlangt werden.[130] Den *Lehrkräften* kann die Lehrbewilligung entzogen werden, was insbesondere für ausländische Lehrer gilt.[131] Gegenüber *Eltern* schulpflichtiger Kinder kann die Behörde die gleichen Massnahmen ergreifen, wie wenn das Kind überhaupt nicht zur Schule gehen würde.[132] Dabei sei insbesondere auch auf den neuen Art. 219 Abs. 1 des Strafgesetzbuches[133] verwiesen: "Wer seine Fürsorge- oder Erziehungspflicht gegenüber einer unmündigen Person verletzt oder vernachlässigt und sie dadurch in ihrer körperlichen oder seelischen Entwicklung gefährdet, wird mit Gefängnis bestraft."[134]

---

[127] Vgl. die Rekursmöglichkeit an den Bundesrat (Art. 73 Abs. 1 lit. a VwVG).

[128] MAERKI, 99. Darin ist nicht auch die Kompetenz zum Erlass eines eidgenössischen Schulgesetzes enthalten (a.a.O.; BARTH, 35).

[129] Vgl. Art. 6, 85 Ziff. 7 BV; ZIEGLER, 93; KIM, 70 f.

[130] Vgl. dazu *AG:* § 58 Abs. 3 SchG; *BS:* § 134, 135 Abs. 2 Satz 2 SchG; *BE:* Art. 96 Abs. 3 PrSchG; *FR:* Art. 102 Abs. 3, 104 Abs. 4 SchG; *GE:* art. 14 A al. 2, 15 al. 3 LS, art. 169 REP, art. 9 al. 2 RREP; *GL:* Art. 3 Abs. 1 Satz 2, 90 Satz 2 SchG; *GR:* Art. 12 Abs. 3 Satz 2 SchG; *JU:* art. 15 LEP; *LU:* § 60 Abs. 3 ErzG; *NE:* art. 122 al. 2 LS; *SG:* Art. 119 VSchG; *TI:* art. 82 cpv. 3 LS; *UR:* Art. 18 Abs. 4 Satz 2 SchG; *VD:* art. 5 al. 3, 8 al. 2 LEP; *VS:* Art. 17 Abs. 3, 21 UntG; *ZH:* § 272 Abs. 2 UntG; *ZG:* § 77 SchG.

[131] Vgl. *GE:* art. 14 al. 2 LS.

[132] PLOTKE, Schulrecht, 471. Vgl. auch RECHSTEINER, 709 ff.; ZIEGLER, 139 ff.

[133] Schweizerisches Strafgesetzbuch vom 21. Dezember 1937 (SR 311.0).

[134] Für weitere Ausführungen vgl. ZIEGLER, 139 ff.; RECHSTEINER, 709 ff.

VI. Zusammenfassung von § 12

Das Schul- bzw. Unterrichtsobligatorium kann in allen Kantonen auch an Privatschulen erfüllt werden. Die Kantone können selber bestimmen, unter welchen Voraussetzungen sie die Privatschulen zulassen wollen, um sowohl Individuum als auch Allgemeinheit zu schützen. Grundsätzlich besteht eine präventiv wirkende *Bewilligungspflicht*. Um die verlangte Polizeierlaubnis zu erhalten, müssen verschiedene Anforderungen erfüllt werden. So haben Privatschulen von Bundes wegen (Art. 27 BV) einen genügenden Unterricht anzubieten, was von den Kantonen genauer konkretisiert wird. Hingegen müssen sie im Gegensatz zu den öffentlichen Schulen weder unentgeltlich noch konfessionell neutral sein. Die Kantone können weitere Vorschriften aufstellen wie z.B. Anforderungen an Lehrkräfte und Schulleiter oder Bauvorschriften für Schullokale. Um die Erfüllung der Bewilligungsvoraussetzungen auf Dauer sicherzustellen, steht dem Staat gemäss Art. 27 Abs. 2 BV die *Aufsicht* über die Privatschulen zu. Im Falle von Verletzungen können *Sanktionen und Massnahmen* ergriffen werden.

§ 13 Staatliche Unterstützung der Privatschulen

I. Allgemeines

Mit der Fragestellung, wer als Träger einer Schule zu gelten hat, ist nicht gleichzeitig auch geklärt, wer für die Aufwendungen aufzukommen hat. Ordnungs- und Organisationsbefugnisse laufen mit den Kostenbeiträgen längst nicht immer parallel.[1] So stehen *Privatschulen* vor der Situation, dass sie eine Leistung im staatlich vorgeschriebenen Rahmen erbringen, für diese Beschränkung aber nicht entsprechend entschädigt werden. Sie fordern deshalb eine Steuerbefreiung und berufen sich dafür auf die Gemeinnützigkeit ihrer Institution.[2] Die *Eltern* fühlen sich in ihren Elternrechten verletzt. Deshalb wird eine Pflicht zur Unterstützung gefordert, weil sonst das Elternrecht und die Privatschulfreiheit nur deklaratorisch bzw. dessen Realisierung illusorisch bleiben werde.[3]

Es soll hier untersucht werden, inwieweit Privatschulen bzw. den Eltern ein Anspruch auf finanzielle Unterstützung zusteht. Nicht untersucht werden soll hingegen, inwiefern "leistungsstaatliche" Ansprüche (Teilhaberrechte) aus Freiheitsrechten abgeleitet werden können. Denn wie bereits gezeigt wurde, wird die Privatschulfreiheit weder in der Bundesverfassung noch in den meisten Kantonsverfassungen uneingeschränkt als Freiheitsrecht garantiert.[4] Selbst wenn man einen grundsätzlichen Schutz durch die Handels- und Gewerbefreiheit bejahen würde, gäbe dies gemäss bundesgerichtlicher Rechtsprechung keinen Anspruch auf staatliche Leistung.[5]

---

1 PLOTKE, Schulrecht, 220; vgl. auch RECHSTEINER, 660 f.

2 Vgl. in diesem Zusammenhang auch die Arbeit von NONNENBERG, der den steuerlichen Aspekt *gemeinnütziger* Privatschulen in Deutschland behandelt.

3 Vgl. HÄRING, 28, 134; KIM, 55, 66.

4 Vgl. dazu unter anderem TRACHSEL Daniel, Über die Möglichkeiten justiziabler Leistungsforderungen aus verfassungsmässigen Rechten der Bundesverfassung, Diss. Zürich 1979, Zürich 1980; HERTACH Rudolf, Das Legalitätsprinzip in der Leistungsverwaltung, Diss. Zürich 1984; FLEINER-GERSTER Thomas, Verpflichten die Grundrechte den Staat zu positiven Leistungen?, in: Mélanges André Grisel, Neuchâtel 1983, S. 67-78; WEBER-DÜRLER Beatrice, Staatliche Finanzhilfe und individuelle Freiheit, in: recht 1987, S. 1-8.

5 Vgl. BGE 109 Ia 124; 103 Ia 378; 102 Ia 542, 396; 101 Ia 480 (E. b). Dazu hält das Bundesgericht aber fest:" (...) an dem Satz, wonach die Grundrechte keinen Anspruch auf positive Leistung des Staates vermitteln, kann nach heutigem Verfassungsverständnis nicht unter allen Umständen festgehalten werden" (BGE 107 Ia 307). Solche Leistungsansprüche hat das Bundesgericht zum Beispiel bei der Anrufung der Demonstrationsfreiheit auf öffentlichem Grund zugestanden (BGE 105 Ia 95). Bei der Sprachenfreiheit hat es hingegen einen Anspruch auf positive Leistungen bezweifelt (BGE 100 Ia 469). Das Bundesgericht hat auch bereits

Aus der Bundesverfassung lässt sich kein Anspruch auf Subventionierung ableiten.[6] In den verschiedenen Kantonen lässt sich grundsätzlich feststellen, dass bei der finanziellen Unterstützung privater *Volksschulen* generell äusserste Zurückhaltung angewandt wird.[7] Das beruht insbesondere auf der Befürchtung, durch die staatliche Subventionierung privater Volksschulen könnte vor allem das (konfessionelle) Privatschulwesen überhand nehmen und damit das öffentliche Schulwesen ernsthaft konkurrenzieren.[8] Analog dazu verzichten zum Teil auch Privatschulen freiwillig auf eine Subventionierung, weil sie befürchten, dadurch ihr Selbstbestimmungsrecht zu verlieren. Ein anderes Bild zeigt sich jedoch im hier nicht behandelten *Kindergarten- und Sonderschulwesen*. In diesen Bereichen üben die Kantone eine stärkere Subventionierungspraxis, weil diese Bereiche von ihnen eher vernachlässigt wurden.[9]

II. Doppelte finanzielle Belastung der Eltern und Bildungsgutscheine

Gemäss Art. 27 Abs. 2 BV sind die Kantone zur Bereitstellung eines unentgeltlichen Primarunterrichts verpflichtet. Die meisten Kantone erfüllen ihre Pflicht dadurch, dass sie öffentliche Schulen zur Verfügung stellen. Es ist ihnen auch freigestellt, die Gemeinden - was grundsätzlich der Fall ist - oder Privatschulen mit der Erfüllung dieser Aufgabe zu betrauen. Der entscheidende Unterschied besteht nun aber darin, dass der Kanton zwar praktisch überall Beiträge an kommunale Schulen leistet,[10] bei den Beihilfen an Privatschulen aber andere Massstäbe anlegt. Dies beklagen sowohl Privatschulen als auch Eltern, da sie darin eine Diskriminierung erblicken. Die *Eltern* machen insbesondere ihre *doppelte finanzielle Belastung* geltend: Indem sie ebenso wie

"mittelbare" Beeinträchtigungen anerkannt, woraus eine "faktische Grundrechtsverletzung" resultiere (vgl. BGE 118 V 211; 113 V 32; vgl. dazu auch HERREN Stephan, Faktische Beeinträchtigungen der politischen Grundrechte, Diss. St. Gallen 1991, Chur/Zürich 1991).

6 So BORGHI, Art. 27 BV, Rz. 67; RECHSTEINER, 744, 800 (vgl. dazu auch 667 ff.); für die Erwachsenenbildung vgl. auch VEB 28/1958, Nr. 7. KAUFMANN, 68 ist der Ansicht, dass aus der Zulassung von Privatschulen kein Anspruch auf Unterstützung resultiere.

7 Vgl. dazu die Arbeit von SANTINI-AMGARTEN/BOLLINGER; SANTINI-AMGARTEN Bruno, Staatliche Leistungen an Privatschulen, in: NZZ vom 6. Juni 1991, Nr. 128, S. 83.

8 Vgl. dazu *TG:* § 71 Abs. 3 Satz 2 KV. Vgl. auch KLOSS, 138; RECHSTEINER, 801; ZIEGLER, 170; MARSCHALL, 90.

9 RECHSTEINER, 800 f.; ZIEGLER, 115, 174 ff.; PLOTKE, Schulrecht, 227 f.; ähnlich MÜLLER Max, 53.

10 Vgl. dazu PLOTKE, Schulrecht, 220 ff.

die anderen Bürger über die allgemeine Steuerrechnung das öffentliche Schulwesen finanzieren würden, müssten sie darüber hinaus noch für das von der Privatschule erhobende Schulgeld aufkommen. Der Staat mache auf diese Weise Ersparnisse auf Kosten der Bürger, welche ihre Kinder in Privatschulen schicken.[11] Dadurch würde ihre wirtschaftliche Bewegungsfreiheit eingeschränkt, da ihnen die Ausübung der ihnen rechtlich zugestandenen Freiheit faktisch vereitelt werde. Deshalb fordern einige Eltern sogenannte "Bildungsgutscheine", welche sich an den eingesparten Aufwendungen der öffentlichen Hand auszurichten haben.[12] Bei dieser Forderung ist aber zu beachten, dass der Staat die Pflicht hat, jederzeit für sämtliche Schüler Schulplätze zur Verfügung zu halten. Er weist deshalb ständig höhere Fixkosten auf.[13]

III. Kantonale Regelung

1. Gesetzliche Grundlagen

a) Kantonsverfassung

Grundsätzlich lässt sich sagen, dass sich viele Kantone bereit erklären, Privatschulen finanziell zu unterstützen. Auf *Verfassungsstufe* finden sich diese Bestimmungen insbesondere als Kann-Vorschriften ausgestaltet[14] oder verweisen weiter auf die Gesetzgebung.[15] Schwyz sieht eine solche Unterstützung nur für Sekundarschulen vor, Obwalden fördert die Ausbildung erst nach der Volksschule und Basel-Stadt und Neuenburg lehnen einen solchen Anspruch generell ab.[16,17]

---

[11] Max MÜLLER, 60 geht weiter und bezeichnet es als ungerecht, wenn Kinderlose gezwungen werden, den Unterricht fremder Kinder zu bezahlen. Denn diese würden ihren Eltern ja ein hohes Glück verschaffen, was dieses finanzielle Opfer wohl durchaus wert sei.

[12] Es bestehen zwei Berechnungsmethoden: Die einfache Rechnung teilt die Gesamtkosten für Bildung auf sämtliche Schüler auf, wodurch die durchschnittlichen Kosten pro Schüler ermittelt werden. Die zweite Variante geht nur von den eingesparten Mehrkosten pro Schüler aus.

[13] In der Literatur wird dieses Problem "Doppelbesteuerung" oder "doppelte Steuerbelastung" genannt, was m.E. aber methodisch falsch ist, da Schulgeld keine Steuer Steuer darstellt. Vgl. zur gesamten Problematik SCHMID Josef, 56 f., 129 ff.; ZIEGLER, 167, 169 f.; KLOSS, 117, 140 f.; PLOTKE, Schulrecht, 77 f., 169; MÜLLER Arthur, 102, Anm. 57; MARTIN, 59 ff.; BRÄM, 46.

[14] *AG:* § 33 Abs. 1 KV; *BL:* § 99 Abs. 2 KV; *GL:* Art. 36 Abs. 2 KV; *SO:* Art. 108 Abs. 3 KV; *TG:* § 71 Abs. 3 Satz 1 KV.

[15] *JU:* art. 38 al. 2 Cst.; *NW:* Art. 20 Abs. 3 KV.

[16] *SZ:* § 9 Abs. 1 KV; *OW:* Art. 29 KV; *BS:* § 15 KV; *NE:* art. 47, 120 LS.

b) Bedingungskatalog auf Gesetzes- und Verordnungsstufe

Auf der nachgelagerten *Gesetzes- oder Verordnungsstufe* sehen auch andere Kantone Unterstützungen vor.[18] Solche Beiträge werden aber nur zugesprochen, wenn bestimmte *Voraussetzungen* erfüllt sind. So müssen die privaten Schulen wesentliche Aufgaben übernehmen, welche die öffentlichen nicht erfüllen,[19] einem öffentlichen Bedürfnis entsprechen und die Volksschulen oder die Öffentlichkeit entlasten,[20] den Grundsatz und Bestand der öffentlichen Schule wahren[21] oder eine angemessene Leistung erbringen.[22] Auch wird verlangt, dass die Schulen allgemein zugänglich sind[23] und der Besuch der öffentlichen Schulen nicht unmöglich sein darf.[24] Der Kanton Wallis richtet nur an Schulen der evangelisch-reformierten Kirche Beiträge aus.[25] Privatschulen im Kanton Jura müssen die juristische Persönlichkeit besitzen, eine spezielle finanzielle Situation aufweisen und ihren Unterricht hauptsächlich jurassischen Schülern zukommen lassen.[26] Luzern verlangt von den Privatschulen, dass sie nach Erteilung der Bewilligung mindestens vier Jahre erfolgreich tätig waren[27] oder nicht zuviel Gewinn machen.[28] Die Kantonsbeiträge werden unter anderem auch von den geleisteten Gemeindebeiträgen abhängig gemacht.[29,30]

---

17 Dies darf gemäss KLOSS, 137 nicht als Zuschussverbot ausgelegt werden.

18 *AR:* Art. 59 Abs. 2 SchG; *AI:* Art. 51 SchG; *ZG:* § 78 Abs. 1, 2 SchG.

19 *BL:* § 6 Abs. 2, 145 SchG; *SH:* Art. 90 SchG. Basel-Land richtet nur dann Beiträge an die Kosten des Privatschulbesuchs aus, wenn beim Kind eine besondere Leistungsstörung vorliegt (§ 146 lit. b SchG) (vgl. dazu auch Basellandschaftliche Verwaltungsgerichtsentscheide 1992, S. 123 f.).

20 *JU:* art. 20 litt. b LEP; *LU:* § 63 ErzG; § 3 lit. a StBeiV (vgl. dazu auch Luzerner Gerichts- und Verwaltungsentscheide 1983 III Nr. 21); *UR:* Art. 104 SchG, Art. 3 StBeiV; *ZH:* § 273a Abs. 2 UntG.

21 *TG:* § 71 Abs. 3 Satz 2 KV; § 1 AFV.

22 *VS:* Art. 2 Abs. 1 BeitR.

23 *JU:* art. 20 litt. c LEP; *ZH:* § 273 UntG.

24 *TI:* art.84 LS.

25 *VS:* Art. 27 Abs. 1 UntG.

26 *JU:* art. 20 litt. a, d et e LEP; sinngemäss auch in *LU:* § 5 Abs. 2 StBeiV.

27 *LU:* § 3 lit. c StBeiV.

28 *LU:* § 5 Abs. 1 StBeiV.

29 *NW:* Art. 84 Abs. 2, 85 Abs. 2 Halbsatz 2 SchG; *UR:* Art. 104 Satz 2 SchG, Art. 3 Abs. 2 StBeiV; *VS:* Art. 2 Abs. 1 BeitR; *ZH:* § 273a Abs. 2 UntG.

30 Vgl. für das Jahr 1928 SCHMID Josef, 133 ff.

2. Formen der Unterstützung

Die Staatshilfen in Form von *Zuschüssen* können auf drei Arten erfolgen: durch Subventionierung der Privatschulen, durch Stipendien an die Schüler oder durch Abgabe von Lehrmitteln.

a) Subventionierung der Privatschulen

Zur Subventionierung[31] der Privatschulen können insbesondere zwei Formen gewählt werden: Entweder man beteiligt sich an der Errichtung und dem Unterhalt der Schulhausanlagen,[32] oder man gewährt Zuschüsse an die Gehälter der Lehrer.[33] Graubünden leistet Beiträge an die Gesundheitskosten.[34] Der Kanton Jura sieht bei der Subventionierung vor, dass sie pro *Schüler* ausgerichtet wird und nicht etwa pro Schule.[35]

Gemäss HÄRING[36] muss der Staat nicht jede private Schule unterstützen. Er hat aber dafür zu sorgen, dass das Privatschulwesen im Gesamtbildungssystem als *Institution* auf breiter Basis erhalten bleibt. Die Privatschulen sind nicht als Gegenposition, sondern als durchaus notwendige Ergänzung der öffentlichen Schule, d.h. als Teil des gesamten Bildungssystems anzusehen.

b) Stipendien und Studiendarlehen an Schüler

Grundsätzlich ist es möglich, den Privatschülern *Stipendien und Studiendarlehen* zu gewähren. Jedoch werden Ansprüche grundsätzlich erst für Ausbildungen nach der

---

31 Zum *Subventionsbegriff* vgl. GIACOMINI Sergio, Verwaltungsrechtlicher Vertrag und Verfügung im Subventionsverhältnis "Staat - Privater", Freiburg (Schweiz) 1992, S. 4 ff.; SCHAERER Barbara, Subventionen des Bundes zwischen Legalitätsprinzip und Finanzrecht, Diss. Bern 1992, S. 33 ff.; RHINOW René A., Wesen und Begriff der Subvention in der schweizerischen Rechtsordnung, Diss. Basel, Stuttgart 1971.

32 *FR:* Art. 119bis Abs. 3 PrSchG, Art. 1 Abs. 1, 16 SBR; *GL:* Art. 146 Abs. 2 SchG; *JU:* art. 23 al. 2 LEP; *NW:* Art. 84 Abs. 1, 3 SchG; *SZ:* § 6 Abs. 2 BeiV; *ZH:* § 273a Abs. 1 UntG.

33 *FR:* Art. 118 PrSchG; *NW:* Art. 85 Abs. 2 Halbsatz 1 SchG.

34 *GR:* Art. 76 Abs. 3 SchG.

35 *JU:* art. 23 al. 1 LEP.

36 HÄRING, 131. Vgl. dazu auch die Entscheide des Bundesverfassungsgerichts in Deutschland im noch folgenden Rechtsvergleich (3. Teil), welche die Auffassung von HÄRING stützen.

obligatorischen Schulzeit gewährt.[37] Die einzige Ausnahme bildet der Kanton Jura. Er macht seine Kostenvergütung vom Besuch der nächstgelegenen gleichwertigen öffentlichen Einrichtung abhängig.[38]

c) *Kostenlose Lehrmittelabgabe*

Wie bereits erwähnt wurde, verlangt der Grundsatz der Unentgeltlichkeit (Art. 27 Abs. 2 BV) nicht, dass die Lehrmittel kostenlos abgegeben werden. Sämtliche Kantone gewähren das heute aber für den Volksschulunterricht an öffentlichen Schulen. Einzig der Kanton St. Gallen sieht explizit auch die kostenlose Abgabe an Privatschulen vor.[39] Zwei weitere Kantone geben sie nur dann unentgeltlich ab, wenn die Schüler von der Gemeinde zugewiesen werden.[40] Im Kanton Zug werden sie nur an Zuger Schüler kostenlos abgegeben.[41,42]

d) *Steuerreduktion*

Eine in der Schweiz nicht verbreitete Form der Unterstützung knüpft an die Schulsteuern an. Einerseits machen die *Privatschulen* für sich eine Steuersenkung geltend, weil sie den Staat von einer öffentlichen Aufgabe entlasten und er damit die erhobene Schulsteuer nicht ausgeben muss. Andererseits verlangen die *Eltern* "Steuerrabatte", weil ihre Kinder nicht zu direkten Staatsausgaben führen. Analog zu den Bildungsgutscheinen könnte man hier von *Steuergutscheinen* sprechen.[43]

Konkret wird von den Eltern verlangt, dass man ihnen bei der Erhebung der allgemeinen Einkommenssteuer die an die Privatschule geleisteten Schulgelder als *"freiwillige Zuwendungen"* zum Abzug zulässt. Das Bundesgericht hat aber festgestellt,

---

[37] Vergleiche dazu beispielhaft *SH:* Art. 19 Abs. 3 SchG; *TI:* art. 19 cpv. 1 LS. Ferner sei verwiesen auf die einzelnen Stipendiengesetze der Kantone, die entweder den obligatorischen Unterricht explizit ausschliessen oder bei der Aufzählung der subventionsberechtigten Ausbildungen erst auf der Sekundarstufe II einsetzen.

[38] *JU:* art. 7, 8 al. 1 LBPE.

[39] *SG:* Art. 121 VSchG.

[40] *TI:* art. 81 cpv. 2 RS; *UR:* Art. 97 Abs. 3 SchG.

[41] *ZG:* § 78 Abs. 3 SchG.

[42] Nicht explizit zu den Privatschulen äussert sich die Kantone Glarus (Art. 27 Abs. 1 Satz 2 SchG), Solothurn (Art. 7 Abs. 1 VSchG), Basel-Stadt spricht nur von den öffentlichen Schulen (§ 12 Abs. 4 KV) und in der Verordnung über die Abgabe von Lehrmitteln und Verbrauchsmaterialen vom 25. März 1975 von der Dauer der Schulpflicht (§ 1 Abs. 1).

[43] Vgl. KLOSS, 140 f.; ZIEGLER, 178 ff.

dass Zuwendungen nur dann freiwillig sind, wenn sie nicht in Erfüllung einer Schuldpflicht oder zwecks Erwerbs einer Gegenleistung erbracht werden. Es kommt zu folgendem Schluss:

> "Die Zuwendungen des Beschwerdeführers sind vielmehr als Gegenleistung für den Schulbesuch seiner Kinder anzusehen, jedenfalls soweit, als diese Beiträge das von einer Privatschule erhobene Schulgeld nicht offensichtlich übersteigen. (...) Er verkennt, dass Steuern grundsätzlich unabhängig davon geschuldet sind, ob der Abgabepflichtige die Leistungen des Gemeinwesens, die daraus finanziert werden, in Anspruch nimmt oder nicht (...). Wer wie der Beschwerdeführer seine Kinder in einer Privatschule ausbilden lässt, kann sowenig eine Steuerbefreiung verlangen wie der Steuerpflichtige, der keine schulpflichtigen Kinder hat. Deshalb kann sich der Beschwerdeführer nicht auf eine angebliche Benachteiligung gegenüber jenen Eltern berufen, deren Kinder die öffentliche Schule besuchen."[44]

Eine weitere Argumentationsweise stützt sich auf Art. 49 Abs. 6 BV, der davor schützt, dass man nicht eine ***Kultussteuer*** zu entrichten hat für Zwecke oder Gemeinschaften, denen man nicht angehört. In analoger Weise wird für Privatschüler eine Befreiung von der Schulsteuer verlangt, weil man nicht der öffentlichen Schule angehören möchte.[45] Das Bundesgericht hat dazu aber entschieden, dass die für die öffentliche Schule erhobene Steuer keinen "eigentlichen Kultuszwecken" diene, selbst wenn ein Teil für den öffentlichen Religionsunterricht verwendet würde.[46]

e) Exkurs: Lohnpfändung und private Schulgelder

In diesem Zusammenhang ist noch auf einen Fall hinzuweisen, bei dem der Lohn eines Schuldners gepfändet wurde, der seine Kinder in eine Privatschule schickte. Er machte geltend, dass ihm diese Auslagen in den *Notbedarf* einzurechnen seien. Doch hat das Bundesgericht entschieden, dass die kantonale Appellationsbehörde Bundesrecht nicht

---

[44] Urteil des Schweizerischen Bundesgerichts vom 8. September 1983, in: Basellandschaftliche Steuerpraxis, Band VIII/1982, S. 238-242, 241 f. [Diesen Hinweis verdanke ich: Luzerner Institut für Abgaberecht (Hrsg.), Bundesgerichts-Entscheide in Steuersachen, Band 2, 1976-1991, 2. A., Luzern 1992, Rz. 5381]. Vgl. dazu aber auch ZBl 80/1979, S. 82 ff. (= ZR 78/1979, Nr. 45); Amtsbericht des Obergerichts Schaffhausen 1990, S. 152 ff.; Der Steuerentscheid, Sammlung aktueller steuerrechtlicher Entscheidungen, 1/1984, A 21.11, Nr. 4; a.a.O, B. 27.6, Nr. 3 (Ein ausländischer Staatsangehöriger arbeitete in der Schweiz und liess sein Kind eine Privatschule besuchen, dessen Schulungskosten er als Berufsauslagen abziehen wollte).

[45] Vgl. dazu ZIEGLER, 168 f.; KLOSS, 139 f. (mit Verweis auf ZIEGLER).

[46] BGE 107 Ia 131; BGE 2, 188 ff.; 39 I 32 ff., E. 4.

verletzt habe, als sie die *monatlichen Schulkosten* bei der Berechnung des Existenzminimums *nicht berücksichtigt* habe. Denn bei der Berechnung sei der tatsächliche, objektive Notbedarf des Schuldners und seiner Familie und nicht etwa der standesgemässe oder gar gewohnte Lebensaufwand zu berücksichtigen.[47]

IV. Zusammenfassung von § 13

In der Schweiz besteht grundsätzlich die Möglichkeit, eine Privatschule zu errichten oder zu besuchen. Doch hängt die Realisierung dieser *rechtlich* garantierten Freiheit oft von den wirtschaftlichen Verhältnissen des Einzelnen ab. Deshalb stellt sich die berechtigte Frage, ob das Gemeinwesen Mittel zur Verfügung zu stellen hat, damit von der Freiheit auch *faktisch* Gebrauch gemacht werden kann. Insbesondere machen die Eltern ihre doppelte finanzielle Belastung geltend, da sie sowohl die öffentliche als auch die private Schule zu tragen haben.

Aus der Bundesverfassung lässt sich kein Anspruch auf Subventionierung ableiten. Auch auf Kantonsstufe besteht grundsätzlich kein Anspruch auf Unterstützung. Die Rechtsprechung spricht solche Ansprüche ebensowenig zu. Die Kantone gewähren nur äusserst zurückhaltend finanzielle Beiträge. Meistens müssen die Privatschulen zunächst bestimmte Bedingungen erfüllen. Es bestehen verschiedene Formen der Unterstützung: Subventionierung der Privatschulen, Stipendien und Studiendarlehen an Schüler, kostenlose Lehrmittelabgabe oder Steuerreduktionen.

[47] Pra 82/1993, Nr. 233, S. 871 ff., 872 (E. 3 b).

§ 14 Völkerrechtliche Verträge

I. Einleitung

Eine umfassende Darstellung der Privatschulproblematik kann sich nicht damit begnügen, lediglich die nationalen Rechtsnormen darzustellen. Vermehrt müssen heute auch völkerrechtliche Übereinkommen berücksichtigt werden.[1] Dabei kann in räumlicher Hinsicht unterschieden werden zwischen international und europäisch gültigen Abkommen. Zu den *internationalen* Abkommen zählen insbesondere die UNO-Charta, die Allgemeine Menschenrechtserklärung, die beiden UNO-Menschenrechtspakte, die Konvention gegen die Diskriminierung im Bildungswesen und die Konvention über die Rechte des Kindes.[2] Bei den *europäischen* Abkommen ist das Erste Zusatzprotokoll zur Europäischen Menschenrechtskonvention und die Europäische Sozialcharta zu erwähnen.[3] Im folgenden sollen insbesondere zwei Problembereiche behandelt werden, nämlich die Frage nach dem grundsätzlichen Recht zur Eröffnung und Führung von Privatschulen *(Privatschulfreiheit)* sowie die Frage nach einer staatlichen Pflicht zur Finanzierung oder Mitfinanzierung des Privatschulwesens *(Subventionierung)*.[4]

---

1 Zur Geltung des Völkerrechts in der Schweiz vgl. statt vieler HANGARTNER Yvo, Völkerrecht und schweizerisches Landesrecht, in: Recht, Staat und Politik am Ende des zweiten Jahrtausends, Festschrift zum 60. Geburtstag von Arnold Koller, Bern/Stuttgart/Wien 1993, S. 651-681.

2 PARTSCH nennt *vier Stufen zur Verwirklichung der Menschenrechte*: Programmierung (Charta), Statuierung (Allgemeine Menschenrechtserklärung von 1948), mittelbarer Schutz durch Offenlegung (Sozial- und Zivilpakt) und die Einrichtung eines unmittelbar wirkenden Rechtsschutzes durch internationale Organe (Gerichtshof für Menschenrechte) (vgl. PARTSCH Karl Josef, Menschenrechte, in: WOLFRUM R. u.a. (Hrsg.), Handbuch Vereinte Nationen, München 1977, S. 278-283).

3 Zu weiteren völkerrechtlichen Verträgen, die das Erziehungsrecht berühren, vgl. VELU/RUSEN, Rz. 770; JENKER Siegfried (Hrsg.), Internationale Erklärungen und Übereinkommen zum Recht auf Bildung und zur Freiheit der Erziehung, Schriftenreihe des European Forum for Freedom in Education, Band 1, Frankfurt a.M. 1992.

4 Vorgelagert findet sich aber auch hier das *Recht auf Ehe und Familie* sowie das *Elternrecht*. Diese werden hier nur soweit notwendig behandelt. Zum völkerrechtlichen Aspekt der Familie vgl. umfassend die Arbeit von WEBER Anna Barbara, Die Familie im Völkerrecht, Diss. Zürich 1986; PALM-RISSE, 133 ff., 190 ff.; zum Eheschutz vgl. auch PALM-RISSE, 78 ff.

II. UNO-Charta und Allgemeine Erklärung der Menschenrechte

Die völkerrechtliche Basis der Menschenrechtspakte bildet die *Charta der Vereinten Nationen (Art. 1 Ziff. 3, 55 f.)*. Deren Ziele, Grundsätze und Kooperationspflichten mussten noch in Gestalt von Rechten ausformuliert werden. Das geschah durch die am 10. Dezember 1948 von der Generalversammlung der Vereinten Nationen verkündete *Allgemeine Erklärung der Menschenrechte*.[5] Diese enthält nur abstrakte Grundsätze mit empfehlendem Charakter.[6] Ihr (faktischer) Einfluss ist aber doch so gross, dass von "soft law" gesprochen wird.[7]

In dieser Erklärung wird die *Familie* als natürliche und grundlegende Einheit der Gesellschaft angesehen (Art. 12, Art. 16 Abs. 3). Ferner hält *Art. 26 Abs. 1* unter anderem fest, dass jeder Mensch ein Recht auf Bildung besitzt und dass der Elementarunterricht unentgeltlich und obligatorisch sein muss. Und *Art. 26 Abs. 3* enthält das die Bildung betreffende *Elternrecht*. Danach haben in erster Linie die Eltern das Recht, die Art der ihren Kindern zuteil werdenden Bildung zu bestimmen.

III. UNO-Menschenrechtspakte

1. Vorgeschichte

Von Anfang an war beabsichtigt, neben der Allgemeinen Erklärung auch verbindliches Völkerrecht zu schaffen.[8] Diesen Normen sollte nicht nur moralischer, sondern auch rechtlich verbindlicher Charakter zukommen. Sie sollten zudem durchsetzbar sein.[9] Die Verabschiedung einer solchen *Konvention* gelang aber erst rund zwanzig Jahre später mit den beiden Menschenrechtspakten.[10,11]

---

5 SIMMA/BENNIGSEN, 1486. Zur Entstehung der Erklärung vgl. PARTSCH, Kommentar, N 23 ff.; MÜLLER Jörg Paul, Grundrechte, 949 ff.; NOWAK, Kommentar, Einführung, N 2 ff.; ERMACORA, Rz. 263 ff.

6 BANNWART-MAURER, 43; PARTSCH, Kommentar, N 29 f.; ders., Kap. 73, N 17, 23; MÜLLER Jörg Paul, Grundrechte, 945; ROUILLER, 107 f. KÄLIN, 75 f. lehnt es ab, generell alle Garantien als Gewohnheitsrecht zu betrachten.

7 KÄLIN, 85, Anm. 84.

8 PARTSCH, Kap. 73, N 17 f.

9 MACHACEK, 40 f.

10 Vergleiche zur Entstehung der Menschenrechtspakte insbesondere PARTSCH, Kap. 78, N 1 ff.; NOWAK, Kommentar, Einführung, N 7 ff.; MOWER, 9 ff.; FLORETTA/ÖHLINGER, 9 ff.; KAUFMANN, 124 ff., 221 f.; WILDHABER, Erfahrungen, 254 f.

Am 16. Dezember 1966 wurden die beiden Menschenrechtspakte der Vereinten Nationen (UNO)[12] von der Generalversammlung der Vereinten Nationen einstimmig angenommen:[13] Dabei handelt es sich um den *Pakt über die wirtschaftlichen, sozialen und kulturellen Rechte (Pakt I, Sozialpakt)* und den *Pakt über die bürgerlichen und politischen Rechte (Pakt II, Zivilpakt)*. In Kraft getreten ist der Sozialpakt aber erst am 3. Januar 1976 und der Zivilpakt erst am 23. März 1976. Der Grund liegt darin, dass zunächst fünfunddreissig Staaten[14] deren Ratifikation vorgenommen haben mussten.[15] Mittlerweile haben 121 Staaten den Sozialpakt und 118 Staaten den Zivilpakt ratifiziert.[16] Zum Zivilpakt bestehen noch zwei Fakultativprotokolle, nämlich das gleichzeitig mit den Menschenrechtspakten verabschiedete *Fakultativprotokoll I*, welches das Individualbeschwerdeverfahren regelt, und das am 15. Dezember 1989 erlassene *Fakultativprotokoll II* zur Abschaffung der Todesstrafe.[17] Damit wird auf internationaler Ebene nicht nur eine Grundrechtskodifikation festgelegt, sondern es werden auch Kontroll- bzw. Beschwerdemöglichkeiten vorgesehen.[18] Zusammen mit der *Allgemeinen Erklärung der Menschenrechte* von 1948 bilden diese Verträge die *Internationale Charta der Menschenrechte* ("International Bill of Rights").[19]

---

[11] Ursprünglich war geplant, nur *einen* Pakt auszuarbeiten. Um den Unterschieden in der Rechtsnatur und der praktischen Umsetzung der jeweiligen Rechte gerecht zu werden, entschloss man sich aber, zwei Pakte aufzustellen. Diese Trennung spiegelt insbesondere die ideologische Spannung des Kalten Krieges. Die westlichen Staaten räumten den klassischen Grundrechten, d.h. den bürgerlichen und politischen Rechten, Priorität ein. Die Länder der sozialistischen und Dritten Welt hingegen behandelten die wirtschaftlichen, sozialen und kulturellen Rechte vorrangig (SIMMA/BENNIGSEN, 1479 ff.; NOWAK, Inhalt, 4 f., 7; KÄLIN, 69 f.; PALM-RISSE, 54). Diese Trennung ist auch nach Inkrafttreten der Pakte bestehen geblieben (TÜRK, 101 ff.). Obwohl rechtlich getrennt, bilden die beiden Pakte nach wie vor ein *Ganzes (Grundsatz der Unteilbarkeit der Menschenrechte)* (BBl 1991 I 1192 f.; NOWAK, Justitiabilität, 388). Die gleiche Wertigkeit und Gewichtigkeit wird auch dadurch indiziert, dass die Pakte am gleichen Tage beschlossen wurden (MACHACEK, 28, 41).

[12] Für weitere Hinweise zum Thema "Menschenrechte und UNO" vgl. SOHN/BUERGENTHAL, 551 ff.

[13] GV Res. 2200/A (XXI) vom 16.12.1966.

[14] Art. 27 Abs. 1 Sozialpakt, Art. 49 Abs. 1 Zivilpakt.

[15] BBl 1991 I 1192; PARTSCH, Kommentar, N 34, 44; NOWAK, Kommentar, Einführung, N 10.

[16] Eine Liste der Vertragsstaaten findet sich in AS *1993* 736 ff. (Sozialpakt), 770 ff. (Zivilpakt).

[17] BBl 1991 I 1192; NOWAK, Inhalt, 5. Das erste Fakultativprotokoll ist von der Schweiz nicht ratifiziert worden. Das zweite Fakultativprotokoll hingegen hat die Bundesversammlung bereits genehmigt (BBl 1993 IV 597; Botschaft dazu in BBl 1993 I 995 ff.).

[18] BBl 1991 I 1195; KÄLIN, 65 ff., 70 f.

[19] SIMMA/BENNIGSEN, 1477; NOWAK, Inhalt, 4; ders., Kommentar, Einführung, N 1 f.; BBl 1991 I 1192; PARTSCH, Kap. 78, N 1.

Der Bundesrat beabsichtigte seit 1977,[20] den beiden UNO-Menschenrechtspakten beizutreten. Seit dem 16. Februar 1993 gelten sie nun auch für die Schweiz.[21]

2. Inhalt der UNO-Pakte

Pakt I (Sozialpakt) enthält einen Katalog wirtschaftlicher (Art. 6-9), sozialer (Art. 10-12) und kultureller (Art. 13-15) Rechte. Grundsätzlich handelt es sich dabei um Leistungsrechte. Es gibt aber auch Ausnahmen, die primär zur Unterlassung von staatlichen Eingriffen verpflichten wie beispielsweise das Recht auf gleichen Zugang zum Schulunterricht und die Privatschulfreiheit der Eltern gemäss Art. 13.[22] Letzteres verkörpert ein Freiheitsrecht mit Abwehrcharakter.[23]

Pakt II (Zivilpakt) garantiert die bürgerlichen und politischen Rechte (Art. 6-27), die mehrheitlich als Abwehrrechte gegen den Staat konzipiert sind. Was insbesondere die Schulbildung betrifft, ist interessant, dass die Familie als natürliche Kernzelle der Gesellschaft betrachtet wird; sie soll Anspruch auf Schutz durch den Staat haben.[24]

3. Sozialpakt (Pakt I)

a) *Wortlaut*

Der Sozialpakt[25] regelt in *Art. 10 Ziff. 1*,

> "dass die *Familie* als die natürliche Kernzelle der Gesellschaft grösstmöglichen Schutz und Beistand geniessen soll, insbesondere auf ihre Gründung und solange sie für die *Betreuung und Erziehung* unterhaltsberechtigter Kinder verantwortlich ist".[26]

---

[20] Zur Entwicklung der Meinungsbildung bis 1991 vgl. BBl 1991 I 1191 f.; MALINVERNI, pactes, 38, Anm. 3.

[21] Vgl. Botschaft des Bundesrates zum Beitritt vom 30. Januar 1991 (BBl 1991 I 1189 ff.), Genehmigungsbeschlüsse der Bundesversammlung vom 13. Dezember 1991 (BBl 1991 IV 1104 ff.; zur Referendumsfrist vgl. BBl 1992 II 1129), Publikation in der Amtlichen Sammlung am 16. Februar 1993 (AS *1993* 725 ff. [Sozialpakt; SR 0.103.1], 747 ff. [Zivilpakt; SR 0.103.2]; vgl. Art. 10 des Publikationsgesetzes vom 21. März 1986, SR 170.512).

[22] NOWAK, Inhalt, 9 (er zitiert fälschlicherweise Art. 19 statt Art. 13).

[23] FLORETTA/ÖHLINGER, 17.

[24] Vgl. Art. 10 Ziff. 1 Sozialpakt; Art. 23 Abs. 1 Zivilpakt.

[25] Der Wortlaut des Paktes findet sich in AS *1993* 725 ff. (SR 0.103.1; BBl 1991 I 1217 ff.).

[26] Vgl. zur Familie Art. 7 lit. a ii, 9, 10 Abs. 1 und 3, 11 Abs. 1. Vgl. ausführlich dazu PALM-RISSE, 227 f., 238 f., 259, 324 f., 360.

Art. 13 und 14 regeln das Recht auf Bildung. Für das private Schulangebot ist insbesondere *Art. 13 Abs. 3* massgebend:

> "Die Vertragsstaaten verpflichten sich, die Freiheit der Eltern und gegebenenfalls des Vormunds oder Pflegers zu achten, *für ihre Kinder andere als öffentliche Schulen zu wählen, die den vom Staat gegebenenfalls festgesetzten oder gebilligten bildungspolitischen Mindestnormen entsprechen*, sowie die religiöse und sittliche Erziehung ihrer Kinder in Übereinstimmung mit ihren eigenen Überzeugungen sicherzustellen."[27]

Diese Bestimmung darf gemäss Art. 13 Abs. 4 nicht dahin ausgelegt werden, dass die Freiheit beeinträchtigt wird, Bildungseinrichtungen zu schaffen und zu leiten. Art. 14 verpflichtet jeden Vertragsstaat, die Grundschulpflicht auf der Grundlage der Unentgeltlichkeit einzuführen.[28] Nach Meinung des Bundesrates werden diese Rechte durch die Schweiz bereits gewährleistet.[29]

b) Verwirklichung der Paktrechte

Art. 2 Abs. 1 des Sozialpaktes verpflichtet jeden Vertragsstaat, "unter Ausschöpfung aller seiner Möglichkeiten Massnahmen zu treffen, um nach und nach mit allen geeigneten Mitteln, vor allem durch gesetzgeberische Massnahmen, die volle Verwirklichung der in diesem Pakt anerkannten Rechte zu erreichen".[30] Es geht also lediglich um die Verpflichtung, unter Ausschöpfung aller *verfügbaren* Ressourcen *unverzüglich geeignete Massnahmen* zu treffen, um schrittweise (*progressiv*[31]) die Paktrechte zu realisieren.[32] Der Sozialpakt auferlegt den *Staaten*[33] lediglich (aber

---

[27] Hervorhebung durch den Verfasser.

[28] ERMACORA sieht im Recht auf Bildung die Verwirklichung des Prinzips der Chancengleichheit realisiert (ERMACORA, Rz. 7, S. 30).

[29] BBl 1991 I 1197 und 1198.

[30] Der Sozialausschuss hat zur Natur der in Art. 2 Abs. 1 enthaltenen Staatsverpflichtungen Stellung genommen in "General Comment No. 3 (1990)" (vgl. UN Doc. E/C.12/1990/8, S. 83 ff.).

[31] SIMMA, 92; NOWAK, Kommentar, Art. 2, N 53; VELU/RUSEN, Rz. 770.

[32] SIMMA/BENNIGSEN, 1488. Die Mitgliedstaaten müssen mit anderen Worten nicht ab Inkrafttreten des Paktes ein bestimmtes Ergebnis garantieren (*Ergebnispflicht*), sondern sind einzig dazu verpflichtet, ihr Verhalten so auszurichten, dass längerfristig ein solches Ergebnis verwirklicht werden kann (*Verhaltenspflicht*) (NOWAK, Inhalt, 10). Mit der lediglich mittelbaren Wirkung sollte nicht zuletzt den Entwicklungsländern die Möglichkeit eröffnet werden, diesen Weltpakt zu ratifizieren (MACHACEK, 41; HALLER-ZIMMERMANN, 60 m.w.H.).

immerhin) völkerrechtliche Verpflichtungen mit *programmatischem Charakter*.[34]

Dennoch haben die Gerichte zu entscheiden, ob für *einzelne Bestimmungen* nicht doch ein "self-executing"-Charakter anzuerkennen sei.[35] Dies ist laut *Bundesgericht* der Fall, wenn die (einzelne) Staatsvertragsnorm inhaltlich hinreichend bestimmt und klar ist (Regelungsdichte), um im Einzelfall Grundlage eines Entscheides zu bilden. Sie muss mithin justitiabel sein, die Rechte und Pflichten des Einzelnen zum Inhalt und die rechtsanwendenden Behörden als Adressaten der Norm haben.[36] Was nun konkret die unmittelbare Anwendbarkeit von *Art. 13 Sozialpakt* betrifft, kann nicht für den ganzen Artikel eine klare Antwort gegeben werden. Die Literatur gesteht nur einzelnen Absätzen oder Sätzen eine genügende Justitiabilität zu.[37] Auch das Bundesgericht ist mit der unmittelbaren Anwendbarkeit eher zurückhaltend, hat es doch in einem neuen Entscheid Art. 13 Abs. 2 lit. c die erforderliche Bestimmtheit abgesprochen.[38] Dennoch sind mindestens eindeutige *Verhaltenspflichten* an die Adresse der

---

[33] Die Vorschriften des Sozialpaktes richten sich demnach nicht an Individuen, sondern an die Vertragsparteien, welche die Vertragsbestimmungen als Richtlinie für die Gesetzgebung zu beachten haben (ROUILLER, 109). Über den Zeitraum und das Ausmass dieser Zielverwirklichung befindet der einzelne Staat. Die Gerichte können sich höchstens im Zusammenhang mit der Auslegung von gesetzlichen Bestimmungen an einer Paktvorschrift orientieren (BBl 1991 I 1202).

[34] BBl 1991 I 1193, 1202; MACHACEK, 41, 61; NOWAK, Inhalt, 8; MÜLLER Jörg Paul, Schweiz, 353; FLORETTA/ÖHLINGER, 29; SIEGHART, 163 f.; PALM-RISSE, 59. RITTERBAND sagt, der Sozialpakt enthalte keine "justitiablen", für das Individuum durchsetzbaren Rechte (S. 87); an anderer Stelle (S. 80) jedoch bezeichnet er beide Pakte als umfassende Kataloge justitiabler Rechte (RITTERBAND Charles E., Universeller Menschenrechtsschutz und völkerrechtliches Interventionsverbot, Diss. St. Gallen 1982). Verglichen mit der Europäischen Sozialcharta weist der Sozialpakt allgemeine Formulierungen auf, die sich einfachen Grundsatzerklärungen annähern; Pakt I setzt viel geringere und weniger präzise Anforderungen (BBl 1991 I 1197).

[35] MÜLLER Jörg Paul, Schweiz, 353. Vgl. zum self-executing-Charakter auch KÄLIN Walter, Das Verfahren der Staatsrechtlichen Beschwerde, Bern 1994, S. 49, 90 f. und zur Justitiabilität 63 ff., 202 ff.; BUCHS Gaby, Die unmittelbare Anwendbarkeit völkerrechtlicher Vertragsbestimmungen am Beispiel der Rechtsprechung der Gerichte Deutschlands, Österreichs, der Schweiz und der Vereinigten Staaten von Amerika, Zürich 1994.

[36] BGE 120 Ia 11; 118 Ia 116 f.; 112 Ib 184 f.

[37] Eine Darstellung der Lehrmeinungen findet sich bei RICHLI/MASCELLO, 133 f. Vgl. ferner auch PALM-RISSE, 392 f.; SCHERF, 204, 207, 209 f., 218 und 220.

[38] Vgl. dazu BGE 120 Ia 1 ff. [Zürcher Studiengebührenerhöhung]. Der Regierungsrat wollte die Studiengebühren pro Semester von Fr. 300.- auf Fr. 600.- erhöhen. Die Kläger machten geltend, dass dies gegen Art. 13 Abs. 2 lit. c des Sozialpaktes verstosse. Danach anerkennen die Vertragsstaaten, dass "der Hochschulunterricht auf jede geeignete Weise, *insbesondere durch allmähliche Einführung der Unentgeltlichkeit*, jedermann gleichermassen entsprechend seinen Fähigkeiten zugänglich gemacht werden muss". Das Bundesgericht hielt dazu fest, dass der Sozialpakt, im Gegensatz zum Zivilpakt, einen programmatischen Charakter aufweise, d.h. er

Mitgliedstaaten anzunehmen, damit innert vernünftiger Frist der *Kern* der Verpflichtungen ("the most basic forms of education") erfüllt wird.[39] Auch wenn die Bestimmungen keine subjektiven, gerichtlich durchsetzbaren Rechte begründen können, sind sie nicht etwa nur politische oder moralische Absichtserklärungen, sondern sie werden Teil der objektiven Rechtsordnung. Sämtliche Bestimmungen, also auch die nicht direkt anwendbaren, sind ferner für die völkerrechtskonforme Auslegung des innerstaatlichen Rechts von Bedeutung.[40,41]

c) *Privatschulfreiheit und Unterstützungspflicht*

Der Sozialpakt sieht vor, dass der Betrieb von Schulen nicht dem Staat vorbehalten ist. Erfüllen Privatschulen den Minimalstandard, sollen Eltern ihre Kinder auch dort unterrichten lassen können.[42] Das zielt nicht zuletzt darauf ab, die Rechte der Minderheiten zu schützen. Die *Privatschulfreiheit* ist im Sozialpakt demnach insoweit garantiert, als solche Schulen den staatlich festgelegten Mindestnormen entsprechen. Keine Klarheit herrscht aber über dessen direkte Anwendbarkeit.[43]

Mit Bezug auf die Konkurrenzfähigkeit von Privatschulen interessiert darüber hinaus besonders, ob der Sozialpakt den Privatschulen allenfalls einen Anspruch auf *Subventionen* einräumt. Als derartige Anspruchsgrundlage könnte beispielsweise Art. 13 Abs. 2 lit. a und Art. 14 in Frage kommen, die von einer unentgeltlichen Grundschulpflicht sprechen. Anhaltspunkte finden sich auch in den Sessionsberichten des Sozialausschusses, wo die einzelnen Staatenberichte behandelt werden.[44] Aus den

---

gewähre dem Einzelnen grundsätzlich keine subjektiven und justitiablen Rechte, sondern sei an den Gesetzgeber gerichtet (E. 5c). Auch aus der geltend gemachten Bestimmung lasse sich kein individualrechtlicher Anspruch ableiten, da die Verwirklichung des Rechts dem Ermessen des zuständigen nationalen Gesetzgebers anheimgestellt sei. Es könne auch nicht behauptet werden, dass die geplante *Erhöhung* in bezug auf das anerkannte Vertragsziel einen Rückschritt darstelle. Diese Vorschrift erweise sich als zu wenig bestimmt und richte sich nur an den Gesetzgeber. Der "insbesondere" postulierte allmähliche Verzicht auf die Gebührenerhebung stelle nur *einen* möglichen Weg dar (vgl. E. 5 d).

[39] Vgl. dazu RICHLI/MASCELLO, 134 f.

[40] BBl 1994 V 20 f.

[41] Zum *Durchsetzungsinstrumentarium* vgl. RICHLI/MASCELLO, 135 m.w.H. Hier sei einzig bemerkt, dass der Sozialpakt kein Beschwerdeverfahren, sondern gemäss Art. 16 ff. einzig ein *Berichterstattungssystem* kennt.

[42] PARTSCH, Kap. 78, N 25.

[43] Vgl. RICHLI/MASCELLO, 136.

[44] Zu Länderberichten einzelner Länder vgl. RICHLI/MASCELLO, 136 f.

Bestimmungen kann m.E. aber keine Subventionierungspflicht abgeleitet werden, zumal die Beitragshöhe auch nicht bestimmt wäre. Jedoch besteht seitens der Mitgliedstaaten eine *Verhaltenspflicht*, die sie dazu zwingt, die geeigneten und ihnen zumutbaren Massnahmen zu treffen, um die Privatschulen in der Weise zu subventionieren, damit die Eltern von dem ihnen in Art. 13 Abs. 3 Sozialpakt rechtlich zustehenden Wahlrecht auch faktisch Gebrauch machen können.[45]

4. Zivilpakt (Pakt II)

a) Wortlaut

Der Zivilpakt[46] bestimmt in *Art. 18 Abs. 1*:

> "Jedermann hat das Recht auf *Gedanken-, Gewissens- und Religionsfreiheit*. Dieses Recht umfasst die Freiheit, eine Religion oder eine *Weltanschauung*[47] eigener Wahl zu haben oder anzunehmen, und die Freiheit, seine Religion oder Weltanschauung allein oder in Gemeinschaft mit anderen, öffentlich oder *privat* durch Gottesdienst, Beachtung religiöser Bräuche, Ausübung und *Unterricht* zu bekunden."[48]

Es handelt sich hierbei um das absolute Recht, eine Einstellung zu *haben*, sowie um das beschränkbare Recht, diese Einstellung *kundzutun*.[49] Letzteres kann unter anderem wahrgenommen werden durch Erteilung von *Unterricht*[50], worunter jede Form der Vermittlung des Inhalts einer Religion oder Weltanschauung zu verstehen ist.

Der Zivilpakt lässt der *Familie* rechtlichen Schutz zukommen (Art. 17, 23 und 24).[51] *Art. 18 Abs. 4* verlangt von den Vertragsstaaten, dass sie das *Elternrecht* zu wahren haben:[52]

---

45 So auch RICHLI/MASCELLO, 136 f.

46 Der Wortlaut findet sich in AS *1993* 747 ff. (SR 0.103.2; BBl 1991 I 1228 ff.).

47 Es stellt sich die Frage, ob der Begriff "Weltanschauung" neben den religiösen auch *nicht-religiöse* Überzeugungen - wie z.B. reformpädagogische Überzeugungen in den Privatschulen - schützt. Vom Wortlaut her kann zweifellos davon ausgegangen werden (NOWAK, Kommentar, Art. 18, N 14 m.w.H.).

48 Hervorhebung durch den Verfasser.

49 UNITED NATIONS, 108.

50 In Art. 18 der Allgemeinen Erklärung der Menschenrechte steht die "Lehre" an erster Stelle.

51 Vgl. ausführlich dazu PALM-RISSE, 144 ff., 177 ff., 219 ff., 236 ff., 254 ff., 313 ff., 356 ff.

52 NOWAK, Kommentar, Art. 18, N 24.

"Die Vertragsstaaten verpflichten sich, die Freiheit der Eltern und gegebenenfalls des Vormunds oder sonstigen Sachwalters zu achten, die *religiöse und sittliche Erziehung* ihrer Kinder in Übereinstimmung mit ihren eigenen Überzeugungen[53] sicherzustellen."[54]

b) *Verwirklichung der Paktrechte*

Art. 2 Abs. 1 des Zivilpaktes verlangt, dass der Vertragsstaat die "anerkannten Rechte zu achten" und "zu gewährleisten" sowie gemäss *Abs. 2* diesen Rechten "Wirksamkeit zu verleihen" habe. Dabei handelt es sich hier anders als beim Sozialpakt um *Verhaltens- und Ergebnispflichten*, die sofort wirken,[55] d.h. es wird nicht nur die Pflicht auferlegt, die Ziele anzustreben, sondern auch jene, sie zu erreichen.[56] Um den garantierten Rechten Wirksamkeit zu verleihen, sind die Vertragsstaaten zu *positiven Leistungen* an Individuen[57] verpflichtet, wobei ihnen aber ein *relativ* grosser Gestaltungsspielraum eingeräumt wird.[58]

Ebenso wie beim Sozialpakt stellt sich auch hier die Frage nach der *unmittelbaren Anwendbarkeit*. Sowohl geschichtliche Entwicklung als auch Ziel und Zweck des Paktes legen eine negative Antwort nahe.[59] Der Wortlaut, mit der Pflicht zur Zielerreichung, deutet zwar auf die Gewährung von Individualrechten hin,[60] doch verlangt der Pakt, dass die Staaten lediglich "Massnahmen" treffen (Art. 2 Abs. 2) und darüber berichten (Art. 40 Abs. 1). Dies indiziert, dass die Vertragsstaaten noch Ausführungsbestimmungen zu erlassen haben.[61] Dennoch besteht die Tendenz, die unmittelbare Anwendbarkeit des Paktes als wünschenswert zu bezeichnen, wobei Art. 18 Abs. 4 nicht explizit genannt wird.[62,63]

---

53 Vgl. dazu PALM-RISSE, 389 ff.; KAUFMANN, 135 ff., 141.

54 Hervorhebung durch den Verfasser.

55 NOWAK, Kommentar, Art. 2, N 48 f., 53; ders., Inhalt, 17.

56 PARTSCH, Kommentar, N 46; HALLER-ZIMMERMANN, 62 f. m.w.H.

57 Privatschulen gemäss Art. 18 gelten wegen ihres kollektiven Charakters nicht als Individuen. Das ist aber unwesentlich, da immer auch Individuen in ihren Rechten verletzt sind (NOWAK, Kommentar, Art. 2, N 25).

58 NOWAK, Kommentar, Art. 2, N 19.

59 MÜNGER, 81.

60 PARTSCH, Kap. 78, N 27.

61 MALINVERNI, pactes, 56; ROUILLER, 118 f.; MÜNGER, 81; ROBERTSON, 25 f.

62 Vgl. zu den einzelnen Lehrmeinungen RICHLI/MASCELLO, 139 m.w.H.; KAUFMANN, 150; VELU/RUSEN, Rz. 7, 10 m.w.H.; GOOSE Peter Ernst, Der internationale Pakt über bürgerliche und politische Rechte, in: NJW 1974, S. 1305-1310, 1306. Das Bundesgericht hat in einem

c) *Elternrecht und Privatschulfreiheit*

Art. 18 Abs. 4 Zivilpakt legt nicht wie Art. 13 Abs. 3 Sozialpakt besonders Nachdruck auf die Privatschulfreiheit, sondern es steht vielmehr die Pflicht der Vertragsstaaten im Vordergrund, die Freiheit der Eltern zu achten, die *religiöse und sittliche Erziehung* ihrer Kinder sicherzustellen. Dies zeigt die eher *bescheidene Bedeutung* dieses Elternrechts im Zivilpakt.[64] Da das Elternrecht nicht selbständig oder im Zusammenhang mit dem Recht auf Bildung, sondern als Bestandteil der Religions- und Weltanschauungsfreiheit gewährleistet ist, wird ihm in der öffentlichen Schule nur dort Aufmerksamkeit geschenkt werden, wo Religionsunterricht erteilt wird.[65]

Angesichts der ausdrücklichen Regelung in Art. 13 Abs. 3 des Sozialpaktes und der - eigentlich nur zur Sicherung gedachten - Wiederholung in Art. 18 des Zivilpaktes, ist anzunehmen, dass das in Art. 18 Abs. 4 enthaltene Elternrecht ebenfalls die *Privatschulfreiheit* umfasst.[66] Jedoch zeigt sich insbesondere aus der Entstehungsgeschichte, dass die Vertragsstaaten nicht verpflichtet sind, Privatschulen zu *subventionieren*.[67]

Urteil vom 22. August 1994 (2P.490/1993, i.S. J. und 22 Mitbeteiligte gegen Obergericht des Kantons Aargau) Art. 14 Abs. 3 lit. d - ohne zur allgemeinen Frage der unmittelbaren Anwendbarkeit des Zivilpaktes Stellung zu nehmen - als unmittelbar anwendbar erklärt (E. 5a).

63 Zum *Durchsetzungsinstrumentarium* vgl. die Ausführungen bei RICHLI/MASCELLO, 140. Hier sei lediglich erwähnt, dass der Pakt drei Verfahren kennt: die Staatenberichte (Art. 40 Abs. 4), das Staatenbeschwerdeverfahren (Art. 41) und das Individualbeschwerdeverfahren (Erstes Fakultativprotokoll).

64 NOWAK, Kommentar, Art. 18, N 47 f., 51 m.w.H. Der Grund für die vorsichtige Wortwahl liegt laut PALM-RISSE, 387 darin, dass der Zivilpakt die Vertragsstaaten binde und nicht nur politische und moralische Forderungen aufstelle wie Art. 26 Abs. 3 der Allgemeinen Erklärung der Menschenrechte.

65 Vgl. RICHLI/MASCELLO, 141 m.w.H.; PALM-RISSE, 386 ff.; KAUFMANN, 141 f.

66 NOWAK, Kommentar, Art. 18, N 49; a. M. PALM-RISSE, 392 f., welche das Elternrecht von der Privatschulfreiheit trennt.

67 Vgl. RICHLI/MASCELLO, 141 m.w.H.; NOWAK, Kommentar, Art. 18, N 49; PARTSCH, Freedom, 213 m.w.H.; PALM-RISSE, 389.

IV. Übereinkommen gegen die Diskriminierung im Bildungswesen

Die *Konvention* gegen die Diskriminierung im Bildungswesen ist am 14. Dezember 1960 von der 11. Tagung der Generalkonferenz der UNESCO angenommen worden und am 22. Mai 1962 in Kraft getreten. Gleichzeitig wurde eine *gleichlautende Empfehlung* erlassen, um dem Umstand Rechnung zu tragen, dass gewisse Mitgliedstaaten - insbesondere wegen ihrer föderalistischen Struktur - Probleme haben könnten, die Konvention zu ratifizieren.[68] Dieser Empfehlung ist auch die Schweiz beigetreten.[69]

In diesem Vertragswerk finden sich diverse Bestimmungen, die für Privatschulen von Interesse sind. Zunächst sind die Bestimmungen zu nennen, die das *Elternrecht* betreffen. So etwa *Art. 2 lit. b*, der aus religiösen oder sprachlichen Gründen getrennte Bildungssysteme zulässt, die eine den Wünschen der Eltern entsprechende Bildung vermitteln, sofern kein Zwang ausgeübt wird und die vermittelte Bildung den Normen entspricht. *Art. 5 Abs. 1 lit. b* verlangt von den Vertragsstaaten:

> "(...) die *Freiheit der Eltern* und gegebenenfalls des Vormundes zu achten, erstens für ihre Kinder *andere als die behördlich unterhaltenen Bildungsanstalten zu wählen*, die aber den Mindestnormen entsprechen, die die zuständigen Behörden festgelegt oder genehmigt haben; und zweitens, dass es ebenso wesentlich ist, ihre Freiheit zu achten, (...) die religiöse und sittliche Erziehung der Kinder nach ihrer eigenen Überzeugung sicherzustellen (...)."[70]

Auch sind Anforderungen an *Privatschulen* aufgestellt worden. Gemäss *Art. 2 lit. c* gilt nicht als Diskriminierung:

---

[68] Bericht des UNESCO-Prüfungsausschusses 17 C/15 (Generalkonferenz, 17. Session, Paris 1972), 3.

[69] Dies folgt aus der Tatsache, dass die Schweiz *Berichte* zum Erfüllungsgrad der Empfehlung erstellt hat (was gemäss Art. 7 von den Vertragsstaaten verlangt wird). 1972 wurde zum Privatschulwesen festgehalten: "(...) only State-accredited private schools are subject to State inspection. Non-accredited private schools frequently apply foreign curricula. Several private Italian schools for the migrant workers children (...) appear to belong to this category" (Bericht des UNESCO-Prüfungsausschusses 17 C/15 [Generalkonferenz, 17. Session, Paris 1972], 118). 1985 beschränkte sich der Bericht auf den Satz: "Les établissements privés existent et respectent les principes énoncés" (Bericht des UNESCO-Prüfungsausschusses 23 C/72 [Generalkonferenz, 23. Session, Sofia 1985], 299).

[70] Hervorhebung durch den Verfasser.

"(...) private Bildungsanstalten zu schaffen oder zu unterhalten, sofern ihr Ziel nicht auf den Ausschluss irgendeiner Personengruppe, sondern darauf gerichtet ist, zusätzliche Bildungsmöglichkeiten zu den durch staatliche Stellen bereitgestellten zu bieten, und sofern solche Anstalten in Übereinstimmung mit dieser Zielsetzung geführt werden und die dort vermittelte Bildung den Normen entspricht, die die zuständigen Behörden, insbesondere für die Bildung auf gleicher Ebene, festgelegt oder genehmigt haben."

Bezüglich der *Subventionierung* finden sich keine klaren Aussagen. Art. 2 lit. c anerkennt zwar die Möglichkeit, private Schulen zu unterhalten. Auch Art. 5 Abs. 1 lit. c anerkennt für Angehörige nationaler Minderheiten das Recht, für die eigene Erziehungsarbeit Schulen zu unterhalten. Gemäss *Art. 4 lit. a* haben die Vertragsstaaten eine staatliche Politik festzulegen, *weiterzuentwickeln* und durchzuführen, die darauf abzielt, insbesondere die Schulpflicht und die Schulgeldfreiheit für den Grundschulunterricht einzuführen. Eine Unterstützungspflicht zu Lasten der Vertragsstaaten ist aber nicht direkt verankert. Ein vertragspolitischer Auftrag in dieser Richtung könnte aber - wie schon aus den UNO-Menschenrechspakten - abgeleitet werden.

V. Übereinkommen über die Rechte des Kindes

1. Allgemeines

Das Übereinkommen wurde am 20. November 1989 von der Generalversammlung der UNO verabschiedet und trat am 2. September 1990 in Kraft. Unterdessen ist es von über 130 Staaten unterzeichnet und von deren 70 ratifiziert worden. Der Bundesrat hat die Konvention am 1. Mai 1991 unterzeichnet und am 29. Juni 1994 die Botschaft zum Beitritt verabschiedet.[71]

Wie die *Präambel* deutlich macht, bezweckt das Übereinkommen, den Kindern Schutz und Unterstützung zu gewährleisten, damit sie ihre Persönlichkeit entfalten können. Sie sollen auf ein individuelles Leben in der Gesellschaft vorbereitet und im Geist der in der UNO-Charta verkündeten Ideale erzogen werden. Es wiederholt Menschenrechte, wie sie zum grossen Teil bereits in den beiden UNO-Menschenrechtspakten verankert sind. Das Übereinkommen versucht in seinen Formulierungen den besonderen Bedürfnissen des Kindes Rechnung zu tragen.[72] Dadurch wird die

[71] BBl 1994 V 1 ff.

[72] BBl 1994 V 16.

Geltung dieser Rechte für das Kind zum erstenmal ausdrücklich bestätigt.[73] Als *Kind* gilt "jeder Mensch, der das achtzehnte Lebensjahr noch nicht vollendet hat" (*Art. 1*).

2. Verwirklichung der Rechte des Übereinkommens

Die Vertragsstaaten haben die im Übereinkommen festgelegten Rechte zu achten und sie jedem ihrer Hoheitsgewalt unterstehenden Kind ohne Diskriminierung zu gewährleisten (*Art. 2*). Darüber hinaus haben sie gemäss *Art. 4* "alle geeigneten Gesetzgebungs-, Verwaltungs- und sonstigen Massnahmen zur Verwirklichung" zu treffen, wobei hinsichtlich der wirtschaftlichen, sozialen und kulturellen Rechte solche Massnahmen unter Ausschöpfung der verfügbaren Mittel geschieht.

Die Vertragsstaaten haben die Pflicht, aktiv für die praktische Umsetzung der Rechte des Kindes ohne Diskriminierung zu sorgen.[74] Einzelne Bestimmungen richten sich jedoch weniger an staatliche Behörden als an Dritte: So wendet sich Art. 5, 18 Abs. 1 und 27 Abs. 2 an die Eltern. Da ein internationales Übereinkommen formell nur die Vertragsstaaten verpflichten kann, ist es Aufgabe des nationalen Gesetzgebers, diese Anliegen in nationales Recht umzusetzen, welches die Eltern direkt verpflichtet.[75] Bei sämtlichen Massnahmen ist jeweils das Wohl des Kindes als vorrangiger Gesichtspunkt zu beachten (*Art. 3*).[76,77]

---

73 BBl 1994 V 11. Zur Grundrechtsfähigkeit und -mündigkeit des Kindes vgl. BBl 1994 V 23 f.

74 BBl 1994 V 15.

75 BBl 1994 V 16.

76 Vgl. auch BBl 1994 V 26 f.

77 Das internationale *Kontrollverfahren* wird in *Art. 42 ff.* geregelt. Zur Prüfung der Fortschritte wird ein Ausschuss für die Rechte des Kindes eingesetzt, der aus zehn Sachverständigen besteht (Art. 43). Die Vertragsstaaten verpflichten sich, dem Ausschuss innerhalb von zwei Jahren nach Inkrafttreten des Übereinkommens und danach regelmässig alle fünf Jahre Staatenberichte vorzulegen, die über die getroffenen Massnahmen zur Verwirklichung der anerkannten Rechte informieren (Art. 44). Der Ausschuss hat keine Kompetenz, Staaten wegen allfälliger Verletzung des Übereinkommens formell zu verurteilen, doch kann er auf der Grundlage des Staatenberichtes und ergänzender Informationen Vorschläge und allgemeine Empfehlungen übermitteln und der Generalversammlung vorlegen (Art. 45 lit. d). Er hat auch keine Befugnis, Staatenbeschwerden oder gar individuelle Mitteilungen entgegenzunehmen (BBl 1994 V 19).

3. Einzelne Rechte

Art. 5 regelt in grundsätzlicher Weise die *Rechte und Pflichten der Eltern bzw. der Familie*:

> "Die Vertragsstaaten achten auf die Aufgaben, Rechte und Pflichten der Eltern oder gegebenenfalls, soweit nach Ortsgebrauch vorgesehen, der Mitglieder der weiteren Familie oder der Gemeinschaft, des Vormunds oder anderer für das Kind gesetzlich verantwortlicher Personen, das Kind bei der Ausübung der in diesem Übereinkommen anerkannten Rechte in einer seiner Entwicklung entsprechenden Weise angemessen zu leiten und zu führen."

Primär sind also die Eltern bzw. die Familie berechtigt und verpflichtet, das Kind bei der Ausübung der Rechte zu unterstützen. Der Staat hat positive Massnahmen zum Schutz der Familie zu ergreifen. Weil auch die schweizerische Rechtsordnung von der primären Erziehungsbefugnis der Eltern ausgeht, steht sie im Einklang mit Art. 5.[78]

Art. 18 Abs. 1 betont den Grundsatz, dass in erster Linie "beide Elternteile gemeinsam für die Erziehung und Entwicklung des Kindes verantwortlich sind", wobei sie sich an dessen Wohl zu orientieren haben.[79] Die Vertragsstaaten haben insbesondere die berufstätigen Eltern bei der Erfüllung ihrer Aufgabe zu unterstützen und für den Ausbau von Institutionen, Einrichtungen und Diensten für die Betreuung von Kindern zu sorgen.

Es ist gemäss *Art. 27* in erster Linie auch Aufgabe der Eltern, im Rahmen ihrer Fähigkeiten und finanziellen Möglichkeiten die für die körperliche, geistige, seelische und soziale Entwicklung des Kindes notwendigen Lebensbedingungen sicherzustellen. Die Staaten treffen Massnahmen, um den Eltern zu helfen.

Art. 28 regelt das *Recht auf Bildung*.[80] Die Vertragsstaaten sorgen für die "fortschreitende" Verwirklichung des Rechts auf Bildung auf der Grundlage der Chancengleichheit, indem sie insbesondere den Besuch der Grundschule obligatorisch und unentgeltlich machen (Abs. 1 lit. a) sowie die Entwicklung weiterführender

---

[78] UNICEF, 37 f.; vgl. auch MEIER-SCHATZ Christian, Über Entwicklung, Inhalt und Strukturelemente des Kindesrechts, Eine Gegenüberstellung von Schweizer Recht und UNO-Konvention, in: AJP 9/93, S. 1035-1051; SCHWENZER Ingeborg, Die UN-Kinderrechtskonvention und das schweizerische Kindesrecht, in: AJP 7/94, S. 817-834.

[79] In Analogie zu Art. 5 schützt dieses Recht die Eltern auch gegenüber staatlichen Behörden (BBl 1994 V 43).

[80] Vgl. dazu auch Art. 13 Sozialpakt, der eine vergleichbare Bestimmung enthält.

Schulen fördern, sie allen Kindern verfügbar und zugänglich machen und geeignete Massnahmen wie die Einführung der Unentgeltlichkeit und die Bereitstellung finanzieller Unterstützung bei Bedürftigkeit treffen (Abs. 1 lit. b). Der Bundesrat ist der Auffassung, dass sich im Rahmen der sehr offenen Formulierung auch im föderalistischen System der Schweiz kaum Probleme stellen werden. Er weist jedoch darauf hin, dass Artikel 28 einen programmatischen Auftrag an alle schweizerischen Schulbehörden enthalte.[81]

Art. 29 Abs. 1 umschreibt die Bildungsziele.[82] *Abs. 2* verankert die Freiheit, *Privatschulen* unter bestimmten Voraussetzungen gründen und führen zu können:

> "Dieser Artikel und Artikel 28 dürfen nicht so ausgelegt werden, dass sie die *Freiheit* natürlicher oder juristischer Personen beeinträchtigen, *Bildungseinrichtungen zu gründen und zu führen*, sofern die in Absatz 1 festgelegten Grundsätze beachtet werden und die in solchen Einrichtungen vermittelte Bildung den von dem Staat gegebenenfalls festgelegten Mindestnormen entspricht."[83]

Diese Bestimmung findet sich analog in Art. 13 Abs. 4 Sozialpakt. Die Privatschulen haben sich an die Bildungsziele zu halten, welche lediglich Absichtserklärungen sind. Der Artikel hat im übrigen nur Programmcharakter.[84] Es lassen sich daraus ebensowenig wie aus dem Sozial- und dem Zivilpakt unmittelbare Ansprüche auf *Subventionen* ableiten.

Abschliessend sei noch auf ein Recht der Mitgliedstaaten hingewiesen: *Art. 52* gibt die Möglichkeit, das Übereinkommen zu kündigen.

---

[81] BBl 1994 V 55 f.

[82] Zu den Bildungszielen zählen namentlich die Entfaltung von Persönlichkeit, Begabung und Fähigkeiten des Kindes (lit. a), die Achtung der Menschenrechte und Grundfreiheiten (lit. b), die Achtung vor den Eltern, vor der eigenen kulturellen Identität und Sprache sowie vor anderen Kulturen (lit. c), die Vorbereitung auf ein verantwortungsvolles Leben in einer freien und toleranten Gesellschaft (lit. d) und die Achtung vor der natürlichen Umwelt (lit. e).

[83] Hervorhebung durch den Verfasser.

[84] UNICEF, 70 ff.; BBl 1994 V 57.

VI. Europäischer Grundrechtsschutz

1. Vertrag der Europäischen Union

Der *Vertrag von Maastricht* ist für die Privatschulfreiheit nicht sonderlich von Bedeutung. Zu erwähnen ist hier einzig, dass Art. 126 Abs. 1 EU-Vertrag[85] die Schulhoheit der Mitgliedstaaten unangetastet lässt.[86] Insbesondere hat sich auch das Europäische Parlament für die Freiheit von Privatschulen ausgesprochen.[87,88]

2. Erstes Zusatzprotokoll zur Europäischen Menschenrechtskonvention

a) *Vorbemerkungen zur Schweiz*

Die Privatschulfreiheit ist zwar kein unmittelbares Thema der *Europäischen Menschenrechtskonvention (EMRK)*[89] selber, welche die Schweiz am 21. Dezember 1972 unterzeichnet und am 28. November 1974 ratifiziert hat.[90] Indessen ist das *Erste Zusatzprotokoll (ZP)* zur EMRK von Belang, das von der Schweiz am 19. Mai

---

85 Der Wortlaut ist: "Die Gemeinschaft trägt zur Entwicklung einer qualitativ hochstehenden Bildung dadurch bei, dass sie die Zusammenarbeit zwischen den Mitgliedstaaten fördert und die Tätigkeit der Mitgliedstaaten unter strikter Beachtung der *Verantwortung der Mitgliedstaaten für die Lehrinhalte und die Gestaltung des Bildungssystems* sowie der Vielfalt ihrer Kulturen und Sprachen erforderlichenfalls unterstützt und ergänzt" (Hervorhebung durch den Verfasser).

86 Vgl. hierzu SCHWEITZER Michael, EG-Kompetenzen im Bereich von Kultur und Bildung, in: MERTEN Detlef (Hrsg.), Föderalismus und Europäische Gemeinschaften unter besonderer Berücksichtigung von Umwelt und Gesundheit, Kultur und Bildung, Berlin 1990, S. 147-159; WÄGENBAUR Rolf, Die Rechtsprechung des Europäischen Gerichtshofes auf den Gebieten Umwelt und Gesundheit, Kultur und Bildung, in: a.a.O., S. 161-173, 168 ff.

87 Vgl. dazu die für die Mitgliedstaaten *unverbindliche* Entschliessung des Europäischen Parlaments "zur Freiheit der Erziehung in der Europäischen Gemeinschaft" vom 14. März 1984 (ABl der EG, Nr. C 104/68-71).

88 Zum europäischen Bildungswesen vgl. auch NIEDOBITEK Matthias, Kultur und Europäisches Gemeinschaftsrecht, Berlin 1992, S. 24-43; HOCHSTRASSER Urs, Bildungswesen, in: SCHINDLER Dietrich u.a. (Hrsg.), Die Europaverträglichkeit des schweizerischen Rechts, Zürich 1990, S. 105-120; EDI, Bundesamt für Bildung und Wissenschaft (Hrsg.), Die EG-Programme im Bereich von allgemeiner und beruflicher Bildung, Die Schweizer Beteiligung im Überblick, Beiheft 57, Bern 1992; RENGELING Hans-Werner, Grundrechtsschutz in der Europäischen Gemeinschaft, München 1993, S. 105 ff.

89 SR 0.101.

90 BBl 1974 I 1042.

1976 zwar unterzeichnet,[91] aber noch nicht ratifiziert wurde.[92] Gleichwohl soll erörtert werden, welche Auswirkungen dieses völkerrechtliche Instrument auf die Privatschulen in der Schweiz hätte.[93]

b) Wortlaut und Bedeutung von Art. 2 des Ersten Zusatzprotokolls

Art. 2 des 1. Zusatzprotokolls sieht das *Recht auf Bildung* vor:

> "Das *Recht auf Bildung* darf niemandem verwehrt werden. Der Staat hat bei Ausübung der von ihm auf dem Gebiete der Erziehung und des Unterrichts übernommenen Aufgaben das *Recht der Eltern*[94] zu achten, die *Erziehung und den Unterricht* entsprechend ihren eigenen *religiösen und weltanschaulichen Überzeugungen* sicherzustellen."[95]

Art. 2 verankert ein Freiheitsrecht und nicht etwa ein soziales oder kulturelles Recht.[96] Doch verleiht diese Bestimmung nicht nur Abwehransprüche. Vielmehr werden daraus auch *Pflichten des Staates* abgeleitet.[97] So ist er dazu berufen, sowohl die Organisation des Schulwesens als auch die Festlegung des Unterrichtsplanes (Kurrikulum) sowie dessen Durchführung zu ordnen. Dies steht aber im Gegensatz

---

[91] Hinweis in BBl 1984 I 795; 1982 II 746.

[92] WILDHABER bezeichnet dies nicht gerade als "Ruhmesblatt" (WILDHABER Luzius, Gegenwart und mögliche Zukunft des europäischen Menschenrechtsschutzsystems, in: Recht, Staat und Politik am Ende des zweiten Jahrtausends, Festschrift zum 60. Geburtstag von Arnold Koller, Bern/Stuttgart/Wien 1993, S. 819-835, 822, Anm. 4).

[93] Vgl. auch RICHLI/MASCELLO, 144 m.w.H.

[94] Der Vormund ist hier anders als beim Sozialpakt nicht berechtigt (GURADZE, 262; KAUFMANN, 247; VELU/RUSEN, Rz. 781). Zum Schutzbereich vgl. auch PALM-RISSE, 368 ff.

[95] Hervorhebung durch den Verfasser. Zur Entstehungsgeschichte vgl. WILDHABER, mesure, 3 ff.; PALM-RISSE, 367 f. Zur unmittelbaren Anwendbarkeit von Art. 2 vgl. auch VELU/RUSEN, Rz. 771; ROS Mirko, Die unmittelbare Anwendbarkeit der Europäischen Menschenrechtskonvention, Ein Beitrag zur Lehre der self-executing treaties, Diss. Zürich 1984; BUCHS Gaby, Die unmittelbare Anwendbarkeit völkerrechtlicher Vertragsbestimmungen am Beispiel der Rechtsprechung der Gerichte Deutschlands, Österreichs, der Schweiz und der Vereinigten Staaten von Amerika, Zürich 1994.

[96] DE WITTE/POST, 133 (Anm. 15), 134 m.w.H.; CASTBERG, 179. SIEGHART, 164 spricht von einer "absolut und sofort wirksamen Verpflichtung" im Unterschied zum Zivilpakt.

[97] Solche ergeben sich nach FROWEIN/PEUKERT aus zwei Gründen: Einerseits soll einzig der Staat in der Lage sein, ein angemessenes Ausbildungssystem insgesamt und für die gesamte Bevölkerung zu gewährleisten. Andererseits soll nur der Staat den für eine demokratische Gesellschaft so wichtigen Pluralismus gewährleisten können (FROWEIN/PEUKERT, Art. 2 des 1. ZP, N 2 f. m.w.H.).

zum Elternrecht, die Ausbildung der Kinder zu bestimmen.[98]

Art. 2 stellt ein einheitliches Ganzes dar, das von Satz 1 beherrscht wird. Das Grundrecht auf Bildung, welches das Kind betrifft, ist durch das in Satz 2 niedergelegte Elternrecht ergänzt worden.[99] Satz 1 unterscheidet ebensowenig wie Satz 2 zwischen öffentlichem und privatem Erziehungswesen.[100] Zu den vier Hauptbestandteilen[101] des Art. 2 ist schon in diversen Fällen Stellung genommen worden.[102] Als Ergebnis kann folgendes festgehalten werden: Der Europäische Gerichtshof für Menschenrechte hat entschieden, dass Art. 2 die *Privatschulfreiheit*, d.h. die Gründung von und den Zugang zu Privatschulen einschliesst, was auch von der Lehre bestätigt wird.[103] Hingegen wird eine staatliche Pflicht zur *Subventionierung* von Privatschulen nicht nur vom Europäischen Gerichtshof für Menschenrechte, sondern auch von der Lehre verneint.[104] Die Befürchtungen der Schweizer Kantone, dass Art. 2 ZP in ihre kantonale Schulhoheit eingreife, erweisen sich damit als unbegründet.[105]

---

[98] FROWEIN/PEUKERT, Art. 2 des 1. ZP, N 6 ff. m.w.H. zur Rechtsprechung; vgl. auch VAN DIJK/VAN HOOF, 471 ff. und HORNYIK, 638 ff. m.w.H.

[99] EuGRZ 1976, 484 f. (Ziff. 52); 1982, 157 (Ziff. 40). Vgl. auch ECKSTEIN, 195 f.; KAUFMANN, 246 ff.; zum Elternrecht auch VELU/RUSEN, Rz. 779 ff.; WILDHABER, Education, 531.

[100] EuGRZ 1976, 483 (Ziff. 50).

[101] Diese sind im oben ziterten Artikel kursiv gedruckt, um sie hervorzuheben.

[102] Vgl. dazu ausführlich RICHLI/MASCELLO, 145 f. m.w.H. Zur Auslegung von *Satz 1* kann an den "leading case" in Sachen *"Belgischer Sprachenstreit"* vom 23. Juli 1968 angeknüpft werden (vgl. EuGRZ 1975, 298 ff.; vgl. auch WILDHABER, Anmerkungen, 493; ders., mesure, 11 ff.; ders., Education, 537 ff.); vgl. auch den Entscheid X und Y c. Schweden vom 16.10.1980 (EuGRZ 1982, 316). Der "leading case" für die Deutung des Eltern-Erziehungsrechtes in *Satz 2* stellt der *"Dänische Sexualkunde-Fall"* vom 7. Dezember 1976 in Sachen Kjeldsen, Busk Madsen und Pedersen dar (vgl. EuGRZ 1976, 478 ff.; vgl. auch WILDHABER, Anmerkungen, 493; ders., mesure, 18 ff.; ders., Education, 544 ff.). Zu den Begriffen *Erziehung und Unterricht* vgl. EuGRZ 1982, 155 (Ziff. 33) und zu den *religiösen und weltanschaulichen Überzeugungen* vgl. EuGRZ 1982, 156 (Ziff. 36); VILLIGER, § 33, Rz. 647 f.; BRÖTEL, 104 f.; PALM-RISSE, 377 ff.

[103] Vgl. RICHLI/MASCELLO, 147 m.w.H. Die Freiheit zur Privatschulgründung wird ferner gestützt von KAUFMANN, 247 m.w.H.; VELU/RUSEN, Rz. 777 sagen, sie gelte nur für den Elementarunterricht. WILDHABER erachtet darin kein Problem für die Schweiz (WILDHABER, Erfahrungen, 377 f.). Zum Stellenwert der Unterrichtsfreiheit vgl. auch FAVOREU Louis, Les libertés protégés par le Conseil constitutionnel, in: Conseil constitutionnel et Cour européenne des droits de l'homme, Droits et libertés en Europe, Paris 1990, S. 33-45, 37.

[104] Vgl. dazu RICHLI/MASCELLO, 147 m.w.H.; WILDHABER, mesure, 9 f.; ders., Education, 533, 534 f.; PALM-RISSE, 371, 374; VELU/RUSEN, Rz. 773 m.w.H., 784. Zur Auslegung des Begriffs "Achtung" vgl. PALM-RISSE, 373 und 377: Ihrer Meinung nach erschöpft sich die Achtung nicht in einer blossen Unterlassungspflicht des Staates, sondern kann auch positives staatliches Tun erfordern.

[105] VILLIGER, § 33, Rz. 646.

c) Weitere Bestimmungen der EMRK

Der Europäische Gerichtshof für Menschenrechte betont, dass die Konvention und das Zusatzprotokoll als ein Ganzes anzusehen ist. Deshalb kann ein Sachgebiet, das in einer Bestimmung wie hier in Art. 2 ZP besonders geregelt ist, für bestimmte Aspekte auch unter einzelne Bestimmungen der Konvention fallen.[106] Bei der Auslegung der Hauptnorm werden die anderen Normen mitberücksichtigt.[107] Zu denken ist hier insbesondere an Art. 8, 9, 10 und 14 EMRK.

Art. 8 EMRK sieht vor, dass jedermann Anspruch auf *Achtung seines Privat- und Familienlebens* hat.[108] Diese Bestimmung garantiert weder ein Recht auf Bildung noch ein Recht der Eltern im Bereich der Erziehung ihrer Kinder. Ihr wesentlicher Zweck liegt darin, den Einzelnen gegen willkürliche Eingriffe der öffentlichen Gewalt in sein Privat- oder Familienleben zu schützen.[109] Eine Verletzung liegt hingegen nicht vor, wenn die Eltern nicht über die notwendigen Mittel verfügen, um ihre Kinder in einer Privatschule einzuschreiben, oder wenn sie es vorziehen, ihre Kinder in eine Privatschule zu schicken, um ihnen Unannehmlichkeiten zu ersparen.[110]

Art. 9 EMRK schützt die *Gedanken-, Gewissens- und Religionsfreiheit* und erwähnt auch dessen Ausübung durch "Unterricht". Das Recht der Religionsfreiheit nach Art.

---

[106] EuGRZ 1975, 300 (Ziff. 7); 1976, 485 (Ziff. 52).

[107] Vgl. dazu EuGRZ 1976, 488 (Ziff. 57); BRÖTEL, 101; WILDHABER, Education, 536 f.

[108] Zum Verhältnis zwischen Art. 2 ZP und Art. 8 EMRK vgl. BRÖTEL, 102 ff. Zum *Schutzbereich* von Art. 8 EMRK vgl. WILDHABER Luzius/BREITENMOSER Stephan, Kommentar zu Art. 8 EMRK (Stand April 1992), in: Internationaler Kommentar zur Europäischen Menschenrechtskonvention (Loseblatt-Ausgabe), hrsg. von Heribert Golsong u.a., Köln/Berlin/ München 1986 ff.; WILDHABER Luzius, Nouvelle jurisprudence concernant l'art. 8 CEDH, in: Mélanges en l'honneur de Jacques-Michel Grossen, Basel/Frankfurt a.M. 1992, S. 97-106; BREITENMOSER Stefan, Der Schutz der Privatsphäre gemäss Art. 8 EMRK, Das Recht auf Achtung des Privat- und Familienlebens, der Wohnung und des Briefverkehrs, Basel und Frankfurt am Main 1986; COHEN-JONATHAN G., Respect for Private and Family life, in: MACDONALD R.St.J./MATSCHER F./PETZOLD H. (Hrsg.), The European System for the Protection of Human Rights, Dordrecht (The Netherlands) 1993, S. 405-444; HAEFLIGER, 201 ff.; PALM-RISSE, 133 ff., 154 ff., 194 ff., 233 ff., 243 ff., 263 ff., 334 ff.; JACOT-GUILLARMOD Olivier, Les liens familiaux dans la jurisprudence de Strasbourg, in: WESSNER Pierre (Hrsg.), Problèmes de droit de la famille, Neuchâtel 1988, S. 79-92. Zur Vereinbarkeit des deutschen Ehe- und Familienrecht mit der EMRK vgl. auch FAHRENHORST Irene, Familienrecht und Europäische Menschenrechtskonvention, Paderborn/München/Wien/Zürich 1994.

[109] EuGRZ 1975, 300 (Ziff. 7) und 305 (Ziff. 25). Zum staatlichen Schutz einer ungefährdeten Kindesentwicklung vgl. BRÖTEL, 358 ff. In diesem Zusammenhang ist auf einen neuen Entscheid des Bundesgerichts hinzuweisen, wonach bei einer zahnmedizinischen Zwangsbehandlung die Berufung der Kinder auf das Privatleben nicht von vorneherein unzulässig wäre (vgl. BGE 118 Ia 435).

[110] Vgl. RICHLI/MASCELLO, 148 m.w.H.

9 EMRK betrifft aber nicht den schulischen Unterricht.[111]

Art. 10 EMRK schützt die *Meinungsäusserungsfreiheit*. Dieses Recht geht aber nicht soweit, dass sogar "Überzeugungen" gemäss Art. 2 ZP geschützt sind.[112]

Art. 14 EMRK enthält ein allgemeines *Diskriminierungsverbot*. Die Auslegung des Diskriminierungsverbotes geht nicht soweit, dass jede unterschiedliche Behandlung verboten würde. Der Grundsatz der Gleichbehandlung ist erst dann verletzt, wenn die Unterscheidung keinen objektiven und angemessenen Rechtfertigungsgrund hat, nicht auf tatsächlichen Umständen beruht und nicht von einem öffentlichen Interesse getragen ist.[113]

3. Europäische Sozialcharta

Auch zum UN-Sozialpakt besteht auf europäischer Ebene grundsätzlich ein entsprechendes Vertragswerk, nämlich die am 26. Februar 1965 in Kraft getretene *Europäische Sozialcharta*.[114] Sie ist von der Schweiz zwar unterzeichnet aber noch nicht ratifiziert worden.[115]

Die Sozialcharta enthält zwar Bestimmungen zur Familie (Art. 8, 16, 17, 19 [6])[116], aber keine entsprechenden Artikel zur Privatschulfreiheit. Zum Bereich der Bildung finden sich nur Bestimmungen über die *berufliche* Ausbildung,[117] die für den hier behandelten Volksschulbereich nicht weiter interessieren. Dies erklärt auch das Fehlen des elterlichen Erziehungsrechtes, da es in diesem Teil des Bildungswesens - aufgrund des Alters der Betroffenen - kaum mehr eine Rolle spielt.[118]

---

[111] BLUM Nikolaus, Die Gedankens-, Gewissens- und Religionsfreiheit nach Art. 9 der Europäischen Menschenrechtskonvention, Berlin 1990, 65; HAEFLIGER, 221 ff.

[112] Vgl. RICHLI/MASCELLO, 148 f. m.w.H.

[113] Vgl. RICHLI/MASCELLO, 149 m.w.H.

[114] Vgl. dazu u.a. ÖHLINGER Theo, Die Europäische Sozialcharta, in: MATSCHER, S. 335-354; MACHACEK, 33 f., 43 ff.; MÜLLER Jörg Paul, Grundrechte, 959 ff.; NOWAK, Inhalt, 16; MOWER, 185 ff.

[115] Vgl. RICHLI/MASCELLO, 149 m.w.H.

[116] Vgl. dazu PALM-RISSE, 213 ff., 235 f., 253 f., 309 ff., 355 f.

[117] Vgl. dazu Art. 9, 10 und 15 der Sozialcharta.

[118] PALM-RISSE, 393.

VII. Zusammenfassung von § 14

Die *UNO-Charta* und die *Allgmeine Erklärung der Menschenrechte* haben mit der Verabschiedung der beiden Menschenrechtspakte ihre Bedeutung im hier untersuchten Bereich weitgehend eingebüsst. Der Bundesrat hat am 18. September 1992 die beiden *UNO-Menschenrechtskonventionen (Sozialpakt und Zivilpakt)* ratifiziert. *Art. 13 Abs. 3 des Sozialpaktes* regelt die Privatschulfreiheit. Ob diese Bestimmung unmittelbar anwendbar sei, ist umstritten. Privatschulen können aus dem Sozialpakt jedenfalls keinen Rechtsanspruch auf Subventionen ableiten. Hingegen ergibt sich eine Verpflichtung an die Adresse der Vertragsstaaten, die Privatschulen zu unterstützen, und zwar derweise, dass die Ausnützung der Privatschulfreiheit in tatsächlicher Hinsicht möglich ist. *Art. 18 des Zivilpaktes* hat eine vergleichbare Bedeutung. Der Zivilpakt ist grundsätzlich zwar in einem weitergehenden Ausmass unmittelbar anwendbarer und justitiabler als der Sozialpakt. Für den Kontext hat das aber wenig Bedeutung. Selbst wenn man aus dem Elternrecht in Abs. 4 die Privatschulfreiheit ableitet, ergibt sich daraus keine weitergehende Garantie als nach dem Sozialpakt. Ein Subventionsanspruch ist auch hier zu verneinen.

Das *Übereinkommen gegen die Diskriminierung im Bildungswesen* und das *Übereinkommen über die Rechte des Kindes* sind von der Schweiz bisher nicht ratifiziert worden. Bezüglich der Privatschulfreiheit und der Subventionierung liessen sich daraus aber keine weitergehenden Ansprüche ableiten, als sie schon von den UNO-Menschenrechtspakten garantiert sind.

Aufgrund von *Art. 2 des Ersten Zusatzprotokolles zur EMRK* ergibt sich kein anderes Bild. Auch das Zusatzprotokoll gewährleistet einzig die Privatschulfreiheit. Rechtsansprüche auf Subventionen für Privatschulen werden nicht verankert. Was schliesslich den *Vertrag der Europäischen Union* und die *Europäische Sozialcharta* betrifft, so können sie im vorliegenden Zusammenhang überhaupt vernachlässigt werden.

VIII. Schlussfolgerung

Die Unterrichtsfreiheit - und damit auch die Privatschulfreiheit - wird auf Bundesebene nicht gewährleistet. Deren Regelung fällt in den Kompetenzbereich der Kantone. Die Kantonsverfassungen räumen dem Gesetzgeber zum Teil eine sehr weitgehende Gestaltungsbefugnis ein. So finden sich die gesetzlichen Grundlagen für die Privatschulfreiheit bzw. ihrer Schranken oft erst auf der Gesetzes- oder Verordnungsstufe. Über die aufgestellten Bewilligungsvoraussetzungen ist es den Kantonen dann möglich, das Privatschulangebot zu steuern.

Die Ratifizierung der beiden UNO-Menschenrechtspakte bewirkt zwar keine Veränderung der Kompetenzverteilung im Schulwesen, dennoch hat sie materiellrechtliche Konsequenzen: Das Elternrecht und die Privatschulfreiheit werden völkerrechtlich verbindlich gewährleistet. Auch wenn die Kantone seit jeher überwiegend auf ein staatliches Schulmonopol verzichten und die Gründung und den Betrieb von Privatschulen grundsätzlich zulassen, wird diese Regelung durch die Übereinkommen - die sich auf der gleichen Rechtsstufe wie Bundesgesetze befinden - nun von Bundesrechts wegen abgesichert. Ferner auferlegen die beiden Menschenrechtspakte den Staaten die Verhaltenspflicht, Massnahmen zur Verwirklichung der Individualrechte zu treffen. Der Einzelne hat also wegen der nicht unmittelbaren Anwendbarkeit der Paktrechte keine Möglichkeit, sich direkt auf sie zu berufen und allenfalls aus den Freiheitsrechten einen Anspruch auf Subventionierung abzuleiten. Doch wird die Schweiz durch diesen Gesetzgebungsauftrag verpflichtet, darauf hinzuarbeiten, dass von den gewährleisteten Rechten in Zukunft auch faktisch Gebrauch gemacht werden kann.

3. Teil:

RECHTSVERGLEICH
MIT DEUTSCHLAND

---

§ 15 Systematik des deutschen Schulwesens

I. Einleitung

In der Schweiz herrscht in Sachen "Privatschulwesen" relativer Schulfriede. Die öffentlichen Schulen geniessen einen guten Ruf, und die Privatschulen werden lediglich als Ergänzung betrachtet. Wie es scheint, kann dem auch die derzeitige Deregulierungsdiskussion keinen Abbruch tun. Die Forderung nach vermehrtem Wettbewerb im Bildungsbereich ist ohne grosse Resonanz geblieben. Gerade dieser Umstand wirft die Frage auf, ob die Schweiz verglichen mit anderen Ländern einen "Sonderfall" darstellt. Damit drängt sich ein *Rechtsvergleich* auf.

Es ist naheliegend, dass ein solcher Vergleich nur sinnvoll ist, wenn er anhand eines Landes erfolgt, das bereits gewisse Erfahrung im Umgang mit Privatschulen aufweist. Zu den fortschrittlichsten Ländern in diesem Bereich gehören sicher beispielsweise Belgien und Holland. Gerade so gut kämen aber auch Japan oder die USA in Frage. Doch weisen diese Länder den Nachteil auf, dass sie zur Schweiz keine besonderen Beziehungen kultureller, wirtschaftlicher oder sprachlicher Art aufweisen. Dies birgt die Gefahr in sich, dass die angestellten Überlegungen wegen mangelnder Vergleichbarkeit nicht übertragen werden können. Deshalb ist vielmehr ein Land zu wählen, das mit seiner rechtlichen Regelung weiter fortgeschritten ist als die Schweiz, mit seinen gesteckten Zielvorgaben aber in erreichbarer Nähe bleibt. Ferner hat das Land eine gewisse "Nähe" zur Schweiz aufzuweisen, damit der Eindruck des "Fremden" nicht zu stark überwiegt. Schliesslich müssen bestimmte Parallelen zum schweizerischen Schulsystem bestehen. Für einen solchen Vergleich scheint sich m.E. *Deutschland* aufzudrängen, da sich sein Schulwesen auf eine ähnliche Weise entwickelte wie jenes der Schweiz.[1] Überdies weist es - anders als die Schweiz - in seinem Grundgesetz verfassungsmässige Regelungen auf, die sowohl das Elternrecht als auch die Privatschulfreiheit erfassen.[2]

II. Kulturhoheit der Länder

Kultur umfasst die drei Hauptbereiche Bildung, Wissenschaft und Kunst.[3] Das Schulwesen wird im Grundgesetz durch *Art. 7 GG* geregelt. Dieser Artikel stellt im System der Grundrechte einen Fremdkörper dar.[4]

---

1 Zur *Geschichte* des deutschen Schulwesens vgl. STARCK, Staat, 11 ff.; RICHTER, Art. 7 GG, Rz. 1 ff.; BAHRO/BECKER, 10 ff.; LEMPER, 15 ff.; JACH, Elternrecht, 85 ff. Vgl. auch KUHLEMANN Frank-Michael, Modernisierung und Disziplinierung, Sozialgeschichte des preussischen Volksschulwesens 1794-1872, Göttingen 1992; RÖNNE Ludwig von, Das Unterrichtswesen des Preussischen Staates, Band 1: Das Volksschul-Wesen des Preussischen Staates mit Einschluss des Privat-Unterrichts, Nachdruck der 1855 in Berlin erschienenen Ausgabe, Köln 1990; BERG Christa u. a. (Hrsg.), Handbuch der deutschen Bildungsgeschichte, Band I-VI, München 1987 ff.; HAMAN Bruno, Geschichte des Schulwesens, Werden und Wandel der Schule im ideen- und sozialgeschichtlichen Zusammenhang, Bad Heilbronn/Obb. 1986; TENORTH Heinz-Elmar, Zur deutschen Bildungsgeschichte 1918-1945, Probleme, Analysen und politisch-pädagogische Perspektiven, Köln/Wien 1985; HUMBOLT Wilhelm von, Werke in fünf Bänden, hrsg. von FLITNER Andreas/GIEL Klaus, Band IV: Schriften zur Politik und zum Bildungswesen, 3. A., Darmstadt 1982; LESCHINSKY Achim/ROEDER Peter Martin, Schule im historischen Prozess, Stuttgart 1976; Zur Geschichte der Volksschule, Band 1 hrsg. von DIETRICH Theo/KLINK Job-Günter, Band 2 hrsg. von SCHEIBE Wolfgang, 2. A., Bad Heilbrunn/Obb. 1974; HEPPE Heinrich, Geschichte des deutschen Volksschulwesens, Band I-V, Heidesheim/New York 1971; SPRANGER Eduard, Zur Entstehungsgeschichte der deutschen Volksschule, Berlin 1944; KLUGER Alfons, Die Deutsche Volkschule im Grossdeutschen Reich, Breslau 1940; KRUMBHOLZ Paul, Geschichte des Weimarischen Schulwesens, Band LXI der Monumenta Germaniae Paedagogica, Berlin 1934. Zur Geschichte der institutionalisierten Bildung (öffentliches Schulwesen, Volksschule, höhere Schulen, Berufsbildung) vgl. die verschiedenen Beiträge bei BAETGE Martin/NEVERMANN Knut, Enzyklopädie Erziehungswissenschaft, Band 5, Stuttgart 1984, 55 ff.

2 Vgl. HÄBERLE Peter, Ausstrahlungswirkung des deutschen Grundgesetzes auf die Schweiz. Ein Beispiel für weltweite Prozesse der Produktion und Rezeption "in Sachen Verfassungsstaat", in: BATTIS Ulrich u.a. (Hrsg.), Das Grundgesetz im internationalen Wirkungszusammenhang der Verfassungen, 40 Jahre Grundgesetz, Berlin 1990, S. 17-52. Kritisch zur Dreiteilung vgl. FALLER, 611.

3 OPPERMANN, Kulturverwaltungsrecht, 8 f.

4 PETERS, 402. Für die systematische Aufnahme in den Grundrechtsabschnitt mögen insbesondere historische Gründe eine Rolle gespielt haben, so z.B. der Umstand, dass als Vorbild die Weimarer Reichsverfassung diente, welche ihre Schulrechtsartikel im Grundrechtsteil unterbrachte. Ferner hat sicher eine Rolle gespielt, dass Art. 7 GG in einem gewissen Zusammenhang mit den Rechtsgütern des Art. 6 GG - Ehe, Familie, Elternrecht - steht (so STERN, 798).

Gemäss Art. 7 Abs. 1 GG stellt die schulische Bildung eine öffentliche Aufgabe dar, die von staatlichen und privaten Schulträgern wahrgenommen wird. Die Eltern als solche sind dagegen keine Träger.[5] Ebensowenig zählt die Kirche zu den Schulträgern.[6]

Vorerst stellt sich grundsätzlich die Frage nach der *Kompetenzverteilung* zwischen den verschiedenen *staatlichen* Schulträgern. Art. 30 GG regelt die Befugnisse der Länder: "Die Ausübung der staatlichen Befugnisse und die Erfüllung der staatlichen Aufgaben ist Sache der Länder, soweit dieses Grundgesetz keine andere Regelung trifft oder zulässt."[7] Ansonsten bricht Bundesrecht Landesrecht (Art. 31 GG). Die Grundrechte der Länderverfassungen bleiben insoweit in Kraft, als sie mit den Art. 1-18 GG übereinstimmen (Art. 142 GG).

Art. 7 GG zeigt deutlich, dass damit nicht das gesamte Schulwesen geregelt werden soll, sondern nur gerade *vier Bereiche* des Schulrechts: die staatliche Schulaufsicht, der Religionsunterricht, die Privatschulen und die Vorschule. Im übrigen überlässt das Grundgesetz das Schulrecht der Gesetzgebung und Verwaltung der *Länder*.[8] Das Bundesverfassungsgericht äussert sich folgendermassen dazu: "Das Grundgesetz hat das *Schulwesen* - vorbehaltlich eines Zusammenwirkens von Bund und Ländern bei der Bildungsplanung gemäss Art. 91a GG - der *ausschliesslichen Zuständigkeit der Länder* zugewiesen. Der Bund hat auf diesem Gebiet weder eine Gesetzgebungsbefugnis (Art. 70 ff. GG) noch eine Verwaltungshoheit (Art. 30 GG). Daraus ergibt sich eine weitgehende Gestaltungsfreiheit der Länder bei der Festlegung von Erziehungsprinzipien und Unterrichtsgegenständen. Sie ist nur eingeschränkt,

---

5 RICHTER, Art. 7 GG, Rz. 27. Vgl. dazu auch MAUNZ Theodor, Wirkende Kräfte im Schulbereich, in: Verantwortlichkeit und Freiheit, Festschrift für Willi Geiger zum 80. Geburtstag, Tübingen 1989, S. 333-341.

6 Zum Verhältnis Kirche und öffentliches Schulwesen vgl. OPPERMANN, Gutachten, 74 ff.; ders., Bildung, 802 ff.; ders., Kulturverwaltungsrecht, 223 ff.; HOLLERBACH Alexander, Die Kirchen unter dem Grundgesetz, in: NEVERMANN/RICHTER, S. 339-348.

7 Vgl. hiezu auch Art. 83 GG: "Die Länder führen die Bundesgesetze als eigene Angelegenheit aus, soweit dieses Grundgesetz nichts anderes bestimmt oder zulässt."

8 PETERS, 443. Vgl. dazu auch HECKEL/AVENARIUS, 15 ff.; OPPERMANN, Bildung, 782 f., 827 f.; FALLER, 612; RECHSTEINER, 69 ff., 89, 452 ff.; MAUNZ Theodor, Die Abgrenzung des Kulturbereichs zwischen dem Bund und den Ländern, in: Festschrift für Gebhard Müller zum 70. Geburtstag, Tübingen 1970, S. 257-274; HÄBERLE Peter, Kulturstaatlichkeit und Kulturverfassungsrecht, Darmstadt 1982; KÖSTLIN Thomas, Die Kulturhoheit des Bundes, Berlin, 1989; BOEHM Ullrich/RUDOLPH Hedwig, Kompetenz- und Lastenverteilung im Schulsystem, Analyse und Ansätze zur Reform, Stuttgart 1971.

soweit *übergeordnete Normen des Grundgesetzes* ihr Grenzen setzen."[9] Zu den *Grenzen des Grundgesetzes* zählen die bildungsrelevanten Grundrechte[10] sowie die Verfassungsstrukturprinzipien.[11]

Da dem *Bund* die Gesetzgebungskompetenz fehlt, kann er grundsätzlich keine eigenen Schulgesetze erlassen.[12] Seine Kompetenz beschränkt sich auf Randbereiche.[13] Die Schulgesetzgebungskompetenz der Länder wird jedoch durch die Garantie der kommunalen Selbstverwaltung (Art. 28 Abs. 2 GG) begrenzt.[14] Doch können die *Gemeinden* daraus kein Recht auf umfassende Beteiligung am öffentlichen Schulwesen folgern. Vom Grundgesetz her steht allerdings nichts im Wege, durch Landesrecht die Gemeinden an der Verwaltung der inneren und äusseren Schulangelegenheiten zu beteiligen.[15]

---

[9] BVerfGE 34, 181 (Hervorhebung durch den Verfasser); so auch 59, 377. Zum Problem der verschiedenen Rechtsebenen und der Normenhierarchie (Vorrang der Verfassung, Vorrang und Vorbehalt des Gesetzes) vgl. u.a. MÜLLER Friedrich, Schule, 20 ff., 29 ff.

[10] Vgl. das Recht auf Persönlichkeitsentfaltung (Art. 2 Abs. 1), das Gleichheitsgebot (Art. 3 Abs. 1), die Glaubens- und Gewissensfreiheit (Art. 4), die Wissenschaftsfreiheit (Art. 5 Abs. 3), das Elternrecht (Art. 6 Abs. 2), das Schulwesen (Art. 7), die Berufswahlfreiheit (Art. 12 Abs. 1) und das Sozialstaatsprinzip (Art. 20 Abs. 1 und 28 Abs. 1 GG) (vgl. LEMPER, 92 f.; EVERS Hans-Ulrich, Verwaltung und Schule, in: NEVERMANN/RICHTER, S. 274-279, 278; OPPERMANN, Bildung, 785 f.; FALLER, 613). Zu den Grenzen staatlicher Schulhoheit zählt auch die pädagogische Freiheit des Lehrers (vgl. STARCK, Schulhoheit, 269 ff.). Vgl. hiezu auch RAMM Thilo, Bildung, Erziehung und Ausbildung als Gegenstand von Grundrechten, in: Festschrift für Erwin Stein zum 80. Geburtstag, Bad Homburg 1983, S. 239-274.

[11] Zu nennen ist insbesondere das Bundesstaats-, Rechtsstaats-, Sozialstaats- und Demokratieprinzip. Im Mittelpunkt steht, dass Deutschland eine *freiheitliche* Staatsordnung besitzt. Weitere Prinzipien sind die *Friedensordnung*, die *pluralistische* Gesellschaft, der Grundsatz der inneren *Neutralität* und der weltanschaulichen *Toleranz* (MAUNZ, Art. 7 GG, Rz. 2). Zum Toleranzgebot vgl. auch a.a.O., Rz. 21m; OPPERMANN, Gutachten, 92 ff. Das Toleranzgebot hat seine Wurzeln im Pluralismusgebot des Demokratieprinzips (OPPERMANN, Schule, Rz. 86). Vgl. dazu auch JACH, Schulvielfalt, 28 f.; OPPERMANN, Gutachten, 19 ff.; ders., Bildung, 783 ff.

[12] HEMMRICH, Rz. 2. Vgl. zum einfachen Bundesschulrecht auch OPPERMANN, Bildung, 786.

[13] Vgl. dazu RICHTER, Art. 7 GG, Rz. 10.

[14] RICHTER, Art. 7 GG, Rz. 11. Die öffentlichen Schulen in Deutschland sind in einem beträchtlichen Masse kommunale Schulen (MAUNZ, Art. 7 GG, Rz. 21a). Zur geschichtlichen Entwicklung der Gemeinden vgl. a.a.O., Rz. 21c. Vgl. auch STEPHANY Horst, Staatliche Schulhoheit und kommunale Selbstverwaltung, Diss. Münster 1964.

[15] MAUNZ, Art. 7 GG, Rz. 21f. Dabei findet in den Landesschulgesetzen eine Trennung statt: Während die Verwaltung der inneren Schulangelegenheiten Sache des Staates ist, erledigen die Gemeinden die äusseren Angelegenheiten. Diese Trennung deckt sich mit der Unterscheidung in einen finanziell-sachlichen und einen institutionell-persönlichen Bereich (a.a.O., Rz. 21b). Zum Problem der *Gemeinden als Schulträger* vgl. auch LEIBHOLZ/RINCK/HESSELBERGER, Art. 7 GG, Rz. 50; HEMMRICH, Rz. 13; RICHTER, Art. 7 GG, Rz. 11, 33; MÜLLER

Durch den Schulföderalismus ist das Bildungswesen pluralistisch orientiert und die Länder stehen miteinander in bildungspolitischem Wettbewerb. Insgesamt befindet sich das bundesdeutsche Bildungswesen in einem Spannungsfeld zwischen Bildungspluralismus und sozialstaatlicher Vereinheitlichung. Die verfassungsrechtliche Tendenz läuft in Richtung Vereinheitlichung. Diese Harmonisierungsbemühungen werden unterstützt durch die Ständige Konferenz der Kultusminister der Länder.[16,17]

III. Gliederung der Schule

1. Nach Schulstufen

Die Gliederung nach *Schulstufen* umfasst mehrere *Schularten nach Jahrgangsstufen*. Vor der eigentlichen Schule besteht ein Elementarbereich, der die *Vorschulerziehung* (Kindergartenstufe) erfasst. Anschliessend sieht der Schulaufbau die *Primarstufe* (Grundschule) vor. Diese umfasst die ersten 4-6 Jahrgangsstufen vom 6. bis 10./12. Altersjahr. Anschliessend folgt die dreigliedrige *Sekundarstufe I* (Hauptschule 49%,

---

Friedrich, Schule, 56 ff.; OPPERMANN, Bildung, 801 f.; RICHTER Ingo, Gestaltungsspielräume der kommunalen Schulträger beim Schulangebot, in: DÖV 1992, S. 144-150; DITTMANN Armin, Schulträgerschaft zwischen Kreisen und Gemeinden, Göttingen 1978; THODE Frank, Das kommunal-staatliche Kondominium in der Schulträgerschaft, Diss. Hamburg 1982.

16 Vgl. OPPERMANN, Schule, Rz. 27 ff. Es besteht ein *Abkommen* zwischen den Ländern *zur Vereinheitlichung* auf dem Gebiet des Schulwesens vom 28.10.1964 in der Fassung vom 14.10.1971 (sog. Hamburger Abkommen).

17 Zum *Bildungsverfassungsrecht* vgl. RICHTER Ingo, Verfassungsrechtliche Grundlagen des Bildungswesens, in: BAETHGE Martin/NEVERMANN Knut, Enzyklopädie Erziehungswissenschaft, Band 5, Stuttgart 1984, S. 226-243; NEVERMANN Knut, Schule und Schulverfassung in der Bundesrepublik Deutschland, in: a.a.O., S. 393-404; GEIGER Willi, Über die verfassungsrechtlichen Grundsätze, nach denen in der Bundesrepublik Deutschland die rechtliche Ordnung im Bereich des Bildungswesens zu gestalten ist, in: NEVERMANN/RICHTER, S. 289-303; HECKEL/AVENARIUS, 66 ff.; HECKEL, Einführung, 48 ff.; HAGE Karl-Heinz, Einheits-Schulrecht: Das Schulwesen im Einigungsvertrag, in: RdJB 1991, S. 49-59; JACH Frank-Rüdiger, Schulverfassung und Grundgesetz - Plädoyer für eine Neufassung des Art. 7 GG, in: RdJB 1990, S. 300-307; GEIGER Willi, Vorschlag zu einer Neufassung des Art. 7 GG, in: Festschrift für Gebhard Müller zum 70. Geburtstag, Tübingen 1970, S. 107-116; GLOWKA Detlef, Schulverfassung in internationaler Sicht, in: RdJB 1990, S. 401-408; GLOTZ Peter/FABER Klaus, Richtlinien und Grenzen des Grundgesetzes für das Bildungswesen, in: BENDA Ernst u.a. (Hrsg.), Handbuch des Verfassungsrechts der Bundesrepublik Deutschland, Berlin/New York 1983, S. 999-1057; Entwicklungstrends im Bildungssystem der Bundesrepublik Deutschland - Kommentierte Literaturübersicht - Rheinbreitbach 1993, hrsg. v. Wissenschaftliche Dienste des Deutschen Bundestages, Nr. 71, Bibliographien.

Realschule 24%, Gymnasium 24% eines Altersjahrganges) und die integrierte Sekundarstufe I (Gesamtschulen rund 3% eines Altersjahrganges). Die Sekundarstufe I dauert bis zum 9./10. Schuljahr und umfasst das 10./12. bis 16. Lebensjahr. Anschliessend folgt die *Sekundarstufe II* (Gymnasium, Berufsausbildung), welche bis einschliesslich dem 13. Schuljahr dauert. Daneben bestehen noch Sonderformen wie Hilfsschulen und Sonderschulen. Den Abschluss bildet der *Tertiärbereich* des Bildungswesens (v.a. Hochschulen) sowie die *Weiterbildungsstufe*.[18]

2. Nach Schularten

Deutschland besitzt ein vielgestaltiges und vielgliedriges Schulwesen. Die *allgemeinbildenden* Schulen werden grundsätzlich in Pflicht- und Wahlschulen unterteilt. In den *Pflichtschulen* (Grund- und Hauptschule, Berufsschule) wird der gesamten heranwachsenden Bevölkerung ein bestimmter Grund-Bildungsstandard vermittelt.[19] Die *Wahlschulen* (Realschulen, Gymnasien, berufsbildende Fachschulen) erhalten ihr eigentliches Gepräge durch die Vermittlung von freiwilliger Weiterbildung über das pflichtgemässe Minimum hinaus und führen zu differenzierten Abschlüssen (Mittlere Reife, fachbezogene oder allgemeine Hochschulreife). Die *Gesamtschulen*[20] sind

---

[18] Vgl. RICHTER, Art. 7 GG, Rz. 14; MAUNZ, Art. 7 GG, Rz. 12c; OPPERMANN, Schule, Rz. 48, 54; ders., Bildung, 792 ff.; LEMPER, 187 ff.; ARBEITSGRUPPE BILDUNGSBERICHT, 159 ff.; HECKEL, Einführung, 22 ff.; HECKEL/AVENARIUS, 25 ff.; FALLER, 621 f. Vgl. dazu auch SCHMACK Ernst, Die Struktur des Primarbereichs in der Bundesrepublik Deutschland, in: TWELLMANN Walter (Hrsg.), Handbuch Schule und Unterricht, Band 2, Düsseldorf 1981, S. 14-26; WINKELER Rolf, Der Sekundarbereich, Begriff-Entwicklung-Struktur, in: a.a.O., S. 27-43; LOSCH Bernhard, Ordnungsgrundsätze der Weiterbildung, Berlin 1988; FÜHR Christoph, Schulen und Hochschulen in der Bundesrepublik Deutschland, Bonn 1988.

[19] Weder die Pflicht noch die Dauer der *Schulpflicht* ergibt sich aus dem Grundgesetz. Sie wird durch das Landesrecht festgesetzt. Das Elternrecht sowie das Recht des Kindes auf Persönlichkeitsentfaltung hat demgegenüber zurückzutreten (MAUNZ, Art. 7 GG, Rz. 21g). Das Einschulungsalter wird grundsätzlich durch Vollendung des sechsten Lebensjahres gegeben (a.a.O., Rz. 21h, 10). Vgl. dazu auch RECHSTEINER, 287 ff.

[20] Im allgmeinen werden drei Formen von Gesamtschulen unterschieden. In den *additiven Gesamtschulen* unterstehen die verschiedenen Schularten einem Schulleiter. Dies charakterisiert eher die verwaltungsrechtliche als die pädagogische Zuordnung. In *kooperativen Gesamtschulen* bleibt die schulartspezifische Abgrenzung bestehen, jedoch werden hier fächerspezifische Schülergruppen gebildet. So können z.B. Schüler der Hauptschule, der Realschule und des Gymnasiums in einem Fach zu Leistungsgruppen zusammengefasst werden. Die *integrierten Gesamtschulen*, wozu auch die Freien Waldorfschulen zählen, sind Einrichtungen mit integriertem Stufenbau. Hier werden die verschiedenen Schularten zu einer Schuleinheit zusammengefasst, um die Wahl des Schulabschlusses möglichst lange offen zu halten (vgl.

pädagogische und organisatorische Zusammenfassungen verschiedener Schularten zu Schuleinheiten.[21]

Neben dem allgemeinbildenden besteht auch ein *berufsbildendes* Schulwesen. Es beruht auf dem dualen System, d.h. es bestehen zwei Lernorte: die staatliche Schule und der private betriebliche Ausbildungsplatz.[22] Bei den berufsbildenden Schulen gibt es organisatorisch zwei Erscheinungsformen der Berufsschule: die Teilzeitschule und die Aufspaltung in eine Grund- und Fachstufe.[23]

Die *Volksschule* umfasst die Grund- und Hauptschule. Die Basis der Schulorganisation bildet die *Grundschule*, die in aller Regel die ersten vier Jahrgänge (ausnahmsweise sechs) der öffentlichen Volksschule umfasst. Im Anschluss an die Grundschule haben die Länder teilweise für alle Schüler ein fünftes oder sechstes Schuljahr als *Förder- oder Orientierungsstufe* eingeführt, welche den richtigen Übergang vom Primar- in den Sekundarbereich erleichtern soll. Die *Hauptschule* wird auch als Oberstufe des Volkschulwesens bezeichnet.[24] Die *Realschule* wird auch "Mittelstufe" genannt, weil sie eine Zwischenstellung zwischen der Hauptschule und dem Gymnasium einnimmt. Das Bildungsziel der Realschule besteht in der Vermittlung von Allgemeinbildung, die aber mit einer an den Erfordernissen gehobener, praktischer Berufe orientierten Ausbildung verbunden ist. Der Realabschluss, die Mittlere Reife, eröffnet verschiedene Möglichkeiten: den Zugang zur öffentlichen Verwaltung oder den Wechsel an weiterführende Schulen (Gymnasium). Das *Gymnasium* bezweckt die Erlangung der allgemeinen Hochschulreife.[25]

LEMPER, 190 f.). Zum Unterschied vgl. auch MAUNZ, Art. 7 GG, Rz. 21k; HEMMRICH, Rz. 7; ARBEITSGRUPPE BILDUNGSBERICHT, 303 ff.; HECKEL, Einführung, 20 f.; RICHTER Ingo, Stellung der Gesamtschule im Bildungswesen, in: NVwZ 1991, S. 138; FEND Helmut u.a., Gesamtschule und dreigliedriges Schulsystem - Eine Vergleichsstudie über Chancengleichheit und Durchlässigkeit, Stuttgart 1976.

21 OPPERMANN, Schule, Rz. 49; ders., Bildung, 792 ff.; HECKEL/AVENARIUS, 26.

22 OPPERMANN, Schule, Rz. 23.

23 Vgl. OPPERMANN, Schule, Rz. 57 ff.; ARBEITSGRUPPE BILDUNGSBERICHT, 328 ff.

24 OPPERMANN, Schule, Rz. 51.

25 Vgl. dazu OPPERMANN, Schule, Rz. 50 ff.; MAUNZ, Art. 7 GG, Rz. 12 ff.; BAHRO/ BECKER, 29 ff.; ARBEITSGRUPPE BILDUNGSBERICHT, 159 ff.

IV. Zusammenfassung von § 15

In Deutschland liegt sowohl die Kulturhoheit als auch die Schulhoheit in der ausschliesslichen Zuständigkeit der *Länder*. Art. 7 GG lässt den Bund nur gerade vier Bereiche regeln: Schulaufsicht, Religionsunterricht, Privatschulfreiheit und Vorschulen. Ihm fehlt grundsätzlich die Gesetzgebungskompetenz.

Das deutsche Schulwesen kennt eine ähnliche Gliederung wie das schweizerische. Es unterscheidet folgende *Schulstufen*: Vorschul-/Kindergartenstufe, Primarstufe (Grundschule), dreigliedrige Sekundarstufe I (Haupt- und Realschule sowie Untergymnasium) und integrierte Sekundstufe I (Gesamtschulen), Sekundarstufe II (Gymnasium, Berufsbildung) und Tertiärbereich. Bei den allgemeinbildenden Schulen werden folgende *Schularten* unterschieden: Pflichtschulen (Grund-, Haupt- und Berufsschule), Wahlschulen (Realschulen, Gymnasien, berufsbildende Fachschulen) und Gesamtschulen.

§ 16 Elternrecht in Deutschland

I. Einleitung

Ausdrückliche Schutzbestimmungen zugunsten von Ehe und Familie kennen europäische Verfassungen erst seit Ende des Ersten Weltkrieges. Die Weimarer Reichsverfassung von 1919 hat dabei den Anfang gemacht.[1] Den Anstoss dazu haben grundlegende Veränderungen, aber auch die Bedrohung der Familie durch kommunistische Lehren gegeben.[2] Bei der Statuierung des Grundgesetzes konzipierte man das Elternrecht insbesondere auf dem Hintergrund der Erfahrungen mit dem nationalsozialistischen Staat, der Eingriffe in den Privatbereich der Familie zur Durchsetzung totalitärer Staatsinteressen benutzte.[3]

Das Elternrecht wird im Grundgesetz durch die zentrale Bestimmung des *Art. 6 GG* geregelt.[4] Darin werden eine Reihe von *Wertentscheidungen und Anspruchsbegründungen* getroffen und vorgenommen.[5] Dieser Artikel zeigt einen uneinheitlichen Charakter; er wurde zu einer Art Sammelbestimmung zum Stichwort Familie. Mit seinen Absätzen 1-3 (Ehe, Familie, Elternrecht) erweitert sich der Grundrechtskatalog auf den privaten Familienbereich. Dieser wird gegenüber dem Staat

---

1 Vgl. in diesem Zusammenhang auch MOHS Werner, Schulgewalt und Elternrecht in Preussen, Langensalza 1930.

2 LECHELER, Rz. 1.

3 MÜNCH, Art. 6 GG, Rz. 8f (in der 3. A. von 1985); vgl. auch LECHELER, Rz. 4; SCHMITT GLAESER, 37 f. MEYER-SEVENICH, 29 bezeichnet dies als Überreaktion. Vgl. dazu auch DITHMAR Reinhard (Hrsg.), Schule und Unterricht im Dritten Reich, Neuwied 1989; URBAN Karin, Das Ausbildungswesen unter dem Nationalsozialismus, Frankfurt a.M. 1986; SCHOLTZ Harald, Erziehung und Unterricht unterm Hakenkreuz, Göttingen 1985; HERRMANN Ulrich (Hrsg.), "Die Formung des Volksgenossen", Der "Erziehungsstaat" des Dritten Reiches, Weinheim/Basel 1985; NEUMANN Gerd, Die Indoktrination des Nationalsozialismus in die Berufserziehung, Diss. Hamburg 1969.

4 Ursprünglich war für das Elternrecht eine selbständige Regelung vorgesehen (STERN, 823). Zur *Entstehungsgeschichte* von Art. 6 GG vgl. RICHTER, Art. 6 GG, Rz. 1 ff., 6 ff.; ZACHER, Rz. 17 ff., 24 ff.; OSSENBÜHL, Erziehungsrecht, 23 ff.; MAUNZ, Elternrecht, 419 ff.; STERN, 161 ff.

5 MAUNZ, Art. 6 GG, Rz. 1. Art. 6 GG ist nicht unantastbar (Art. 79 Abs. 1 und 3 GG), hat aber einen *vorstaatlichen Kern*, insofern als Ehe und Familie naturgegeben sind (MAUNZ, Art. 6 GG, Rz. 2, 25i). Zur *Wesensgehaltsgarantie* vgl. MAUNZ, Art. 6 GG, Rz. 3; BAUMGARTE, 46 ff.; HÄBERLE Peter, Die Wesensgehaltsgarantie des Art. 19 Abs. 2 Grundgesetz, 3. A., Heidelberg 1993; SCHNEIDER Ludwig, Der Schutz des Wesensgehalts von Grundrechten nach Art. 19 Abs. 2 GG, Berlin 1983.

ausdrücklich als eigener Bereich anerkannt und abgegrenzt.[6] Abs. 4 und 5 betreffen wiederum Einzelpersonen: Mütter und nichteheliche Kinder.[7]

Der Ordnungsauftrag des Art. 6 GG richtet sich an *Bund* und *Länder*. Vieles, was der Verwirklichung des Art. 6 GG dient, ist Sache der Länder geblieben (Art. 30, 70 GG): so vor allem das schulische und nichtschulische Erziehungswesen.[8] Die Vorschriften der Landesverfassungen, soweit sie das Elternrecht in Übereinstimmung mit dem Grundgesetz garantieren, gelten danach fort (Art. 31, 142 GG).[9]

II. Familie als Grundlage des Elternrechts

1. Allgemeines

Wie schon im schweizerischen Recht festgestellt wurde, setzt das Elternrecht das Vorliegen anderer Grundrechte voraus. Hier ist insbesondere an die beiden vorgelagerten Rechte auf Ehe und Familie zu denken.[10] Das Grundgesetz stellt das Elternrecht unter das Leitbild von Ehe und Familie. Die Ehefreiheit soll hier aber nicht weiter behandelt werden. Für die Behandlung des Elternrechts reicht es aus, wenn vorweg die verfassungsrechtliche Situation der Familie behandelt wird.[11]

2. Schutzobjekt von Art. 6 Abs. 1 GG

Art. 6 Abs. 1 GG lautet: "Ehe und Familie stehen unter dem besonderen Schutze der staatlichen Ordnung."[12] Er schützt die Familie als *Lebens- und Erziehungsgemein-*

---

[6] In den Absätzen 1 bis 3 ist die Familie - als Lebensgemeinschaft zwischen Eltern und Kindern - Gegenstand der Regelung. Sie stehen miteinander in innerem Zusammenhang, betreffen jedoch jeweils besondere Aspekte des einheitlichen Gegenstandes (LEIBHOLZ/RINCK/HESSELBERGER, Art. 6 GG, Rz. 61). Für das Verhältnis zwischen Eltern und Kinder innerhalb der Familie sind Abs. 2 und 3 leges speciales gegenüber Abs. 1 (PIEROTH, Art. 6 GG, Rz. 1).

[7] MÜNCH, Art. 6 GG, Rz. 60; ZACHER, Rz. 2, 101.

[8] ZACHER, Rz. 48.

[9] ZACHER, Rz. 49 f.

[10] So MORITZ, 72 ff.; ERICHSEN, Elternrecht, 723. OSSENBÜHL bezeichnet das elterliche Erziehungsrecht als Element der Familie (OSSENBÜHL, Erziehungsrecht, 42 f.).

[11] Vgl. dazu auch HÄBERLE Peter, Verfassungsschutz der Familie - Familienpolitik im Verfassungsstaat, Heidelberg 1984; ZIPPELIUS Reinhold, Verfassungsgarantie und sozialer Wandel - Das Beispiel von Ehe und Familie, in: DÖV 1986, S. 805-810.

[12] Zur Entstehungsgeschichte des verfassungsrechtlichen Schutzes der Familie vgl. SCHMID Viola, 244 ff.

schaft.[13] Der Begriff Familie - wie auch jener der Ehe - wird weder durch das Grundgesetz noch durch einfaches Gesetzesrecht definiert. In der Lehre bezeichnet man die Familie als *Verbindung von Eltern mit ihren (minderjährigen) Kindern* in den von der Rechtsordnung bestimmten oder anerkannten Lebensbereichen. Geschützt ist die sogenannte aus Eltern und Kindern bestehende *Kleinfamilie*, und nicht etwa die Generationen-Grossfamilie mitsamt den Grosseltern. Voraussetzung ist eine von der Rechtsordnung anerkannte natürliche oder gesetzliche Verwandtschaft.[14]

3. Inhalt von Art. 6 Abs. 1 GG

Die Rechte aus Ehe und Familie sind *Menschenrechte.*[15] Das heisst, was in Art. 6 Abs. 1 GG gewährleistet ist, steht allen in Deutschland lebenden Menschen[16] zu. Dies hat nichts zu tun mit vorstaatlicher oder überstaatlicher Geltung, sondern beruht auf der Entscheidung des deutschen Verfassungsgebers.[17]

Art. 6 Abs. 1 GG ist nicht mehr wie in der Weimarer Verfassung bloss ein Programmsatz, sondern ein unmittelbar anwendbarer Rechtssatz.[18] Er stellt ein *klassisches Grundrecht* dar, das sich gegen die Allstaatlichkeit der nationalstaatlichen Herrschaft richten soll.[19] Es gewährleistet die Freiheit und Förderung des familiären

---

[13] BVerfGE 80, 90. Wachsen die Kinder aus dem Erziehungsalter heraus, wird die Familie zur blossen *Hausgemeinschaft*. Wird auch diese aufgelöst, spricht man von *Begegnungsgemeinschaft* (BVerfGE 80, 90 f.).

[14] Vgl. MAUNZ, Art. 6 GG, Rz. 16 f.; MÜNCH, Art. 6 GG, Rz. 7; PIEROTH, Art. 6 GG, Rz. 4; LEIBHOLZ/RINCK/HESSELBERGER, Art. 6 GG, Rz. 60, 63; RICHTER, Art. 6 GG, Rz. 15a (er spricht von "Sozialverwandtschaft"). Vgl. zum Begriff "Familie" auch die Hinweise bei MAUNZ, a.a.O., Anm. 1; LECHELER, Rz. 29 ff.; CAMPENHAUSEN, 21 ff. Zur Terminologie der Familienarten vgl. SCHMID Viola, 28 ff., zu den einzelnen Erscheinungsformen der Familie in der Geschichte a.a.O., 42 ff., 120 ff. Zu den *nichtehelichen Lebensgemeinschaften* vgl. MÜNCH, Art. 6 GG, Rz. 5; LEIBHOLZ/RINCK/HESSELBERGER, Art. 6 GG, Rz. 60 ff.; LECHELER, Rz. 91 ff.; RICHTER, Art. 6 GG, Rz. 36a ff.; vgl. auch BVerfGE 84, 168 für das gemeinsame Sorgerecht eines nichtehelichen Kindes.

[15] MAUNZ, Art. 6 GG, Rz. 4; MÜNCH, Art. 6 GG, Rz. 2; LECHELER, Rz. 49.

[16] Die Rechte aus Art. 6 Abs. 1 GG können ihrem Wesen nach stets nur *natürlichen Personen* zukommen (MAUNZ, Art. 6 GG, Rz. 4; LEIBHOLZ/RINCK/HESSELBERGER, Art. 6 GG, Rz. 31; PIEROTH, Art. 6 GG, Rz. 5).

[17] MAUNZ, Art. 6 GG, Rz. 4.

[18] LECHELER, Rz. 54; MAUNZ, Art. 6 GG, Rz. 6.

[19] LEIBHOLZ/RINCK/HESSELBERGER, Art. 6 GG, Rz. 2; MAUNZ, Art. 6 GG, Rz. 6; MÜNCH, Art. 6 GG, Rz. 12; PIEROTH, Art. 6 GG, Rz. 1; RICHTER, Art. 6 GG, Rz. 11, 14; LECHELER, Rz. 55; CAMPENHAUSEN, 27 f.; SCHMID Viola, 414 ff.; GERNHUBER, 41 f.; KLEIN, Art. 6 GG, Rz. 4.

Zusammenlebens.[20] Die zentrale Bedeutung dieses Rechts zeigt sich im Erziehungsauftrag der Familie, den sie nur erfüllen kann, solange sie frei und autonom ist. Der freie Familienraum ist deshalb vor seiner Einebnung durch sozialstaatliche Interventionen zu schützen.[21] Es besteht *keine unmittelbare Drittwirkung* der Schutzpflicht.[22]

Ferner enthält diese Bestimmung eine *Institutsgarantie*, wonach Ehe und Familie als wesentliche Einrichtungen der deutschen Rechtsordnung erhalten bleiben müssen.[23] Dahinter steht laut RICHTER die gesellschaftspolitische Konzeption einer pessimistischen Familiensoziologie.[24]

Schliesslich bildet diese Norm als *wertentscheidende Grundsatznorm* Massstab und Grenze für Gesetzgebung und -anwendung. Ehe und Familie werden als Keimzelle jeder menschlichen Gesellschaft unter besonderen Schutz gestellt. Daraus ergibt sich eine *Schutz- und Förderungspflicht* des Staates, d.h. negativ das Verbot, Ehe und Familie zu schädigen oder zu beeinträchtigen und positiv das Gebot, diese zu fördern.[25,26]

---

[20] MAUNZ, Art. 6 GG, Rz. 25. Vgl. auch BERGHAHN Sabine, Ehe und Familie in der Verfassungsdiskussion - Vom institutionellen zum sozialen Grundrechtsverständnis?, in: KJ 1993, S. 397-418.

[21] LECHELER, Rz. 60. Das Verhältnis zwischen Familie und Staat kann als Indikator der Freiheitlichkeit dienen (a.a.O., Rz. 61).

[22] MAUNZ, Art. 6 GG, Rz. 4, 8; MÜNCH, Art. 6 GG, Rz. 23; vgl. auch RICHTER, Art. 6 GG, Rz. 32.

[23] BVerfGE 76, 49. Zur Literatur vgl. insbesondere MORITZ, 74 ff.; SCHMID Viola, 293 ff. Vgl. weiter auch LEIBHOLZ/RINCK/HESSELBERGER, Art. 6 GG, Rz. 6; MAUNZ, Art. 6 GG, Rz. 6; MÜNCH, Art. 6 GG, Rz. 9; PIEROTH, Art. 6 GG, Rz. 1, 17; RICHTER, Art. 6 GG, Rz. 11; LECHELER, Rz. 9, 56 f.; CAMPENHAUSEN, 25 ff.; GERNHUBER, 35 ff.; KLEIN, Art. 6 GG, Rz. 2.

[24] Diese beruht laut RICHTER auf zwei Annahmen über die Entwicklung von Ehe und Familie in diesem Jahrhundert: a) Die Grossfamilie vorindustrieller Gesellschaften entwickelt sich zur Kernfamilie *(Kontraktion)* und b) die Familie hat ihre gesellschaftliche Funktion als Wirtschaftseinheit verloren, d.h. sie ist nur noch als Personaleinheit zu verstehen *(Funktionsverlust)*. Doch auch diese Kernfamilie sei angeblich durch *Desintegration* und *Desorganisation* bedroht. Kennzeichnend sei heute vielmehr die *Vielfalt der Lebensformen* (vgl. zu diesen Argumenten ausführlich RICHTER, Art. 6 GG, Rz. 11a ff.). Gefahren für Ehe und Familie werden nach RICHTER zurzeit in dreierlei Hinsicht gesehen: a) Auflösung von Ehe und Familie durch "Verstaatlichung", b) Verdrängung der Familie durch alternative Lebensgemeinschaften und c) Emanzipation der Frau und der Kinder innerhalb der Familie (a.a.O., Rz. 40a ff.).

[25] BVerfGE 76, 49. LEIBHOLZ/RINCK/HESSELBERGER, Art. 6 GG, Rz. 11, 71 ff.; MAUNZ, Art. 6 GG, Rz. 6, 17; MÜNCH, Art. 6 GG, Rz. 19; PIEROTH, Art. 6 GG, Rz. 1, 6, 9; RICHTER, Art. 6 GG, Rz. 10 f., 20 ff., 36 ff.; LECHELER, Rz. 50, 58; CAMPENHAUSEN, 34; SCHMID Viola, 396 ff.; GERNHUBER, 38 ff.; DIETLEIN Johannes, Die Lehre von den grundrechtlichen Schutzpflichten, Berlin 1992, 30; KLEIN, Art. 6 GG, Rz. 1, 7.

III. Elternrecht im allgemeinen

1. Zum Begriff

Das Elternrecht lässt sich grundsätzlich nicht definieren. Die Verankerung im Grundgesetz als "Institution" lässt es lediglich als "Typus" begreifen. Daraus folgt, dass das verfassungsrechtlich garantierte "Elternrecht" grundsätzlich *auslegungsoffen* ist.[27] RICHTER hat versucht die verschiedenen Elternrechte zu klassifizieren: Er unterteilt es in das Recht der Bestimmung über die Teilnahme am Religionsunterricht (Art. 7 Abs. 2 GG), die Privatschulfreiheit (Art. 7 Abs. 4 und 5 GG), die Mitwirkungsrechte der Eltern im Schulwesen, das Recht zur Wahl der Schulart und den Informationsanspruch gegen den Staat.[28] STAUPE erwähnt daneben noch das privatrechtliche Recht der Personensorge (§§ 1626 ff. BGB).[29] BÖCKENFÖRDE definiert das Elternrecht als "Gewährleistung einer in der natürlichen Eltern-Kind-Beziehung angelegten pflichtbestimmten Rechtsstellung herrschaftlich-treuhänderischer Art, die eine mit der Kindesentwicklung allmählich schwindende Erziehungsbefugnis und ein Abwehrrecht gegen Übergriffe des Staates in diese Befugnis zum Inhalt hat."[30]

2. Rechtsgrundlage

a) Grundgesetz

Das Elternrecht wird in *Art. 6 Abs. 2 Satz 1 GG* geregelt: "Pflege und Erziehung der Kinder sind das natürliche Recht der Eltern und die zuvörderst ihnen obliegende Pflicht." Das Grundgesetz stellt das Elternrecht unter das Leitbild von Ehe und

---

26 Art. 6 Abs. 1 GG begründet also nicht nur eine Abwehrstellung, sondern auch *Leistungsansprüche* gegen den Staat (MAUNZ, Art. 6 GG, Rz. 4, 17c). MAUNZ nennt den Anspruch, vom Staat Erziehungseinrichtungen und Erziehungsmassnahmen verlangen zu können (a.a.O, Rz. 31). Regelmässig erwachsen aber aus Abs. 1 keine konkreten Ansprüche auf bestimmte staatliche Leistungen (PIEROTH, Art. 6 GG, Rz. 10).

27 So MORITZ, 128.

28 RICHTER, Bildungsverfassungsrecht, 46 f.

29 STAUPE, 58.

30 BÖCKENFÖRDE, 70 f.

Familie.[31]

Das Grundgesetz bezeichnet die Pflege und Erziehung der Kinder als *"natürliches Recht"* der Eltern. Es fragt sich, welche Folgen sich aus dieser Bezeichnung ergeben. Grundsätzlich lässt sich dies verstehen als blosse Feststellung eines schlichten natürlichen Sachverhaltes, nämlich den der *biologisch-natürlichen Elternschaft*.[32] Damit bildet das Elternrecht die Lösung des gesellschaftlichen Problems, dass Kinder vom ersten Augenblick ihres Lebens an auf Hilfe und Sorge angewiesen sind.[33] Eine weitere Interpretationsweise befasst sich mit dem *naturrechtlichen Gehalt* dieser Bezeichnung. Im Zentrum steht der Gedanke, dass das Elternrecht als ein aus dem *Naturrecht* hervorgehendes, vom Staat nicht verliehenes, sondern von diesem lediglich vorgefundenes, *vorstaatliches Recht* angesehen werden kann.[34] Dies soll hier aber nicht weiter untersucht werden.[35] Denn durch die Aufnahme dieses Rechtes in die Verfassung gestaltet es sich gleichzeitig als positivrechtliches, d.h. als ein der staatlichen Rechtsordnung zugehöriges Recht. Es wird nicht Naturrecht als hier geltendes Recht anerkannt. Vielmehr gründet die geltende Rechtsordnung auf der verfassungsgebenden Entscheidung der staatlichen Gemeinschaft.[36] "Natürlich" ist

[31] ZACHER, Rz. 1; BÖCKENFÖRDE, 57 f. ZACHER vergleicht 152 aktuelle Verfassungen. Danach findet die Familie in 61 Verfassungen verfassungsrechtliche Anerkennung. Das Recht und/oder die Pflicht der Eltern auf Pflege und Erziehung der Kinder ist dagegen lediglich in 27 verankert (vgl. Zacher, Rz. 43).

[32] SCHMITT-KAMMLER, 15; vgl. MÜNCH, Art. 6 GG, Rz. 30; HAHNZOG Klaus, Inhaber des Elternrechts aus Art. 6 Abs. II GG, in: FamRZ 1971, S. 334-340, 335 f.

[33] ZACHER, Rz. 3.

[34] So in BVerfGE 59, 376; 60, 88.

[35] Vgl. dazu MORITZ, 129 f.; MÜNCH, Art. 6 GG, Rz. 1; ZACHER, Rz. 47; BAUMGARTE, 3 ff.; SCHMITT-KAMMLER, 14 ff.; MAUNZ, Art. 6 GG, Rz. 26c; RICHTER, Art. 6 GG, Rz. 34; MAURER, 39 ff.; SURWALD, 67 ff.; BÖCKENFÖRDE, 69 f.; GERNHUBER, 43; OSSENBÜHL, Erziehungsrecht, 20 f., 45 ff.; KREMER, 9 f.; MEYER-SEVENICH, 19 ff., 30 ff., 37 ff.; SCHICK, 27 ff., 103 ff.; RECHSTEINER, 458, 465; SCHLIE, 13 ff.; ERICHSEN, Kindeswohl, 27 ff.; MANDEL Josef, Das Elternrecht nach der natürlichen und übernatürlichen Ordnung, Freiburg i.Br. 1960; MEURER Anni, Das natürliche Erziehungsrecht im 18. Jahrhundert, Diss. Bonn 1966; BINGLER Theo, Studien zum Elternrecht bei den Naturrechtsphilosophen des 16. und 17. Jahrhunderts, Diss. Freiburg i.Br. 1960; RÖBBELEN Ingeborg, Zum Problem des Elternrechts, Ein Beitrag aus evangelischer Sicht, Heidelberg 1966; REININGHAUS Werner, Evangelische Kirche und Elternrecht, Lüneburg 1961; STEIN Erwin/JOEST Wilfried/DOMBOIS Hans, Elternrecht: Studien zu einer rechtsphilosophischen und evangelisch-theologischen Grundlegung, Heidelberg 1958; SCHRÖTELER Josef, Das Elternrecht in der katholisch-theologischen Auseinandersetzung, München 1936.

[36] MAUNZ, Art. 6 GG, Rz. 22; gleicher Ansicht RICHTER, Art. 6 GG, Rz. 34; SCHMITT-KAMMLER, 16 f.; MARGIES, 1246.

nicht mit "naturrechtlich" gleichzusetzen.[37]

Das in Art. 6 Abs. 2 GG geschützte Elternrecht ist eine Konkretisierung des in Art. 2 Abs. 1 GG garantierten Rechts auf freie Entfaltung der Persönlichkeit. Deshalb geht es als spezielle Bestimmung der allgemeinen Norm von Art. 2 GG vor.[38] Es gibt den Eltern ein Grundrecht auf Verwirklichung ihrer persönlichen Erziehungsvorstellungen.[39] Art. 6 Abs. 1 verstärkt die Entfaltungsfreiheit des Art. 2 Abs. 1 im privaten Lebensbereich.[40]

b) Länderverfassungen

Das *Elternrecht* wird in den *einzelnen Ländern* in unterschiedlicher Weise verfassungsmässig verankert. Als Grundlage für die Schule muss es bei der Gestaltung des Erziehungs- und Schulwesens berücksichtigt werden. Der Staat und die Gemeinden haben die Eltern zu unterstützen.[41]

---

[37] Vgl. dazu auch SCHMITT-KAMMLER, 15, der auf die Beratungen im Parlamentarischen Rat verweist, wo naturrechtliche Vorstellungen abgelehnt wurden. Art. 6 GG knüpft zwar an vorstaatliche, naturgegebene Ordnungen an, verwendet dann aber Begriffe, die nur dem positiven Recht entnommen sein können (z.B. "Eltern", "Erziehungsberechtigte"). Das vorstaatlich Gegebene ist vom Grundgesetz zum positiven Recht gestaltet worden. Damit wird vor allem eine Verwirrung zwischen den Begriffen des GG und des BGB vermieden (so MAUNZ, Art. 6 GG, Rz. 14). Zur *geschichtlichen Entwicklung* des Erziehungsrechts zwischen Eltern und Schule vgl. u.a. SURWALD, 4 ff.; MAURER, 6 ff.; MARGIES, 1240 ff.; LEMPER, 57 ff.

[38] RICHTER, Art. 6 GG, Rz. 34; MÜNCH, Art. 6 GG, Rz. 59; MAUNZ, Art. 6 GG, Rz. 25i; LEIBHOLZ/RINCK/HESSELBERGER, Art. 6 GG, Rz. 561.

[39] Deshalb steht nach einer *Scheidung* nicht nur das (volle) Sorgerecht des einen Elternteils, sondern auch das Umgangs- bzw. Verkehrsrecht des nicht sorgeberechtigten Elternteils unter dem Schutz des Art. 6 Abs. 2 Satz 1 GG. Beide sind Teil des natürlichen Elternrechts. Vgl. dazu MÜNCH, Art. 6 GG, Rz. 33; LEIBHOLZ/RINCK/HESSELBERGER, Art. 6 GG, Rz. 606 ff.; RICHTER, Art. 6 GG, Rz. 26; ZACHER, Rz. 104 ff.; BRÖTEL, 219 ff.; SIMON Hans-Peter, Das Wesen des Umgangsrechts (§ 1634 BGB), Zugleich ein Beitrag zur Grundlage des Eltern-Kind-Verhältnisses, Diss. Freiburg i.Br. 1978; BREITHAUPT Marianne, Der aufhaltsame Aufstieg des gemeinsamen Sorgerechts für geschiedene Eltern, in: KJ 1993, 416-437.

[40] PIEROTH, Art. 6 GG, Rz. 1.

[41] Vgl. dazu die Bestimmungen der *Länderverfassungen* von Baden-Württemberg, Art. 15 Abs. 3; Bayern, Art. 126 Abs. 1; Bremen, Art. 23 Abs. 1 und 2; Hessen, Art. 55; Nordrhein-Westfalen, Art. 8 Abs. 1; Rheinland-Pfalz, Art. 25 Abs. 1, 27 Abs. 1 und 2; Saarland, Art. 24 Abs. 1 Satz 1, 26 Satz 2; Sachsen, Art. 101 Abs. 2; Sachsen-Anhalt, Art. 26 Abs. 3. Vgl. auch OSSENBÜHL, Erziehungsrecht, 38 f.

3. Rechtsnatur

Art. 6 Abs. 2 Satz 1 GG führt die Verfassungstradition der Weimarer Zeit (Art. 120 WRV)[42] fort, indem er bestimmte Rechte und Pflichten der Eltern in bezug auf Pflege und Erziehung der Kinder ("Elternrecht") in den Rang von *Verfassungsrecht* erhebt.[43] Nicht ins Grundgesetz übernommen hat man aber die Weimarer Formel "Staatsrecht bricht Elternrecht", weil neu das Individualrecht des Kindes mit einbezogen wurde.[44] Im Gegensatz zur Weimarer Verfassung hat das Elternrecht im Grundgesetz sogar eine *Verstärkung* erfahren.[45]

Das in Art. 6 Abs. 2 Satz 1 GG verankerte Elternrecht stellt ein *Menschenrecht* dar, das jedermann zusteht.[46] Das Grundgesetz räumt ihm die Kraft eines *subjektiven öffentlichen Rechts* mit unmittelbar geltender Bindungswirkung ein.[47] Beim Elternrecht handelt es sich um ein klassisches *Grundrecht*.[48] Es gewährleistet den Eltern das Recht und die Pflicht, die Pflege und Erziehung ihrer Kinder nach ihren eigenen Vorstellungen frei von staatlichen Einflüssen und - vorbehaltlich Art. 7 GG - mit Vorrang vor anderen Erziehungsträgern zu gestalten.[49] Die Norm garantiert den *Vorrang der Eltern*, ihre Eigenständigkeit und Selbstverantwortlichkeit bei der Pflege

---

42 *Art. 120 der Weimarer Reichsverfassung (WRV) von 1919* lautete: "Die Erziehung des Nachwuchses zur leiblichen, seelischen und gesellschaftlichen Tüchtigkeit ist oberste Pflicht und natürliches Recht der Eltern, über deren Betätigung die staatliche Gemeinschaft wacht." Vgl. dazu ZACHER, Rz. 17; OSSENBÜHL, Erziehungsrecht, 18 ff.; RICHTER, Bildungsverfassungsrecht, 48 ff.; HODES Fritz, Elternrecht und Staatsbefugnis (Artikel 120 der Deutschen Reichsverfassung), Limburg a.d. Lahn 1932.

43 MAUNZ, Art. 6 GG, Rz. 22.

44 MARGIES, 1253.

45 Das Elternrecht erstreckt sich neu auf alle billigenswerten Erziehungsziele und denkbaren Erziehungsmassnahmen und neu auch auf den schulischen (unter Beachtung von Art. 7 Abs. 1 GG) wie auf den ausserschulischen Bereich. Es ist nicht nur Abwehrrecht sondern auch Bestimmungsrecht und schliesslich ist es nicht mehr nur programmatisches, sondern unmittelbar anwendbares Recht (vgl. dazu MAUNZ, Art. 6 GG, Rz. 25b ff.).

46 MAUNZ, Art. 6 GG, Rz. 23; ZACHER, Rz. 13, 47; MÜNCH, Art. 6 GG, Rz. 2, 25; PETERS, 373 ff.; OSSENBÜHL, Erziehungsrecht, 47 f.; SCHLIE, 3 ff.; KREMER, 11 f., 17.

47 MAUNZ, Art. 6 GG, Rz. 22, 9; BAUMGARTE, 20 ff.

48 PIEROTH, Art. 6 GG, Rz. 20; LEIBHOLZ/RINCK/HESSELBERGER, Art. 6 GG, Rz. 551; MÜNCH, Art. 6 GG, Rz. 25; ZACHER, Rz. 2, 44; BAUMGARTE, 19 ff.; SCHMITT-KAMMLER, 18; FEHNEMANN, 532 f.; BÖCKENFÖRDE, 59; JACH, Schulvielfalt, 34; OSSENBÜHL, Erziehungsrecht, 43 ff.; KREMER, 24.

49 BVerfGE 59, 376; 52, 235; 47, 70.

und Erziehung der Kinder.[50] Es ist grundsätzlich *staatsgerichtet*, nicht kindsgerichtet.[51] Im Elternrecht findet sich auch eine *wertentscheidende Grundsatznorm* und eine *institutionelle Garantie*, welche die Kindererziehung in der Familie unter verfassungsrechtlichen Schutz stellt.[52]

4. Inhalt des Elternrechts

Der Staat kann nicht alles Beliebige zur Staatsaufgabe machen, was er für zweckmässig hält. Er muss dem Bürger etwas Wesentliches zu entscheiden übrig lassen, auch in bezug auf die Schule. Es gibt deshalb eine "Freiheit der Erziehung".[53]

Seinem Wortlaut entsprechend, erstreckt sich das Elternrecht auf die beiden Bereiche "Pflege und Erziehung". Unter *Pflege* ist die "allgemeine Sorge für die Person des Kindes, für sein körperliches Wohl und für seine geistige und charakterliche Entwicklung zu verstehen". *Erziehung* ist die "Sorge für die Ausbildung und Bildung durch Entfaltung der Fähigkeiten des Kindes".[54] Der Pflege wird damit die physische Existenzsicherung zugerechnet, während der Erziehung die Wissensvermittlung und die wertbezogene (religiöse, sittliche, weltanschauliche, politische) Einwirkung zugesprochen wird.[55] Um eine unnötige Unterscheidung zu vermeiden, die auch vom Grundgesetzgeber nicht beabsichtigt war und die ein Ineinandergreifen trotzdem nicht verhindern kann, sind die Ausdrücke "Pflege und Erziehung" als ein

---

50 LEIBHOLZ/RINCK/HESSELBERGER, Art. 6 GG, Rz. 551, 571; KREMER, 24 f.; FALLER, 615. Vgl. auch FEHNEMANN Ursula, Zur näheren Bestimmung des grundgesetzlichen Elternrechts, in: DÖV 1982, 353-358.

51 SCHMITT-KAMMLER, 18; vgl. auch BÖCKENFÖRDE, 59, 61.

52 MÜNCH, Art. 6 GG, Rz. 25; MAUNZ, Art. 6 GG, Rz. 9; ZACHER, Rz. 44 f.; BAUMGARTE, 130 ff.; SCHMITT-KAMMLER, 18; OSSENBÜHL, Erziehungsrecht, 44 f.; STERN, 775, 825 f.

53 So MAUNZ, Staat, 2.

54 MAUNZ, Art. 6 GG, Rz. 24. Ähnlich MÜNCH, Art. 6 GG, Rz. 26; PIEROTH, Art. 6 GG, Rz. 21; ZACHER, Rz. 65; BAUMGARTE, 40 f.; PETERS, 381 ff.; OSSENBÜHL, Erziehungsrecht, 48 ff.; SCHLIE, 36 ff.; KREMER, 8 f.; JACH, Schulsystem, 62 ff.; HORNDASCH, 52 ff.; ERICHSEN, Kindeswohl, 31 ff. Nach PESCHEL-GUTZEIT - in Anlehnung an das BGB - umfasst das Elternrecht "die Sorge für das körperliche Wohl (Ernährung, Kleidung, Sorge für die Gesundheit und die körperliche Entwicklung), für die geistig-seelische und religiös-weltanschauliche Entwicklung (Entwicklung der geistigen Anlagen, Ausbildung zu einem Beruf), darüber hinaus die Vermögenssorge und die Finanzierung des Unterhalts" (PESCHEL-GUTZEIT, Vorbem zu §§ 1626 ff. BGB, Rz. 22).

55 SCHMITT-KAMMLER, 19.

zusammengehöriger, einheitlicher Begriff aufzufassen.[56] Als formales *Erziehungsziel* kann die Erziehung zur mündigen, selbstentscheidungsfähigen und selbstverantwortlichen Persönlichkeit bezeichnet werden.[57] Eine Schranke des Elternrechts bildet damit sowohl jede aktive Vereitelung dieses Zieles als auch jede Erziehungsunterlassung.[58]

Das Elternrecht besteht gemäss SCHMITT-KAMMLER aus *zwei Komponenten*. Einerseits gibt das Elternrecht grundsätzlich das bereits genannte Recht, ohne staatliche Störung auf das Kind einwirken zu können (*Einwirkungsrecht*; Erziehungsrecht i.e.S.).[59] Andererseits enthält das Elternrecht neben diesem Erziehungsrecht die Befugnis, die Rechte des Kindes nach aussen hin - insbesondere gegen den Staat - wahrzunehmen (*Wahrnehmungsrecht*). Hier wirken die Eltern nicht auf das Kind ein, sondern handeln in einer Art "treuhänderischer" Stellung.[60]

5. Rolle des Kindes

a) *Wirkung des Elternrechts gegenüber dem Kind*

Das Elternrecht als Grundrecht ist grundsätzlich staatsgerichtet. Indem ein elterliches Recht bestimmten Inhalts ("Pflege und Erziehung") gegen staatliche Eingriffe geschützt wird, findet dieses gleichzeitig auch nach "innen" seinen Bestandesschutz.[61] Art. 6 Abs. 2 Satz 1 GG gibt also durchaus auch ein bestimmtes *Recht gegenüber dem Kind*, das dem staatlichen Zugriff grundsätzlich entzogen ist. Doch ist dies nicht als ein Grundrecht aufzufassen.[62,63]

---

56 MAUNZ, Art. 6 GG, Rz. 24; MÜNCH, Art. 6 GG, Rz. 26; ZACHER, Rz. 65.

57 Vgl. dazu u.a. BÖCKENFÖRDE, 65; SCHMITT-KAMMLER, 27; MAUNZ, Art. 6 GG, Rz. 25g; JACH, Schulvielfalt, 65 ff. ZACHER, Rz. 51 nennt die "Grundrechtsmündigkeit" im Sinne selbst-verantwortlichen, selbständigen und gemeinschaftsgebundenen Grundrechtsgebrauchs. ERICHSEN leitet die Erziehungsziele aus den Begriffen "Pflege und Erziehung" ab (ERICHSEN, Kindeswohl, 35 f.). Vgl. dazu u.a. auch TRÖGER Walter, Erziehungsziele, München 1974.

58 SCHMITT-KAMMLER, 27.

59 Ob dabei von einem Herrschaftsrecht gesprochen werden kann, soll hier nicht weiter behandelt werden (vgl. dazu BÖCKENFÖRDE, 59 f.).

60 SCHMITT-KAMMLER, 19 f. Nur dank der Wahrnehmungskomponente könnten unmittelbare subjektive Abwehransprüche der Eltern selbst resultieren (vgl. dazu a.a.O., 62 ff.).

61 SCHMITT GLAESER bezeichnet die Rechte des Kindes als "innere" und das staatliche Erziehungsrecht als "äussere" Grenze des Elternrechts (SCHMITT GLAESER, 45, 48).

62 SCHMITT-KAMMLER, 18. Auf die gleiche Weise wirkt das Grundrecht auch gegenüber Dritten (vgl. ZACHER, Rz. 55).

63 Dies bedeutet nicht eine unmittelbare Drittwirkung (vgl. hierzu MORITZ, 70 ff.).

b) Kinder als Grundrechtsträger

Es stellt sich die Frage, inwiefern das Elternrecht durch die Rechtsposition der Kinder begrenzt wird. Ein absolutes Elternrecht bis zum 18. Altersjahr des Kindes, das allen Kindesrechten vorgeht, ist grundsätzlich nicht vertretbar.[64] Grundsätzlich ist das Kind *Grundrechtsträger*.[65] Es ist ein Wesen mit eigener Menschenwürde (Art. 1 Abs. 1 GG) und eigenem Recht auf Entfaltung seiner Persönlichkeit (Art. 2 Abs. 1 GG).[66] In bestimmten Bereichen wird ihm die (Grundrechts-)Mündigkeit als *Teilmündigkeit* schon vor Erreichen der Volljährigkeit zugestanden. Man kann dabei von *Kindergrundrechten* sprechen.[67] Das Grundgesetz kennt weder ausdrückliche Rechte des Kindes[68] noch ein umfassendes Recht auf Bildung.[69] Eine unmittelbare Geltung von (Kinder-) Grundrechten im privaten Eltern-Kind-Verhältnis kann nicht angenommen werden.[70]

---

[64] MÜNCH, Art. 6 GG, Rz. 28.

[65] Vgl. MAUNZ, Art. 6 GG, Rz. 34.

[66] BVerfGE 72, 172. REISERER, 46 ff. weist aber darauf hin, dass ein Unterschied besteht zwischen einem Recht zu "haben" und der selbständigen Befugnis, dieses "auszuüben"); vgl. dazu auch STERN, 1064 ff.

[67] Vgl. dazu die Aufzählung bei ZACHER, Rz. 72; vgl. auch MAUNZ, Art. 6 GG, Rz. 30; RICHTER, Art. 7 GG, Rz. 8a. Vgl. dazu auch ROELL Monika, Die Geltung der Grundrechte für Minderjährige, Berlin 1984; FEHNEMANN Ursula, Die Innehabung und Wahrnehmung von Grundrechten im Kindesalter, Berlin 1983; UMBACH Dieter C., Grundrechts- und Religionsmündigkeit im Spannungsfeld zwischen Kindes- und Elternrecht, in: Verantwortlichkeit und Freiheit, Festschrift für Willi Geiger zum 80. Geburtstag, Tübingen 1989, S. 359-377. Für weitere Literaturhinweise zur Grundrechtsmündigkeit vgl. insbesondere die Literaturhinweise bei PESCHEL-GUTZEIT, Vorbem. zu §§ 1626 ff. BGB, Rz. 24 (Anm. dazu).

[68] Eine Ausnahme bildet die Gleichstellung unehelicher Kinder (Art. 6 Abs. 5 GG). Vgl. auch HERDEGEN Matthias, Die Aufnahme besonderer Rechte des Kindes in die Verfassung, in: FamRZ 1993, S. 374-384.

[69] Vgl. RICHTER, Art. 7 GG, Rz. 38; AVENARIUS/JEAND'HEUR, 15; a.M. ist ROESER Karsten, Rechte und Pflichten des Schülers - Rechte und Pflichten des Lehrers, in: TWELLMANN Walter (Hrsg.), Handbuch Schule und Unterricht, Band 3, Düsseldorf 1981, S. 206-225, 209. In BVerfGE 45, 417 wird zum Recht auf Bildung keine Stellung genommen. Vgl. dazu auch HEYMANN Klaus-Dieter/STEIN Ekkehart, Das Recht auf Bildung, in: NEVERMANN/RICHTER, S. 391-432; dies., in: AöR 97/1972, S. 185-232; RICHTER, Bildungsverfassungsrecht, 183 ff.; JANSON, 164 ff.; CLEVINGHAUS Bernd, Recht auf Bildung (Grundlagen und Inhalt), Diss. Bremen 1973.

[70] SCHMITT-KAMMLER, 22 f.; MÜNCH, Art. 6 GG, Rz. 28; RICHTER, Art. 6 GG, Rz. 34; SCHLIE, 51 f.; PETERS, 393. Zur Abgrenzung zwischen Kindesgrundrechten und Elternrecht vgl. OSSENBÜHL, Erziehungsrecht, 53 ff. Zur Problematik vgl. umfassend auch HÖHNBERG Ulrich, Rechtsfähigkeit und Handlungsfähigkeit des jungen Menschen im Bereich der Freiheitsrechte, - Eine grundrechtsdogmatische Untersuchung -, Diss. München 1972.

Für die *Primarschulstufe* spielt dies aber keine Rolle. Hier befinden sich die Kinder altersmässig noch gar nicht im Bereich der Kindergrundrechte, die sie selbst wahrnehmen könnten. Die Wahrnehmung der Rechte bleibt Aufgabe der Eltern. Im schulischen Umfeld kommt das Kind erst im Alter von etwa 15 Jahren in Konflikt mit den Eltern.[71] In diesem Alter hat das Kind die obligatorische Schulzeit absolviert und besitzt für die Ausbildung ein echtes Wahlrecht.

c) *Persönlichkeitsrecht des Kindes (Art. 2 Abs. 1 GG)*

Das Kindeswohl ist durch das allgemeine Persönlichkeitsrecht (Art. 2 GG) geschützt.[72] Das Kind hat aus Art. 2 Abs. 1 ein Recht auf eine möglichst ungehinderte Entfaltung seiner eigenen Persönlichkeit. Dies gilt auch in der Schule.[73] Das Verhältnis des Elternrechts zum Kindesrecht wird durch die besondere Struktur des Elternrechts geprägt.[74] Mit zunehmender Selbstbestimmungsfähigkeit des Kindes nimmt dessen Erziehungs- und Pflegebedürftigkeit ab und drängt damit die im Elternrecht wurzelnden Rechtsbefugnisse zurück, bis sie schliesslich mit der Volljährigkeit des Kindes erlöschen.[75] Die Kinder können ihre Grundrechte nur gegen den Staat und nicht etwa gegen ihre Eltern geltend machen.[76] Der Konflikt zwischen Eltern- und Kindesgrundrechten ist kein Problem der Drittwirkung.[77]

---

[71] MÜNDER Johannes, Elterliche Gewalt, in: NEVERMANN Knut/RICHTER Ingo (Hrsg.), Rechte der Lehrer, Rechte der Schüler, Rechte der Eltern, München 1977, S. 158-172, 165. Vgl. dazu auch die Teilmündigkeitsstufe des 15. Geburtstages bei MORITZ, 301 f., 321 ff.

[72] PIEROTH, Art. 6 GG, Rz. 24; vgl. auch REUTER, 99 ff.

[73] Vgl. umfassend JACH, Schulsystem, 106 ff.; ders., Elternrecht, 92 ff.; STEIN Ekkehart, Das Recht des Kindes auf Selbstentfaltung in der Schule, Darmstadt 1967.

[74] BVerfGE 75, 218 f.; 59, 382.

[75] BVerfGE 59, 382. Vgl. auch LEIBHOLZ/RINCK/HESSELBERGER, Art. 6 GG, Rz. 562; MÜNCH, Art. 6 GG, Rz. 28; PIEROTH, Art. 6 GG, Rz. 21, 24; vgl. auch ZACHER, Rz. 70 ff.; RICHTER, Art. 6 GG, Rz. 34 f.; OPPERMANN, Gutachten, 82 ff.; SCHLIE, 48 ff.; STERN, 1073.

[76] RICHTER, Art. 6 GG, Rz. 9; SCHLIE, 91 ff. Ebensowenig können aus Art. 6 GG Rechte der Kinder gegen ihre Eltern abgeleitet werden (MAUNZ, Art. 6 GG, Rz. 4). Vgl. dazu auch die Ausführungen bei ZACHER, Rz. 53, der auch die Kinder als Adressaten des Grundrechts bezeichnet, wobei das Recht der Kinder durch das Elternrecht überdeckt ist. Zur Schulaufsicht und dem Persönlichkeitsrecht des Kindes vgl. JACH, Schulvielfalt, 59 ff.; FEHNEMANN Ursula, Bemerkungen zum Elternrecht in der Schule, in: DÖV 1978, S. 489-495.

[77] ZACHER, Rz. 69.

d) Pflichtgebundenheit und Fremdnützigkeit des Elternrechts

Art. 6 Abs. 2 Satz 1 GG betont ausdrücklich, dass den Eltern nicht nur ein Recht, sondern auch eine *Pflicht* zukommt. Anders als bei den üblichen Grundrechten werden die Eltern hier verpflichtet, von ihrem Recht Gebrauch zu machen. Geht man davon aus, dass Kinder erzogen werden müssen, ergibt sich diese Pflicht zwangsläufig. Die Pflicht ist nicht eine das Recht beschränkende Schranke, sondern ein nicht hinwegzudenkender *wesensbestimmender Bestandteil des Elternrechts*. Insoweit ist es treffender als *Elternverantwortung* zu bezeichnen.[78]

Wenn sich die Eltern auf das Elternrecht stützen, nehmen sie nicht das Recht des Kindes, sondern ihr *eigenes, persönliches und originäres Recht* wahr.[79] Dabei besteht die Gefahr, dass das Kind nur noch als Objekt betrachtet wird, das den Eltern zur Selbstverwirklichung dient.[80] Zur Ausgestaltung des Elternrechts findet sich deshalb durchwegs die Meinung vertreten, dass es sich nicht um eine Freiheit im Sinne eines elterlichen Selbstbestimmungrechts, sondern um ein *Recht zugunsten und im Interesse des Kindes* handelt. Dabei stellt das *Wohl des Kindes* die oberste Richtschnur dar. Das Elternrecht wird daher auch als *fiduziarisches Recht, dienendes Grundrecht oder treuhänderische Freiheit* bezeichnet.[81] Die Grundlage des Elternrechts ist damit ausschliesslich in den Interessen und der Persönlichkeitsentfaltung des Kindes zu finden.[82] Die Selbstverwirklichung der Eltern mag zwar mit anfallen und ist oft auch

[78] BVerfGE 79, 210; 72, 172; 56, 381 f. Vgl. dazu auch MAUNZ, Art. 6 GG, Rz. 25j; LEIBHOLZ/RINCK/HESSELBERGER, Art. 6 GG, Rz. 573; MÜNCH, Art. 6 GG, Rz. 35; PIEROTH, Art. 6 GG, Rz. 20, 22; ZACHER, Rz. 3, 44; BAUMGARTE, 24 f., 42; SCHMITT-KAMMLER, 21; REISERER, 16 f.; MORITZ, 135 ff.; OSSENBÜHL, Erziehungsrecht, 50 f.; SCHLIE, 45 ff.; ERICHSEN, Kindeswohl, 33 ff.; vgl. auch STERN, 826; KREMER, 10 f.; RECHSTEINER, 559.

[79] MAUNZ, Art. 6 GG, Rz. 25f; ZACHER, Rz. 3; vgl. auch OSSENBÜHL, Erziehungsrecht, 52 f.

[80] Vgl. u.a. dazu BÖCKENFÖRDE, 62; REISERER, 17; REUTER, 80 ff.

[81] Vgl. statt vieler BVerfGE 79, 210 f.; 76, 48; 61, 371 f.; 59, 376 f. und 382. Vgl. zur Literatur insbesondere MORITZ, 57 ff., der die wichtigsten Stellungnahmen zur verfassungsrechtlichen Beurteilung des Verhältnisses von Eltern- und Kindesrecht wiedergibt. Vgl. auch MAUNZ, Art. 6 GG, Rz. 25f; PIEROTH, Art. 6 GG, Rz. 20; LEIBHOLZ/RINCK/HESSEL-BERGER, Art. 6 GG, Rz. 551, 573; RICHTER, Art. 6 GG, Rz. 34a; ZACHER, Rz. 3; FEHNEMANN, 533 f.; REISERER, 17; BÖCKENFÖRDE, 67 ff.; OSSENBÜHL, Erziehungsrecht, 50 ff.; GERNHUBER Joachim, Kindeswohl und Elternwille, in: FamRZ 1973, S. 229-244.

[82] Vgl. dazu SCHMITT-KAMMLER, 28; BÖCKENFÖRDE, 63.

damit verbunden, sie bildet aber nicht den rechtfertigenden Grund für das Elternrecht.[83] Bei Interessenkollisionen zwischen Kind und Eltern kommt den Interessen des Kindes grundsätzlich der Vorrang zu.[84]

Diese Auffassung mag im Grundsatz wohl richtig sein. Sie vergisst aber dabei, dass durch eine zu starke Kindsausrichtung nun die Eltern zum Objekt der Kinder werden könnten. Unter Betonung dieser in der Treuhand angelegten Fremdnützigkeit besteht die Gefahr, das Elternrecht als "Amt" zu deuten.[85] Deshalb sollte gemäss SCHMITT-KAMMLER nur diejenige Komponente des Elternrechts, die mit der Wahrnehmung der Rechte des Kindes nach aussen betraut ist (Wahrnehmungsrecht), als *treuhänderisch* bezeichnet werden.[86] Das Kriterium der *Fremdnützigkeit* ist nur dort sinnvoll, wo sich Kindesinteressen tatsächlich objektiv bestimmen lassen. Im übrigen, und zwar im Bereich der weltanschaulich-erzieherischen Einwirkung auf das Kind, erweist sich der Fremdnützigkeitsgedanke als illusorisch. Denn die Eltern folgen jeweils nicht objektivierbaren Kindesinteressen, sondern der subjektiven eigenen Vorstellung.[87] Eine zu starke Betonung des Fremdnützigkeitsgedankens schafft im übrigen auch die Gefahr eines Einfallstores für staatliche Eingriffe.[88]

---

[83] BÖCKENFÖRDE, 63. Dies wird auch etwa als "Paradigmawechsel" bezeichnet (vgl. SIMITIS Spiros, Kindschaftsrecht - Elemente einer Theorie des Familienrechts, in: Festschrift für Wolfram Müller-Freienfels, Baden-Baden 1986, S. 579-616, 584).

[84] BVerfGE 79, 210 f.; 210, 72. Vgl. auch LEIBHOLZ/RINCK/HESSELBERGER, Art. 6 GG, Rz. 571; PIEROTH, Art. 6 GG, Rz. 24; RICHTER, Art. 6 GG, Rz. 34. Im Zweifelsfalle geht bei RECHSTEINER, 462 f. das Elternrecht dem Grundrecht des Kindes vor, da das Grundgesetz elternfreundlich sei. Für die "Feineinstellung" der Grenzfragen ist das Privatrecht - insbesondere das Familienrecht - zuständig, weil das Grundgesetz dazu nichts hergibt (so STERN, 1073 f.).

[85] Vgl. REUTER, 92 ff.; OSSENBÜHL, Erziehungsrecht, 52.

[86] SCHMITT-KAMMLER, 20, Anm. 36; vgl. zur Unterscheidung auch STERN, 1072. Das Erziehungsrecht stellt also durchaus auch ein im Interesse der Eltern gewährtes Eigenrecht dar. Denn bei und mit der Erziehung der Kinder gestalten die Eltern massgeblich auch ihre eigene Existenz. Dieses Eigenrecht kann nicht als blosses Recht auf Erziehung verstanden werden, wo der Inhalt ganz vom Fremdnützigkeitsgedanken beherrscht wird (SCHMITT-KAMMLER, 29).

[87] SCHMITT-KAMMLER, 28.

[88] SCHMITT-KAMMLER, 29, Anm. 71.

6. Staatliches Wächteramt (Art. 6 Abs. 2 Satz 2 GG)

a) Allgemeines

Art. 6 Abs. 2 Satz 2 GG lautet: "Über ihre Betätigung wacht die staatliche Gemeinschaft." Damit wird der "staatlichen Gemeinschaft"[89] die Aufgabe zugeteilt, über die Betätigung der Eltern zu "wachen".[90] Man kann damit von einer *Grenze* des Elternrechts sprechen, da der Staat die Aufgabe hat, die Einhaltung der Erfüllung der *Elternpflicht* zu überprüfen und notfalls selbst zu übernehmen oder sicherzustellen.[91] Er bekommt ein Eingriffsrecht für den Fall, dass die Eltern ihre Befugnisse überschreiten und dadurch das Kindeswohl verletzen.[92]

Über den Verlauf der Grenze äussert sich die Bestimmung aber nicht. Das Grundgesetz beschreibt in *Art. 6 Abs. 3* lediglich den Extremfall: Die Trennung der Kinder von der Familie, wenn die Eltern "versagen" oder die Kinder "verwahrlosen".[93] Dieser Artikel gibt einen grundsätzlichen Rechtsanspruch auf Verbleiben in der Familie.[94] Das Wächteramt hat aber bereits im Vorfeld einzusetzen.[95] Insoweit ist Art. 6 Abs. 2 Satz 2 GG nur eine *formelle* Eingriffsermächtigung für den Fall einer - anhand anderer Vorschriften zu ermittelnden - Grenzüberschreitung bei der Ausübung des Elternrechts.[96]

---

89 Der Begriff "staatliche Gemeinschaft" ist gleichbedeutend mit "Staat" und den ihm eingeordneten "kommunalen Körperschaften" (MAUNZ, Art. 6 GG, Rz. 26b, 26 f.).

90 Das Wächteramt umfasst nicht nur die Befugnis zur Überwachung, sondern als Folge daraus auch die Befugnis zur Gestaltung (MAUNZ, Art. 6 GG, Rz. 26a).

91 MÜNCH, Art. 6 GG, Rz. 40; SCHLIE, 52 f.; HORNDASCH, 61 ff.; ZACHER, Rz. 93. Zur Rechtfertigung des staatlichen Wächteramtes vgl. auch OSSENBÜHL, Erziehungsrecht, 67 ff.

92 Vgl. hierzu ROEWER Helmut, Rechte und Pflichten junger Menschen zwischen Elternrecht und staatlicher Einflussnahme: eine Entwicklung von der Reichsgründung 1871 bis 1980, Diss. Konstanz 1982.

93 Diese Bestimmung (Art. 6 Abs. 3 GG) ist durch die Erfahrungen der nationalsozialistischen Zeit motiviert. Man will damit eine staatliche Zwangserziehung verhindern. Sie dient der zusätzlichen Sicherung des Elternrechts gegen den Staat (MÜNCH, Art. 6 GG, Rz. 45).

94 MAUNZ, Art. 6 GG, Rz. 35.

95 ZACHER, Rz. 93.

96 SCHMITT-KAMMLER, 22. Zur Problematik mit Ausländern vgl. ABRAMOWSKI Peter, Staatliche Schutzmassnahmen für Kinder ausländischer Eltern in Deutschland, Zur Frage der Berücksichtigung fremder rechtlicher und kultureller Vorstellungen bei der Anwendung des deutschen Familienrechts, Diss. Göttingen 1991.

b) *Staatliche Schutzpflicht im Interesse des Kindes*

Die Kindergrundrechte stehen den Kindern bereits vor Erreichen der Volljährigkeit zu. Die Wahrnehmung erfolgt aber oft durch ihre gesetzlichen Vertreter: die Eltern. Es kann nun durchaus vorkommen, dass die Eltern diese Rechte nur insoweit wahrnehmen, als dies auch in ihrem Interesse liegt. Das Kind läuft dann Gefahr, in seinen eigenen Interessen verletzt zu werden. Deshalb ist der Staat als neutrale Drittpartei aufgerufen, diesen Missstand zu beheben. Er hat die *Schutzpflicht* - und damit auch ein Schutzrecht -, die beeinträchtigten Kindergrundrechte gegebenenfalls auch gegen die Interessen der Eltern durchzusetzen.[97]

Das staatliche Wächteramt besteht allein zum *Wohle des Kindes* und muss sich stets an diesem orientieren, weil das Kind als Grundrechtsträger selbst Anspruch auf staatlichen Schutz seiner Menschenwürde und Persönlichkeit hat.[98] Dazu gehört aber nicht, gegen den Willen der Eltern für eine den Fähigkeiten des Kindes bestmögliche Förderung zu sorgen[99] oder gar gegen die Lebensverhältnisse der Eltern zu entscheiden.[100] Das Wächteramt legitimiert den Staat nicht, sein Urteil über das Kindeswohl an die Stelle der elterlichen Beurteilung zu setzen.[101] Das Grundgesetz enthält, im Unterschied zur Weimarer Verfassung und den meisten Landesverfassungen, keine inhaltlichen Erziehungsziele.[102] In Erinnerung an die nationalsozialistische Zeit wollte man bewusst den Eltern die freie Entscheidung über die Erziehungsziele gegenüber staatlichen Manipulationen sichern.[103] Die Eltern sind damit in der

---

[97] SCHMITT-KAMMLER, 25; BÖCKENFÖRDE, 62, 73. Der Staat entledige sich derartiger Schutzpflichten vor allem durch die Schaffung strafrechtlicher Normen (so SCHMITT-KAMMLER, 25).

[98] BVerfGE 60, 88. LEIBHOLZ/RINCK/HESSELBERGER, Art. 6 GG, Rz. 637, 639; MÜNCH, Art. 6 GG, Rz. 40; MAUNZ, Art. 6 GG, Rz. 35; PIEROTH, Art. 6 GG, Rz. 26; ERICHSEN, Kindeswohl, 48 f.; REISERER, 42 ff.; LAMPRECHT Rolf, Zur Menschenwürde des Kindes, in: Festschrift für Wolfgang Zeidler, Berlin/New York 1987, S. 857-868; ZACHER, Rz. 94. ZACHER, Rz. 83 betont, dass der Ordnungsauftrag zu verwirklichen sei, d.h. das Familienrecht. Das Kindeswohl sei nur ein wesentliches Element davon, nicht aber schlechthin der einzige Zweck.

[99] PIEROTH, Art. 6 GG, Rz. 26. SCHMITT-KAMMLER, 26 lehnt ein staatlich durchzusetzendes "Kindesgrundrecht" auf *optimale Erziehung* ab. Vgl. dazu auch ZACHER, Rz. 66.

[100] ZACHER, Rz. 67.

[101] RICHTER, Art. 6 GG, Rz. 9; ZACHER, Rz. 95.

[102] Vgl. dazu MORITZ, 137 ff. Vgl. auch ROELLECKE Gerd, Zum Verhältnis von Recht und Erziehung, in: Verantwortlichkeit und Freiheit, Festschrift für Willi Geiger zum 80. Geburtstag, Tübingen 1989, S. 342-358.

[103] BÖCKENFÖRDE, 65 f.

Bestimmung der Erziehungsziele, -mittel und -methoden frei.[104] Das Elternrecht gewährt ihnen dazu die notwendige Autonomie.

Hinsichtlich der Beurteilung des Kindeswohls ist vom *elterlichen Interpretationsprimat* auszugehen.[105] Das Bundesverfassungsgericht hält dazu fest: "Diese primäre Entscheidungszuständigkeit der Eltern beruht auf der Erwägung, dass die Interessen des Kindes am besten von den Eltern wahrgenommen werden. Dabei wird sogar die Möglichkeit in Kauf genommen, dass das Kind durch einen Entschluss der Eltern Nachteile erleidet, die im Rahmen einer nach objektiven Massstäben betriebenen Begabtenauslese vielleicht vermieden werden könnten."[106] Es kann also nicht jedes Abweichen von einer gesellschaftlich bedingten "Erziehungsnorm" oder eines "normierten Kindeswohls" als Grenzüberschreitung bezeichnet werden. Das Eingreifen bedingt eine für das Kind eingetretene oder unmittelbar drohende *Gefahr* bzw. eine *schwere Beeinträchtigung des Kindeswohls*.[107] Eine bloss eingetretene Fehlentwicklung, wie sie bei jeder Erziehung vorkommen kann, reicht dazu nicht aus.

c) *Subsidiarität der staatlichen Eingriffskompetenz*

Der Staat übt im Anwendungsbereich der in Art. 6 GG verankerten *familiären* Erziehung kein originäres Erziehungsrecht aus. Er überwacht lediglich die fremde Rechtsausübung und wird bei Grenzüberschreitungen *korrigierend* tätig, d.h. wenn das Verhalten der Eltern nicht mehr als "Pflege und Erziehung" bezeichnet werden kann. Der staatliche Eingriff hat dann *subsidiär und komplementär* zu erfolgen.[108] Art und Ausmass des Eingriffes bestimmt sich nach dem Ausmass des Versagens der Eltern und dem verletzten Kindeswohl. Gemäss dem Grundsatz der *Verhältnismässigkeit* hat der Staat zunächst zu versuchen, durch helfende, unterstützende, auf (Wieder-) Herstellung eines verantwortungsgerechten Verhaltens der Eltern gerichtete Mass-

---

104 Vgl. auch MÜNCH, Art. 6 GG, Rz. 27; BAUMGARTE, 42 ff.; OSSENBÜHL, Erziehungsrecht, 58 ff.; SCHMITT GLAESER, 42.

105 ZACHER, Rz. 95; LEIBHOLZ/RINCK/HESSELBERGER, Art. 6 GG, Rz. 640; so auch AVENARIUS/JEAND'HEUR, 17; OSSENBÜHL, Erziehungsrecht, 64 ff.; ERICHSEN, Kindeswohl, 49 ff.; SCHMITT GLAESER, 38 ff. Kritisch dazu BÖCKENFÖRDE, 72; OPPERMANN, Gutachten, 100 f.

106 BVerfGE 34, 184.

107 ERICHSEN, Kindeswohl, 54 f.

108 ZACHER, Rz. 82, 89; SCHMITT-KAMMLER, 30; BÖCKENFÖRDE, 75; MICHALSKI, Vor § 1626 BGB, Rz. 10 f.; vgl. auch OSSENBÜHL, Erziehungsrecht, 70 ff. SCHMITT GLAESER, 57 spricht vom staatlichen Eingriff als "ultima ratio". Zur Verfassungsmässigkeit der Eingriffstatbestände des elterlichen Sorgerechts vgl. ERICHSEN, Kindeswohl, 60 ff.

nahmen sein Ziel zu erreichen.[109] Der Eingriff muss erforderlich sein, um die gestörte Ordnung in der Familie wieder herzustellen und die Gefährdung für das Kindeswohl zu beseitigen. Erst wenn dies nicht mehr möglich ist, kann der Staat zum schwersten Eingriff greifen: der Trennung der Kinder von der Familie (*Art. 6 Abs. 3 GG*).

7. Regelung der elterlichen Sorge im Bürgerlichen Gesetzbuch (BGB)

a) Beziehung zwischen elterlicher Sorge (BGB) und Elternrecht (GG)

Das Grundgesetz mit seinen Grundrechtsbestimmungen stellt eine *objektive Wertordnung* dar, welche für alle Bereiche des Rechts gilt. Das verfassungsmässig garantierte Elternrecht wird heute als Institutsgarantie verstanden. Damit wird gleichzeitig das Institut der elterlichen Sorge in bestimmten Umrissen und Strukturen im Grundgesetz aufgenommen. Die Pflege und Erziehung wird so umfassend auf hoher Abstraktionsebene geregelt. Es bedarf aber noch der Konkretisierung durch einfaches Gesetz.[110]

Die Struktur des verfassungsrechtlichen Elternrechts weist die gleiche Besonderheit auf wie die bürgerlich-rechtliche elterliche Sorge: die Pflichtbindung.[111] Doch rechtfertigt dies *keine inhaltliche Gleichsetzung*. Art. 6 Abs. 2 Satz 1 GG umschreibt originär den Raum, den das einfache Recht zu füllen hat. Rechte und Pflichten der Eltern zur Pflege und Erziehung ihrer Kinder werden durch das Sorge-, Unterhalts- und Vertretungsrecht des Bürgerlichen Rechts zwar weitgehend aber nicht umfassend umschrieben.[112] Andere Vorschriften finden sich im Schulrecht, Jugendwohlfahrts- und Jugendschutzrecht, Verfahrensrecht usw.[113] Das Rechtsinstitut der elterlichen

[109] MAUNZ, Art. 6 GG, Rz. 26c; LEIBHOLZ/RINCK/HESSELBERGER, Art. 6 GG, Rz. 639; ZACHER, Rz. 93; BAUMGARTE, 65 f.; PIEROTH, Art. 6 GG, Rz. 26; MÜNCH, Art. 6 GG, Rz. 40; BÖCKENFÖRDE, 78 f.; OSSENBÜHL, Erziehungsrecht, 74 ff.

[110] Vgl. HINZ, Vor § 1626 BGB, Rz. 14; PESCHEL-GUTZEIT, Vorbem zu §§ 1626 ff. BGB, Rz. 23; ERICHSEN, Elternrecht, 725; ders., Kindeswohl, 43 f.; HOLZHAUER Heinz, Verwandtschaftliche Elternstellung, verfassungsmässiges Elternrecht und elterliche Sorge, in: FamRZ 1982, S. 109-118, 113.

[111] HINZ, § 1626 BGB, Rz. 10.

[112] Das durch Art. 6 Abs. 2 GG geschützte Sorgerecht umfasst u.a. die religiöse, weltanschauliche und sexuelle Erziehung sowie die Entscheidungen über den Schulbesuch (RICHTER, Art. 6 GG, Rz. 51).

[113] ZACHER, Rz. 68. Vgl. hierzu auch SCHWENZER Ingeborg, Empfiehlt es sich, das Kindschaftsrecht neu zu regeln?, Gutachten A zum 59. Deutschen Juristentag Hannover 1992, München 1992.

Sorge wird nicht im vollem Umfang des § 1626 BGB in den Rang von Verfassungsrecht erhoben. Nur der "Kern" ist verfassungsrechtlich gesichert, nämlich die Pflege als Sorge für körperliche, geistige und seelische Entwicklung sowie die Erziehung als Förderung zur Entfaltung von Begabung und Fähigkeiten. Dazu gehört auch der Kernbereich des Elternvorrangs bei Pflege und Erziehung der Kinder. Elterliches Grundrecht und bürgerrechtliches Sorgerecht der Eltern sind also nicht identisch.[114]

b) Elterliche Sorge im BGB

§ 1626 Abs. 1 BGB spricht davon, dass der Vater und die Mutter "das Recht und die Pflicht [haben], für das minderjährige Kind zu sorgen (*elterliche Sorge*). Die elterliche Sorge umfasst die Sorge für die Person des Kindes (*Personensorge*) und das Vermögen des Kindes (*Vermögenssorge*)."[115] Mit der Neuregelung dieses Artikels ist der herrschaftlich geprägte Begriff "elterliche Gewalt" durch "elterliche Sorge" ersetzt worden.[116] Der neue Begriff wurde gewählt, weil er den Inhalt der Elternverantwortung gegenüber dem Kind (Fürsorgefunktion) und den Pflichtcharakter der elterlichen Rechtsstellung stärker betont.[117]

Die elterliche Sorge bildet im Aussenverhältnis ein *absolutes, subjektives und unentziehbares Recht*. Im Innenverhältnis korrespondiert mit jeder elterlichen Befugnis die Pflicht, die Befugnis zum *Wohle des Kindes*[118] (§ 1627 Satz 1 BGB) auszuüben

---

[114] Vgl. dazu HINZ, § 1626 BGB, Rz. 11; STRÄTZ, § 1626 BGB, Rz. 2; MAUNZ, Art. 6 GG, Rz. 24b; vgl. auch RICHTER, Art. 6 GG, Rz. 11; REISERER, 18 f. Vgl. dazu auch HILL Fritz, Das natürliche Elternrecht aus verfassungs- und zivilrechtlicher Sicht, in: RdJB 1972, S. 136-143.

[115] Hervorhebung durch den Verfasser.

[116] Zur Rechtsentwicklung bis zum Inkrafttreten des Gesetzes zur Neuregelung des Rechts der elterlichen Sorge (SorgeRG) vom 18. Juli 1979 (BGBl I 106) vgl. STRÄTZ, § Vor 1626 BGB, Rz. 1 ff.; PESCHEL-GUTZEIT, Vorbem. zu §§ 1626 ff. BGB, Rz. 1 ff.; REISERER, 19 ff. Vgl. zur Problematik der elterlichen Sorge auch das Gesetz zur Neuordnung des Kinder- und Jugendhilferechts (KJHG) vom 26.6.1990 (BGBl I 1163), welches das Reichsgesetz über Jugendwohlfahrt (RJWG) vom 9.7.1922 (RGBl I 633) ersetzt hat (vgl. dazu beispielsweise PESCHEL-GUTZEIT, Vorbem. zu §§ 1626 ff. BGB, Rz. 27 ff.; MÜNDER, Anh. § 1666a BGB; RAMM Thilo, Jugendrecht, Ein Lehrbuch, München 1990).

[117] HINZ, § 1626 BGB, Rz. 1; DIEDERICHSEN, § 1626 BGB, Rz. 1.

[118] Vgl. zum Begriff *Kindeswohl* umfassend MORITZ, 186 ff.; RASSEK Ernst Jan, Begriff und Bestimmung des Kindeswohls als Massstab bei der Sorgerechtsregelung nach §§ 1671, 1672 BGB, Frankfurt a.M. 1983.

(*Fremdnützigkeit*). Man spricht dabei von "Pflichtrecht". Die elterliche Sorge ist ein dem Kind dienendes Schutzinstitut.[119]

c) Ausgestaltung der Personensorge

Die *Personensorge* umfasst gemäss § 1631 Abs. 1 BGB "insbesondere[120] das Recht und die Pflicht, das Kind zu pflegen, zu erziehen, zu beaufsichtigen und seinen Aufenthalt zu bestimmen". Dazu gehört auch die Bestimmung der Ausbildung und des Berufs (§ 1631a BGB). Die Eltern berücksichtigen bei der Pflege und Erziehung[121] laut § 1626 Abs. 2 "die wachsende Fähigkeit und das wachsende Bedürfnis des Kindes zu selbständigem verantwortungsbewusstem Handeln. Sie besprechen mit dem Kind, soweit es nach dessen Entwicklungsstand angezeigt ist, Fragen der elterlichen Sorge und streben Einvernehmen an." "In Angelegenheiten der Ausbildung und des Berufes nehmen die Eltern insbesondere auf die Eignung und Neigung des Kindes Rücksicht" (§ 1631a Abs. 1 Satz 1 BGB).[122] "Bei Meinungsverschiedenheiten müssen sie versuchen, sich zu einigen" (§ 1627 Satz 2 BGB).

Das Gesetz normiert mit diesen Bestimmungen ein *Erziehungsverhalten* und einen *Erziehungsstil*, welche der These von der sich reifebedingt wandelnden Intensität elterlicher Rechte und Pflichten folgen. Zugleich wird mit diesem Erziehungsverhalten mittelbar ein *formales Erziehungsziel* erstmals im Gesetz festgelegt: die Heranführung zu Selbständigkeit und Verantwortungsbewusstsein.[123] Dieses Ziel ist verfassungs-

---

[119] HINZ, § 1626 BGB, Rz. 4 ff.; STRÄTZ, § 1626 BGB, Rz. 3 ff.; MICHALSKI, § 1626 BGB, Rz. 1 ff.; MÜNDER, § 1626 BGB, Rz. 1 f.; REISERER, 39.

[120] Die Aufzählung ist nicht erschöpfend. Die Personensorge umfasst alle persönlichen Angelegenheiten des Kindes (STRÄTZ, § 1631 BGB, Rz. 2; vgl. DIEDERICHSEN, § 1631 BGB, Rz. 1; REISERER, 40).

[121] Zu den Begriffen Pflege und Erziehung vgl. HINZ, § 1631 BGB, Rz. 8 f.; STRÄTZ, § 1631 BGB, Rz. 3 f.; MICHALSKI, § 1631 BGB, Rz. 7; DIEDERICHSEN, § 1631 BGB, Rz. 3; MÜNDER, § 1631 BGB, Rz. 4; MORITZ, 169 ff.

[122] Vgl. dazu SCHREIBER Renata, Eignung und Neigung des Kindes in Angelegenheiten der Ausbildung und des Berufs, § 1631a BGB, Diss. Regensburg 1983.

[123] HINZ, § 1626 BGB, Rz. 3; ders., § 1631 BGB, Rz. 9; DIEDERICHSEN, § 1626 BGB, Rz. 3, 20; OSSENBÜHL, Erziehungsrecht, 80 ff. Es ist aber zu beachten, dass dem Kind schon vor Erreichen der Volljährigkeit bestimmte Selbstbestimmungsmöglichkeiten zustehen: Religionsmündigkeit, Eheschliessung, Testierfähigkeit, Umgang mit Dritten usw. (vgl. dazu die Ausführungen bei REISERER, 74 ff.).

rechtlich unbedenklich.[124] Insbesondere wird § 1626 Abs. 2 nicht als striktes Gebot, sondern als (Auslegungs-)Richtlinie für ein gesetzliches Leitbild aufgefasst.[125] Das BGB hat mit der bewussten - aber nicht unbeschränkten[126] - Selbstbeschränkung der Eltern zugunsten der Persönlichkeitsentwicklung der Kinder entschieden.[127] Der autoritär ausgerichtete Erziehungsstil ist durch eine *partnerschaftliche Erziehung* abgelöst worden.[128] Fraglich ist einzig die Praktikabilität dieser Lösung.[129]

d) Staatliches Eingriffsrecht bei Sorgepflichtverletzungen

Das staatliche Wächteramt (Art. 6 Abs. 2 Satz 2 und Abs. 3 GG) begründet beim Kind ein Recht auf pflichtgemässe Ausübung der elterlichen Sorge und darüber hinaus ein Recht auf staatliches Einschreiten bei elterlichem Versagen.[130] § 1666 und 1666a BGB treffen die umfassendste Aussage des BGB zur Konkretisierung des Wächteramts der staatlichen Gemeinschaft.[131] § 1666 Abs. 1 Satz 1 BGB lautet: "Wird das *körperliche, geistige oder seelische Wohl des Kindes* durch *missbräuchliche Ausübung* der elterlichen Sorge, durch *Vernachlässigung* des Kindes, durch *unverschuldetes Versagen* der Eltern oder durch das *Verhalten eines Dritten gefährdet*, so hat das Vormundschaftsgericht, wenn die Eltern *nicht gewillt oder nicht in der Lage* sind, die Gefahr abzuwenden, die zur Abwendung der Gefahr erforderlichen Massnahmen zu

---

124 HINZ, § 1626 BGB, Rz. 59; MICHALSKI, § 1626 BGB, Rz. 24. MÜNDER kritisiert die Festlegung von Erziehungszielen, da sie Auswirkungen hätten in einem sozialen Kontext, von dem meist Unterschichtsangehörige betroffen seien. Statt dessen würde man besser die Faktoren des Erziehungsfeldes ermitteln, die sich negativ auf das Wohl des Kindes auswirken (MÜNDER, §§ 1666-1666a BGB, Rz. 6 f.).

125 STRÄTZ, § 1626 BGB, Rz. 39; MÜNDER, § 1626 BGB, Rz. 12.

126 Vgl. dazu MORITZ, 278 ff.

127 Vgl. zum Kindeswille und der Bedeutung des Lebensalters MORITZ, 239 ff. Zur Beurteilung der rechtsgeschäftlichen Teilmündigkeit von Minderjährigen vgl. MORITZ, 299 ff.

128 HINZ, § 1626 BGB, Rz. 57; STRÄTZ, Vor § 1626 BGB, Rz. 9; DIEDERICHSEN, § 1626 BGB, Rz. 20; PESCHEL-GUTZEIT, Vorbem. zu §§ 1626 ff. BGB, Rz. 17, 19; REISERER, 53 ff. MÜNDER sieht als Resultat auch die "Kommunikation" mit den Minderjährigen (MÜNDER, § 1631a BGB, Rz. 3).

129 MICHALSKI, § 1626 BGB, Rz. 23.

130 HINZ, § 1626 BGB, Rz. 9; ders., § 1666 BGB, Rz. 6; REISERER, 42 ff. Vgl. dazu auch HARMS Carsten, Die Funktion des elterlichen Fehlverhaltens als Voraussetzung für Eingriffe in das Personensorgerecht, Diss. Freiburg i.Br. 1988, 6 ff., 58 ff., 119 ff.

131 HINZ, § 1666 BGB, Rz. 1; vgl. STRÄTZ, § 1666/1666a BGB, Rz. 2; DIEDERICHSEN, § 1666 BGB, Rz. 2; MÜNDER, §§ 1666-1666a BGB, Rz. 1.

treffen."[132] § 1666 BGB behandelt die subjektive Ungeeignetheit eines Elternteils, die Sorge für das gefährdete Kind auszuüben.[133] Die Vorschrift bezweckt allein den Schutz des Kindes gegen pflichtwidriges Eltern- oder Drittverhalten bzw. Elternversagen im Bereich der Personensorge.[134] § 1666 Abs. 1 BGB führt *vier Tatbestände* auf, denen gemeinsam ist, dass sie das Kindeswohl gefährden und dass die Eltern eine mangelnde Bereitschaft oder Fähigkeit zur Gefahrenabwehr aufweisen: das pflichtwidrige Verhalten der Eltern (Sorgerechtsmissbrauch, Kindesvernachlässigung, unverschuldetes Versagen) und das Verhalten von Dritten.[135]

Die einschneidenste Massnahme, die Trennung des Kindes von der elterlichen Familie, ist gemäss § 1666a Abs. 1 "nur zulässig, wenn der Gefahr nicht auf andere Weise, auch nicht durch öffentliche Hilfen, begegnet werden kann". Abs. 2 führt weiter aus: "Die gesamte Personensorge darf nur entzogen werden, wenn andere Massnahmen erfolglos geblieben sind oder wenn anzunehmen ist, dass sie zur Abwendung der Gefahr nicht ausreichen." Durch die *Subsidiaritätsklausel* in § 1666 Abs. 1 Satz 1 BGB und durch § 1666a wird zusätzlich klargestellt, dass das Vormundschaftsgericht an die Grundsätze der Erforderlichkeit und Verhältnismässigkeit gebunden ist.[136] Im Zentrum steht also nicht der repressive Eingriff sondern die präventive Hilfe.[137] Das bedeutet, dass zur Klärung der für den Minderjährigen am wenigsten schädlichen Alternative, mit allen Beteiligten in einen *kommunikativen Prozess* eingetreten werden muss.[138]

---

132 Hervorhebung durch den Verfasser.

133 MÜNDER sagt, dass die Rechtsprechung sich mehr auf die objektive elterliche Pflichtwidrigkeit als auf die Gefährdung des Kindeswohls konzentriere (MÜNDER, §§ 1666-1666a BGB, Rz. 3).

134 MICHALSKI, § 1666 BGB, Rz. 1; HINZ, § 1666 BGB, Rz. 2.

135 Vgl. dazu MORITZ, 472 ff.; HINZ, § 1666 BGB, Rz. 20 ff.; MICHALSKI, § 1666 BGB, Rz. 4 ff.; STRÄTZ § 1666 BGB, Rz. 16 ff.; DIEDRICHSEN, § 1666 BGB, Rz. 4 ff.; MÜNDER, §§ 1666-1666a BGB, Rz. 11 ff.; BRÖTEL, 323 ff.; umfassend HORNDASCH, 122 ff.; RABE Julianne, Einschränkungsmöglichkeiten der Elternrechte, wenn die Kinder gefährdet oder verwahrlost sind, Diss. Hamburg 1965, S. 32 ff.

136 HINZ, Vor § 1626 BGB, Rz. 6; DIEDERICHSEN, § 1666a BGB, Rz. 1 ff.

137 MÜNDER, §§ 1666-1666a BGB, Rz. 5.

138 MÜNDER, §§ 1666-1666a BGB, Rz. 8 f.

IV. Elternrecht und Schule

1. Allgemeines

Das Schulwesen wird durch *Art. 7 GG* geregelt. Art. 7 enthält folgende *institutionelle Garantien*: die Staatsaufsicht über das Schulwesen (Abs. 1), die Regelung des Religionsunterrichts (Abs. 2 und 3) und die Garantie der Privatschulen (Abs. 4 und 5). Ferner begründet diese Bestimmung echte *Grundrechte*: das Recht der Erziehungsberechtigten, über die Teilnahme am Religionsunterricht zu bestimmen (Abs. 2), das Recht des Lehrers, die Erteilung des Religionsunterrichts zu verweigern (Abs. 3 Satz 3), und das Recht, Privatschulen zu errichten und zu betreiben (Abs. 4 Satz 1).[139] Verglichen mit der umfassenden Regelung der Schulfragen in der Weimarer Verfassung (Art. 143-149) nimmt sich die heutige Ordnung (Art. 7 GG) relativ bescheiden aus. Art. 7 enthält keine in sich geschlossene Regelung, sondern überlässt die Ausgestaltung den einzelnen Ländern.[140]

Die Rechte der Erziehungsberechtigten ergeben sich grundsätzlich aus dem in Art. 6 Abs. 2 Satz 1 GG garantierten Elternrecht. Art. 7 behandelt lediglich einen Ausschnitt daraus für den Bereich der *Schule*.[141] Die allgemeine *Schulpflicht*[142] bedeutet einen schwerwiegenden Eingriff sowohl in das elterliche Erziehungsrecht (Art. 6 Abs. 2 Satz 1 GG) als auch in den privaten Lebensraum der Familie (Art. 6 Abs. 1 GG).[143] Doch ist sie gemäss Rechtsprechung des Bundesverwaltungsgerichts und Bundesverfassungsgerichts mit dem verfassungsrechtlich gewährleisteten Elternrecht - insbesondere im Hinblick auf die Privatschulgarantie - vereinbar.[144]

---

[139] MAUNZ, Art. 7 GG, Rz. 3; vgl. HEMMRICH, Rz. 1.

[140] MAUNZ, Art. 7 GG, Rz. 4d; HEMMRICH, Rz. 53.

[141] MAUNZ, Art. 7 GG, Rz. 28.

[142] Vgl. dazu HECKEL/AVENARIUS, 311 ff.; MORS Albrecht, Die Entwicklung der Schulpflicht in Deutschland, Diss. Tübingen 1986; vgl. auch FETZER Helmut, Die Zulässigkeit der Schulpflicht nach Art. 7 Abs. 1 GG, in: RdJB 1993, S. 91-99; PIONTEK Nikolaus, Schulpflicht und Schulreife, in: BESSOTH/KILLAIT/SCHMIDT, Band 1: Schulorganisation/Schulrecht, Lerneinheit 18.01.

[143] LECHELER, Rz. 116.

[144] BVerwGE, Beschluss vom 15.11.1991, in: DÖV 1992, 458; BVerfGE, Beschluss vom 5.9.1986, in: RdJB 1993, S. 113 (vgl. hiezu auch 114 ff.)

2. Staatliche Schulaufsicht

Die staatliche Schulaufsicht unter der *Weimarer Reichsverfassung* diente der Erziehung zur "Staatsgesinnung". Das Elternrecht war nur deklaratorisch, da das Verhältnis zwischen Familie und Schule vom *Seperationsprinzip* bestimmt war.[145] Dieses verlangte eine klare Kompetenzabgrenzung zwischen Eltern und Schule. Danach waren in der Familie die Eltern und in der räumlich und zeitlich abgegrenzten Schule der Staat zuständig. Im Schulbereich blieb den Eltern lediglich das Privatschulwesen. Vom Recht des Kindes auf Verwirklichung seiner Persönlichkeit konnte keine Rede sein, da die Verfassung ein solches Recht nicht kannte.[146] Das *Grundgesetz* regelt heute die Schulaufsicht in Art. 7 Abs. 1 GG: "Das gesamte Schulwesen steht unter der Aufsicht des Staates."[147] Dies bedeutet, dass Qualifikation, Sozialisation und Allokation in der Schule öffentliche Aufgaben sind.[148] Daraus lässt sich aber keine *Bundeskompetenz* ableiten.[149] Die Schulaufsicht steht im ausschliesslichen Kompetenzbereich der Länder.

Die Aufsicht wird von Lehre und Rechtsprechung in einem weitergehenden Sinne verstanden als sonst.[150] Sie umfasst grundsätzlich die Befugnis zur Planung und Organisation des Schulwesens mit dem Ziel, ein Schulsystem zu gewährleisten, das

---

[145] EVERS, 68.

[146] JACH, Schulvielfalt, 19 ff. Zur Geschichte der Schulaufsicht in Deutschland vgl. MÜLLER Friedrich, Schule, 76 ff.

[147] Das *Bildungswesen* bildet den Oberbegriff. Dazu zählt die Gesamtheit der Vorgänge, die den Menschen geistig, leiblich, seelisch und charakterlich formen. Das Grundgesetz unterscheidet verschiedene Bildungsräume: die Schule (Art. 7), die Familie (Art. 6, 7), das Berufsleben (Art. 12), die Kirche (Art. 140) und die Gesellschaft (Art. 20, 5). Unter *Schulwesen* ist die Gesamtheit der Einrichtungen zu verstehen, die sich mit der Vermittlung von Bildungsgütern in Schulen befassen (MAUNZ, Art. 7 GG, Rz. 89). Zum Bildungsbegriff vgl. auch OPPERMANN, Schule, Rz. 7 ff. und zu den Bildungszielen und -werten Rz. 31 ff. Zum Begriff Schule vgl. Maunz, Art. 7 GG, Rz. 9 m.w.H.; OPPERMANN, Schule, Rz. 2 f.; ders., Bildung, 788 ff.

[148] RICHTER, Art. 7 GG, Rz. 18.

[149] HEMMRICH, Rz. 12.

[150] MAUNZ, Art. 7 GG, Rz. 16. Neben den eigentlichen Aufsichtsrechten (Rechts-, Fach- und Dienstaufsicht) kommen darüber hinausgehende allgemeine Gestaltungs- und Normierungsrechte des Staates dazu. Die "Schulaufsicht" ist zu einem *Sammelbegriff* geworden (HEMMRICH, Rz. 8; MÜLLER Friedrich, Schule, 85 ff.). Der Begriff Schulaufsicht unterscheidet sich damit sowohl vom blossen "Kompetenzbegriff" (Gesamtheit der staatlichen Befugnisse zur Organisation, Planung, Leitung und Beaufsichtigung des Schulwesens) als auch vom "Staatsaufsichtsbegriff" des allgemeinen Verwaltungsrechts. Denn diese beiden Begriffe streben nur eine formale, nicht aber eine materielle Bestimmung des schulischen Bildungsprozesses an (RICHTER, Art. 7 GG, Rz. 18a).

allen jungen Bürgern gemäss ihren Fähigkeiten die dem heutigen gesellschaftlichen Leben entsprechende Bildungsmöglichkeiten eröffnet. Zu diesem staatlichen Gestaltungsbereich gehören: die organisatorische Gliederung der Schule, die strukturelle Festlegung des Ausbildungssystems, die inhaltliche Festlegung der Ausbildungsgänge und Unterrichtsziele, die Bestimmung der Zulassungsvoraussetzungen an eine Schule[151] sowie die Entscheidung über das Erreichen der gesetzten Lernziele.[152]

Eine totale Unabhängigkeit vom Staat kann es nach dem Grundgesetz nicht geben.[153] Der staatliche Einflussbereich im Schulwesen kann aber nach Art der Schule *abgestuft* sein. Umfang und Intensität der staatlichen Aufsicht hängen insbesondere vom jeweiligen Schulträger ab, d.h. ob es sich um eine staatliche, kommunale,[154] kirchliche oder private Schule handelt.[155]

3. Staatliches Erziehungsrecht

a) *Rechtsgrundlage*

Das Wort "zuvörderst" in Art. 6 Abs. 2 Satz 1 GG lässt erkennen, dass es neben den Eltern noch *andere Erziehungsträger* gibt.[156] Von Bedeutung ist hier lediglich der

[151] Für die Frage der Gestaltung von Aufnahme- und Übergangsverfahren vgl. AVENARIUS/JEAND'HEUR, 24 ff., 33 ff.

[152] BVerfGE 52, 236; 47, 71 f.; 34, 182. Vgl. auch LEIBHOLZ/RINCK/HESSELBERGER, Art. 7 GG, Rz. 30; OPPERMANN, Schule, Rz. 13; ders., Bildung, 810 ff.; MÜLLER Friedrich, Schule, 85 ff., 91 ff.; FROWEIN, 18 ff.; CAMPENHAUSEN Axel von, Die staatliche Schulaufsicht, in: NEVERMANN/RICHTER, S. 279-289; HECKEL/AVENARIUS, 177 ff.; EISELT Gerhard, Schulaufsicht im Rechtsstaat, in: DÖV 1981, S. 821-830; HOPF Christel/NEVERMANN Knut/RICHTER Ingo, Schulaufsicht und Schule, Eine empirische Analyse der administrativen Bedingungen schulischer Erziehung, Stuttgart 1980; LORENZ Dieter, State Control of Education, in: BERNHARDT/BEYERLIN (Hrsg.), Reports on German Public Law, Heidelberg 1990, S. 135-166. Für internationale Aspekte vgl. auch KARPEN Ulrich, Staatliche Lenkung und Überwachung des Bildungswesens, in: RdJB 1990, S. 419-436.

[153] MAUNZ, Art. 7 GG, Rz. 17.

[154] Kritik dazu bei MÜLLER Friedrich, Schule, 82 f. m.w.H. Vgl. dazu auch KLOEPFER Michael, Staatliche Schulaufsicht und gemeindliche Schulhoheit, in: DÖV 1971, S. 837-842; PERSCHEL Wolfgang, Staatliche Schulaufsicht und kommunale Selbstverwaltung nach dem Grundgesetz, in: NEVERMANN/RICHTER, S. 315-339.

[155] MAUNZ, Art. 7 GG, Rz. 18 f. Zu den schulaufsichtlichen Gestaltungsaufgaben vgl. a.a.O., Rz. 21.

[156] So LEIBHOLZ/RINCK/HESSELBERGER, Art. 6 GG, Rz. 636; MÜNCH, Art. 6 GG, Rz. 35; ZACHER, Rz. 5, 89. Anderer Meinung bezüglich der Bedeutung des Begriffs "zuvörderst" ist

Staat.[157]

Das *staatliche* Einwirkungsrecht auf den Schüler ergibt sich aus *Art. 7 Abs. 1 GG*, der das gesamte Schulwesen unter die Aufsicht des Staates stellt. Die Schule steht danach klar in der Verantwortung des Staates.[158] Dieses Recht steht *neben* dem Wächteramt nach Art. 6 Abs. 2 Satz 2 GG, das nur für die familiäre (ausserschulische) Erziehung von Bedeutung ist.[159] Art. 7 Abs. 1 GG statuiert einen verfassungsrechtlichen *Bildungs- und Erziehungsauftrag des Staates* hinsichtlich der Schulerziehung.[160] Der Staat besitzt damit ein *eigenes, unabhängiges und selbständiges Erziehungsrecht*.[161,162] Die Schule ist nicht nur eine Ableitung aus

---

SCHMITT-KAMMLER, 55: Seiner Meinung nach bezieht er sich erstens nicht auf das Erziehungs*recht*, sondern auf die Erziehungs*pflicht*. Es gehe nur um die Kennzeichnung der Subsidiarität staatlicher Erziehungsinstanzen bei einer Pflichtverletzung der Eltern. Und zweitens gehe es nur um den Bereich der Familie und nicht um die schulische Erziehung.

157 Neben dem Staat gibt es noch weitere private, gesellschaftliche, öffentliche, kirchliche oder gelegentliche "Miterzieher" (ZACHER, Rz. 6, 90 ff.; HECKEL/AVENARIUS, 309 f.). Vgl. hiezu auch PETRI Horst, Erziehungsgewalt, Zum Verhältnis von persönlicher und gesellschaftlicher Gewaltsausübung in der Erziehung, Freiburg i.Br. 1989.

158 ZACHER, Rz. 5. Zur historischen Entwicklung staatlicher Einflussnahme auf die schulische Erziehung des Kindes vgl. JACH, Schulsystem, 1 ff.; HOHENZOLLERN Johann Georg Prinz von/KREBS Uwe/LIEDTKE Max (Hrsg.), Erziehung und Schule zwischen Tradition und Innovation, Kulturvergleichende und historische Aspekte, Bad Heilbrunn/Obb. 1992.

159 SCHMITT-KAMMLER, 31. Nach Art. 6 Abs. 2 Satz 2 GG hat der Staat lediglich eine subsidiäre Erziehungsaufgabe, indem er nur fördern und unterstützen darf. Dem entspricht Art. 7 GG, als er dem Staat - im Interesse der Allgemeinheit - das Recht einräumt, die allgemeine Bildungshöhe zu bestimmen (BAUMGARTE, 74).

160 So in BVerfGE 52, 235 f.; 47, 69 und 71. Vgl. auch OPPERMANN, Schule, Rz. 4; JACH, Schulvielfalt, 9 f.; CAMPENHAUSEN Axel Freiherr von, Erziehungsauftrag und staatliche Schulträgerschaft, Die rechtliche Verantwortung für die Schule, Göttingen 1967; MAUERMANN Lutz/WEBER Erich (Hrsg.), Der Erziehungsauftrag der Schule, 2. A., Donauwörth 1978; ERICHSEN Hans-Uwe, Höchstrichterliche Rechtsprechung zum Verwaltungsrecht, Zum staatlich-schulischen Erziehungsauftrag und zur Lehre vom Gesetzes- und Parlamentsvorbehalt, in: Verwaltungsarchiv 69/1978, S. 387-396.

161 Vgl. dazu auch LEIBHOLZ/RINCK/HESSELBERGER, Art. 6 GG, Rz. 581; dies. Art. 7 GG, Rz. 30, 300; MAUNZ, Art. 6 GG, Rz. 27a; kritisch LECHELER, Rz. 116; ZACHER, Rz. 86; MÜNCH, Art. 6 GG, Rz. 35; SCHMITT-KAMMLER, 31; BAUMGARTE, 68, 76; EVERS, 69; MAURER, 54; JACH, Schulvielfalt, 9, 12 f., 36; ders., Schulsystem, 35 ff.; BÖCKENFÖRDE, 81 f., 83 f. (für die Länder); OSSENBÜHL, Erziehungsrecht, 103 ff.; ders., Zur Erziehungskompetenz des Staates, in: Festschrift für Friedrich Wilhelm Bosch zum 65. Geburtstag, Bielefeld 1976, S. 751-761; SCHLIE, 63 f., 125 ff.; HECKEL/AVENARIUS, 303 f.; KREMER, 19 ff.; GEIGER Willi, Recht des Staates und Elternrecht, in: FamRZ 1979, 457-462; ERICHSEN Hans-Uwe, Verstaatlichung der Kindeswohlentscheidung?, Zur verfassungsrechtlichen Bestimmung des schulischen Erziehungsrechts, Berlin/New York 1978.

dem Elternrecht,[163] sondern entstammt dem öffentlichen Erziehungsauftrag. Dieser ergibt sich aus der Rechtsordnung und den verschiedenen Staatszwecken.[164] Ursprünglich legitimierte sich der staatliche Auftrag aus dem selbstverständlichen und von niemandem bestrittenen Interesse des Staates, seinen Bürgern eine Unterrichtung in den Grundfertigkeiten des Lesens, Schreibens und Rechnens zuteil werden zu lassen.[165] Ein weiterer Grund bestand in der staatsbürgerlichen Erziehung.[166]

Der Staat kann also *eigene Erziehungsziele* verfolgen.[167] Sie geben Orientierungshilfen dafür, welche Vorstellung der Staat von der Arbeit der Schulen hat und was er als gesichert sehen möchte.[168] Der Lehr- und Erziehungsauftrag ist nicht

---

[162] Zum erziehenden Unterricht vgl. SCHNEIDER Heinz, Der erziehende Unterricht, in: TWELLMANN Walter (Hrsg.), Handbuch Schule und Unterricht, Band 8.1, Düsseldorf 1986, S. 154-165; SCHÖRNER Gabriele E., Moralische Erziehung, Bonn 1989, S. 107 ff.; MITTER Wolfgang (Hrsg.), Kann die Schule erziehen? Erfahrungen, Probleme und Tendenzen im europäischen Vergleich, Frankfurt a.M. 1983. Vgl. auch PETERS Anke, Erziehungs- und Ordnungsmassnahmen im Schulrecht, Diss. Göttingen 1991, 103 ff.; diverse Beiträge zum Thema: Abschied vom Erziehungsstaat?, in: Zeitschrift für Pädagogik 1993, 563 ff.; WEILER Hagen, Erziehungs- und/oder Bildungsauftrag der staatlichen Schule?, in: RdJB 1993, S. 452-457 (vgl. dazu auch S. 458 ff.).

[163] SCHMITT-KAMMLER, 31. Die Schule ist nicht nur Beauftragter, Helfer oder Stellvertreter der Eltern (MAURER, 71 f.; BAUMGARTE, 76; BÖCKENFÖRDE, 81 f.).

[164] ZACHER, Rz. 87. Vgl. PRIESEMANN Gerhard, Schule als Institution der Erziehung, in: Essener Gespräche zum Thema Staat und Kirche, Band 12, Münster Westphalen 1977, S. 58-82.

[165] LECHELER, Rz. 116.

[166] JACH, Schulvielfalt, 12. Zum "ungeschriebenen Gemeinschaftsvorbehalt" vgl. SCHLIE, 66 ff.

[167] BVerfGE 52, 236; 47, 72; 34, 165 und 182. Vgl. auch JACH, Schulvielfalt, 62 ff.; OSSENBÜHL, Erziehungsrecht, 107. Zu den Staatszielbestimmungen über Schule, Erziehung und Unterricht in den einzelnen Ländern vgl. insbesondere EVERS, 34 ff., 54 ff.; MAUNZ, Art. 7 GG, Rz. 4e; JACH, Schulsystem, 39 ff., 48 ff.; JANSON, 177 ff.; EVERS Hans-Ulrich, Verfassungsrechtliche Determinanten der inhaltlichen Gestaltung der Schule, in: Essener Gespräche zum Thema Staat und Kirche, Band 12, Münster Westphalen 1977, S. 104-136, 131 f.; REEB Hans-Joachim, Bildungsauftrag der Schule, Eine Analyse der Erziehungsziele in den Verfassungen und Schulgesetzen der Bundesrepublik Deutschland unter Einbeziehung der Richtlinien im Lande Niedersachsen, Frankfurt/Main 1981, insb. S. 32 ff.; FRAUENRATH Klaus, Die Erziehungsziele in den Schulartikeln der Landesverfassung von Nordrhein-Westfalen (Art. 7 LV-NW), Diss. Düsseldorf 1991. Vgl. dazu auch die Beiträge in TSCHAMLER Herbert/ZÖPFL Helmut (Hrsg.), Sinn- und Wertorientierung als Erziehungsauftrag der Schule, München 1978; KÜHNE Jörg-Detlef, Zum Vollzug landesverfassungsrechtlicher Erziehungsziele - am Beispiel Nordrhein-Westfalens, in: DÖV 1991, S. 763-770; KERSTIENS Ludwig, Erziehungsziele und Schulwirklichkeit, Prinzipien-Rückblick-Perspektiven, Freiburg i.Br. 1980.

[168] MAUNZ, Art. 7 GG, Rz. 5; STARCK, 24; vgl. auch ROELLECKE Gerd, Erziehungsziele und der Auftrag der Staatsschule, in: Festschrift für Hans Joachim Faller, München 1984, S. 187-199. EVERS, 65 erachtet es als unzulässig, den Schüler auf ein vorgegebenes Menschenbild hin zu erziehen. Das Grundgesetz habe keinen Idealbürger konzipiert, sondern gehe vielmehr vom Menschen aus, wie er sei und anerkenne seine Würde und Freiheit als Höchstwerte (a.a.O., 66).

darauf zu beschränken, nur Wissensstoff zu vermitteln.[169] Er hat auch zum Inhalt, das einzelne Kind zu einem selbstverantwortlichen Mitglied der Gesellschaft heranzubilden. Die Aufgaben der Schule liegen daher auch auf erzieherischem Gebiet.[170]

b) Grenzen

Die Grenzen des staatlichen Erziehungsrechts zeigen sich insbesondere bei weltanschaulich sensiblen Unterrichtsinhalten wie beispielsweise dem Sexualunterricht, wo die Unterscheidung zwischen Fakten und Wertungen besonders deutlich hervortritt.[171] Es ist grundsätzlich von der *Unzulässigkeit "werthaltiger"* (politischer, weltanschaulicher, moralischer) *Erziehung durch den Staat* auszugehen. Dies ergibt sich bereits aus dem objektiven Verfassungsprinzip der weltanschaulich-religiösen Neutralität des Staates.[172,173] Doch gibt es einen Bereich von "Wertungen", mit denen sich die Institution durchaus identifizieren darf und muss, d.h. der Grundsatz staatlicher Neutralität nicht gilt. Es handelt sich dabei um die "Verfassungsessenz".[174,175] Die staatliche Schule besitzt hier eine wichtige soziale und politische

---

169 Vgl. dazu ERICHSEN, Elternrecht, 730.

170 BVerfGE 47, 72 in Zusammenhang mit der Sexualerziehung.

171 Vgl. dazu MARTIAL Ingbert von, Sexualerziehung in der Schule und Elternrecht, Frankfurt a.M. 1990.

172 Vgl. dazu Art. 3 Abs. 3, 4 Abs. 1, 33 Abs. 3 GG sowie Art. 136 Abs. 1 und 4 und Art. 137 WRV i.V.m. Art. 140 GG. Vgl. hierzu beispielsweise BADURA Peter, Der Schutz von Religion und Weltanschauung durch das Grundgesetz, Tübingen 1989, S. 80 ff.; SCHLAICH Klaus, Neutralität als verfassungsrechtliches Prinzip, vornehmlich im Kulturverfassungs- und Staatskirchenrecht, Tübingen 1972, S. 91 ff. (Neutralität der Schule), 99 f. (Privatschule).

173 SCHMITT-KAMMLER, 35. Eine weltanschauliche Einfärbung von Gesetzen ist aber durchaus zulässig (vgl. a.a.O., 36 f.). Vgl. hiezu auch BVerfGE, Beschl. vom 9.2.1989, in: RdJB 1990, S. 101-103.

174 Art. 73 Abs. 3 GG lautet: "Eine Änderung dieses Grundgesetzes, durch welche (...) die in den Artikeln 1 und 20 niedergelegten Grundsätze berührt werden, ist unzulässig." Dazu zählen u.a. der Schutz der Menschenwürde (Art. 1) und das Bekenntnis zu verschiedenen Menschenrechten. Die abänderbaren Teile des Grundgesetzes gehören nicht dazu (SCHMITT-KAMMLER, 44).

175 SCHMITT-KAMMLER, 41; MORITZ, 137 ff.; SCHLIE, 81 ff. betont die freiheitlich-demokratische Grundordnung. Nach RICHTER eignet sich die Verfassung nicht als Erziehungsziel, bzw. es lassen sich daraus keine inhaltlichen Erziehungsziele ableiten (RICHTER, Art. 7 GG, Rz. 18b). Daraus liessen sich lediglich Prinzipien für die Organisation ableiten: Pluralität, Toleranz, Freiheitlichkeit, Sozialität und Partizipation (vgl. dazu a.a.O., Rz. 19 ff.). Anderer Ansicht ist HÄBERLE: vgl. HÄBERLE Peter, Verfassungsprinzipien als Erziehungsziele, in: Festschrift für Hans Huber zum 80. Geburtstag, Recht als Prozess und Gefüge, Bern 1981, S. 211-239; ders. Erziehungsziele und Orientierungswerte im Verfassungsstaat, Freiburg/München

Integrationsfunktion.[176] Der Staat hat abgesehen von diesem "Wertungskern" lediglich Wissen (Fakten, Fertigkeiten) zu vermitteln. Die weltanschauliche Bewertung davon hat ausschliesslich durch die Eltern im Rahmen der familiären Erziehung zu erfolgen. Bei weltanschaulich umstrittenen Materien darf er zwar die unterschiedlichen wertenden Stellungnahmen darstellen, sich aber nicht mit einer der Wertaussagen identifizieren.[177,178]

4. Einwirkungsmöglichkeiten der Eltern

a) Allgemeines

Das Grundgesetz hat die Schule nicht zur ausschliesslichen Staatsangelegenheit erklärt. Der Staat trifft sich hier mit anderen Erziehungsträgern in der Aufgabe, das Kind bei der Entwicklung zu einer eigenverantwortlichen Persönlichkeit innerhalb der Gemeinschaft zu unterstützen und zu fördern. Dabei wird das staatliche Bestimmungsrecht im Schulwesen insbesondere durch das Elternrecht begrenzt.[179]

Art. 7 GG weist die Schulhoheit dem Staat zu. Die Eltern werden nicht explizit erwähnt. Dies erklärt sich aus dem historischen Umstand, dass man mit der staatlichen Schulaufsicht primär den kirchlichen Einfluss verhindern wollte.[180] Es fragt sich nun, ob die Eltern - gleich wie der Staat mittels seines Wächteramtes beim Elternrecht - die Möglichkeit haben, in die durch Art. 7 dem Staat zugeteilten Aufgaben im Schulbereich hineinzuwirken.[181] Wesentlich ist dabei die Frage, ob das Elternrecht ein reines Individualrecht ist oder ob es auch die Garantie für eine gemeinschaftliche elterliche Mitwirkung in schulischen Angelegenheiten (kollektives Elternrecht) umfasst.[182]

1981. Vgl. dazu auch ERICHSEN, Elternrecht, 729.

[176] SCHMITT-KAMMLER, 44.

[177] SCHMITT-KAMMLER, 47, 49.

[178] Vgl. in diesem Zusammenhang auch PETERS Anke, Erziehungs- und Ordnungsmassnahmen im Schulrecht, Diss. Göttingen 1991; WEBER Witgar, Das Ordnungsrecht der Schule, Eine Betrachtung der Schulstrafen mit Schwerpunkt auf dem Baden-Württembergischen Recht, Diss. Tübingen 1985.

[179] BVerfGE 34, 182.

[180] JACH, Schulvielfalt, 35.

[181] MAUNZ, Art. 6 GG, Rz. 27h.

[182] BVerfGE 59, 378 m.w.H. auf die Literatur.

b) Bestimmung des Schulgepräges

Das Grundgesetz lässt Unterscheidungen der Schule nach ihrem Gepräge zu (Art. 7 Abs. 3 und 6 GG). Unter *Bekenntnisschulen* werden Schulen verstanden, in denen das Gepräge von einem religiösen Bekenntnis gewonnen wird. Das Gegenstück dazu bilden *bekenntnisfreie Schulen.*[183] In *Gemeinschaftsschulen* wird das Gepräge unabhängig von religiösen Bekenntnissen gewonnen. Die im Grundgesetz nicht genannten *christlichen Schulen* sind eine Fortbildung der Gemeinschaftsschulen mit christlichem, jedoch nicht an ein bestimmtes Bekenntnis gebundenem Gepräge. Unter *Weltanschauungsschule* versteht man Schulen, in denen eine Weltanschauung, die kein religiöses Bekenntnis ist, das Gepräge der Schule bestimmt.[184]

Laut dem Grundgesetz ist der *Landesgesetzgeber* bei der Wahl der Schulform für die öffentliche Volksschule völlig frei.[185] Das Bundesverfassungsgericht hält dazu fest: "Ein *positives* Bestimmungsrecht, aufgrund dessen die Eltern vom Staat die Einrichtung von Schulen bestimmter religiöser oder weltanschaulicher Prägung verlangen könnten, ergibt sich weder aus dem Elternrecht in Art. 6 Abs. 2 Satz 1 GG noch aus andern Vorschriften des Grundgesetzes (...). Das Grundgesetz verweist die Eltern insofern auf Privatschulen."[186] In einer pluralistisch geprägten Gesellschaft ist es der öffentlichen Schule nicht möglich, allen Elternwünschen Rechnung zu tragen.[187] Der Staat hat für einen Ausgleich im Gesamtgefüge des Schulwesens zu sorgen sowie einen Ausgleich zwischen den schulpolitischen Programmen anzustreben.[188]

---

[183] Vgl. dazu auch MAUNZ, Art. 7 GG, Rz. 53e ff.

[184] MAUNZ, Art. 7 GG, Rz. 12d; vgl. auch PETERS, 408 ff.; EISELT, System, 212 f.

[185] BVerfGE 45, 415; LEIBHOLZ/RINCK/HESSELBERGER, Art. 7 GG, Rz. 130. Grundsätzlich bildet der Simultanunterricht die Regel, in dem der Religionsunterricht ausgegliedert wird und der Unterricht auf der Grundlage christlicher und abendländischer Bildungs- und Kulturwerte beruht (vgl. BAUMGARTE, 80 ff.).

[186] BVerfGE 41, 46. Vgl. auch BVerfGE 45, 415; HEMMRICH, Rz. 16; JACH, Schulsystem, 100 ff.; LEIBHOLZ/RINCK/HESSELBERGER, Art. 7 GG, Rz. 100 ff.

[187] Die Berücksichtigung des Elternwunsches nach einer weltanschaulichen Schulausrichtung ist zulässig, soweit sich dies mit den schulorganisatorischen Erfordernissen vereinbaren lässt und es nicht zu Grundrechtsverletzungen kommt (SCHMITT-KAMMLER, 69). Eine Pflicht zur Berücksichtigung dazu besteht von Staates wegen aber nicht. Die Entscheidung erweist sich somit als eine politisch zu verantwortende Entscheidung (a.a.O., 75 f.).

[188] MAUNZ, Art. 6 GG, Rz. 27d f., 29. Vgl. dazu auch RAMBOW Gerhard, Das Grundgesetz und die bekenntnismässige Gestaltung der öffentlichen Schulen, Diss. Köln 1966.

c) Bestimmung des Bildungsweges für das Kind

Das Bestimmungsrecht der Eltern umfasst die Befugnis, den von ihrem Kind einzuschlagenden Bildungsweg in der Schule - und im Beruf[189] - frei zu wählen.[190] Das bedingt aber, dass ein Schulsystem vorhanden ist, das den Eltern die faktische Ausübung des *Wahlrechts* ermöglicht.[191] Der Staat hat also *Schulvielfalt* zu gewährleisten.[192] Die Aufgabe des Staates ist es, "bildungspolitische Entscheidungen zu treffen und im Rahmen seiner finanziellen und organisatorischen Möglichkeiten ein Schulsystem bereitzustellen, das den verschiedenen Begabungsrichtungen Raum zur Entfaltung lässt, sich aber von jeder "Bewirtschaftung des Begabungspotentials" freihält".[193]

Die Eltern haben das Recht, zwischen den vom Staat zur Verfügung gestellten Schulformen auszuwählen. Diese Freiheit darf nicht mehr als notwendig begrenzt werden. Das ist insbesondere bei der Errichtung von Zulassungsvoraussetzungen (sog. negative Schülerauslese des Staates)[194] für bestimmte Bildungswege zu beachten.[195] Das Wahlrecht darf nicht bloss formaler Natur sein, sondern soll auch die materielle Wahl zwischen verschiedenen pädagogischen Möglichkeiten gewährleisten.[196] Die Eingleisigkeit ohne Wahlmöglichkeiten ist für die Eltern auch während der allgemeinen Schulpflicht unzumutbar.[197]

---

189 Die einschlägigen Rechtsnormen sind auf *Ausgleich der Rechte* der Eltern aus Art. 6 und des Kindes aus Art. 12 GG angelegt (MAUNZ, Art. 6 GG, Rz. 13d). Vgl. dazu auch WINKLER-PÖHLER Beate, Elterliche Sorge und Berufswahl, Diss. Köln 1984; DRESCHER Ingo, Ausbildungsfinanzierung durch die Eltern, Diss. Tübingen 1985.

190 BVerfGE 59, 379; 34, 184. Vgl. AVENARIUS/JEAND'HEUR, 17, 34 ff.; FEHNEMANN, 540 ff.; SURWALD, 106 ff.; MAURER, 127 ff.; HECKEL/AVENARIUS, 304 ff.

191 BVerfGE 45, 415 f.

192 Vgl. zum Gebot der Schulvielfalt JACH, Schulvielfalt, 40 ff.; LADEUR Karl-Heinz, Elternrecht, kulturstaatliches Vielfaltsgebot und gesetzliche Regelung der Schulschliessung, in: DÖV 1990, S. 945-954.

193 BVerfGE 34, 184. Vgl. AVENARIUS/JEAND'HEUR, 20.

194 Vgl. MAUNZ, Art. 7 GG, Rz. 21k; MAURER, 129 ff., 133 ff. Zum Problem der Eignungsprüfungen vgl. AVENARIUS/JEAND'HEUR, 57 ff. und zu Kapazitätsgesichtspunkten 53 ff.

195 BVerfGE 59, 379; 34, 184 f. Vgl. dazu auch MAUNZ, Art. 6 GG, Rz. 27c, 28; MÜNCH, Art. 6 GG, Rz. 36; ZACHER, Rz. 86; JACH, Schulsystem, 93 ff.

196 JACH, Schulvielfalt, 79.

197 MAUNZ, Art. 6 GG, Rz. 28.

d) *Konfessionelles Elternrecht*

Der Religionsunterricht[198] ist gemäss Art. 7 Abs. 3 Satz 1 GG *ordentliches Lehrfach.*[199] D.h. er darf weder räumlich noch sachlich aus dem Bereich der Schule ausgeklammert werden. Im Lehrplan ist ihm ein fester Platz einzuräumen. Er ist grundsätzlich ein *Pflichtfach.*[200]

Die einzige ausdrückliche Normierung des individuell durchsetzbaren Elternrechts auch innerhalb der Schulorganisation findet sich in *Art. 7 Abs. 2 GG*: "Die Erziehungsberechtigten haben das Recht, über die Teilnahme des Kindes am Religionsunterricht zu bestimmen." Dieser Artikel steht als lex specialis zu Art. 6 Abs. 2 Satz 1 GG.[201] Das elterliche Bestimmungsrecht, das die Teilnahme des Kindes am Religionsunterricht betrifft, ist ein echtes Grundecht im Sinne eines subjektiven öffentlichen Rechts.[202] Das Recht zur religiösen Erziehung des Kindes ist Teil des allgmeinen Erziehungsrechtes. Es hat im *Gesetz über die religiöse Kindererziehung*[203] eine Sonderregelung erfahren. Hier ist in beispielgebender Weise der Gedanke des stufenweisen Heranreifens zur Selbstbestimmung verwirklicht worden: So ist das Kind ab dem 10. Altersjahr in religiösen Fragen zu hören (§§ 2

---

[198] Der *Religionsunterricht* wird als *institutionelle Garantie* betrachtet (MAUNZ, Art. 7 GG, Rz. 47). Dieser bestimmt sich allein nach dem Inhalt des Unterrichts (a.a.O., Rz. 29). Zum Begriff *Religion* unterscheidet er Glaube, Bekenntnis, Konfession und Weltanschauung (vgl. a.a.O., Rz. 52d).

[199] Vgl. auch Art. 141 GG: "Artikel 7 Abs. 3 Satz 1 findet keine Anwendung in einem Lande, in dem am 1. Januar 1949 eine andere landesrechtliche Regelung bestand." Diese Bestimmung wird als "Bremer Klausel" bezeichnet, weil sie nur hier zutrifft.

[200] MAUNZ, Art. 7 GG, Rz. 48 f. Vgl. HEMMRICH, Rz. 23 ff.; LEIBHOLZ/RINCK/HESSELBERGER, Art. 7 GG, Rz. 150. Vgl. dazu auch RENCK Ludwig, Zur grundrechtlichen Bedeutung von Art. 7 III GG, in: NVwZ 1992, S. 1171 f.; MÜLLER Friedrich/PIEROTH Bodo, Religionsunterricht als ordentliches Lehrfach, Eine Fallstudie zu den Verfassungsfragen seiner Versetzungserheblichkeit, Berlin 1974; DIECKMANN Karl Josef, Zur Auseinandersetzung um den Religionsunterricht im Schulwesen des modernen Staates, Eine juristisch-historische Untersuchung anhand des Schulwesens der Bundesrepublik Deutschland und der Vereinigten Staaten, Diss. Bochum 1971.

[201] PIEROTH, Art. 6 GG, Rz. 20; MAUNZ, Art. 7 GG, Rz. 28; vgl. zum konfessionellen Elternrecht auch SCHICK, 15 ff., 56 ff.

[202] MAUNZ, Art. 7 GG, Rz. 30. HEMMRICH, Rz. 19; RENCK Ludwig, Rechtsfragen des Religionsunterrichts im bekenntnisneutralen Staat, in: DÖV 1994, S. 27-32. Vgl. dazu auch AVENARIUS Hermann, Aktuelle verfassungsrechtliche Fragen des Religionsunterrichts im öffentlichen Schulwesen, in: Bildung in sozioökonomischer Sicht, Festschrift für Hasso von Recum zum 60. Geburtstag, Frankfurt a.M. 1989, S. 47 ff.

[203] Gesetz über die religiöse Kindererziehung (RelKErzG) vom 15. Juli 1921 (RGBl S. 939; BGBl III 404-409).

Abs. 3 Satz 5, 3 Abs. 2 Satz 5), vom 12. Altersjahr an darf es nicht mehr gegen seinen Willen in einem anderen Bekenntnis als bisher erzogen werden (§ 5 Satz 2) und schliesslich entscheidet es ab dem 14. Altersjahr selbst über sein religiöses Bekenntnis (§ 5 Satz 1).[204]

e) Pädagogisches Elternrecht

Es ist grundsätzlich den Ländern überlassen,[205] inwieweit sie als Folge des Elternrechts den Eltern über den durch Art. 7 GG gezogenen Rahmen hinausgehende positive individuelle und kollektive *Mitwirkungs- und Mitbestimmungsrechte* einräumen wollen.[206,207] Dazu zählen Beratung (Informations- und Meinungsaustausch), Mitwirkung und Mitberatung (Anhörung, Vorschlags- und Auskunftsrecht, Stellungnahmemöglichkeiten), Mitbestimmung (Zustimmungserfordernis) und eigene Sachentscheidungskompetenz. Das kollektive Elternrecht wird im Rahmen kollektiver Entscheidungsprozesse ausgeführt (z.B. in schulischen Gremien wie Konferenzen oder

---

[204] Vgl. dazu insbesondere HINZ, Anh. § 1631 BGB; vgl. auch BVerwGE 68, 16.

[205] Den Erziehungsberechtigten wird in einzelnen Ländern zum Teil ein Recht zur *Mitgestaltung* am Unterrichtswesen zugestanden. Vgl. dazu die Bestimmungen der *Länderverfassungen* von Baden-Württemberg, Art. 17 Abs. 4; Hessen, Art. 56 Abs. 6; Nordrhein-Westfalen, Art. 10 Abs. 2.

[206] BVerfGE 41, 46. Bei der Ausgestaltung der schulischen Sexualerziehung wird ein elterliches Mitbestimmungsrecht aufgrund des Art. 6 Abs. 2 GG ausdrücklich abgelehnt (BVerfGE 59, 380).

[207] Zur Literatur vgl. MAUNZ, Art. 6 GG, Rz. 27f; ZACHER, Rz. 87 f.; MÜNCH, Art. 6 GG, Rz. 38; FEHNEMANN, 545 ff.; BÖCKENFÖRDE, 90 ff.; DIETZE Lutz, Schulverfassung und Grundgesetz, Demokratieprinzip und Mitbestimmung in der Schule, Diss. Mainz 1972; ders., Elternrecht als Bestimmungsrecht und Anspruchsgrundlage der schulischen "umfassenden Allgemeinbildung" ihrer Kinder?, in: NJW 1982, S. 1353-1362; ders., Von der Schulanstalt zur Lehrerschule, Gutachten, Braunschweig 1976 (gleich mit GOLDSCHMIDT Dietrich [Hrsg.], Demokratisierung und Mitwirkung im Bildungswesen Schwedens und der Bundesrepublik Deutschland, Band 3); FROWEIN, 27 ff.; JACH, Schulvielfalt, 45 ff.; GERNHUBER, 47; OSSENBÜHL, Erziehungsrecht, 96 ff.; LEHMANN, 22 ff.; HECKEL/AVENARIUS, 84 ff.; SCHICK, 19 ff., 80 ff.; RECHSTEINER, 606 ff.; STAUPE, 116 ff. mit tabellarischen Übersichten zu den einzelnen Ländern; VOGEL Johann Peter, Partizipation an Schulen in freier Trägerschaft, in: RdJB 1987, S. 272-276; KRIECHBAUM Sieglinde (Hrsg.), Elternrecht und Elternvertretung in der Bundesrepublik Deutschland, Ländervergleich, Villigen-Schwenningen 1980; KREUZER Karl Josef, Das Verhältnis von Elternhaus und Schule unter besonderer Berücksichtigung einer Mitwirkung der Eltern in der Schule, Eine historische Strukturanalyse, Diss. Essen 1977; MARZ Fritz/ZUBKE Friedhelm (Hrsg.), Elternmitwirkung in der Schule, Zum aktuellen Stand elterlicher Beteiligung in der Schule, Stuttgart 1981; WILLE Ulrich-Alexander, Die Demokratisierung der Schule - Erscheinungsformen, verfassungsrechtliche Möglichkeiten und Grenzen, Diss. Tübingen 1975; WIMMER Raimund, Das pädagogische Elternrecht, in: DVBl 82/1967, S. 809-816.

Elternbeiräten). Es ist aber nicht geeignet, das individuelle Elternrecht zu ersetzen oder zu verdrängen.[208]

Aus Art. 6 Abs. 2 Satz 1 GG lassen sich solche Rechte nicht ableiten.[209] Allenfalls lässt sich aus dem Grundgesetz das Erfordernis einer gewissen partizipatorischen Grundstruktur der Schule als Minimum herleiten, bei deren Ausgestaltung die Länder einen weiten Gestaltungsspielraum besitzen.[210] Aus der Verbindung von Elternrecht und Demokratiegebot (Art. 20 GG) lässt sich unter Umständen ein Recht der Eltern auf Information,[211] Anhörung und Mitsprache auch in Fragen der Schulorganisation herleiten.[212]

5. Abgrenzung des elterlichen vom staatlichen Erziehungsrecht

a) *Pflicht zur Zusammenarbeit*

Während die Weimarer Reichsverfassung das Primat der staatlichen Erziehung statuierte, wird heute sowohl den Eltern als auch dem Staat ein eigenes Erziehungsrecht zugestanden. Diese Rechte sind heute einander gleichgestellt.[213] Die Skepsis gegenüber einem eigenständigen Elternrecht rührt vom historischen Umstand, dass man die Säkularisierung von Bildung und Erziehung nicht aufs Spiel setzen wollte. Man befürchtete, dass die Kirche über den Umweg des Elternrechts aufs staatliche Schulsystem erneut Einfluss nehmen könnte.[214]

Die rechtliche Gleichstellung verlangt nach klaren Grenzen. Dies um so mehr, als die Eltern Einwirkungsmöglichkeiten in den Schulbereich besitzen. Das *Bundesverfassungsgericht* nahm dazu im hessischen Förderstufenurteil[215] wie folgt Stellung:

---

208 STAUPE, 60; ERICHSEN, Elternrecht, 727.

209 BVerfGE 59, 380 f. Vgl. KOHL, 212.

210 STAUPE, 117.

211 BVerfGE 59, 360 und 381. Vgl. auch ZACHER, Rz. 88; LEIBHOLZ/RICK/HESSELBERGER, Art. 7 GG, Rz. 400 f.; RICHTER, Art. 7 GG, Rz. 99; HEMMRICH, Rz. 14; RECHSTEINER, 468 ff.

212 MÜNCH, Art. 6 GG, Rz. 38.

213 Hier soll nur gerade auf das geltende Recht hingewiesen werden. Für die Beurteilung dieses Problems während der Weimarer Zeit oder des Nationalsozialismus bzw. zur Meinung der Kirche vgl. SURWALD, 48 ff.

214 JACH, Schulsystem, 67 f. Vgl. hiezu auch FRIEDRICH Ottmar, Die Erziehungsrechte der Eltern, des Staates und der Kirche in der Volksschule, Diss. Marburg 1958.

215 BVerfGE 34, 165; bestätigt in 59, 378 ff. Die allgemeinen Grundsätze werden wiederholt in BVerfGE 45, 400 (415 f.); 53, 185 (196) und 47, 46 (74).

"Aus Art. 7 Abs. 2 und 5 GG, die den Eltern gewisse Rechte im Hinblick auf die weltanschauliche Erziehung in der Schule sichern, kann nicht geschlossen werden, dass dieser Artikel des Grundgesetzes als lex specialis allein und abschliessend die Reichweite des Elternrechts im Schulwesen regele. Art. 7 GG steht in einem Sinnzusammenhang mit den übrigen Vorschriften der Verfassung, die eine innere Einheit darstellt (...). Er muss daher auch zusammen mit Art. 6 Abs. 2 Satz 1 GG gesehen werden. (...) Art. 6 Abs. 2 Satz 1 GG erkennt die Pflege und Erziehung der Kinder als "das natürliche Recht der Eltern und die zuvörderst ihnen obliegende Pflicht" an. Andererseits enthält diese Vorschrift *keinen ausschliesslichen Erziehungsanspruch der Eltern*. Der Staat ist *in der Schule* nicht auf das ihm durch Art. 6 Abs. 2 Satz 2 GG zugewiesene Wächteramt beschränkt. Der *staatliche Erziehungsauftrag* in der Schule, von dem Art. 7 Abs. 1 GG ausgeht, ist in seinem Bereich dem elterlichen Erziehungsrecht nicht nach-, sondern *gleichgeordnet*. Diese *gemeinsame Erziehungsaufgabe* von Eltern und Schule, welche die Bildung der *einen* Persönlichkeit des Kindes zum Ziel hat, lässt sich nicht in einzelne Komponenten zerlegen. Sie ist in einem sinnvoll aufeinander bezogenen *Zusammenwirken* zu erfüllen."[216]

Das individuelle elterliche Erziehungsrecht und der staatliche Erziehungsauftrag in der Schule sind aufeinander abzustimmen mit dem Ziel, die eine Persönlichkeit des Kindes zu bilden.[217] Eine befriedigende Lösung lässt sich nur erreichen, wenn das Gebot der *Toleranz* auf beiden Seiten tatsächlich gelebt wird.[218] Ein sinnvolles *Zusammenwirken* setzt auch gegenseitige Verständigung voraus. Die Eltern müssen deshalb über das schulische Geschehen unterrichtet werden, und es muss ihnen die Möglichkeit für Anregungen und Kritik eingeräumt werden. Aus Art. 6 Abs. 2 Satz 1 GG ist daher das *Recht auf Unterrichtung* abzuleiten, soweit die Ausübung des individuellen elterlichen Erziehungsrechtes beeinträchtigt werden könnte.[219]

---

[216] BVerfGE 34, 183 (Hervorhebungen nur zum Teil durch den Verfasser).

[217] Vgl. FEHNEMANN, 536 ff. m.w.H. SCHMITT-KAMMLER, 58 lehnt sowohl dieses sogenannte *Kooperationsmodell* als auch ein strenges *Separationsmodell* (das den Staat für die Schule und die Eltern für die Familie als zuständig erklärt) ab. Für die Gründe, die entgegen der Auffassung des Bundesverfassungsgerichts für ein klares Separationsmodell sprechen, vgl. SCHMITT-KAMMLER, 50 ff. RICHTER lehnt die Separationsthese nicht ab (RICHTER, Art. 7 GG, Rz. 27; ders., Elternrecht, 371). Zur typologischen Differenzierung des Integrationsprinzips vgl. auch RICHTER, Elternrecht, 350 ff.

[218] KOHL, 215 vergleicht dies mit dem *Prinzip der Bundestreue*, welches Bund und Länder im Interesse des Staatsganzen zu gegenseitiger Rücksichtnahme und zu zurückhaltender Ausübung ihrer Kompetenzen verpflichtet.

[219] BVerfGE 59, 381. Vgl. auch FEHNEMANN, 543; WENGER Otto, Schüler, Eltern und Lehrer, Schulrechtliche und pädagogische Grundlagen des Zusammenwirkens, München 1975.

b) Lösung bei Konflikten

Die Lösung des Bundesverfassungsgerichts, bei Konfliktfällen zusammenzuwirken, funktioniert nur, soweit Schule und Eltern miteinander kommunizieren können. Es stellt sich deshalb die berechtigte Frage, wie zu entscheiden ist, wenn die beiden Erziehungsträger nicht zusammenwirken wollen.[220] Denn aus dem Kooperationszwang lässt sich zunächst lediglich eine Harmonisierungspflicht herleiten, die jedoch keine Handhabe zur Konfliktslösung bietet.[221]

Ein Lösungsweg bietet die sogenannte *"Drei-Bereiche-Lehre"*.[222] Danach findet sich im *ausserschulischen Bereich* ein Vorrang des elterlichen Erziehungsrechtes nach Art. 6 Abs. 2 Satz 1 GG.[223] Der *innerschulische Bereich* hingegen ist von einem Überwiegen der in Art. 7 Abs. 1 GG liegenden staatlichen Schulgestaltungsmacht gekennzeichnet. Die entsprechenden elterlichen Mitbestimmungsrechte werden durch das einzelne Landesrecht bestimmt. Doch für den hier besonders interessierenden *"Überschneidungsbereich"*, wo die Grenze mitunter fliessend verläuft, gibt diese Lehre keine Kriterien zur Handhabung.[224] Deshalb sind vielmehr *Schwerpunkte* festzulegen.[225] Das Bundesverfassungsgericht betont dabei das umfassendere Elternrecht wenn es ausführt:

---

[220] Vgl. dazu RICHTER, Art. 7 GG, Rz. 28. Vgl. dazu auch CLOER Ernst, Disziplinarkonflikte in Erziehung und Schule, Bad Heilbronn/Obb. 1982; STRUCK Peter, Erziehungskonflikte in Familie, Schule und Gesellschaft, Möglichkeit zu ihrer Überwindung, Hannover 1982; Katholische Erziehergemeinschaft Bayern e.V. (KEG), Die Verwirklichung des Erziehungsauftrages der Schule angesichts bestehender Erziehungsprobleme, Donauwörth 1982.

[221] MARGIES, 1247.

[222] Vgl. dazu insbesondere JACH, Schulsystem, 75 f. m.w.H.; OPPERMANN, Schule, Rz. 79.

[223] Das Erziehungsrecht in der Familie steht klar den Eltern zu (RICHTER, Art. 7 GG, Rz. 29).

[224] So OSSENBÜHL, Erziehungsrecht, 109.

[225] Das *Elternrecht* bezieht sich vor allem auf die Bestimmung des Schultyps und Schulgepräges sowie auf die Auswahl unter mehreren Schulformen. In den *staatlichen Bereich* fällt demgegenüber die Ausgestaltung des Schulbetriebs selbst, die Unterrichtsmethode, die organisatorische Gliederung der Schule, die Festlegung von Ausbildungsgängen und Unterrichtszielen, die Aufstellung eines allgemeinen Bildungsplanes, die Festlegung von Zulassungsvoraussetzungen für einen Bildungsweg, die Anordnung der Schulpflicht und die Absteckung ihres Umfanges und die Ausbildung und Berufung der Lehrer. Vgl. dazu MAUNZ, Art. 6 GG, Rz. 27f und 31a (vgl. hier auch den Hinweis auf die vom Bundesverfassungsgericht bei der Gewährleistung der Berufsfreiheit entwickelte *Stufentheorie*); MÜNCH, Art. 6 GG, Rz. 35, 37; MARGIES, 1247; EVERS spricht von "Sphären" (EVERS, 70, 72 f.).

> "Der Staat muss deshalb in der Schule die Verantwortung der Eltern für den *Gesamtplan der Erziehung* der Kinder achten und für die Vielfalt der Anschauungen in Erziehungsfragen soweit offen sein, als es sich mit einem geordneten staatlichen Schulsystem verträgt.
> Der Staat darf daher durch schulorganisatorische Massnahmen nie den ganzen Werdegang des Kindes regeln wollen."[226]

Die Eltern besitzen neben dem in Art. 7 Abs. 2 und 5 GG verankerten konfessionellen Elternrecht im Bereich der schulischen Grundentscheidung also das Recht, die *gesamte Erziehung* des Kindes zu bestimmen, während der Staat zeitlich und räumlich an den Schulbereich gebunden ist.[227] Man könnte deshalb durchaus von einem (beschränkten) Vorrang des Elternrechts im schulischen Bereich ausgehen.[228] Doch bleibt es nach der Rechtsprechung des Bundesverfassungsgerichts grundsätzlich ein *familiäres* Erziehungsrecht. In den Schulbereich erstreckt es sich nur, wenn die Schule die *Gesamterziehung* des Kindes berührt.[229] Das zeigt auch, dass es nicht ein Bestimmungsrecht über die Schule oder eine Mitwirkungsbefugnis aus Art. 6 Abs. 2 Satz 1 GG geben kann.[230]

Besteht zwischen Elternhaus und Schule keine sinnvolle Zusammenarbeit und versagt deshalb das Kooperations- und Konkordanzmodell, so hat der Richter für den *konkreten Einzelfall* eine *Interessenabwägung* vorzunehmen. Dabei berücksichtigt er die beiden Erziehungsrechte, das Gesamterziehungsrecht der Eltern, das Kindeswohl, die Interessenverteilung unter den Eltern derselben Klasse, den in Frage stehenden Erziehungsbereich und die staatliche Pflicht zur Offenheit für die Vielfalt.[231]

---

[226] BVerfGE 34, 183 (Hervorhebung durch den Verfasser).

[227] BAUMGARTE, 70 f. Während nämlich Art. 6 GG das gesamte Erziehungsrecht umfasst, regelt Art. 7 GG nur einen Teilbereich, das schulische Erziehungsrecht (a.a.O., 74; so auch EVERS, 71; MAURER, 67).

[228] BAUMGARTE, 77. OSSENBÜHL spricht von einem quantitativen und qualitativen Vorrang (OSSENBÜHL, Erziehungsrecht, 110 ff.). BÖCKENFÖRDE, 83 f. beschränkt den Erziehungsvorrang auf die *familiäre* Erziehung.

[229] Dies ist beispielsweise der Fall bei der Festlegung der Pflichtfremdsprache (BVerwG 64, 308) oder bei der Sexualerziehung (BVerwGE 47, 197 ff.; 57, 363 f.).

[230] BÖCKENFÖRDE, 81.

[231] Vgl. dazu OSSENBÜHL, Erziehungsrecht, 119 ff. Zu bestimmten Einzelfragen vgl. u.a. a.a.O., 122 ff.; RECHSTEINER, 464 f.

V. Zusammenfassung von § 16

Art. 6 GG stellt eine Art Sammelbestimmung dar, da er Ehe, Familie, Elternrecht, Mütter und nichteheliche Kinder behandelt. Dabei bildet die *Familie* die Grundlage des Elternrechts. Art. 6 Abs. 1 schützt die Familie als Lebens- und Erziehungsgemeinschaft von Eltern und ihren (minderjährigen) Kindern (sog. Kleinfamilie). Dieses Recht stellt ein Menschen- und Grundrecht dar, ferner ist es Institutsgarantie und wertentscheidende Grundsatznorm. Schliesslich resultiert daraus auch eine Schutz- und Förderungspflicht.

Das *Elternrecht* wird durch Art. 6 Abs. 2 Satz 1 GG garantiert. Es stellt ein Menschen- und Grundrecht, eine institutionelle Garantie und eine wertentscheidende Grundsatznorm dar. Sein Inhalt erstreckt sich auf Pflege und Erziehung der Kinder und dessen Schutz vor staatlichen Eingriffen. Das *Kind* wird durch das auf den Staat ausgerichtete Elternrecht grundsätzlich nicht direkt erfasst. Als Grundrechtsträger besitzt das Kind aber eigene Rechte (insbesondere das Persönlichkeitsrecht), die auf der Primarschulstufe grundsätzlich noch von seinen Eltern wahrgenommen werden. Kennzeichnend für das Elternrecht ist, dass es aufgrund der Eltern-Kind-Beziehung als treuhänderische Freiheit aufgefasst wird, die pflichtgebunden und fremdnützig ist; die Freiheitsausübung muss ständig auf das Kindeswohl ausgerichtet sein. Um dies zu garantieren, besitzt der *Staat* ein *Wächteramt* (Art. 6 Abs. 2 Satz 2 GG), welches allein auf den Schutz des Kindeswohls ausgerichtet ist. Werden die Grenzen des Elternrechts überschritten, besitzt der Staat eine verfassungsmässige Eingriffsermächtigung. Es ist aber darauf hinzuweisen, dass bei der Beurteilung des Kindeswohls vom elterlichen Interpretationsprimat auszugehen ist und der Staat nur korrigierend, subsidiär und komplementär eingreifen darf.

Das *Bürgerliche Gesetzbuch* konkretisiert die Beziehung der Eltern zum Kind in den Bestimmungen über die elterliche Sorge (§§ 1626 ff. BGB). Diese umfasst die Personen- und Vermögenssorge. Bei der Personensorge haben die Eltern die Fähigkeiten und Bedürfnisse des Kindes zu berücksichtigen; es besteht ein partnerschaftlicher Erziehungsstil. Auch hier besitzt der Staat ein Eingriffsrecht bei Sorgepflichtverletzungen (§ 1666 und 1666a BGB).

Das *Schulwesen* wird durch *Art. 7 GG* geregelt. Diese Bestimmung enthält die staatliche Schulaufsicht, den Religionsunterricht und die Privatschulfreiheit. Die Schulaufsicht steht im ausschliesslichen Kompetenzbereich der Länder. Sie kann betreffend Umfang und Intensität abgestuft werden nach Art der Schule und Schulstufe. Aufgrund seines Bildungsauftrages besitzt der *Staat* ein selbständiges

Erziehungsrecht. Dieses lässt eine "werthaltige" Erziehung nicht zu, sondern untersteht dem Neutralitätsgebot. Der Staat bestimmt das Schulgepräge. Die Eltern können den Bildungsweg wählen, weshalb der Staat Schulvielfalt zu gewährleisten hat. Im Schulbereich kommt den *Eltern* auch ein konfessionelles und ein pädagogisches Elternrecht zu. Die Mitwirkungs- und Mitbestimmungsrechte werden von den Ländern bestimmt. Grundsätzlich besteht zwischen dem Staat und den Eltern die *Pflicht zur Zusammenarbeit*, um die eine Persönlichkeit des Kindes zu bilden. Die Schule regelt grundsätzlich den innerschulischen Bereich, und die Eltern bestimmen den ausserschulischen und familiären Bereich. Im Zweifelsfalle haben aber die Eltern Vorrang, da ihnen die Verantwortung für den erzieherischen *Gesamtplan* der Kinder zukommt.

§ 17 Privatschulfreiheit in Deutschland

I. Einleitung

Das Privatschulwesen ist Teil des in Art. 7 Abs. 1 GG angesprochenen "gesamten Schulwesens". Es unterliegt der Gesetzgebungskompetenz der *Länder*.[1] Sie üben die dem Staat zustehende Aufsicht und Gestaltungsbefugnis aus. Letztere findet ihre Grenze in der Gewährleistung der in Art. 7 Abs. 4 und 5 GG garantierten Institution "Privatschule".[2]

Die Gewährleistung der Privatschulen korrespondiert mit dem Schutz der Menschenwürde (Art. 1 Abs. 1 GG), der Freiheit der Persönlichkeitsentfaltung (Art. 2 Abs. 1 GG), der Glaubens- und Gewissensfreiheit (Art. 4 Abs. 1 GG) und insbesondere dem Elternrecht (Art. 6 Abs. 2 Satz 1 GG).[3] Die Privatschulfreiheit ist nicht zu verwechseln mit der *pädagogischen Freiheit*[4,5] des (Volksschul-)Lehrers und

---

[1] Die Klausel in Art. 7 Abs. 4 Satz 2 GG, wonach die Ersatzschulen den *Landesgesetzen* "unterstehen", ist kein Gesetzesvorbehalt, sondern ein Hinweis darauf, dass die Regelung darüber in die Gesetzgebungskompetenz der Länder fällt (PIEROTH, Art. 7 GG, Rz. 19).

[2] MAUNZ, Art. 7 GG, Rz. 66; vgl. LEIBHOLZ/RICK/HESSELBERGER, Art. 7 GG, Rz. 180, 190. Zum Verhältnis Bundes- und Landesrecht vgl. auch LEMPER, 92 ff.

[3] BVerfGE 75, 61 f.; vgl. LEIBHOLZ/RINCK/HESSELBERGER, Art. 7 GG, Rz. 270; MAUNZ, Art. 7 GG, Rz. 4b, 64.

[4] Die pädagogische Freiheit beinhaltet die Gestaltung des Unterrichts und die Wertung der Schülerleistung. Sie ist zwar rechtliches Gebot, doch nicht nicht grundrechtlich gesichert. Sie ergibt sich aus der sachgemässen Aufgabenerfüllung, d.h. unmittelbar aus dem vom Lehrer übernommenen Lehrauftrag und seiner beamtenrechtlichen Stellung (MAUNZ, Art. 7 GG, Rz. 59, 62a). Seine verfassungsrechtliche Grundlage ist nicht Art. 5 Abs. 3 GG, sondern Art. 33 Abs. 5 GG, die Spezialnorm für die Berufsausübung im öffentlichen Recht (RICHTER, Art. 7 GG, Rz. 36). Der Lehrer selber besitzt kein eigenständiges Recht auf Erziehung der Kinder (MAUNZ, Art. 7 GG, Rz. 60). Er hat eine Aufklärungspflicht gegenüber den Eltern (STARCK, 28 f.).

[5] Zur Literatur vgl. GALLWAS Hans-Ulrich, Verfassungsrechtliche Aspekte der Pädagogischen Freiheit, in: Festschrift für Theodor Maunz zum 80. Geburtstag, München 1981, S. 71-87; PERSCHEL Wolfgang, Die Lehrfreiheit des Lehrers, in: NEVERMANN/RICHTER, S. 373-391; OSSENBÜHL Fritz, Die pädagogische Freiheit und die Schulaufsicht, in: DVBl 1982, S. 1157-1165; STOCK Martin, Pädagogische Freiheit und politischer Auftrag der Schule, Heidelberg 1971; ders., Die pädagogische Freiheit des Lehrers im Lichte des schulischen Bildungsauftrags, in: RdJB 1986, S. 212-232; HENNECKE Frank, Versuche einer juristischen Begründung von pädagogischer Freiheit, in: RdJB 1986, S. 233-247; BURMEISTER Thomas, Die "pädagogische Freiheit" - ein klagloses Recht?, in: RdJB 1989, S. 415-429; HÖFLING Wolfram, Öffentliches Schulwesen und pädagogische Autonomie, in: DÖV 1988, S. 416-422; FAUSER Peter, Pädagogische Freiheit in Schule und Recht, Weinheim/Basel 1986; MAUNZ Theodor, Gestaltungsfreiheit des Lehrers und Schulaufsicht des Staates, in: Das akzeptierte

der *Wissenschaftsfreiheit*[6] der Hochschullehrer (Art. 5 Abs. 3 GG).

Im *öffentlichen Schulwesen* kollidiert das elterliche mit dem gleichrangigen staatlichen Erziehungsrecht. Um der Problematik auszuweichen, besteht unter anderem die Möglichkeit des Unterrichts in *Privatschulen*, die in die staatliche Schulhoheit nur lose eingebunden sind. Bis auf den Genehmigungsvorbehalt (Art. 7 Abs. 4 und 5 GG) ist das Privatschulwesen dem staatlich-schulischen Erziehungsvorbehalt gegenüber freigestellt. Den Eltern wird damit die Möglichkeit eröffnet, ihre eigenen Bildungs- und Erziehungsziele auch im Schulbereich zu realisieren. Das Privatschulwesen bekommt so die "Funktion eines elternrechtsbezogenen Balancierungselements zum öffentlichen Schulwesen".[7] Die Möglichkeit zur Errichtung von Privatschulen bildet im hauptsächlich staatlich sichergestellten Bildungssystem eine wichtige Alternative, um dem *Elternrecht* lückenlos gerecht werden zu können. Denn dieses wäre ohne die Garantie der Privatschulfreiheit wirkungslos. Es führt notwendigerweise auf sie hin.[8] Die Privatschulgarantie kann als verfassungsrechtliche Konkretisierung der Elternrechte verstanden werden.[9] MAUNZ spricht von einem "Prüfstein", um zu schauen, wie es mit der Freiheit der Eltern vom Staat beschaffen ist.[10]

Grundgesetz, Festschrift für Günter Dürig zum 70. Geburtstag, München 1990, S. 269-278; MÜNCH Ingo von, Die pädagogische Freiheit des Lehrers, in: DVBl 79/1964, S. 789-795.

6 Zur Literatur vgl. LOSCH Bernhard, Wissenschaftsfreiheit, Wissenschaftsschranken, Wissenschaftsverantwortung, Berlin 1993; DICKERT Thomas, Naturwissenschaften und Forschungsfreiheit, Berlin 1991, S. 118 ff.; KIMMINICH Otto, Wissenschaft, in: MÜNCH Ingo von, Besonderes Verwaltungsrecht, 8. A., Berlin/New York 1988, 835 ff.; THEIS Axel, Ausbildungs- und Wissenschaftsfreiheit, Diss. Tübingen 1986; RICHTER, Bildungsverfassungsrecht, 155 ff.; FREUNDLICH Peter, Wissenschaftsfreiheit und Bundesverfassungsrecht, Diss. Göttingen 1984; KARPEN Ulrich, Wissenschaftsfreiheit und Hochschulfinanzierung, Überlegungen zu einem effektiven Mitteleinsatz, Berlin 1983; HAILBRONNER Kay, Die Freiheit der Forschung und Lehre als Funktionsgrundrecht, Hamburg 1979; WEILER Hagen, Wissenschaftsfreiheit des Lehrers im politischen Unterricht, Dokumentation und Kritik politischer Justiz und Rechtslehre zum grundgesetzlichen Bildungsauftrag der wissenschaftlichen Verfassungstreue in der Schule, Königstein/Ts. 1979; VOIGT Alfred, Lehrfreiheit und Verfassungstreue, in: Forschungen und Berichte aus dem öffentlichen Recht (Band 6), Gedächtnisschrift für Walter Jellinek, München 1955, S. 259-267.

7 BÖCKENFÖRDE, 87.

8 MAUNZ, Art. 7 GG, Rz. 63 f. Vgl. auch STARCK, der die Privatschulfreiheit als Möglichkeit sieht, wenn die Eltern mit dem allgemeinen staatlichen Erziehungskonzept oder der vom Lehrer ausgeübten pädagogischen Freiheit nicht zufrieden sind (STARCK, Staat, 30, 32 f.). Vgl. ferner MAURER, 103 f.; JACH, Schulvielfalt, 48.

9 BVerwG, Beschl. vom 15.11.1991, in: RdJB 1993, 113 f.

10 MAUNZ, Staat, 5.

II. Bedeutung des Privatschulwesens in Deutschland

In Deutschland gewinnt das Privatschulwesen zunehmend an Bedeutung.[11] Dies zeigt der Umstand, dass sich die Zahl der Schüler an privaten *allgemeinbildenden* Schulen zwischen 1960 (200'100) und 1992 (445'500) mehr als verdoppelt hat.[12] Betrachtet man das relative Verhältnis zu den gesamten Schülerzahlen, so stellt man auch dort eine Erhöhung fest: waren es 1960 noch 2,8% Privatschüler, stieg der Anteil 1990 gar auf 6,1%, um dann nach der deutschen Wiedervereinigung wieder auf 4,8% (1992) zu sinken. Von allen Privatschülern (100%) befanden sich 1992 0,8% an Vorschulen und Schulkindergärten, 6,1% an Grundschulen, 1,9% an schulartunabhängigen Orientierungsschulen, 4,1% an Hauptschulen, 16,7% an Realschulen, 44,9% an Gymnasien, 1,1% an integrierten Gesamtschulen, 12,6% an Freien Waldorfschulen, 1,6% an Abendschulen und Kollegs und 10,2% an Sonderschulen.[13]

Um aussagekräftigere Zahlen zu bekommen, ist der relative Anteil der Privatschüler einer bestimmten *Schulstufe bzw. Schulart* zu ermitteln. Für 1992 machten die Privatschüler der *allgemeinbildenden Stufe* folgende Anteile aus: Vorklasse und Schulkindergarten (4,5%), Grundschule (Klasse 1-4) (1,1%), schulartunabhängige Orientierungsstufe (Klasse 5-6) (2,1%), Hauptschule (1,7%), Realschule (7,1%), Gymnasium (Klasse 5-13) (9,8%), Integrierte Gesamtschule/Freie Waldorfschule (12,4%), Abendschulen und Kollegs (14,8%) und Sonderschulen (12,6%).[14]

Betrachtet man die *Träger* der verschiedenen Schulen, so zeigt sich die Dominanz der Kirche: Die privaten Schulen sind zu ca. 80% kirchliche Einrichtungen (1983:

---

[11] Vgl. dazu Arbeitsgemeinschaft Freier Schulen (Hrsg.), Handbuch Freie Schulen: Pädagogische Positionen, Träger, Schulformen und Schulen im Überblick, Reinbek bei Hamburg 1988.

[12] Die Zahl der Schüler an privaten *beruflichen* Schulen hat sich von 76'900 (1960) auf 126'400 (1992) erhöht. Für 1992 macht das einen relativen Anteil von 5,1 % aus. Eine private *Hochschule* besuchten 1985 gerade 1,8 % aller Studenten (WEISHAUPT/WEISS/RECUM/HAUG, 173).

[13] Diese Zahlen wurden aus Daten errechnet, welche enthalten sind in: Bundesministerium für Bildung und Wissenschaft (Hrsg.), Grund- und Strukturdaten 1993/94, S. 38 f., 52 f. Vgl. zu diesen Zahlen auch WEISHAUPT/WEISS/RECUM/HAUG, 59 und Tabelle 3.4 auf S. 247 (Die Freien Waldorfschulen sind bis 1970 bei den Gymnasien und ab 1975 bei den Gesamtschulen miterfasst); MATTERN, 313.

[14] Vgl. Tabellen 22 im Anhang 3. Hier sei auch verwiesen auf die umfassende statistische Darstellung der öffentlichen und privaten Schulen und Schüler der allgemeinen Ausbildung für die Jahre 1955 bis 1981 bei WEISHAUPT/WEISS/RECUM/HAUG, a.a.O. LEMPER, 184 ff. Für das Jahr 1987 vgl. auch ARBEITSGRUPPE BILDUNGSBERICHT, 140 ff.; für 1960-84 vgl. auch MATTERN, 314.

60% katholisch, 20 %evangelisch) und ca. 7% Waldorfschulen.[15]

Betrachtet man die *Finanzierung* der Bildungsausgaben, so zeigt sich ein unterschiedlicher relativer Anteil des privaten Sektors. Dieser finanzierte 1980 59% des Elementarbereichs (Kindergarten), 2% der allgemeinbildenden und beruflichen Schulen, 1% der Hochschulen, 90% der beruflichen Erstausbildung und 80% der Weiterbildung. Insgesamt macht das 31% der gesamten Bildungsausgaben aus.[16] Die Freien Waldorfschulen finanzierten sich zwischen 1975-1986 hauptsächlich durch die öffentliche Hand: 60% der Finanzierung bestand aus öffentlichen Zuschüssen, ca. 30% aus Eigenmittel (z.B. Elternbeiträge und Spenden) und 10% aus Fremdmitteln (Fremdfinanzierung am Kapitalmarkt).[17]

III. Ausgestaltung der Privatschulfreiheit

1. Rechtsgrundlage

Die Trennung des Schulwesens in staatliche und private Schulen und das Primat staatlicher Schulen findet sich bereits im *Allgemeinen Preussischen Landrecht von 1794*. Die Bestimmung des Schulwesens als staatliche Aufgabe beendete die jahrhundertelange Vormachtstellung der Kirchen. Die *Weimarer Reichsverfassung (WRV)* bestimmte für das gesamte Reichsgebiet den Vorrang der öffentlichen Schulen und begründete neben den materiellen Regelungen in den Schulartikeln (Art. 143-149, 174 WRV) auch Reichskompetenzen für das Unterrichtswesen (Art. 10 Nr. 2 WRV). Das Privatschulwesen wurde in *Art. 147 WRV* garantiert, der später teils wörtlich in das Grundgesetz übernommen wurde. Damit entschied sich die Weimarer Verfassung sowohl gegen ein uneingeschränktes staatliches Schulmonopol als auch gegen eine unbeschränkte Unterrichtsfreiheit:[18] Ebenso wie heute sollte nur bei Erfüllen bestimmter Voraussetzungen ein Rechtsanspruch auf Erteilung der Genehmigung zum Betrieb einer Privatschule bestehen.[19] Das *Grundgesetz* hat dann eine Wende

[15] WEISHAUPT/WEISS/RECUM/HAUG, 173; MATTERN, 314.

[16] WEISHAUPT/WEISS/RECUM/HAUG, Tabelle 3.49, S. 302.

[17] WEISHAUPT/WEISS/RECUM/HAUG, Tabelle 3.51, S. 304.

[18] Die Wurzeln der Privatschulfreiheit liegen in der Unterrichtsfreiheit, welche die Lehr- und Lernfreiheit bezeichnet (RICHTER, Bildungsverfassungsrecht, 77).

[19] BVerfGE 75, 56 ff. Zur rechtlichen Stellung der Privatschule vor und während der Weimarer Republik vgl. LEMPER, 78 ff.; BLAU, 463 f.

gebracht, indem es die Privatschule als Institution ausdrücklich garantiert.[20] Die verfassungsrechtliche Anerkennung im Grundgesetz bestätigt aber zugleich auch die grundsätzliche Eigenständigkeit des öffentlichen Schulwesens.[21]

Die *Privatschulfreiheit* wird in *Art. 7 Abs. 4 Satz 1 GG* garantiert: "Das Recht zur Errichtung von Privatschulen ist gewährleistet."[22] Nicht erfasst davon wird das private Hochschulwesen.[23] Diese Bestimmung gewährleistet das *Grundrecht* der Privatschul-freiheit. Zugleich ist darin eine ausdrückliche Garantie der Privatschule als *Institution* enthalten. Diese garantiert die Privatschule als Bestandteil der objektiven Rechts- und Sozialordnung. Darüber hinaus auferlegt Art. 7 Abs. 4 Satz 1 GG den Ländern die sozialstaatliche Einstandspflicht, das private Ersatzschulwesen zu *fördern* und in seinem Bestand zu *schützen*.[24]2 Ebenso wie die Regelung des öffentlichen erfolgt auch die Ausgestaltung des Privatschulwesens durch *Landesrecht*. Die Länder haben sich in der "Vereinbarung über das Privatschulwesen" vom 10./11. August 1951 auf Grundsätze geeinigt.[25]

---

[20] Vgl. BVerfGE 75, 61; MAURER, 105; EVERS, 149; STERN, 802; MÜLLER Friedrich, Schule, 94 f. Zur geschichtlichen Entwicklung der Privatschulen vgl. auch OPPERMANN, Kulturverwaltungsrecht, 237 ff.; LEMPER/WESTPHALEN, 11 ff.; PLÜMER, 13 ff.; SPIEKERMANN Klaus, Bürgerliche Herrschaft und Bildungsfreiheit, Eine historische materialistische Untersuchung anhand der Grundrechte der Ausbildungsfreiheit und der Wissenschaftsfreiheit, München 1982; GILLES/HEINBUCH/GOUNALAKIS, 6 ff.; KORTE, 5 ff., 19 ff.; HECKEL, Privatschulrecht, 13 ff.

[21] BÖCKENFÖRDE, 87 f.

[22] Zur Diskussion im Parlamentarischen Rat vgl. LEMPER, 34 ff.

[23] BVerfGE 37, 320. Vgl. dazu u.a. VOGEL/KNUDSEN, Gruppe 30, 45; HEIDTMANN Jürgen, Grundlagen der Privathochschulfreiheit, Diss. Berlin 1980; GILLES/HEINBUCH/GOUNALAKIS, 37 ff.; THIEME Werner, Privathochschulen in Deutschland - Chancen für die Zukunft?, Göttingen 1988; STUDNITZ Wilfried von, Zur Problematik der Privatuniversitäten in Deutschland, in: BOUILLON Hardy/RADNITZKY Gerald (Hrsg.), Die ungewisse Zukunft der Universität, Folgen und Auswege aus der Bildungskatastrophe, Berlin 1991, S. 179-186; LANGE Andreas, Die verfassungsrechtlichen Grundlagen der Freien Träger der Erwachsenenbildung, Diss. Köln 1977.

[24] BVerfGE 75, 62. Vgl. HEMMRICH, Rz. 35; RICHTER, Art. 7 GG, Rz. 58; PIEROTH, Art. 7 GG, Rz. 18; MÜLLER Friedrich, Schule, 95 ff.; PETERS, 428 f.; DIETLEIN Johannes, Die Lehre von den grundrechtlichen Schutzpflichten, Berlin 1992, S. 79 f.; BLAU, 465; HECKEL/ AVENARIUS, 145; STERN, 775, 800 f.; KLEIN, Art. 7 GG, Rz. 2; FALLER, 618.

[25] Diese Ländervereinbarung, *ergänzt* durch den Beschluss der Ständigen Konferenz der Kultusminister vom 23./24.1.1953 und der Empfehlung des Deutschen Ausschusses für das Erziehungs- und Bildungswesen vom 3.12.1954 zu Fragen des Privatschulwesens, finden sich bei HECKEL, Privatschulrecht, 85 ff.; vgl. dazu auch KORTE, 73 ff.

2. Inhalt

Die Privatschulfreiheit gibt nicht nur den Eltern, sondern allgemein *jedermann* das Recht, eine Schule zu *gründen* und - entgegen dem Wortlaut, aber nach herrschender Meinung - zu *gestalten* und zu *führen*.[26] Grundrechtsberechtigt sind alle natürlichen und juristischen Personen des Privatrechts. Hierzu zählen auch die *kirchlichen* Träger,[27] nicht aber Gemeindein ihrer privatrechlichen Tätigkeit.[28] Die Privatschulfreiheit ist grundsätzlich gegen das staatliche Schulmonopol gerichtet. Das Errichten von staatlichen Rahmenbedingungen steht dem nicht entgegen. Ebensowenig enthält dieses Grundrecht eine Absage an den Vorrang des öffentlichen Schulwesens.[29] Diese Freiheit garantiert das Recht der Erziehungsberechtigten, ihre Kinder in einer Privatschule ausbilden und erziehen zu lassen. Damit wird den Eltern die Gelegenheit gegeben, ihre Kinder nach anderen als den staatlichen Bildungszielen zu erziehen. Und private Schulträger und Lehrer können selbstgewählte Bildungsinhalte gemäss den eigenen pädagogischen und didaktischen Gesichtspunkten vermitteln.[30]

Kennzeichnend für die Privatschule ist, dass in ihr ein "eigenverantwortlich geprägter und gestalteter Unterricht" erteilt wird. Darunter fällt insbesondere die Organisation von Schule und Unterricht (äussere Gestaltungsfreiheit), die freie Entscheidung über Erziehungs- und Lehrziele, Lehrinhalt, Lehrstoff und Lehrmethode (innere Gestaltungsfreiheit), die freie Entscheidung darüber, wer Unterricht erteilen darf (Recht auf freie Lehrerwahl) und wer als Schüler aufgenommen wird (Recht auf freie Schülerwahl).[31] Die Privatschulen dürfen mit ihrer "geschlossenen" pädagogi-

---

[26] In der Errichtungsfreiheit liegt zugleich eine Bestandesgarantie, d.h. die Schule darf vom Staat nicht beschränkt werden, solange die Errichtungsvoraussetzungen bestehen (HECKEL/ AVENARIUS, 145).

[27] Vgl. umfassend MÜLLER Friedrich, Schule, 60 ff., 105 ff.; FROWEIN, 30 ff. Vgl. hiezu auch SCHNEIDER Theodor, Freie Schulen in katholischer Trägerschaft, Diss. Bonn 1981; STARCK, Privatschulen, 665 ff.; DÜRIG Günter, Die Rechtsstellung der katholischen Privatschulen im Lande Bremen, Tübingen 1964.

[28] MAUNZ, Art. 7 GG, Rz. 70 ff.; HEMMRICH, Rz. 31 betont die Stiftungen; vgl. weiter a.a.O., Rz. 33; RICHTER, Art. 7 GG, Rz. 60.

[29] FROWEIN, 1 spricht dabei von einem zusätzlichen Elterngrundrecht.

[30] MAUNZ, Art. 7 GG, Rz. 64. Vgl. auch LEIBHOLZ/RINCK/HESSELBERGER, Art. 7 GG, Rz. 190; BVerfGE 75, 62.

[31] EuGRZ 1993, 135 (BVerfGE, Beschl. vom 16.12.1992); BVerfGE 75, 62; 27, 200 f. Vgl. auch MAUNZ, Art. 7 GG, Rz. 66; RICHTER, Art. 7 GG, Rz. 26; EVERS, 149 f.; PIEROTH Bodo/SCHLINK Bernhard, Grundrechte - Staatsrecht II, 9. A., Heidelberg 1993, § 16, Rz. 766; MÜLLER Friedrich, Schule, 49 f.; HECKEL/AVENARIUS, 145 ff.; HENNECKE Frank, Staat und Unterricht, Die Festlegung didaktischer Inhalte durch den Staat im öffentlichen Schulwesen,

schen Konzeption aber nicht soweit gehen, dass die Grundrechte der Art. 2 Abs. 1 und Art. 6 Abs. 2 GG in ihrem Wesensgehalt verletzt werden.[32]

3. Charakterisierung des Privatschulverhältnisses

Alle Einzelrechte aus Art. 7 Abs. 4 GG bestehen nur gegen den Staat. Sie äussern keinerlei Drittwirkung.[33] Das Privatschulverhältnis zwischen dem Privatschulträger und den Schülern bzw. den Eltern beruht auf dem sogenannten Beschulungsvertrag.[34] Grundsätzlich findet darauf das *bürgerliche Privatrecht* Anwendung, denn Schulgewalt ist nicht schon zwangsläufig öffentliche Gewalt. Selbst für die genehmigten Ersatzschulen gilt nichts anderes. Deshalb unterliegen Privatschulen keiner Grundrechtsbindung.[35] Nur wenn den Privatschulen durch die Landesgesetze das Recht verliehen wird, die Schule mit hoheitlichen Mitteln zu betreiben, und die Schule davon Gebrauch macht, kann man ein öffentlich-rechtliches Verhältnis annehmen.[36]

IV. Regelung des Privatschulwesens im Grundgesetz

1. Unterscheidung zwischen Ersatz- und Ergänzungsschulen

a) Ersatzschulen

Das Grundgesetz unterscheidet zwei Arten von Privatschulen: Ersatz- und Ergänzungsschulen. Art. 7 Abs. 4 Satz 2 GG konzentriert sein Interesse auf Privatschulen, die "als Ersatz für öffentliche Schulen" dienen. Es besteht folglich *Akzessorietät* der

Berlin 1972; HENTIG Hartmut von, Wie frei sind freie Schulen?, Gutachten für ein Verwaltungsgericht, Stuttgart 1985.

32 RICHTER, Art. 7 GG, Rz. 26. Alle genannten Rechte sind *faktisch* begrenzt durch die Konkurrenz zur öffentlichen Schule und zur pädagogischen Wissenschaft, der Einbettung in die soziale Umwelt und durch das pädagogische Engagement der für die Privatschule Verantwortlichen. *Rechtliche* Grenzen werden bestimmt durch allgemeine Gesetze und das Privatschulrecht (EVERS, 150 f.).

33 MAUNZ, Art. 7 GG, Rz. 69.

34 Zum Recht der privaten Unterrichtsverträge vgl. GILLES/HEINBUCH/GOUNALAKIS, 145 ff.; VOGEL/KNUDSEN, Gruppe 49; PLÜMER, 183 ff.

35 SCHLIE, 125.

36 MAUNZ, Art. 7 GG, Rz. 90 f.; HECKEL/AVENARIUS, 147; HEMMRICH, Rz. 49; RICHTER, Art. 7 GG, Rz. 63.

privaten *Ersatzschule* zur öffentlichen Schule.[37]

Hintergrund des *Ersatzschulwesens* ist die deutsche Bildungstradition mit Betonung der öffentlichen Anstalten, während im amerikanischen Schulsystem herkömmlicherweise private Bildungsstätten als besser gelten.[38] Das *Bundesverfassungsgericht* definiert die Ersatzschulen als "Privatschulen, die nach dem mit ihrer Errichtung verfolgten Gesamtzweck als Ersatz für eine in dem Land vorhandene oder grundsätzlich vorgesehene öffentliche Schule dienen sollen".[39] MAUNZ geht noch weiter und bestimmt die Ersatzschule als "private Schule, die nach dem erklärten *Willen* ihres Trägers oder aufgrund ihrer *Gestaltung*, insbesondere im Hinblick auf das angegebene Lehrziel, den *Anschein erweckt*, eine im öffentlichen Schulwesen des betreffenden Landes vorgesehene öffentliche Schule zu ersetzen".[40] Private Volksschulen zählen deshalb immer zu den Ersatzschulen.[41,42]

b) Ergänzungsschulen

Privatschulen, die keine Ersatzschulen sind (z.B. Sprach- und Gymnastikschulen), werden *Ergänzungsschulen* genannt. Sie weisen andere Bildungsziele als die öffentlichen Schulen auf.[43] Die Schulpflicht kann in solchen Schulen nicht erfüllt

---

37 HECKEL/AVENARIUS, 148 f.; FALLER, 618.

38 WEBER-FAS Rudolf, Wörterbuch zum Grundgesetz, Stuttgart 1993, S. 114 (Stichwort "Ersatzschulen").

39 BVerfGE 27, 201 f.; vgl. auch BVerwGE 17, 236.

40 MAUNZ, Art. 7 GG, Rz. 73 (vgl. auch Rz. 11) (Hervorhebung im Zitat durch den Verfasser).

41 HEMMRICH, Rz. 39.

42 Vgl. zum Ersatzschulwesen auch LEIBHOLZ/RINCK/HESSELBERGER, Art. 7 GG, Rz. 250; OPPERMANN, Schule, Rz. 18; STAUPE, 166 f.; HECKEL/AVENARIUS, 148 f.; VOGEL, Schulen, 29 f.; KLEIN, Art. 7 GG, Rz. 16. RICHTER erachtet es als verfassungswidrig, die Ersatzschule bereits definitorisch an das öffentliche Schulwesen zu binden (RICHTER, Art. 7 GG, Rz. 59). VOGEL kritisiert sowohl die Definition als auch die Unterscheidung zwischen Ersatz- und Ergänzungsschulen, weil die Begriffe noch aus dem 19. Jahrhundert stammen. Seine Definition der Ersatzschulen lautet: "Ersatzschule ist die Schule in freier Trägerschaft, die zu staatlich anerkannten Abschlüssen in dem zu deren Vorbereitung im staatlichen Schulwesen regelmässig erforderlichen Zeitraum führt." Und da die Ersatzschule heute nichts mehr ersetze, schlägt er vor, die Bezeichnung "Ersatz- und Ergänzungsschule" zu ersetzen durch die Bezeichnungen "genehmigungs- und anzeigepflichtige Schule" (vgl. VOGEL Johann Peter, Ersatz- und Ergänzungsschule - Revisionsbedürftige Begriffe des Rechts der Schulen in freier Trägerschaft, in: DÖV 1992, S. 505-513, 513).

43 MAUNZ, Art. 7 GG, Rz. 11. Zu den Ergänzungsschulen zählt MAUNZ auch Haushaltschulen, die nicht Berufsschulen sind (a.a.O.).

werden.[44]

Für die Ergänzungsschulen gelten die allgemeinen Vorschriften. Sie nehmen teil an der Privatschulfreiheit (Art. 7 Abs. 4 Satz 1 GG) und unterstehen der Aufsicht des Staates (Art. 7 Abs. 1 GG). Letztere ist praktisch auf die reine Gefahrenabwehr beschränkt.[45] Die Genehmigungsvoraussetzungen der Art. 7 Abs. 4 Satz 3 und 4 sowie Abs. 5 GG gelten wegen des klaren Wortlautes für diese Schulen grundsätzlich nicht.[46] Die Länder bleiben aber in der Wahrnehmung ihrer Überwachungsfunktion frei. Sie können eine Anzeigepflicht oder ein Verbot mit Erlaubnisvorbehalt vorschreiben. Umstritten ist jedoch, ob sie auch soweit gehen können, ein dem für die Ersatzschule vergleichbares Genehmigungsverfahren vorzuschreiben.[47]

c) *Freie Unterrichtseinrichtungen*

Von den Ergänzungsschulen abzugrenzen sind die *"schulfernen freien Unterrichtseinrichtungen"*, wie beispielsweise Tanz-, Sport- und Fahrschulen. Diese sind gewerblich orientiert und unterstehen nicht der Schulaufsicht, sondern der Gewerbeaufsicht. Die Errichtung solcher Unterrichtseinrichtungen ist durch Art. 12 GG grundrechtlich geschützt.[48]

2. Genehmigungsvorbehalt für Ersatzschulen

Das Grundgesetz stellt in Art. 7 Abs. 4 Satz 2 den Grundsatz auf, dass *Ersatzschulen* einer *staatlichen Genehmigung* bedürfen.[49] Damit soll der Schutz der Allgemeinheit vor unzureichenden Einrichtungen bezweckt werden.[50] Es besteht ein *Rechtsanspruch* auf die Genehmigung, sofern die in Satz 3 verlangten Voraussetzungen erfüllt sind.[51]

---

44 LEIBHOLZ/RINCK/HESSELBERGER, Art. 7 GG, Rz. 250; HECKEL/AVENARIUS, 148, 155; STAUPE, 167.

45 STAUPE, 167.

46 BVerfGE 75, 62; MAUNZ, Art. 7 GG, Rz. 83.

47 Vgl. MAUNZ, Art. 7 GG, Rz. 84; MÜLLER Friedrich, Schule, 55 f., 353 ff.; STERN, 801.

48 OPPERMANN, Schule, Rz. 18; GALLWAS/HEINBUCH/GOUNALAKIS, 42 f.; STAUPE, 165 f.; HECKEL/AVENARIUS, 156 ff.

49 Zur Abgrenzung von Bundes- und Landesrecht vgl. MÜLLER Friedrich, Schule, 29 ff. Vgl. hierzu auch LADEUR Karl-Heinz, Genehmigung privater Konfessionsschulen, in: RdJB 1993, S. 282-288.

50 HECKEL/AVENARIUS, 149.

51 MAUNZ, Art. 7 GG, Rz. 74; EVERS, 149; HEMMRICH, Rz. 41; RECHSTEINER, 772. STERN, 801 anerkennt die Privatschulfreiheit deshalb auch als Leistungsrecht.

Es ist untersagt, eine Bedürfnisprüfung vorzuschreiben.[52] Auch eine Beschränkung der Genehmigung auf kurze Erprobungszeiträume ist mit Wortlaut, Sinn und Zweck der Norm nicht vereinbar. Genehmigungen, die eine verlässliche Grundlage für wirtschaftliche Entscheidungen (z.B. Errichtung von Schulgebäuden) bilden sollen, sind grundsätzlich *auf Dauer* zu erteilen.[53] Es ist aber darauf hinzuweisen, dass die Genehmigung die einzelne Ersatzschule nicht unbeschränkt schützt. Die Bestandesgarantie der Privatschule bewirkt keine Beschränkung der staatlichen Organisationsgewalt. So ist es dem Staat nicht verwehrt, eine neue öffentliche Schule neben einer bereits bestehenden Privatschule zu errichten, auch wenn dadurch die wirtschaftliche Lage der betroffenen Privatschule beeinträchtigt wird. Insofern besteht Akzessorietät der privaten Ersatzschule zur öffentlichen Schule.[54]

Der Genehmigungsvorbehalt zeigt, dass es sich bei den Privatschulen nicht um staatsfreie Schulen handelt. Deshalb finden sich dafür auch immer öfter die Bezeichnungen "Freie Schulen" oder "Schule in freier Trägerschaft". Mit dem Genehmigungsvorbehalt herrscht ein "System der begrenzten Unterrichtsfreiheit". Denn die Privatschulen[55] unterstehen der *staatlichen Schulaufsicht*.[56] Allerdings wird sie hier nicht gleich intensiv ausgeübt wie in den öffentlichen Schulen.[57] Die staatliche Schulaufsicht kann heute nicht mehr Selbstzweck staatlicher Erziehungsherrlichkeit sein.[58] Sie beschränkt sich auf die herkömmliche Rechtsaufsicht über fremdes Tun.

---

[52] MÜLLER Friedrich, Schule, 54; MAUNZ, Art. 7 GG, Rz. 80.

[53] EuGRZ 1993, 137 = DÖV 1993, 526 (BVerfGE, Beschl. v. 16.12.1992). Die Erfüllung der Voraussetzungen ist nicht von der Planung und dem Ziel der Schule, sondern ihrer Bewährung abhängig, die in der Regel erst nach einer gewissen Dauer beurteilt werden kann (vgl. LEIBHOLZ/RINCK/HESSELBERGER, Art. 7 GG, Rz. 250).

[54] Vgl. BVerfGE 37, 319.

[55] Adressat der Privatschulfreiheit soll nur die Schule als solche sein, nicht deren Leiter oder Lehrer (MÜLLER Friedrich, Schule, 82).

[56] BVerfGE 27, 201. LEIBHOLZ/RINCK/HESSELBERGER, Art. 7 GG, Rz. 210; HEMMRICH, Rz. 10, 38; vgl. dazu auch RICHTER, Art. 7 GG, Rz. 70; STARCK, Staat, 31; MÜLLER Friedrich, Schule, 80 f., 89 f.; SCHLIE, 124 f.; HECKEL/AVENARIUS, 180; BLAU, 466; GILLES/HEINBUCH/GOUNALAKIS, 18 ff. Vgl. auch LADEUR Karl-Heinz, Schulvielfalt und staatliche Schulaufsicht, in: RdJB 1991, S. 263-280; BECKER Klaus, Aufsicht über Privatschulen, Diss. Köln 1969; PIEROTH Bodo, Privatschulfreiheit und staatliche Schulaufsicht, in: RdJB 1984, S. 471-475.

[57] HEMMRICH, Rz. 10.

[58] JACH, Schulvielfalt, 78.

Eine Fachaufsicht über Unterrichtsinhalte und Lehrmethoden findet nicht statt. Die Aufsicht dient allein der Einhaltung der im Grundgesetz normierten Genehmigungsvoraussetzungen.[59]

3. Genehmigungsvoraussetzungen

a) *Allgemeines*

Das Grundgesetz enthält in *Art. 7 Abs. 4 Satz 3 und 4 sowie Abs. 5* einen *Katalog* von Voraussetzungen. Dieser ist von der Ersatzschule zu erfüllen, damit ihr die Genehmigung erteilt werden kann. Darüber hinaus dürfen keine zusätzlichen Voraussetzungen gefordert werden.[60] Sie stellen *abschliessend* die grundgesetzlichen Verfassungsschranken der Privatschulfreiheit dar.[61] Die Landesgesetzgeber können deshalb nur Bestimmungen treffen, um die Einhaltung der Genehmigungsvoraussetzungen zu sichern.[62]

Art. 7 Abs. 4 Satz 3 GG verlangt von der privaten Ersatzschule, dass sie in ihren *Lehrzielen und Einrichtungen* sowie in der *wissenschaftlichen Ausbildung ihrer Lehrkräfte* nicht hinter den öffentlichen Schulen zurücksteht und dass sie eine *Sonderung der Schüler* nach den Besitzverhältnissen der Eltern nicht fördert. Satz 4 verlangt ferner, dass die *wirtschaftliche und rechtliche Stellung der Lehrer* genügend gesichert ist.

Soll die private Schule sogar als Ersatz der *Volksschule* dienen, so stellt Art. 7 Abs. 5 GG aus demokratisch-sozialen Erwägungen *zusätzlich* weitere zu erfüllende Anforderungen auf.[63] Dem liegt der Gedanke des Vorrangs der staatlichen Volksschule als einer die Kinder aller Volksschichten zusammenfassenden *Einheitsschule* zugrunde. Die einheitliche gleiche Grundschule bildet eine Konkretisierung des

---

59 OPPERMANN, Schule, Rz. 21; MÜLLER Friedrich, Schule, 81, 84, 89 f., 112 ff., 190 ff.; FROWEIN, 18 ff.; JACH, Schulvielfalt, 24, 57 f.; VOGEL, Schulen, 34 f. RECHSTEINER, 783 verlangt eine Rechtsaufsicht für Ergänzungsschulen und eine Fachaufsicht für Ersatzschulen.

60 HEMMRICH, Rz. 40; RICHTER, Art. 7 GG, Rz. 59, 89; vgl. auch MÜLLER Friedrich, Schule, 33 m.w.H., 42; HECKEL/AVENARIUS, 149; VOGEL, Folgerungen, 120 ff.; RECHSTEINER, 772.

61 MÜLLER Friedrich, Schule, 112. Für private Ersatzschulen fungieren sie als grundgesetzliche leges speciales zur staatlichen Schulaufsicht (a.a.O., 113).

62 EVERS, 152. Zu den allgemeinen Grenzen der Privatschulfreiheit vgl. MÜLLER Friedrich, Schule, 51 f., 81.

63 OPPERMANN, Schule, Rz. 19. Vgl. hierzu auch VOGEL Johann Peter, Zulassungsvoraussetzungen für private Volksschulen, in: RdJB 1989, S. 299-310.

Sozialstaatgebots.[64] Gemäss dieser Bestimmung wird eine private Volksschule nur zugelassen, wenn die *Unterrichtsverwaltung* ein *besonderes pädagogisches Interesse* anerkennt. Doch können die Erziehungsberechtigten einen Antrag stellen, wenn die Privatschule als *Gemeinschafts-, Bekenntnis- oder Weltanschauungsschule* errichtet werden soll und eine entsprechende *öffentliche Volkschule fehlt*.

Ungeachtet dieser zwingenden Bestimmungen bleibt dem *Landesgesetzgeber* dennoch ein nicht unbeträchtlicher Spielraum. Er kann das Genehmigungsverfahren entweder sehr entgegenkommend oder weniger locker festlegen.[65] Insbesondere bleibt es Sache der Länder, die Vorschriften für den Wechsel von einer privaten Ersatzschule an eine öffentliche Schule festzulegen. Wollen sie die privaten Schulen den öffentlichen völlig gleichstellen, damit sie landesweit gültige Berechtigungen (staatlich anerkannte Prüfungszeugnisse) ausstellen dürfen, ist ihnen die staatliche *Anerkennung* zu verleihen.[66] Doch bleibt es auch für die nicht staatlich anerkannten Privatschulen eine wesentliche Aufgabe, zu diesen Berechtigungen *hinzuzuführen*, damit eine entsprechende Prüfung vor einer staatlichen Prüfungskommission abgelegt werden kann.[67]

---

[64] BVerwGE 75, 277. Vgl. auch EuGRZ 1993, 135 f.; EISELT, System, 211; JACH Frank-Rüdiger, Privatschulfreiheit am Scheideweg - Vielfalt oder institutionelle Erstarrung?, in: DÖV 1990, S. 506-513; RICHTER/GROH, 277 ff.

[65] So MAUNZ, Art. 7 GG, Rz. 79; ders., Staat, 8; vgl. auch HEMMRICH, Rz. 42; MÜLLER Friedrich, Schule, 53. MAURER unterscheidet Art. 7 Abs. 4 *Satz 3* ("Die Genehmigung ist zu erteilen, wenn [...]"), der positive Genehmigungsvoraussetzungen enthalte, von *Abs. 4* ("Die Genehmigung ist zu versagen, wenn [...]"), welcher negative beschreibe. Nach seiner Meinung dürften die Länder nur im ersten Fall eine Erleichterung für die Privatschulen vorsehen, da sie im andern Fall bundesrechtlich gebunden seien. Eine ähnliche Unterscheidung finde sich auch für die Anforderungen an private Volksschulen (Art. 7 Abs. 5) (MAURER, 107 ff.).

[66] MAUNZ, Art. 7 GG, Rz. 81; vgl. auch EVERS, 156 ff.; HEMMRICH, Rz. 46 ff.; LEIBHOLZ/RINCK/HESSELBERGER, Art. 7 GG, Rz. 258; OPPERMANN, Schule, Rz. 20; ders., Bildung, 807; PIEROTH, Art. 7 GG, Rz. 17; FROWEIN, 5 ff.; vgl. auch BVerfGE 27, 202 ff.; HECKEL/AVENARIUS, 152 f.; STERN, 1335; VOGEL, Schulen, 37 f., 108 ff.; PLÜMER, 139 ff.

[67] LEIBHOLZ/RINCK/HESSELBERGER, Art. 7 GG, Rz. 256 ff. Vgl. hiezu auch HAUENSCHILD Wolf-Dieter, Chancengleichheit für Schüler privater Ersatzschulen beim Abitur?, in: RdJB 1990, S. 307-316.

b) Gleichwertigkeit der Lehrziele und Einrichtungen (Art. 7 Abs. 4 Satz 3 GG)

Als *"Lehrziele"* werden in der Literatur die Gesamtheit der Bildungsvorstellungen bezeichnet, die der Schulträger mit seiner Erziehungsarbeit anstrebt.[68] Mit *"Einrichtungen"* ist nicht nur die rein sachliche Ausstattung der Schule gemeint, sondern alles, was zur Durchführung eines geordneten Schulbetriebs erforderlich ist (z.B. Lehrmittel, Pläne zur Verteilung des Lehrstoffes auf die Schulzeit, Festsetzung der Stundenzahl und -pläne, Bestimmung der Klassenstärke).[69] Verfassungsmässig wird nur erfasst, was *funktionell* mit Sinn und Inhalt der Privatschulfreiheit notwendig verknüpft ist. Es zählt dazu, was *tatsächlich* zum Betrieb der Privatschule gehört, d.h. was Inhalt und Qualität der Bildungsfunktion der Privatschule mitbestimmt. Nicht erfasst werden all die Sacheinrichtungen, die sich an allgemeinen Normen orientieren wie bau-, feuer- und gesundheitspolizeiliche Vorschriften.[70]

Das Grundgesetz verlangt von den privaten Schulen, dass sie hinter den öffentlichen Schulen "nicht zurückstehen". Das wird übereinstimmend nicht etwa als Gleichartigkeit, sondern als *Gleichwertigkeit* aufgefasst. Es wird nicht Gleichheit im Sinne einer Kopie des öffentlichen Schulwesens im einzelnen verlangt, sondern vielmehr, dass das angestrebte und insgesamt erreichte *Endergebnis* sich im vom Grundgesetz festgelegten Rahmen bewegt. Zulässig sind deshalb beispielsweise Abweichungen in den Organisationsstrukturen (z.B. Jahresstundenpläne und Ferienordnungen)[71], den Lehr- und Erziehungsmethoden, der Auswahl der Schulbücher,[72] den Lehrinhalten und den Lehrzielen. Die Lehrziele bzw. die Zwischenziele können nach eigenem pädagogischen Ermessen festgesetzt werden. Sie dürfen aber nicht so geartet sein, dass dadurch die den Schulen verfassungsmässig[73] verbindlich vorgezeichneten Lehrziele beeinträchtigt werden.[74]

---

[68] Vgl. statt vieler MÜLLER Friedrich, Schule, 133; MAUNZ, Art. 7 GG, Rz. 74; HECKEL/AVENARIUS, 150.

[69] MAUNZ, Art. 7 GG, Rz. 74. Vgl. hierzu (v.a. zum Schulhausbau) insbesondere den Beschluss des Ersten Senats vom 9. März 1994 (BVerfG, 1 BvR 1369/90), Abschnitt II.

[70] Vgl. dazu MÜLLER Friedrich, Schule, 130 ff.; HECKEL/AVENARIUS, 147 f.

[71] Vgl. zu den Ferienordnungen MÜLLER Friedrich, Schule, 226 ff.; FROWEIN, 25 f.

[72] HECKEL/AVENARIUS, 150.

[73] Dazu zählen die Bindung an die Grundrechte, die weltanschauliche und politische Toleranz, der Grundsatz der individuellen Freiheit und die verantwortliche Gemeinschaftsbezogenheit (Art. 20 Abs. 1 und 28 Abs. 1 GG).

[74] MÜLLER Friedrich, Schulen, 133 ff. Vgl. dazu auch MAUNZ, Art. 7 GG, Rz. 75; HEMMRICH, Rz. 41; OPPERMANN, Schule, Rz. 19; STARCK, 32; EVERS, 151 ff.; HECKEL/AVENARIUS, 149 f.; VOGEL, Schulen, 79 ff., 82 ff.; RECHSTEINER, 774.

c) Gleichwertige wissenschaftliche Ausbildung der Lehrkräfte (Art. 7 Abs. 4 Satz 3 GG)

Unter *wissenschaftlicher Ausbildung* der Lehrkräfte sind die für den Unterricht erforderlichen fachlichen, pädagogischen[75] und unterrichtlichen Kenntnisse und Fähigkeiten zu verstehen. Dies ist nicht zu verwechseln mit der in Art. 5 Abs. 3 GG erwähnten "Wissenschaft", die dort als Oberbegriff für Lehre und Forschung dient. Auf den Nachweis einer Vorbildung und Ausbildung sowie das Ablegen von Prüfungen kann verzichtet werden, wenn die Eignung durch gleichwertige freie Leistungen dargetan werden kann.[76]

d) Verbot der Sonderung der Schüler nach den Besitzverhältnissen (Art. 7 Abs. 4 Satz 3 GG)

Das Sonderungsverbot nach den Besitzverhältnissen stellt eine sozialpolitische Anforderung dar. Damit wollte man eine Entwicklung der privaten Ersatzschulen in Richtung von "Standes- oder Plutokratenschulen" vermeiden.[77] Dieses Verbot verlangt von der Privatschule, dass sie weder als Einrichtung noch durch ihre Gestaltung einer Sonderung förderlich ist. Auf diese Weise soll die "Allgemeinzugänglichkeit" der Privatschule gewährleistet werden, obwohl dieser prinzipiell ja das Recht der freien Schülerwahl zusteht.[78]

Dieses Sonderungsverbot steht im Widerspruch zur *Selbstfinanzierungspflicht* der Privatschulen. Einerseits sind diese beim bestehenden hohen Kostenniveau heute nicht mehr in der Lage, aus eigener Kraft sämtliche Genehmigungsvoraussetzungen gleichzeitig und auf Dauer zu erfüllen. Andererseits ist ihnen die Möglichkeit einer Selbstfinanzierung durch die Erhebung annähernd kostendeckender Schulgelder durch das Sonderungsverbot (Art. 7 Abs. 4 Satz 3 GG) praktisch genommen, da dadurch eine Sonderung zumindest "gefördert" wird. Es reicht nicht aus, wenn die Schulträger in Ausnahmefällen für besonders begabte oder besonders arme Kinder Schulgeldstipendien gewähren, zumal diese wiederum nur zu Lasten der anderen Schüler

[75] Dazu zählt die wissenschaftliche und praktische Pädagogik.

[76] Vgl. MAUNZ, Art. 7 GG, Rz. 74, 76; MÜLLER Friedrich, Schule, 143 ff.; HECKEL/ AVENARIUS, 150; VOGEL, Schulen, 91 ff.; RECHSTEINER, 776.

[77] BVerfGE 75, 63.

[78] MAUNZ, Art. 7 GG, Rz. 77; RECHSTEINER, 777 ist anderer Meinung.

finanziert werden könnten.[79] Die Privatschule muss *allgemein zugänglich* bleiben. Dies ist so zu verstehen, dass die Privatschule grundsätzlich *ohne Rücksicht auf die Wirtschaftslage* besucht werden können muss.[80] Bei voller Konsequenz bedeutet dies Schulgeldfreiheit.[81,82]

e) Sicherung der wirtschaftlichen und rechtlichen Stellung der Lehrer (Art. 7 Abs. 4 Satz 4 GG)

Zur *rechtlichen* Sicherung der Lehrerstellung genügt es im allgemeinen, wenn ein schriftlicher Anstellungsvertrag die Kündigungsbedingungen, die Pflichtstundenzahl, den Ferien- und Gehaltsanspruch eindeutig regelt und eine genügende Versorgungsanwartschaft begründet wird. Die *wirtschaftliche* Stellung der Lehrer darf als gesichert angesehen werden, wenn die Leistungen des privaten Schulträgers jenen des öffentlichen annähernd entsprechen und wenn Vorkehrungen für eine Versorgungsanwartschaft getroffen werden, die wenigstens den Bestimmungen der Angestelltenversicherung genügen.[83]

f) Anerkennung eines besonderen pädagogischen Interesses (Art. 7 Abs. 5 GG)

Soll die Privatschule als Ersatz der *Volksschule* dienen, muss zusätzlich zu den bereits genannten Genehmigungsvoraussetzungen von Art. 7 Abs. 4 Satz 3 und 4 GG eine weitere Anforderung erfüllt werden: der *Nachweis eines besonderen pädagogischen Interesses* und dessen *Anerkennung durch die Unterrichtsverwaltung*.

Dieses *besondere pädagogische Interesse* ist "kein privates, sondern ein ausschliesslich *öffentliches Interesse*; Massstab für seine Anerkennung ist allein, ob es unter *pädagogischen Gesichtspunkten* so hinreichend gewichtig ist, dass im öffentlichen Interesse eine Ausnahme von dem verfassungsrechtlichen Grundsatz der gleichen

[79] So in BVerfGE 75, 63.

[80] BVerfGE 75, 64. Vgl. auch MÜLLER Friedrich, Schule, 150.

[81] EISELT, Privatschulsubventionierung, 562.

[82] In einem neuen Entscheid ist das Bundesverfassungsgericht zum Schluss gekommen, dass Beträge von *monatlich 170 bis 190 DM* nicht von allen Eltern gezahlt werden können. Doch erwähnt es auch, dass die für das Ingangsetzen der Schule verlangten Vorleistungen der "Gründungseltern" das Sonderungsverbot nicht unmittelbar berühren (vgl. Beschluss vom 9. März 1994 [1 BvR 682/88 und 1 BvR 712/88], Abschnitt B.I.3.d) bb)).

[83] Vgl. MAUNZ, Art. 7 GG, Rz. 78; MÜLLER Friedrich, Schule, 153 ff.; HEMMRICH, Rz. 43; VOGEL, Schulen, 96 ff.; RECHSTEINER, 777.

Grundschule für alle gemacht werden kann".[84] Die Beurteilung dieses Interesses erfolgt nach fachlichen Massstäben, wobei auf die gesamte Bandbreite pädagogischer Lehrmeinungen Rücksicht zu nehmen ist.[85] Die Unterrrichtsverwaltung besitzt dabei einen weit gesteckten Beurteilungsspielraum.[86] Allgemein fachliche Bewertungsmassstäbe sind bislang nicht bekannt. Das jeweilige Konzept muss daher im Einzelfall bewertet werden.[87] Es ist darauf zu achten, dass die Monopolisierung der kulturellen Entscheidungsprozesse durch staatliche Behörden nicht die schulische und kulturelle Vielfalt verhindert.[88] Deshalb wird ein pädagogisches Interesse und nicht etwa ein Bedürfnis verlangt.[89]

Die Anerkennung setzt voraus, dass "nach Auffassung der *Unterrichtsverwaltung* die zu genehmigende private Grundschule auch und gerade im Hinblick auf den verfassungsmässigen Vorrang der öffentlichen Grundschule eine *förderungswürdige pädagogische Prägung* aufweist".[90] Darunter versteht das Bundesverfassungsgericht das öffentliche Interesse an der Erprobung und Fortentwicklung pädagogischer Konzepte sowie das Interesse an der angemessenen pädagogischen Betreuung spezieller Schülergruppen, für welche das öffentliche Schulwesen keine hinreichenden Angebote macht oder machen kann.[91] Im Vordergrund stehen dabei neue, wissenschaftlich erarbeitete Unterrichtsmethoden, welche insbesondere zur Unterrichtung erholungsbedürftiger, gesundheitsgefährdeter oder auch behinderter Kinder dienen.[92]

Anders verhält es sich bei Privatschulen für "Normalschüler". Dort gilt weiterhin der Grundsatz der Einheitsschule. Ein besonderes pädagogisches Interesse setzt "vielmehr nur eine sinnvolle Alternative zum bestehenden öffentlichen und privaten Schulangebot voraus, welche die pädagogische Erfahrung bereichert und der Entwicklung des Schulsystems insgesamt zugute kommt". Hier ist an die Pionierarbeit

---

[84] So BVerwGE 75, 278 (Hervorhebung durch den Verfasser).

[85] EuGRZ 1993, 136. Hier handelt es sich um den Entscheid *BVerfGE, Beschl. v. 16.12.1992* (= EuGRZ 1993, 133-137 = DÖV 1993, 525-528 = RdJB 1993, S. 475-481 [mit Anmerkung]). Der Einfachheit halber ist nachfolgend nur noch die *EuGRZ* zitiert.

[86] Vgl. dazu GEIS Max-Emanuel, Die Anerkennung des "besonderen pädagogischen Interesses" nach Art. 7 Abs. 5 GG - Ein Beitrag zur Dogmatik des Beurteilungsspielraums, in: DÖV 1993, S. 22-29.

[87] EuGRZ 1993, 137.

[88] JACH, Schulvielfalt, 52.

[89] RECHSTEINER, 482, Anm. 140.

[90] BVerwGE 75, 278 (Hervorhebung durch den Verfasser).

[91] EuGRZ 1993, 136.

[92] MAUNZ, Art. 7 GG, Rz. 82; HEMMRICH, Rz. 44; EuGRZ 1993, 136 erwähnt nur die behinderten Kinder.

von sogenannten Reformschulen wie die Waldorfschulen zu denken. Wegen des grundsätzlichen Vorrangs der öffentlichen Schule kann diesem besonderen pädagogischen Interesse kein Verständnis zugrunde gelegt werden, "das eine flächendeckende Zulassung von privaten Grundschulen mit demselben Alternativkonzept erlaubt".[93]

Die "Besonderheit" eines pädagogischen Interesses setzt nicht voraus, dass es in jeder Hinsicht neu oder gar einzigartig ist. Es reicht grundsätzlich, wenn ein pädagogisches Konzept "wesentliche neue Akzente setzt oder schon erprobte Konzepte mit neuen Ansätzen von einigem Gewicht kombiniert". Dabei kommt es auf eine Gesamtbetrachtung an. Die "Besonderheit" entfällt, wenn der tatsächliche Zustand des öffentlichen Schulwesens ein solches Konzept bereits vorsieht oder allenfalls Reformen bevorstehen.[94,95]

g) Mangel an öffentlichen Volksschulen (Art. 7 Abs. 5 GG)

Gemäss Art. 7 Abs. 5 GG haben private Schulen, welche die Volksschule ersetzen wollen, den Nachweis eines besonderen pädagogischen Interesses nachzuweisen. Dieses bedarf es *ausnahmsweise* nicht, wenn die Erziehungsberechtigten wegen *besonderer Umstände* ein Interesse daran haben und einen Antrag[96] stellen, dass ihre Kinder nicht in der öffentlichen Schule erzogen werden. Vorausgesetzt wird, dass die private Volksschule als Gemeinschafts-, Bekenntnis- oder Weltanschauungsschule[97] errichtet wird *und* dass eine solche Schule nicht bereits als öffentliche Schule in der Gemeinde besteht.[98]

---

93 So das Bundesverfassungsgericht in EuGRZ 1993, 137.

94 EuGRZ 1993, 137.

95 Zum besonderen pädagogischen Interesse vgl. auch EISELT, System, 213 ff.; KASCHNER Ulrich, Das besondere (pädagogische) Interesse an privaten Volksschulen, in: RdJB 1983, S. 329-334.

96 Der Antrag kann sich nur auf die Zulassung beziehen, denn der Grund ist die Verknüpfung des Bekenntnisses oder der Weltanschauung der Schule mit der Gemeinschaft derer, die von der Glaubensfreiheit Gebrauch machen (VOGEL, Schulen, 68).

97 Definitionen zu den verschiedenen Schulen finden sich u.a. bei VOGEL, Schulen, 67 f.

98 MAUNZ, Art. 7 GG, Rz. 82. Zum Problem Weltanschauungs- bzw. Bekenntnisschule als Privatschule vgl. auch die beiden Entscheide des Bundesverwaltungsgerichts vom 19.2.1992, in: DÖV 1992, S. 921-927 und RdJB 1993, S. 346-361; vgl. hiezu auch SCHEILKE Christoph Th., Im Zweifel für die freiheitlichere Lösung?!, in: RdJB 1993, S. 275-281; RICHTER Ingo, Privatschulfreiheit für die Grundschulen von Sekten?, in: NVwZ 1992, S. 1162-1164.

V. Staatliche Zuschüsse an Privatschulen

1. Allgemeines

Wie gezeigt wurde, ist die Privatschulfreiheit auf Verfassungsstufe garantiert. Nun stellt sich in einem zweiten Schritt die Frage, ob der Staat aufgrund der *rechtlich* garantierten Freiheit auch verpflichtet werden kann, sie *wirtschaftlich* zu sichern, damit sie nicht toter Buchstabe bleibt, sondern auch *faktisch* ausgeübt werden kann. Dabei ist insbesondere an einen *Anspruch auf öffentliche Finanzhilfe* zu denken, um Chancengleichheit zwischen öffentlichen und privaten Schulen herzustellen.[99] Es geht also um das Problem, ob Freiheitsgarantien, die ursprünglich als Abwehrrechte gegen den Staat gedacht waren, in Leistungsrechte umdeutbar sind.[100] Da die Selbstfinanzierung kein Wesensmerkmal der Privatschule ist, kann vom Privatschulbegriff her keine Einwendung gegen eine staatliche Finanzhilfe erhoben werden.[101]

2. Regelung im Grundgesetz

Eine Regelung, welche die staatliche Finanzierung von Privatschulen betrifft, hat bisher keinen Eingang in die Verfassungen (WRV, GG) gefunden.[102] Das Grundgesetz schliesst nach dem Wortlaut die Subventionierung grundsätzlich nicht explizit aus.[103] Doch bietet die *Entstehungsgeschichte* des Art. 7 Abs. 4 GG keinen Anhaltspunkt für die Annahme, das Grundgesetz habe mit der Gewährleistung der Privatschulfreiheit eine staatliche Finanzierungspflicht begründen wollen. Im Gegenteil: Die Aufnahme eines Subventionsanspruches in die Verfassung wurde sogar ausdrücklich abgelehnt. Ein solcher sollte auch nicht in der Garantie der Privatschulfreiheit eingeschlossen sein.[104]

---

99 Vgl. NEUENHAHN Hans-Uwe, Die Verstärkung des Grundrechts der Privatschulfreiheit durch den Gedanken der Chancengleichheit, Diss. München 1971.

100 Zur Literatur vgl. u.a. MÜLLER/PIEROTH/FOHMANN, 51 ff.; HUND Michael, Staatliche Schutzpflichten statt Teilhaberechte?, in: Festschrift für Wolfgang Zeidler, Bd. 2, Berlin/New York 1987, S. 1445-1457; JEAND'HEUR, 81 ff.

101 MAURER, 110; MAUNZ, Art. 7 GG, Rz. 88.

102 BVerfGE 75, 58.

103 MAUNZ, Art. 7 GG, Rz. 88.

104 Vgl. dazu BVerfGE 75, 58 ff.; VOGEL, Schulen, 42. Ebensowenig hat die Kultusministerkonferenz in der am 10./11. August 1951 beschlossenen "Vereinbarung über das Privatschulwesen" einen Anspruch auf Unterstützung privater Schulen aus öffentlichen Mitteln hergeleitet (vgl. dazu

3. Beurteilung durch die Rechtsprechung

a) *Schulvielfalt als Grundsatz*

Das *Bundesverfassungsgericht* [105] konnte im *Finanzhilfe-Urteil vom 8.4.1987* [106] grundsätzlich zur staatlichen Finanzierungspflicht von Privatschulen Stellung nehmen. Darin hat es festgestellt, dass allein mit der Anerkennung der Gründungsfreiheit und der institutionellen Garantie der Privatschule der Inhalt des Art. 7 Abs. 4 GG nicht vollständig erfasst werde.[107] Der Staat dürfe sich nicht darauf zurückziehen, die Tätigkeit der privaten Ersatzschulen lediglich zuzulassen. "Vielmehr muss er ihnen die Möglichkeit geben, sich ihrer Eigenart entsprechend zu verwirklichen."[108] Zwar mache er sich mit einer Förderung des privaten Ersatzschulwesens gewissermassen selbst Konkurrenz. Denn jeder Schüler, der eine private Ersatzschule besuche, schlage das Angebot aus, eine öffentliche, vom Staat getragene Schule zu besuchen.[109] Doch müsse der Staat den schulischen Pluralismus auch gegen sich selbst garantieren.[110]

b) *Staatliche Schutz- und Förderungspflicht*

Wie oben bereits gezeigt wurde, verhindert das Sonderungsverbot, dass Privatschulen kostendeckende Schulgelder erheben können. Sie haben dafür zu sorgen, dass auch wirtschaftlich schlecht gestellte Schüler die Möglichkeit zum privaten Schulbesuch haben. Das kann sie aber oft an finanzielle Grenzen bringen. Deshalb anerkennt das Bundesverfassungsgericht grundsätzlich, dass die *generelle Hilfsbedürftigkeit* privater

---

BVerfGE 75, 61).

[105] Es sei hier darauf hingewiesen, dass die Entscheidungen des Bundesverfassungsgerichts in bestimmten Fällen Gesetzeskraft haben (vgl. Art. 94 Abs. 2 GG). Sie sind dann für sämtliche Instanzen verbindlich und es darf von ihnen nicht abgewichen werden.

[106] Vgl. BVerfGE 75, 40 ff. = EuGRZ 1987, 242 ff. = DÖV 1987, 592 ff. Zu Rechtsgutachten und Stellungnahmen im Vorfeld des Finanzhilfe-Urteils sei verwiesen auf das Werk von PIEROTH Bodo/SCHUPPERT Gunnar Folke (Hrsg), Die staatliche Privatschulfinanzierung vor dem Bundesverfassungsgericht, Eine Dokumentation, Baden-Baden 1988. Zum Vorlagebeschluss und Urteil vgl. auch MÜLLER Friedrich, Zukunftsperspektiven, 27 ff., 47 ff.

[107] BVerfGE 75, 62.

[108] BVerfGE 75, 63.

[109] BVerfGE 75, 69.

[110] BVerfGE 75, 66. Die Grundsätze der *Pluralität* und *Toleranz* sind bundesverfassungsrechtlich anerkannt (RICHTER, Art. 7 GG, Rz. 7).

Ersatzschulen heute ein empirisch gesicherter Befund ist.[111] Es hält dazu fest:

> "Soll Art. 7 Abs. 4 Satz 1 GG nicht zu einem wertlosen Individualgrundrecht auf Gründung existenzunfähiger Ersatzschulen und zu einer nutzlosen institutionellen Garantie verkümmern, so muss diese Verfassungsnorm zugleich als eine *Verpflichtung des Gesetzgebers* verstanden werden, *die privaten Ersatzschulen zu schützen und zu fördern*. Diese Förderungspflicht erschliesst und rechtfertigt sich auch aus dem sozialstaatlichen Gehalt des Art. 7 Abs. 4 GG."[112]

Diese staatliche Schutz- und Förderungspflicht findet ihre Rechtfertigung nicht vorrangig in einer Art Aufwendungsersatz für die Wahrnehmung staatlicher (hoheitlicher) Aufgaben durch Private und der damit verbundenen staatlichen Ersparnisse, sondern sie gründet in der "Förderung eigenverantwortlicher Miterfüllung der durch Art. 7 Abs. 4 Satz 1 GG gerade auch der Privatinitiative überlassenen allgemeinen (öffentlichen) Bildungsaufgaben."[113]

c) *Beschränkung der Förderungspflicht auf die Bestandesgarantie des Privatschulwesens*

Das *Bundesverfassungsgericht* hat den Ländern die folgende staatliche *Förderungspflicht* auferlegt:

> "Dieses Grundrecht [Art. 7 Abs. 4 GG, Anm. d. Verfassers] legt den für die Schulgesetzgebung ausschliesslich zuständigen Ländern darüber hinaus die *Pflicht* auf, das private Ersatzschulwesen neben dem öffentlichen Schulwesen zu fördern und in seinem *Bestand* zu schützen."[114,115]

---

[111] BVerfGE 75, 67.

[112] BVerfGE 75, 65 (Hervorhebung durch den Verfasser). Dieser Sozialgehalt gewährleistet u.a. den in den Ersatzschulen tätigen Lehrkräften eine rechtlich und wirtschaftlich gesicherte Lebensgrundlage (a.a.O.).

[113] BVerfGE 75, 66. Der Anspruch auf staatliche Förderung wird bestätigt im Beschluss des Ersten Senats vom 9. März 1994 (BVerfG, 1 BvR 682/88 und 1 BvR 712/88).

[114] BVerfGE 75, 62 (Hervorhebung durch den Verfasser).

[115] Der Sache nach behandelt das Bundesverfassungsgericht die Privatschulfreiheit als einen Fall der *Interventionsgarantie* (vgl. zur Literatur MÜLLER Friedrich, Positivität, 124 f.; ders., Schule, 428 f.; MÜLLER/PIEROTH/FOHMANN, 88 f., 127 ff., 155 ff.). Im Gegensatz zur reinen Rechtsgarantie einerseits (die abstrakt nur die Existenz, nicht aber den Bestand sichert) und zur totalen Ausübbarkeitsgarantie andererseits (die auf eine volle, weitgehend voraussetzungslose Grundrechtsverwirklichung zielt) sind bei der Interventionsgarantie die Eintrittsbedingungen vielschichtiger. Der Staat ist hier nur zu solchen Schutzmassnahmen verpflichtet, die ihm erstens

Im praktischen Ergebnis setzt das Urteil damit eine verfassungsrechtliche, objektive Pflicht der Landesgesetzgeber fest, für die Existenzsicherung des *Ersatzschulwesens* zu sorgen.[116] Ein unmittelbarer verfassungsrechtlicher Subventionsanspruch der *einzelnen* Ersatzschule ist damit - auch nach h.L.[117] - ausgeschlossen.[118] Sie kann, wenn der landesrechtlich eingeräumte Subventionsanspruch zum Überleben der Schule nicht ausreicht, verfassungsrechtlich überprüfen lassen, ob die landesrechtliche Regelung den Anforderungen an die institutionelle Garantie aus Art. 7 Abs. 4 GG genügt.[119] Allenfalls lassen sich dann Leistungen ableiten, damit der Verfassungsauftrag nicht sanktionslos vernachlässigt werden kann.[120,121]

Das *Bundesverwaltungsgericht* beschäftigte sich bereits in diversen früheren Entscheiden mit der Existenz und dem Umfang eines verfassungsrechtlichen Anspruchs

---

möglich, die zweitens zum Schutz des Garantiestandes geeignet und die drittens hierfür auch notwendig sind. Es handelt sich bei der Privatschulfreiheit um ein dem Ersatzschulträger zustehendes Subventionsrecht, dem aber gleichwohl kein Anspruchscharakter im vollen subjektivrechtlichen Sinne zukommt. Die Interventionsgarantie ist lediglich als Verpflichtung der Länder anzusehen, Subventionsgesetze zu erlassen (EISELT, Privatschulsubventionierung, 561).

[116] Für diese Auslegung spricht auch der Wortlaut von Art. 7 Abs. 4 Satz 1 GG, der das Recht "gewährleistet" und nicht nur "duldet" oder "zulässt" (MÜLLER Friedrich, Positivität, 128).

[117] Vgl. dazu u.a. LINK, 606 m.w.H.; OPPERMANN, Bildung, 806, 808; MÜLLER Friedrich, Schule, 429 ff.; ders., Positivität, 122 f.; JEAND'HEUR, 71 ff.; VOGEL, Folgerungen, 119 f.; MÜLLER/PIEROTH/FOHMANN, 167 ff.

[118] Das Bundesverfassungsgericht musste nicht näher auf die Frage eingehen, ob aus dem Grundrecht auch ein korrespondierendes Leistungsrecht folgt. Nur im Rahmen der Zulässigkeitsprüfung hat es in einem obiter dictum festgehalten, dass die Ableitung eines unmittelbar aus Art. 7 Abs. 4 GG folgenden Subventionsanspruchs "nicht offensichtlich unhaltbar" sei, da sich diese Auffassung auf die ständige Rechtsprechung des Bundesverwaltungsgerichts stütze (vgl. dazu BVerfGE 75, 55). Nach neuester Rechtsprechung (BVerwGE 79, 154 ff.) ist dies m.E. aber hinfällig geworden (vgl. dazu die folgenden Ausführungen).

[119] EISELT, Privatschulsubventionierung, 561.

[120] LINK, 607.

[121] Das Bundesverfassungsgericht bedient sich im Finanzhilfe-Urteil nach Meinung von Friedrich MÜLLER eines beispielhaft rationalen Verfahrens der *Konkretisierung* von Grundrechten. Es verzichte auf den Versuch einer *allgemeinen Umdeutung* von Abwehrrechten in Leistungsansprüche (so auch VOGEL, Schulen, 43). Statt dessen untersuche es die spezifische Ausgestaltung der Privatschulfreiheit im Grundgesetz und deren wirkliche Ausübungsmöglichkeiten. Das Ergebnis, die Bejahung einer Garantienorm, werde nicht grundrechtstheoretisch deduziert oder (rechts-)politisch postuliert, sondern *methodisch* erarbeitet. (Im Vordergrund stehe dabei nicht die genetisch-historische, sondern die grammatische und systematische Konkretisierung des Grundrechts.) Deshalb könne man die Ergebnisse auch nicht unbesehen auf andere Grundrechte übertragen (vgl. dazu MÜLLER Friedrich, Positivität, 127 f.). Zur Argumentationsweise im Entscheid vgl. auch JEAND'HEUR, 69 ff.

auf staatliche Förderung privater Ersatzschulen.[122] In seinem neuesten Entscheid hält es wie das Bundesverfassungsgericht daran fest, dass Art. 7 Abs. 4 GG keine Bestandesgarantie für die *einzelne* Privatschule enthält. Schutzobjekt bleibt das Ersatzschulwesen als *Institution*.[123] Aus der Notwendigkeit und Verpflichtung des Staates, die Einrichtung der privaten Ersatzschule zu erhalten, erwächst nur ein im Verwaltungsrechtsweg verfolgbarer Anspruch auf finanzielle Förderung nach Massgabe des jeweiligen Leistungsgesetzes, das seinerseits daran zu messen ist, was an staatlicher Hilfe zur Erhaltung der Institution des Ersatzschulwesens erforderlich ist.[124] Bei fehlender oder unzureichender Regelung kann der Privatschulträger Leistungen nach Massgabe einer noch zu erlassenden verfassungsgemässen Regelung beanspruchen.[125] Die vom Bundesverfassungsgericht auferlegte Schutz- und Förderungspflicht erschöpft sich gemäss Bundesverwaltungsgericht nicht im Gesetzgebungsauftrag des Grundgesetzes an die Länder, von dem der einzelne Ersatzschulträger nur in der Form des Rechtsreflexes ohne eigene Berechtigung betroffen ist. Es hält fest:

> "Sie begünstigt vielmehr zugleich den Ersatzschulträger in seiner grundrechtlichen Position. Dem Ersatzschulträger kommt aus Art. 7 Abs. 4 GG das Recht zu, am staatlichen Schutz durch materielle Hilfen beteiligt zu werden, die es ermöglichen, die *Institution des Ersatzschulwesens* lebensfähig zu erhalten. Sein eigenes Interesse daran, dass dem Ersatzschulwesen diejenige staatliche Hilfe zuteil wird, die es zu seiner Erhaltung als Institution benötigt, ist grundrechtlich geschützt."[126]

---

[122] Im neuesten Entscheid BVerwGE 79, 154 ff. (156) erwähnt das Bundesverwaltungsgericht seine bisherige Rechtsprechung zur Privatschulsubventionierung: BVerwGE 23, 347; 27, 360; 70, 290; 74, 134; ferner Urteil vom 4. Juli 1969 - BVerwGE 7 C 28.68 - [Buchholz 11 Art. 7 Abs. 4 GG Nr. 8] und Beschluss vom 30. März 1973 - BVerwGE 7 B 39.72 - [Buchholz Art. 7 Abs. 4 GG Nr. 14]. Vgl. zur Literatur die Ausführungen bei MÜLLER/PIEROTH/FOHMANN, 29 ff., 40 ff.; PIEROTH in: PIEROTH/SCHUPPERT, 36 f.; DICKERSBACH Alfred, Die Rechtsprechung des Bundesverwaltungsgerichts zum Grundgesetz (1979-1987); HÄBERLE Peter (Hrsg.), Jahrbuch des öffentlichen Rechts der Gegenwart, n.F. Band 37, Tübingen 1988, S. 453-596, 526 ff.; EISELT, Privatschulsubventionierung, 556 ff.; LINK, 602 ff.; JANITSCHEK Franz, Der verfassungsrechtliche Anspruch auf Privatschulsubvention unter besonderer Berücksichtigung der Rechtsprechung des BVerwG, Zugleich ein Beitrag zur schulrechtlichen Begriffsbildung, Diss. Frankfurt a.M. 1973.

[123] BVerwGE 79, 158.

[124] BVerwGE 79, 155 f.; "(...), so kommt ein die gesetzlichen Regelungen ersetzender oder ergänzender verfassungsunmittelbarer Leistungsanspruch des Ersatzschulträgers nicht in Betracht. Soweit sich seiner bisherigen Rechtsprechung zur Privatschulsubventionierung (...) etwas anderes entnehmen lässt, hält der Senat nicht daran fest" (a.a.O., 156).

[125] BVerwGE 79, 157.

[126] BVerwGE 79, 156 (Hervorhebung durch den Verfasser).

d) Eintritt des Interventionsfalles

"Die den Staat betreffende Schutzpflicht löst erst dann eine Handlungspflicht aus, wenn andernfalls der Bestand des Ersatzschulwesens als Institution evident gefährdet wäre."[127] Dazu zählt u.a. die fehlende oder erheblich eingeschränkte Förderung in der *Aufbauphase*. Dies ist der Fall, wenn "eine angemessene Erneuerung des Privatschulwesens insgesamt und damit die Erhaltung der Institution des Privatschulwesens nicht mehr möglich wäre, weil die Gesetzeslage die Entstehung neuer Schulen praktisch unmöglich macht. Die fehlende oder (...) erheblich eingeschränkte Förderung der Aufbauphase müsste zu einer faktischen Gründungssperre führen, die an die Lebensfähigkeit des Privatschulwesens als Ganzes rührt."[128]

In zwei neuen Entscheiden musste das Bundesverfassungsgericht zum Problem der *Wartefristen* Stellung nehmen:[129] Es geht dabei um die Frage, wie lange sich Privatschulen vollständig selber finanzieren müssen, bis eine staatliche Unterstützung eintritt. Es hält fest, dass Wartefristen mit der staatlichen Schutz- und Förderpflicht grundsätzlich vereinbar sind und den gebotenen pädagogi-schen Freiraum der Privatschulen grundsätzlich nicht beschneiden. Sie verletzen weder Art. 7 Abs. 4 Satz 1 noch 3 Abs. 1 GG, da die Sicherung des möglichst sinn- und wirkungsvollen Einsatzes staatlicher Förderungsmittel im Vordergrund steht. Sie dürfen aber nicht dazu führen, dass sie sich als faktische Errichtungssperre erweisen und private Ersatzschulen überhaupt nicht mehr gegründet werden. Es kann den "Gründungseltern" durchaus zugemutet werden, für eine absehbare und vorübergehende Zeit die Kosten selber zu tragen; auf Dauer muss aber auch ihnen eine Entlastung in Aussicht stehen.[130]

---

[127] BVerfGE 75, 67. Zum Eintritt des Interventionsfalls vgl. auch VOGEL, Folgerungen, 118 f.

[128] BVerwGE 79, 161. Vgl. dazu auch VOGEL Johann Peter, Ersatzschulen im Aufbau - Genehmigung und Finanzhilfeanspruch, in: DÖV 1984, S. 541-547.

[129] Vgl. die beiden Beschlüsse des Ersten Senats vom 9. März 1994: BVerfG, 1 BvR 682/88 und 1 BvR 712/88 *sowie* 1 BvR 1369/90. Zum Problem von "Wartefristen" bis zur Einbeziehung in die Regelförderung vgl. JACH Frank-Rüdiger, Privatschulfreiheit am Scheideweg - Vielfalt oder institutionelle Erstarrung?, in: DÖV 1990, S. 506 ff.; BVerwGE 79, 154.

[130] *Bayern* wollte den privaten Schulträgern den vollen Förderungsbeitrag erst dann gewähren, wenn die Abiturprüfung in zwei aufeinanderfolgenden Schuljahren von mindestens zwei Dritteln der Schüler mit Erfolg bestanden würde. Dies wäre erstmals frühestens nach *zehn Jahren* geschehen. Weil ein solcher Zeitraum dazu führen könnte, dass auch gutwillige und opferbereite "Gründungseltern" aufgeben, war der Staat hier zum Ausgleich verpflichtet, was Bayern mit diversen Massnahmen auch tat (vgl. dazu den ersten Beschluss, a.a.O., insb. B.II.3.). *Baden-Württemberg* sah Zuschüsse erst *drei Jahre* nach Aufnahme des Unterrichts vor. Das Bundesverfassungsgericht erachtete diese Wartefrist nicht als übermässig lang. Denn in der

e) Umfang der Förderungspflicht

"In welcher Weise der Gesetzgeber seiner Förderungspflicht nachkommt, schreibt ihm das Grundgesetz nicht vor. Es hat das Schulwesen (...) der ausschliesslichen Zuständigkeit der Länder zugewiesen."[131] Die Erteilung von Subventionen oder Steuererleichterungen steht dabei sicher im Vordergrund. Doch gestattet es ihm seine Gestaltungsfreiheit beispielsweise auch, "ganz oder teilweise von einer direkten finanziellen Förderung abzusehen und sie durch ein System von Personal- und/oder Sachleistungen (etwa durch Abstellen von Lehrern[132] - unter Rücksichtnahme auf die Eigenarten des jeweiligen Trägers - oder durch Überlassung von Schulgebäuden und anderen Einrichtungen) zu ersetzen."[133]

Hinsichtlich des Umfangs der Förderung ergeben sich auch *Beschränkungen*. Da die Förderung nur gerade "sicherstellen soll, dass die Genehmigungsvoraussetzungen des Art. 7 Abs. 4 Sätze 3 und 4 GG auf Dauer erfüllt werden, kann der Staat nur verpflichtet sein, einen Beitrag bis zur Höhe dieses *Existenzminimums der Institution* zu leisten".[134] Das Grundgesetz gleicht mit seiner Schutz- und Handlungspflicht nur gerade den Nachteil aus, den das Privatschulwesen erleidet, weil es den verfassungsrechtlichen Genehmigungserfordernissen unterworfen ist, die ohne Hilfe des Staates auf die Dauer nicht eingehalten werden können.[135] Der Gesetzgeber kann sich für die Beitragshöhe an den Kosten des öffentlichen Schulwesens orientieren,[136] weil die Ersatzschulen nicht beanspruchen können, eine bessere Ausstattung als vergleichbare

---

Aufbauphase würden für den Schulbetrieb regelmässig noch nicht sehr hohe Kosten anfallen, und diese Frist lasse den Gründern eine überschaubare und kalkulierbare Perspektive (vgl. dazu den zweiten Beschluss, a.a.O. insb. C.I.2.).

131 BVerfGE 75, 66 f.

132 Vgl. dazu PETERMANN Bernd, Die Genehmigung für Lehrkräfte im Privatschulwesen, in: NVwZ 1987, S. 205-207.

133 BVerfGE 75, 67. Vgl. hiezu die Darstellung der Finanzierungsverfahren bei MATTERN, 316 ff.; HARDORP, 223 ff. Vgl. auch PIEROTH Bodo, Die staatliche Ersatzschulfinanzierung und der Schulhausbau, in: DÖV 1992, S. 593-600; GRAMLICH Ludwig, Realförderung privater Schulen und eigentumsrechtliche Bestandesgarantie, in: NVwZ 1990, S. 32-35; VOGEL, Folgerungen, 135 ff.; ders., Schulen, 49 f.

134 BVerfGE 75, 68.

135 BVerwGE 79, 158.

136 Vgl. dazu HAUG Rüdiger, Die Kosten des öffentlichen Schulwesens als Orientierungsrahmen für die Finanzhilfe in der Privatschulförderung, in: MÜLLER Friedrich, Zukunftsperspektiven, S. 147-190; WEISS Manfred, Kostenkennwerte staatlicher Schulen, Zur Problematik ihrer Verwendung bei Systemvergleichen und der Festlegung der staatlichen Finanzhilfe für Privatschulen, in: RdJB 1988, S. 341-348.

öffentliche Schulen zu erhalten. Da die Schutzpflicht ihren Grund in der Förderung *individueller Freiheit* hat, ist es auch selbstverständlich, dass jeder Ersatzschulträger eine *angemessene Eigenleistung* erbringen muss und nicht etwa vom allgemeinen unternehmerischen Risiko freigestellt werden kann.[137] Dazu gehören auch die Anfangsfinanzierung und die Investitionskosten.[138] Die grundgesetzlich gebotene Förderung setzt nicht bereits mit Beginn des genehmigten Schulbetriebs ein. Denn es ist erst noch der "Nachweis zu erbringen, dass die Schule von der Elternschaft ihres Einzugsbereichs auf Dauer angenommen wird".[139] Die als vertretbar erscheinende Karenzzeit unterliegt nach der Natur der Sache aber einer äusseren Begrenzung: "Mit der Vervollständigung des Klassenzugs tritt die Schule aus dem vom Unternehmerrisiko geprägten Stadium ihres Aufbaus heraus. Sie ist ein vollständiges Glied des privaten Ersatzschulwesens geworden. Sie ist infolgedessen auch in dessen Förderschutz in vollem Umfang einzubeziehen."[140]

Über diese Beschränkung hinaus steht die Förderungspflicht unter dem Vorbehalt dessen, was vernünftigerweise von einer Gesellschaft erwartet werden kann. Darüber hat in erster Linie der Gesetzgeber unter Berücksichtigung auch anderer Gemeinschaftsbelange und der Erfordernisse des gesamtwirtschaftlichen Gleichgewichts zu befinden. Es besteht also die Möglichkeit, die begrenzt verfügbaren öffentlichen Mittel - im Interesse des Gemeinwohls - für andere wichtige Gemeinschaftsbelange einzusetzen ("Haushaltsvorbehalt"). Dazu zählt das Bundesverfassungsgericht Kürzungen des Gesamtetats für das Schulwesen und sinkende Schülerzahlen im öffentlichen Schulwesen als Folge des Geburtenrückgangs.[141]

---

[137] Der Schulträger hat das Freiheitsrisiko in erster Linie selbst zu tragen. Die staatliche Förderungspflicht ist wegen der im Grundgesetz angelegten Eigenverantwortung der Bürger zur Gestaltung ihrer Freiheitsräume subsidiär (BVerwGE 79, 158 f. und 160).

[138] BVerfGE 75, 68; vgl. auch BVerwGE 74, 136; 70, 293. Zum Eigenleistungsbetrag vgl. HARDORP, 216 ff.; VOGEL, Schulen, 47 ff.

[139] BVerwGE 79, 159. Anderer Meinung ist VOGEL, Schulen, 47 m.w.H.

[140] BVerG 79, 160. Im vorliegenden Fall ging es um das bayerische Privatschulleistungsgesetz, das vorsah, dass Privatschulen nicht vor dem vollen Ausbau ihres gymnasialen Klassenzugs und erfolgreichen Abschlussprüfungen in zwei Schuljahrgängen Subventionen zustünden (a.a.O).

[141] Vgl. BVerfGE 75, 68 f. Zum Problem der *Kürzungen von Privatschulsubventionen* vgl. KLOEPFER Michael/MESSERSCHMIDT Klaus, Privatschulfreiheit und Subventionsabbau, in: DVBl 1983, S. 193-204; BERNHARD Ralf, Zu den verfassungsrechtlichen Grenzen staatlicher Sparmassnahmen bei der Privatschulsubventionierung, in: DVBl 1983, S. 299-305; AVENARIUS Hermann, Privatschulen und Staatskirchenrecht - Zu den rechtlichen Auseinandersetzungen um die Kürzung staatlicher Subventionen für kirchliche Privatschulen in Nordrhein-Westfalen, in: Festschrift für Erwin Stein zum 80. Geburtstag, Bad Homburg 1983, S. 1-11.

f) Subventionsanspruch aus Art. 3 GG

Entschliesst sich der Staat, im Rahmen seiner Pflicht das private Ersatzschulwesen zu unterstützen, so unterliegt er hierbei den Beschränkungen aus Art. 3 GG: d.h. Diskriminierungen oder Privilegierungen sind untersagt.

Das Verbot von Art. 3 Abs. 3 GG gilt nicht absolut. Es verbietet aufgrund seines Wortlautes ("wegen") nur die *bezweckte* Benachteiligung oder Bevorzugung. Ein Nachteil oder Vorteil, der die Folge einer ganz anders intendierten Regelung ist, wäre also zulässig.[142] Hingegen verstösst eine *unterschiedliche Finanzhöhe* gegen Art. 3 Abs. 1 GG, da alle Ersatzschulen - nicht nur jene mit schulpflichtigen Schülern[143] - nach Massgabe des Gleichheitssatzes berücksichtigt werden müssen. Damit entsteht aus dem Gleichbehandlungsgebot ein relativer Subventionsanspruch.[144] Zulässig ist aber eine höhere Aufwendung für förderungswürdige Zwecke, wie beispielsweise der Mehraufwand infolge besonderer pädagogischer Konzepte.[145]

VI. Regelung in den einzelnen Bundesländern

Die *Landesverfassungen* nehmen zum *Privatschulwesen* in unterschiedlicher Weise Stellung. Es wird in den meisten Länderverfassungen erwähnt. Die Verfassungen enthalten sowohl den Genehmigungsvorbehalt als auch die Anforderungen, die für die Erteilung einer Genehmigung zu erfüllen sind. Dabei lehnen sie sich an das Grundgesetz (Art. 7 Abs. 4 und 5) an. Manchmal findet auch ein Verweis auf gesetzliche Regelungen statt. Dies soll hier nicht weiter untersucht werden.[146]

---

[142] BVerfGE 75, 69 f.; vgl. auch MÜLLER Friedrich, Schule, 58 f.

[143] BVerfGE 75, 75.

[144] Vgl. dazu auch COONS, 393 f.; STERN, 982.

[145] BVerfGE 75, 71. Zu den unterschiedlichen Förderungsmodalitäten vgl. EISELT, Privatschulsubventionierung, 563 ff.; MÜLLER Friedrich, Schule, 443 ff. Zur Besonderheit der *Förderung kon-fessioneller Privatschulen* vgl. LINK, 610 ff.; MÜLLER Friedrich, Schule, 434 ff.; VOGEL, Folgerungen, 127 ff.; ders., Schulen, 46 f.

[146] Vgl. dazu die Bestimmungen der *Länderverfassungen* von Bayern, Art. 134; Bremen, Art. 29; Hessen, Art. 61; Nordrhein-Westfalen, Art. 8 Abs. 4 Satz 1 und 2; Rheinland-Pfalz, Art. 30 Abs. 1 und 2; Saarland, Art. 28 Abs. 1 und 2; Sachsen, Art. 102 Abs. 3 und 5; Brandenburg, Art. 30 Abs. 6 Satz 1; Sachsen-Anhalt, Art. 28 Abs. 1. Zur Definition und Abgrenzung privater Schulen sowie zur Genehmigung von Privatschulen im Landesrecht (v.a. auf *Gesetzesstufe*) vgl. LEMPER, 120 ff., 132 ff. Vgl. auch VOGEL Johann-Peter, Das Recht der Schulen in freier Trägerschaft in den neuen Bundesländern, in: RdJB 1992, S. 305-311; KORTE, 79 ff.; LEMPER/WESTPHALEN, 88 ff. (zu Nordrhein-Westfalen); zu den Privatschulgesetzen vgl. auch GILLES/HEINBUCH/GOUNALAKIS, 40 f.; HECKEL, Privatschulrecht, 107 ff.

Den Ländern ist es grundsätzlich - d.h. abgesehen von der oben behandelten Rechtsprechung des Bundesverfassungsgerichts - freigestellt, eine *Unterstützung von Privatschulen* vorzusehen. Das Landesrecht darf die Finanzhilfe aber nicht von Voraussetzungen abhängig machen, die der Gleichwertigkeit der genehmigten Ersatzschule widersprechen. Beispielsweise ist eine Differenzierung der privaten Ersatzschulen durch ein vorgeschaltetes Anerkennungsverfahren unzulässig.[147] Untersucht man die *Länderverfassungen*, so findet sich in einzelnen sogar ein *Anspruch auf finanzielle Unterstützung* verankert. Doch besteht dieser meist nicht als absoluter Rechtsanspruch. Oft wird auf die gesetzliche Regelung verwiesen bzw. von der Schule Gemeinnützigkeit verlangt.[148,149]

VII. Schlussbemerkungen

Als Schlusswort soll auf zwei Äusserungen des Bundesverfassungsgerichts hingewiesen werden, die es in einer kürzlichen Entscheidung machte. Sie betreffen das Konkurrenzverhältnis zwischen dem öffentlichen und privaten Schulwesen sowie deren gegenseitige Befruchtung. Zur *Konkurrenzierung* hält es fest:

---

[147] MAUNZ, Art. 7 GG, Rz. 89; vgl. auch LEMPER, 148 ff., 156 ff.; MÜLLER Friedrich, Schule, 446. Für weitere Förderungsmodalitäten vgl. auch MÜLLER, a.a.O., 438 ff.

[148] Vgl. dazu die Bestimmungen der *Länderverfassungen* von Baden-Württemberg, Art. 14 Abs. 2 Satz 4 und 5 (vgl. zu diesem Land auch POLLERN Hans-Ingo von, Das Privatschulwesen in Baden-Württemberg nach der Novelle vom Dezember 1989, in: DÖV 1992, S. 62-66); Nordrhein-Westfalen, Art. 8 Abs. 4 Satz 3, 9 Abs. 2 Satz 3 (vgl. dazu auch DÖV 1983, 335 ff.; LEMPER/WESTPHALEN, 238 ff.); Rheinland-Pfalz, Art. 30 Abs. 3; Saarland, Art. 28 Abs. 3 und 4; Sachsen Art. 102 Abs. 4 und 5; Brandenburg, Art. 30 Abs. 6 Satz 2; Sachsen-Anhalt, Art. 28 Abs. 2. Zur Länderfinanzierung im einzelnen (v.a. auf *Gesetzesstufe*) vgl. umfassend LEMPER, 161 ff.; VOGEL/KNUDSEN, Gruppe 23.7, 28; MÜLLER/PIEROTH/FOHMANN, 200 ff.; VOGEL Johann Peter, Die Gesetzgebung der Länder und der Stand der Debatte in Wissenschaft und höchstrichterlicher Rechtsprechung, in: MÜLLER Friedrich, Zukunftsperspektiven, S. 9-25, 9 ff.; ders., Folgerungen, 139 ff.; ders., Schulen, 138 ff.; MATTERN, 316 ff.; STAUPE, 168 f.; MÜLLER Friedrich, Schule, 442 f. Zu den verfassungsrechtlichen Grenzen der landesrechtlichen Finanzhilfegesetze für Ersatzschulen vgl. EISELT, Privatschulsubventionierung, 563 ff.

[149] Zur umfassenden Darstellung sämtlicher relevanter Bestimmungen in den einzelnen Ländern vgl. VOGEL/KNUDSEN, Gruppe 40 (Allgemeines), 41 (Allgemeinbildende Schulen), 42 (Berufsbildende Schulen), 43 (Sonderschulen), 44 (Kindergärten) und 45 (Hochschulen); MÜLLER Friedrich, Schule, Anhang I und II, 487 ff., 503 ff. Vgl. auch HECKEL/ AVENARIUS, 447 ff.

"Es liegt vielmehr im Sinne der Schulbestimmung des Grundgesetzes, dass sich auch im Grundschulbereich ein in seinen Einzelheiten nicht vorhersehbarer Prozess dauernder gegenseitiger Anregung zwischen privatem und öffentlichem Schulwesen ergibt, der beide Seiten durch lebendige Konkurrenz zu fortdauernden Anstrengungen um pädagogische Fortentwicklung veranlasst."[150]

Und zur *Übertragbarkeit privater Neuerungen* auf die öffentliche Schule merkt es anschliessend kritisch an:

"Zwar setzt die Erprobung und Verwirklichung mancher pädagogischer Konzepte ein besonderes Engagement voraus, das bei Lehrern an Privatschulen mit spezieller Zielsetzung möglicherweise grösser ist als an öffentlichen Schulen. Das mag es erschweren, solche Konzepte (ganz oder teilweise) unmittelbar in die öffentlichen Schulen zu übernehmen, und führt möglicherweise dazu, dass ihre Auswirkungen nur langfristig auf dem Umweg über allgemeine Wandlungen der pädagogischen Anschauungen zu spüren sind."[151]

VIII. Zusammenfassung von § 17

Das Privatschulwesen gewinnt in Deutschland zunehmend an Bedeutung. Es ist Teil des gesamten Schulwesens und wird von den *Ländern* geregelt. Die *Privatschulfreiheit* wurde bereits in der Weimarer Reichsverfassung garantiert (Art. 147 WRV). Im Grundgesetz wird sie - im Anschluss an die Elternrechte (Art. 6 GG) - durch Art. 7 Abs. 4 Satz 1 GG gewährleistet. Sie gibt jedermann das Recht, eine Schule zu gründen, zu gestalten und zu führen. Auf das Privatschulverhältnis findet grundsätzlich bürgerliches Recht Anwendung.

Das Grundgesetz unterscheidet *Ersatzschulen*, die als Ersatz für vorhandene oder vorgesehene öffentliche Schulen dienen, und *Ergänzungsschulen*, die nicht der Erfüllung der Schulpflicht dienen. Gemäss Art. 7 Abs. 4 Satz 2 bedürfen Ersatzschulen der *Genehmigung* des Staates und stehen unter dessen Aufsicht. Bei Erfüllen der Genehmigungsvoraussetzungen, die in Art. 7 Abs. 4 Satz 3 und 4 sowie in Abs. 5 abschliessend aufgezählt werden, besteht ein Rechtsanspruch auf Erteilung der Bewilligung. So wird verlangt, dass sie in den Lehrzielen und Einrichtungen nicht

---

150 EuGRZ 1993, 137 (= BVerfGE, Beschl. v. 16.12.1992). Die zitierte Stelle aus dem Entscheid fehlt leider in der Rechtsprechungsübersicht in DÖV 1993, 526; sie wird dort lediglich mit drei Punkten versehen (vgl. dazu die Passage "[...] und durchgeführt wird. ... An der als [...]").

151 EuGRZ 1993, 137 = DÖV 1993, 526 (BVerfGE, Beschl. v. 16.12.1992).

hinter den öffentlichen Schulen zurückstehen. Von den Lehrkräften wird eine gleichwertige wissenschaftliche Ausbildung verlangt. Die private Schule darf die Schüler nicht nach den Besitzverhältnissen sondern und muss die wirtschaftliche und rechtliche Stellung der Lehrer sichern. Für die Zulassung als Volksschule wird zusätzlich verlangt, dass von der Unterrichtsverwaltung ein besonderes pädagogisches Interesse anerkannt wird bzw. die Privatschule als Gemeinschafts-, Bekenntnis- oder Weltanschauungsschule errichtet wird und eine entsprechende öffentliche Volksschule fehlt.

Zur *Subventionierung der Privatschulen* hat das Bundesverfassungsgericht festgestellt, dass eine *staatliche Schutz- und Förderungspflicht* statuiert werden muss, um Schulvielfalt zu gewährleisten. Doch beschränkt sich diese Pflicht auf die *Bestandesgarantie* des Privatschulwesens, d.h. die *einzelne* Schule kann keine Ansprüche geltend machen. Es handelt sich um einen Verfassungsauftrag, der grundsätzlich nur den Landesgesetzgeber zum Handeln, d.h. zur Reglementierung der Ersatzschulförderung, verpflichtet. Eine Förderpflicht kann unter Umständen bereits in der Aufbauphase bestehen. Der Umfang der Förderung beschränkt sich dann aber auf das *Existenzminimum der Institution*. Denn zur Wahrnehmung individueller Freiheiten kann durchaus eine angemessene Eigenleistung verlangt werden.

IX. Vergleich der schweizerischen und deutschen Rechtsordnung

In beiden Staaten besteht grundsätzlich Schulföderalismus, d.h. die *Schulhoheit* - und damit die Gesetzgebungsbefugnis - liegt in der Schweiz bei den Kantonen und in Deutschland bei den Ländern. Die verfassungsmässige Ordnung geht in Deutschland aber weiter, indem das Grundgesetz in Art. 7 GG noch vier Bereiche regelt: die staatliche Schulaufsicht, den Religionsunterricht, die Privatschulfreiheit und die Vorschule.

Die *Familie* wird in beiden Staaten gleich gut geschützt. So wird sie in der Bundesverfassung zwar nicht explizit geregelt, doch gewährleisten Art. 34^{quinquies} BV sowie Art. 8 und 12 EMRK die Familie als Institut und Individualgarantie. Deutschland schützt die Familie als Lebens- und Erziehungsgemeinschaft in Art. 6 Abs. 1 GG.

Ebenso bestehen bezüglich des *Elternrechts* im Ergebnis keine nennenswerten Unterschiede. Die Bundesverfassung kennt zwar keine ausdrückliche Garantie des Elternrechts, doch gilt das familiäre Elternrecht als ungeschriebenes Recht und das religiöse Elternrecht wird durch Art. 27 Abs. 3 BV und Art. 49 Abs. 3 BV garantiert. Deutschland sieht in Art. 6 Abs. 2 Satz 1 GG explizit vor, dass Pflege und Erziehung der Kinder primär den Eltern zustehen. Ferner wird sowohl in der Schweiz als auch in Deutschland dem Staat nicht nur eine Schutzpflicht im Interesse des Kindes (staatliches Wächteramt), sondern auch ein eigenständiger Bildungs- und Erziehungsauftrag zugestanden. Abgrenzungsprobleme werden in beiden Staaten zugunsten des Gesamterziehungsrechtes der Eltern entschieden, wobei ihnen - und auch dem Staat - eine Zusammenarbeitspflicht im Interesse des Kindes auferlegt wird.

Ein Unterschied findet sich bei der Gewährleistung der *Privatschulfreiheit*. In Deutschland wird sie in Art. 7 Abs. 4 Satz 1 GG ausdrücklich gewährleistet. Doch wird auch der Grundsatz aufgestellt, dass Ersatzschulen (im Gegensatz zu Ergänzungsschulen) einer Genehmigung des Staates bedürfen (Satz 2), worauf aber ein Rechtsanspruch besteht, wenn bestimmte - in Satz 3 enthaltene - Voraussetzungen erfüllt werden. In der Schweiz hingegen wird die Privatschulfreiheit durch die Bundesverfassung nicht ausdrücklich garantiert, sondern es sind grundsätzlich die Kantone zur Regelung des Privatschulwesens zuständig. Mit der Ratifizierung der beiden UNO-Menschenrechtspakte ist nun auf Bundesebene die Privatschulfreiheit verbindlich verankert worden. Im Ergebnis lassen heute sämtliche Kantone die Gründung und den Besuch einer Privatschule zu, sofern vorweg eine Bewilligung eingeholt wird, an die bestimmte Anforderungen geknüpft sind. Bei der Bestimmung dieser Voraussetzungen sind die Kantone aber - im Gegensatz zu den deutschen Bundesländern - mangels verfassungsrechtlicher Auflagen relativ frei. Diese Darstellung zeigt, dass das Privatschulwesen in Deutschland fester in der Rechtsordnung verankert ist, indem nicht nur die Privatschulfreiheit sondern darüber hinaus bereits die Bewilligungsvoraussetzungen im Grundgesetz festgeschrieben sind. Den einzelnen Ländern ist damit - im Gegensatz zu den Schweizer Kantonen - ihr schulhoheitlicher Handlungsspielraum stark eingeschränkt worden.

Mit Bezug auf die *Subventionierung* von Privatschulen kann für die Schweiz festgehalten werden, dass sich weder aus der Gesetzgebung von Bund und Kantonen noch aus der Rechtsprechung noch aus den beiden UNO-Menschenrechtspakten unmittelbare Unterstützungsansprüche zugunsten der Eltern oder Privatschulen ableiten lassen. Die Kantone sind aber aufgrund des UN-Sozialpaktes gehalten, Förderungsmassnahmen einzuführen. Das Bundesverfassungsgericht in Deutschland hat hingegen zugunsten der privaten Ersatzschulen aus dem Grundgesetz eine staatliche Schutz- und Förderungspflicht der Länder abgeleitet. Diese Förderungspflicht beschränkt sich aber auf die Bestandesgarantie des Privatschulwesens und damit in seinem Umfang auf das Existenzminimum der Institution. Ein verfassungsrechtlicher Subventionsanspruch der einzelnen Privatschule ist also ausgeschlossen. Daraus kann geschlossen werden, dass die ausdrückliche verfassungsmässige Verankerung der Privatschulfreiheit für die einzelne Privatschule auch keine feste finanzielle Unterstützung bringt. Von der einzelnen Privatschule kann - insbesondere während der Aufbauphase - eine bedeutende Eigenleistung verlangt werden.

4. Teil:

ÖKONOMISCHE ASPEKTE DES PRIVATSCHULWESENS[1]

---

§ 18 Ökonomische Grundlagen

I. Allgemeines

Immer mehr werden heute von der ökonomischen Seite Stimmen wach, die eine Liberalisierung des Schulwesens fordern,[2] um dadurch die elterlichen Rechte wieder zu stärken.[3] Es wird auch die Finanzierbarkeit der öffentlichen Bildung in Frage gestellt, da nicht mehr wachsende Bildungsausgaben wachsenden Schülerzahlen gegenüberstehen. HANHART macht drei Lösungsvorschläge zur Effizienzverbesserung der Bildungssysteme: Erstens könne durch Rationalisierung die wirtschaftliche Produktivität der Schul- und Fachbildungssysteme erhöht werden, was aber Auswirkungen auf die Qualität hätte. Zweitens könne die Finanzierung beeinflusst werden, indem kostendeckende Schulgelder im Sinne einer öffentlichen Taxe erhoben würden (Diversifizierung). Der dritte Weg liege in der Privatisierung bestimmter Dienstleistungen, wobei davon aber nur die nachobligatorische Stufe betroffen sein dürfe. Dies müsse von flankierenden Massnahmen, welche die Qualität und den Zugang zum Unterricht

---

1 Dieser interdisziplinäre Teil erhebt keinen Anspruch auf Vollständigkeit. Es sollen lediglich die Schwerpunkte aufgezeigt werden, um eine fachspezifische bzw. fächerübergreifende Diskussion zu ermöglichen.

2 Vgl. dazu beispielsweise die Reihe "Schule zwischen Markt und Staat", abgedruckt in der Beilage "Bildung und Erziehung" der NZZ vom 28.1. (Nr. 22, S. 63), 11.3. (Nr. 58, S. 79), 6.5. (Nr. 103, S. 77 und 79), 24.6. (Nr. 143, S. 69), 23.9. (Nr. 221, S. 79) und 25.11.1993 (Nr. 275, S. 71, 73); STRAUBHAAR Thomas/WINZ Manfred, Reform des Bildungswesens, Kontroverse Aspekte aus ökonomischer Sicht, Bern/Stuttgart/Wien 1992; WITTMANN Walter, Marktwirtschaft für die Schweiz, Frauenfeld 1992, S. 133 ff.; LINDER Willy, Bildung und Staat, Eine Handvoll Bemerkungen aus liberaler Sicht, in: GIGER, S. 349-361. Auf juristischer Seite vgl. beispielsweise HARDORP, 231 ff. (Bildungsgutscheine).

3 Vgl. FRIEDMAN Milton and Rose, 185; BLAUG, Educational Vouchers, 259.

sicherstellten, begleitet werden.[4]

Die Forderung nach Reprivatisierung öffentlicher Aufgaben stützt sich vorwiegend auf das *Effizienzargument*. Es wird behauptet, der private Sektor arbeite effizienter und könne damit die gleiche Leistung billiger anbieten als der Staat.[5,6] Für die Begründung des Marktmodells im Bildungswesen werden noch weitere Argumente angeführt: das fiskalische und ordnungspolitische, das Wahl-, Chancengleichheits- und Distributionsargument sowie das Argument des gesellschaftlichen Zusammenhalts.[7] Schliesslich beuge eine Reprivatisierung auch Steuermüdigkeit, Steuerzahlerrevolten, Bürgerbevormundung und Parteienverdrossenheit vor.[8]

In diesem interdisziplinären Teil soll untersucht werden, in welcher Weise die in der Wirtschaftswissenschaft angestellten *ökonomischen* Überlegungen zur Privatisierung des Schulwesens allenfalls einen Beitrag zu leisten vermögen für die juristische Diskussion zur Privatschulfreiheit, insbesondere die Konkretisierung dieser Freiheit. Dabei geht es insbesondere um den Bereich der Bildungsökonomik und um die Frage der Zweckmässigkeit eines privaten Schulangebotes. Nach einer Positionierung der Privatschulproblematik in der Bildungsökonomik (§ 18) wird die Produktion des Bildungsangebotes (§ 19) und die Finanzierung der Bildungsnachfrage untersucht werden (§ 20).

---

4 HANHART Siegfried, Ist öffentliche Bildung noch zu finanzieren?, in: NZZ vom 11.3.1993, Nr. 58, S. 79.

5 HAUSER, Reprivatisierung, 208; MATTERN, Güter, 84 ff.; TIMMERMANN, Bildungsmärkte, 51 ff.; diverse Beiträge in HÜFNER/NAUMANN, 53 ff.

6 HEGELHEIMER unterscheidet die interne von der externen Effizienz. Die *interne* Effizienz gewährleiste, dass sich der Bildungsbetrieb nach dem Wirtschaftlichkeitsprinzip verhalte (a.a.O., 362 ff.). Die *externe* Effizienz solle eine optimale Abstimmung zwischen dem Bildungs- und Beschäftigungssystem auf volkswirtschaftlicher Ebene herbeiführen (a.a.O., 365 ff.). Jedoch könnten für beide Bereiche unvorhergesehene und damit ineffiziente Situationen eintreten. Ob der Staat solche Unstimmigkeiten besser auffangen könne als ein Bildungsmarktsystem, müsse offenbleiben, da beide unterschiedlich reagieren würden (a.a.O., 373).

7 HEGELHEIMER, 357 m.w.H.

8 HEGELHEIMER, 352.

II. Bildung und Wirtschaftswissenschaft

1. Bildungsökonomik

Als *Bildungsökonomik* wird die Teildisziplin der Wirtschaftswissenschaften bezeichnet, die sich auf den Bildungsbereich spezialisiert hat. Sie umfasst die ökonomischen Aspekte der Qualitätserzeugung und -verwendung in einer Gesellschaft.[9] Dieser Zweig entstand zu Beginn der 1960er Jahre.[10,11]

2. Ökonomische Theorien

a) *Allgemeines*

Die *Ökonomen* beschränken sich auf die Erklärung quantifizierbarer, empirisch beschreibbarer und beobachtbarer Effekte der Bildung. Sie erfassen das Bildungssystem eher von einem *ausserhalb* liegenden Standpunkt mit eng definierten Kosten-Nutzen-Beziehungen.[12] Bildungstheoretische Aspekte wie die Festlegung des Lehrstoffes und der Lehrinhalte, werden von den Ökonomen ausgeklammert; dafür seien insbesondere die nach *innen* gerichteten *Erziehungswissenschaftler* zuständig.[13] Diese partielle Zuständigkeit kann im akademischen Bereich noch als Arbeitsteilung interpretiert werden. Im politischen Prozess aber gehen so Kräfte verloren.[14] Es soll

---

9 MÄDING, 260.

10 HEGELHEIMER, 351; BLAUG, Economics of Education, 211.

11 Vgl. dazu KISLIG, 36 ff.; HÜFNER/NAUMANN, 215 ff.; BLAUG Mark, Economics of Education, A Selected Annotated Bibliography, London et al. 1966; ROBINSON E.A.G./ VAIZEY J.E. (Hrsg.), The Economics of Education, New York 1966; HELDMANN Werner, Zur Ökonomie des Schulwesens in der Bundesrepublik Deutschland unter besonderer Berücksichtigung der Schulfinanzierung und Schulentwicklung, in: TWELLMANN Walter (Hrsg.), Handbuch Schule und Unterricht, Bd. 3, Düsseldorf 1981, S. 431-456, 431 ff.; RECUM Hasso von, Bildungsökonomie: Ansätze und Entwicklungstendenzen, in: TWELLMANN, a.a.O., S. 457-470; HORBER Balz, Zur Frage der Integration einer Bildungspolitik in die allgemeine Wirtschaftspolitik, Diss. St. Gallen 1973; BECKER Egon/WAGNER Bernd, Ökonomie der Bildung, Frankfurt a.M. 1977; KAHLERT Helmut, Prolegomena zur Geschichte der Bildungsökonomie, Bibliographie und Darstellung (1850-1945), Frankfurt a.M. 1978.

12 So ANDERSECK, 2 f. Eine zu ökonomisch ausgerichtete Betrachtung hat den Nachteil, dass der Hauptcharakter des Privatschulwesens, Unterricht und Erziehung, auf die Gewinnerzielung reduziert wird, was imagemässig nicht gerade ein Vorteil ist (so JOBIN, 61).

13 ANDERSECK, 49.

14 So ANDERSECK, 55.

deshalb betont werden, dass neben dieser ökonomischen Analyse noch andere Dimensionen bestehen. Das Bildungssystem hat nicht nur die Aufgabe, die persönlichen Bildungsbedürfnisse der Staatsbürger zu befriedigen. Es wird auch zur Erreichung *anderer gesellschaftspolitischer* Ziele eingesetzt, z.B. als Mittel zur Beschleunigung des Wirtschaftswachstums, zur Herstellung von Chancengleichheit und allenfalls als Auffangbecken für die Jugendarbeitslosigkeit.[15,16]

b) Adam Smith

Die *klassische Ökonomie* versteht Wohlfahrt als eine Funktion der institutionellen Ausgestaltungsmöglichkeiten der sozialen Ordnung.[17] Für das Schulwesen sieht SMITH[18] wesentliche Vorteile im Konkurrenzsystem.[19] Er ist gemischter Meinung betreffend der Staatsschulen. Denn gäbe es keine öffentlichen Unterrichtsanstalten, würde nichts gelehrt werden, sofern nicht eine Nachfrage, ein Zwang durch zeitliche Umstände oder wenigstens eine Modeströmung bestünde.[20] Andererseits bräuchte es auch (schlechte) private Universitäten, weil sonst überhaupt nicht gelehrt würde, was sowohl für den einzelnen als auch für die Öffentlichkeit schlechter wäre.[21] Betreffend der Bildung der niederen Volksklassen unterscheidet er die Erziehung und den Unterricht. Dabei erfordere die Erziehung[22] eine erhöhte Aufmerksamkeit, da diese Bevölkerungsschicht wenig Zeit darauf verwenden könne.[23] Was den Unterricht betrifft, müssten die wesentlichsten Unterrichtsgegenstände (Lesen, Schreiben und

---

[15] ANDERSECK, 2.

[16] Eine Beurteilung des Privatschulwesens aus *pädagogischer* Sicht wäre durchaus auch interessant gewesen, hätte den Rahmen dieser Arbeit aber gesprengt. Vgl. hierzu FAUSER Peter, Pädagogisches und juristisches Denken und Handeln, über die Kommission Schulrecht und die Schwierigkeit, die Pädagogen und Juristen miteinander haben, in: Neue Sammlung 28/1988, S. 439-459.

[17] WALTERSCHEID, 6.

[18] Vgl. dazu SMITH, 5. Buch, 1. Kapitel, 3. Teil.

[19] Vgl. dazu SMITH, 759 f., Rz. 3 f. Dem Studenten müsste es freigestellt sein, seine Lehrer und Lehranstalt zu wählen. Damit würde der Wettbewerb geweckt (a.a.O., 762 f., Rz. 12).

[20] SMITH, 780 f., Rz. 46.

[21] SMITH, 765, Rz. 18.

[22] Zur religiösen Erziehung vgl. SMITH, 788 ff.

[23] SMITH, 784 f., Rz. 53 f.

Rechnen) auch von dieser Bevölkerungsschicht erlernt werden.[24] SMITH stellt fest, dass dies eher von Privatlehrern als in öffentlichen Schulen erlernt würde.[25] Selbst wenn der Staat keinen Vorteil daraus ziehen sollte, verdiente diese breite Unterrichtung seine ganze Aufmerksamkeit.[26]

c) *Milton Friedman*

Die *neoklassische Ökonomie* um Milton FRIEDMAN definiert das Wohlfahrtsoptimum als optimale Allokation knapper Güter. Erst daraus werden die institutionellen Voraussetzungen abgeleitet. Ausgangspunkt ist der vollkommene Markt, der von seiner sozialen Umwelt isoliert ist.[27] Die Idee der Wohlfahrtsrelevanz von Institutionen bleibt erhalten in der Theorie des Marktversagens, wo der (vollkommene) Staat die wohlfahrtsmindernden Unzulänglichkeiten des Marktes korrigiert.[28] Die Rolle des Staates besteht lediglich darin, einen rechtlichen Rahmen festzulegen und die Spielregeln für das Verhalten der Individuen untereinander zu bestimmen.[29]

d) *Property-Rights-Ansatz*

In der Realität besteht weder ein perfekter Staat (Staatsversagen) noch ein vollkommener Markt (Marktversagen). Für den Staat sind insbesondere die Schwächen des Budgetmechanismus zu berücksichtigen. Die Leistungsfähigkeit des Staates kann durch den *Property-Rights-Ansatz*[30] erklärt werden. Diese auf dem Individualismus beruhende Theorie behandelt die Eigentums- und Handlungsrechte[31] aus ökonomischer Sicht. Entsprechend werden die mit dem Besuch von Bildungseinrichtungen verbundenen Verfügungsrechte unter der Idee des Marktes definiert. Die Eltern sind

---

[24] SMITH, 785 f., Rz. 54 ff. Es muss betont werden, dass SMITH kein Befürworter der staatlichen Lehrerbesoldung ist. Seiner Meinung nach wird durch die leistungsunabhängige Besoldung der Zwang zum Fleiss verringert. Und schliesslich zeige sich die gesamte Lehrerschaft gegeneinander höchst nachsichtig, selbst bei Vernachlässigung ihrer Amtspflichten (SMITH, 760 ff., Rz. 5 ff.).

[25] SMITH, 764, Rz. 16.

[26] SMITH, 788, Rz. 61. Er anerkennt, dass der Staat einen grossen Nutzen daraus zieht, wenn sein Volk eine Grundausbildung besitzt (a.a.O.).

[27] WALTERSCHEID, 6.

[28] WALTERSCHEID, 7.

[29] HEGELHEIMER, 354; LITH, Markt, 97.

[30] Vgl. dazu SCHÜLLER Alfred, Property Rights und ökonomische Theorie, München 1983.

[31] Die Verfügungsrechte erfassen die Gesamtheit aller Handlungsnormen: Rechte an Sachen, politische Partizipations- und Menschenrechte (z.B. Recht auf Bildung) (WALTERSCHEID, 10 f.).

grundsätzlich besser in der Lage, die Neigungen und Begabungen ihrer Kinder zu beurteilen und den entsprechenden Ausbildungsentscheid zu treffen. Folglich gehen die Rechte der Eltern jenen des Staates vor. Der Staat darf die Elternrechte z.B durch Statuierung der Schulpflicht nur dann einschränken, wenn es zum Schutz der Minderjährigen vor Unwissenheit geschieht und wenn damit die gesellschaftliche Wohlfahrt erhalten bzw. gesteigert werden kann.[32]

III. Privatschulfreiheit und Privatisierung öffentlicher Aufgaben

1. Allgemeines

In Anbetracht der wachsenden Finanzmisere des öffentlichen Haushaltes wird der Ruf nach Entstaatlichung immer lauter. Dabei geht es einerseits um die Neuformulierung staatlicher Leistungen und andererseits um effizientere Organisationsstrategien. Als Mittel dient seit Jahren der Begriff "Privatisierung".[33] In diesem Zusammenhang fällt jeweils auch der Begriff "Deregulierung", worunter der Abbau staatlicher Eingriffe in einzelne Märkte verstanden wird.[34] Zu den oft genannten Bereichen gehören: Verkehr (Luftfahrt, Eisenbahn), Nachrichtendienst (Post, Telekommunikation), Energie und Gesundheitswesen.[35] Seltener wird die Privatisierung des Bildungswesens gefordert.[36]

---

32 ANDERSECK, 38; LITH, Markt, 60 ff., 119 f.

33 So HAGEMEISTER, 1 f. Zur aktuellen Privatisierungsdiskussion und den Argumenten vgl. HAGEMEISTER, 71 ff.; LOESCH Achim von, Privatisierung öffentlicher Unternehmen, Ein Überblick über die Argumente, 2. A., Baden-Baden 1987. Vgl. hierzu auch Amtl. Bull. NR *1981* 1735 ff. (Motion Hunziker); BBl 1982 II 81 ff. (Bundesrätlicher Bericht über Privatwirtschaft und Staatstätigkeit); SCHWARZ Gerhard (Hrsg.), Wo Regeln bremsen ..., Deregulierung und Privatisierung im Vormarsch, Zürich 1988; WINKLER Vinzenz, Die Entstaatlichung in demokratische Selbstverwaltungskörperschaften, Diessenhofen 1984 (zugl. Diss. Basel 1983); IPSEN Jörn (Hrsg.), Privatisierung öffentlicher Aufgaben, Private Finanzierung kommunaler Investitionen, Köln/Berlin/Bonn/München 1994.

34 Vgl. z.B. MÖSCHEL Werner, Privatisierung, Deregulierung und Wettbewerbsordnung, in: JZ 43/1988, S. 885-893.

35 Vgl. z.B. WINDISCH Rupert (Hrsg.), Privatisierung natürlicher Monopole im Bereich von Bahn, Post und Telekommunikation, Tübingen 1987; SCHOCH Friedrich, Privatisierung der Abfallentsorgung, Köln 1992; ESCHENBACH Rolf (Hrsg.), Privatisierung öffentlicher Leistungen: Beurteilung - strategische Optionen - volkswirtschaftliche Konsequenzen, Wien 1993. HAUSER untersucht die Kosteneffizienz der privaten Produktion in ausgwählten Bereichen (vgl. HAUSER, Bedeutung, 25 ff.).

36 Vgl. dazu BAUM G. R. et al., Privatisierung - Gewinn für wen?, Bonn 1980, S. 94 ff.

Die Verantwortung des Staates für Erziehung und Bildung geht zu Lasten der Verantwortung der Zöglinge selbst und deren Eltern. Dies zeigt sich insbesondere auch in den Klagen über Entfremdung, Verrechtlichung und Bürokratisierung der Schule. Angesichts einer immer höher und besser gebildeten und sich zugleich individualisierenden und pluralisierenden Gesellschaft fragt es sich, ob die Karten der Verantwortung nicht neu gemischt werden sollen. Dies insbesondere für diejenigen, die ihre Verantwortung in beschränktem Rahmen wieder übernehmen wollen.[37]

2. Bildung als ökonomischer Wert

a) Elemente der Bildung

Bildung umfasst sowohl *Ausbildung* als auch *Erziehung*. Im Elementarbereich liegt der Schwerpunkt mehr in der Erziehung, auf der Sekundär- und Tertiärstufe mehr im Bereich der Ausbildung. Die beiden Bereiche sind sowohl komplementär als auch ineinandergreifend, verlaufen aber während des grössten Teils der Schulzeit integriert. Es ist damit fraglich, ob die Individualisierung der Erziehungsfunktion überhaupt möglich ist.[38] Eine volle Unterordnung der Erziehung unter das Sorgerecht der Eltern käme dem ökonomischen Denken zwar entgegen, doch besteht auch eine öffentliche Erziehungspflicht.[39]

b) Bildung als Konsum- und Investitionsgut

In der streng individualistisch-liberalistischen Perspektive entfällt die Verbindung zwischen Individuum und Gesellschaft. Bildung wird zum Gegenstand eines von individuellen Präferenzen bestimmten Entscheidungsaktes. Sie wird zum *Gut*, das wie jedes andere auch als Mittel zur Bedürfnisbefriedigung auf dem Markt angeboten und nachgefragt werden kann.[40]

Güter können in die zwei Klassen Konsum- und Investitionsgüter eingeteilt werden.[41] Bildung wird zum *Konsumgut*, wenn sie als Selbstzweck betrieben wird

---

[37] So TIMMERMANN, Verantwortung, 6 f.

[38] Vgl. dazu später auch die Ausführungen zu den "externen Effekten".

[39] ANDERSECK, 49 ff.

[40] ANDERSECK, 11.

[41] KISLIG, 54 f.

oder wenn sie als Mittel zum Konsum anderer dient.[42] Bei der Einordnung der Bildung als *Investitionsgut* wird eine primäre und eine sekundäre Bildungsnachfrage unterschieden. Die *primäre* oder objektive Bildungsnachfrage wird von einzelnen Individuen ausgeübt. Sie richtet sich auf Wissen, das aus Sachgegenständen (Medien) und Dienstleistungen (Unterricht) entnommen werden kann. Die *sekundäre* Bildungsnachfrage üben Personen und Institutionen mit Arbeitgeberfunktion aus. Sie fragen bei den Individuen produktivitätsrelevante Qualifikationen nach, die sie primär erworben haben.[43]

3. Bildung als öffentliche Aufgabe

Ein operationalisierbarer Begriff der "öffentlichen Aufgabe" fehlt. Eine Möglichkeit zur Bestimmung des Zweckes öffentlichen Handelns bietet die Orientierung an den sogenannten *Staatszielbestimmungen*.[44] Die schweizerische Bundesverfassung sieht dazu in Art. 2 vor: "Der Bund hat zum Zweck: Behauptung der Unabhängigkeit des Vaterlandes gegen aussen, Handhabung von Ordnung im Innern, Schutz der Freiheit und der Rechte der Eidgenossen und Beförderung ihrer gemeinsamen Wohlfahrt."[45]

Entscheidend für den Bildungsbereich ist die Verantwortung des Staates für die materielle Wohlfahrt.[46] Eng mit dem Begriff des Wohlfahrtsstaates ist die sogenannte Daseinsvorsorge verbunden. Dabei geht es um die Darbietung von Leistungen, auf welche der Mensch angewiesen ist. Hierzu zählt unbestrittenermassen die Versorgung mit Bildungseinrichtungen,[47] weil der Schulbereich der Entfaltungsmöglichkeit des Einzelnen dient.[48] Die Aufgabenhoheit des Staates schliesst nicht aus, dass auch Private beteiligt werden. Denn *öffentliche* Aufgaben müssen nicht zwingenderweise auch *staatliche* Aufgaben sein.[49] Die Art der privaten Beteiligung kann verschiedene

---

42 ANDERSECK, 11; vgl. auch BALL, 16 ff.

43 ANDERSECK, 12; vgl. dazu auch HOUGH, 47 ff.

44 HAGEMEISTER, 13.

45 Vgl. hierzu auch BREITER Urs, Staatszielbestimmungen als Problem des schweizerischen Bundesverfassungsrechts, Diss. Zürich 1980.

46 Vgl. STEIN Erwin, Bildung im Dienste des Wohlfahrtsidols, in: Menschenwürde und freiheitliche Rechtsordnung, Festschrift für Willi Geiger zum 65. Geburtstag, Tübingen 1974, S. 561-578.

47 HAGEMEISTER, 16 f.

48 HAGEMEISTER, 20.

49 Zur Unterscheidung zwischen öffentlichen und staatlichen Aufgaben vgl. PETERS Hans, Öffentliche und staatliche Aufgaben, in: Festschrift für Hans Carl Nipperdey zum 70. Geburtstag, Band II, München/Berlin 1965, S. 877-895; MÜLLER Peter, Funktionen und

Formen der (un-)mittelbaren Mitwirkung aufweisen: Aufgabenerfüllung durch Organisationsformen des Privatrechts (z.B. AG, GmbH), Aufgabenübertragung (sog. Beleihung), normative Inpflichtnahme, Staatsentlastung unter staatlicher Beobachtung und Kontrollfunktion, Subventionsverwaltung und schliesslich Kooperation zwischen Staat und Privaten.[50]

4. Privatisierung der Bildung

a) Allgemeines

Die moderne ökonomische Diskussion behandelt die Frage, inwieweit es sinnvoll ist, die öffentliche Verwaltung im Sinne der effizienteren Erfüllung gesellschaftlich relevanter, öffentlicher Aufgaben zu rationalisieren und zu privatisieren. Im Mittelpunkt steht daher ein Prozess, dessen Zielrichtung vom Begriff "Privatisierung" markiert wird, während die "Entstaatlichung" den Ausgangspunkt der Ermittlung vorgibt. Privatisierung - oder positiv ausgedrückt: Individualisierung - bildet das Gegenstück zur Bürokratisierung.[51]

Für die Privatisierung bestehen zwei Formen: die formelle und materielle. Die *formelle Privatisierung* verändert die Leistung als solche nicht. Geändert wird lediglich die äussere Rechts- bzw. Organisationsform, indem der Staat als Privatrechtssubjekt am Rechtsverkehr teilnimmt. Zur Leistungserbringung schlüpft er beispielsweise in das Gewand der Aktiengesellschaft.[52] Bei der *materiellen Privatisierung* werden zusätzlich auch privattypische Organisations- und Verfahrensmerkmale eingeführt. Die Wahrnehmung einer öffentlichen Aufgabe wird in ihrer Substanz privaten Trägern zur selbständigen Erledigung überlassen. Diese Übertragung kann auf zwei Arten erfolgen. Bei der rein *organisatorischen* Privatisierung erfolgt die Durchführung der Aufgabe

---

Motive einer verfassungsrechtlichen Aufgabennormierung in den Kantonen, Basel/Frankfurt a.M. 1981, S. 16 f.; ZUMSTEIN Christophe, Der Begriff der Staatsaufgabe, Diss. Basel 1980; TIMMERMANN, Verantwortung, 5; KRAUTZBERGER, Michael, Die Erfüllung öffentlicher Aufgaben durch Private, Zum Begriff des staatlichen Bereichs, Berlin 1971 (zugl. Diss. München 1970).

[50] Vgl. dazu HAGEMEISTER, 21 ff. Vgl. dazu insbesondere auch MÜLLER Paul Richard, Das öffentliche Gemeinwesen als Subjekt des Privatrechts, Diss. St. Gallen 1970, u.a. S. 137 ff.

[51] HAGEMEISTER, 39 f. Als weitere Termini nennt er Reprivatisierung, Entstaatlichung, Entbürokratisierung, Kommerzialisierung und Konzessionierung (a.a.O., 41 ff.). Vgl. zum Begriff auch LENDI Martin, Privatisierung öffentlicher Aufgaben in der Schweiz, in: FRÖHLER Ludwig/ KUBIN Ernst (Hrsg.), Privatisierung öffentlicher Aufgaben, Linz 1979, S.67-99, 79 ff.

[52] Vgl. dazu HAGEMEISTER, 44 ff.

zwar durch Private, die Verantwortung bleibt aber beim öffentlichen Träger. Demgegenüber wird bei der *funktionalen* Privatisierung auch die Aufgabenkompetenz vom öffentlichen Verband abgegeben.[53,54]

b) Privatisierung der Volksschule

Es wurde bereits festgestellt, dass das Schulwesen eine öffentliche Aufgabe darstellt. Dies bedeutet aber nicht gleichzeitig, dass es zu den genuinen Staatsaufgaben zählt, die eine Privatisierung ausschliessen.[55] Das Bildungswesen ist durchaus für die Privatisierung offen. Doch scheiden sich die Geister am Grad der Privatisierung.

Die Forderung nach Zulassung von privaten Volksschulen hat nichts zu tun mit der genannten funktionalen Privatisierung, d.h. der Maximalform der Privatisierung.[56] Es soll sich vielmehr um eine *organisatorische Privatisierung* handeln. Denn die Privatschule ist keine staatsfreie Schule, sondern untersteht vielmehr der staatlichen Schulaufsicht und der staatlichen Kontrolle.[57] Die öffentliche Hand vertraut also das Bildungswesen nicht einfach den gesellschaftlichen und marktgesteuerten Kräften an. Man hat zuviel Angst davor, durch eine Privatisierung im grossen Stil das bis anhin sozial ausgerichtetete staatliche Schulwesen den kommerziellen und partikulären Interessen auszuliefern.[58]

---

53 Vgl. zur Unterscheidung HAGEMEISTER, 43 ff.

54 Als Privatisierungskonzepte nennt HAUSER die Privatisierung des Eigentums, den Abbau staatlicher Regulierung, die Äquivalenzfinanzierung, die Produktion von Vorleistungen und die Einführung privatwirtschaftlicher Organisationsprinzipien und -strukturen (vgl. dazu HAUSER, Bedeutung, 18 ff.).

55 HAGEMEISTER, 102 zählt u.a. zu diesen Aufgaben: Landesverteidigung, Polizei, Währungshoheit, Gesetzgebung und Rechtspflege, nicht aber explizit das Schulwesen (vgl. dazu auch a.a.O., 181 ff.).

56 Die funktionale Privatisierung funktioniert nur, wenn die Übernahme der öffentlichen Aufgabe für private Unternehmen so interessant ist, dass die Leistung kostendeckend und gewinnbringend angeboten werden kann. Dies wird bei der Bildung aber als zweifelhaft erachtet (vgl. Privatisierung öffentlicher Aufgaben, Deutscher Städtetag, DST-Beiträge zur Kommunalpolitik, Heft 2, Köln 1976, S. 8, 21, 32 [Volkshochschulen], 35 [Kindergärten], 43 f.).

57 Zur Kontrolle vgl. auch HAGEMEISTER, 197 ff.

58 Vgl. dazu etwa BLUM Richard, Die Gefahren der Privatisierung öffentlicher Dienstleistungen, Beitrag Nr. 9 der volkswirtschaftlichen Diskussionsreihe des Instituts für Volkswirtschaftslehre der Universität Augsburg, Augsburg 1976. Eine Privatisierung im Bildungssektor erachtet er als problematisch (a.a.O., 10). Als Massnahme zur Modifizierung des rein privaten Schulsystems nennt PESTON, 151 ff. die öffentliche Subventionierung, die öffentliche Kontrolle und öffentliche Massnahmen.

Schliesslich ist darauf hinzuweisen, dass die Privatschulfreiheit kaum zu einer Entlastung der Staatsfinanzen führen wird. Denn durch die Privatisierung soll - zur Sicherstellung der öffentlichen Aufgabe - grundsätzlich nur das Bereitstellen des Angebotes, nicht aber dessen Finanzierung privatisiert werden.[59] Die für das öffentliche Schulwesen erbrachten Ausgaben sollen nur - soweit möglich - auf die privaten Schulträger *umgelagert* werden.[60]

Zusammenfassend lässt sich also sagen, dass die Privatschulfreiheit an den Bildungsausgaben grundsätzlich nichts ändert. Auch die Qualität des Unterrichts soll nicht verschlechtert werden. Im Gegenteil: aus ökonomischen Gründen verspricht man sich durch diesen Privatisierungsschritt sogar eine Qualitätsverbesserung, da die gleichen Mittel besser eingesetzt werden. Und aus juristischer Sicht soll insbesondere den Eltern auch faktisch die Möglichkeit gegeben werden, für ihre Kinder die Ausbildung und Erziehung frei wählen zu können.

IV. Abgrenzungsproblematik zwischen Produktion und Finanzierung

Das Bildungswesen ist massgeblich beteiligt am Wirtschaftswachstum.[61] Es beansprucht einen erheblichen Teil der volkswirtschaftlichen Ressourcen, die dadurch anderen Zwecken nicht mehr zur Verfügung stehen.[62] Diese *Opportunitätskostenüberlegung* bildet zwar einen Ansatzpunkt wirtschaftswissenschaftlicher Überlegungen, wird hier aber nicht weiter verfolgt. Mit den nachfolgenden Überlegungen soll nicht primär die Kürzung der Bildungsausgaben postuliert werden. Es soll lediglich abgeklärt werden, ob allenfalls - bei gleichbleibenden Bildungsausgaben - durch eine private Beteiligung an der "Produktion" ein besseres Ergebnis realisiert

---

59 Man erhofft sich durch eine Privatisierung aber dennoch zusätzliche Einsparungen.

60 Vgl. dazu auch PESTON, 147, der bei der Privatisierung drei Elemente unterscheidet: "private ownership, private finance and private control".

61 KISLIG, 44 ff.; BLAUG, Economics of Education, 220; HOUGH, 1 ff. Vgl. auch OECD, Education and the Economy in a Changing Society, Paris 1989, S. 17 ff.; FOSTER P., The Contribution of Education to Development, in: PSACHAROPOULOS, S. 93-100; HICKS N. L., Education and Economic Growth, in: a.a.O., S. 101-107; DEAN Edwin (Hrsg.), Education and the Economic Productivity, Cambridge (Massachusetts) 1984.

62 Es besteht damit ein direkter Zusammenhang zwischen den Privatschulen und der nationalen Wirtschaft (JOBIN, 7).

werden könnte.[63]

Die zentrale Frage betrifft damit das Verhältnis zwischen dem Einzelnen und der Gemeinschaft, sprich: zwischen *Individuum* und *Staat*. Zur Klärung der Problematik stehen zwei polare Sozialphilosophien zur Verfügung: das nominalistisch-individuell geprägte *Individualprinzip* sowie das universalistisch-kollektive *Sozialprinzip*.[64] Je nachdem überwiegt die Konsumentensouveränität oder der staatliche Paternalismus. Das ökonomische Denken hat sich grundsätzlich individualistisch orientiert. Ansatzpunkte für eine kollektivistische Interpretation von Bildung werden sichtbar, wenn eine minimale gemeinsame Grundbildung der Staatsbürger verlangt wird. Hier werden überindividuelle Interessen wie Sicherung der sozialen, geistigen und soldatischen Tauglichkeit anerkannt.[65] Der staatliche Eingriff geschieht hier, "weil Leute Fehler machen", da ihr Planungshorizont "zu kurz" ist und sie nicht wissen, was zu ihrem Besten ist.[66]

Diese ökonomische Darstellung befasst sich primär mit der Bereitstellung des *Bildungsangebotes* (vgl. § 19). Dafür bestehen zwei Ordnungssysteme: *Plan (Staat)* und *Markt (Privat)*.[67] Die traditionelle Trennung zwischen staatlicher Zuständigkeit auf der Volksstufe und privater auf der nachgelagerten Stufe stellt eine überkommene Ideologie dar.[68] Es wird vielmehr eine natürliche *Aufgabenteilung*[69] bzw. *Zusammenarbeit*[70] von Staats- und Privatschulen verlangt. Verglichen mit den angelsächsischen Ländern hat das Plädoyer für mehr Markt im Bildungswesen in den

63 Ein weiteres ökonomisches Problem besteht in der Bestimmung von Kosten und Nutzen der Erziehung und Bildung sowie ihre Zurechnung auf die Träger und Nutzniesser (ANDERSECK, 1).

64 ANDERSECK, 3.

65 ANDERSECK, 8, 40 m.w.H.

66 JANSSEN/HUMMLER, 29. Bei all diesem staatlichen Paternalismus geht aber vergessen, dass auch die wohlwissenden und -wollenden Politiker und Politikerinnen Informations- und Wissensdefizite aufweisen.

67 Zu den Pro- und Kontra-Argumenten der Kontroverse vgl. beispielsweise TIMMERMANN, Bildungsmärkte, 35 ff.

68 Neben der bi-sektoralen Markt-Staat-Dichotomie besteht noch ein dritter Lösungsweg: die selbstorganisierte Kleingruppe des "Voluntary Sectors". Als Selbsthilfegruppe ist sie dem traditionellen Genossenschaftswesen nachgebildet. Verglichen mit den andern Formen ist diese Alternative ökonomisch aber zu wenig erforscht (vgl. dazu WALTERSCHEID, 19 ff.).

69 Vgl. KÄGI Erich A., Aufgabenteilung von Staats- und Privatschulen, in: NZZ vom 6.5.1993, Nr. 103, S. 77.

70 ZWYGART Alfred, Falsche Monopole im Bildungswesen, Liberalisierung als volkswirtschaftliche Notwendigkeit, in: NZZ vom 6.5.1993, Nr. 103, S. 79.

kontinental-europäischen Ländern keine grosse Tradition.[71]

Eine zweite Bildungsproblematik stellt die *Finanzierung* des Bildungsangebotes dar (vgl. § 20). Das staatliche Handeln dominiert insbesondere während der obligatorischen Schulzeit sowohl die Bildungsfinanzierung als auch das Bildungsangebot. Die öffentliche Hand finanziert die von Staatsschulen angebotene Bildung. Für die Bildungsnachfragenden entstehen so geringe direkte Kosten, wodurch entsprechend der Anreiz entstehen kann, möglichst viel Bildung nachzufragen.[72] Es soll deshalb untersucht werden, inwiefern ein Zwang besteht, die *staatliche Bildungsfinanzierung (Investition)* mit einem *staatlichen Bildungsangebot (Produktion)* zu verknüpfen.[73] Diese beiden Kriterien können schematisch wie folgt dargestellt werden[74]:

	Staatliche Finanzierung	Private Finanzierung
Staatliches Angebot	Staatsschule (durch allgemeines Steueraufkommen finanziert)	Staatsschule (durch kostendeckende Gebühren finanziert)
Privates Angebot	Privatschule (durch staatliche Finanzierungsbeiträge subventioniert)	Privatschule (durch kostendeckende Gebühren finanziert)

[71] WALTERSCHEID, 12 f. Vgl. auch WOLF Charles Jr., Markets or Gouvernments, Choosing between Imperfect Alternatives, Cambridge et al. 1988; LANE Jan-Erik (Hrsg.), State and Market, The Politics of the Public and the Private, London et al. 1985.

[72] STRAUBHAAR/WINZ, 18.

[73] So u.a. auch WALTERSCHEID, 16; JANSSEN/HUMMLER, 32; HAUSER, Reprivatisierung, 212 ff.; HEGELHEIMER, 352; Milton FRIEDMAN spricht von Finanzierung und Verwaltung (FRIEDMAN Milton, 89, 94).

[74] Es handelt sich dabei um die Abbildung 36 von STRAUBHAAR/WINZ, 142.

V. Zusammenfassung von § 18

Die Debatte um Privatisierung öffentlicher Aufgaben erfasst auch das Bildungswesen. Von einem privaten Schulangebot verspricht man sich u.a. eine Steigerung der Effizienz. Die ökonomische Betrachtung beschränkt sich auf die Erklärung quantifizierbarer Effekte; bildungstheoretische Aspekte werden den Erziehungswissenschaftern überlassen. Bildung wird als ökonomischer Wert aufgefasst, der sowohl Konsum- als auch Investitionsgut darstellt. Bildung wird zwar als öffentliche, nicht aber als staatliche Aufgabe bezeichnet. Deshalb wird insbesondere auch für die Volksschule ein bestimmter Privatisierungsgrad gefordert. Dabei soll aber nicht die Finanzierung, sondern lediglich die Produktion des Bildungsangebotes privatisiert werden.

§ 19 Produktion des Bildungsangebotes

I. Allgemeines

Es stellt sich die Frage, inwieweit die Produktion von bislang öffentlich angebotenen Gütern in den privaten Sektor verlagert werden kann.[1] Hinter dieser Forderung stehen folgende Zielsetzungen: erhöhte Wirtschaftlichkeit dank verbesserten Anreiz- und Sanktionsmechanismen (Effizienzziel), Entlastung öffentlicher Haushalte (Finanzierungsziel) sowie Reduktion oder zumindest Stabilisierung der Staatsquote (ordnungspolitisches Ziel).[2] Es muss dabei beachtet werden, dass der Staat nicht vollständig ersetzt werden soll. Fraglich erscheint einzig die staatliche Produktion, nicht aber die staatliche Bereitstellung des Bildungsangebotes.[3]

II. Darstellung der heutigen Schulsituation

Es sollen zunächst die wesentlichsten Kriterien, die die heutige Schulsituation aus ökonomischer Sicht prägen, kurz dargestellt werden:[4]

1. *Es fehlen Sanktionen und finanzielle Erfolgskontrollen.* Staatlich finanzierte Bildungsinstitutionen können nicht in Konkurs gehen. Defizite werden durch den Staat gedeckt. Es besteht kein Zwang, effizient zu arbeiten.
2. Staatliche Bildungsinstitutionen stellen nicht in ausreichendem Mass *Informationen* zur Verfügung, um den Bildungsnachfragenden einen rationalen Entscheid zu ermöglichen. Sie bemühen sich nicht, die nötigen (Kosten-)Informationen transparent darzulegen. Das Bildungskartell betreibt eine selektive Informationspraxis.
3. Die Schulpflicht wird durch die staatliche Bildungsproduktion abgedeckt.[5]

---

1 Dieser Reprivatisierungsvorschlag kann nicht allgemein hergeleitet werden, sondern es ist eine Beurteilung anhand detaillierter *Kosten- und Leistungsvergleiche* notwendig. Auf eine Voruntersuchung, welche abklären soll, ob das Schulwesen ein geeigneter Kandidat für eine solche Einzeldarstellung ist, soll hier verzichtet werden (vgl. dazu die Kriterienkataloge bei HAUSER, Reprivatisierung, 216 ff.).

2 HAUSER, Reprivatisierung, 213.

3 Vgl. MATTERN, Güter, 77 ff.

4 Vgl. dazu insbesondere STRAUBHAAR/WINZ, 18 ff., 127 ff.

5 LITH, Markt, 84 ff. Zur ökonomischen Begründung der Schulpflicht vgl. a.a.O., 60 ff.

Mangels eines *wettbewerbsfähigen Bildungsangebotes* haben staatlich finanzierte Bildungsinstitutionen nicht um knappe Ressourcen zu konkurrieren. Es findet *keine effiziente Ressourcenallokation*[6] statt. Man wirbt nicht um Bildungsnachfragende, sondern es findet ein (politischer) Konkurrenzkampf um die knappen finanziellen Mittel der öffentlichen Hand statt ("rent seeking"). Verlierer dabei sind die Steuerzahler und die Bildungssuchenden.

4. Die Illusion, Bildung stehe kostenlos zur Verfügung, verunmöglicht eine *effziente Ressourcenallokation* auch auf der *Nachfrageseite*. Der Nulltarif veranlasst die Individuen, zuviel Bildung nachzufragen.[7]
5. Die staatlich finanzierten *Bildungsinstitutionen werden direkt* - und nicht etwa entsprechend ihrem Output - *finanziert*.[8] Sie kennen daher keinen Druck, qualitativ hochstehende Bildungsgänge anzubieten. Die *Qualitätskontrolle* wird vielfach vom "Bildungskartell" gleich *selber* vorgenommen, legitimiert durch sein sogenanntes "Insider- oder Fachwissen".
6. Die *Angestellten* öffentlicher Bildungseinrichtungen werden nicht entsprechend ihrer Leistung, sondern nach ihrer *beamtenrechtlichen Einstufung* entlöhnt. Im weiteren besitzen sie einen *Kündigungsschutz*, der die Garantien der Privatwirtschaft wesentlich übertrifft.
7. Im Schulwesen bewirkt der staatliche Paternalismus eine *mangelnde Nachfragesouveränität*.[9] Für Bildungsgüter besteht ein Abnahmezwang.[10] Das *staatliche Bildungsangebot* bietet den Bildungsnachfragenden keine Möglichkeit, eine ihren Präferenzen entsprechende Wahl zu treffen. Die staatliche Aktivität im Bildungssektor unterstellt, dass die Bildungsnachfragenden nicht in der Lage sind zu entscheiden, was für sie das Beste ist. Das *entmündigt* sie und beraubt sie ihrer Konsumentensouveränität.
8. Da die *Bildungsnachfragenden* über *keinerlei Marktmacht* verfügen, können sie an andere Bildungsanbieter keine *verhaltenssteuernden Signale* senden.
9. Ein staatliches Bildungsangebot widerspricht den demokratischen Grundwerten des Meinungs- und Ideenpluralismus. *Uniformierte Bildungsziele und -inhalte* engen die Vielfalt individueller Verhaltensweisen unnötig ein.

---

[6] Das meint die verschwenderische Zuordnung knapper Ressourcen.

[7] So auch ANDERSECK, 45.

[8] Vgl. auch LITH, Markt, 81 ff.

[9] LITH, Markt, 49 ff.

[10] LITH, Markt, 60.

III. Freier Bildungsmarkt als Grundsatz

1. Allgemeines

Die Ausgangslage bildet das reine *Marktmodell*, worin grundsätzlich *Vertragsfreiheit*[11] herrscht. Im Gegensatz zum reinen Staatssystem erfolgen hier sowohl *Finanzierung* als auch *Produktion* vollständig privat. Bildungsangebot und -nachfrage führen über den freien Markt, d.h. in Abwesenheit eines lenkenden Staates, zur effizientesten Ressourcenallokation. Effizient ist eine Institution dann, wenn sie für die optimale Verteilung der Ressourcen den günstigsten Weg wählt.[12] Dieser wird anhand von Vergleichen mit alternativen institutionellen Formen ermittelt.[13]

2. Bildungsangebot

Das Bildungssystem zeichnet sich einerseits durch eine Komplexität von ähnlichen und verschiedenen Bildungsinstitutionen aus (Abgrenzungsproblematik). Andererseits sind die meisten Institutionen keine Einproduktunternehmen, sondern machen Mischkalkulationen (Kuppelprodukte, Quersubventionierung). Deshalb sind für das Bildungsangebot einige *Annahmen* zu treffen:

- Bildung ist ein privates Gut im ökonomischen Sinne;
- alle Bildungsanbieter erheben kostendeckende Gebühren und verhalten sich als profitmaximierende Unternehmen;
- es werden nur singuläre Bildungsangebote betrachtet und Kuppelprodukte entflochten.

Unter diesen Bedingungen wird das Bildungsangebot vom Investitionsverhalten der Kapitalbesitzer bestimmt. Potentielle Investoren lassen sich von der zu erwartenden *Rendite* leiten. Das Bildungsangebot wird damit wesentlich durch die relative Attraktivität von Bildungsinvestitionen bestimmt.[14]

---

[11] LITH, Markt, 98.

[12] Zum Problem betrieblicher Effizienz staatlicher Organisationen vgl. ZUMBÜHL, 12 ff.; HOUGH, 79 ff.

[13] WALTERSCHEID, 12 (vgl. dazu das sogenannte "Transaktionskostenmodell"). Zum Marktmodell vgl. auch TIMMERMANN, Bildungsmärkte, 35 ff.

[14] STRAUBHAAR/WINZ, 47 f.

3. Bildungsnachfrage

Auf gesamtwirtschaftlicher (makroökonomischer) Ebene herrscht weitgehend Konsens, dass die Bevölkerungsentwicklung die Bildungsnachfrage wesentlich beeinflusst.[15] Unterschiedlicher Meinung ist man hingegen bezüglich der individuellen (mikroökonomischen) Ebene. Eine ältere Ansicht vor 1960 ist der Auffassung, Bildung sei ein *Konsumgut*. Dabei bildet der Preis - in Form der zu entrichtenden Schulgebühren - den wesentlichsten Bestimmungsfaktor. Der Konsum wird aber auch beeinflusst durch die Einkommenssituation des Bildungsnachfragenden und seinen Präferenzen, d.h. wieviel ihm eine entsprechende Bildung wert ist.[16]

Eine neuere Auffassung (Humankapitaltheorie) betrachtet Bildung als *Investitionsgut*. Danach beziehen Individuen ihre Bildungsentscheide auf die abdiskontierten Einkommensdifferenzen, die sie aufgrund einer weiterführenden Bildung erzielen können. Sind die zukünftig zu erwartenden Einkommen grösser als die entstandenen Kosten, wird in Bildung investiert.[17]

4. Humankapitaltheorie

a) *Allgemeines*

Das ökonomische Modell menschlichen Verhaltens geht von einem Individuum aus, das versucht, sein eigenes Wohl zu maximieren. Die Steigerung des Eigenwohls bewirkt gleichzeitig, dass damit über weite Strecken auch das Wohl der Allgemeinheit gefördert wird.[18] Grundsätzlich verspricht sich das Individuum von Investitionen interne Effekte: Zuwachs an individueller Produktivität (Produktivitätseffekt), Verbesserung der monetären Situation (Einkommenseffekt) und Steigerung der ideellen

---

15 Die Anfälligkeit der Privatschulen auf Veränderungen zeigt sich bei extremen volkswirtschaftlichen Situationen. Die weltweite Wirtschaftskrise (1933) beispielsweise liess die Nachfrage nach privaten Schulen zurückgehen (JOBIN, 53). Das führte bei den Gebühren zu "Krisenrabatten" von 10-25% (a.a.O., 65).

16 STRAUBHAAR/WINZ, 31 ff.; vgl. BALL, 13 ff.

17 STRAUBHAAR/WINZ, 34.

18 JANSSEN/HUMMLER, 25 f.

Erträge (Konsumeffekt[19]). Diese Aspekte individueller Bildungsentscheidungen sind Gegenstand der Humankapitaltheorie.[20,21]

b) Das Modell

Die Humankapitaltheorie untersucht den *Zusammenhang zwischen Bildungsgrad und Einkommen*. Sie geht von der Annahme aus, dass Personen primäre *Investitionen*[22] in Ausbildung nicht zum Zweck gegenwärtigen Vergnügens tätigen, sondern weil sie sich davon in Zukunft pekuniäre und nicht-pekuniäre *Erträge*[23] erhoffen.[24,25] Die Rationalität einer Investitionsentscheidung wird stillschweigend vorausgesetzt. Als Schlussfolgerung kommt die Theorie zu folgendem Wirkungszusammenhang: *Je länger*

---

[19] Als Restgrösse wird ein Konsumnutzen ("psychic returns") angenommen. Es handelt sich um nichtberufliche Werte wie Lernfreude, höheres Selbstwertgefühl, gestiegenes Ansehen usw. (ANDERSECK, 36 f.). Wegen der Schwierigkeit der Erfassung und Bewertung wird hier der Konsumeffekt nicht weiter behandelt.

[20] ANDERSECK, 14. STRAUBHAAR/WINZ bezeichnen BECKER Gary S., MINCER Jacob und SCHULTZ Theodore W. als Gründungsväter der Humankapitaltheorie (STRAUBHAAR/WINZ, 31, Anm. 20).

[21] Zur *Literatur* vgl. u.a. KNECHT René, Die Humankapitaltheorie als Ansatz zur Erklärung der personellen Arbeitseinkommensverteilung, Diss. St. Gallen 1988; diverse Arbeiten in: BLAUG, Economic Value, S. 3-193; HELBERGER Christof, Eine Überprüfung der Linearitätsannahme der Humankapitaltheorie, in: BODENHÖFER Hans-Joachim (Hrsg.), Bildung, Beruf, Arbeitsmarkt, Berlin 1988, S. 151-170; KRAIS Arnulf, In Menschen investieren - Die Ökonomik der Bevölkerungsqualität, Tübingen 1986 (insb. S. 97 ff.); HELBERGER Christof/PALAMIDIS Helene, Der Beitrag der Humankapitaltheorie zur Erklärung der Bildungsnachfrage, in: Bildung in sozioökonomischer Sicht, Festschrift für Hasso von Recum zum 60. Geburtstag, Frankfurt a.M. 1989, S. 205 ff.

[22] Das Investitionsargument engt den Bildungsbegriff auf die materiellen Aspekte ein. Moralische und soziale Komponenten fallen grundsätzlich weg, da ihnen keine produktivitätsfördernde Eigenschaften zugeordnet werden können (ANDERSECK, 18). An *Kosten* fallen an: Unmittelbare Ausbildungskosten (Gebühren, Unterrichtsmaterial, usw.), Opportunitätskosten (Einkommensausfall und entgangener Konsum) und psychische Kosten (ANDERSECK, 20 m.w.H.). Vgl. dazu auch KISLIG, 55 ff.

[23] Vgl. KISLIG, 58 ff. Zur Definition und insbesondere zum Problem der Messung von Bildung vgl. ANDERSECK, 23 ff. Zur Spezifizierung und Messung des Outputs einer Schule vgl. HANUSHEK, 286 ff.

[24] ANDERSECK, 15 ff. m.w.H.

[25] Das setzt natürlich voraus, dass die höhere Produktivität entsprechend auch entlöhnt oder vergütet wird (ANDERSECK, 20). Insbesondere die Annahme, dass Bildung die Produktivität der Arbeitskraft erhöht, bildet die Brücke von der mikroökonomischen Analyse individueller Bildungsentscheidungen zur makroökonomischen Betrachtung von Wachstums- und Einkommenseffekten (ANDERSECK, 22).

die Schuldauer, um so besser die Produktivität, desto höher das Einkommen.[26]

Eine solche Vereinfachung ist aber fragwürdig. Denn erstens bestehen bezüglich der anfallenden Kosten und der langfristig zu erwartenden Erträge *Informationsprobleme.*[27] Zweitens fragt sich, ob der Investierende tatsächlich auf *langfristige* Erträge aus ist. Drittens muss betont werden, dass dieser Wirkungszusammenhang *nicht isoliert* betrachtet werden darf. Andere Variablen wie Alter, Begabung, Persönlichkeitsstruktur, soziale und regionale Herkunft des Investierenden können die gleichen Wirkungen erzielen.[28] Dabei stellt der sozio-ökonomische Hintergrund den wichtigsten Kausalfaktor dar.[29] Er ist sowohl für die Entwicklung des Intelligenzniveaus als auch für die Anzahl der in der Schule verbrachten Jahre massgebend. Deshalb sollen mit der Schule nicht nur die Produktivität der Schüler (durch Erlernen kognitiver Fähigkeiten), sondern auch Verhaltensweisen entwickelt werden (Sozialisationseffekt).[30] Schliesslich kommt bei der Beurteilung des Verhältnisses zwischen Bildungssystem und Beschäftigungssystem die *enge individualistische Perspektive* dieses Ansatzes zum Ausdruck. Eine gegenseitige Abkoppelung ist nicht möglich, da der Einkommenseffekt nur dann realisiert wird, wenn die erworbene Qualifikation auch nachgefragt wird. Die ökonomische Perspektive zeigt also nur einen begrenzten Ausschnitt der schulischen Aufgaben.[31]

c) *Filtereffekt der Schulbildung*

Damit die Arbeitgeber eine Person einstellen (sekundäre Bildungsnachfrage), müssen sie von ihrer zukünftigen Produktivität überzeugt sein. Zur Erleichterung und Absicherung dieses Entscheides benutzen sie verschiedene Qualifikationsmerkmale. Von Bedeutung sind dabei insbesondere die Schuldauer und die Bildungzertifikate. Diese Indikatoren sollen Aufschluss geben über die voraussichtliche Effektivität einer

---

26 Gemäss BLAUG ist es irrelevant, ob diese Kausalitätskette stimmt; wichtig sei, dass jeder Arbeiter die Prinzipien akzeptiere, durch welche die einen mehr und die andern weniger verdienen (BLAUG, Economics of Education, 219).

27 ANDERSECK, 20 ff., 54.

28 Vgl. dazu die "Schuldauer-Produktivitäts-Einkommenshypothese" bei ANDERSECK, 25 ff.

29 Die familiäre Struktur, die Bildung und der Wohlstand der Eltern bilden entscheidende Faktoren (HANUSHEK, 299; COLCLOUGH, 434).

30 ANDERSECK, 30 f. m.w.H.

31 ANDERSECK, 52 f.

Person *(Signalwirkung)*.[32] So wird über dieses "Beiprodukt" der Schule (ungewollt) die Hauptverantwortung im Prozess des Filterns *(screening)* übertragen. Die Effizienz der Schule beim Sortieren der Schüler entscheidet damit über das Risiko bei der Anstellung eines Arbeitnehmers.[33] Das Bildungssystem wird so zu einem extrem teuren Selektionsmechanismus,[34] welcher der Transparenz des Arbeitsmarktes dient und die Informationskosten der Arbeitgeber senkt.[35,36]

d) Stellenwert der Primarschule

Bei einer Kosten-Nutzen-Analyse eines rational entscheidenden Individuums werden die verschiedenen Stufen unterschiedlich bewertet: Während bei der obligatorischen Schulpflicht die effektiven Kosten überwiegen, zeigen die anschliessenden Schulen, insbesondere das Universitätsstudium, ein Überwiegen des effektiven Einkommens.[37] Es ist zu beachten, dass bei der Berechnung der Aufwände in der Regel nur jene Kosten berücksichtigt werden, die während der beruflichen Bildung anfallen. Das Vorliegen der bereits absolvierten (obligatorischen) Volksschulbildung wird stillschweigend vorausgesetzt und damit nicht in die Berechnungen aufgenommen. Interessanterweise zeigen aber Untersuchungen, dass gerade die obligatorische Schulbildung grössere private und soziale Erträge abwirft als die spätere Berufsausbildung. Es wäre also effizienter, wenn man eine Umlagerung der Finanzierung - mit gleichzeitig qualitativer[38] Verbesserung - zugunsten der allgemeinen Ausbildung vornehmen würde.[39] Es gibt aber auch Gründe, die dieses Resultat in Frage stellen.

---

[32] Diese Indikatoren signalisieren nicht Produktivität, sondern Sozialisationseffekte (ANDERSECK, 35).

[33] ANDERSECK, 27 ff.; BLAUG, Economics of Education, 214 ff.

[34] ANDERSECK, 36.

[35] ANDERSECK, 43.

[36] Vgl. dazu diverse Arbeiten in: BLAUG, Economic Value, 197 ff. und in: PSACHAROPUOLOS, 273 ff.

[37] Vgl. die grafischen Darstellungen bei STRAUBHAAR/WINZ, 35 ff. Insbesondere sei hier hingewiesen auf deren interessante Rentabilitätsberechnung eines Universitätsstudiums (a.a.O., 39 ff.).

[38] Zu den qualitativen Aspekten zählen beispielsweise die Lehrerqualifikation, die Schulbücher und Ausrüstungen sowie das Schulcurriculum.

[39] Vgl. COLCLOUGH, 429 m.w.H.

Trotz allem bleibt unbestritten, dass eine gute primäre Ausbildung die Verfolgung anderer Ziele der Sozialpolitik erleichtert.[40]

IV. Staatliche Intervention als Ausnahme

1. Allgemeines

Der freie Bildungsmarkt ist nicht immer in der Lage, die speziellen Bildungsziele (Gerechtigkeit, Effizienz) zu erreichen. Das Idealmodell eines reinen Marktes kann praktisch nicht realisiert werden. Gefragt ist ein realtypisches Modell. Deshalb rechtfertigen sich bei *Marktversagen* staatliche Eingriffe.[41] In der Bildungsversorgung finden sich keine reinen Systeme, sondern Mischsysteme.[42]

2. Funktionen des Staates

Grundsätzlich kommen dem öffentlichen Sektor aus ökonomischer Sicht drei Hauptfunktionen zu:[43]

- *Allokationsfunktion*: Bei marktwirtschaftlicher Ineffizienz (Marktversagen) findet eine staatliche Korrektur statt.
- *Distributionsfunktion*: Der Staat korrigiert die marktwirtschaftlich erfolgte Verteilung (Umverteilung).
- *Stabilisierungsfunktion*: Die marktwirtschaftlichen Aktivitäten werden durch den Staat ergänzt und koordiniert (insbesondere Aufgaben der Geld-, Kredit- und Währungspolitik).

Das Marktmodell enthält als weitere Funktionen:[44]

---

[40] Dazu zählen die Steuerung der Fertilität, die Verbesserung der Gesundheitsvorsorge, die Veränderung der Ernährung, die Steigerung der Alphabetisierungsrate, die Änderung des wirtschaftlichen und sozialen Umfeldes sowie das Anstreben eines nationalen Kulturbewusstseins (vgl. COLCLOUGH, 432 ff.).

[41] HEGELHEIMER, 357 f.

[42] HEGELHEIMER, 361 unterscheidet einfache, erweiterte und konkurrierende Mischsysteme.

[43] Vgl. STRAUBHAAR/WINZ, 52 f. m.w.H.

[44] Vgl. HEGELHEIMER, 358 f.

- *Ordnungspolitische Funktion*: Der Staat muss Rahmenbedingungen schaffen, damit der Marktmechanismus funktioniert und keine Beschränkungen stattfinden. Ferner hat er das Minimum der allgemeinen schulischen Bildung sowie die Standards für die Erteilung der Ausbildungskonzessionen an Bildungsbetriebe festzulegen und ihre Einhaltung zu kontrollieren bzw. zu erzwingen.[45]
- *Informationsfunktion*: Der Staat hat die Entscheidungsfähigkeit der Bildungsanbieter und insbesondere der -nachfrager zu stärken. Er hat das Informationsniveau der Marktpartner anzuheben, bis private "Beratungsfirmen" entstehen.
- *Ökonomische Funktion*: Diese beschränkt sich darauf, dass der Staat Gutscheine für die schulische Grundbildung vergibt.
- *Fiskalische Funktion*: Diese reduziert sich hier im Gegensatz zum reinen Staatsmodell, da der Staat für die Berufsausbildung nur noch als Finanzierer (und Risikoträger) von Krediten und Darlehen auftritt.

3. Rechtfertigungsgründe staatlicher Aktivität

a) Allgemeines

Nicht immer ist der Markt in der Lage, eine effiziente Ressourcenallokation zu erzielen. Das kann sowohl auf der Angebots- wie auch auf der Nachfrageseite vorkommen. Deshalb rechtfertigt sich der korrigierende staatliche Eingriff. Im Bildungswesen werden vor allem vier Argumente als relevante Ursachen des *Marktversagens* angeführt: der fehlende Wettbewerb, die Verkoppelung von Finanzierung und Produktion, das Vorliegen externer Effekte und der Informationsmangel.[46] Hinzu kommen das Argument der Defizit- und Risikogüter sowie die Angst vor einer Gefährdung der Versorgungssicherheit und vor qualitativ mangelhaften Gütern.[47] Schliesslich wird als Rechtfertigung einer staatlichen Aktivität auch das Vorliegen meritorischer Güter angeführt.

---

45 Vgl. auch LITH, Markt, 100 ff.

46 STRAUBHAAR/WINZ, 55.

47 Vgl. zu diesen Argumenten ZUMBÜHL, 81 ff., 104 ff.

b) *Mangelnder Wettbewerb*

Es wird behauptet, auf dem Bildungsmarkt herrsche *mangelnder Wettbewerb*. Es bestehe damit die Gefahr von (privaten) Angebotsmonopolen,[48] weshalb ein staatliches Bildungsangebot notwendig sei. Dies ist m.E. nicht zwingenderweise notwendig, da der Staat allfällige negative Folgen auch ohne eigenes Monopol korrigieren könnte. Er hat grundsätzlich nur dafür zu sorgen, dass der Zugang zum Bildungsmarkt offen bleibt. Mittels *rechtlicher Auflagen (Bewilligungspflicht)* kann er die Bildungsanbieter verpflichten, qualitative Vorgaben zu erfüllen.[49] Dies entspricht weitgehend der heutigen Aufsichtsregelung gegenüber staatlich anerkannten Privatschulen. Der Staat hat beispielsweise die Möglichkeit, die seinen normativen Bildungszielen entsprechenden Bildungsleistungen bei Privaten "einzukaufen". Erbringt der Markt kein gewünschtes Angebot, kann er all jenen *Subventionen* erteilen, welche bestimmte qualitative Vorschriften einhalten. Schliesslich kann er den Privaten ein staatliches Angebot gegenüberstellen, um mittels Wettbewerb ein privates Monopol zu verhindern.[50]

c) *Bildung als öffentliches Gut*

Es wird die Meinung vertreten, Bildung sei ein *öffentliches Gut*,[51] weshalb sie aus dem allgemeinen Haushalt finanziert und auch angeboten werden müsse. Öffentliche Güter charakterisieren einerseits die fehlende *Rivalität* beim Konsum und andererseits das fehlende *Ausschlussprinzip*.[52] Es scheint zweifelhaft zu sein, ob das Gut Bildung diese Kriterien erfüllt.[53] Trotzdem sind Züge eines öffentlichen Gutes erkennbar.

---

48 Vgl. zu den Angebotsmonopolen ZUMBÜHL, 90 ff.

49 Es ist zu beachten, dass der Staat nicht über die Hintertür seinen Einfluss erneut geltend machen kann. Die verlangten Voraussetzungen dürfen lediglich *bildungsspezifische Qualitätsaspekte* (Bildungsinhalte, -ziele, Zulassungsbedingungen, Abschlussmöglichkeiten und ähnliches), nicht aber quantitative Bedarfsklauseln beinhalten (STRAUBHAAR/WINZ, 136, 141).

50 STRAUBHAAR/WINZ, 55 ff.

51 MATTERN unterscheidet öffentliche, private und gemischte Güter sowie "Merit wants" (MATTERN, Güter, 71 ff.).

52 Vgl. ZUMBÜHL, 79 f.; MAY, 304; TIMMERMANN, Bildungsmärkte, 99 ff.; BALL, 40 ff. Öffentliche Güter schliessen eine vielfache Nutzung nicht aus und sind anfällig auf "free rider" (vgl. dazu JANSSEN/HUMMLER, 31).

53 STRAUBHAAR/WINZ, 59 f. betrachten Bildung deshalb nicht als öffentliches Gut, sondern bezeichnen sie eher als "Klubgut". Dieses kennzeichnet sich durch den möglichen Ausschluss und dem Fehlen der Rivalität in der Güternutzung.

Denn eine gewisse staatsbürgerliche Bildung ist für eine funktionierende Demokratie notwendig.[54] Doch spricht dies nur für eine staatliche Finanzierung, nicht aber notwendigerweise auch für eine staatliche Produktion.[55]

d) Externe Effekte

Es wird behauptet, die Existenz externer *Effekte*[56] verhindere, dass die Erträge einem Individuum zugerechnet werden können.[57] Vielmehr würden auch gesamtwirtschaftliche Erträge anfallen, was eine öffentliche Produktion erfordere.

Es trifft zu, dass Bildung positive *externe Effekte* schafft. Das bedeutet, dass nicht nur für den Bildungsnachfragenden, sondern für die ganze Gesellschaft Erträge abfallen. Zu denken ist da insbesondere an die *Volksschule*, die neben staatspolitischen Erwägungen[58] hauptsächlich *Sozialisationsfunktionen* verfolgt.[59] Entsprechend ist gerechtfertigt, dass der Staat in diesen Fällen aktiv ist und beispielsweise Subventionen ausrichtet.[60]

---

54 ANDERSECK, 47.

55 JANSSEN/HUMMLER, 32.

56 ANDERSECK unterscheidet zwei Gruppen von externen Effekten: Die Effekte, die auf den *individuellen Bildungsvorgang* rückführbar sind (z.B. Steigerung von Sozialprodukt und Steuereinnahmen, Verhaltens- und Einstellungsänderung, Verringerung der Kriminalitätsrate) und die Effekte, die sich aus dem *Bildungssystem* ergeben (z.B. Filter- und Sortierfunktion, Verwahr- und Aufbewahrungsfunktion insbesondere im Elemetarbereich) (ANDERSECK, 42 ff.). Die externen Effekte sind von den politisch gewollten Zielsetzungen zu unterscheiden. Mit dem Bildungssystem sollen u.a. sozial- und wirtschaftspolitische Ziele wie Flexibilität der Arbeitskräfte, qualitatives Wachstum, Chancengleichheit und Demokratisierung erreicht werden (a.a.O., 43 f.). Zu den externen Effekte vgl. auch LITH, Markt, 18 ff.; ders., Freiheit, 10 ff.; MATTERN, Güter, 75.

57 Externe Effekte sind Handlungsfolgen, die der Handelnde entweder nicht selbst zu tragen hat (Nachteile) oder nicht allein geniessen kann (Vorteile). Der Verursacher kann diese Folgen nicht internalisieren, d.h. es fehlt die Zurechnungsfähigkeit zu individuellen Entscheidungen (WALTERSCHEID, 8; vgl. auch ANDERSECK, 41). JANSSEN/HUMMLER führen die Externalitäten auf ungenügend definierte Eigentumsrechte zurück. Sobald die Eigentumsrechte genügend klar definiert seien, wären Anreize vorhanden, die Externalitäten zu internalisieren (a.a.O, 28 f. m.w.H.).

58 Nach FRIEDMAN kann eine stabile und demokratische Gesellschaft nicht ohne ein Minimum an Bildung und Wissen bei der Mehrheit der Bevölkerung auskommen. Sie könne auch nicht ohne weitgehend akzeptierte allgemeine Werte existieren. Deshalb gewinne bei der Erziehung eines Kindes nicht nur das Kind oder die Eltern, sondern die gesamte Gesellschaft (FRIEDMAN Milton, 86). Somit müssten auch die Kosten vom Staat übernommen werden (a.a.O, 88).

59 So auch WALTERSCHEID, 8.

60 Vgl. dazu BRINKMANN, Effekte, 34 ff.; McMAHON W.W., Externalities in Education, in: PSACHAROPOULOS, S. 133-137; MAY, 306 ff.; LITH, Staat, 96 ff.; BALL, 40 ff.

e) *Informationsmangel*

Weil der Bildungsmarkt den Bildungsnachfragenden nicht genügend *Informationen* zur Verfügung stellt, wird von Kritikern ein staatliches Bildungsangebot verlangt.[61] Doch kann das Problem des Informationsmangels durch ein Staatsmonopol nicht befriedigend gelöst werden. Es besteht die Gefahr, dass die Bürokraten ihren Informationsvorsprung ausnutzen und Intransparenz schaffen, um das Budget zu ihren Gunsten zu steuern (Bürokratietheorie). Wesentlich effizienter wäre es, der Staat stellte den einzelnen Individuen als Informationspool die nötigen Informationen zur Verfügung und liesse das Bildungsangebot von Privaten erstellen.[62]

f) *Meritorischer Aspekt der Bildung*

Es wird behauptet, dass Bildung "etwas an sich Gutes" sei. Bei meritorischen Gütern besteht die Gefahr, dass aus gesamtwirtschaftlicher oder gesellschaftlicher Sicht zu viel oder zu wenig nachgefragt wird.[63] Deshalb müssen sie allen Mitgliedern der Gesellschaft in einem bestimmten (Minimal-)Umfang zukommen.

Grundsätzlich kann an der Forderung minimaler Bildung nichts ausgesetzt werden. Jedoch ist zweifelhaft, ob tatsächlich der Staat besser als seine Bürger die "richtigen" Bildungsentscheide fällt. Dieser staatliche Paternalismus, der sich im faktischen staatlichen Schulmonopol ausdrückt, verneint die Wahl- und Entscheidungsfreiheit und -fähigkeit mündiger Bürger.[64] Der Staat sollte lediglich zur Bildungsfinanzierung legitimiert sein und die Bereitstellung der Bildungsangebote grundsätzlich dem freien Bildungsmarkt überlassen.[65]

---

[61] Vgl. dazu LITH, Markt, 50 ff.; ders., Staat, 109 ff.; ders., Freiheit, 31 ff.

[62] STRAUBHAAR/WINZ, 64 ff.

[63] Als Gründe führt ZUMBÜHL, 107 ff. auf: externe Effekte des Konsums, verzerrte Konsumpräferenzen und verteilungspolitische Gründe.

[64] LITH, Markt, 49 ff.

[65] STRAUBHAAR/WINZ, 66 f.

V. Staatliche Qualitätskontrolle

Gemäss den bisher gemachten Aussagen spricht grundsätzlich nichts dagegen, dass der Markt für die Bereitstellung des Bildungsangebotes sorgt. Damit aber jederzeit Gewähr besteht, dass ein quantitativ und qualitativ genügender Unterricht angeboten wird, bedarf es einer entsprechenden *Produktionskontrolle*. Es kann nicht angehen, dass der Staat für eine Bildung bezahlen muss, die die verlangten Zielsetzungen nicht erreicht. Wo der Markt versagt, ist eine Marktkorrektur mittels staatlicher Rahmengesetzgebung und entsprechenden Massnahmen (z.B. Bewilligungspflicht) notwendig.[66] Dem Staat soll insbesondere die Kontrolle zur Sicherung der Bildungsqualität belassen werden (Qualitätssicherungsfunktion). Er kann gewisse Mindeststandards verbindlich festlegen und für deren Einhaltung sorgen.[67] Damit kann einer allmählichen Verflachung und einem Qualitätsverlust der Bildung entgegengewirkt werden.[68] Ein solches System verhindert, dass die gleiche Instanz sowohl Produktion als auch Kontrolle vereinigt. Was mit Schulen zu geschehen hat, die beliebt und damit überlaufen sind bzw. unbeliebt und kaum nachgefragt werden, kann hier nicht behandelt werden.

VI. Zusammenfassung von § 19

Die *heutige Schulsituation* wird durch die *staatliche Produktion* des Bildungsangebotes dominiert. Es bestehen weder Sanktionsmöglichkeiten noch finanzielle Erfolgskontrollen. Weder auf der Angebots- noch auf der Nachfrageseite findet eine optimale Ressourcenallokation statt. Die Bildungsinstitutionen werden direkt finanziert. Die Bildungsnachfragenden besitzen keine Marktmacht.

Es ist vom *freien Bildungsmarkt als Grundsatz* auszugehen. Das Bildungsangebot wird sich von der zu erwartenden Rendite und die Bildungsnachfrage jeweils vom erwartenden höheren Einkommen leiten lassen. Die Humankapitaltheorie behauptet einen direkten Wirkungszusammenhang zwischen Bildungsgrad und Einkommen, wobei die Primarschule jeweils zu wenig berücksichtig wird. Schulbildung hat für die Arbeitgeber eine gewisse Signalwirkung (Filtereffekt).

---

[66] STRAUBHAAR/WINZ, 138.

[67] ANDERSECK, 39, 46; WALTERSCHEID, 15; zur ökonomischen Begründung der staatlichen Schulaufsicht vgl. LITH, Markt, 100 ff.

[68] ANDERSECK, 46 m.w.H.

Bei *Marktversagen* sind *staatliche Interventionen* zulässig. Sie rechtfertigen sich aus diversen Gründen: mangelnder Wettbewerb, Bildung als öffentliches Gut, externe Effekte, Informationsmangel und meritorischer Aspekt der Bildung. Der Staat übt über die privaten Bildungsanbieter eine entsprechende Produktionskontrolle aus. Indem er bestimmte Mindeststandards vorschreibt, kann die Qualität der Bildung gesichert werden.

VII. Vorläufige Schlussfolgerung

Als Schlussfolgerung kann vorläufig festgehalten werden, dass mit Hilfe des Effizienzkriteriums eine Überlegenheit des Markt- oder Staatssystems nicht nachgewiesen werden kann. Es handelt sich primär um eine ideologische Debatte. Dass das relative Staatsversagen gegenwärtig zutage tritt, ist lediglich darauf zurückzuführen, dass der Staat bislang im Bildungswesen weithin dominant war. Für die Anwendung des Marktmodells bestehen in der Realität kaum Anschauungsobjekte. Beide reinen Steuerungssysteme führen zu einer suboptimalen, ineffizienten Ressourcenallokation. Es geht damit nicht um eine Alternative Markt oder Plan, sondern um das *richtige Abwägen der besten Lösung im Einzelfall.*[69]

[69] HEGELHEIMER, 373 f.

§ 20 Finanzierung der Bildungsnachfrage

I. Allgemeines

Im vorangegangenen Abschnitt wurde gezeigt, dass die *Produktion* der Bildung (Bildungsangebot) durchaus von Privaten übernommen werden kann. Ein ganz anderes Problem betrifft die Frage, wer für die entstandenen Kosten aufzukommen hat. Denn in der Forderung nach Reprivatisierung taucht u.a. der Wunsch auf, nicht nur die Produktion, sondern auch die *Finanzierung* zu privatisieren.[1] Die *Bildungsfinanzierung*[2] bildet einen wesentlichen Bestandteil in der ganzen Privatisierungsdebatte. Es hat sich nämlich gezeigt, dass die beiden Aspekte Finanzierung und Produktion oft in ungerechtfertigter Weise miteinander vermengt werden. So wurde jeweils von der Notwendigkeit der Bildung gleichzeitig auf eine staatliche Produktion *und* Finanzierung geschlossen. Dass dem nicht so sein muss, soll in diesem Abschnitt gezeigt werden.

II. Finanzierungsmöglichkeiten

Es bestehen verschiedene Möglichkeiten, wie die Mittel für das Schulwesen aufgebracht werden können:[3]

1. Die Finanzierung durch den *Staat*, indem er direkt die *Bildungsinstitutionen* aus dem öffentlichen Haushalt finanziert oder den *privaten Haushalten* Bildungsgutscheine abgibt.
2. Die Finanzierung durch die *privaten Haushalte*, indem der Bildungsnachfragende *direkt und individuell* mittels Einkommen, Vermögen oder Darlehen oder *indirekt* durch gesellschaftliche Gruppen und Institutionen (Kirche, Gewerkschaften) die Ausbildungskosten deckt.
3. Die Finanzierung durch *Unternehmen*, d.h. entweder *einzelbetrieblich* durch das Ausbildungsunternehmen oder *überbetrieblich* durch Gruppen (Fondsfinanzierung).

---

[1] Vgl. zur privatwirtschaftlichen Finanzierung KISLIG, 106 ff.

[2] Vgl. dazu KISLIG, 80 ff.; diverse Aufsätze in PSACHAROPOULOS, S. 423 ff.; BRINKMANN Gerhard (Hrsg.), Probleme der Bildungsfinanzierung, Berlin 1985.

[3] Vgl. MÄDING, 261 m.w.H.

In der Praxis zeigt sich, dass die genannten Finanzierungsarten meist nicht voneinander getrennt, sondern vermischt auftreten, die Finanzierungsträger durch Finanzströme untereinander verflochten sind und die finanziellen Lasten oft verlagert werden.[4]

III. Private Finanzierung

1. Gründe für die Eigenfinanzierung

Von einer Privatisierung der Finanzierung verspricht man sich eine verbesserte Leistungsfähigkeit des Preismechanismus dank kostengerechter Preise (Steuerungsziel), eine Verbesserung der Haushaltlage von öffentlichen Körperschaften (Finanzierungsziel) sowie eine vermehrte Lastenverteilung entsprechend der Inanspruchnahme öffentlicher Leistungen (verändertes Gerechtigkeitsziel).[5] Der Humankapitaltheorie folgend, investieren Individuen solange in ihre Bildung, als die zukünftig erwartete ausbildungsbedingte Einkommenssteigerung die zu leistenden Ausbildungskosten übertrifft. Wegen der Einkommenssteigerung rechtfertigt sich deshalb eine *Eigenbeteiligung*. Dies jedoch nur, soweit sich die Vorteile der Bildung entweder in Form von direkt monetärem (höhere Einkommen) oder nicht-monetärem (berufliche Mobilität) Nutzen internalisieren lassen.[6]

Diese, durch die Eigenfinanzierung auf den ersten Blick verursachte Mehrbelastung der privaten Haushalte wird im übrigen später durch Steuersenkungen teilweise kompensiert. Diese ergeben sich daraus, dass der Staat weniger Bildungsausgaben über die Steuern zu finanzieren hat.[7,8]

---

4 MÄDING, 262.

5 HAUSER, Reprivatisierung, 212.

6 STRAUBHAAR/WINZ, 70 ff.

7 STRAUBHAAR/WINZ, 73 m.w.H.

8 Vgl. auch MATTERN, Bildungsfinanzierung, 73 ff.; dies., Güter, 79 ff.; McMAHON W.W., Expected Rates of Returns of Education, in: PSACHAROPOULOS, S. 187-196; WOODHALL M., Earnings and Education, in: a.a.O., S. 209-217.

2. Gerechtigkeitsaspekt

Einer privaten Finanzierung wird entgegengehalten, dass auf diese Weise die Bildungschancen nach der *wirtschaftlichen Leistungsfähigkeit* verteilt werden. Wirtschaftlich schwache oder kinderreiche Familien sowie Familien, die sich in einer Notsituation befinden, würden dadurch eine geringere Bildungsnachfrage aufweisen. Dies widerspricht klar dem Gerechtigkeitsziel und der Chancengleichheit. Der Zugang zu den Bildungsinstitutionen soll nicht aufgrund ökonomischer, sondern aufgrund intellektueller Leistungsfähigkeit und individueller Bedürfnisse festgelegt werden.[9] Doch soll gestützt auf das Gerechtigkeitsargument nicht eine falsch verstandene Sozialisierung stattfinden, indem allen kinderreichen Familien die Bildung subventioniert wird.[10] Es geht lediglich darum, unter staatlicher Regie Investitionen in Humankapital *vorauszufinanzieren*.[11]

3. Externe Effekte

Wie bereits oben bei der Produktion festgestellt wurde, weisen nicht alle Schulstufen externe Effekte auf. Es ist deshalb auch bei der Finanzierung eine Differenzierung zwischen der obligatorischen Schulzeit und der folgenden Berufsausbildung vorzunehmen.[12]

a) Allgemeine Schulbildung

Die *allgemeine Schulbildung* ("general education") auf der *Volksschulstufe* ist für das Funktionieren der Demokratie ein unbedingtes Erfordernis und weist insbesondere mit ihrer *starken Sozialisationsfunktion* beträchtliche soziale Zusatzerträge ("external economies", "neighborhoods effects") auf. Von diesen externen Effekten profitiert die ganze Gesellschaft. Deshalb rechtfertigt sich hier eine *staatliche Finanzierung* der

---

9 STRAUBHAAR/WINZ, 105; vgl. auch TIMMERMANN, Bildungsmärkte, 109 ff.; BALL, 49 ff.

10 STRAUBHAAR/WINZ, 73 f.

11 STRAUBHAAR/WINZ, 141. Zur Chancengleichheit und den Grenzen der Eigenfinanzierung vgl. auch LITH, Markt, 87 ff., 128 ff.; ders., Staat, 118 ff.; ders., Freiheit, 50 ff.

12 FRIEDMAN unterscheidet die allgemeine Erziehung zum Staatsbürger und die spezielle berufliche Erziehung. Die Gründe für staatliche Interventionen seien deshalb voneinander zu trennen (FRIEDMAN Milton, 115). Vgl. auch KÄGI Erich A., Aufgabenteilung von Staats- und Privatschulen, in: NZZ vom 6.5.1993, Nr. 103, 77.

Bildungsnachfrage.[13]

Will man die staatliche Finanzierung mit einer staatlich kontrollierten privaten Produktion koppeln, bedarf es eines Katalysators. Als ideales Mittel anerbietet sich dafür der *Bildungsgutschein*.[14] Dieser würde die Wahlmöglichkeiten und Souveränität der Eltern sichern, das Wettbewerbssystem und damit Schulvielfalt einführen sowie grössere Flexibilität und so eine raschere Abstimmung von Angebot und Nachfrage im Bildungswesen bewirken.[15]

b) Berufsausbildung

Bei der *Berufsausbildung* ("vocational education") steht die *Qualifikationsfunktion* im Vordergrund. Diese Ausbildung qualifiziert das Individuum aber weder für seine Rolle als Staatsbürger noch für eine soziale Führungsrolle.[16] Die hier anfallenden externen Effekte können auf dem Arbeitsmarkt abgegolten werden. Die Internalisierung der Zusatzerträge fällt in Form von ausbildungsbedingt höheren Einkommen direkt beim einzelnen Individuum an. Deshalb wird die finanzielle Unterstützung durch den Staat hinfällig und eine strikte *Eigenfinanzierung* gefordert.[17] Eine staatliche Finanzierung würde mit dem Postulat gerechter Einkommensverteilung kollidieren und eine Tendenz zu "overeducation" auslösen.[18,19]

Die Forderung nach privater Finanzierung der Berufsausbildung weist aber *Probleme* auf. Einerseits ist es nicht jedermann möglich, seine Berufsausbildung durch eigene Mittel zu finanzieren. Deshalb ist es nötig, dass er Fremdkapitalgeber findet,

---

13 STRAUBHAAR/WINZ, 73 f.; BRINKMANN, Effekte, 34 ff.

14 Vgl. dazu u.a. LITH, Markt, 182 ff.

15 HEGELHEIMER, 354 f. mit Verweis auf Milton FRIEDMAN.

16 FRIEDMAN Milton, 88.

17 STRAUBHAAR/WINZ, 60 ff.

18 HEGELHEIMER, 355.

19 Das heutige Finanzierungssystem führt auf der Tertiärstufe dazu, dass die Armen die Bildung der Reichen subventionieren (vgl. STRAUBHAAR/WINZ, 109 f.). Die Gesamtheit der Steuerzahlenden finanziert einer Minderheit jene Ausbildung, dank derer diese später ein wesentlich höheres Einkommen erzielen (a.a.O., 18, 19). Insbesondere findet eine Umverteilung statt von den Steuerpflichtigen ohne Kinder zu jenen mit studierenden Kindern (a.a.O., 110 m.w.H.). Jede politisch motivierte Erhöhung der Bildungssubventionen zum Zwecke der Chancengleichheit zieht zusätzliche Steuererhöhungen nach sich, welche die in die falsche Richtung wirkende Umverteilung nur verstärkt (a.a.O., 110 f.). Dies dürfte mit einer funktionierenden Steuerprogression nicht geschehen (OECD, Expenditure, 50).

die ihm seine Bildung in Form von *Bildungsdarlehen*[20] vorfinanzieren. Dies wird sich auf dem privaten Kapitalmarkt als relativ schwierig erweisen, weil als Sicherheit lediglich das zukünftige und prinzipiell ungewisse Einkommen zur Verfügung steht.[21] Deshalb bedarf es der Korrektur in Form eines *staatlichen Darlehens- und Kreditfinanzierungsystems*. Diese Finanzierung muss rückzahlbar und einkommensabhängig sein.[22] Die private Finanzierung kann aber auch durch Unternehmen erfolgen, sofern sie sich davon ausbildungsbedingte Produktivitätssteigerungen versprechen.[23,24]

IV. Staatliche Finanzierung der Volksschule

1. Allgemeines

Die öffentliche Bildungsfinanzierung[25] besitzt eine doppelte Relevanz. Einerseits besitzen die Bildungsausgaben wegen der Grösse des Bildungsanteils am öffentlichen Gesamthaushalt ein bedeutendes Gewicht. Andererseits wird die Bildungsfinanzierung dadurch abhängig von konjunkturbedingten Einnahmeschwankungen oder allfälligen Sparprogrammen.[26]

Die öffentliche Finanzierung der Bildung muss über das *allgemeine Steueraufkommen* erfolgen. Das bedeutet nicht, dass die Finanzmittel wieder gleichmässig verteilt werden müssten. Laut STRAUBHAAR/WINZ sind folgende Grundsätze zu beachten:[27]

---

20 Vgl. umfassend dazu LITH, Markt, 131 ff.

21 LITH, Markt, 133 ff.

22 Vgl. dazu STRAUBHAAR/WINZ, 74 ff.; HEGELHEIMER, 356 f.; LITH, Freiheit, 54 ff.

23 Vgl. dazu STRAUBHAAR/WINZ, 93 ff.; vgl. auch MATTERN, Bildungsfinanzierung, 119 ff.

24 Vgl. dazu auch HOUGH, 244 ff.; MATTERN, Bildungsfinanzierung, 83 ff.; BALL, 22 ff.; HAUSER Richard/ADAM Hans, Chancengleichheit und Effizienz an der Hochschule, Alternativen der Bildungsfinanzierung, Frankfurt a.M. 1978; SCHMITZ Enno, Das Problem der Ausbildungsfinanzierung in der neoklassischen Bildungsökonomie, Berlin 1973.

25 Vgl. dazu KISLIG, 97 ff.

26 MÄDING, 268.

27 STRAUBHAAR/WINZ, 107 ff.

1. Wirtschaftliche Effizienz erfordert ein *freies Bildungsangebot (Produktion)*.
2. Der Staat soll nicht das Bildungsangebot, sondern die *Bildungsnachfrage finanzieren*. Denn das Gerechtigkeitsgebot verlangt, dass nicht Institutionen, sondern *Individuen* subventioniert werden. Das hat den Vorteil, dass neu die Bildungsnachfragenden über Kaufkraft verfügen und Finanzkraft anbieten können. Sie senden durch ihr Verhalten *marktsteuernde Signale* und Informationen effizient an das Bildungsangebot.
3. Anstatt staatliche Bildungsangebote zu unterstützen, sollen die *Subventionsberechtigten* ohne Umweg und ohne Sickerverluste *direkt finanziert* werden. Dabei sind nur jene Bildungsnachfragenden zu subventionieren, die aufgrund des Gerechtigkeitaspekts *unterstützungswürdig* sind. Das Kriterium bildet das versteuerbare Einkommen und Vermögen.
4. Für die *Grundstufe* wird anerkannt, dass eine *generelle staatliche Subventionierung* gerechtfertigt ist. Diese soll kostenlos besucht werden können.[28]

2. Bildungsgutscheinsystem

a) Allgemeines

Das öffentliche Erziehungswesen wird weltweit hauptsächlich aus Steuergeldern finanziert. Für die meisten Eltern besteht damit kein einsichtiger Zusammenhang zwischen den von ihnen entrichteten Steuern und der Ausbildung ihrer Kinder.[29] Ferner müssen Eltern, die ihre Kinder in Privatschulen schicken, für diese Ausbildung *zweimal* bezahlen. Einmal in Form von Steuern, womit der öffentliche Bildungsapparat unterhalten wird, und ein zweites Mal in Form des Schulgeldes an die private Bildungsanstalt.[30] Es verwundert deshalb nicht, dass sich solche Eltern nicht veranlasst fühlen, sich für mehr staatliche Ausgaben im Bildungswesen einzusetzen.[31] Zur Lösung dieses Problems steht der *Bildungsgutschein (Voucher)*[32] zur Verfügung.

---

[28] STRAUBHAAR/WINZ, 110.

[29] BLAUG, Ausbildungsgutschriften, 107.

[30] FRIEDMAN Milton and Rose, 192; BLAUG, Education Vouchers, 245.

[31] BLAUG, Educational Vouchers, 250; FRIEDMAN Milton, 91.

[32] Als *Synonym* für Bildungsgutschein finden sich in der Literatur auch die Begriffe (Educational) Voucher, Bildungsschein und Gebührenzertifikat.

Milton FRIEDMAN hat diese Idee Mitte der fünfziger Jahre für Amerika propagiert.[33] In den sechziger Jahren wurde sie dann von einer Anzahl britischer und amerikanischer Nationalökonomen weiterentwickelt. Diese Idee ist nicht neu; sie geht bis auf das 18. Jahrhundert zurück.[34,35]

b) *Charakteristik des Bildungsgutscheins*

Die Bildungsgutscheine verkörpern das gleiche Prinzip wie Essensmarken.[36] ZUMBÜHL bezeichnet diese Gutscheine als "zweckgebundene Subventionen an die Konsumenten".[37] Durch sie kann ein *direkter Bezug zwischen Steuern und Ausbildung* hergestellt werden.

Bei den Bildungsgutscheinen handelt es sich um Gutschriften, die den Bildungsnachfragenden vom Staat abgegeben werden. Sie verleihen ihnen das Recht, bei Bildungsinstitutionen das angebotene Bildungsangebot zu beziehen.[38] Der Gutschein garantiert dabei einen staatlich festgelegten Betrag.[39] Die durch den Gutschein verbürgte *staatliche Entschädigungssumme* bemisst sich an den durchschnittlichen Betriebskosten und dem Investitionsaufwand pro Schüler an einer öffentlichen Schule.[40] Um Betrügereien zu vermeiden, soll der Bildungsgutschein nicht als

---

[33] Vgl. dazu FRIEDMAN Milton, The Role of Government in Education, in: SOLO Robert A. (Hrsg.), Economics and the Public Interest, New Brunswick (N.J.) 1955, S. 123-144. Eine überarbeitete Fassung dieses Aufsatzes ist: ders., Die Rolle des Staates im Erziehungswesen, in: HEGELHEIMER Armin (Hrsg.), Texte zur Bildungsökonomie, Frankfurt a.M./Berlin/Wien 1975, S. 180-206.

[34] STRAUBHAAR/WINZ, 112; BLAUG, Education Vouchers, 244; ders., Ausbildungsgutschriften, 107; zur Geschichte vgl. auch LITH, Markt, 184 ff. Zur Beurteilung des Vouchers in der klassischen ökonomischen Literatur vgl. die Ausführungen bei VAN GENDT, 52 ff.

[35] Zu den Bildungsgutscheinen vgl. umfassend die Arbeit von VAN GENDT. Vgl. auch HOUGH, 234 ff.; MATTERN, Bildungsfinanzierung, 101 ff.; HARDORP, 231 ff.; VOGEL, Bildungsgutschein, 514 ff.; SELDON Marjorie, Vouchers of Schooling, in: GREEN, S. 55-63; LE GRAND Julian, Liberty, Equality and Vouchers, in: a.a.O., S. 77-90.

[36] Sie sind auch vergleichbar mit den "GI bills", d.h. den Gutscheinen für Armeeveteranen, die diese für Bildungsausgaben ausgeben konnten (FRIEDMAN Milton and Rose, 195).

[37] ZUMBÜHL, 148.

[38] Die Begriffe "öffentlich" und "privat" erlangen eine neue Bedeutung. "Öffentlich" ist jede "anerkannte Gutscheinsschule", weil sie der Öffentlichkeit zur Verfügung steht; "privat" sind die anderen, welche eine exklusive Schülerauslese betreiben (vgl. VOGEL, Bildungsgutschein, 517).

[39] Der Nennwert kann aber auch variieren (LITH, Markt, 190).

[40] Vgl. HAUG Rüdiger, Die Kosten des öffentlichen Schulwesens als Orientierungsrahmen für die Finanzhilfe in der Privatschulförderung, in: MÜLLER Friedrich, Zukunftsperspektiven der Freien Schulen, Berlin 1988, S. 147 ff.

geldähnlicher Check ausgestaltet werden, der zum Erwerb beliebiger Produkte (Nahrungsmittel, Auto, Schmuck, usw.) verwendet werden könnte, sondern soll "konsumgebunden" *nur gegen Schulbildung* eingelöst werden können.[41] Der Gutschein ist deshalb *persönlich*, d.h. unübertragbar und damit nicht frei auf dem Markt handelbar (Namen-Voucher[42]), da oberstes Ziel das Vermitteln der verlangten Bildung bleibt. Es handelt sich um einen *stufenspezifischen* Bildungsgutschein, wobei alle Kinder der *Volksschulstufe* grundsätzlich bezugsberechtigt sind. Der Gutschein ist auf dieser Stufe *kostenlos* und umfasst als Laufzeit die *Dauer der obligatorischen Schulzeit*. Bei der Berufsbildung könnte der Gutschein mit einem Selbstbehalt gekoppelt werden.[43]

Es muss betont werden, dass mit diesem System die *Bildungsausgaben und die Steuerlast* grundsätzlich nicht verändert werden.[44] Es findet lediglich eine Verschiebung der Finanzierung statt, indem nicht mehr die Bildungsinstitution an sich, sondern direkt der *Bildungsnachfragende* finanziert wird. Die gesetzliche Schulpflicht wird dadurch nicht berührt.[45]

c) *Ausgestaltung der Bildungsgutscheine*

BLAUG hat eine Reihe von möglichen Bildungsgutscheinen entwickelt, von der anspruchslosesten bis zur ehrgeizigsten Version. Diese sollen hier kurz erläutert werden.[46]

Zunächst gibt es die *"limitierte" Gutschrift* ("limited voucher"). Deren Gültigkeit ist begrenzt auf öffentliche Schulen. Damit soll ein Umsteigen auf private Schulen verhindert werden. Solche Ausbildungsgutschriften bezwecken die "Auszonung" von Schulen, d.h. die Kinder sind nicht mehr an die aufgrund des Wohnortes zugeteilten

---

41 FRIEDMAN Milton and Rose, 199 f.

42 ZUMBÜHL, 150.

43 STRAUBHAAR/WINZ, 114 f.

44 Zwar wären neu die zehn Prozent Schulkinder, die kirchliche oder Privatschulen besuchen, finanzierungspflichtig. Doch durch eine Wertanpassung der Gutscheine würden die Gesamtausgaben gleich bleiben (FRIEDMAN Milton and Rose, 199). ZUMBÜHL weist sogar eine Reduktion der Staatsausgaben sowie der Zahl der Staatsangestellten nach (a.a.O., 151 f.; vgl. die Beurteilung dieser beiden Kriterien bezüglich des "Friedman-Voucher", a.a.O., 154 ff.).

45 FRIEDMAN Milton and Rose, 196.

46 Die folgenden Ausführungen stützen sich auf BLAUG, Education Vouchers, 245 ff.; ders., Ausbildungsgutschriften, 108 ff. Vgl. zu den alternativen Bildungsgutscheinsystemen die ausführliche Darstellung bei LITH, Markt, 212 ff. und der entsprechenden tabellarischen Übersicht bei 193 ff.

öffentlichen Schulen gebunden. Eine erste Steigerung davon findet sich in der *"nichtlimitierten" Gutschrift* ("unlimited voucher"), welche von den Eltern auch an einer Privatschule eingelöst werden kann.

Im Marktmodell bleibt die Privatschule in ihrer Preisgestaltung frei. Das von ihr verlangte Schulgeld kann durchaus den garantierten Gutscheinsbetrag übersteigen. Es muss den Eltern erlaubt sein, den Wert eines Gutscheins aus der eigenen Tasche aufzustocken. Dann handelt es sind um eine sogenannte *"komplementierbare" Gutschrift* ("supplementable voucher"), im Gegensatz zur nicht aufstockbaren *"Festwert-Gutschrift"* ("fixed-value voucher").[47]

Es ist zu beachten, dass auch bei den öffentlichen Schulen eine unterschiedliche Kostenstruktur[48] besteht, d.h. es gibt teurere und billigere Schulen. Wird diesen die Möglichkeit gegeben, kostendeckende statt einheitliche Gebühren zu verlangen, und reicht die Gutschrift aus, einen Platz an einer billigen öffentlichen Schule zu bezahlen, spricht man von *"kostendeckender" Gutschrift* ("cost-fees voucher").

Die wesentlichste Einschränkung der Schulwahl besteht oft in der geographischen Distanz zwischen Schul- und Wohnort. Deshalb sollten im Gutschein auch die Transportkosten bis zu einer bestimmten Höhe eingeschlossen sein. Dann würde es sich um eine sogenannte *"transportkostenerfassende" Gutschrift* ("transport-included voucher") handeln.

Auch der Aspekt der Rechtsgleichheit muss mitberücksichtigt werden. Das kann dadurch geschehen, dass der Wert der Gutschrift zum steuerbaren Einkommen geschlagen wird. Die Steuerprogression verwirklicht dann den "gerechten" Ausgleich. Eine andere Möglichkeit bestünde darin, den Wert des Gutscheines dem versteuerten Einkommen anzupassen. Dies wäre dann eine *"einkommensbezogene" Gutschrift* ("income-related voucher").[49]

---

[47] Vgl. dazu auch FRIEDMAN Milton and Rose, 202 f.

[48] Diese hängt von der Grösse und vom Alter des Schulgebäudes, der unterschiedlichen Zusammensetzung des Lehrkörpers bezüglich Geschlecht, Alter und Qualifikation und manchmal auch von den angebotenen Kursen ab (BLAUG, Educational Vouchers, 246; ders., Ausbildungsgutschriften, 109). Auch HANUSHEK kommt zum Schluss, dass die Effektivität der Schulen und insbesondere die Fähigkeiten der Lehrer stark differieren. Insbesondere seien letztere als Inputfaktor schlecht messbar (vgl. dazu auch a.a.O., 295 ff., 300 ff.).

[49] Vgl. dazu die Tabelle 4 "Bildungsscheinsysteme und Steuerabzugsverfahren für Bildungsausgaben" bei STRAUBHAAR/WINZ, 116 ff. Vgl. zum Argument der Verminderung der Chancengleichheit auch ZUMBÜHL, 160 ff.

Schliesslich soll noch die Wahlfreiheit der Bildungsinstitute berücksichtigt werden. Ihnen steht es grundsätzlich frei, die Gutschriften als Finanzierungsmöglichkeit zu benutzen. Wird die Schule zum Gutschriftenempfänger, so hat sie alle sich um einen Platz bewerbenden Schüler aufzunehmen. Dies muss unabhängig von ihrer Religion oder Rasse sowie ihren vorgängigen schulischen Leistungen geschehen. Es herrscht eine "Politik der offenen Türe" für alle Personen, welche die qualifikatorischen und schulischen Voraussetzungen erfüllen. Man spricht dabei von *"uneingeschränkter" Gutschrift* ("unrestricted voucher").[50]

d) Bewertung der Vor- und Nachteile

Eine Bewertung des Bildungsgutscheinsystems hängt davon ab, inwieweit einzelne Individuen selber in der Lage sind, ihren persönlichen Bildungsentscheid rational zu fällen. Entscheidend ist also das persönliche *Menschenbild*: Die einen glauben eher an die Konsumentensouveränität, andere vertrauen mehr dem staatlichen Paternalismus.

Bildungsgutscheine bilden die Haupteinnahmequelle für Bildungsanstalten. Das bedeutet, dass sie um ihre Kunden werben müssen.[51] Wie bereits dargestellt wurde, verspricht man sich von Bildungsgutscheinen mehr *Wettbewerb* unter den Ausbildungsinstituten. Auf diese Weise werden sie ununterbrochen zu *Innovationen und Reformen* (insbesondere bei Lehrmethoden) gezwungen. Der ständige Wettbewerb nötigt sie dauernd dazu, die bestmögliche Dienstleistung zu den tiefstmöglichen Kosten bzw. Preisen anzubieten. Sie arbeiten damit viel *kostenwirksamer*[52] oder werden als schlechte Anstalt aus dem Markt ausscheiden.[53]

---

[50] So auch STRAUBHAAR/WINZ, 114. Schulen haben eine "Schmelztiegel-Funktion". Unabhängig von ihrer Bildungsfähigkeit haben die staatlichen Schulen sämtliche Schüler aufzunehmen. Deshalb haben auch private Bildungsanstalten, die Gutscheine annehmen, diese Pflicht (BLAUG, Educational Vouchers, 253).

[51] Die Preise bzw. die Schulgebühren werden oft nur unter dem ökonomischen Effekt betrachtet, die Kosten aufzufangen. Doch kommt ihnen auch Werbe- und Selektionscharakter zu (JOBIN, 63).

[52] BLAUG unterscheidet zwischen "cost-effective" und "cost-efficient"; gemeinnützige Unternehmungen könnten lediglich effektiv, nicht aber effizient, d.h. auf Gewinn orientiert, arbeiten (vgl. dazu BLAUG, Educational Vouchers, 251 f.). Vgl. zur "efficiency in schools" auch HANUSHEK, 302 f.; zur allokativen Effizienz vgl. auch LITH, Markt, 192 ff.; VAN GENDT, 39 ff.

[53] BLAUG, Educational Vouchers, 250 f.; ders., Ausbildungsgutschriften, 110; STRAUBHAAR/WINZ, 112; HANUSHEK, 307; JOBIN, 13.

Verbesserte Effizienz, erhöhter Pluralismus und gesteigerte Dynamik haben auch Kritiker auf den Plan gerufen. Wettbewerb verlangt von den Anstalten, dass sie ihre Korrespondenz[54] sorgfältig führen und vermehrt *Werbung* betreiben, um die Bildungsnachfragenden zu erreichen.[55] Dadurch besteht die Gefahr, dass sich die Bildungsinstitute zu irreführender Werbung verleiten lassen.[56] Ferner birgt das marktgesteuerte Lehrergehalt die Gefahr, dass die entstandene Konkurrenz unter den Lehrern deren Zusammenarbeit vermindern könnte.[57]

Ein weiterer Zweck des Bildungsgutscheines ist es, die *Bildungsnachfragenden mit Kaufkraft zu versorgen.* Als Entscheidträger wird den Eltern eine gewisse Macht auf dem Bildungsmarkt verliehen. Dadurch werden nur noch jene Bildungsinstitute subventioniert, bei welchen die Bildungsnachfragenden bereit sind, ihre Gutscheine einzulösen.[58] Die Bildungsnachfragenden sind nicht mehr vom staatlichen Bildungsangebot abhängig, sondern die privaten Bildungsanbieter von ihnen. In einer Demokratie mit unterschiedlichen Präferenzen der Bürger wird mit dieser Wahlmöglichkeit automatisch eine *Vielfalt* im Bildungsangebot garantiert. Das Bildungsangebot hat sich nach den *Wünschen und Bedürfnissen der Bildungsnachfragenden* auszurichten. Die *Verantwortung der Schule* gegenüber den elterlichen Wünschen erhöht sich. Es darf dabei aber nicht vergessen werden, dass zur Qualitätssicherung staatliche Minimalstandards bestehen bleiben. Auf diese Weise kann der Gefahr gewisser "Modeströmungen" entgegengewirkt werden.[59]

---

54 Die Korrespondenz ist oft der erste Kontakt zu potentiellen Kunden. Dabei handelt es sich insbesondere um die Bearbeitung von Anfragen betreffend Zusendung von Unterlagen und Prospekten. Wichtig ist auch die sorgfältige Ausarbeitung von Offerten und die korrekte Behandlung von Reklamationen (JOBIN, 68 ff.).

55 Als Argumente werden dabei verwendet: die gebotene Ausbildung und Erziehung, die Lage und Einrichtung der Anstalt, diverse Sportmöglichkeiten, Gesundheits- und Ernährungsargumente, die Klassengrösse, das familiäre Leben in der Schule und schliesslich auch der Preis (JOBIN, 84 ff.). An Bedeutung gewinnen heute insbesondere auch die in der Schule angewandten Unterrichtsmethoden.

56 BLAUG, Educational Vouchers, 250; ders., Ausbildungsgutschriften, 111; STRAUBHAAR/ WINZ, 113; JOBIN, 13.

57 HANUSHEK, 304.

58 STRAUBHAAR/WINZ, 111 f. Das Bildungsgutscheinsystem betrifft sechs Kriterien: die Wahlfreiheit der Eltern, die Kostenwirksamkeit, die Mannigfaltigkeit, die Innovationsfähigkeit, die gesamten Erziehungsausgaben und die Gleichheit der Bildungschancen (BLAUG, Educational Vouchers, 257).

59 BLAUG, Educational Vouchers, 250; ders., Ausbildungsgutschriften, 110; STRAUBHAAR/ WINZ, 112 f.; FRIEDMAN Milton, 91.

Die Eltern erhalten neue *Wahlmöglichkeiten*.[60] Damit kann der Trend zur elterlichen Direktfinanzierung der Ausbildung unterstützt werden.[61] Neben der neu gewonnenen Kompetenz erhalten die Bildungsnachfragenden aber auch *mehr Verantwortung*. Sie müssen sich neu überlegen, wofür und bei wem sie ihren Gutschein einlösen wollen. Sie werden sich damit besser über Qualität und Kosten der Bildungsangebote informieren müssen,[62] was eine erhöhte *Informationsnachfrage* nach sich ziehen wird. Es besteht die Gefahr, dass die Qualität einer Bildungsanstalt an den erhobenen Schulgelder gemessen wird nach der Regel: je teurer, desto besser. Die teuren Schulen würden so wohl die wohlhabenderen Eltern anziehen. Die bezahlten höheren Gebühren würden es der Schulanstalt dann ermöglichen, bessere Lehrer anzustellen und die neuesten Ausrüstungen zu beschaffen. Dies hätte eine soziale Diskriminierung zur Folge.[63] Um die individuelle Zahlungsfähigkeit berücksichtigen zu können, müssten die Bildungsgutscheine einkommensabhängig gestaltet werden.[64] Gemäss BLAUG übersieht dies zweierlei: Erstens ist die Annahme falsch, dass nur der Mittelstand bereit ist, seine Kinder an teurere Schulen zu schicken. Zweitens schafft ja gerade erst der Markt ein Informationsbedürfnis. Es ist durchaus möglich, dass ein Markt für Beratungsdienste entstehen wird. Ausserdem könnte der Staat die Schulwerbung so regeln, dass Vergleiche möglich werden. Und schliesslich würden auch die Entscheide mit wachsender Erfahrung besser werden.[65]

Kurzfristig könnte der totale Finanzbedarf des Programms diejenige des bisherigen Schulsystems übersteigen, da auch Eltern Gutschriften bekämen, die ihre Kinder bereits in Privatschulen haben. Dafür wäre von diesen Eltern vermutlich wieder mit *mehr politischer Unterstützung* fürs Bildungswesen zu rechnen.[66]

Schliesslich ist es möglich, dass sich für gewisse Schulstufen oder bestimmte Regionen kein privates Bildungsangebot findet.[67] Für diesen Fall hätte der Staat aktiv

---

60 FRIEDMAN Milton, 95; vgl. auch VAN GENDT, 33 ff.

61 FRIEDMAN Milton and Rose, 196.

62 STRAUBHAAR/WINZ, 112. Zum Argument der Transaktionskosten vgl. LITH, Markt, 208 ff.

63 BLAUG, Educational Vouchers, 250 f.; ders., Ausbildungsgutschriften, 111.

64 BLAUG, Educational Vouchers, 252; STRAUBHAAR/WINZ, 113.

65 BLAUG, Ausbildungsgutschriften, 111.

66 BLAUG, Ausbildungsgutschriften, 110.

67 Es ist das Argument zu hören, dass in ländlichen Gebieten und kleinen Gemeinden die Anzahl der Kinder zu klein sei für eine vernünftige Grösse der Schule. Man könne sich hier nicht auf die Konkurrenz verlassen, um die Interessen der Eltern und Kinder zu schützen. Dieses Argument hat aber mit der Verbesserung des Transportsystems an Bedeutung verloren (FRIEDMAN Milton, 93).

zu werden, da kein Schüler ohne Bildung bleiben darf. Dies zieht einerseits finanzielle Nachteile nach sich, da der Staat verpflichtet ist, jederzeit für jeden Schüler einen Schulplatz zur Verfügung zu halten. Als Ausgleich dafür würden die Staatsschulen bezüglich Autonomie und Flexibilität den Privatschulen gleichgestellt.[68] Andererseits besteht die Befürchtung, dass sich die *Qualitätsunterschiede* zwischen den Schulen vergrössern und die staatlichen Institutionen zu einem Tummelplatz für Problemkinder verkommen.[69]

e) Realisierbarkeit eines Bildungsgutscheinsystems

Obwohl schon viele Versuche mit Bildungsgutscheinen durchgeführt wurden,[70] hat diese Idee selten Anklang gefunden.[71] Dafür sind verschiedene Gründe verantwortlich. Ein wichtiger Grund ist sicherlich, dass trotz der Versuche mit Bildungsgutscheinen bis heute noch keine Untersuchung bekannt ist, welche die Einführung eines nicht-limitierten, komplementierbaren, kostendeckenden, einkommensabhängigen und uneingeschränkten Gutscheins voll in die Überlegungen mit einbezogen hat.[72]

Weitere Gründe lassen sich auf die unterschiedlichen *Interessen der Beteiligten* zurückführen. Grundsätzlich lässt sich sagen, dass sich die herrschende Bildungslobby gegen Abstriche an ihren Freiheiten einsetzt.[73] *Beamte und Schulbehörden* befürchten, dass ihre Machtbefugnisse und ihre Handlungsfreiheit wesentlich eingeschränkt werden. *Lehrer* würden durch die Einführung von Bildungsgutscheinen unmittelbar den einzelnen Eltern gegenüber (vermehrt) rechenschaftspflichtig werden. Der Grund für die ablehnende Haltung der *Politiker und Wähler* liegt vermutlich

---

68 VOGEL, Bildungsgutschein, 519.

69 STRAUBHAAR/WINZ, 113. Dieser Einwand vergisst, dass die Qualität der gesamten Ausbildung steigen würde, so dass sich sogar die schlechteste Schule absolut verbessern würde (so FRIEDMAN Milton and Rose, 206).

70 Vgl. zu den empirischen Erfahrungen BLAUG, Educational Vouchers, 253 ff.; VAN GENDT, 108 ff.; STRAUBHAAR/WINZ, 123; LITH, Markt, 246 ff.

71 Auch STRAUBHAAR sieht für den Bildungsgutschein - als ersten Reformschritt - im politökonomischen Prozess keine Realisierungschancen (STRAUBHAAR Thomas, Freie Bildungswahl - effizient und sozialverträglich, in: NZZ vom 23.9.1993, Nr. 221, 79). Für Grossbritannien vgl. die Arbeit von SELDON.

72 BLAUG, Ausbildungsgutschriften, 113.

73 STRAUBHAAR/WINZ, 136; FRIEDMAN Milton and Rose, 207 ff. Vgl. hierzu auch Privatschule-Staatsschule, Eine Stellungnahme des Schweizerischen Lehrervereins, in: SER 56/1983, S. 119-123.

darin, dass das Konzept nur schwer verständlich ist.[74] Eine Regierung, die ein entsprechendes Programm einführen wollte, würde sich fast endlosen Kontroversen über die konkrete Ausgestaltung aussetzen.[75] Man hat sicher auch Angst davor, einen kulturellen Bereich wie die Schule dem rein auf finanziellen Nutzen orientierten Markt "auszuliefern". Ausländische Vorbilder wie Amerika oder Grossbritannien schrecken ab.[76] Ferner hat man das Gefühl, dass die Kosten für Bildung sowieso überall die selben seien wie in den bereits bestehenden öffentlichen Schulen. Und schliesslich hat der Staat Angst vor den möglicherweise auf ihn zukommenden Kosten, welche durch den Wechsel zu privaten Schulen entstehen könnten.[77]

3. Ergebnis

Das gegenwärtige staatliche Schulangebot ist zur Selbstverständlichkeit geworden. Ein an die wirtschaftlichen und gesellschaftlichen Besonderheiten eines Landes angepasstes Bildungsgutscheinsystem würde erlauben, die Leistungsfähigkeit der Bildungsfinanzierung zu steigern.[78] Schliesslich gäbe ein solches System den Eltern die Möglichkeit, von den ihnen rechtlich zugesicherten Elternrechten auch faktisch Gebrauch zu machen. Die Gutscheine würden die Qualität der Schulbildung für die Reichen wohl kaum erhöhen, aber sie könnten den mittleren und unteren Einkommensklassen enorme Chancen bieten, die sie heute bisher nicht besitzen.[79]

Gewiss würde die öffentliche Schule mit Konkurrenz zu rechnen haben. Die Stärke der Konkurrenz würde zwar in gewissem Umfang von der Nachfrage des Publikums bestimmt werden. Doch wäre sie im wesentlichen auch von der Zahl der Lehrkräfte und Schulleiter determiniert, die bereit und fähig sind, Alternativen zur öffentlichen Schule bereitzustellen. Vermutlich bewirkte diese "natürliche" Grenze, dass die

---

[74] BLAUG, Ausbildungsgutschriften, 108.

[75] BLAUG, Ausbildungsgutschriften, 112.

[76] Es ist hier auf die Bemühungen hinzuweisen, um die entstandene Rassensegregation ("Ghettoisierung") rückgängig zu machen. Ein Mittel dazu sind die sogenannten "Magnetschulen" (vgl. WEISS Manfred, Schulreform über Rassenintegration, Magnet schools in den USA zeigen Magnetwirkungen, in: NZZ vom 24.6.1993, Nr. 143, 69; vgl. dazu auch NZZ vom 7.7.1993, Nr. 154, 7). Vgl. dazu auch CHUBB John E./MOE Terry M., Good Schools by Choice, A New Strategy for Educational Reform - Freie Schulen sind bessere Schulen, Erfahrungen und Reformvorschläge aus den USA, Schriftenreihe des European Forum for Freedom in Education, Band 6, Frankfurt a.M. 1993.

[77] BLAUG, Educational Vouchers, 259.

[78] STRAUBHAAR/WINZ, 124.

[79] FRIEDMAN Milton and Rose, 204.

öffentliche Schule weiterhin die Regel bliebe. Von einer absoluten Reprivatisierung bzw. Unterwanderung der öffentlichen Schule könnte schon allein aus quantitativen Gründen nicht gesprochen werden. Doch würden die Privatschulen weiterhin ihre wichtige Rolle als Schrittmacher wahrnehmen.[80]

V. Zusammenfassung von § 20

Ebenso wichtig wie die Frage nach der Produktion des Bildungsangebotes ist das Problem seiner *Finanzierung*. Grundsätzlich kommen drei Finanzierungsträger in Frage: der Staat, die privaten Haushalte und die Unternehmen. Von einer privaten Eigenfinanzierung verspricht man sich insbesondere eine Abgeltung der externen Effekte. Die *Berufsausbildung* bezweckt die Verbesserung der Qualifikationen des Einzelnen, weshalb sich eine strikte *Eigenfinanzierung* rechtfertigt. Um jedem Bildungswilligen die gewünschte Ausbildung zu ermöglichen muss der Staat, sofern sich keine privaten Anbieter finden, ein *Darlehens- und Kreditfinazierungssystem* zur Verfügung stellen. Die sogenannte Humankapitaltheorie geht davon aus, dass mittels der besseren Berufsqualifikation später ein höheres Einkommen erzielt werden wird. Deshalb kann die Abzahlung der individuellen Bildungsinvestitionen verlangt werden.

Die *allgemeine Schulbildung* auf der Volksschulstufe hingegen weist eine starke Sozialisationsfunktion auf. Deshalb rechtfertigt es sich, sie weiterhin *staatlich* zu finanzieren. Die Auszahlung soll mittels *Bildungsgutscheinen (Voucher)* erfolgen, die verschieden ausgestaltet sein können. Diese vermitteln einen direkten Bezug zwischen Steuern und Ausbildung, indem sie eine staatliche Entschädigungssumme verbürgen, die gegen Schulbildung an einer zugelassenen Schule eingelöst werden kann. Dadurch verspricht man sich Effizienz, Innovation, Schulvielfalt, (eventuell) sinkende Bildungsausgaben, Chancengleichheit und vor allem mehr Wahlfreiheiten für die bildungsnachfragenden Eltern.

[80] VOGEL, Bildungsgutschein, 520.

VI. Schlussfolgerungen aus den ökonomischen Überlegungen für die Rechtswissenschaft

Die Bildungsökonomik zählt die Bildung zu den öffentlichen nicht aber zu den staatlichen Aufgaben. Daraus leitet sie ab, dass der Staat zwar die Aufgabenhoheit besitzt, die Privaten sich aber an der Aufgabenerfüllung beteiligen können. Da dem Staat das Recht zukommt, bestimmte Mindeststandards vorzuschreiben, kann er die private Bildungsproduktion kontrollieren. Es kann somit festgehalten werden, dass sowohl die Bildungsökonomik als auch die Rechtswissenschaft aufgrund des geltenden Rechts die *Privatschulfreiheit* - und nicht etwa die vollständige Privatisierung des Schulwesens - im Rahmen staatlicher Mindestvorgaben befürworten. Die Privatschulfreiheit wird durch das positive Recht denn auch bereits in sämtlichen Kantonen gewährleistet.

Die Bildungsökonomik unterscheidet bei der Bildungsnachfrage zwischen allgemeiner und beruflicher Bildung: Bei der Volksschule ist sie der Meinung, dass sich eine staatliche *Finanzierung* rechtfertigt, da diese Schulstufe eine starke Sozialisationsfunktion aufweist. Und damit die Eltern bzw. die Privatschulen von ihrer Freiheit auch faktisch Gebrauch machen können, schlagen sie die Einführung des sogenannten Bildungsgutscheins (Voucher) vor. Bei den weiterführenden Schulen und der Berufsbildung fordert die Bildungsökonomik hingegen eine strikte Eigenfinanzierung, da die getätigten Ausbildungskosten später auf dem Arbeitsmarkt in Form höherer Einkommen abgegolten werden. Um aber - gemäss dem Chancengleichheitsprinzip - jedermann die Möglichkeit solcher Bildung bieten zu können, drängt sich auf dieser Stufe allenfalls ein staatliches Darlehens- und Kreditfinanzierungssystem auf.

Den ökonomischen Forderungen steht aber das positive Recht entgegen. Die Rechtswissenschaft lehnt die Ableitung allfälliger unmittelbarer Unterstützungsansprüche aus dem Freiheitsrecht grundsätzlich ab und appelliert an den Gesetzgeber, die gesetzlichen Grundlagen für eine angemessene finanzielle Unterstützungsmöglichkeit von Privatschulen zu schaffen. Sie stützt sich dabei insbesondere auf den Sozialpakt, der mit der Privatschulfreiheit mehr als nur ein klassisches Grundrecht verbürgt; er gewährleistet ein sozial aufgeladenes Grundrecht, das nur mit staatlicher Unterstützung bestehen kann.

Die Ausführungen haben gezeigt, dass die Bildungsökonomik in ihren Forderungen weiter geht als das geltende Recht. Sie befürwortet nicht nur mehr Freiheit in Form des Elternrechts und der Privatschulfreiheit, sondern sie fordert auf der Volksschulstufe auch deren faktische Realisierung durch eine staatliche Finanzierung. In dieselbe

Richtung geht die Rechtswissenschaft, wenn sie aus der Privatschulfreiheit Forderungen an die Gesetzgebung hinsichtlich der Einführung von finanziellen Beiträgen an Privatschulen ableitet. Somit kann festgehalten werden, dass Rechtswissenschaft und Bildungsökonomik näher beieinander stehen als Rechtswissenschaft und Rechtspraxis.

5. Teil:

ZUSAMMENFASSUNG

---

§ 21 Zusammenfassung

Nachdem andere Bereiche bereits davon betroffen sind, wird heute auch im Bildungswesen vermehrt die Forderung nach ***Liberalisierung*** lauter. Es stellt sich die Frage, inwiefern für die traditionellerweise vom Staat dominierte *obligatorische Schulstufe (Volksschule)* mehr Markt wünschbar wäre und was dies allenfalls bringen könnte. Insbesondere interessiert hier die *rechtliche* Stellung der *Privatschulen*. Dabei gelten grundsätzlich die von den Gemeinden und Kantonen - in seltenen Fällen vom Bund - geführten Bildungsanstalten als *öffentliche Schulen* und die von der Kirche oder den Eltern getragenen Schulen als *Privatschulen*. Ebenso wichtig ist aber auch die Untersuchung des - der Privatschulfreiheit vorgelagerten - *Elternrechts*, welches den Eltern die Wahl- und Entscheidungsmöglichkeiten im Schulwesen bietet.

Die ***geschichtliche Entwicklung des Schweizer Schulwesens*** zeigt, dass das öffentliche Schulwesen nicht immer den heutigen Stellenwert einnahm. Bevor sich das moderne Staats- und Schulwesen im Mittelalter entwickeln konnte, herrschte das Hauslehrertum vor. Seit dem Mittelalter bis hin zur Französischen Revolution dominierte dann die Kirche das Bildungswesen. Doch wuchs auch das Privatschulwesen während dieser Zeit stark an. Erst in der Helvetik wurde das Erziehungswesen schliesslich zur Staatsangelegenheit erklärt und die Schulpflicht gesamtschweizerisch eingeführt. Nach anfänglichen Rückschlägen während der Restauration entstanden in der Regeneration Schulgemeinden und staatliche Schulen. Den Abschluss bildete der in der Bundesverfassung von 1874 noch heute gültige *Art. 27 BV*. Dieser verlangt von den Kantonen, dass sie ein obligatorisches, unentgeltliches, konfessionell neutrales, genügendes und unter staatlicher Leitung stehendes Volksschulwesen einrichten. Es besteht grundsätzlich ***kanonale Schulhoheit***. Da ein eidgenössisches Schulgesetz zu Art. 27 BV fehlt, werden die genannten Grundsätze von den Kantonen konkretisiert.

Die ***Familie*** bildet die Grundlage für jegliche Erziehung und Ausbildung des Kindes und damit auch der Elternrechte. Die Schule knüpft daran an und ergänzt sie im Interesse des Kindes und der Gemeinschaft. Die Bundesverfassung regelt die Familie nicht explizit, sondern indirekt durch das Recht auf Ehe (Art. 54) und den Familienschutzartikel (Art. 34^{quinquies}), der die Familie als Institut garantiert. Eine Konkretisierung findet sich im Familienrecht des Zivilgesetzbuches. Schliesslich enthalten Art. 8 und 12 EMRK für die Ehe und die Familie Individualgarantien.

Der Begriff ***"Elternrecht(e)"*** lässt sich kurz umschreiben als das Recht der Eltern zur Pflege und Erziehung ihrer Kinder. Dabei richtet sich die Rechtsstellung der Eltern als öffentlich-rechtliches *Elternrecht* gegen den Staat und als privatrechtlich ausgerichtete *elterliche Gewalt* gegen das Kind und Dritte. Der *Staat* hingegen kann sich auf den ihm übertragenen Bildungs- und Erziehungsauftrag sowie auf die Schutzfunktion des Kind berufen. Das *Kind* hat im Laufe der Zeit sowohl gegenüber dem Staat als auch gegenüber den Eltern immer mehr an Rechten gewonnen.

Das *öffentlich-rechtliche Elternrecht* besteht aus den drei Teilen familiäres (oder auch prinzipielles), religiöses und pädagogisches Elternrecht. Das *familiäre* Elternrecht gilt als ungeschriebenes Verfassungsrecht. Da es im wesentlichen durch das Kindeswohl bestimmt wird, gilt es (nur) als abgeleitete und treuhänderische Freiheit. Das *religiöse* Elternrecht ist in Art. 27 Abs. 3 und Art. 49 Abs. 3 BV ausdrücklich verankert. Danach haben die Eltern in allen religiös-konfessionellen Belangen bis zum 16. Altersjahr des Kindes das alleinige Entscheidungsrecht, wobei auch hier das Kindeswohl im Vordergrund steht. Die öffentliche Schule hingegen hat sich grundsätzlich konfessionell und weltanschaulich neutral zu verhalten. Schliesslich kommt den Eltern ein - in der Schweiz allerdings selten anzutreffendes - *pädagogisches* Elternrecht zu, welches individuelle und kollektive Mitwirkungsrechte in der Schule gewährleistet.

Das *zivilrechtliche Familienrecht* kann nicht als von der Verfassung losgelöst verstanden werden, sondern dient deren Konkretisierung. Aufgrund der *elterlichen Gewalt* (Art. 296 ff. ZGB) und dem Persönlichkeitsrecht der Eltern kommt den Eltern die rechtliche Entscheidungszuständigkeit über unmündige Kinder zu. Dabei umfasst ihr Verantwortungsbereich in erster Linie die allgemeine und berufliche Ausbildung, die (religiöse) Erziehung sowie die Pflege und Fürsorge. Eltern und Kind werden dabei als gleichwertige Rechtssubjekte behandelt, wobei die Eltern ihr Erziehungsrecht grundsätzlich nur treuhänderisch für das Kind ausüben.

Die staatlichen und elterlichen Erziehungsrechte existieren nicht unabhängig und isoliert voneinander, sondern *beschränken sich gegenseitig*. So wird das *Elternrecht* einerseits eingeschränkt durch das *staatliche Wächteramt*, das dafür sorgt, dass die Eltern ihre Rechte im Interesse des Kindes ausüben. Andererseits besteht aber auch ein eigenständiges *staatliches Erziehungsrecht*, das über den örtlich und zeitlich beschränkten schulischen Erziehungsauftrag hinausgeht. Im Gegenzug dazu wird der *staatliche Bildungs- und Erziehungsauftrag* durch die zentralen Werte des konfessionellen, weltanschaulichen und pädagogischen *Elternrechts* beschränkt. Schliesslich werden sowohl die elterlichen als auch die staatlichen Rechte umfassend durch die *Interessen und Rechte des Kindes (Kindeswohl)* zurückgebunden. Als gleichberechtigte Partner haben sowohl Staat als auch Eltern die Pflicht, im Interesse des Kindes miteinander *zusammenzuarbeiten* und dem Toleranzprinzip nachzuleben. Im Konfliktsfall kommt den Eltern aber ein *Gesamterziehungsrecht* zu.

Die *Unterrichtsfreiheit* kann in drei Bereiche aufgeteilt werden: (a) die pädagogische Freiheit (inklusive der Methodenfreiheit) der Volksschullehrer und die akademische Freiheit der Hochschullehrer, (b) die Unterrichtsfreiheit der Lernenden und (c) die Privatschulfreiheit. Als ***Privatschulfreiheit*** wird die Freiheit bezeichnet, welche die Errichtung, den Betrieb oder den Besuch einer Privatschule oder eines Einzelunterrichts garantiert. Sowohl Wortlaut und Entstehungsgeschichte der Bundesverfassung als auch die Literatur bestätigen, dass die Unterrichtsfreiheit auf *Bundesebene* weder ausdrücklich noch als ungeschriebenes Freiheitsrecht garantiert ist. Zumindest wird der auf Erwerb gerichtete Privatschulunterricht durch die Handels- und Gewerbefreiheit geschützt. In sämtlichen *Kantonen* ist auf Verfassungs-, Gesetzes- oder Verordnungsstufe die Freiheit zur Gründung oder zum Besuch einer Privatschule *garantiert*. Doch unterliegt diese grundsätzlich der *Bewilligungspflicht*. Die Bewilligung wird erteilt, wenn bestimmte Voraussetzungen erfüllt sind. Von Bundes wegen muss der Unterricht genügend sein (Art. 27 BV) und den kantonalen Vorschriften genügen (z.B. Anforderungen an Lehrkräfte und Schulleiter, Bauvorschriften für Schullokale). Um die Erfüllung der Bewilligungsvoraussetzungen auf Dauer sicherzustellen, steht dem Staat gemäss Art. 27 Abs. 2 BV die *Aufsicht* über die Privatschulen zu. Im Falle von Verletzungen können *Sanktionen und Massnahmen* ergriffen werden.

Die rechtliche Gewährleistung der Privatschulfreiheit stellt aber nur eine Seite dar. Ebenso von Bedeutung ist die Frage, ob das zugesicherte Recht auch faktisch verwirklicht werden kann, d.h. ob ein Anspruch auf *staatliche Finanzierung* der privaten Schulbildung besteht. Aus der Bundesverfassung lässt sich kein Anspruch auf Subventionierung ableiten. Auch auf Kantonsstufe besteht grundsätzlich kein Recht auf finanzielle Unterstützung. Ebensowenig verleiht die Rechtsprechung solche Ansprüche zu. Die Kantone gewähren nur äusserst zurückhaltend finanzielle Beiträge.

Auf ***völkerrechtlicher Ebene*** finden sich internationale Verträge, welche die genannte Problematik ebenfalls behandeln. So hat die Schweiz am 18. September 1992 die beiden *UNO-Menschenrechtskonventionen (Sozialpakt und Zivilpakt)* ratifiziert. *Art. 13 Abs. 3 des Sozialpaktes* gewährleistet die Privatschulfreiheit. Die unmittelbare Anwendbarkeit dieser Bestimmung ist umstritten. Privatschulen können aus dem Sozialpakt jedenfalls keinen Rechtsanspruch auf Subventionen ableiten. Hingegen ergibt sich eine Verpflichtung an die Adresse der Vertragsstaaten, die Privatschulen zu unterstützen, und zwar in der Weise, dass die Ausnützung der Privatschulfreiheit in tatsächlicher Hinsicht möglich ist. *Art. 18 des Zivilpaktes* hat eine vergleichbare Bedeutung. Der Zivilpakt ist grundsätzlich zwar in einem weitergehenden Ausmass unmittelbar anwendbar und justitiabel als der Sozialpakt, doch hat dies für den Kontext wenig Bedeutung. Selbst wenn man aus dem *Elternrecht* in Abs. 4 die Privatschulfreiheit ableiten wollte, ergäbe sich daraus keine weitergehende Garantie als nach dem Sozialpakt. Ein Subventionsanspruch ist auch hier zu verneinen. Das *Übereinkommen über die Rechte des Kindes* ist von der Schweiz bereits unterzeichnet worden. Es ist ebenfalls als Gesetzesauftrag zu verstehen. Es garantiert das Recht der Familie und der *Eltern* (Art. 5, 18 Abs. 1 und 27) und die *Privatschulfreiheit* (Art. 29 Abs. 2). Ein unmittelbarer Anspruch auf Subventionierung lässt sich aber auch hier nicht ableiten. Das *Übereinkommen gegen die Diskriminierung im Bildungswesen* ist von der Schweiz bisher nicht unterzeichnet worden. Im übrigen liessen sich daraus bezüglich der Privatschulfreiheit und der Subventionierung keine weitergehenden Ansprüche ableiten, als sie bereits durch die UNO-Menschenrechtspakte garantiert sind. Schliesslich ist auf *Art. 2 des Ersten Zusatzprotokolles zur EMRK* hinzuweisen, das von der Schweiz noch nicht ratifiziert wurde. Doch ergibt sich auch daraus kein anderes Bild. Es wird zwar die Privatschulfreiheit garantiert, doch können aus diesem Umstand keine Rechtsansprüche auf Subventionen für Privatschulen abgeleitet werden. Was schliesslich die *Europäische Sozialcharta* betrifft, so kann sie im vorliegenden Zusammenhang überhaupt vernachlässigt werden.

In ***Deutschland*** liegt sowohl die Kulturhoheit als auch die Schulhoheit in der ausschliesslichen Zuständigkeit der *Länder*. Art. 7 GG lässt den Bund nur gerade vier Bereiche regeln: Schulaufsicht, Religionsunterricht, Privatschulfreiheit und Vorschulen. Ihm fehlt somit eine grundsätzliche Gesetzgebungskompetenz. Art. 6 GG stellt eine Art Sammelbestimmung dar, weil darin Ehe, Familie, Elternrecht, Mütter und nichteheliche Kinder behandelt werden. Dabei bildet die ***Familie*** (Art. 6 Abs. 1 GG) auch hier die Grundlage für das Elternrecht.

Das ***Elternrecht*** wird durch Art. 6 Abs. 2 Satz 1 GG als Menschen- und Grundrecht, institutionelle Garantie und wertentscheidende Grundsatznorm garantiert. Dessen Inhalt erstreckt sich auf Pflege und Erziehung des Kindes und dessen Schutz vor staatlichen Eingriffen. Kennzeichnend für das Elternrecht ist die durch die Eltern wahrgenommene aber auf das Kind ausgerichtete treuhänderische Freiheit, die pflichtgebunden und fremdnützig ist. Um den Schutz des Kindeswohls zu garantieren, besitzt der *Staat* ein *Wächteramt* (Art. 6 Abs. 2 Satz 2 GG), das ihn bei elterlichem Missbrauch zu Eingriffen ermächtigt. Bei der Beurteilung des Kindeswohls ist jeweils vom elterlichen Interpretationsprimat auszugehen. Das *Bürgerliche Gesetzbuch* konkretisiert die Beziehung der Eltern zum Kind in den Bestimmungen über die *elterliche Sorge* (§§ 1626 ff. BGB), welche die Personen- und Vermögenssorge umfasst.

Das ***Schulwesen*** wird durch *Art. 7 GG* geregelt. Die *Schulaufsicht* steht im ausschliesslichen Kompetenzbereich der Länder. Aufgrund seines Bildungsauftrages besitzt der *Staat* ein selbständiges *Erziehungsrecht*. Dieses lässt eine "werthaltige" Erziehung nicht zu, sondern untersteht dem Neutralitätsgebot. Der Staat bestimmt das Schulgepräge und hat Schulvielfalt zu gewährleisten. Hingegen kommt den *Eltern* im Schulbereich ein konfessionelles und ein pädagogisches Schulrecht zu, wobei die Mitwirkungs- und Mitbestimmungsrechte von den Ländern bestimmt werden. Grundsätzlich besteht - zwecks einheitlicher Ausbildung und Erziehung des Kindes - zwischen Staat und Eltern eine *Pflicht zur Zusammenarbeit*. Im Zweifelsfalle haben aber die Eltern Vorrang, da ihnen die Verantwortung für den erzieherischen *Gesamtplan* der Kinder zukommt.

Das ***Privatschulwesen*** ist Teil des gesamten Schulwesens und wird von den einzelnen *Ländern* geregelt. Die *Privatschulfreiheit* wurde bereits in der Weimarer Reichsverfassung garantiert (Art. 147 WRV). Im Grundgesetz wird sie heute - im Anschluss an das Elternrecht (Art. 6 GG) - durch Art. 7 Abs. 4 Satz 1 GG gewährleistet. Das Grundgesetz unterscheidet *Ersatzschulen*, die als Ersatz für vorhandene oder vorgesehene öffentliche Schulen dienen, und *Ergänzungsschulen*, die nicht der Erfüllung der Schulpflicht dienen. Gemäss Art. 7 Abs. 4 Satz 2 bedürfen die Ersatzschulen der *Genehmigung* des Staates und stehen unter dessen Aufsicht. Bei Erfüllen der Genehmigungsvoraussetzungen, die in Art. 7 Abs. 4 Satz 3 und 4 sowie in Abs. 5 abschliessend aufgezählt werden, besteht ein Rechtsanspruch auf Erteilung der Bewilligung. So wird verlangt, dass sie in den Lehrzielen und Einrichtungen nicht hinter den öffentlichen Schulen zurückstehen, die Schüler nicht nach den Besitzverhältnissen sondern, die Lehrkräfte eine gleichwertige wissenschaftliche Ausbildung aufweisen und deren wirtschaftliche und rechtliche Stellung gesichert ist. Für die Zulassung als Volksschule wird zusätzlich verlangt, dass von der Unterrichtsverwaltung ein besonderes pädagogisches Interesse anerkannt wird bzw. die Privatschule als Gemeinschafts-, Bekenntnis- oder Weltanschauungsschule errichtet wird und eine entsprechende öffentliche Volksschule fehlt.

Hinsichtlich der *Subventionierung der Privatschulen* hat das Bundesverfassungsgericht festgestellt, dass die Statuierung einer *staatlichen Schutz- und Förderungspflicht* notwendig ist, um Schulvielfalt zu gewährleisten. Doch erstreckt sich diese "nur" auf die *Bestandesgarantie* des Privatschulwesens, d.h. die *einzelne* Schule kann keine Ansprüche geltend machen. Und der Umfang der Förderung wird auf das *Existenzminimum der Institution* eingeengt.

Die Privatisierung des Bildungswesens wird mittlerweile von der ***ökonomischen Seite*** her wieder thematisiert. Im vorliegenden Zusammenhang ist diese Diskussion insofern von Interesse, als sie eine Antwort auf die Frage der Subventionierung der Privatschulen gibt. Die ökonomische Betrachtung beschränkt sich grundsätzlich auf die Erklärung quantifizierbarer Effekte; bildungstheoretische Aspekte werden den Erziehungswissenschaftern überlassen. Liberale Wirtschaftswissenschafter versprechen sich von einem privaten Schulangebot u.a. eine Steigerung der Effizienz. So wird Bildung als ökonomischer Wert aufgefasst, der sowohl Konsum- als auch Investitionsgut darstellen kann. Und das Schulwesen wird zwar als öffentliche, nicht aber als staatliche Aufgabe bezeichnet, weshalb insbesondere für die Volksschule die Privatisierung gefordert wird. Doch soll diese nicht etwa die Finanzierung, sondern lediglich die Produktion des Bildungsangebotes umfassen.

Die *heutige Schulsituation* wird durch die *staatliche Produktion* des Bildungsangebotes dominiert. Es bestehen weder Sanktionsmöglichkeiten noch finanzielle Erfolgskontrollen. Weder auf der Angebots- noch auf der Nachfrageseite findet eine optimale Ressourcenallokation statt. Die Bildungsinstitutionen werden direkt finanziert, wodurch die Bildungsnachfragenden ihre Marktmacht verlieren. Geht man vom *freien Bildungsmarkt als Grundsatz* aus, so wird sich das Bildungsangebot von der zu erwartenden Rendite und die Bildungsnachfrage jeweils vom erwartenden höheren Einkommen leiten lassen. Bei *Marktversagen* rechtfertigen sich *staatliche Interventionen*, so etwa bei mangelndem Wettbewerb oder öffentlichen Gütern. Und durch die Bestimmung staatlich festgelegter Mindeststandards kann die Qualität der Bildung gesichert werden. Beide reinen Steuerungssysteme (Privat oder Staat) bewirken eine suboptimale und ineffiziente Güterverteilung. Deshalb geht es auch nicht um die

Alternative 'Markt oder Plan', sondern um das *richtige Abwägen der besten Lösung im Einzelfall*.

Ebenso wichtig wie die Produktion des Bildungsangebotes selbst ist die Frage nach dessen *Finanzierung*. Grundsätzlich kommen drei Finanzierungsträger in Frage: der Staat, private Haushalte und Unternehmen. Die *allgemeine Schulbildung* weist auf der Volksschulstufe eine starke Sozialisationsfunktion auf. Deshalb ist dieser Bildungsbereich auch weiterhin *staatlich* zu finanzieren. Als Mittel dazu können verschieden ausgestaltete *Bildungsgutscheine (Voucher)* dienen. Diese vermitteln einen direkten Bezug zwischen den bezahlten Steuern und der genossenen Ausbildung, indem sie eine staatliche Entschädigungssumme verbürgen, die an einer zugelassenen Schule gegen Schulbildung eingelöst werden kann. Auf diese Weise verspricht man sich Effizienz, Innovation, Schulvielfalt, sinkende Bildungsausgaben, Chancengleichheit und vor allem *mehr Wahlfreiheit* für die bildungsnachfragenden Eltern. Im Gegensatz dazu bezweckt der Einzelne mit der *Berufsausbildung* die Verbesserung seiner Qualifikationen, um dadurch später ein höheres Einkommen zu erzielen (so die Humankapitaltheorie). Deshalb rechtfertigt sich hier die strikte *Eigenfinanzierung*. Doch muss der Staat - zum Zwecke der Chancengleichheit - für nichtliquide Bildungswillige ein *Darlehens- und Kreditfinazierungssystem* zur Verfügung stellen.

ANHÄNGE

Mascello 1995

ANHANG 1:

Schweizer Bestimmungen zum privaten Primarschulwesen[1]

---

1. Bundesverfassung (BV)

2. Aargau (AG)
3. Appenzell A.Rh. (AR)
4. Appenzell I.Rh. (AI)
5. Basel-Landschaft (BL)
6. Basel-Stadt (BS)
7. Bern (BE)
8. Freiburg (FR)
9. Genf (GE)
10. Glarus (GL)
11. Graubünden (GR)
12. Jura (JU)
13. Luzern (LU)
14. Neuenburg (NE)
15. Nidwalden (NW)
16. Obwalden (OW)
17. Schaffhausen (SH)
18. Schwyz (SZ)
19. Solothurn (SO)
20. St. Gallen (SG)
21. Tessin (TI)
22. Thurgau (TG)
23. Uri (UR)
24. Waadt (VD)
25. Wallis (VS)
26. Zürich (ZH)
27. Zug (ZG)

Deutschland: S. 368

[1] Vgl. hierzu auch: Gesetzliche Bestimmungen über das Privatschulwesen in der Schweiz nach Kantonen, Stand: Winter 87/88, hrsg. von der Schweizerischen Dokumentationsstelle für Schul- und Bildungsfragen, Le Grand-Saconnex/GE 1988 (Dossier 88.04).

1. BUNDESVERFASSUNG DER SCHWEIZERISCHEN EIDGENOSSENSCHAFT VOM 29. MAI 1874

Art. 27

1 Der Bund ist befugt, ausser der bestehenden polytechnischen Schule, eine Universität und andere höhere Unterrichtsanstalten zu errichten oder solche Anstalten zu unterstützen.
2 Die Kantone sorgen für genügenden Primarunterricht, welcher ausschliesslich unter staatlicher Leitung stehen soll. Derselbe ist obligatorisch und in den öffentlichen Schulen unentgeltlich.
3 Die öffentlichen Schulen sollen von den Angehörigen aller Bekenntnisse ohne Beeinträchtigung ihrer Glaubens- und Gewissensfreiheit besucht werden können.
3bis Für die Zeit des obligatorischen Schulunterrichts beginnt das Schuljahr zwischen Mitte August und Mitte September.
4 Gegen Kantone, welche diesen Verpflichtungen nicht nachkommen, wird der Bund die nötigen Verfügungen treffen.

Art. 49

1 Die Glaubens- und Gewissensfreiheit ist unverletzlich.
2 Niemand darf zur Teilnahme an einer Religionsgenossenschaft oder an einem religiösen Unterricht oder zur Vornahme einer religiösen Handlung gezwungen, oder wegen Glaubensansichten mit Strafen irgendwelcher Art belegt werden.
3 Über die religiöse Erziehung der Kinder bis zum erfüllten 16. Altersjahr verfügt im Sinne vorstehender Grundsätze der Inhaber der väterlichen oder vormundschaftlichen Gewalt.
4 Die Ausübung bürgerlicher oder politischer Rechte darf durch keinerlei Vorschriften oder Bedingungen kirchlicher oder religiöser Natur beschränkt werden.
5 Die Glaubensansichten entbinden nicht von der Erfüllung der bürgerlichen Pflichten.
6 Niemand ist gehalten, Steuern zu bezahlen, welche speziell für eigentliche Kultuszwecke einer Religionsgenossenschaft, der er nicht angehört, auferlegt werden. Die nähere Ausführung dieses Grundsatzes ist der Bundesgesetzgebung vorbehalten.

2. AARGAU (AG)

a) Verfassung des Kantons Aargau vom 25. Juni 1980

§ 14

Die wissenschaftliche Lehre und Forschung sowie die künstlerische Betätigung sind frei.

§ 28

1 Jedes Kind hat Anspruch auf eine seinen Fähigkeiten angemessene Bildung.
2 Der Kanton unterstützt die Eltern bei der Erziehung und Bildung der Kinder.
3 Das Schulwesen wird durch Gesetz geordnet.

§ 33

1 Der Kanton kann anerkannte Privatschulen unterstützen.
2 Privatschulen der Volksschulstufe unterstehen der Aufsicht des Kantons.

b) Schulgesetz (SchG) vom 17. März 1981

§ 45

Die Unterrichtsfreiheit in der Wahl des Stoffes und der Lehrverfahren ist im Rahmen der Lehrpläne gewährleistet.

§ 58

[1] Die Einrichtung von Schulen mit privater Trägerschaft, in denen Kinder und Jugendliche ihre Schulpflicht erfüllen, bedarf der Genehmigung durch den Erziehungsrat.

[2] Die privaten Schulen stehen unter der staatlichen Schulaufsicht und haben in bezug auf räumliche Anforderungen, Ausbildung der Lehrkräfte und Lehrpläne den öffentlichen Schulen zu entsprechen; sie haben den Anschluss an die öffentlichen Schulen zu gewährleisten.

[3] Leistet eine Privatschule den Vorschriften nicht Folge, so untersagt der Regierungsrat die Aufnahme und Ausbildung schulpflichtiger Kinder.

3. APPENZELL AUSSERRHODEN (AR)

a) Verfassung für den Kanton Appenzell A.Rh. vom 26. April 1908

Art. 27

[1] Das gesamte Schulwesen steht unter der Aufsicht des Staates. Das Nähere bestimmt das Gesetz.

[2] Im Rahmen der Gesetzgebung ist das Schulwesen Sache der Gemeinden. Vorbehalten bleibt die besondere Stellung der kantonalen und privaten Schulen.

b) Schulgesetz (SchG) vom 26. April 1981

Art. 10

[1] Private Schulen bedürfen der staatlichen Anerkennung. Sie wird erteilt, wenn die Schule alle Anforderungen erfüllt, die an die öffentlichen Schulen gestellt werden.

[2] Die Privatschulen stehen unter der Aufsicht der Landesschulkommission.

Art. 11

Der Privatunterricht anstelle des Unterrichts in staatlich anerkannten Schulen bedarf während der Dauer der Schulpflicht einer Bewilligung der Landesschulkommission und steht unter der Aufsicht der Erziehungsdirektion.

Art. 59 Abs. 2

Im weiteren kann der Kanton Institutionen öffentlicher oder privater Träger inner- oder ausserhalb des Kantons, die auf dem Gebiete der Erziehung und Bildung tätig sind, mit angemessenen Beiträgen unterstützen.

c) Verordnung zum Schulgesetz (SchV) vom 7. Dezember 1981

Art. 21

[1] Für die Anstellung von Lehrkräften an Privatschulen gelten die gleichen Wahlfähigkeitsvoraussetzungen wie für die Wahl an öffentliche Schulen. In Sonderfällen kann die Erziehungsdirektion einer Privatschule die Bewilligung erteilen, einen Mitarbeiter, der nur eine Lehrbewilligung besitzt, in der Funktion eines gewählten Lehrers anzustellen.

[2] Für die Anstellungsdauer von Verwesern, Stellvertretern und Hilfslehrern mit Lehrbewilligung gelten die Vorschrifen von Art. 30 dieser Verordnung. Im übrigen sind Privatschulen frei, das Arbeitsverhältnis mit den Lehrern im Rahmen des Obligationenrechts zu regeln.

4. *APPENZELL INNERRHODEN (AI)*

a) Verfassung für den Eidgenössischen Stand Appenzell I.Rh. vom 24. Wintermonat 1872

Art. 12 Abs. 1
Das öffentliche Unterrichtswesen ist nach Massgabe eingehender Bestimmungen Sache des Staates.

b) Schulgesetz (SchG) vom 29. April 1984

Art. 11
[1] Private Schulen bedürfen der Bewilligung durch die Landesschulkommission und unterstehen deren Aufsicht.
[2] Privatunterricht anstelle des Unterrichts in öffentlichen Schulen bedarf während der Dauer der Schulpflicht der Bewilligung durch die Landesschulkommission und steht unter deren Aufsicht.

Art. 37
Die Lehrkräfte sind verpflichtet, ihre Bildungs- und Erziehungsaufgabe gewissenhaft zu erfüllen. Im Rahmen von Art. 2 dieses Gesetzes, der Lehrpläne sowie der obligatorischen und der zugelassenen Lehrmittel geniessen sie Lehrfreiheit.

Art. 51
[1] Der Kanton kann für den Besuch anderer, staatlich anerkannter Schulen und für den Betrieb ausserkantonaler Schulen im Rahmen der Verordnung und allfälliger Staatsverträge oder Konkordate Beiträge leisten.
[2] Im weiteren kann der Kanton Institutionen öffentlicher oder privater Träger inner- oder ausserhalb des Kantons, die auf dem Gebiete der Erziehung und Bildung tätig sind, mit angemessenen Beiträgen unterstützen.

c) Schulverordnung (SchV) vom 19. November 1984

Art. 19
Für die Anstellung von Lehrkräften an Privatschulen gelten die gleichen Wahlfähigkeitsvoraussetzungen wie für die Wahl an öffentlichen Schulen. Im übrigen regeln die Privatschulen das Arbeitsverhältnis mit den Lehrkräften im Rahmen des Obligationenrechts.

5. *BASEL-LANDSCHAFT (BL)*

a) Verfassung des Kantons Basel-Landschaft vom 17. Mai 1984

§ 6 Abs. 2 lit. e
Gewährleistet sind insbesondere:
- e. die Freiheit der wissenschaftlichen Lehre und Forschung sowie der künstlerischen Betätigung.

§ 17 Abs. 1 lit. a
Kanton und Gemeinden streben (...) danach, dass:
- a. jeder sich nach seinen Fähigkeiten und Neigungen bilden und weiterbilden sowie am Kulturleben teilnehmen kann.

§ 96 Abs. 1
Das Gesetz regelt die Trägerschaft der öffentlichen Schulen und anderer öffentlicher Institutionen, die der Erziehung oder der Berufsausbildung dienen.

§ 99
[1] Nichtstaatliche Schulen unterstehen der Aufsicht des Kantons.
[2] Dieser kann nichtstaatliche Schulen inner- und ausserhalb des Kantons unterstützen.

b) Schulgesetz (SchG) vom 26. April 1979

§ 6
[1] Private Schulen bedürfen der Bewilligung des Regierungsrates; sie unterstehen der Aufsicht des Kantons. Die Bewilligung wird nach Anhören des Erziehungsrates erteilt, wenn die Schule die Anforderungen erfüllt, die an die öffentlichen Schulen gestellt werden.
[2] Der Landrat kann unter Vorbehalt des fakultativen Finanzreferendums die Ausrichtung von Beiträgen an private Schulen beschliessen, sofern sie wesentliche Aufgaben übernehmen, welche die öffentlichen Schulen nicht erfüllen.

§ 19
Privatunterricht und der Besuch einer privaten statt einer öffentlichen Schule bedürfen während der Dauer der Schulpflicht der Bewilligung der Erziehungsdirektion und unterstehen ihrer Aufsicht.

§ 145
Der Kanton kann Beiträge an private Schulen innerhalb und ausserhalb des Kantons leisten, sofern diese wesentliche Aufgaben übernehmen, welche die öffentlichen Schulen des Kantons und der Einwohnergemeinden nicht erfüllen.

6. BASEL-STADT (BS)

a) Verfassung des Kantons Basel-Stadt vom 2. Dezember 1889

§ 15
Erziehungs- und Bildungsanstalten, welche nicht vom Staate errichtet sind, haben keinen Anspruch auf dessen Unterstützung, sind aber den Bestimmungen des Gesetzes unterworfen und stehen unter Aufsicht des Staates.

b) Schulgesetz (SchG) vom 4. April 1929[2]

§ 130
[1] Zur Errichtung von Schulen oder Erziehungsanstalten für allgemeine Bildung oder Berufsbildung durch Private, Gesellschaften, Vereine oder Korporationen bedarf es einer Bewilligung des Regierungsrates.
[2] Einzelne Kurse und Vorträge unterstehen den Vorschriften über die Privatschulen nicht.

---

2 Die Schulreform mit der Änderung des Schulgesetzes wurde in der Volksabstimmung vom 2.-4. Dezember 1988 angenommen und wurde auf den 1. August 1994 wirksam. Die neue Fassung mit Stand am 11. August 1991/1. August 1994 hat die bisherigen Art. 130-135 über die Privatschulen bis auf drei unwesentliche Änderungen übernommen.

§ 131
Die Bewilligung ist an folgende Bedingungen geknüpft:
1. Leiter, Lehrer und Lehrerinnen sollen sich über einen guten Leumund und über den Besitz der bürgerlichen Rechte ausweisen.
2. (wurde gestrichen)
3. Die Schullokale unterliegen in sanitarischer Hinsicht der Prüfung und den Vorschriften der Behörden.
4. Handelt es sich um Anstalten, welche schulpflichtige normale Kinder aufnehmen, so gelten für die Lehrer und Lehrerinnen in bezug auf Leumund, Kenntnisse und Lehrbefähigung die gleichen Bestimmungen, wie für die Lehrer und Lehrerinnen der öffentlichen Schulen auf der entsprechenden Stufe. Lehrer und Lehrerinnen an Schulen für Taubstumme, Blinde, Schwachsinnige u. dgl. haben sich über den Besitz der für den Unterricht in diesen Anstalten nötigen Kenntnisse und über ihre praktische Lehrbefähigung auszuweisen.
5. Anstalten, die schulpflichtige Kinder aufnehmen, haben sich darüber auszuweisen, dass sie das gleiche Lehrziel erreichen, wie es für die entsprechenden öffentlichen Schulen vorgeschrieben ist. Schulen für Taubstumme, Blinde, Schwachsinnige, Verwahrloste u. dgl. werden von dieser Verpflichtung ausgenommen.
6. Privatschulen sind in Ankündigungen als solche zu bezeichnen, dass über ihren nichtstaatlichen Charakter keine Zweifel bestehen.

§ 132
[1] Die bewilligten Privatschulen stehen unter der Aufsicht der Schulbehörden und haben dem Erziehungsdepartement jährlich in der von ihm festzusetzenden Weise Bericht zu erstatten.
[2] Mit der Aufsicht über die einzelnen Privatschulen werden vom Erziehungsrat bestimmte Schulvorsteher beauftragt.
[3] Die vom Erziehungsdepartement mit der Aufsicht betrauten Schulvorsteher sind berechtigt, die Privatschulen jederzeit zu besuchen und über den Schulbetrieb alle Auskunft zu verlangen.

§ 133
[1] Die Anstalten, welche schulpflichtige Kinder aufnehmen, haben ihren Unterrichtsplan und ihre Lehrmittel dem Erziehungsrat zur Prüfung nach Massgabe der Bestimmungen des § 131 vorzulegen; ebenso haben sie dem Erziehungsdepartement von der Anstellung neuer Lehrer und Lehrerinnen und von Änderungen des Unterrichtsplans oder der Lehrmittel Kenntnis zu geben.
[2] Der Erziehungsrat kann für solche Schulen Prüfungen anordnen.
[3] Die für die öffentlichen Schulen aufgestellten Bedingungen über Schuleintritt und Austritt, Ferien, Dispensationen, Schulversäumnisse, Ausweisung aus der Schule, Zeugnisse, Strafen gelten sinngemäss auch für die Privatschulen, die schulpflichtige Kinder unterrichten. Ausnahmen bedürfen der Genehmigung des Erziehungsdepartements.
[4] Die Leiter von privaten Schulen und Erziehungsanstalten haben den Ein- und Austritt schulpflichtiger Kinder dem Erziehungsdepartement regelmässig zu melden.

§ 134
Privatschulen oder Erziehungsanstalten, deren Leiter sich weigern, den in § 132 und § 133 aufgestellten Vorschriften oder den Weisungen der Schulbehörden nachzukommen, können vom Regierungsrat auf den Antrag des Erziehungsrates aufgehoben werden.

§ 135

[1] Eltern oder Vormünder, welche Kinder im schulpflichtigen Alter zu Hause unterrichten lassen wollen, haben jedes Jahr beim Erziehungsdepartement um die Erlaubnis hiezu einzukommen.
[2] Das Erziehungsdepartement wird die Erlaubnis nur erteilen, wenn die Persönlichkeit des Lehrers oder der Lehrerin für einen guten Privatunterricht Gewähr leistet. Es kann ausserdem solche Kinder von Zeit zu Zeit prüfen lassen und die erteilte Erlaubnis zurückziehen, falls sich ergibt, dass der erteilte Unterricht ungenügend ist.
[3] Für die Prüfung ist eine dem Prüfenden zufallende Entschädigung zu entrichten.

7. BERN (BE)

a) Staatsverfassung des Kantons Bern vom 4. Juni 1893

Art. 87 Abs. 1 bis 4

[1] Die Befugnis zu lehren ist, unter Vorbehalt gesetzlicher Bestimmungen, freigestellt.
[2] Niemand darf die seiner Obhut anvertraute Jugend ohne den Grad von Unterricht lassen, der für die öffentlichen Primarschulen vorgeschrieben ist.
[3] Es ist Pflicht des Staates und der Gemeinden, die Volksschule möglichst zu vervollkommnen. Das Gesetz bestimmt das Beitragsverhältnis zwischen Staat und Gemeinden.
[4] Der Primarschulunterricht steht ausschliesslich unter staatlicher Leitung. Derselbe ist in den öffentlichen Schulen unentgeltlich.

b) Neue Verfassung des Kantons Bern, in Kraft ab 1.1.1995

Art. 21 Abs. 1

Die Befugnis zu unterrichten sowie die Freiheit von Forschung und Lehre sind gewährleistet.

Art. 42 Abs. 2

Kanton und Gemeinden unterstützen die Eltern in der Erziehung und Ausbildung der Kinder.

Art. 43

[1] Kanton und Gemeinden führen öffentliche Kindergärten und Schulen. Der Unterricht ist konfessionell und politisch neutral.
[2] Sie können an Privatschulen, die öffentliche Aufgaben erfüllen, Beiträge leisten.
[3] Der Kanton ordnet die Aufsicht über die Privatschulen und den Privatunterricht.

c) Gesetz über die Organisation des Schulwesens (SchG) im Kanton Bern vom 24. Juni 1856

Art. 24

[1] Die Erteilung von Privatunterricht, sowie die Errichtung von Pensionaten zum Zweck des Unterrichts und der Erziehung ist nur mit Bewilligung der Erziehungsdirektion nach Einvernahme des Schulinspektors des Bezirks, erlaubt.
[2] Die nähern Bestimmungen hierüber enthält das betreffende Gesetz.

d) Gesetz über die Primarschule (PrSchG) vom 2. Dezember 1951

Art. 96

[1] Privatschulen, in welchen für schulpflichtige Kinder Primar- oder Sekundarschulunterricht erteilt wird, können nur mit Bewilligung der Erziehungsdirektion geführt werden. Sie stehen unter der gleichen staatlichen Aufsicht wie die öffentlichen Schulen.
[2] Die Bewilligung wird erteilt, wenn der Bewerber einen unbescholtenen Ruf geniesst, wenn er und sein Lehrpersonal sich über die nötige Befähigung ausweisen und wenn genügende Schuleinrichtungen vorhanden sind.
[3] Sinken die Leistungen einer Privatschule dauernd unter die der öffentlichen Primarschule, so ist die Bewilligung zurückzuziehen.

Art. 97

Eltern, welche ihre Kinder schuldhaft in eine nicht anerkannte Schule schicken, werden mit Busse bestraft; Artikel 64 Absatz 2 ist ebenfalls anwendbar.

Art. 100

[1] Eltern oder deren Vertreter, die ihre Kinder selbst unterrichten oder privat unterrichten lassen, haben dies jährlich der Schulkommission zuhanden des Schulinspektors zu melden. Hiebei ist anzugeben, wer diesen Unterricht erteilt.
[2] Der Schulinspektor hat jederzeit das Recht, die Kinder zu prüfen oder durch einen Lehrer prüfen zu lassen. Erweist sich der Unterricht als ungenügend, so werden die Eltern oder ihre Vertreter mit Busse bestraft; Artikel 64 Absatz 2 ist ebenfalls anwendbar.

8. FREIBURG (FR)

a) Staatsverfassung des Kantons Freiburg vom 7. Mai 1857

Art. 18

Das Recht, zu unterrichten, ist unter Vorbehalt der diesen Gegenstand beschlagenden gesetzlichen Bestimmungen freigestellt.

b) Gesetz vom 23. Mai 1985 über den Kindergarten, die Primarschule und die Orientierungsschule (Schulgesetz) (SchG)

Art. 102

[1] Die Eröffnung einer Privatschule bedarf der Bewilligung des Departementes. Die betroffene Gemeinde gibt vorher ihren Antrag ab.
[2] Die Bewilligung wird erteilt, wenn der Gesuchsteller nachweist:

a) dass die Mitglieder der Direktion und des Lehrkörpers die nötigen beruflichen Qualifikationen besitzen;
b) dass er über geeignete Räumlichkeiten verfügt;
c) dass die erteilte Ausbildung jener der öffentlichen Schulen gleichwertig ist;
d) dass im Unterricht und in der Erziehung die Grundrechte des Menschen beachtet werden.

[3] Die Bewilligung wird entzogen, wenn die Voraussetzungen für ihre Erteilung nicht mehr erfüllt sind.

Art. 103
[1] Das Departement übt die Aufsicht über die Privatschule aus.
[2] Es kann von der Schuldirektion die notwendigen Auskünfte und Unterlagen verlangen, die Räume besichtigen lassen und einen seiner Vertreter beauftragen, dem Unterricht beizuwohnen.

Art. 104
[1] Die Eltern haben das Recht, ihren Kindern zu Hause Unterricht zu erteilen oder erteilen zu lassen.
[2] Der Unterricht zu Hause bedarf der Bewilligung des Departementes und steht unter dessen Aufsicht.
[3] Die Bewilligung wird erteilt, wenn die Eltern oder der Hauslehrer in der Lage sind, eine Ausbildung zu vermitteln, die jener der öffentlichen Schulen gleichwertig ist.
[4] Die Bewilligung wird entzogen, wenn die Voraussetzungen für ihre Erteilung nicht mehr erfüllt sind.

Art. 132
Für die freien öffentlichen Schulen, die bei Inkrafttreten des vorliegenden Gesetzes bestehen, gelten nach wie vor die Artikel 116, 117, 118 Absatz 1 und 119 bis 119^{quater} des Gesetzes vom 17. Mai 1884 über das Primarschulwesen und die Artikel 49 Absatz 2 bis 4 des Gesetzes vom 14. Februar 1951 über den Mittelschul- und Sekundarunterricht.

c) *Gesetz über das Primarschulwesen (PrSchG) vom 17. Mai 1884 [Art. 116 bis 119^{quater}, freie öffentliche Schulen]*[3]

Art. 116 Abs. 1 und 2
[1] Die freien Schulen können dem Staatsrat beantragen, in den Genuss des Statuts der öffentlichen Schulen zu gelangen. Diesem Antrag wird nur Folge gegeben, wenn das öffentliche Interesse es rechtfertigt. In diesem Falle müssen die Schulstatuten die örtliche und personelle Begrenzung des freien öffentlichen Schulkreises festlegen. Die Statuten unterliegen der Genehmigung des Staatsrates.
[2] Die freien öffentlichen Schulen sind den Gesetzen und übrigen Vorschriften unterworfen, die für die öffentlichen Schulen gelten, insbesondere bezüglich der Ernennung und Besoldung des Lehrpersonals, des Unterrichts, der Disziplin, des Schulbesuches und der Schulzusammenlegung.

Art. 118
Die Gehälter und die Sozialzulagen der Lehrerschaft der freien öffentlichen Schulen gehen gemäss den für die öffentlichen Schulen geltenden Bestimmungen zu Lasten der Gemeinden und des Staates.

Art. 119 Abs. 1
Alle übrigen Schullasten (...) werden (...) auf die Gemeinden des Schulkreises verteilt, und zwar zur einen Hälfte im Verhältnis der Anzahl Schüler, (...), zur andern Hälfte im Verhältnis zur Anzahl Einwohner, (...).

Art. 119bis Abs. 3
Die Kosten [für Bau oder Umbau eines Schulgebäudes und alle andern Investitionsausgaben] werden nach Abzug des Staatsbeitrages gemäss den Bestimmungen des Artikels 119 aufgeteilt.

d) *Ausführungsbeschluss zum Gesetz vom 10. Mai 1972 über das Statut der freien Schulen und der freien öffentlichen Schulen vom 18. Juni 1973*

---

[3] Dieses Gesetz wurde 1985 (neues SchulG) bis auf diese Artikel aufgehoben.

e) Reglement vom 26. Dezember 1973 betreffend Schulbauten (SBR)

Art. 1 Abs. 1
Das vorliegende Reglement betrifft die öffentlichen Schulbauten, inbegriffen jene der freien Schulen.

Art. 16
Die Gemeinden haben Anrecht auf die gesetzlichen Staatsbeiträge (...).

9. GENF (GE)

a) Constitution de la République et canton de Genève du 24 mai 1847 (Nouvelle teneur dès le 6.8.1977)

Art. 10
1 La liberté d'enseignement est garantie à tous les Genevois, sous la réserve des dispositions prescrites par les lois dans l'intérêt de l'ordre public ou des bonnes moeurs.
2 Les étrangers ne peuvent enseigner qu'après avoir obtenu une autorisation du Conseil d'Etat.

Art. 161 al. 1
La loi règle l'organisation des établissements d'instruction publique qui sont en tout ou en partie à la charge de l'Etat.

b) Loi sur l'instruction public (LS) du 6 novembre 1940 (Nouvelle teneur dès le 9.1.1988)

Art. 14
1 La liberté d'enseignement est garantie à tous les Suisses, sous réserve des dispositions prescrites par les lois et règlements dans l'intérêt de l'ordre public, des bonnes moeurs et de l'hygiène.
2 Les étrangers ne peuvent enseigner qu'après avoir obtenu une autorisation d'enseigner délivrée par le Conseil d'Etat. Cette autorisation, délivrée après un examen ou sur la production d'un diplôme reconnu suffisant, est révocable en tout temps. Le règlement fixe les conditions de l'autorisation.
3 Les dispositions relatives aux autorisations de séjour et de travail sont réservées.

Art. 14 A
1 L'exploitation d'une école privée, pour quelque enseignement que ce soit, ainsi que l'organisation de cours par correspondance, doivent faire l'objet d'une autorisation préalable du département.
2 Cette autorisation, qui n'est accordée que si l'enseignement projeté et les conditions dans lesquelles il doit être donné ne sont pas contraires à l'ordre public, aux bonnes moeurs et à l'hygiène, est révocable en tout temps.
3 Le règlement fixe la procédure et les conditions de l'autorisation.

Art. 15
1 Le département vérifie en tout temps que l'instruction obligatoire dans les écoles privées est conforme aux dispositions légales et réglementaires.
2 L'enseignement obligatoire, lorsqu'il a lieu à domicile, est également contrôlé.
3 Si le département constate que l'instruction donnée dans une école privée ou à domicile est insuffisante, il prend les mesures qui s'imposent; il met notamment en demeure les parents ou les tuteurs des enfants de les envoyer dans une autre école ou de les confier à d'autres professeurs.

Art. 15 A
Les contrevenants aux dispositions du présent chapitre ou de son règlement d'application sont passibles des arrêts et de l'amende, ou de l'une de ces peines seulement.

c) Règlement de l'enseignement primaire (REP) du 12 juin 1974 (Nouvelle teneur dès le 18.2.1982)

Art. 169
Le département exerce un contrôle de l'instruction obligatoire reçu dans les écoles privées et a le droit d'intervenir lorsque l'enseignement est jugé insuffisant.

d) Règlement relatif à l'enseignement privé (RREP) du 28 juillet 1971 (Nouvelle teneur dès le 1.6.1989)

Art. 2
1 L'enseignement sous toutes ses formes ne doit rien comporter de contraire à l'ordre public, aux bonnes moeurs et à l'hygiène. Il doit répondre au but annoncé ou suggéré.
2 Les écoles doivent veiller à n'inscrire que des candidats pouvant raisonnablement suivre l'enseignement souscrit.

Art. 9
1 L'autorisation ne constitue pas une reconnaissance du département quant à la valeur de l'enseignement. Elle ne doit en aucun cas être mentionnée dans la publicité ou sur le papier à lettres.
2 L'autorisation peut être retirée si les dispositions légales et réglementaires ne sont plus respectées, sans préjudice des sanctions pénales prévues à l'article 15 A de la loi sur l'instruction publique.

Art. 10
1 L'enseignement ne peut être donné que par une personne dont les antécédents et la moralité offrent des garanties suffisantes.
2 Dans l'intérêt de l'ordre public, toute personne donnant un enseignement doit fournir la preuve qu'elle possède les aptitudes et les connaissances nécessaires.

10. GLARUS (GL)

a) Verfassung des Kantons Glarus vom 1. Mai 1988

Art. 11
Die Unterrichts- und Lehrfreiheit ist in den Schranken des Gesetzes sowie der Ziele der öffentlichen Schul- und Bildungsförderung gewährleistet.

Art. 36
1 Das Recht, Privatschulen zu errichten und zu führen, ist in den Schranken des Gesetzes gewährleistet.
2 Die Privatschulen können aus öffentlichen Mitteln unterstützt werden.

b) Gesetz über das Schulwesen (Schulgesetz) (SchG) vom 1. Mai 1983

Art. 3
[1] Die Errichtung und Führung von Privatschulen, die ebenfalls den Bestimmungen dieses Gesetzes unterstehen, setzt eine Bewilligung des Regierungsrates voraus. Dieser kann eine erteilte Bewilligung wieder zurückziehen.
[2] Der Landrat kann Privatschulen im Sinne von Sonderschulen und Sonderschulheimen den Charakter öffentlicher Schulen zuerkennen.

Art. 14
Kinder, die ihrer Schulpflicht in Privatschulen oder in geeignetem Hausunterricht nachkommen, sind vom Besuche der öffentlichen Schulen befreit.

Art. 26
Alle Lehrmittel der öffentlichen und privaten Schulen (...) werden von der Lehrmittelkommission vorgeschlagen und von der Erziehungsdirektion bewilligt.

Art. 27
[1] (...) Die Schulgemeinden haben den Schülern die Lehrmittel (...) unentgeltlich abzugeben.
[2] Die Abgabe von Schreib- und Zeichenmaterial (...) erfolgt kostenlos.

Art. 88
[1] Die Erziehungsdirektion kann bei Privatschulen in der Organisation und im Lehrplan Abweichungen zulassen.
[2] Die Lehrer müssen im Besitze eines anerkannten Fähigkeitsausweises sein.

Art. 89
[1] Wenn die Eltern ihre schulpflichtigen Kinder selbst unterrichten oder privat unterrichten lassen wollen, so hat der Schulrat die Bewilligung der Erziehungsdirektion einzuholen.
[2] Die Lehrer müssen im Besitze eines anerkannten Fähigkeitsausweises sein.

Art. 90
Der Schulinspektor hat jederzeit das Recht, den Unterricht zu besuchen, die Kinder zu prüfen oder durch einen Lehrer prüfen zu lassen. Erweist sich der Unterricht als ungenügend, kann die Erziehungsdirektion die Weiterführung des Privatunterrichtes untersagen.

Art. 146 Abs. 2
Der Kanton kann ferner Beiträge im Sinne von Art. 137 [Beiträge an Bauvorhaben, Renovationen und Anschaffungen] an öffentlich anerkannte Privatschulen des Kantons gewähren.

11. GRAUBÜNDEN (GR)

a) Verfassung für den Kanton Graubünden vom 2. Oktober 1892

Art. 10
[1] Die Ausübung jeder Berufsart in Kunst und Wissenschaft, Handel und Gewerbe ist frei.
[2] Vorbehalten sind die gesetzlichen und polizeilichen Vorschriften innert den Schranken des Art. 31 der Bundesverfassung.

Art. 41
1 Das Oberaufsichtsrecht über das gesamte Unterrichtswesen steht dem Staate zu.
2 [verweist in Fussnote 3 auf das kantonale Schulgesetz]
3 Die Volksschule steht unter staatlicher Leitung; (...).

b) Gesetz für die Volksschulen des Kantons Graubünden (Schulgesetz) (SchG) vom 19. November 1961

Art. 3
1 Neben der öffentlichen Volksschule besteht die Privatschule als vom Staat beaufsichtigte Schule.
2 Für Privatschulen gelten sinngemäss die Bestimmungen dieses Gesetzes über Schulpflicht, Schulführung, Primarschule, Kleinklassen, Realschule, Sekundarschule, Behörden, Aufsichtsorgane und Kommissionen sowie die Strafbestimmungen.

Art. 12
1 Ein Kind, das geregelten Privatunterricht erhält, ist vom Besuch der öffentlichen Schule befreit.
2 Die Lehrkraft muss im Besitze eines vom Erziehungsdepartement anerkannten Fähigkeitsausweises sein und den Unterricht nach dem Lehrplan erteilen.
3 Der Unterricht untersteht der Aufsicht des Schulinspektors. Bei ungenügender Leistung verfügt das Erziehungsdepartement den Eintritt des Schülers in die öffentliche Schule.

Art. 13
1 Wer eine Privatschule besucht, ist vom Besuche der öffentlichen Schule befreit.
2 Die Lehrkraft muss im Besitze eines vom Erziehungsdepartement anerkannten Fähigkeitsausweises sein und den Unterricht nach dem Lehrplan erteilen.
3 Die Gründung einer Privatschule ist dem Erziehungsdepartement anzuzeigen.

Art. 76 Abs. 3
Die Beiträge gemäss Abs. 1 Ziff. 1 und 2 [Prophylaxe ausserhalb des ordentlichen schul(zahn)ärztlichen Dienstes und schulpsychologische Beratung] werden auch an private, auf gemeinnütziger Grundlage stehende Schulen ausgerichtet.

c) Vollziehungsverordnung (GGV) zum Schulgesetz vom 31. Mai 1961

Art. 10
Wer ein Kind privat unterrichten lässt, hat dies dem Schulrat und dem Erziehungsdepartement zu melden und dem Departement die Fähigkeitsausweise des Lehrers vorzulegen.

Art. 11
Wer eine Privatschule führt, hat dem Departement die Ausweise aller Lehrer jeweils bei deren Anstellung vorzulegen.

12. JURA (JU)

a) Constitution de la République et Canton du Jura du 20 mars 1977

Art. 8 litt. d et h
La liberté individuelle est garantie. Le sont notamment:
d) le droit d'élever et d'éduquer ses enfants.
h) la liberté d'étude et d'enseignement.

Art. 38
1 Le droit d'ouvrir des écoles privées est garanti dans les limites de la loi.
2 L' Etat soutient les écoles privées aux conditions fixées par la loi.

Art. 39
Toutes les écoles sont placées sous la surveillance de l'Etat.

Art. 40
1 Le droit à la formation est reconnu.
2 L'Etat et les communes facilitent la fréquentation des écoles et des universités, ainsi que la formation professionnelle en général.

b) Loi sur l'école enfantine, l'école primaire et l'école secondaire (Loi scolaire) (LS) du 20 décembre 1990

Art. 6 al. 3
Ils [les parents] ont le droit et l'obligation d'envoyer leur enfant en âge de scolarité obligatoire dans une école publique. Demeure réservé le droit des parents de donner ou de faire donner un enseignement privé, conformément à la législation sur l'enseignement privé.

c) Loi sur l'enseignement privé (LEP) du 10 mai 1984

Art. 4
1 L'ouverture ou la reprise d'une école privée dont le programme relève de la scolarité obligatoire sont soumises à l'autorisation préalable du Département de l'Education et des Affaires sociales (dénommé ci-après "Départment"); celui-ci sollicite le préavis des autorités et services concernés.
2 Les autres écoles privées peuvent être ouvertes ou reprises moyennant une déclaration préalable au Département, accompagné des pièces nécessaires à l'exercice de la surveillance officielle.

Art. 5
1 L'autorisation est délivrée aux conditions suivantes:
a) le but et l'activité de l'école ne sont pas contraires à l'ordre public;
b) les responsables de l'école et les membres du personnel présentent les qualifications professionnelles et les qualités requises;
c) les locaux et autres moyens disponibles permettent d'enseigner dans des conditions conformes au programme annoncé, ainsi qu'aux exigences de la sécurité et de la salubrité.
2 Les écoles visées à l'article 4, alinéa 2, doivent également remplir ces conditions.

Art. 6
Les écoles privées dont le programme relève de la scolarité obligatoire sont soumises aux conditions supplémentaires suivantes:

a) ce programme et le plan d'études sont d'un niveau équivalent à ceux qu'appliquent les écoles publiques du même degré;
b) les enseignants justifient de qualifications équivalentes à celles qui sont exigées des enseignants de l'école publique;
c) les locaux et installations permettent d'enseigner dans des conditions comparables à celles qui règnent dans les écoles publiques.

Art. 8
[1] L'autorisation accordée aux conditions de l'article 5 n'implique pas que l'Etat reconnaisse la valeur de l'enseignement proposé.
[2] L'autorisation accordée aux conditions des articles 5 et 6 ne préjuge pas la reconnaissance officielle des diplômes, ni ne confère à une école le caractère d'utilité publique.

Art. 9 al. 1
Les parents ou représentants légaux qui donnent eux-mêmes, ou font donner un enseignement privé aux enfants en âge de scolarité obligatoire, en avisent chaque année l'inspecteur scolaire; cet avis indique les personnes chargées de l'enseignement.

Art. 13 al. 1 et 2
[1] L'Etat exerce une surveillance générale sur les écoles privées.
[2] Les écoles privées qui accueillent des élèves en âge de scolarité obligatoire sont placées sous la surveillance de l'Etat au même titre que les écoles publiques; (...).

Art. 15
Si l'enseignement donné dans une école privée ne correspond pas au but, au programme ou niveau attendus, l'activité de cette école est suspendue et l'autorisation peut être retirée.

Art. 16-18 Reconnaissances officielles

Art. 20
L'Etat aide matériellement les écoles privées qui le demandent et qui remplissent les conditions suivantes:

a) l'école réquerante possède la personnalité juridique;
b) elle a été reconnue d'utilité publique (art. 18);
c) elle est ouverte, dans les limites de sa capacité d'accueil, à tous les élèves qui remplissent les conditions usuelles d'admission à un tel établissement;
d) elle accuse une situation financière qui, en dépit d'une saine administration, ne peut être équilibrée sans le soutien de l'Etat;
e) elle dispens son enseignement essentiellement à des élèves jurassiens.

Art. 21
[1] L'aide de l'Etat consiste dans l'allocation d'une subvention en espèces.
[2] Si les circonstances le justifient, elle peut revêtir d'autres formes.

Art. 23
[1] La subvention est allouée par élève, à l'école réquerante, à raison de 50% du coût salarial moyen d'un élève fréquentant l'école publique du type correspondant; (...).
[2] En outre, une subvention de 10 à 30% peut être allouée pour les frais, reconnus nécessaires, qui portent sur la construction ou l'amélioration des bâtiments et autres installations; (...).

d) Ordonnance portant exécution de la loi sur l'enseignement privé (OEP) du 18 décembre 1984

e) Loi sur les bourses et prêts d'études du 25 avril 1985 (LBPE)

Art. 7
Le Gouvernement peut prévoir l'octroi de subsides aux élèves de la scolarité obligatoire et à ceux qui effectuent une dixième année scolaire.

Art. 8 al. 1
Si la formation s'acquiert hors du Canton ou dans une école privée reconnu, les frais d'études pris en compte ne peuvent dépasser ceux qu'entraînerait la fréquentation de l'établissement public équivalent le plus proche du domicile de l'étudiant.

13. LUZERN (LU)

a) Staatsverfassung des Kantons Luzern vom 29. Januar 1875

§ 3 Abs. 3
Die Freiheit des Privatunterrichts wird unter Wahrung der gesetzlichen Aufsicht der Staatsbehörde über die Erreichung des Lehrziels der öffentlichen Primarschule grundsätzlich anerkannt.

b) Erziehungsgesetz (ErzG) vom 28. Oktober 1953

§ 60
[1] Eltern, Pflegeeltern und Vormünder können ihre schulpflichtigen Kinder auf der Primar-, Real- und Sekundarschulstufe privat unterrichten oder unterrichten lassen. Dem Bezirksinspektor und der Schulpflege ist Kenntnis zu geben.
[2] Durch den Privatunterricht muss das für die öffentlichen Schulen vorgeschriebene Lehrziel erreicht werden, wovon sich die Schulpflegen und der Bezirksinspektor zu überzeugen haben.
[3] Bei ungenügendem Unterricht verfügt der Bezirksinspektor die Einweisung der Kinder in die öffentlichen Schulen.

§ 61
[1] Die Errichtung privater Primar-, Real- und Sekundarschulen wird vom Erziehungsrat unter folgenden Bedingungen bewilligt:

1. Vorsteher und Lehrer haben in Bezug auf Ausbildung und in moralischer Hinsicht gleichwertige Anforderungen zu erfüllen wie bei öffentlichen Schulen;
2. der Lehrplan, die Schulräume und ihre Einrichtungen müssen den Vorschriften dieses Gesetzes und seiner Vollziehungsverordnungen entsprechen.

[2] Ebenso bedürfen die Errichtung privater Sonderkindergärten und privater Sonderschulen der Volksschulstufe sowie die Durchführung pädagogisch-therapeutischer Massnahmen im Sinne des Bundesgesetzes über die Invalidenversicherung durch private Personen und Institutionen der Bewilligung des Erziehungsrates. Die Einrichtungen stehen unter der fachlichen Aufsicht des Inspektors für Sonderschulen.

§ 62
In Bezug auf Lehrmittel, Schuleintritt, Schulpflicht, Schulentlassung, Zeugnis, Religionsunterricht, Schulversäumnisse, Versäumnisstrafen, Bestrafung der Schüler, Entfernung aus der Schule und Versorgung, Aufsicht sowie Pflichten, Abberufung und disziplinarische Bestrafung der Lehrer gelten die Bestimmungen dieses Gesetzes.

§ 63
Private Anstaltsschulen, die einem öffentlichen Bedürfnis entsprechen und die Volksschulen entlasten, können von Staat und Gemeinden durch Beiträge unterstützt werden.

c) Verordnung über die Staatsbeiträge an Privatschulen im Volksschulbereich (StBeiV) vom 24. Juni 1988

§ 3
Beiträge werden gewährt, wenn die Privatschule
a. einem öffentlichen Bedürfnis entspricht und die Volksschule entlastet,
b. die in der Bewilligung des Erziehungsrates aufgeführten Auflagen erfüllt,
c. während mindestens vier Jahren nach Erteilung der Bewilligung durch den Erziehungsrat erfolgreich tätig war.

§ 4
Die jährlichen Beiträge betragen:
Kindergarten: 15% eines Kindergärtnerinnengehalts im 10. Dienstjahr,
Primarschule: 25% eines Lehrgehaltes im 10. Dienstjahr,
Orientierungsschule: 35% eines Lehrgehaltes im 10. Dienstjahr.

§ 5
[1] Wirft eine Privatschule bei angemessenen Aufwendungen Gewinn ab, kann der Beitrag gekürzt werden.
[2] Bei Privatschulen mit ausserkantonalen Schülern wird der Beitrag anteilsmässig gekürzt.

14. NEUENBURG (NE)

a) Constitution de la République et Canton de Neuchâtel du 21 novembre 1858

Art. 15
[1] La liberté d'enseignement, le droit de libre établissement et industrie dans tout le pays sont garantis à tous les Neuchâtelois, pourvu qu'ils se conforment aux lois de police relatives à l'exercice de certaines professions et qu'ils satisfassent aux charges publiques.
[2] Tout Suisse ou étranger jouira des mêmes droits aux conditions déterminées par la Constitution fédérale et les traités.

Art. 74
[1] La direction supérieur et la haute surveillance de l'instruction publique sont du domaine de l'Etat.
[2] Le service de l'instruction publique comprend tous les établissements d'éducation qui relèvent soit de l'administration cantonale, soit des administrations communales ou municipales.

Art. 76 al. 2
L'organisation de l'instruction publique est réservée à la loi.

Art. 77 al. 2
Tout citoyen est tenu de veiller à ce que ses enfants ou pupilles fréquentent les écoles primaires publiques, ou de pourvoir à ce qu'ils reçoivent une instruction égale au moins à celle qui se donne dans ces établissements.

b) Loi sur l'organisation scolaire (LS) du 28 mars 1984

Art. 3 al. 2
Elle [la scolarité obligatoire] peut avoir lieu dans des écoles privées ou à domicile.

Art. 7 al. 1
L'enseignement privé correspondant à la scolarité obligatoire doit être équivalent à celui des écoles publiques.

Art. 47
L'Etat ni les communes ne subventionnement l'enseignement privé.

Art. 120
L'Etat ni les communes ne subventionnent l'enseignement privé.

Art. 121
Conformément aux articles 15 et 77 de la Constitution, les parents ou autres personnes responsables sont libre de pourvoir à l'instruction obligatoire de leurs enfants, pupilles ou pensionnaires, par tout autre moyen que par la fréquentation de l'école publique.

Art. 122 al. 1 et 2
1 Les autorités scolaires communales et le département de l'instruction publique s'assurent, quand bon leur semble, au moyen d'examens, que les enfants recevant un enseignement privé sont instruits conformément aux programmes prévus par la loi.
2 Si l'instruction des enfants appelés aux examens est jugée insuffisante, les parents ou autres personnes responsables sont tenus de les envoyer à l'école publique.

c) Arrêté concernant le contrôle de l'enseignement privé (AEP) du 19 février 1986

Art. 1 al. 1
Tout établissement d'enseignement privé ayant son siège dans le canton de Neuchâtel et dispensant un enseignement au niveau de la scolarité obligatoire est soumis au contrôle général du département de l'instruction publique.

15. NIDWALDEN (NW)

a) Verfassung des Kantons Unterwalden nid dem Wald vom 10. Oktober 1965

Art. 20
1 Das Recht zur Errichtung und Führung von Privatschulen ist im Rahmen der Gesetzgebung gewährleistet.
2 Privatschulen stehen unter der Aufsicht des Kantons.
3 Sie können im Rahmen der Gesetzgebung aus öffentlichen Mitteln unterstützt werden.

b) Gesetz über das Schulwesen (Schulgesetz) (SchG) vom 30. April 1972

Art. 2
Jedes Kind hat im Rahmen dieses Gesetzes Anrecht auf den seinen Fähigkeiten entsprechenden Unterricht.

Art. 75
Das Recht zur Errichtung und Führung von Privatschulen ist gewährleistet, sofern in diesen Schulen das gleiche Lehrziel erreicht wird wie in den öffentlichen Schulen.

Art. 76
Die Privatschulen stehen unter der Aufsicht der Erziehungskommission.

Art. 77
Die Bestimmungen der kantonalen Schulgesetzgebung sind in den Privatschulen sinngemäss anzuwenden; die Erziehungskommission kann Abweichungen bewilligen.

Art. 84
[1] An Schulbauten Privater, an denen ein Interesse des Kantons oder der Gemeinden besteht, können im Rahmen der verfassungsmässigen Finanzkompetenzen Beiträge geleistet werden.
[2] In Fällen, in denen private Schulen Aufgaben der Gemeinden erfüllen, können die Kantonsbeiträge von Gemeindebeiträgen abhängig gemacht werden.
[3] Bei Zweckentfremdung innerhalb von 25 Jahren sind die Kantons- und Gemeindebeiträge verhältnismässig zurückzuzahlen.

Art. 85 Abs. 2
Der Regierungsrat kann Beiträge von höchstens 10 Prozent auch an Lehrer von Privatschulen ausrichten, insoweit diese Schulen Aufgaben des Kantons oder von Gemeinden erfüllen; der Kantonsbeitrag kann von der Leistung entsprechender Gemeindebeiträge abhängig gemacht werden.

16. OBWALDEN (OW)

a) Verfassung des Kantons Unterwalden ob dem Wald vom 19. Mai 1968

Art. 13 lit. i
In den Schranken des Bundesrechts und der zur Wahrung der öffentlichen Ordnung erlassenen kantonalen Gesetzgebung sind insbesondere gewährleistet:
i) die Unterrichtsfreiheit.

Art. 28
Die Freiheit des Privatunterrichts ist unter Vorbehalt der staatlichen Aufsicht gewährleistet.

Art. 29
Kanton und Gemeinden fördern im Rahmen der Gesetzgebung durch Beiträge die berufliche und wissenschaftliche Ausbildung und Weiterbildung.

b) Gesetz über Schule und Bildung (Schulgesetz) (SchG) vom 28. Mai 1978

Art. 54
[1] Die Führung einer privaten Schule bedarf der Bewilligung des Regierungsrates.
[2] Die Bewilligung kann nur erteilt werden, wenn die Privatschule den Anforderungen der öffentlichen Schule genügt.

Art. 55
[1] Der Besuch von Privatunterricht zur Erfüllung der Volksschulpflicht ausserhalb von Privatschulen bedarf einer Bewilligung des Erziehungsdepartements.
[2] An die Bewilligung können Bedingungen und Auflagen geknüpft werden.

Art. 56
Privatunterricht darf nur von Lehrern erteilt werden, welche die kantonale Lehrbewilligung besitzen.

17. SCHAFFHAUSEN (SH)

a) Verfassung des Kantons Schaffhausen vom 24. März 1876

Art. 17 Abs. 1
Kunst, Wissenschaft, Handel und Gewerbe dürfen frei ausgeübt werden.

b) Schulgesetz (SchG) vom 27. April 1981

Art. 15
Private Schulen und privater Unterricht bedürfen der Bewilligung des Erziehungsrates. Während der Dauer der Schulpflicht müssen sie grundsätzlich den Bildungszielen der öffentlichen Schulen genügen; sie stehen unter staatlicher Aufsicht.

Art. 18 Abs. 4
Die Schulpflicht kann auch durch Besuch anerkannter privater Schulen oder anerkannten privaten Unterricht erfüllt werden.

Art. 19 Abs. 3
Nach Erfüllen der Schulpflicht oder beim Besuch einer Mittelschule haben die im Kanton wohnhaften Schüler Anspruch auf Ausbildungsbeiträge im Rahmen des Stipendiendekretes, sofern die wirtschaftlichen Verhältnisse und die persönliche Eignung die Gewährung solcher Beiträge rechtfertigen.

Art. 61
Die Lehrfreiheit ist im Rahmen des Schulgesetzes, der Dekrete, der Verordnungen und der Lehrpläne gewährleistet.

Art. 90
Der Grosse Rat kann Beiträge an private Schulen bewilligen, wenn sie Bildungsaufgaben erfüllen, die durch öffentliche Schulen nicht übernommen werden.

c) Schuldekret (SchD) vom 27. April 1981

§ 4
[1] Eltern, deren Kinder die Schulpflicht nicht durch den Besuch der öffentlichen Schulen erfüllen, sind verpflichtet, die Schulbehörde vorgängig zu unterrichten, durch welche Art von Unterricht die Erfüllung der Schulpflicht gewährleistet ist. Die Schulbehörde orientiert das Erziehungsdepartement.
[2] Das Erziehungsdepartement ist befugt, Überprüfungen durch das Schulinspektorat anzuordnen.

§ 48
Die Freiheit in der Wahl des Lehrstoffes und der Lehrverfahren gilt, (...).

18. SCHWYZ (SZ)

a) Verfassung des eidgenössischen Standes Schwyz vom 23. Oktober 1898

§ 9
[1] Der Kanton sorgt unter Beobachtung der Vorschriften des Art. 27 der Bundesverfassung für genügenden Primarunterricht, inbegriffen die Wiederholungsschulen, und unterstützt die Sekundarschulen.
[2] Der Primarunterricht ist obligatorisch und in den öffentlichen Schulen unentgeltlich.

b) Verordnung über die Volksschulen (VSchV) vom 25. Januar 1973

§ 7
Der Erziehungsrat anerkennt private Volksschulen, wenn sie den von ihm gestellten Anforderungen entsprechen und sich der staatlichen Aufsicht unterstellen.

c) Weisung über die Rechte und Pflichten der Lehrer und Schüler an der Volksschule (Schulreglement) (SchR) vom 21. Juni 1976

§ 3
Die Lehr- und Methodenfreiheit ist im Rahmen des § 1 der Volksschulverordnung und der Ausführungsvorschriften gewährleistet.

d) Verordnung über Beiträge an Schulanlagen (BeiV) vom 26. November 1986

§ 6 Abs. 2
Beteiligen sich Bezirke oder Gemeinden an den Baukosten privater Anlagen, um diese für schulische Bedürfnisse mitbenützen zu können, richtet der Kanton den Bezirken oder Gemeinden einen Beitrag von höchstens 20 Prozent ihres Baukostenanteils aus, sofern das Benützungsrecht grundbuchlich dauerhaft gesichert und eine Zweckentfremdung ausgeschlossen ist.

19. SOLOTHURN (SO)

a) Verfassung des Kantons Solothurn vom 8. Juni 1986

Art. 14
Die wissenschaftliche Lehre und Forschung sowie die künstlerische Betätigung sind frei.

Art. 108
[1] Private Schulen auf Volks- und Mittelschulstufe, private Berufsschulen und private Institutionen auf Hochschulstufe sind bewilligungspflichtig und stehen unter der Aufsicht des Kantons.
[2] Der gleiche Grundsatz gilt auch für privaten Unterricht während der obligatorischen Schulzeit, der anstelle des Schulbesuchs tritt.
[3] Der Kanton kann Privatschulen unterstützen.

b) Volksschulgesetz (VSchG) vom 14. September 1969

§ 2
Jedes Kind hat im Rahmen dieses Gesetzes Anrecht auf einen seinen Fähigkeiten entsprechenden Unterricht.

§ 7 Abs. 1
Der Unterricht an der Volksschule ist unentgeltlich. Die Schulgemeinden stellen die Lehrmittel und Schulmaterialien kostenlos zur Verfügung.

20. ST. GALLEN (SG)

a) Verfassung des Kantons St. Gallen vom 16. November 1890

Art. 3 Abs. 4
Die Freiheit des Privatunterrichtes ist unter Vorbehalt gesetzlicher Bestimmungen gewährleistet.

b) Volksschulgesetz (VSchG) vom 13. Januar 1983

Art. 22
[1] Der Staat gibt den Schulgemeinden und den Trägern anerkannter privater Sonderschulen die obligatorischen Lehrmittel unentgeltlich ab.
[2] Er kann empfohlene Literatur unentgeltlich abgeben.

Art. 76 Abs. 3
Die Methodenfreiheit ist gewährleistet, soweit sie nicht durch Lehrplan und Lehrmittel eingeschränkt wird.

Art. 115
Privatschulen, die schulpflichtige Kinder unterrichten, unterstehen wie die öffentlichen Schulen der Aufsicht des Staates.

Art. 116
Errichtung und Führung von Privatschulen bedürfen der Bewilligung des Erziehungsrates.

Art. 117
[1] Die Bewilligung wird erteilt, wenn Schulleitung, fachliche Führung, Organisation und Schulräumlichkeiten einen der öffentlichen Schule gleichwertigen, auf Dauer angelegten Unterricht gewährleisten.
[2] Der Erziehungsrat kann die Bewilligung mit Auflagen verbinden, um die Gleichwertigkeit des Unterrichts sicherzustellen.

Art. 119
Der Erziehungsrat ordnet unter Androhung des Entzugs der Bewilligung Massnahmen an, wenn:
a) die Voraussetzungen für die Erteilung der Bewilligung nicht mehr bestehen;
b) Auflagen und Weisungen nicht beachtet werden;
c) der Unterricht aus anderen Gründen gefährdet ist.

Art. 120 Abs. 1
Unterricht an Privatschulen darf erteilen, wer ein st.gallisches Wahlfähigkeitszeugnis oder eine Lehrbewilligung für Privatschulen besitzt.

Art. 121
Die Privatschulen erhalten die Lehrmittel vom Staat wie die Schulgemeinden unentgeltlich.

Art. 123
Für den privaten Einzelunterricht werden die Vorschriften dieses Gesetzes über die Privatschulen sachgemäss angewendet.

Art. 124
Für private Sonderschulen, die Staatsbeiträge erhalten, bleiben besondere gesetzliche Vorschriften vorbehalten.

c) Finanzausgleichsgesetz (FAG) vom 9. Juni 1985

Art. 18
[1] Staatsbeiträge an die Lehrerbesoldungen werden dem katholischen Konfessionsteil ausgerichtet, wenn er eine Sekundar- oder eine Realschule führt.
[2] Der Regierungsrat setzt den Beitragssatz fest. Dieser darf höchstens die Hälfte des maximalen Beitragssatzes nach Art. 16 dieses Gesetzes betragen.

Art. 19 Abs. 1
Führt ein privater Träger auf dem Gebiet einer privaten Sekundarschulgemeinde eine Sekundar- oder eine Realschule, so können Gemeindebeiträge an die Privatschule für Schüler, deren Eltern im Kanton wohnen, auf den Fianzbedarf angerechnet werden.

d) Gesetz über Staatsbeiträge an private Sonderschulen vom 31. März 1977

21. TESSIN (TI)

a) Costitutione della Repubblica e Cantone del Ticino del 4 luglio 1830 (riordinata il 29 ottobre 1967)

Art. 8 cpv. 2
E garantita la libertà d'insegnamento privato nei limiti della Costitutione federale.

b) Legge della scuola (LS) del 1° febbraio 1990

Art. 19 cpv. 1
Il Cantone favorisce l'accesso alla formazione scolastica e professionale postobbligatoria, il perfezionamento e la riqualificazione professionali con la concessione di assegni e di prestiti di studio (...).

Art. 46 cpv. 1
Al docente sono riconosciute la libertà d'insegnamento e l'autonomia didattica, nel rispetto delle leggi, delle disposizioni esecutive e dei programmi.

Art. 80
[1] L'insegnamento privato è libero nei limiti della Costitutione federale.
[2] Agli allievi in età d'obbligo scolastico l'insegnamento dev'essere impartito in lingua italiana; deroghe possono essere concesse eccezionalmente dal Consiglio di Stato per sopperire ai bisogni di famiglie residenti temporaneamente nel Cantone: la lingua italiana deve essere communque insegnata.

Art. 81
[1] Le scuole elementari e le scuole medie private possono avere lo statuto di scuola parificata o di scuola non parificata.
[2] Lo statuto di scuola parificata è riconosciuto alle scuole private i cui requisiti corrispondono a quelli delle scuole pubbliche.

Art. 82
[1] Le scuole elementari e le scuole medie private devono perseguire le finalità della scuola pubblica e devono conferire ai propri allievi una formazione generale di livello equivalente a quello conseguibile nei corrispondenti gradi di scuola pubblica.
[2] L'apertura e l'esercizio di scuole elementari e di scuole medie private sono subordinati all'autorizzazione del Consiglio di Stato, previo accertamente dei requisiti.
[3] L'autorizzazione dev'essere limitata o revocata quando i requisiti non sono più adempiuti.
[4] Chi intende aprire uno scuola elementare o una scuola media privata deve presentare al Consiglio di Stato un'istanza accompagnata dai seguenti documenti: atto d'origine, atto di nascita, certificato di buona condotta, certificato di sanità ed estratto del casellario giudiziale.
[5] L'obbligo di presentare i documenti suddetti si estende a tutti i docenti e al direttore della scuola i quali devono inoltre presentare i titoli di idoneità alla professione.
[6] L'edificio e i locali in cui l'insegnamento è impartido devono soddisfare alle norme della Legge sanitaria e dei relativi regolamenti.

Art. 83 cpv. 3
L'insegnamento privato nella scuola elementare e nella scuola media è sottoposto alla viglianza generale e didattica dello Stato.

Art. 84
[1] Il Cantone conferisce un aiuto allo studio quando un allievo, per motivi sociali comprovati, non è in grado di frequentare la scuola pubbica.
[2] L'aiuto è concesso per la frequenza delle scuole elementari e delle scuole medie private parificate.

Art. 85 cpv. 1 e 2
[1] Le scuole elementari e le scuole medie non parificate sono sottoposte alla viglianza generale dello Stato.
[2] Il passagio di allievi dalle scuole elementari o medie non parificate alle scuole obbligatorie pubbliche o privato parificate è subordinato ad una prova di accertamento.

Art. 90

Per ragioni particolari d'ordine psichico o fisico il Dipartimento può eccezionalmente autorizzare che l'insegnamento obbligatorio sia impartito presso le famiglie, accertando e vigilando che esso corrisponda alle esigenze della Costitutione federale, della presente Legge, delle disposizioni esecutive e dei programmi.

c) Regolamento per le scuole obbligatorie (RS) del 24 luglio 1959

Art. 81

1 Il materiale scolastico di consumo che i comuni sono obbligati a consegnare è graduito per ogni scolaro domiciliato, dimorante o residente in modo stabile.
2 Ai comuni non incombe obbligo alcuno per quanto riguarda il materiale, se gli allievi frequentano scuole private per libera determinazione delle famiglie.

22. THURGAU (TG)

a) Verfassung des Kantons Thurgau vom 16. März 1987

§ 6 Ziff. 6

Die Freiheitsrechte sind gewährleistet, insbesondere:

6. Die Freiheit der wissenschaftlichen Lehre und Forschung sowie der künstlerischen Betätigung.

§ 70 Abs. 3

Der Kanton beaufsichtigt das gesamte Schulwesen.

§ 71 Abs. 3

Der Kanton kann Privatschulen oder Erziehungsheime unterstützen. Grundsatz und Bestand der öffentlichen Schule müssen gewahrt bleiben.

b) Gesetz über das Unterrichtswesen (Unterrichtsgesetz) (UntG) vom 15. November 1978

§ 14

1 Die Führung privater Schulen bedarf der Bewilligung durch den Regierungsrat.
2 Private Schulen unterstehen der staatlichen Aufsicht.
3 Sie dürfen nur Lehrer anstellen, welche auf der betreffenden Stufe auch an öffentlichen Schulen unterrichten könnten.

c) Verordnung des Regierungsrates über die Volksschule (VSchV) vom 28. September 1982

§ 21

Eine Privatschule bedarf der Bewilligung des Regierungsrates, wenn sie schulpflichtige Kinder unterrichtet.

§ 22

1 Die Bewilligung wird erteilt, wenn aufgrund des Lehrplanes der Anschluss der von ihr unterrichteten Schüler an eine weiterführende öffentliche Schule möglich ist.
2 Die Bewilligung kann mit Auflagen und Bedingungen verbunden werden.

§ 23
Der Name und die Ankündigungen der Schule müssen mit ihren Ausbildungsgängen und -zielen übereinstimmen.

d) Verordnung des Regierungsrates über die Förderung von Ausbildungen an privaten und ausserkantonalen Schulen (AFV) vom 25. Oktober 1983

§ 1
Der Kanton fördert die Ausbildung an privaten und ausserkantonalen Schulen, soweit diese das kantonale Angebot an Ausbildungsstätten nach der Volksschule sinnvoll ergänzen und zu anerkannten Berufszielen hinführen.

23. URI (UR)

a) Verfassung des Kantons Uri vom 28. Oktober 1984

Art. 12 lit. i
Gewährleistet sind:
(...)
i) die Freiheit der Lehre und Forschung sowie die Kunstfreiheit.

Art. 39
Das Recht des Privatschulunterrichts ist gewährleistet. Privatschulen sind bewilligungspflichtig und unterstehen der Aufsicht des Kantons.

b) Schulordnung (SchG) des Kantons Uri vom 21. April 1971

Art. 18
[1] Hinsichtlich ihres Trägers werden die Schulen wie folgt unterschieden:
a) Öffentliche Schulen:
1. Gemeindeschulen
2. Kreisschulen
3. Kantonale Schulen
b) Privatschulen:
Privatschulen können auf der Stufe der Kindergärten, Volksschulen und höheren Schulen geführt werden.
[2] Die Gemeinden führen die öffentlichen Volksschulen. Vorbehalten bleibt eine abweichende Regelung für Sonderschulen.
[3] Das Recht auf Privatschulen ist gewährleistet.
[4] Als Privatschulen im Sinne dieser Verordnung werden vom Erziehungsrat solche Schulen anerkannt, die sich der kantonalen Schulaufsicht unterstellen und den vom Erziehungsrat gestellten Anforderungen entsprechen. Werden gesetzliche Vorschriften verletzt, Weisungen der Aufsichtsbehörde missachtet oder werden Missstände festgestellt, kann der Erziehungsrat die Anerkennung entziehen.
[5] Privatschulen auf der Stufe der Volksschulen (Art. 17, Abs. 1, lit. b) unterstehen der Aufsicht des Erziehungsrates, desgleichen private höhere Schulen, welche ein kantonales Diplom abgeben. Der Erziehungsrat regelt die Bedingungen der Abgabe der Diplome.
[6] Auf Privatschulen im Sinne von Abs. 5 finden die Vorschriften dieser Verordnung sinngemäss Anwendung.

Art. 72
[1] Die Inhaber der elterlichen bzw. vormundschaftlichen Gewalt können die Kinder unter schriftlicher Mitteilung an den Schulrat in Privatschulen unterrichten lassen.
[2] Der zuständige Schulinspektor entscheidet im Zweifelsfalle darüber, ob durch den Besuch der betreffenden Privatschule die Schulpflicht erfüllt wird.

Art. 73
Die Kosten des Privatunterrichts gehen vollumfänglich zu Lasten des Inhabers der elterlichen Gewalt, es sei denn, es handle sich um Privatunterricht für Kinder, welche infolge geistiger oder körperlicher Gebrechen oder infolge dauernder Krankheit vorzeitig entlassen worden sind. In diesen Fällen entrichten die Gemeinden Beiträge gemäss Beschlüssen über Sonderschulbeiträge für bildungsfähige Minderjährige und betreffend Fürsorge für anormale bildungsfähige Schulkinder bedürftiger Eltern.

Art. 97 Abs. 3
Werden in Privatschulen mehrheitlich Schüler unterrichtet, welche ihnen von den Gemeinden zugewiesen werden, und beziehen diese entsprechende Subventionen von Kanton oder Gemeinden, kann der Erziehungsrat die offiziellen Lehrmittel des Kantons auch für die Privatschulen fordern.

Art. 104
Privatschulen, die einem wesentlichen öffentlichen Bedürfnis entsprechen und der Öffentlichkeit erhebliche Schullasten abnehmen, können auf Beschluss des Landrates kantonale Beiträge erhalten. Die Beitragsleistung kann von der Kostenbeteiligung der Gemeinde abhängig gemacht werden.

c) Verordnung über die Beitragsleistung des Kantons Uri an Schulanlagen (StBeiV) (Landratsbeschluss vom 23. Februar 1983)

Art. 3
[1] Private Institutionen, die einem wesentlichen öffentlichen Bedürfnis entsprechen und der Öffentlichkeit erhebliche Schullasten abnehmen, können Kantonsbeiträge im Umfange des öffentlichen Interesses erhalten.
[2] Die Beitragsleistung kann von der Kostenbeteiligung der betroffenen Gemeinden oder weiterer interessierter Stellen abhängig gemacht werden.

24. VAUD (VD)

a) Constitution du 1er mars 1885 du Canton de Vaud

Art. 16
Chacun est libre d'enseigner en se conformant aux lois sur cette matière.

Art. 17 al. 1
L'Etat et les communes ont l'obligation de donner aux établissements d'instruction publique le degré de perfection dont ils sont susceptibles, eu egard aux besoins et aux ressources du pays.

Art. 18 al. 5
Chacun est tenu de veiller à ce que ses enfants ou pupilles fréquentent les écoles publiques primaires ou de pourvoir, sous le contrôle de l'autorité scolaire, à ce qu'ils reçoivent une instruction au moins égale à celle qui se donne dans ces établissements.

b) Loi scolaire (LS) du 12 juin 1984

Art. 6 al. 1
Tous les parents domiciliés ou résident dans le canton ont le droit et le devoir d'envoyer leurs enfants en âge de scolarité obligatoire dans une école publique ou privée, ou de leur dispenser un enseignement à domicile.

Art. 11
1 Lors de l'admission d'un élève arrivant d'une école privée ou d'une école extérieure au canton, l'attribution au degré et, le cas échéant, au type de classe, est décidée en fonction des résultats scolaires de l'intéressé et des connaissances dont il peut faire preuve, ainsi que de son âge.
2 La decision relève du directeur.

c) Règlement du 23 octobre 1985 d'application de la loi scolaire (RS) du 12 juin 1984

Art. 5
1 Le passage de l'école publique à une école privée peut avoir lieu en tout temps. Les parents communiquent préalablement leur décision par écrit au directeur ou, à défaut, à la commission scolaire.
2 Le passage d'une école privée à l'école publique ne peut avoir lieu, sauf cas de force majeure, qu'au début d'une année scolaire. Les parents adressent leurs demandes écrites au directeur ou, à défaut, à sa commission scolaire, avant le 1er juin.
3 La même procédure est valable pour l'enseignement à domicile.

d) Loi du 12 juin 1984 sur l'enseignement privé (LEP)

Art. 2
Les dispositions légales valables pour les écoles publiques concernant l'hygiène ainsi que l'ordre public et les bonnes moeurs sont applicables par analogie aux écoles privées.

Art. 4 al. 1 et 2
1 Nul ne peut diriger une école au sens de la présente loi sans y être préalablement autorisé par le département.
2 Pour être autorisé, le requérant doit:
- a) être de nationalité suisse ou au bénéfice d'une autorisation de séjour ou d'établissement pour étranger (permis B ou C);
- b) présenter des garanties professionnelles et morales;
- c) ne pas avoir été condamné à raison d'infractions intentionnelles contraires à la probité et à l'honneur dans les 5 ans précédant la demande d'autorisation;
- d) n'être débiteur d'aucun acte de défaut de biens, provisoire ou définitif.

Art. 5
1 Nul ne peut enseigner dans un établissement privé s'il n'y est autorisé par le département.
2 Cette autorisation est délivrée aux conditions prévues par l'article 4, alinéa 2, lettres a, b et c ci-dessus.
3 Suivant les titres détenus par le requérant, l'autorisation peut être limitée à certaines disciplines ou à certains degrés d'enseignement.

Art. 7
[1] Le département exerce une surveillance générale sur les écoles privées recevant des élèves en âge de scolarité obligatoire. Il a le droit d'obtentir tout renseignement utile concernant notamment l'organisation et les programmes de l'etablissement.
[2] Il peut s'assurer, au besoin par des examens, que l'instruction est au moins équivalente à celle dispensée par les écoles publiques.
[3] Toutefois, il ne se porte garant ni des méthodes ni de la qualité d'enseignement.

Art. 8
[1] L'autorisation de diriger ou d'enseigner ne doit en aucun cas être mentionnée dans la publicité ni associée de quelque manière que ce soit au nom de l'école.
[2] Elle est retirée lorsque les dispositions légales et le règlement ne sont plus respectés, sans préjudice des sanctions pénales ou administratives prévues par la présente loi.

Art. 9
[1] Toute personne se chargeant d'enseigner à domicile communique au début de chaque année scolaire à la municipalité la liste de ses élèves.
[2] Cette liste est adressée au département qui contrôle, au besoin par des examens, que les exigences des programmes officiels sont satisfaites.
[3] Dès qu'un enseignement à domicile concerne plus de six élèves, les dispositions de la présente loi relatives aux écoles privées s'appliquent.

e) Règlement du 11 juin 1986 d'application de la loi du 12 juin 1984 sur l'enseignement privé (REP)

25. WALLIS (VS)

a) Verfassung des Kantons Wallis vom 8. März 1907

Art. 13
[1] Der öffentliche Unterricht sowie der private Primarunterricht stehen unter der Leitung und der Oberaufsicht des Staates.
[2] Der Primarunterricht ist obligatorisch und in den öffentlichen Schulen unentgeltlich.
[3] Die Lehrfreiheit ist, unter Vorbehalt der Gesetzesbestimmungen betreffend die Primarschule, gewährleistet.

b) Gesetz über das öffentliche Unterrichtswesen (UntG) vom 4. Juli 1962

Art. 8 Abs. 2
Mit Zustimmung des Departementes kann eine Gemeinde mit einer öffentlichen oder privaten Bildungsanstalt einen Vertrag abschliessen, um ihr die Erteilung dieses Unterrichts zu übertragen.

Art. 17
[1] Der Privatunterricht ist der Oberaufsicht des Staatsrates unterstellt, der sie durch das Departement ausübt.
[2] Dieses überwacht die Einhaltung der Vorschriften über Ordnung und Sicherheit, öffentliche Gesundheitspflege und gute Sitten. Es kann sich jederzeit über Lehrprogramme, Unterrichtsmethoden und Lehrmittel erkundigen. Es sorgt für die Einhaltung der gesetzlichen Bestimmungen über die Schullokale und die sanitärischen Massnahmen.

[3] Bei schwerer Übertretung des Gesetzes kann das Departement die Schliessung der Schule anordnen. Der Einspruch beim Staatsrat bleibt vorbehalten.

Art. 18
Wer eine Privatschule führen will, setzt das Departement davon in Kenntnis. Es versichert sich, ob der Gesuchsteller die dazu notwendigen sittlichen und beruflichen Voraussetzungen erfüllt.

Art. 19
[1] Die Eröffnung jeder privaten Primarschule unterliegt einer Bewilligung durch das Departement.
[2] Es versichert sich, ob der Gesuchsteller und seine Mitarbeiter über die dazu notwendigen sittlichen und erzieherischen Eigenschaften verfügen. Sie müssen im Besitze der im Gesetze vorgesehenen oder vom Departemente als gleichwertig anerkannten Lehrpatente sein.
[3] Die private Primarschule untersteht der Aufsicht des Schulinspektors. Die Gemeinde-Schulkommission ist von rechtswegen in der Schulkommission jeder privaten Primarschule vertreten.
[4] Das Departement kann die private Primarschule der Kontrolle durch die Gemeinde-Schulkommission unterstellen.
[5] Das Reglement ordnet die Aufsicht; es enthält die notwendigen Bestimmungen betreffend die Kontrolle der obligatorischen Schulpflicht.

Art. 21
[1] Das Departement entzieht die Bewilligung zur Führung einer privaten Primarschule, wenn der Unterricht im Vergleich zum Programm der öffentlichen Schulen ungenügend ist oder wenn die im vorliegenden Abschnitt enthaltenen Vorschriften nicht beobachtet werden.
[2] Bei Entzug der Bewilligung werden die Eltern oder die Vormünder der Kinder aufgefordert, diese in eine andere Schule zu schicken.
[3] Die Beschlüsse des Departementes betreffend die private Primarschule können an den Staatsrat weitergezogen werden.

Art. 27
[1] Der Staat und die Gemeinden richten an die Schulen der evangelisch-reformierten Kirche für den Unterricht die gleichen Beiträge aus wie an die öffentlichen Schulen.
[2] Die Gemeinden können entweder die für diese Schulen notwendigen Räumlichkeiten selbst zur Verfügung stellen oder die von der evangelisch-reformierten Kirche für ihre Schulen errichteten privaten Bauten subventionieren.
[3] Sind die Gemeinden nicht in der Lage, die notwendigen Räumlichkeiten zur Verfügung zu stellen subventioniert der Staat die Errichtung der für diese Schulen notwendigen Bauten im gleichen Umfange wie diejenigen für die öffentlichen Schulen.
[4] Auf Grund eines gemeinsamen Begehrens einer Gemeinde und der evangelisch-reformierten Kirche stellt der Staatsrat die Schulen dieser Kirche den öffentlichen Schulen gleich.
[5] Im übrigen gelten für die Schulen der evangelisch-reformierten Kirche dieselben Vorschriften wie für die öffentlichen Primar- und Sekundarschulen (Art. 17-26).
[6] Der Staatsrat setzt in einem Reglement die Ausführungsbestimmungen fest.

Art. 32
Das Departement kann einem Schüler gestatten, dem Primarunterricht zu Hause zu folgen. Das Reglement setzt die Bedingungen fest.

c) *Reglement vom 13. Januar 1988 über die Gewährung von diversen Beiträgen (BeitR) aufgrund des Gesetzes vom 4. Juli 1962 über das öffentliche Unterrichtswesen abgeändert durch das Gesetz vom 16. Mai 1986 zur Einfügung von Organisationsbestimmungen über die Orientierungsschule*

Art. 2 Abs. 1
Die Gewährung eines Beitrages setzt grundsätzlich eine angemessene Leistung von seiten einer öffentlichen oder privaten Stelle voraus.

26. ZÜRICH (ZH)

a) *Verfassung des eidgenössischen Standes Zürich vom 18. April 1869*

Art. 21
Die Ausübung jeder Berufsart in Kunst und Wissenschaft, Handel und Gewerbe ist frei.

Art. 62 Abs. 4
Die Volksschullehrer sind in wissenschaftlicher und beruflicher Hinsicht umfassend zu befähigen, insbesondere auch zur Leitung von Fortbildungsschulen.

b) *Gesetz über das gesamte Unterrichtswesen (Unterrichtsgesetz) (UntG) vom 23. Dezember 1859 (Fassung vom 1. Januar 1981)*

§ 269
Der Privatunterricht ist, mit Vorbehalt der nachfolgenden näheren Bestimmungen und Beschränkungen, frei.

§ 270
Zur Errichtung aller Arten von Privatinstituten oder Privatschulen (...) bedarf es einer besonderen Bewilligung des Erziehungsrates, welcher eine Prüfung des Planes und der Einrichtung der Anstalt vorauszugehen hat.[4]

§ 271
Anstalten, welche an die Stelle der Volksschule treten, sollen ihren Schülern einen der Volksschule entsprechenden Unterricht gewähren.

§ 272
[1] Über die Beaufsichtigung dieser Schulanstalten durch die Schulbehörden und über die Jahresberichterstattungen derselben gelten die Bestimmungen des § 268.
[2] Der Erziehungsrat ist berechtigt, einzelnen Privatlehrern sowohl als privaten Schulanstalten die Fortsetzung des Unterrichts zu untersagen, wenn im Verfolge besondere Übelstände zur Kenntnis der Behörden kommen.

---

4 Die Einholung einer Bewilligung wird heute nur noch für Unterricht im volksschulpflichtigen Alter verlangt.

§ 273[5]
Der Staat kann allgemein zugängliche Einrichtungen zur Aus- und Weiterbildung insbesondere der Schulentlassenen und Erwachsenen fördern.

§ 273a[6]
1 Der Staat leistet an die anerkannten Einrichtungen des Bildungswesens Kostenanteile bis zu 80% des anrechenbaren Betriebsaufwandes.
2 Die Beitragsanerkennung setzt voraus, dass die Einrichtungen einem öffentlichen Interesse dienen, die vom Regierungsrat festzusetzenden Bedingungen und Auflagen erfüllen und dass die Standortgemeinde angemessene Leistungen erbringt.
3 Der Regierungsrat kann über die Leistungen von Kostenanteilen Vereinbarungen abschliessen.

c) Gesetz betreffend die Volksschule (Volksschulgesetz) (VSchG) vom 11. Juni 1899[7]

§ 14
Die Schulpflicht kann durch den Besuch einer anderen öffentlichen Schule, einer Privatschule oder durch Privatunterricht erfüllt werden. Die Eltern haben der Schulpflege des Wohnortes Anzeige zu erstatten.

§ 15
Die Schulpflege überwacht die Erfüllung der Schulpflicht. Sie sorgt insbesondere dafür, dass schulpflichtige Kinder, die nicht die Volksschule besuchen, einen ihr entsprechenden Unterricht empfangen. Sie überwacht diesen Unterricht, und sie kann besondere Prüfungen anordnen.

§ 53
1 Der Erziehungsrat wird über Zucht und Ordnung in den Schulen, über Einhaltung der gesetzlichen Stundenzahl und des richtigen Masses der häuslichen Aufgaben sowie über das Absenzenwesen Vorschriften erlassen.
2 Er bestimmt, inwieweit diese Vorschriften auch für Privatschulen Gültigkeit haben.

d) Verordnung betreffend das Volksschulwesen (VSchV) vom 31. März 1900

§ 150
1 Zur Errichtung aller Arten von Privatinstituten oder Privatschulen (...) bedarf es einer besonderen Bewilligung des Erziehungsrates.
2 Anstalten, welche an die Stelle der Volksschule treten, sollen ihren Schülern einen der Volksschule entsprechenden Unterricht gewähren (...).

§ 151
Die Bewilligung des Erziehungsrates wird erteilt, wenn eine genaue Prüfung des Planes, der Einrichtung der Anstalt und der Ausweise über die Befähigung des Lehrpersonals ergeben hat, dass die Schüler einen der Volksschule entsprechenden Unterricht erhalten.

---

5 Geändert durch das Staatsbeitragsgesetz vom 1. April 1990.

6 Vgl. a.a.O

7 § 14 und 15 gemäss der Fassung vom Gesetz vom 24. Mai 1959.

§ 152
[1] Alle von Korporationen, Vereinen und Privaten errichteten Schulanstalten, welche auf der Stufe der Volksschule stehen, sowie die Kindergärten sind der Aufsicht der Gemeinde- und Bezirksschulpflegen unterstellt und bezüglich Beaufsichtigung und Berichterstattung in gleicher Weise zu behandeln wie die Volksschulen.
[2] Die Gemeindeschulpflegen haben sich davon zu überzeugen, dass diese Schulen die Bewilligung des Erziehungsrates erlangt haben.

e) Gesetz über die Leistungen des Staates für das Volksschulwesen (Schulleistungsgesetz) vom 2. Februar 1919[8]

f) Verordnung zum Schulleistungsgesetz (Schulleistungsverordnung) vom 10. September 1986[9]

g) Vgl. auch die beiden Beschlüsse des Erziehungsrates über die Beaufsichtigung des Privatunterrichts vom 3.9.1913 und über den Befähigungsausweis der Lehrkräfte an Privatschulen vom 15.6.1974

27. ZUG (ZG)

a) Verfassung des Kantons Zug vom 31. Januar 1894

§ 4 Abs. 2
Die Errichtung von Privatschulen und Privat-Lehranstalten ist gewährleistet; soweit dieselben den Primarschulunterricht betreffen, bleiben die Bestimmungen des 2. Alineas von Art. 27 der Bundesverfassung vorbehalten.

b) Schulgesetz (SchG) vom 27. September 1990

§ 5 Abs. 2
Es [jedes bildungsfähige Kind] kann eine öffentliche oder anerkannte private Schule besuchen. Die Eltern haben die Gemeinde zu informieren, wenn sie ihr Kind nicht an einer öffentlichen Schule unterrichten lassen.

§ 74
[1] Die Errichtung von Privatschulen ist gewährleistet.
[2] Privatschulen bedürfen der Anerkennung durch den Erziehungsrat, wenn sie den Unterricht im Bereich der obligatorischen Schulzeit übernehmen wollen.
[3] Für die Anerkennung von privaten IV-Sonderschulen gelten zusätzlich die Voraussetzungen des Bundesgesetzes über die Invalidenversicherung.

---

[8] Unter dem Abschnitt "allgemeine Volksschule" finden sich keine Regelungen. Erst unter § 13 folgen dann Beiträge an Sonderschulung und -erziehung.

[9] § 25 Abs. 2, 33 und 34 sind besondere Bestimmungen für private Sonderschulen.

§ 75

[1] Privatschulen im Bereich der Primar- und Sekundarstufe werden anerkannt, wenn sie einen Unterricht gewährleisten, der den Anforderungen der öffentlich-rechtlichen Schule gerecht wird.

[2] Sie sind bei der Anstellung der Lehrer frei, unterliegen jedoch der kantonalen Inspektion und Visitation. Sie haben zu Beginn des Schuljahres und bei einem Neuantritt der Schulkommission der Gemeinde, in der ein Kind schulpflichtig ist, die Namen der ihre Schule besuchenden Kinder mitzuteilen.

[3] Privatschulen für ausländische Kinder kann die Bewilligung auch erteilt werden, wenn sie nach den Lehrplänen des Herkunftslandes unterrichten.

§ 77

[1] Der Erziehungsrat ordnet unter Androhung des Entzugs der Anerkennung Massnahmen an, wenn

a. Missstände vorliegen;
b. gesetzliche Vorschriften sowie Weisungen kantonaler und gemeindlicher Behörden nicht beachtet werden;
c. das Lehrziel am Ende der obligatorischen Schulzeit nicht erreicht wird;
d. der Unterricht aus andern Gründen gefährdet ist.

[2] Sofern die Missstände nicht behoben werden, entzieht der Erziehungsrat die Anerkennung.

§ 78

[1] Wenn eine Gemeinde Kinder zur Erfüllung der Schulpflicht einer Privatschule zuweist, gewährt der Kanton einen vom Regierungsrat festzulegenden Beitrag an die Kosten.

[2] Der Kanton kann anerkannten Privatschulen, die im Kanton Zug den Unterricht der obligatorischen Schulzeit anbieten, Beiträge gewähren, um die Schulgeldbeiträge der Zuger Schüler zu reduzieren. Der Kantonsbeitrag pro Kind darf nicht höher sein als ein Viertel der Besoldungskosten, die ein Kind an der entsprechenden öffentlichen Schule verursacht.

[3] Diese Schulen können auch die obligatorischen kantonalen Lehrmittel für die Zuger Schüler kostenlos beziehen.

ANHANG 2:

Verfassungsrechtliche Bestimmungen in Deutschland[1,2]

---

1. Grundgesetz

2. Baden-Württemberg
3. Bayern
4. Bremen
5. Hessen
6. Nordrhein-Westfalen
7. Rheinland-Pfalz
8. Saarland
9. Schleswig-Holstein
10. Brandenburg
11. Sachsen
12. Sachsen-Anhalt

---

[1] Die Verfassungsbestimmungen der *alten* Bundesländer sind entnommen aus: Verlag C. H. Beck (München), Verfassungen der deutschen Bundesländer, 4. Auflage, Stand 1. März 1991. Für die Verfassungen der drei *neuen* Bundesländer Brandenburg, Sachsen und Sachsen-Anhalt vgl. Peter HÄBERLE, Die Verfassungsbewegung in den fünf neuen Bundesländern Deutschlands, 1991 bis 1992, in: JöR, NF Band 42 (1994), S. 149-324, insb. 253 ff.; Hans v. MANGOLDT, Die Verfassungen der neuen Bundesländer, Einführung und synoptische Darstellung, Sachsen, Brandenburg, Sachsen-Anhalt, Verfassungskommission für Mecklenburg-Vorpommern, Berlin 1993.

[2] Keine Bestimmungen zum Elternrecht bzw. zum Privatschulwesen finden sich in den Verfassungen von *Berlin* (Verfassung vom 1. September 1950), *Hamburg* (Verfassung der Freien und Hansestadt Hamburg vom 6. Juni 1952) und *Niedersachsen* (Vorläufige Niedersächsische Verfassung vom 13. April 1951).
Für die Verfassungsentwürfe der neuen Bundesländer *Mecklenburg-Vorpommern* und *Thüringen* vgl. Peter HÄBERLE, a.a.O., 218 ff., 317 ff.; ders., Die Verfassungsbewegung in den fünf neuen Bundesländer, in: JöR, NF Band 41 (1993), S. 69-307, 130 ff., 260 ff.; ders., Das Problem des Kulturstaates im Prozess der deutschen Einigung - Defizite, Versäumnisse, Chancen, Aufgaben, in: JöR, NF Band 40 (1991/1992), S. 291-499, 399 ff., 455 ff.; ders., Der Entwurf der Arbeitsgruppe "Neue Verfassung der DDR" des Runden Tisches (1990), in: JöR, NF Band 39 (1990), S. 319-493, 399 ff., 468 ff.

1. BUNDESREPUPLIK DEUTSCHLAND: Grundgesetz vom 23. Mai 1949

Art. 6 GG

[1] Ehe und Familie stehen unter dem besonderen Schutze der staatlichen Ordnung.
[2] Pflege und Erziehung der Kinder sind das natürliche Recht der Eltern und die zuvörderst ihnen obliegende Pflicht. Über ihre Betätigung wacht die staatliche Gemeinschaft.
[3] Gegen den Willen der Erziehungsberechtigten dürfen Kinder nur auf Grund eines Gesetzes von der Familie getrennt werden, wenn die Erziehungsberechtigten versagen oder wenn die Kinder aus anderen Gründen zu verwahrlosen drohen.
[4] Jede Mutter hat Anspruch auf den Schutz und die Fürsorge der Gemeinschaft.
[5] Den unehelichen Kindern sind durch die Gesetzgebung die gleichen Bedingungen für ihre leibliche und seelische Entwicklung und ihre Stellung in der Gesellschaft zu schaffen wie den ehelichen Kindern.

Art. 7 GG

[1] Das gesamte Schulwesen steht unter der Aufsicht des Staates.
[2] Die Erziehungsberechtigten haben das Recht, über die Teilnahme des Kindes am Religionsunterricht zu bestimmen.
[3] Der Religionsunterricht ist in den öffentlichen Schulen mit Ausnahme der bekenntnisfreien Schulen ordentliches Lehrfach. Unbeschadet des staatlichen Aufsichtsrechtes wird der Religionsunterricht in Übereinstimmung mit den Grundsätzen der Religionsgemeinschaften erteilt. Kein Lehrer darf gegen seinen Willen verpflichtet werden, Religionsunterricht zu erteilen.
[4] Das Recht zur Errichtung von privaten Schulen wird gewährleistet. Private Schulen als Ersatz für öffentliche Schulen bedürfen der Genehmigung des Staates und unterstehen den Landesgesetzen. Die Genehmigung ist zu erteilen, wenn die privaten Schulen in ihren Lehrzielen und Einrichtungen sowie in der wissenschaftlichen Ausbildung ihrer Lehrkräfte nicht hinter den öffentlichen Schulen zurückstehen und eine Sonderung der Schüler nach den Besitzverhältnissen der Eltern nicht gefördert wird. Die Genehmigung ist zu versagen, wenn die wirtschaftliche und rechtliche Stellung der Lehrkräfte nicht genügend gesichert ist.
[5] Eine private Volksschule ist nur zuzulassen, wenn die Unterrichtsverwaltung ein besonderes pädagogisches Interesse anerkennt oder, auf Antrag von Erziehungsberechtigten, wenn sie als Gemeinschaftsschule, als Bekenntnis- oder Weltanschauungsschule errichtet werden soll und eine öffentliche Volksschule dieser Art in der Gemeinde nicht besteht.
[6] Vorschulen bleiben aufgehoben.

2. BADEN-WÜRTTEMBERG: Verfassung vom 11. November 1953

Art. 14 Abs. 1 und 2

[1] Es besteht allgemeine Schulpflicht.
[2] Unterricht und Lehrmittel an den öffentlichen Schulen sind unentgeltlich. Die Unentgeltlichkeit wird stufenweise verwirklicht. Auf gemeinnütziger Grundlage arbeitende private mittlere und höhere Schulen, die einem öffentlichen Bedürfnis entsprechen, als pädagogisch wertvoll anerkannt sind und eine gleichartige Befreiung gewähren, haben Anspruch auf Ausgleich der hierdurch entstehenden finanziellen Belastung. Den gleichen Anspruch haben auf gemeinnütziger Grundlage arbeitende private Volksschulen nach Art. 15 Abs. 2. Näheres regelt das Gesetz.

Art. 15 Abs. 2 und 3

[2] Öffentliche Volksschulen (Grund- und Hauptschulen) in Südwürttemberg-Hohenzollern, die am 31. März 1966 als Bekenntnisschulen eingerichtet waren, können auf Antrag der Erziehungsberechtigten in staatlich geförderte private Volksschulen desselben Bekenntnisses umgewandelt werden. Das Nähere regelt ein Gesetz, das einer Zweidrittelmehrheit bedarf.

[3] Das natürliche Recht der Eltern, die Erziehung und Bildung ihrer Kinder mitzubestimmen, muss bei der Gestaltung des Erziehungs- und Schulwesens berücksichtigt werden.

Art. 17 Abs. 4

Die Erziehungsberechtigten wirken durch gewählte Vertreter an der Gestaltung des Lebens und der Arbeit der Schule mit. Näheres regelt ein Gesetz.

3. BAYERN: Verfassung vom 2. Dezember 1946

Art. 126 Abs. 1

Die Eltern haben das natürliche Recht und die oberste Pflicht, ihre Kinder zur leiblichen, geistigen und seelischen Tüchtigkeit zu erziehen. Sie sind darin durch Staat und Gemeinden zu unterstützen. In persönlichen Erziehungsfragen gibt der Wille der Eltern den Ausschlag.

Art. 134

[1] Privatschulen müssen den an die öffentlichen Schulen gestellten Anforderungen entsprechen. Sie können nur mit Genehmigung des Staates errichtet und betrieben werden.

[2] Die Genehmigung ist zu erteilen, wenn die Schule in ihren Lehrzielen (Art. 131) und Einrichtungen sowie in der wissenschaftlichen Ausbildung ihrer Lehrer nicht hinter den gleichartigen öffentlichen Schulen zurücksteht, wenn die wirtschaftliche und rechtliche Stellung der Lehrer genügend gesichert ist und gegen die Person des Schulleiters keine Bedenken bestehen.

[3] Private Volksschulen dürfen nur unter besonderen Voraussetzungen zugelassen werden. Diese Voraussetzungen liegen insbesondere, wenn den Erziehungsberechtigten eine öffentliche Schule ihres Bekenntnisses oder ihrer Weltanschauung nicht zur Verfügung steht.

4. BREMEN: Landesverfassung vom 21. Oktober 1947

Art. 23 Abs. 1 und 2

[1] Die Eltern haben das Recht und die Pflicht, ihre Kinder zu aufrechten und lebenstüchtigen Menschen zu erziehen. Staat und Gemeinde leisten ihnen hierbei die nötige Hilfe.

[2] In persönlichen Erziehungsfragen ist der Wille der Eltern massgebend.

Art. 29

Privatschulen können auf Grund staatlicher Genehmigung errichtet und unter Beobachtung der vom Gesetz gestellten Bedingungen betrieben werden. Das Nähere bestimmt das Gesetz unter Berücksichtigung des Willens der Erziehungsberechtigten.

5. HESSEN: Verfassung vom 1. Dezember 1946

Art. 55
Die Erziehung der Jugend zu Gemeinsinn und zu leiblicher, geistiger und seelischer Tüchtigkeit ist Recht und Pflicht der Eltern. Dieses Recht kann nur durch Richterspruch nach Massgabe des Gesetzes entzogen werden.

Art. 56 Abs. 1 und 6
[1] Es besteht allgemeine Schulpflicht. Das Schulwesen ist Sache des Staates. Die Schulaufsicht wird hauptamtlich durch Fachkräfte ausgeübt.
[6] Die Erziehungsberechtigten haben das Recht, die Gestaltung des Unterrichtswesens mitzubestimmen, soweit die Grundsätze der Abs. 2 bis 5 nicht verletzt werden.

Art. 61
Private Mittel-, höhere und Hochschulen und Schulen besonderer pädagogischer Prägung bedürfen der Genehmigung des Staates. Die Genehmigung ist zu versagen, wenn die Privatschulen in ihren Lehrzielen und Einrichtungen sowie in der wissenschaftlichen Ausbildung ihrer Lehrkräfte hinter den öffentlichen Schulen zurückstehen, wenn sie eine Sonderung nach den Besitzverhältnissen der Eltern fördern oder wenn die wirtschaftliche und rechtliche Stellung der Lehrkräfte nicht genügend gesichert ist. Das Nähere bestimmt das Gesetz.

6. NORDRHEIN-WESTFALEN: Verfassung vom 28. Juni 1950

Art. 8
[1] Jedes Kind hat Anspruch auf Erziehung und Bildung. Das natürliche Recht der Eltern, die Erziehung und Bildung ihrer Kinder zu bestimmen, bildet die Grundlage des Erziehungs- und Schulwesens. Die staatliche Gemeinschaft hat Sorge zu tragen, dass das Schulwesen den kulturellen und sozialen Bedürfnissen des Landes entspricht.
[2] Es besteht allgemeine Schulpflicht; ihrer Erfüllung dienen grundsätzlich die Volksschule und die Berufsschule.
[3] Land und Gemeinden haben die Pflicht, Schulen zu errichten und zu fördern. Das gesamte Schulwesen steht unter der Aufsicht des Landes. Die Schulaufsicht wird durch hauptamtlich tätige, fachlich vorgebildete Beamte ausgeübt.
[4] Für die Privatschulen gelten die Bestimmungen des Artikels 7 Abs. 4 und 5 des Grundgesetzes der Bundesrepublik Deutschland vom 23. Mai 1949 zugleich als Bestandteil dieser Verfassung. Die hiernach genehmigten Privatschulen haben die gleichen Berechtigungen wie die entsprechenden öffentlichen Schulen. Sie haben Anspruch auf die zur Durchführung ihrer Aufgaben und zur Erfüllung ihrer Pflichten erforderlichen öffentlichen Zuschüsse.

Art. 9 Abs. 2 Satz 3
Soweit der Staat für die öffentlichen Schulen Schulgeldfreiheit gewährt sind auch die in Artikel 8 Abs. 4 genannten Privatschulen berechtigt, zu Lasten des Staates auf die Erhebung von Schulgeld zu verzichten; soweit er Lehr- und Lernmittelfreiheit gewährt, sind Lehr- und Lernmittel in gleicher Weise für diese Privatschulen zur Verfügung zu stellen wie für die öffentlichen Schulen.

Art. 10 Abs. 2
Die Erziehungsberechtigten wirken durch Elternvertretungen an der Gestaltung des Schulwesens mit.

7. RHEINLAND-PFALZ: Verfassung vom 18. Mai 1947

Art. 25 Abs. 1
Die Eltern haben das natürliche Recht und die oberste Pflicht, ihre Kinder zur leiblichen, sittlichen und gesellschaftlichen Tüchtigkeit zu erziehen. Staat und Gemeinden haben das Recht und die Pflicht, die Erziehungsarbeit der Eltern zu überwachen und zu unterstützen.

Art. 27 Abs. 1 und 2
[1] Das natürliche Recht der Eltern, über die Erziehung ihrer Kinder zu bestimmen, bildet die Grundlage für die Gestaltung des Schulwesens.
[2] Staat und Gemeinde haben das Recht und die Pflicht, unter Berücksichtigung des Elternwillens die öffentlichen Voraussetzungen und Einrichtungen zu schaffen, die eine geordnete Erziehung der Kinder sichern.

Art. 28
Der Ausbildung der Jugend dienen öffentliche und private Schulen. Bei Einrichtung öffentlicher Schulen wirken Land und Gemeinden zusammen. Auch die Kirchen und Religionsgemeinschaften werden als Bildungsträger anerkannt.

Art. 30
[1] Privatschulen als Ersatz für öffentliche Schulen, einschliesslich der Hochschulen, können mit staatlicher Genehmigung errichtet und betrieben werden. Die Genehmigung ist zu erteilen, wenn die Privatschulen in ihren Lehrzielen und Einrichtungen sowie in der wissenschaftlichen Ausbildung ihrer Lehrkräfte nicht hinter den öffentlichen Schulen zurückstehen und die wirtschaftliche und rechtliche Stellung der Lehrkräfte genügend gesichert ist. Lehrer an Privatschulen unterliegen auch der Bestimmung des Artikels 36 Abs. 1.
[2] Eine Sonderung der Schüler nach den Besitzverhältnissen der Eltern ist untersagt.
[3] Privatschulen als Ersatz für öffentliche Schulen erhalten auf Antrag angemessene öffentliche Finanzhilfe. Das Nähere über Voraussetzungen und die Höhe der öffentlichen Finanzhilfe regelt ein Gesetz.

8. SAARLAND: Verfassung vom 15. Dezember 1947

Art. 24 Abs. 1 Satz 1
Die Erziehung der Kinder zur leiblichen, geistigen, seelischen sowie zur gesellschaftlichen Tüchtigkeit ist oberste Pflicht und natürliches Recht der Eltern.

Art. 26 Satz 2
Auf der Grundlage des natürlichen und christlichen Sittengesetzes haben die Eltern das Recht, die Bildung und Erziehung ihrer Kinder zu bestimmen.

Art. 27 Abs. 1
Der Heranbildung der Jugend dienen öffentliche und private Schulen.

Art. 28
[1] Private Schulen als Ersatz für öffentliche Schulen bedürfen der Genehmigung des Staates. Die Genehmigung ist zu erteilen, wenn die privaten Schulen in ihren Lehrzielen und Einrichtungen sowie in der wissenschaftlichen Ausbildung ihrer Lehrkräfte nicht hinter den öffentlichen Schulen zurückstehen und eine Sonderung der Schüler nach den Besitzverhältnissen der Eltern nicht gefördert wird. Die Genehmigung ist zu versagen, wenn die wirtschaftliche und rechtliche Stellung der Lehrkräfte nicht genügend gesichert ist.
[2] Private Grund-, Haupt- und Sonderschulen (Volksschulen) dürfen nur unter den besonderen Voraussetzungen des Artikels 7 Abs. 5 des Grundgesetzes für die Bundesrepublik Deutschland vom 23. Mai 1949 zugelassen werden.
[3] Private Schulen als Ersatz für öffentliche Schulen haben zur Durchführung ihrer Aufgaben und zur Erfüllung ihrer Pflichten Anspruch auf öffentliche Zuschüsse. Das Nähere bestimmt das Gesetz.
[4] Private Grund-, Haupt- und Sonderschulen (Volksschulen), die auf gemeinnütziger Grundlage wirken und in Aufbau und Gliederung den für die öffentlichen Schulen geltenden gesetzlichen Vorschriften entsprechen, ersetzt das Land auf Antrag des Schulträgers den notwendigen Aufwand für die fortdauernden Personal- und Sachkosten, der sich nach dem der öffentlichen Schulen bemisst. Abs. 3 bleibt unberührt.

9. SCHLESWIG-HOLSTEIN: Landessatzung vom 13. Dezember 1949

Art. 6 Abs. 2 und 4
[2] Für die Aufnahme in die weiterführenden Schulen sind ausser dem Wunsche der Erziehungsberechtigten nur Begabung und Leistung massgebend.
[4] Die Erziehungsberechtigten entscheiden, ob ihre Kinder die Schule einer nationalen Minderheit besuchen sollen.

10. BRANDENBURG: Verfassung vom 14. Juni 1992

Art. 26 Abs. 1 Satz 1
Ehe und Familie sind durch das Gemeinwesen zu schützen und zu fördern.

Art. 27
[1] Kinder haben als eigenständige Personen das Recht auf Achtung ihrer Würde.
[2] Eltern haben das Recht und die Pflicht zur Erziehung ihrer Kinder.
[3] Kinder geniessen in besonderer Weise den Schutz von Staat und Gesellschaft. Wer Kinder erzieht, hat Anspruch auf angemessene staatliche Hilfe und gesellschaftliche Rücksichtnahme.
[4] Kindern und Jugendlichen ist durch Gesetz eine Rechtsstellung einzuräumen, die ihrer wachsenden Einsichtsfähigkeit durch die Anerkennung zunehmender Selbständigkeit gerecht wird.
[5] Kinder und Jugendliche sind vor körperlicher und seelischer Vernachlässigung und Misshandlung zu schützen. Wird das Wohl von Kindern oder Jugendlichen gefährdet, insbesondere durch Versagen der Erziehungsberechtigten, hat das Gemeinwesen die erforderlichen Hilfen zu gewährleisten und die gesetzlich geregelten Massnahmen zu ergreifen.
[6] Das Land, die Gemeinden und Gemeindeverbände fördern unabhängig von ihrer Trägerschaft Kindertagesstätten und Jugendfreizeiteinrichtungen.
[7] Jedes Kind hat nach Massgabe des Gesetzes einen Anspruch auf Erziehung, Bildung, Betreuung und Versorgung in einer Kindertagesstätte.
[8] Kinderarbeit ist verboten.

Art. 29
[1] Jeder hat das Recht auf Bildung.
[2] Das Land ist verpflichtet, öffentliche Bildungseinrichtungen zu schaffen und berufliche Ausbildungssysteme zu fördern.
[3] Jeder hat das Recht auf gleichen Zugang zu den öffentlichen Bildungseinrichtungen, unabhängig von seiner wirtschaftlichen und sozialen Lage und seiner politischen Überzeugung. Begabte, sozial Benachteiligte und Menschen mit Behinderungen sind besonders zu fördern.

Art. 30
[1] Es besteht allgemeine Schulpflicht.
[2] Das Schulwesen steht unter der Aufsicht des Landes. Bei der Gestaltung wirken Eltern, Lehrer und Schüler sowie ihre Vertretungen und Verbände mit.
[3] Das Schulwesen muss Offenheit, Durchlässigkeit und Vielfalt der Bildungsgänge gewährleisten.
[4] Für die Aufnahme in weiterführende Schulen sind neben dem Wunsch der Erziehungsberechtigten Fähigkeiten, Leistungen und Neigungen des Schülers massgebend.
[5] Das Land und die Träger kommunaler Selbstverwaltung haben die Pflicht, Schulen einzurichten und zu fördern. Für diese Schulen besteht Schulgeldfreiheit. Lern- und Lehrmittelfreiheit sind durch Gesetz zu regeln.
[6] Das Recht zur Errichtung von Schulen in freier Trägerschaft wird nach Massgabe von Art. 7 Abs. 4 des Grundgesetzes gewährleistet. Die Träger haben Anspruch auf einen öffentlichen Finanzierungszuschuss.

11. SACHSEN: Verfassung vom 27. Mai 1992

Art. 7 Abs. 1
Das Land erkennt das Recht eines jeden Menschen (...) auf Bildung, als Staatsziel an.

Art. 22
[1] Ehe und Familie stehen unter dem besonderen Schutz des Landes.
[2] Wer in häuslicher Gemeinschaft Kinder erzieht oder für Hilfsbedürftige sorgt, verdient Förderung und Entlastung.
[3] Pflege und Erziehung der Kinder sind das natürliche Recht der Eltern und die zuerst ihnen obliegende Pflicht. Über ihre Betätigung wacht das Land.
[4] Gegen den Willen der Erziehungsberechtigten dürfen Kinder nur aufgrund eines Gesetzes von der Familie getrennt werden, wenn die Erziehungsberechtigen versagen oder wenn die Kinder aus anderen Gründen zu verwahrlosen drohen.
[5] Jede Mutter hat Anspruch auf den Schutz und die Fürsorge der Gemeinschaft.

Art. 29
[1] Alle Bürger haben das Recht, die Ausbildungsstätte frei zu wählen.
[2] Alle Bürger haben das Recht auf gleichen Zugang zu den öffentlichen Bildungseinrichtungen.

Art. 101 Abs. 2
Das natürliche Recht der Eltern, Erziehung und Bildung ihrer Kinder zu bestimmen, bildet die Grundlage des Erziehungs- und Schulwesens. Es ist insbesondere bei dem Zugang zu den verschiedenen Schularten zu achten.

Art. 102

[1] Das Land gewährleistet das Recht auf Schulbildung. Es besteht allgemeine Schulpflicht.
[2] Für die Bildung der Jugend sorgen Schulen in öffentlicher und in freier Trägerschaft.
[3] Das Recht zur Errichtung von Schulen in freier Trägerschaft wird gewährleistet. Nehmen solche Schulen die Aufgaben von Schulen in öffentlicher Trägerschaft wahr, bedürfen sie der Genehmigung des Freistaates. Die Genehmigung ist zu erteilen, wenn sie in ihren Lehrzielen und Einrichtungen sowie in der wissenschaftlichen Ausbildung ihrer Lehrkräfte nicht hinter den Schulen in öffentlicher Trägerschaft zurückstehen und eine Sonderung der Schüler nach den Besitzverhältnissen der Eltern nicht gefördert wird. Die Genehmigung ist zu versagen, wenn die wirtschaftliche und rechtliche Stellung der Lehrkräfte nicht genügend gesichert ist.
[4] Unterricht und Lernmittel an den Schulen in öffentlicher Trägerschaft sind unentgeltlich. Soweit Schulen in freier Trägerschaft, welche die Aufgaben von Schulen in öffentlicher Trägerschaft wahrnehmen, eine gleichartige Befreiung gewähren, haben sie Anspruch auf finanziellen Ausgleich.
[5] Das Nähere bestimmt ein Gesetz.

Art. 103 Abs. 1

Das Gesamte Schulwesen steht unter der Aufsicht des Freistaates.

Art. 104

[1] Eltern und Schüler haben das Recht, durch gewählte Vertreter an der Gestaltung des Lebens und der Arbeit der Schule mitzuwirken.
[2] Das Nähere bestimmt ein Gesetz.

12. SACHSEN-ANHALT: Verfassung vom 16. Juli 1992

Art. 11

[1] Pflege und Erziehung der Kinder unter Achtung ihrer Persönlichkeit und ihrer wachsenden Einsichtsfähigkeit sind das natürliche Recht der Eltern und die zuvörderst ihnen obliegende Pflicht. Über ihre Betätigung wacht die staatliche Gemeinschaft.
[2] Gegen den Willen der Erziehungsberechtigten dürfen Kinder nur auf Grund eines Gesetzes von der Familie getrennt werden, wenn die Erziehungsberechtigten versagen oder die Kinder aus anderen Gründen zu verwahrlosen drohen.

Art. 24 Abs. 1 und 2

[1] Ehe und Familie stehen unter dem besonderen Schutze der staatlichen Ordnung.
[2] Wer in häuslicher Gemeinschaft für Kinder oder Hilfsbedürftige sorgt, verdient Förderung und Entlastung. Das Land und die Kommunen wirken insbesondere darauf hin, dass für die Kinder angemessene Betreuungseinrichtungen zur Verfügung stehen.

Art. 25

[1] Jeder junge Mensch hat ohne Rücksicht auf seine Herkunft und wirtschaftliche Lage das Recht auf seine Begabung und seine Fähigkeiten fördernde Erziehung und Ausbildung.
[2] Es besteht allgemeine Schulpflicht.
[3] Das Nähere regeln die Gesetze.

Art. 26

[1] Das Land und die Kommunen sorgen für ein ausreichendes und vielfältiges öffentliches Schulwesen.
[2] An den öffentlichen Schulen werden die Kinder aller religiösen Bekenntnisse und Weltanschauungen in der Regel gemeinsam erzogen (Gemeinschaftsschule).
[3] Das Recht und die Pflicht der Eltern, ihre Kinder zu erziehen und deren Schule auszuwählen, sind bei der Gestaltung des Erziehungs- und Schulwesens zu berücksichtigen.
[4] Der Unterricht an allen öffentlichen Schulen ist unentgeltlich.

Art. 28

[1] Das Recht zur Errichtung von Schulen in freier Trägerschaft wird gewährleistet. Schulen in freier Trägerschaft als Ersatz für öffentliche Schulen bedürfen der Genehmigung des Landes und unterstehen den Gesetzen. Die Genehmigung ist zu erteilen, wenn die Schulen in freier Trägerschaft in ihren Lehrzielen und Einrichtungen sowie in der wissenschaftlichen Ausbildung ihrer Lehrkräfte nicht hinter den öffentlichen Schulen zurückstehen und eine Sonderung der Schüler nach den Besitzverhältnissen der Eltern nicht gefördert wird. Die Genehmigung ist zu versagen, wenn die wirtschaftliche und rechtliche Stellung der Lehrkräfte nicht genügend gesichert ist.
[2] Soweit diese Schulen Ersatz für öffentliche Schulen sind, haben sie Anspruch auf die zur Erfüllung ihrer Aufgaben erforderlichen öffentlichen Zuschüsse. Das Nähere regelt ein Gesetz.

Art. 29

[1] Das gesamte Schul- und Bildungswesen steht unter der Aufsicht des Landes.
[2] Lehrer, Erziehungsberechtigte und Schüler haben das Recht, durch gewählte Vertreter an der Gestaltung des Lebens und der Arbeit in der Schule mitzuwirken.

ANHANG 3:

Statistisches Zahlenmaterial zum Bildungs- und Privatschulwesen[1]

---

[1] Die Zahlen für die *Schweiz* stützen sich grundsätzlich auf das jährlich vom Bundesamt für Statistik herausgegebene "Statistische Jahrbuch der Schweiz" (Abschnitt "Bildung und Wissenschaft"). Im Jahrbuch wird aber lediglich von Schülern in Privatschulen gesprochen (vgl. beispielsweise für 1993 die Tabelle T 15.2 auf S. 341). Es findet zwar eine Aufteilung nach Schulstufen statt, doch wird keine weitere Aufschlüsselung nach subventionierten und nicht subventionierten Schulen mehr vorgenommen. Es ist hier darauf hinzuweisen, dass die Zahl im Jahrbuch lediglich die Schüler an *nicht* subventionierten Privatschulen betrifft; die Schüler an subventionierten Privatschulen wurden den öffentlichen Schulen zugeschlagen. Das Bundesamt besitzt dazu jedoch eine differenziertere Aufteilung, die nicht veröffentlicht ist. Diese Zahlen wurden mir freundlicherweise überlassen, wofür ich hier meinen Dank aussprechen möchte.

TABELLE 1: ***Vorschule (Schweiz)***

Schuljahr	Total Schüler	An öffentlichen Schulen		An privaten Schulen					
		Gesamt	%	Gesamt	%	Mit Subv.	%	Ohne Subv.	%
1977/78	127'869	103'361	80.8	24'508	19.2	19'908	81.2	4'600	18.8
1978/79	124'807	101'559	81.4	23'248	18.6	19'224	82.7	4'024	17.3
1979/80	122'060	111'635	91.5	10'425	8.5	6'276	60.2	4'149	39.8
1980/81	120'315	111'762	92.9	8'553	7.1	4'471	52.3	4'082	47.7
1981/82	118'764	110'268	92.9	8'496	7.2	3'983	46.9	4'513	53.1
1982/83	120'127	112'116	93.3	8'011	6.7	3'645	45.5	4'366	54.5
1983/84	119'316	112'206	94.0	7'110	6.0	3'136	44.1	3'974	55.9
1984/85	120'774	113'523	94.0	7'251	6.0	3'025	41.7	4'226	58.3
1985/86	123'176	117'835	95.7	5'341	4.3	1'164	21.8	4'177	78.2
1986/87	127'428	121'900	95.7	5'528	4.3	1'135	20.5	4'393	79.5
1987/88	132'879	124'987	94.1	7'892	5.9	1'015	12.9	6'877	87.1
1988/89	134'804	126'863	94.1	7'941	5.9	934	11.8	7'007	88.2
1989/90	136'845	128'801	94.1	8'044	5.9	908	11.3	7'136	88.7
1990/91	139'798	131'431	94.0	8'367	6.0	908	10.9	7'459	89.2
1991/92	141'360	133'144	94.2	8'216	5.8	671	8.2	7'545	91.8
1992/93	144'469	135'818	94.0	8'651	6.0	694	8.0	7'957	92.0

TABELLE 2: ***Primarstufe (1.-6. Klasse) (Schweiz)***

Schuljahr	Total Schüler	An öffentlichen Schulen		An privaten Schulen					
		Gesamt	%	Gesamt	%	Mit Subv.	%	Ohne Subv.	%
1977/78	502'541	492'620	98.0	9'921	2.0	1'985	20.0	7'936	78.2
1978/79	485'874	475'896	98.0	9'978	2.1	2'180	21.9	7'798	78.2
1979/80	468'499	458'537	97.9	9'962	2.1	2'093	21.0	7'869	79.0
1980/81	450'953	441'106	97.8	9'847	2.2	1'978	20.1	7'869	79.9
1981/82	434'301	424'563	97.8	9'738	2.2	1'770	18.2	7'968	81.8
1982/83	415'501	405'750	97.7	9'751	2.4	1'615	16.6	8'136	83.4
1983/84	398'954	389'427	97.6	9'527	2.4	1'303	13.7	8'224	86.3
1984/85	385'514	375'967	97.5	9'547	2.5	1'040	10.9	8'507	89.1
1985/86	376'546	366'880	97.4	9'666	2.6	1'187	12.3	8'479	87.7
1986/87	373'331	363'405	97.3	9'926	2.7	1'157	11.7	8'769	88.3
1987/88	375'326	365'179	97.3	10'147	2.7	1'113	11.0	9'034	89.0
1988/89	383'042	372'649	97.3	10'393	2.7	1'198	11.5	9'195	88.5
1989/90	394'061	383'399	97.3	10'662	2.7	1'147	10.8	9'515	89.2
1990/91	404'154	393'416	97.3	10'738	2.7	1'085	10.1	9'653	89.9
1991/92	414'129	403'576	97.5	10'553	2.6	1'187	11.3	9'366	88.8
1992/93	420'089	409'556	97.5	10'533	2.5	1'232	11.7	9'301	88.3

TABELLE 3: ***Sekundarstufe I, Total (5.-10. Klasse) (Schweiz)***

Schuljahr	Total Schüler	An öffentlichen Schulen		An privaten Schulen					
		Gesamt	%	Gesamt	%	Mit Subv.	%	Ohne Subv.	%
1977/78	362'827	341'996	94.3	20'831	5.7	4'900	23.5	15'931	76.5
1978/79	367'538	347'227	94.5	20'311	5.5	5'010	24.7	15'301	75.3
1979/80	366'838	346'877	94.6	19'961	5.4	5'255	26.3	14'706	73.7
1980/81	362'304	342'129	94.4	20'175	5.6	4'606	22.8	15'569	77.2
1981/82	355'424	336'070	94.6	19'354	5.5	4'213	21.8	15'141	78.2
1982/83	347'539	328'343	94.5	19'196	5.5	4'238	22.1	14'958	77.9
1983/84	339'285	320'216	94.4	19'069	5.6	3'962	20.8	15'107	79.2
1984/85	327'311	308'741	94.3	18'570	5.7	3'751	20.2	14'819	79.8
1985/86	314'909	296'339	94.1	18'570	5.9	4'031	21.7	14'539	78.3
1986/87	302'010	283'261	93.8	18'749	6.2	3'917	20.9	14'832	79.1
1987/88	289'872	271'626	93.7	18'246	6.3	3'817	20.9	14'429	79.1
1988/89	279'320	261'599	93.7	17'721	6.3	3'647	20.6	14'074	79.4
1989/90	273'221	256'150	93.8	17'071	6.3	3'450	20.2	13'621	79.8
1990/91	271'589	254'913	93.9	16'676	6.1	3'312	19.9	13'364	80.1
1991/92	274'536	258'015	94.0	16'521	6.0	3'597	21.8	12'924	78.2
1992/93	279'621	263'144	94.1	16'477	5.9	3'571	21.7	12'906	78.3

TABELLE 4: ***Sekundarstufe I, Grundansprüche (5.-10. Klasse) (Schweiz)***

Schuljahr	Total Schüler	An öffentlichen Schulen		An privaten Schulen					
		Gesamt	%	Gesamt	%	Mit Subv.	%	Ohne Subv.	%
1977/78	147'689	142'864	96.7	4'825	3.3	1'470	30.5	3'355	69.5
1978/79	145'140	140'584	96.9	4'556	3.1	1'761	38.7	2'795	61.4
1979/80	141'862	137'307	96.8	4'555	3.2	1'875	41.2	2'680	58.8
1980/81	136'748	132'398	96.8	4'350	3.2	1'472	33.8	2'878	66.2
1981/82	133'426	129'308	96.9	4'118	3.1	1'171	28.4	2'947	71.6
1982/83	129'755	125'761	96.9	3'994	3.1	1'249	31.3	2'745	68.7
1983/84	125'838	122'092	97.0	3'746	3.0	1'099	29.3	2'647	70.7
1984/85	121'124	117'408	96.9	3'716	3.1	850	22.9	2'866	77.1
1985/86	115'762	112'081	96.8	3'681	3.2	1'181	32.1	2'500	67.9
1986/87	106'533	102'937	96.6	3'576	3.4	1'067	29.3	2'529	70.7
1987/88	99'537	95'978	96.4	3'559	3.6	1'149	32.3	2'410	67.7
1988/89	91'466	88'328	96.6	3'138	3.4	1'068	34.0	2'070	66.0
1989/90	86'997	84'487	97.1	2'510	2.9	723	28.8	1'787	71.2
1990/91	85'105	82'550	97.0	2'555	3.0	626	24.5	1'929	75.5
1991/92	86'053	83'933	97.5	2'120	2.5	830	39.2	1'290	60.9
1992/93	87'927	85'947	97.8	1'980	2.3	780	39.4	1'200	60.6

TABELLE 5: *Sekundarstufe I, Erweiterte Ansprüche (5.-10. Klasse) (Schweiz)*

Schuljahr	Total Schüler	An öffentlichen Schulen		An privaten Schulen					
		Gesamt	%	Gesamt	%	Mit Subv.	%	Ohne Subv.	%
1977/78	208'075	193'419	93.0	14'656	7.0	3'430	23.4	11'226	76.6
1978/79	213'754	199'303	93.2	14'451	6.8	3'249	22.5	11'202	77.5
1979/80	215'065	201'109	93.5	13'956	6.5	3'325	23.8	10'631	76.2
1980/81	213'654	199'675	93.5	13'979	6.5	3'089	22.1	10'890	77.9
1981/82	208'220	195'014	93.7	13'206	6.3	3'042	23.0	10'164	77.0
1982/83	201'935	189'054	93.6	12'881	6.4	2'989	23.2	9'892	76.8
1983/84	196'086	183'331	93.5	12'755	6.5	2'863	22.5	9'892	77.6
1984/85	188'502	176'290	93.5	12'212	6.5	2'901	23.8	9'311	76.2
1985/86	181'300	169'269	93.4	12'031	6.6	2'850	23.7	9'181	76.3
1986/87	172'917	160'979	93.1	11'938	6.9	2'818	23.6	9'120	76.4
1987/88	165'495	154'185	93.2	11'310	6.8	2'622	23.2	8'688	76.8
1988/89	162'622	151'442	93.1	11'180	6.9	2'508	22.4	8'672	77.6
1989/90	160'969	149'794	93.1	11'175	6.9	2'672	23.9	8'503	76.1
1990/91	161'449	150'651	93.3	10'798	6.7	2'624	24.3	8'174	75.7
1991/92	163'165	152'022	93.2	11'143	6.8	2'726	24.5	8'417	75.5
1992/93	166'008	154'967	93.4	11'041	6.7	2'751	24.9	8'290	75.1

TABELLE 6: *Sekundarstufe I, Ohne Selektion (5.-10. Klasse) (Schweiz)*

Schuljahr	Total Schüler	An öffentlichen Schulen		An privaten Schulen					
		Gesamt	%	Gesamt	%	Mit Subv.	%	Ohne Subv.	%
1977/78	7’063	5’713	80.9	1’350	19.1	-	-	1’350	-
1978/79	8’644	7’340	84.9	1’304	15.1	-	-	1’304	-
1979/80	9’911	8’461	85.4	1’450	14.6	55	3.8	1’395	96.2
1980/81	11’902	10’056	84.5	1’846	15.5	45	2.4	1’801	97.6
1981/82	13’778	11’748	85.3	2’030	14.7	-	-	2’030	-
1982/83	15’849	13’528	85.4	2’321	14.6	-	-	2’321	-
1983/84	17’361	14’793	85.2	2’568	14.8	-	-	2’568	-
1984/85	17’685	15’043	85.1	2’642	14.9	-	-	2’642	-
1985/86	17’847	14’989	84.0	2’858	16.0	-	-	2’858	-
1986/87	22’560	19’345	85.8	3’215	14.3	32	1.0	3’183	99.0
1987/88	24’840	21’463	86.4	3’377	13.6	46	1.4	3’331	98.6
1988/89	25’232	21’829	86.5	3’403	13.5	71	2.1	3’332	97.9
1989/90	25’255	21’869	86.6	3’386	13.4	55	1.6	3’331	98.4
1990/91	25’035	21’712	86.7	3’323	13.3	62	1.9	3’261	98.1
1991/92	25’318	22’060	87.1	3’258	12.9	41	1.3	3’217	98.7
1992/93	25’686	22’230	86.6	3’456	13.5	40	1.2	3’416	98.8

TABELLE 7: ***Schulen mit besonderem Lehrplan (Schweiz)***

Schuljahr	Total Schüler	An öffentlichen Schulen		An privaten Schulen					
		Gesamt	%	Gesamt	%	Mit Subv.	%	Ohne Subv.	%
1977/78	39'572	30'414	76.9	9'158	23.1	8'246	90.0	912	10.0
1978/79	39'142	29'579	75.6	9'561	24.4	8'527	89.2	1'036	10.8
1979/80	37'759	28'368	75.1	9'391	24.9	8'403	89.5	988	10.5
1980/81	36'388	27'521	75.6	8'867	24.4	7'898	89.1	969	10.9
1981/82	35'392	26'460	74.8	8'932	25.2	8'070	90.4	862	9.7
1982/83	34'581	25'740	74.4	8'841	25.6	8'160	92.3	681	7.7
1983/84	32'867	24'809	75.5	8'058	24.5	7'410	92.0	648	8.0
1984/85	32'496	24'412	75.1	8'084	24.9	7'490	92.7	594	7.4
1985/86	32'241	24'278	75.3	7'963	24.7	7'366	92.5	597	7.5
1986/87	32'563	24'528	75.3	8'035	24.7	7'551	94.0	484	6.0
1987/88	33'160	25'177	75.9	7'983	24.1	7'379	92.4	604	7.6
1988/89	34'154	26'134	76.5	8'020	23.5	7'388	92.1	632	7.9
1989/90	34'995	26'808	76.6	8'187	23.4	7'520	91.9	667	8.2
1990/91	36'164	28'068	77.6	8'096	22.4	7'553	93.3	543	6.7
1991/92	37'999	30'306	79.8	7'693	20.3	7'198	93.6	495	6.4
1991/92	40'351	32'274	80.0	8'077	20.0	7'625	94.4	452	5.6

TABELLE 8: ***Sekundarstufe II, Total (1.-10. Klasse) (Schweiz)***

Schuljahr	Total Schüler	An öffentlichen Schulen		An privaten Schulen					
		Gesamt	%	Gesamt	%	Mit Subv.	%	Ohne Subv.	%
1977/78	263'485	221'228	84.0	42'257	16.0	25'326	59.9	16'931	40.1
1978/79	273'334	230'792	84.4	42'542	15.6	25'080	59.0	17'462	41.1
1979/80	286'456	241'922	84.5	44'534	15.6	24'549	55.1	19'985	44.9
1980/81	299'011	254'827	85.2	44'184	14.8	24'433	55.3	19'751	44.7
1981/82	307'630	264'088	85.9	43'542	14.2	24'300	55.8	19'242	44.2
1982/83	314'430	268'479	85.4	45'951	14.6	25'296	55.1	20'655	45.0
1983/84	320'573	274'436	85.6	46'137	14.4	25'319	54.9	20'818	45.1
1984/85	322'647	283'870	88.0	38'777	12.0	18'232	47.0	20'545	53.0
1985/86	319'841	281'706	88.1	38'135	11.9	18'140	47.6	19'995	52.4
1986/87	316'657	278'606	88.0	38'051	12.0	18'201	47.8	19'850	52.2
1987/88	313'669	275'202	87.7	38'467	12.3	18'299	47.6	20'168	52.4
1988/89	309'225	271'366	87.8	37'859	12.2	17'319	45.8	20'540	54.3
1989/90	304'185	266'118	87.5	38'067	12.5	17'346	45.6	20'721	54.4
1990/91	295'807	259'499	87.7	36'308	12.3	16'572	45.6	19'736	54.4
1991/92	287'929	252'816	87.8	35'113	12.2	16'075	45.8	19'038	54.2
1992/93	281'849	247'510	87.8	34'339	12.2	16'681	48.6	17'658	51.4

TABELLE 9: *Sekundarstufe II, Maturitätsschulen (1.-10. Klasse) (Schweiz)*

Schuljahr	Total Schüler	An öffentlichen Schulen		An privaten Schulen					
		Gesamt	%	Gesamt	%	Mit Subv.	%	Ohne Subv.	%
1977/78	42'453	37'162	87.5	5'291	12.5	2'239	42.3	3'052	57.7
1978/79	44'787	39'402	88.0	5'385	12.0	2'333	43.3	3'052	56.7
1979/80	48'213	42'630	88.4	5'583	11.6	2'460	44.1	3'123	55.9
1980/81	50'830	45'327	89.2	5'503	10.8	2'557	46.5	2'946	53.5
1981/82	54'633	47'330	86.6	7'303	13.4	2'529	34.6	4'774	65.4
1982/83	55'424	47'388	85.5	8'036	14.5	2'867	35.7	5'169	64.3
1983/84	55'950	47'635	85.1	8'315	14.9	3'022	36.3	5'293	63.7
1984/85	55'552	47'057	84.7	8'495	15.3	3'049	35.9	5'446	64.1
1985/86	54'483	46'229	84.9	8'254	15.2	3'063	37.1	5'191	62.9
1986/87	53'589	45'457	84.8	8'132	15.2	3'100	38.1	5'032	61.9
1987/88	52'247	44'041	84.3	8'206	15.7	3'179	38.7	5'027	61.3
1988/89	52'276	44'172	84.5	8'104	15.5	2'958	36.5	5'146	63.5
1989/90	52'973	44'637	84.3	8'336	15.7	3'002	36.0	5'334	64.0
1990/91	54'311	45'962	84.6	8'349	15.4	3'006	36.0	5'343	64.0
1991/92	55'968	47'564	85.0	8'404	15.0	3'052	36.3	5'352	63.7
1992/93	58'040	49'654	85.6	8'386	14.5	3'208	38.3	5'178	61.8

TABELLE 10: ***Sekundarschule II, Schulen für Lehrkräfte (1.-5. Klasse) (Schweiz)***

Schuljahr	Total Schüler	An öffentlichen Schulen		An privaten Schulen					
		Gesamt	%	Gesamt	%	Mit Subv.	%	Ohne Subv.	%
1977/78	12'368	10'061	81.4	2'307	18.7	1'868	81.0	439	19.0
1978/79	11'320	9'091	80.3	2'229	19.7	1'839	82.5	390	17.5
1979/80	10'674	8'463	79.3	2'211	20.7	1'630	73.7	581	26.3
1980/81	9'882	7'726	78.2	2'156	21.8	1'716	79.6	440	20.4
1981/82	9'655	7'548	78.2	2'107	21.8	1'723	81.8	384	18.2
1982/83	10'139	7'910	78.0	2'229	22.0	1'868	83.8	361	16.2
1983/84	10'326	8'063	78.1	2'263	21.9	1'856	82.0	407	18.0
1984/85	9'950	7'789	78.3	2'161	21.7	1'798	83.2	363	16.8
1985/86	9'221	7'268	78.8	1'953	21.2	1'726	88.4	227	11.6
1986/87	8'592	6'729	78.3	1'863	21.7	1'638	87.9	225	12.1
1987/88	8'108	6'316	77.9	1'792	22.1	1'567	87.4	225	12.6
1988/89	7'943	6'279	79.1	1'664	21.0	1'431	86.0	233	14.0
1989/90	7'656	6'026	78.7	1'630	21.3	1'452	89.1	178	10.9
1990/91	8'119	6'465	79.6	1'654	20.4	1'487	89.9	167	10.1
1991/92	8'803	7'061	80.2	1'742	19.8	1'565	89.8	177	10.2
1992/93	9'162	7'432	81.1	1'730	18.9	1'567	90.6	163	9.4

TABELLE 11: ***Sekundarstufe II, Diplommittelschulen (1.-3. Klasse) (Schweiz)***

Schuljahr	Total Schüler	An öffentlichen Schulen		An privaten Schulen					
		Gesamt	%	Gesamt	%	Mit Subv.	%	Ohne Subv.	%
1977/78	6'568	4'470	68.1	2'098	31.9	108	5.2	1'990	94.9
1978/79	6'961	4'670	67.1	2'291	32.9	114	5.0	2'177	95.0
1979/80	7'550	5'293	70.1	2'257	29.9	86	3.8	2'171	96.2
1980/81	8'255	5'769	69.9	2'486	30.1	87	3.5	2'399	96.5
1981/82	6'683	6'021	90.1	662	9.9	69	10.4	593	89.6
1982/83	6'858	6'226	90.8	632	9.2	54	8.5	578	91.5
1983/84	7'112	6'474	91.0	638	9.0	62	9.7	576	90.3
1984/85	6'981	6'351	91.0	630	9.0	75	11.9	555	88.1
1985/86	7'045	6'269	89.0	776	11.0	90	11.6	686	88.4
1986/87	6'767	5'900	87.2	867	12.8	146	16.8	721	83.2
1987/88	6'246	5'371	86.0	875	14.0	142	16.2	733	83.8
1988/89	6'219	5'373	86.4	846	13.6	134	15.8	712	84.2
1989/90	6'437	5'582	86.7	855	13.3	91	10.6	764	89.4
1990/91	6'681	5'816	87.1	865	13.0	111	12.8	754	87.2
1991/92	7'330	6'429	87.7	901	12.3	95	10.5	806	89.5
1992/93	8'472	7'453	88.0	1'019	12.0	126	12.4	893	87.6

TABELLE 12: *Sekundarstufe II, Andere allgemeinbildende Schulen (1.-2. Klasse) (Schweiz)*

Schuljahr	Total Schüler	An öffentlichen Schulen		An privaten Schulen					
		Gesamt	%	Gesamt	%	Mit Subv.	%	Ohne Subv.	%
1977/78	4'945	2'217	44.8	2'728	55.2	701	25.7	2'027	74.3
1978/79	5'108	2'418	47.3	2'690	52.7	873	32.5	1'817	67.6
1979/80	5'269	2'771	52.6	2'498	47.4	475	19.0	2'023	81.0
1980/81	5'804	3'017	52.0	2'787	48.0	597	21.4	2'190	78.6
1981/82	5'753	3'391	58.9	2'362	41.1	422	17.9	1'940	82.1
1982/83	6'207	3'628	58.5	2'579	41.6	397	15.4	2'182	84.6
1983/84	6'357	3'698	58.2	2'659	41.8	508	19.1	2'151	80.9
1984/85	6'386	3'974	62.2	2'412	37.8	446	18.5	1'966	81.5
1985/86	6'005	3'628	60.4	2'377	39.6	442	18.6	1'935	81.4
1986/87	6'132	3'588	58.5	2'544	41.5	361	14.2	2'183	85.8
1987/88	6'410	3'936	61.4	2'474	38.6	407	16.5	2'067	83.6
1988/89	5'847	3'641	62.3	2'206	37.7	333	15.1	1'873	84.9
1989/90	5'676	3'654	64.4	2'022	35.6	262	13.0	1'760	87.0
1990/91	5'377	3'643	67.8	1'734	32.3	295	17.0	1'439	83.0
1991/92	5'901	3'984	67.5	1'917	32.5	472	24.6	1'445	75.4
1992/93	5'858	3'938	67.2	1'920	32.8	454	23.7	1'466	76.4

TABELLE 13: *Sekundarstufe II, Berufsausbildung (1.-4. Klasse) (Schweiz)*

Schuljahr	Total Schüler	An öffentlichen Schulen		An privaten Schulen					
		Gesamt	%	Gesamt	%	Mit Subv.	%	Ohne Subv.	%
1977/78	197'151	167'318	84.9	29'833	15.1	20'410	68.4	9'423	31.6
1978/79	205'158	175'211	85.4	29'947	14.6	19'921	66.5	10'026	33.5
1979/80	214'750	182'765	85.1	31'985	14.9	19'898	62.2	12'087	37.8
1980/81	224'240	192'988	86.1	31'272	13.9	19'476	62.3	11'776	37.7
1981/82	230'906	199'798	86.5	31'108	13.5	19'557	62.9	11'551	37.1
1982/83	235'802	203'327	86.2	32'475	13.8	20'110	61.9	12'365	38.1
1983/84	240'828	208'566	86.6	32'262	13.4	19'871	61.6	12'391	38.4
1984/85	241'413	216'752	89.8	24'661	10.2	12'489	50.6	12'172	49.4
1985/86	240'523	216'157	89.9	24'366	10.1	12'451	51.1	11'915	48.9
1986/87	239'034	214'718	89.8	24'316	10.2	12'664	52.1	11'652	47.9
1987/88	237'918	213'166	89.6	24'752	10.4	12'678	51.2	12'074	48.8
1988/89	234'253	209'561	89.5	24'692	10.5	12'152	49.2	12'540	50.8
1989/90	228'859	203'965	89.1	24'894	10.9	12'245	49.2	12'649	50.8
1990/91	218'780	195'407	89.3	23'373	10.7	11'396	48.8	11'977	51.2
1991/92	207'410	185'630	89.5	21'780	10.5	10'577	48.6	11'203	51.4
1992/93	197'572	176'663	89.4	20'909	10.6	10'997	52.6	9'912	47.4

TABELLE 14: *Sekundarstufe II, Anlehrberufe (1.-2. Klasse) (Schweiz)*

Schuljahr	Total Schüler	An öffentlichen Schulen		An privaten Schulen					
		Gesamt	%	Gesamt	%	Mit Subv.	%	Ohne Subv.	%
1977/78	-	-	-	-	-	-	-	-	-
1978/79	-	-	-	-	-	-	-	-	-
1979/80	-	-	-	-	-	-	-	-	-
1980/81	-	-	-	-	-	-	-	-	-
1981/82	-	-	-	-	-	-	-	-	-
1982/83	-	-	-	-	-	-	-	-	-
1983/84	-	-	-	-	-	-	-	-	-
1984/85	2'365	1'947	82.3	418	17.7	375	89.7	43	10.3
1985/86	2'564	2'155	84.1	409	16.0	368	90.0	41	10.0
1986/87	2'543	2'214	87.1	329	12.9	292	88.8	37	11.3
1987/88	2'740	2'372	86.6	368	13.4	326	88.6	42	11.4
1988/89	2'687	2'340	87.1	347	12.9	311	89.6	36	10.4
1989/90	2'584	2'254	87.2	330	12.8	294	89.1	36	10.9
1990/91	2'539	2'206	86.9	333	13.1	277	83.2	56	16.8
1991/92	2'517	2'148	85.3	369	14.7	314	85.1	55	14.9
1992/93	2'745	2'370	86.3	375	13.7	329	87.7	46	12.3

TABELLE 15: ***Tertiärstufe (nur ausseruniversitär), Total (Schweiz)***

Schuljahr	Total Schüler	An öffentlichen Schulen		An privaten Schulen					
		Gesamt	%	Gesamt	%	Mit Subv.	%	Ohne Subv.	%
1977/78	19'282	10'732	55.7	8'550	44.3	5'295	61.9	3'255	38.1
1978/79	20'715	11'495	55.5	9'220	44.5	5'171	56.1	4'049	43.9
1979/80	22'832	11'927	52.2	10'905	47.8	5'973	54.8	4'932	45.2
1980/81	23'914	12'327	51.6	11'587	48.5	6'435	55.5	5'152	44.5
1981/82	24'665	12'654	51.3	12'011	48.7	6'640	55.3	5'371	44.7
1982/83	24'166	13'404	55.5	10'762	44.5	6'014	55.9	4'748	44.1
1983/84	26'058	14'095	54.1	11'963	45.9	6'990	58.4	4'973	41.6
1984/85	33'100	15'504	46.8	17'596	53.2	12'093	68.7	5'503	31.3
1985/86	35'161	17'953	51.1	17'208	48.9	11'057	64.3	6'151	35.8
1986/87	40'215	19'712	49.0	20'503	51.0	12'921	63.0	7'582	37.0
1987/88	43'505	19'871	45.7	23'634	54.3	14'969	63.3	8'665	36.7
1988/89	44'530	21'172	47.6	23'358	52.5	14'895	63.8	8'463	36.2
1989/90	49'490	23'436	47.4	26'054	52.6	16'071	61.7	9'983	38.3
1990/91	51'562	24'998	48.5	26'564	51.5	16'421	61.8	10'143	38.2
1991/92	54'036	26'028	48.2	28'008	51.8	16'495	58.9	11'513	41.1
1991/92	55'525	27'711	49.9	27'814	50.1	16'899	60.8	10'915	39.2

TABELLE 16: ***Tertiärstufe, Höhere Fachschule[2] (Schweiz)***

Schuljahr	Total Schüler	An öffentlichen Schulen		An privaten Schulen					
		Gesamt	%	Gesamt	%	Mit Subv.	%	Ohne Subv.	%
1977/78	9'239	6'171	66.8	3'068	33.2	2'384	77.7	684	22.3
1978/79	9'544	6'685	70.0	2'859	30.0	2'174	76.0	685	24.0
1979/80	10'260	7'021	68.4	3'239	31.6	2'489	76.8	750	23.2
1980/81	10'634	7'139	67.1	3'495	32.9	2'699	77.2	796	22.8
1981/82	10'606	7'312	68.9	3'294	31.1	2'513	76.3	781	23.7
1982/83	10'781	7'649	71.0	3'132	29.1	2'549	81.4	583	18.6
1983/84	11'056	7'827	70.8	3'229	29.2	2'647	82.0	582	18.0
1984/85	11'498	8'141	70.8	3'357	29.2	3'344	99.6	13	0.4
1985/86	12'014	8'472	70.5	3'542	29.5	3'523	99.5	19	0.5
1986/87	12'857	8'851	68.8	4'006	31.2	3'931	98.1	75	1.9
1987/88	13'166	9'438	71.7	3'728	28.3	3'612	96.9	116	3.1
1988/89	13'877	9'835	70.9	4'042	29.1	3'940	97.5	102	2.5
1989/90	14'667	10'064	68.6	4'603	31.4	4'424	96.1	179	3.9
1990/91	15'348	10'357	67.5	4'991	32.5	4'932	98.8	59	1.2
1991/92	15'251	10'565	69.3	4'686	30.7	4'638	99.0	48	1.0
1992/93	15'854	10'975	69.2	4'879	30.8	4'849	99.4	30	0.6

[2] Dazu gehören die Höhere Technische Lehranstalt (HTL), Höhere Wirtschafts- und Verwaltungsschule (HWV), Höhere Hauswirtschaftliche Fachschule (HHF), Höhere Fachschule für Gestaltung (HFG), Höhere Fachschule für Soziale Arbeit (SASSA) oder Sozialpädagogik (SAH).

TABELLE 17: ***Tertiärstufe, Technikerschule TS (Schweiz)***

Schuljahr	Total Schüler	An öffentlichen Schulen		An privaten Schulen					
		Gesamt	%	Gesamt	%	Mit Subv.	%	Ohne Subv.	%
1977/78	1'184	330	27.9	854	72.1	423	49.5	431	50.5
1978/79	1'419	345	24.3	1'074	75.7	487	45.3	587	54.7
1979/80	1'313	296	22.5	1'017	77.5	475	46.7	542	53.3
1980/81	1'518	345	22.7	1'173	77.3	579	49.4	594	50.6
1981/82	1'511	354	23.4	1'157	76.6	588	50.8	569	49.2
1982/83	1'534	475	31.0	1'059	69.0	533	50.3	526	49.7
1983/84	1'433	494	34.5	939	65.5	402	42.8	537	57.2
1984/85	1'706	813	47.7	893	52.3	541	60.6	352	39.4
1985/86	1'987	913	46.0	1'074	54.1	628	58.5	446	41.5
1986/87	2'519	1'095	43.5	1'424	56.5	823	57.8	601	42.2
1987/88	3'284	1'222	37.2	2'062	62.8	1'252	60.7	810	39.3
1988/89	3'793	1'403	37.0	2'390	63.0	1'476	61.8	914	38.2
1989/90	4'143	1'543	37.2	2'600	62.8	1'823	70.1	777	29.9
1990/91	4'568	1'707	37.4	2'861	62.6	2'050	71.7	811	28.4
1991/92	5'079	1'840	36.2	3'239	63.8	2'159	66.7	1'080	33.3
1992/93	5'449	2'060	37.8	3'389	62.2	2'136	63.0	1'253	37.0

TABELLE 18: *Tertiärstufe, Vorbereitung auf die höhere Fachprüfung (Schweiz)*

Schuljahr	Total Schüler	An öffentlichen Schulen		An privaten Schulen					
		Gesamt	%	Gesamt	%	Mit Subv.	%	Ohne Subv.	%
1977/78	962	593	61.6	369	38.4	369	-	-	-
1978/79	907	593	65.4	314	34.6	283	90.1	31	9.9
1979/80	1'747	633	36.2	1'114	63.8	310	27.8	804	72.2
1980/81	1'742	656	37.7	1'086	62.3	312	28.7	774	71.3
1981/82	1'783	681	38.2	1'102	61.8	327	29.7	775	70.3
1982/83	1'970	696	35.3	1'274	64.7	320	25.1	954	74.9
1983/84	2'881	799	27.7	2'082	72.3	1'025	49.2	1'057	50.8
1984/85	6'600	1'620	24.6	4'980	75.5	3'968	79.7	1'012	20.3
1985/86	7'521	2'954	39.3	4'567	60.7	3'074	67.3	1'493	32.7
1986/87	8'757	3'334	38.1	5'423	61.9	3'547	65.4	1'876	34.6
1987/88	8'094	2'781	34.4	5'313	65.6	3'511	66.1	1'802	33.9
1988/89	8'084	2'996	37.1	5'088	62.9	3'519	69.2	1'569	30.8
1989/90	8'542	3'649	42.7	4'893	57.3	3'095	63.3	1'798	36.8
1990/91	9'063	3'649	40.3	5'414	59.7	3'507	64.8	1'907	35.2
1991/92	9'456	3'942	41.7	5'514	58.3	3'519	63.8	1'995	36.2
1992/93	9'698	4'272	44.1	5'426	56.0	3'772	69.5	1'654	30.5

TABELLE 19: *Tertiärstufe, Vorbereitung auf die höhere Berufsprüfung (Schweiz)*

Schuljahr	Total Schüler	An öffentlichen Schulen		An privaten Schulen					
		Gesamt	%	Gesamt	%	Mit Subv.	%	Ohne Subv.	%
1977/78	107	93	86.9	14	13.1	14	-	-	-
1978/79	412	94	22.8	318	77.2	318	-	-	-
1979/80	471	90	19.1	381	80.9	381	-	-	-
1980/81	485	138	28.5	347	71.6	347	-	-	-
1981/82	783	117	14.9	666	85.1	666	-	-	-
1982/83	357	163	45.7	194	54.3	194	-	-	-
1983/84	324	121	37.4	203	62.7	178	87.7	25	12.3
1984/85	3'363	827	24.6	2'536	75.4	1'588	62.6	948	37.4
1985/86	3'678	1'453	39.5	2'225	60.5	1'275	57.3	950	42.7
1986/87	5'273	2'167	41.1	3'106	58.9	1'997	64.3	1'109	35.7
1987/88	5'681	2'053	36.1	3'628	63.9	2'141	59.0	1'487	41.0
1988/89	6'108	2'427	39.7	3'681	60.3	2'423	65.8	1'258	34.2
1989/90	5'916	2'253	38.1	3'663	61.9	2'092	57.1	1'571	42.9
1990/91	6'699	3'170	47.3	3'529	52.7	1'799	51.0	1'730	49.0
1991/92	7'186	3'102	43.2	4'084	56.8	1'944	47.6	2'140	52.4
1992/93	7'728	3'319	43.0	4'409	57.1	2'713	61.5	1'696	38.5

TABELLE 20: *Tertiärstufe, übrige (Schweiz)*

Schuljahr	Total Schüler	An öffentlichen Schulen		An privaten Schulen					
		Gesamt	%	Gesamt	%	Mit Subv.	%	Ohne Subv.	%
1977/78	4'649	1'044	22.5	3'605	77.5	1'670	46.3	1'935	53.7
1978/79	5'093	1'153	22.6	3'940	77.4	1'443	36.6	2'497	63.4
1979/80	5'794	1'219	21.0	4'575	79.0	1'969	43.0	2'606	57.0
1980/81	6'408	1'526	24.0	4'832	76.0	2'093	42.3	2'789	57.7
1981/82	6'711	1'484	22.1	5'227	77.9	2'167	41.5	3'060	58.5
1982/83	6'393	1'673	26.2	4'720	73.8	2'240	47.5	2'480	52.5
1983/84	7'172	1'971	27.5	5'201	72.5	2'616	50.3	2'585	49.7
1984/85	6'696	1'301	19.4	5'395	80.6	2'527	46.8	2'868	53.2
1985/86	6'878	1'582	23.0	5'296	77.0	2'413	45.6	2'883	54.4
1986/87	7'683	1'633	21.3	6'050	78.8	2'461	40.7	3'589	59.3
1987/88	10'380	1'743	16.8	8'637	83.2	4'453	51.6	4'184	48.4
1988/89	9'733	1'911	19.6	7'822	80.4	3'537	45.2	4'285	54.8
1989/90	12'521	2'605	20.8	9'916	79.2	4'620	46.6	5'296	53.4
1990/91	11'984	2'593	21.6	9'391	78.4	4'119	43.9	5'272	56.1
1991/92	13'058	2'993	22.9	10'065	77.1	4'221	41.9	5'844	58.1
1992/93	12'657	3'277	25.9	9'380	74.1	3'420	36.5	5'960	63.5

TABELLE 21: ***Nicht auf Stufen aufteilbare Schüler (Schweiz)***

Schuljahr	Total Schüler	An öffentlichen Schulen		An privaten Schulen					
		Gesamt	%	Gesamt	%	Mit Subv.	%	Ohne Subv.	%
1977/78	-	-	-	-	-	-	-	-	-
1978/79	-	-	-	-	-	-	-	-	-
1979/80	-	-	-	-	-	-	-	-	-
1980/81	-	-	-	-	-	-	-	-	-
1981/82	-	-	-	-	-	-	-	-	-
1982/83	-	-	-	-	-	-	-	-	-
1983/84	-	-	-	-	-	-	-	-	-
1984/85	4'561	-	-	4'561	100	218	4.8	4'343	95.2
1985/86	5'646	-	-	5'646	100	232	4.1	5'414	95.9
1986/87	5'968	-	-	5'968	100	199	3.3	5'769	96.7
1987/88	6'120	-	-	6'120	100	55	0.9	6'065	99.1
1988/89	5'999	-	-	5'999	100	54	0.9	5'945	99.1
1989/90	6'354	-	-	6'354	100	203	3.2	6'151	96.8
1990/91	6'740	-	-	6'740	100	522	7.7	6'218	92.3
1991/92	7'373	-	-	7'373	100	557	7.6	6'816	92.5
1992/93	6'842	-	-	6'842	100	186	2.7	6'656	97.3

TABELLE 22: *Schüler an allgemeinbildenden Schulen (in Tausend), Deutschland*[3]

Jahr	Vorklasse/ Schulkindergarten			Grundschulen (Klasse 1-4)			Schulartunabhängige Orientierungsstufe (5-6)			Hauptschulen		
	Total	Privat	%	Total	Privat	%	Total	Privat	%	Total	Privat	%
1960	6,0			3096,9				25,2		2122,4		
1965	10,9	0,5	4.59	3453,2				26,3		2112,5		
1970	31,8	0,6	1.89	3972,5				34,6		2374,9		
1975	84,2	3,2	3.80	3914,7				45,4		2510,4		
1980	62,2	2,5	4.02	2772,8			337,9	50,3	14.89	1933,7		
1985	60,1	3,0	4.99	2254,6			239,9	47,7	19.89	1332,5		
1986	62,3	2,9	4.65	2269,0			224,9	46,9	20.87	1227,9		
1987	66,0	3,1	4.70	2304,0	21,4	0.92	222,9	8,2	3.68	1133,8	17,8	1.57
1988	66,5	3,3	4.96	2367,1	22,7	0.95	213,6	7,9	3.70	1075,8	17,8	1.66
1989	67,6	3,3	4.88	2448,2	24,5	1.00	210,1	7,9	3.76	1044,3	18,3	1.76
1990	70,0	3,4	4.86	2534,6	25,1	0.98	218,3	8,1	3.71	1054,2	18,4	1.75
1991	76,8	3,5	4.56	3386,3	26,2	0.79	369,8	8,3	2.24	1076,4	18,2	1.69
1992	80,2	3,6	4.49	2419,6	27,2	1.12	394,6	8,5	2.15	1088,6	18,3	1.68

[3] Die Daten stammen aus: Grund- und Strukturdaten 1993/94, hrsg. vom Bundesamt für Bildung und Wissenschaft, S. 38 f., 52 (für die Anzahl von privaten "Schulen" vgl. a.a.O, S. 34). Beachte jeweils für 1991 und 1992, dass "neue Bundesländer" (DDR) dazugekommen sind.

(Fortsetzung, Deutschland)

Jahr	Integrierte Klassen für Haupt- und Realschulen[4]			Realschulen			Gymnasien (Klassenstufe 5-13)			Integrierte Gesamtschulen/ Freie Waldorfschulen		
	Total	Privat	%	Total	Privat	%	Total	Privat	%	Total[5]	Privat[6]	%
1960				430,7	35,3	8.19	853,4	114,4	13.38		11,6	
1965				570,7	45,8	8.02	957,9	126,8	13.19		12,2	
1970				863,5	55,1	6.39	1379,5	153,6	11.06		14,8	
1975				1179,9	62,6	5.32	1863,5	178,2	9.62	165,9	22,0	13.27
1980				1351,1	83,0	6.14	2119,0	202,4	9.51	220,2	32,2	14.62
1985				1049,0	76,6	7.28	1750,3	191,6	10.92	218,3	42,0	19.24
1986				975,5	74,4	7.66	1655,8	186,4	11.18	238,7	45,4	19.02
1987				915,3	72,4	7.89	1596,1	185,3	11.67	244,3	47,9	19.59
1988				875,2	70,9	8.08	1563,0	185,6	11.88	253,7	50,3	19.82
1989				857,8	71,0	8.31	1546,6	187,4	12.18	272,3	52,2	19.16
1990				864,6	72,7	8.43	1549,7	188,9	12.28	296,4	54,5	18.37
1991				1039,1	72,3	6.94	1864,3	191,5	10.34	436,3	56,6	12.96
1992	354,1	0,1	0.03	1056,8	74,3	7.06	2046,9	199,9	9.80	493,4	61,0	12.38

[4] Dieser Bereich wird durch die neuen Bundesländer abgedeckt.

[5] Dies ist eine Zusammenfassung von Primarbereich (Klasse 1-4) (ca. 10%), Sekundarbereich I (Klasse 5-10) (ca. 82%) und Sekundarberich II (Klasse 11-13) (ca. 8%).

[6] Von diesen Zahlen machen die Waldorfschulen mehr als 90% der Privatschulen aus.

(Fortsetzung, Deutschland)

Jahr	Abendschulen und Kollegs			Sonderschulen		
	Total[7]	Privat	%	Total	Privat	%
1960				142,9	13,6	9.52
1965	14,8	3,4	22.97	192,3	15,2	7.90
1970	24,2	7,1	29.34	322,0	24,6	7.65
1975	34,8	9,8	28.17	403,0	34,1	8.46
1980	35,2	7,9	22.44	354,3	41,9	11.82
1985	37,8	6,9	18.26	271,4	40,6	14.94
1986	39,1	7,0	17.91	261,4	40,6	15.55
1987	41,4	7,5	18.11	254,1	41,3	16.27
1988	44,6	8,0	17.94	247,9	41,2	16.60
1989	41,1	7,7	18.73	246,2	41,1	16.69
1990	41,8	7,6	18.18	251,9	42,0	16.67
1991	55,9	7,7	13.78	344,0	42,8	12.45
1992	48,6	7,2	14.82	360,2	45,4	12.62

7 Dies ist eine Zusammenfassung der Abendhauptschulen, -realschulen, -gymnasien und Kollegs.

TABELLE 23: ***Anteil der Privatschüler im Jahr 1987-88 (in % der gesamten Schüler), International*[8]**

Land	Vorschule	Primar-schule	Sekundar-stufe I	Sekundarstufe II		Sonder-schule
				Allgemein	Beruflich	
Australia	....	24.5	29.8	30.9	....	13.2
Austria	26.1	3.8	6.0	10.9	21.5	....
Belgium	57.9	55.6	....	66.7	60.8	58.0
Canada	3.9	3.5	6.6	5.0	....	....
Denmark	8.6	9.2	15.9	9.1	....	....
Finland	69.9	....	....	5.2	....	....
France	12.3	15.1	20.7	23.0	22.5	....
Germany	....	1.7	7.0	11.4	3.7	16.0
Greece	4.7	6.0	3.4	3.9	....	26.1
Ireland	1.3	1.6	....	....	....	....
Italy	30.5	7.4	4.2	14.7	6.3	....
Japan	76.3	0.6	3.1	29.0	25.1	0.9
Luxembourg	....	0.9	10.7	3.9	11.3	....
Netherlands	....	68.7	79.0	71.5	87.1	72.3
New Zealand	0.4	2.2	4.3	5.8	....	....
Norway	35.3	1.0	0.9	7.5	6.7	....
Portugal	20.7	6.4	9.4	6.6	....	....
Spain	37.1	33.6	34.0	29.4	25.8	51.7
Sweden	....	0.8	0.8	3.1	1.8	....
Switzerland	5.2	2.4	5.0	11.6	23.5	1.8
Turkey	6.6	0.5	2.7	3.5	0.2	....
United Kingdom	5.8	4.7	8.3	10.5	....	5.6
United States	36.1	11.2	....	....	....	....

[8] OECD, Education, 93 ff. (Table 1.1.-1.5).

TABELLE 24: ***Ausgaben der öffentlichen Hand für Unterricht in der Schweiz***[9]

Jahr	Total öffentliche Bildungsausgaben			Laufende/Jährliche Bildungsausgaben			
	Betrag (in Mio. Fr.)	In % des Brutto-sozial-produkts	In % der gesamten öffentlichen Ausgaben	Betrag (in Mio. Fr.)	In % des Totals	In % des Brutto-sozial-produkts	In % der laufenden öffentlichen Ausgaben
1980	8'873	5.0	18.8	7'937	89.5	4.5	20.0
1985	11'696	4.8	18.6	10'638	91.0	4.4	19.9
1987	12'754	4.8	18.9	11'555	90.6	4.3	20.0
1988	13'757	4.9	18.8	12'311	89.5	4.4	20.0
1989	14'560	4.8	18.7	12'941	88.9	4.2	19.6
1990	16'215	5.0	-	14'395	88.8	4.4	-

9 UNESCO, Yearbook, 4-18. Die Daten entsprechen den öffentlichen und privaten Ausgaben für Bildung. Für 1990 machten die Ausgaben aus privaten Mitteln 3,6% des gesamten Betrages aus (a.a.O., 4-22). Vgl. zum Verhältnis zwischen öffentlichen und privaten Ausgaben auch OECD, Education, 115 (Table 6.1.).

TABELLE 25: ***Bildungsausgaben 1990 nach Institutionen und Schulstufen (Schweiz)***[10]

Schulstufe	Ausgaben für den Unterricht im Jahr 1990 (in Millionen Franken)							
	Total		Träger					
			Bund		Kantone		Gemeinden	
	Fr.	%	Fr.	%[11]	Fr.	%	Fr.	%
Vorschule	557,5	3,4						
Volksschule	8'003,3	49,4						
	8'560,8	52,8	20,4	0.2	3'621,1	42,3	4'919,3	57,5
Berufsausbildung	2'330,9	14,4	402,6	17,3	1'502,3	64,5	426,0	18,2
Ausbildung v. Lehrkräften	335,6	2,1	0,0	0,0	325,0	96,8	10,6	3,2
Allg.-bildende Schulen	1'280,1	7,9	9,1	0,7	1'204,1	94,1	66,9	5,2
Höhere Berufsausbildung	414,4	2,6	94,1	22,7	300,1	72,4	20,2	4,9
Hochschulen	2'979,0	18,4	1'449,5	48,7	1'527,0	51,2	2,5	0,1
Übriges	314,1	1,9	10,2	3,2	260,2	82,8	43,8	14,0
Total	16'215	100,0	1'985,9	12,2	8'739,8	53,9	5'489,3	33,9

10 Statistisches Jahrbuch der Schweiz 1994, 341.

11 Die prozentuale Aufteilung ist nach einer anderen Tabelle: Vorschule und obligatorische Schule 52,8%, Maturitätsschulen 12,5%, Berufsausbildung 14,4%, Hochschulen 18,4% und nichtaufteilbare Aufgaben 1,9% (a.a.O., 337).

TABELLE 26: ***Öffentliche Bildungsausgaben in % der gesamten öffentlichen Ausgaben (1988) (International)***[12]

Deutschland	9.1
Italien	9.4
Schweden	9.6
Spanien	9.7
Frankreich	10.2
Belgien	10.5
Portugal	10.7
Holland	10.9
Österreich	11.1
Grossbritannien	11.4
Irland	11.5
Dänemark	11.6
Japan	11.7
OECD Durchschnitt	12.0
Norwegen	12.4
Amerika	13.7
Australien	13.9
Canada	14.4
Schweiz	14.7
Finnland	17.1

TABELLE 27: ***Anteil der Ausgaben für das Primarschulwesen in % der gesamten Bildungsausgaben für das Jahr 1987 (International)***[13]

Amerika	45,3
Belgien	46,1
Deutschland	14,8
Finnland	31,1
Frankreich	19,7
Griechenland	34,0
Grossbritannien	3,2
Holland	20,0
Irland	38,2
Italien (1986)	20,7
Japan	34,8
Neuseeland	29,9
Norwegen	47,0
Österreich	16,9
Portugal	48,4

[12] OECD, Education at a Glance, OECD Indicators, Paris 1992, S. 43.

[13] OECD, Expenditure, 101 f. (Table 3.A.1).

Veröffentlichungen

des Schweizerischen Instituts für Verwaltungskurse an der Hochschule St.Gallen

a) Neue Reihe

Band 3

Rechtsfragen der Denkmalpflege

Herausgegeben von Prof. Dr. Yvo Hangartner. 159 Seiten. St.Gallen 1981. Fr. 27.- für Mitglieder des Instituts, Fr. 33.- für Nichtmitglieder.

Band 7

Praktische Fragen der Regionalplanung

Referate und Literaturhinweise des Verwaltungskurses vom 25./26. März 1976. 149 Seiten. St.Gallen 1976. Fr. 20.- für Mitglieder des Instituts, Fr. 23.- für Nichtmitglieder.

Band 9

Investitionshilfe für Berggebiete

Referate und ausgewählte Unterlagen des Verwaltungskurses vom 24. November 1976. 110 Seiten. St.Gallen 1977. Fr. 18.- für Mitglieder des Instituts, Fr. 21.- für Nichtmitglieder.

Band 12

KURT BUCHMANN

Die Bürgergemeinde - Idee und Wirklichkeit

Werden und Wirken der sanktgallischen Orts(bürger)gemeinden 1798 bis 1977 mit vergleichenden Hinweisen auf Bürgergemeinden in andern Kantonen. 251 Seiten, 2 Karten. St.Gallen 1977. Fr. 26.- für Mitglieder des Instituts, Fr. 29.- für Nichtmitglieder.

Band 13

Das Bundesgesetz über die politischen Rechte

Referate und ausgewählte Unterlagen des Verwaltungskurses vom 14. Oktober 1977. Texte des Bundesgesetzes und der Verordnung über die politischen Rechte. 202 Seiten. St.Gallen 1978. Fr. 26.- für Mitglieder des Instituts, Fr. 30.- für Nichtmitglieder.

Band 14

Beiträge zur Anwendung des neuen Adoptionsrechts

Referate und ausgewählte Unterlagen der Tagung des Instituts für Verwaltungskurse vom 25. April 1979 in St.Gallen. 149 Seiten. St.Gallen 1979. Fr. 26.- für Mitglieder des Instituts, Fr. 30.- für Nichtmitglieder.

Band 15

Das neue st.gallische Gemeindegesetz

Referate der Tagungen des Instituts für Verwaltungskurse vom 14. und 18. April 1980 in St.Gallen und Rapperswil. 147 Seiten. St.Gallen 1980. Fr. 26.- für Mitglieder des Instituts, Fr. 30.- für Nichtmitglieder.

Band 16

La loi fédérale sur les droits politiques

Exposés présentés lors de la conférence organisée le 14 octobre 1977 par l'Institut suisse de cours administratifs ainsi que documents et bibliographie se rapportant aux thèmes traités lors de cette manifestation. 240 Seiten. St.Gallen 1980. Fr. 26.- für Mitglieder des Instituts, Fr. 32.- für Nichtmitglieder.

Band 17

Praxis des Strassenperimeters. Dargestellt aufgrund der Verhältnisse im Kanton St.Gallen.

86 Seiten. St.Gallen 1981. Fr. 25.- für Mitglieder des Instituts, Fr. 30.- für Nichtmitglieder.

Band 18

Das neue aargauische Gemeindegesetz

Referate und Unterlagen der Informationstagung vom 12. März 1982 in Brugg-Windisch. 162 Seiten. St.Gallen 1983. Fr. 26.- für Mitglieder des Instituts, Fr. 30.- für Nichtmitglieder. Preis für Band 18 und Band 19 zusammen bei gleichzeitiger Bestellung beider Bände: Fr. 50.- für Mitglieder des Instituts, Fr. 60.- für Nichtmitglieder.

Band 19

THOMAS PFISTERER

Die verfassungsrechtliche Stellung der aargauischen Gemeinden bei der Erfüllung der öffentlichen Aufgaben. Zu einer verfassungsrechtlichen Erneuerung der Gemeindeautonomie.

XLIV + 406 Seiten. St.Gallen 1983. Fr. 40.- für Mitglieder des Instituts, Fr. 45.- für Nichtmitglieder. Preis für Band 18 und Band 19 zusammen bei gleichzeitiger Bestellung beider Bände: Fr. 50.- für Mitglieder des Instituts, Fr. 60.- für Nichtmitglieder.

Band 20

Das Nachtragsgesetz zum st.gallischen Baugesetz

Referate der Informationstagung vom 8. April 1983 in St.Gallen. 305 Seiten. St.Gallen 1983. Fr. 35.- für Mitglieder des Instituts, Fr. 40.- für Nichtmitglieder.

Band 21

Das neue st.gallische Enteignungsgesetz

Referate der Informationstagung vom 6. Dezember 1984 in Rapperswil. 141 Seiten. St.Gallen 1985. Fr. 32.- für Mitglieder des Instituts, Fr. 37.- für Nichtmitglieder.

Band 22

HERMANN SCHROFF / DAVID GERBER

Die Beendigung der Dienstverhältnisse in Bund und Kantonen. Unter Berücksichtigung der Dienstrechte der Städte Bern, Frauenfeld, Luzern, Winterthur und Zürich und der Munizipalgemeinde Weinfelden sowie des Fürstentums Liechtenstein.

342 Seiten. St.Gallen 1985. Fr. 48.- für Mitglieder des Instituts, Fr. 58.- für Nichtmitglieder.

Band 24

Rechtsfragen der Nutzungsordnung in der Raumplanung

Referate und Unterlagen der Tagung vom 14. Mai 1986 in Luzern. 162 Seiten. St.Gallen 1986. Fr. 34.- für Mitglieder des Instituts, Fr. 39.- für Nichtmitglieder.

Band 26

Das neue Eherecht

Referate und Unterlagen der Tagungen vom 30./31. Oktober 1986 und vom 20./21. Mai 1987 in St.Gallen. Herausgegeben von Prof. Dr. Yvo Hangartner. 339 Seiten. St.Gallen 1987. Fr. 48.- für Mitglieder des Instituts, Fr. 55.- für Nichtmitglieder.

Band 27

Schulische Anordnungen in der Volksschule

Referate der Tagung vom 14. Mai 1987 in Luzern. 108 Seiten. St.Gallen 1987. Fr. 30.- für Mitglieder des Instituts, Fr. 35.- für Nichtmitglieder.

Band 29

Die allgemeinen Bestimmungen des Bundesgesetzes über das internationale Privatrecht

Referate und Unterlagen der Tagung vom 22. Oktober 1987 in Luzern. Herausgegeben von Prof. Dr. Yvo Hangartner. 229 Seiten. St.Gallen 1988. Fr. 48.- für Mitglieder des Instituts, Fr. 55.- für Nichtmitglieder.

Band 30

Alimenteninkasso im Ausland: Die Schaffung und Vollstreckung schweizerischer Unterhaltstitel

Referate und Unterlagen der Tagung vom 6. Mai 1988 in Luzern. Herausgegeben von Prof. Dr. Yvo Hangartner und Prof. Dr. Paul Volken. 140 Seiten. St.Gallen 1989. Fr. 42.- für Mitglieder des Instituts, Fr. 47.- für Nichtmitglieder.

Band 32

Aktuelle Fragen des Datenschutzes in Kantonen und Gemeinden

Referate und Unterlagen der Tagung vom 25. November 1988 in Luzern. Herausgegeben von Prof. Dr. Yvo Hangartner und PD Dr. Rainer J. Schweizer. 139 Seiten. St.Gallen 1990. Fr. 40.- für Mitglieder des Instituts, Fr. 45.- für Nichtmitglieder.

Band 33

Das neue Mietrecht

Referate der Tagungen vom 25. Oktober 1990 und vom 14. Februar 1991 in Luzern. Herausgegeben von Prof. Dr. Yvo Hangartner. 169 Seiten. St.Gallen 1991. Fr. 48.- für Mitglieder des Instituts, Fr. 55.- für Nichtmitglieder.

Band 34

PETER SAILE

Das Recht der Ausgabenbewilligung der zürcherischen Gemeinden. Unter besonderer Berücksichtigung von Praxis und Recht der Stadt Winterthur.

XXVI + 214 Seiten. St.Gallen 1991. Fr. 48.- für Mitglieder des Instituts, Fr. 55.- für Nichtmitglieder.

Band 35

Das st.gallische Zivilprozessgesetz

Referate der Tagung vom 14. und 21. Juni 1991 in St.Gallen. Herausgegeben von Prof. Dr. Yvo Hangartner. 261 Seiten. St.Gallen 1991. Fr. 58.- für Mitglieder des Instituts, Fr. 65.- für Nichtmitglieder.

Band 36

Ausgewählte Fragen des Finanzreferendums

Referate der Tagung vom 14. November 1991 in Luzern. Herausgegeben von Prof. Dr. Yvo Hangartner. 96 Seiten. St.Gallen 1992. Fr. 43.- für Mitglieder des Instituts, Fr. 48.- für Nichtmitglieder.

Band 37

ANDREAS KLEY-STRULLER

Kantonales Privatrecht. Eine systematische Darstellung der kantonalen Einführungsgesetzgebung zum Bundesprivatrecht am Beispiel des Kantons St.Gallen und weiterer Kantone.

301 Seiten. St.Gallen 1992. Fr. 58.- für Mitglieder des Instituts, Fr. 68.- für Nichtmitglieder.

Band 38

FRANZ SCHLAURI

Beiträge zum Koordinationsrecht der Sozialversicherungen

121 Seiten. St.Gallen 1995. Fr. 39.- für Mitglieder des Instituts, Fr. 44.- für Nichtmitglieder.

b) St.Galler Beiträge zum öffentlichen Recht

Band 3

BRUNO GÄHWILER

Das Finanzhaushaltsrecht des Kantons St.Gallen

XXIII + 220 Seiten. St.Gallen 1977. Fr. 40.- für Mitglieder des Instituts, Fr. 45.- für Nichtmitglieder.

Band 4

ROGER BRAUNSCHWEIG

Die Skilifte nach dem schweizerischen öffentlichen Recht. Ein Beitrag zu Problemen des Postregals und des Konzessionsrechts.

XXXV + 180 Seiten. St.Gallen 1977. Fr. 40.- für Mitglieder des Instituts, Fr. 45.- für Nichtmitglieder.

Band 5

HANSULI RAGGENBASS

Die Rechtsstellung der Privatrechtlichen Korporationen des st.gallischen Rechts. Unter besonderer Berücksichtigung ihrer Abgrenzung zu den öffentlich-rechtlichen Körperschaften.

XVIII + 325 Seiten. St.Gallen 1977. Fr. 43.- für Mitglieder des Instituts, Fr. 48.- für Nichtmitglieder.

Band 6

RENÉ SCHAFFHAUSER

Die direkte Demokratie in den komplexen Formen der Gemeindeorganisation

398 Seiten. St.Gallen 1978. Fr. 43.- für Mitglieder des Instituts, Fr. 48.- für Nichtmitglieder.

Band 7

HANSPETER GEISER

Rechtsschutz im Verwaltungsvollstreckungsverfahren

XXVIII + 145 Seiten. St.Gallen 1978. Fr. 40.- für Mitglieder des Instituts, Fr. 45.- für Nichtmitglieder.

Band 8

HUBERT BÜHLMANN

Die Tragweite des Kartellartikels der Bundesverfassung im Hinblick auf eine Konzentrationskontrolle

XXXV + 207 Seiten. St.Gallen 1979. Fr. 40.- für Mitglieder des Instituts, Fr. 45.- für Nichtmitglieder.

Band 10

RENÉ SCHAFFHAUSER

Bibliographie zum schweizerischen Gemeinderecht 1900 - 1977

232 Seiten. St.Gallen 1980. Fr. 50.- für Mitglieder des Instituts, Fr. 60.- für Nichtmitglieder.

Band 11

PETER MERZ

Notenbankpolitik mit Vereinbarungen. Die Praxis der Schweizerischen Nationalbank aus juristischer Sicht.

XVII + 303 Seiten. St.Gallen 1981. Fr. 45.- für Mitglieder des Instituts, Fr. 50.- für Nichtmitglieder.

Band 12

MARTA EBERLE

Die verfassungsrechtliche Problematik der Mitbestimmung in Unternehmen und Betrieb

XLIII + 299 Seiten. St.Gallen 1983. Fr. 48.- für Mitglieder des Instituts, Fr. 53.- für Nichtmitglieder.

Band 13

HANS-RUDOLF ARTA

Die Vereins-, Versammlungs- und Meinungsäusserungsfreiheit der Ausländer

XIV + 122 Seiten. St.Gallen 1983. Fr. 40.- für Mitglieder des Instituts, Fr. 45.- für Nichtmitglieder.

Band 14

MARTIN HUSER

Stimmrechtsgrundsätze und Urnenabstimmungsverfahren. Dargestellt am Beispiel der eidgenössischen und st.gallischen Volksabstimmungen.

L + 306 Seiten. St.Gallen 1983. Fr. 48.- für Mitglieder des Instituts, Fr. 53.- für Nichtmitglieder.

Band 15

MARKUS MÖHR

Die Kognition des Bundesgerichts bei der Überprüfung der Anwendung des kantonalen Gesetzesrechts im Rahmen der staatsrechtlichen Beschwerde wegen Verletzung verfassungsmässiger Freiheitsrechte, insbesondere der Handels- und Gewerbefreiheit und der persönlichen Freiheit

XXXVI + 227 Seiten. St.Gallen 1984. Fr. 43.- für Mitglieder des Instituts, Fr. 48.- für Nichtmitglieder.

Band 18

WALTER HINTERBERGER

Disziplinarfehler und Disziplinarmassnahmen im Recht des öffentlichen Dienstes. Unter besonderer Berücksichtigung der Regelungen des Bundes und des Kantons St.Gallen.

XXXIV + 407 Seiten. St.Gallen 1986. Fr. 52.- für Mitglieder des Instituts, Fr. 57.- für Nichtmitglieder.

Band 19

HANSUELI MÖSLE

Verfassungsgebung und einfache Gesetzgebung im Kanton Appenzell Ausserrhoden

XXXIX + 231 Seiten. St.Gallen 1986. Fr. 44.- für Mitglieder des Instituts, Fr. 49.- für Nichtmitglieder.

Band 20

MARKUS MÜLLER

Das Stipendienrecht des Kantons St.Gallen mit Berücksichtigung der Stipendiengesetzgebung des Bundes

XXXVI + 253 Seiten. St.Gallen 1987. Fr. 47.- für Mitglieder des Instituts, Fr. 52.- für Nichtmitglieder.

Band 21

PETER SUTTER

Die Beweislastregeln unter besonderer Berücksichtigung des verwaltungsrechtlichen Streitverfahrens

XXXII + 223 Seiten. St.Gallen 1988. Fr. 47.- für Mitglieder des Instituts, Fr. 52.- für Nichtmitglieder.

Band 22

ANDREAS KLEY

Grundpflichten Privater im schweizerischen Verfassungsrecht

LV + 349 Seiten. St.Gallen 1989. Fr. 54.- für Mitglieder des Instituts, Fr. 59.- für Nichtmitglieder.

Band 23

ANDREAS SCHURTI

Das Verordnungsrecht der Regierung des Fürstentums Liechtenstein

LXIII + 394 Seiten. St.Gallen 1989. Fr. 58.- für Mitglieder des Instituts, Fr. 65.- für Nichtmitglieder.

Band 24

ROLAND VETTERLI

Kantonale Erlasse als Anfechtungsobjekte der staatsrechtlichen Beschwerde

XXVII + 241 Seiten. St.Gallen 1989. Fr. 48.- für Mitglieder des Instituts, Fr. 55.- für Nichtmitglieder.

Band 25

JACQUELINE BÉATRICE MOERI

Die Kompetenzen der schweizerischen Bundesversammlung in den auswärtigen Angelegenheiten

XLIII + 321 Seiten. St.Gallen 1990. Fr. 55.- für Mitglieder des Instituts, Fr. 62.- für Nichtmitglieder.

Band 26

WERNER WÜTHRICH

Die kantonalen Volksrechte im Aargau

XLII + 381 Seiten. St.Gallen 1990. Fr. 59.- für Mitglieder des Instituts, Fr. 66.- für Nichtmitglieder.

Band 27

HANS-RUDOLF ARTA

Die Zuständigkeitsordnung nach dem st.gallischen Gemeindegesetz in der politischen Gemeinde mit Bürgerversammlung

XLIX + 385 Seiten. St.Gallen 1990. Fr. 59.- für Mitglieder des Instituts, Fr. 66.- für Nichtmitglieder.

Band 28

MARIO BARBLAN

Bewilligungserfordernis und Zulässigkeitsvoraussetzungen für Zweckänderungen von Bauten ausserhalb der Bauzonen nach dem Recht des Bundes und der Kantone

XLVI + 300 Seiten. St.Gallen 1991. Fr. 55.- für Mitglieder des Instituts, Fr. 62.- für Nichtmitglieder.

Band 29

MARC FORSTER

Die Bedeutung der Kritik an der bundesgerichtlichen Praxis. Elemente einer allgemeinen Rezeptionstheorie unter besonderer Berücksichtigung der Bundesgerichtspraxis zur Verbrechenslehre.

XVII + 387 Seiten. St.Gallen 1992. Fr. 59.- für Mitglieder des Instituts, Fr. 66.- für Nichtmitglieder.

Band 30

NICOLA FEUERSTEIN

Das Sonderopfer bei Eigentumsbeschränkungen

XXVII + 182 Seiten. St.Gallen 1993. Fr. 49.- für Mitglieder des Instituts, Fr. 56.- für Nichtmitglieder.

Band 31

URS PETER CAVELTI

Die Verfahren vor dem Verwaltungsgericht des Kantons St.Gallen

XL + 340 Seiten. St.Gallen 1994. Fr. 58.- für Mitglieder des Instituts, Fr. 65.- für Nichtmitglieder.

Band 32

JÜRG STADELWIESER

Die Eröffnung von Verfügungen. Unter besonderer Berücksichtigung des eidgenössischen und des st.gallischen Rechts.

XXX + 221 Seiten. St.Gallen 1994. Fr. 52.- für Mitglieder des Instituts, Fr. 59.- für Nichtmitglieder.

Band 33

BRUNO MASCELLO

Elternrecht und Privatschulfreiheit. Dargestellt an der Volksschule in der Schweiz und in Deutschland.

L + 407 Seiten. St.Gallen 1995. Fr. 65.- für Mitglieder des Instituts, Fr. 72.- für Nichtmitglieder.

Bestellungen und Zuschriften sind erbeten an:

Sekretariat des Schweizerischen
Instituts für Verwaltungskurse
Bodanstrasse 4

9000 St.Gallen